NORMANDIE
Vallée de la Seine

Collection sous la responsabilité d'Anne Teffo

Ont contribué à l'élaboration de ce guide :

Édition	Anne Lagarde
Rédaction	Amélie Renaut, Baptiste Fillon
Cartographie	Véronique Aissani, Evelyne Girard, Marie-Christine Defait, Josyane Rousseau, Thierry Lemasson, Michèle Cana, Augustin Ciuraru, Alexandru Iorga, Aura Nicolae, Leonard Pandrea, Severin Vlad, Stéphane Anton
Informations pratiques	www.insee.fr (chiffres de population)
Conception graphique	Laurent Muller (couverture), Agence Rampazzo (maquette intérieure)
Relecture	Isabelle Karcenti-Garnier
Régie publicitaire et partenariats	michelin-cartesetguides-btob@fr.michelin.com *Le contenu des pages de publicité insérées dans ce guide n'engage que la responsabilité des annonceurs.*
Contacts	Michelin Cartes et Guides Le Guide Vert 46, avenue de Breteuil 75324 Paris Cedex 07 ✆ 01 45 66 12 34 – Fax : 01 45 66 13 75 www.cartesetguides.michelin.fr www.ViaMichelin.com

Parution 2009

Votre avis nous intéresse

Vous souhaitez donner votre avis sur nos publications ou nous faire part de vos expériences ?
Rendez-vous sur **www.votreaviscartesetguides.michelin.fr**

Note au lecteur

L'équipe éditoriale a apporté le plus grand soin à la rédaction de ce guide et à sa vérification. Toutefois, les informations pratiques (prix, adresses, conditions de visite, numéros de téléphone, sites et adresses Internet…) doivent être considérées comme des indications du fait de l'évolution constante des données. Il n'est pas totalement exclu que certaines d'entre elles ne soient plus, à la date de parution du guide, tout à fait exactes ou exhaustives. Elles ne sauraient de ce fait engager notre responsabilité.

Le Guide Vert,

la culture en mouvement

Vous avez envie de bouger pendant vos vacances, le week-end ou simplement quelques heures pour changer d'air ? Le Guide Vert vous apporte des idées, des conseils et une connaissance récente, indispensable, de votre destination.

Tout d'abord, **sachez que tout change**. Toutes les informations pratiques du voyage évoluent rapidement : nouveaux hôtels et restaurants, nouveaux tarifs, nouveaux horaires d'ouverture... Le patrimoine aussi est en perpétuelle évolution, qu'il soit artistique, industriel ou artisanal... Des initiatives surgissent partout pour rénover, améliorer, surprendre, instruire, divertir. Même les lieux les plus connus innovent : nouveaux aménagements, nouvelles acquisitions ou animations, nouvelles découvertes enrichissent les circuits de visite.

Le Guide Vert **recense** et **présente ces changements** ; il réévalue en permanence le niveau d'intérêt de chaque curiosité afin de bien mesurer ce qui aujourd'hui vaut le voyage (distingué par ses fameuses 3 étoiles), mérite un détour (2 étoiles), est intéressant (1 étoile). Actualisation, sélection et appréciation sur le terrain sont les maîtres mots de la collection, afin que Le Guide Vert soit à chaque édition le reflet de la réalité touristique du moment.

Créé dès l'origine pour **faciliter et enrichir vos déplacements**, Le Guide Vert s'adresse encore aujourd'hui à tous ceux qui aiment connaître et comprendre ce qui fait l'identité d'une région. Simple, clair et facile à utiliser, il est aussi idéal pour voyager en famille. Le symbole signale tout ce qui est intéressant pour les enfants : zoos, parcs d'attractions, musées insolites, mais également animations pédagogiques pour découvrir les grands sites.

Ce guide vit pour vous et par vous. N'hésitez pas à nous faire part de vos remarques, suggestions ou découvertes ; elles viendront enrichir la prochaine édition de ce guide.

Anne Teffo
Responsable de la collection
Le Guide Vert Michelin

ORGANISER SON VOYAGE

OÙ ET QUAND PARTIR

S'Y RENDRE ET CHOISIR SES ADRESSES

À FAIRE ET À VOIR

COMPRENDRE LA RÉGION

NATURE

HISTOIRE

ART ET CULTURE

LA DESTINATION AUJOURD'HUI

VILLES ET SITES

À l'intérieur du premier rabat de couverture, la carte générale intitulée « **Les plus beaux sites** » donne :

- une **vision synthétique** de tous les lieux traités ;
- les **sites étoilés** visibles en un coup d'œil ;
- les **circuits de découverte**, dessinés en vert, aux environs des destinations principales.

Dans la partie « **Découvrir les sites** » :

- les **destinations principales** sont classées par ordre alphabétique ;
- les **destinations moins importantes** leur sont rattachées sous les rubriques « Aux alentours » ou « Circuits de découverte » ;
- les **informations pratiques** sont présentées dans un encadré vert dans chaque chapitre.

L'**index** permet de retrouver rapidement la description de chaque lieu.

DÉCOUVRIR LES SITES

Reflets sur le port de Honfleur.

G. Targat / MICHELIN

ORGANISER SON VOYAGE

OÙ ET QUAND PARTIR

Depuis toujours très prisée des Parisiens, la **côte normande** présente deux visages bien distincts avec, au sud de la Seine, la très renommée Côte Fleurie aux villas centenaires et aux plages de sable fin, et, au nord, les hautes falaises de la Côte d'Albâtre aux longues plages de galets. Sur toute sa longueur règne un climat océanique à la fois tonifiant et ensoleillé. Mais la région ne se limite pas aux stations balnéaires, et le **tourisme vert** fait aussi partie de ses atouts. Une excursion dans les pays d'Auge et de Caux ou, plus loin, sur les sentiers des Parcs naturels du Perche ou des Boucles de la Seine, vous en convaincra. Abbayes, prieurés, châteaux et manoirs en ponctuent les paysages, pour le plus grand plaisir des amateurs d'**histoire**. Enfin, le tableau serait incomplet sans les **plaisirs de la table**, dont la région s'est fait une spécialité. Gourmands et gourmets ne s'y trompent pas depuis des générations !

Été comme hiver, pour un long séjour itinérant ou le temps d'un week-end sédentaire en hôtel, en chambre d'hôte, en camping ou à la ferme, la Normandie propose assez d'activités et d'hébergement, notamment près de la côte, pour que vous puissiez vous composer un programme à la carte, et surtout à votre goût. Voyez plutôt les informations et les suggestions de ce chapitre.

Nos conseils de lieux de séjour

Pour plus d'informations sur les types d'hébergement, les services de réservation, les adresses retenues dans ce guide, reportez-vous au chapitre « S'y rendre et choisir ses adresses ».

CÔTE FLEURIE ET PAYS D'AUGE

De Cabourg à Honfleur

La Côte Fleurie et son arrière-pays, le pays d'Auge, figurent parmi les *must* de la région. Vous n'y pratiquerez cependant pas le même tourisme.

Le littoral concentre en effet l'essentiel des infrastructures touristiques et des capacités hôtelières. Le choix y est donc plus large. Ainsi, les amateurs d'ambiance *people* se rendent à **Deauville**, pour son casino, ses courses et son Festival du film américain. Les fous d'animation choisissent le port de **Honfleur** pour sa myriade de cafés et de restaurants. Les inconditionnels de calme préfèrent plutôt **Cabourg** et **Houlgate**, et les familles privilégient, quant à elles, les stations plus familiales comme Blonville, Villers-sur-Mer, Villerville et Cricqueboeuf, sans oublier **Trouville**.

Autour de Lisieux

Dans le **pays d'Auge**, l'atmosphère est tout autre. Moins d'hébergements, pas de cohue, mais des toits de chaume, des maisons à colombages, des vaches dans les prés, des vergers en fleurs, et des plateaux de fromages. Bref, tout ce qui peut combler les aficionados de **tourisme vert** et de **bonnes tables**.

S. Sauvignier / MICHELIN

Face aux falaises d'Étretat.

CÔTE D'ALBÂTRE, PAYS DE CAUX ET DE BRAY

Du Havre au Tréport

Des deux côtés de l'estuaire de la Seine, la majorité des capacités touristiques et hôtelières se situent sur le littoral, c'est-à-dire pour la rive nord, sur la **Côte d'Albâtre**. Les hautes falaises y ont limité le développement balnéaire presque linéaire qui caractérise les stations de la Côte Fleurie, si bien que les ressources se concentrent essentiellement autour de quelques pôles importants comme **Le Havre**, **Étretat**, **Fécamp**, **Dieppe** et **Le Tréport**. Entre ces stations, de jolis villages, parfois nichés au débouché d'une valleuse, servent d'étapes. Cette configuration explique l'atmosphère confidentielle de certaines plages... **Sports nautiques** et plaisirs de la pêche en famille n'en figurent pas moins à leur programme, auquel s'ajoute le GR 21 qui longe les falaises.

Entre Seine et Bresle

De son côté, l'arrière-pays divisé entre **pays de Caux** et **pays de Bray** (vers Neufchâtel) présente un visage encore plus préservé et paisible. Moins bien doté que le littoral en matière d'hébergement, il recèle cependant des trésors à découvrir depuis les manoirs isolés, jusqu'aux jardins amoureusement soignés, en passant par les abbayes et les châteaux. Les randonneurs invétérés trouveront également de nombreux sentiers, tracés ou entretenus à leur intention, qui leur permettront d'allier **tourisme vert** et **culturel**.

ROUEN ET SES ENVIRONS

Impossible d'éviter Rouen ! Postée à mi-chemin sur la Seine entre l'Île-de-France et la côte normande, la ville dessert tout le pays de Caux. Elle bénéficie en plus d'une position idéale en bordure de l'A 13, qui la relie rapidement au réseau des villes de la rive sud comme Évreux, Bernay ou Pont-Audemer. La capitale de la Haute-Normandie occupe donc une place stratégique et incontournable, ce qui explique la concentration et la diversité de son offre touristique et hôtelière, la plus importante de la région. Vous n'aurez pas de mal à trouver un toit, pourvu que vous vous y preniez un peu à l'avance, en période de festival notamment. Forte d'un riche patrimoine architectural et culturel, la destination est idéale pour un week-end, voire plus si vous souhaitez rayonner vers les Boucles de la Seine et les abbayes normandes.

LA VALLÉE DE LA SEINE

De Vernon au Havre, la Seine s'engage dans une série de méandres qui offrent des panoramas parfois spectaculaires, comme celui dévoilé au sommet de **Château-Gaillard**. Bordé d'agglomérations importantes comme **Rouen** ou **Le Havre**, ponctué de bourgs plus ou moins connus *(voir ci-après)*, son cours n'en longe pas moins des zones protégées, dont la **forêt de Brotonne** ou le **marais Vernier**, qui font partie intégrante du **Parc naturel régional des Boucles de la Seine normande**. La vallée offre donc de nombreuses possibilités touristiques.
En amont de Rouen, les incontournables sont **Giverny** et **Les Andelys**. L'hébergement ne pose pas trop de problèmes. En aval, les bords de Seine (surtout la rive gauche) se révèlent idéals pour la pratique d'un **tourisme sportif**, de nombreux itinéraires pédestres, cyclistes et équestres jalonnant en effet le Parc naturel régional. Sur la rive droite, la **route des abbayes**, Caudebec-en-

G. Targat / MICHELIN

Méandre de la Seine.

Caux, **Villequier** et Lillebonne sont autant d'étapes passionnantes pour les amateurs de **tourisme culturel**. Vous y trouverez l'essentiel des ressources hôtelières, forêt et marais occupant la majeure partie de la rive opposée.

LE PERCHE

À cheval entre Orne et Eure-et-Loir, cette région verdoyante et boisée paraît isolée aux confins de la Normandie. Une impression renforcée par l'éparpillement des possibilités d'hébergement. Elle se rallie pourtant très bien par l'A 11 ou l'axe Dreux-Alençon, qui permettent de pénétrer dans le secteur protégé du **Parc naturel régional du Perche**.
Ce dernier constitue un véritable havre de paix pour les amateurs de randonnée, de vélo ou d'équitation, qui se délectent sur les sentiers des **forêts de Bellême et de Réno-Valdieu**. Côté gastronomie, les gourmands s'arrêtent toujours à **Mortagne-au-Perche** pour son boudin noir. C'est d'ailleurs autour de cette ville, ou à Bellême, que se concentrent les ressources hôtelières.

Nos propositions d'itinéraires

Si vous êtes curieux et souhaitez visiter dans le détail un secteur limité, mais marqué par une identité particulière, nous vous proposons ci-dessous **sept itinéraires** qui regroupent les principales curiosités de la région. Ces propositions peuvent vous servir de base pour composer votre propre itinéraire. N'oubliez pas de consulter également la **carte des plus beaux sites** (dans le rabat de la couverture), qui vous invitera sans doute à faire tel ou tel crochet en fonction de vos propres goûts. Ces itinéraires peuvent évidemment être combinés entre eux. Le meilleur itinéraire sera le vôtre.

LA CÔTE FLEURIE ET LE PAYS D'AUGE

Circuit de 7 jours au départ de Honfleur (200 km)

1er jour – La découverte du **Vieux Bassin**, de la Lieutenance et de l'étonnante église **Ste-Catherine** occupe la matinée. L'après-midi, la visite des **maisons de Satie** et du **Naturospace** permet d'éviter la foule qui arpente généralement les ruelles du vieil Honfleur à ces heures-là. Les hauteurs de la Côte de Grâce offrent aussi une alternative à la cohue tout en révélant un magnifique panorama sur l'estuaire. Enfin, le début de soirée impose de prendre un verre en terrasse sur le vieux port, pour profiter des derniers rayons du soleil embrasant l'Enclos.

2e jour – Dirigez-vous vers Trouville en passant par **Cricqueboeuf** et **Villerville**, deux agréables petites stations balnéaires. Vous terminerez ainsi la matinée sur la promenade Savignac de **Trouville**, où vous pourrez admirer les villas qui s'égrènent le long du front de mer. Déjeunez dans la jolie rue des Bains ou le long de la Touques, boulevard Fernand-Moureaux. En empruntant le pont des Belges, vous serez à **Deauville** pour le café. Une fois dans la place, commencez par déambuler dans les rues pour repérer les plus belles villas, avant d'arpenter ensuite les planches, le long de la plage. Les amateurs de calme préféreront peut-être une excursion vers le **mont Canisy** ou, en juillet et août, une halte dans le **parc Calouste-Gulbenkian**, afin de sortir de l'animation *people* de la station.

3e jour – En route vers Cabourg, le littoral vous réserve quelques surprises comme la vision des **Vaches Noires** à Villers-sur-Mer. Essayez de vous trouver en fin de matinée à **Houlgate** : vous pourrez ainsi flâner tranquillement dans la station à la recherche des plus belles villas avant de déguster un plateau de fruits de mer bien mérité. Un peu de farniente sur la plage et l'après-midi se poursuit à **Dives-sur-Mer**, connu pour ses belles halles des 14e et 15e s. Votre périple le long de la Côte Fleurie s'achève dans le très calme **Cabourg** où vous passerez la nuit.

4e jour – La jolie chapelle de **Clermont-en-Auge** et le charmant village de **Beuvron-en-Auge** constituent une agréable entrée en matière avant la découverte du château de **Crèvecœur-en-Auge**, à l'architecture si typique du **pays d'Auge**. Après avoir déjeuné à **Cambremer**, profitez d'une agréable halte dans les **jardins du pays d'Auge**. La journée se termine à **Lisieux** où il ne faut pas manquer de visiter la cathédrale et la basilique.

5e jour – Tentez le matin un crochet à l'est, vers le **parc CERZA**, avant de visiter le joli château de **St-Germain-de-Livet** et **le manoir de Coupesarte**, au sud de Lisieux. **Vimoutiers**, ville du camembert, s'impose pour le déjeuner. Cette découverte gastronomique peut se poursuivre à **Camembert**, plus au sud. Dans l'après-midi, n'hésitez pas à faire un détour à l'ouest pour découvrir le prieuré de **St-Michel-de-Crouttes**, idéal pour une petite halte à la fois digestive, bucolique et culturelle. Reprenez ensuite la route, direction **Orbec**, au nord-est, puis Bernay.

6e jour – Visitez l'église abbatiale de **Bernay**, sa basilique et son musée, avant de vous rendre au château d'**Harcourt**, qu'un bel arboretum entoure. Déjeunez à **Brionne** puis consacrez votre début d'après-midi à la superbe abbaye du **Bec-Hellouin**. Filez ensuite plus à l'ouest où les circuits de randonnées de Montfort-sur-Risle, Lieurey et Cormeilles, ainsi que la distillerie de cette dernière, vous permettront de terminer agréablement la journée. **Pont-Audemer** paraît tout indiquée pour le soir.

7e jour – Après avoir admiré les vitraux de l'église St-Ouen de Pont-Audemer, le voyage gastronomique en pays d'Auge mène à **Pont-l'Évêque**. La visite du musée de l'Automobile vous fera patienter jusqu'au déjeuner. Rentrez ensuite profiter une dernière fois des charmes de Honfleur.

MISE AU VERT DANS LE PERCHE ET LE PAYS D'OUCHE

Circuit de 5 jours au départ de Verneuil-sur-Avre (250 km)

1er jour – Partez de Verneuil-sur-Avre en direction du Parc naturel régional du Perche. Première étape de cette route verte : une halte dans le joli village de **Longny-au-Perche** puis à **Monceaux-au-Perche** d'où partent de belles randonnées. Prévoyez un pique-nique. De là, vous gagnez Nocé et le **manoir de Courboyer** qui abrite la Maison du Perche, riche en informations sur les circuits pédestres de la région. Bellême vous accueillera pour le soir.

2e jour – Le matin est idéal pour arpenter l'un des sentiers de la forêt de Bellême aux alentours de **St-Martin-du-Vieux-Bellême** ou du très joli village de La Perrière. Après avoir déjeuné à Bellême, un crochet vers le prieuré de **Ste-Gauburge**

Percheron.

et la visite de l'écomusée du Perche s'imposent. Du prieuré ou de Préaux-du-Perche, un peu plus loin, de beaux chemins de randonnée s'offrent à vous. Pour la soirée, choisissez **Mortagne-au-Perche**, capitale du boudin noir.

3e jour – Là encore, de belles échappées pédestres sont envisageables, notamment en **forêt de Réno-Valdieu**, dont certains arbres ont plus de 350 ans. Vous quittez en fin de journée le Parc naturel régional pour gagner l'**Aigle**.

4e jour – Après une halte à **St-Évroult-Notre-Dame-du-Bois** pour admirer les vestiges de l'ancienne abbaye, suivie d'une pause-déjeuner à **Broglie**, plus au nord, profitez de l'après-midi pour découvrir **Bernay**, dont l'église abbatiale et les rues ponctuées de vieilles demeures vous retiendront un petit moment. Faites-y étape.

5e jour – Destination **Conches-en-Ouche**. En chemin, **Beaumesnil** et son château figurent parmi les points forts du circuit. Parvenu à Conches, entrez dans l'église Ste-Foy, visitez le musée du Verre et prévoyez d'y déjeuner. Vous regagnerez ensuite **Verneuil-sur-Avre** où vous découvrirez l'église de la Madeleine, ainsi qu'une succession de maisons anciennes.

L'EURE ET LE NEUBOURG

Circuit de 5 jours au départ de Dreux (200 km)

1er jour – La visite de **Dreux** et de la chapelle royale St-Louis permet un beau voyage dans le temps. Après le déjeuner, vous gagnez la forteresse de **Nonancourt**. Ce parcours historique se poursuit à **Évreux** dont vous visitez la cathédrale et le musée. Réservez la fin de la journée pour une promenade le long des berges de l'Iton.

2e jour – Un crochet vers l'est vous amène plus d'un millénaire en arrière sur les traces du Vieil-Évreux au **Gisacum**. Vous pouvez ensuite aller au **Neubourg** avant de découvrir le parc et le château du **Champ-de-Bataille**. Le **parcours de découverte** du massif de Champ-de-Bataille, mitoyen, occupera votre fin d'après-midi. Pour la soirée, filez vers la cité textile d'**Elbeuf**.

3e jour – Le matin, vous vous dirigez vers le site du moulin Amour de **St-Ouen-de-Pontcheuil** et vers les sources de l'**Oison**. Après une pause-déjeuner en bordure de Seine à **Pont-de-l'Arche**, prenez plein sud pour parvenir à **Acquigny**, dont le château possède une agréable orangerie. En chemin, vous vous serez arrêté dans la **forêt de Louviers** pour suivre l'un des nombreux chemins de randonnée. Réservez un lit à **Louviers**.

4e jour – Un coup d'œil à l'église Notre-Dame et vous voilà parti pour les méandres de la Seine et le beau château de **Gaillon**, plus en amont. Longez le fleuve jusqu'à Vernon où vous déjeunerez avant de visiter le magnifique château de **Bizy** aux beaux intérieurs Empire. En fin d'après-midi, arpentez les jolies ruelles de la ville, voyez l'église Notre-Dame de Vernon et terminez par la promenade de la côte **St-Michel**, qui dévoile de belles perspectives sur la vallée de la Seine.

5e jour – Le matin, après un arrêt à **Pacy-sur-Eure**, ne manquez pas l'étonnant site du château d'**Ivry-la-Bataille** qui vous plonge près de dix siècles en arrière. Vous pouvez éventuellement y pique-niquer avant de gagner le château d'**Anet**, exemple typique de l'architecture Renaissance. Le circuit se termine à Dreux.

LE VEXIN NORMAND

Circuit de 4 jours au départ de Giverny (250 km)

1er jour – Entre le musée d'Art américain et la maison Claude-Monet, une petite randonnée sur les hauteurs du village vous offre un autre point de vue sur celui-ci. En récompense, une halte au mythique restaurant-musée Baudy s'impose. En longeant ensuite la Seine en direction des **Andelys** laissez-vous surprendre par le site de **Château-Gaillard**. Vous pouvez partir à pied à la découverte de la forteresse en laissant votre véhicule aux Andelys, où vous passez la nuit.

2e jour – En continuant à suivre la Seine, vous parvenez aux **écluses d'Amfreville**. Après avoir contemplé leur spectacle, revenez légèrement sur vos pas et gagnez l'abbaye de **Fontaine-Guérard** en empruntant d'abord la très belle **côte des Deux-Amants**. Prévoyez un pique-nique pour la route. Afin d'approfondir vos connaissances en architecture religieuse, filez à **Écouis** visiter la belle collégiale Notre-Dame, puis continuez plus à l'est vers l'abbaye de **Mortemer**. Pour la nuit, arrêtez-vous à **Lyons-la-Forêt**.

3e jour – Profitez de la matinée pour une escapade verte sur les très beaux sentiers de randonnée de la **forêt de Lyons**, en prévoyant un pique-nique ou un retour sur Lyons-la-Forêt pour le déjeuner. Dans l'après-midi, poussez jusqu'au château de **Vascœuil**, pour découvrir son parc de sculptures et son colombier. Vous vous dirigerez ensuite vers **Forges-les-Eaux**, en vous arrêtant au passage au jardin de **Bois-Guilbert**.

4e jour – En redescendant vers Gisors, un détour par le joli village de **Beauvoir-en-Lyons** ne saurait vous décevoir, et surtout pas le panorama qu'il procure sur la vallée de la Bray. À **Gisors** même, la visite du château fort et de l'église St-Gervais-et-St-Protais achève parfaitement ce parcours dans l'architecture royale et religieuse du Vexin.

S. Sauvignier / MICHELIN

Château-Gaillard aux Andelys.

EN ROUTE VERS L'ESTUAIRE

Circuit de 5 jours au départ de Rouen (270 km)

1er jour – Vous commencez et terminez ce circuit par la visite de Rouen, de ses vieux quartiers, de ses nombreux musées et de sa cathédrale.

2e jour – Cette journée se place sous le signe des abbayes qui jalonnent la rive droite de la Seine, en aval de Rouen. La première, celle de **St-Martin-de-Boscherville**, mérite le détour pour sa très belle église et son domaine abbatial. La suivante, **Jumièges**, impressionne par la splendeur de ses ruines. Entre les deux, prenez le temps de suivre quelques sentiers de randonnées aux abords de **Duclair**. Vous terminerez votre tournée par la visite du cloître et de l'église de **St-Wandrille**, avant de faire étape à **Caudebec-en-Caux** pour la nuit.

3e jour – Partagez votre matinée entre l'église Notre-Dame de Caudebec et le musée Victor-Hugo de **Villequier**, puis occupez agréablement votre après-midi au château d'**Ételan** et à **Lillebonne**. La soirée vous verra attablé à Honfleur, que vous aurez rejoint en traversant le pont de Normandie.

4e jour – La découverte du **Parc naturel des Boucles de la Seine** débute par le **marais Vernier**, au point d'observation de **Ste-Opportune-la-Mare**, plus en amont de l'estuaire. Poussez jusqu'à **Quillebeuf** et revenez-en par la **pointe de la Roque**. De beaux sentiers pédestres balisés n'attendent ensuite que vous aux abords de Foulbec, Conteville et St-Sulpice-de-Grimbouville, de l'autre côté de la Risle. Le soir, faites route au sud-est et ralliez **Pont-Audemer**.

5e jour – Après avoir admiré les vitraux de l'église St-Ouen, tournez le dos à Pont-Audemer et regagnez les berges de la Seine pour découvrir **Vieux-Port**, **Vatteville-la-Rue** et **N.-D.-de-Bliquetuit**, où se trouve la maison du Parc. Là, vous trouverez toutes les informations voulues sur les différents sentiers de randonnée de la **forêt de Brotonne**. Revenez vers Rouen en suivant les méandres, ou bien coupez directement vers l'est par l'A 13, afin de rejoindre les **roches d'Orival**, au nord d'Elbeuf. Elles offrent une vue dégagée sur la Seine.

ENTRE PAYS DE CAUX ET PAYS DE BRAY

Circuit de 5 jours au départ de Dieppe (250 km)

1er jour – Consacrez cette première journée à Dieppe en commençant par entreprendre l'ascension de la falaise depuis le Pollet. Vous n'en goûterez que mieux la saveur d'un déjeuner quai Henri-IV ! L'après-midi sera consacré à la découverte du château-musée, de la ville, du port et de la plage.

2e jour – Le circuit débute par la visite des ruines de la forteresse d'**Arques-la-Bataille**, au sud-est de Dieppe, puis celle du **château de Miromesnil**. En saison, il se poursuit par une halte au parc floral William-Farcy d'**Offranville**, avant de bifurquer plein sud en direction du château de **Bosmelet** et de son potager. Leur succèdent les clos du **jardin Agapanthe** à Grigneuseville, et le **jardin de Bellevue**, à Beaumont-le-Hareng. Interruption à **St-Saëns** pour la nuit.

A. de Valroger / MICHELIN

Jardin Agapanthe à Grigneuseville.

3e jour – Dès le matin, perdez-vous dans la très belle **forêt d'Eawy** : elle compte de nombreux sentiers de randonnée. Pique-niquez-y et prenez ensuite l'A 29, qui vous mènera non loin de **Clères** et de son parc zoologique. Ce dernier abrite une foule d'espèces menacées. Prenez le temps de les découvrir avant de gagner en fin de journée **Forges-less-Eaux** (à l'est), *via* **Buchy** et **Bosc-Bordel**.

4e jour – Direction Eu, non sans flâner d'abord un peu dans Forges. En remontant vers le nord, une étape à **Neufchâtel-en-Bray** s'impose, pour faire provision de son célèbre fromage. En reprenant la route, n'hésitez pas à bifurquer vers **Mesnières-en-Bray** pour en visiter le château, puis filez vers la **forêt d'Eu** pour y pique-niquer et vous y promener.

5e jour – Consacrez cette journée à la visite des trois villes sœurs : **Eu**, **Le Tréport** et **Mers-les-Bains.** À Eu, ne manquez pas la collégiale Notre-Dame, le château et la chapelle du Collège. Promenez-vous ensuite au Tréport et franchissez la Bresle pour vous aventurer dans la charmante Mers, déjà picarde. Retournez ensuite vers Dieppe par la côte.

LA CÔTE D'ALBÂTRE

Circuit de 6 jours au départ de Dieppe (200 km)

1er jour – Le matin, promenez-vous dans Dieppe et gagnez les hauteurs du Pollet. Vous pouvez, l'après-midi, visiter le château-musée et profiter de la plage.

2e jour – Un tour de roue vers l'ouest vous mènera à **Varengeville-sur-Mer**, où se trouve le très beau parc floral du bois des Moustiers. L'après-midi, poursuivez votre itinéraire côtier en passant par **Veules-les-Roses** et par les **valleuses.** N'hésitez pas à faire un crochet au **cap Fagnet**, juste au nord de **Fécamp** pour profiter d'un superbe point de vue sur la ville.

3e jour – **Fécamp**. Consacrez votre matinée à la visite de l'abbatiale de la Trinité et du palais Bénédictine. Après une pause-déjeuner sur le quai Bérigny, le musée des Terre-Neuvas ne manquera de vous intéresser. En milieu d'après-midi, vous pouvez reprendre la route, toujours en suivant la côte, pour rallier **Étretat**, en vous ménageant des haltes à **Yport** et à **Vaucottes**.

4e jour – Les falaises d'Amont et d'Aval d'**Étretat** constituent de fabuleux buts d'excursion avant la visite du Clos Lupin. L'après-midi, le circuit continue en direction du Havre. N'hésitez pas à vous arrêter en chemin au bout de la valleuse de **Bruneval**, elle offre un beau panorama sur la cité portuaire où vous dormirez.

5e jour – Visitez le musée Malraux et l'appartement-témoin Auguste-Perret, pour lequel vous aurez au préalable réservé auprès de l'office de tourisme. Promenez-vous aussi du côté des docks. Après un déjeuner pris du côté des halles, partez à la découverte de l'arrière-pays cauchois en remontant jusqu'au sud de Fécamp vers l'abbaye de **Valmont** et les jardins d'Art et d'Essai de **Normanville**. Continuez par **Cany** et **Cany-Barville**. La charmante **St-Valery-en-Caux** vous accueillera pour la nuit.

6e jour – Paressez sur la plage de St-Valery, suivez le sentier des douaniers et restaurez-vous dans le quartier des quais. Le circuit vous ramène ensuite à Dieppe, non sans faire un détour par la vallée du Dun.

Nos idées de week-end

Nous les avons voulues variées pour qu'en fonction de vos envies et de la saison vous choisissiez celle qui vous convient le mieux. La plupart nécessitent une voiture.

ROUEN

Découvrez Rouen, « Ville d'art et d'histoire », en commençant par la visite de la **cathédrale**. Vous pouvez ensuite parcourir les rues animées du **vieux Rouen**, admirer ses innombrables façades à colombages, ses multiples églises et les monuments du centre. Remémorez-vous aussi le souvenir de Jeanne d'Arc, son procès et l'emplacement de son bûcher, **place du Vieux-Marché** où, le samedi matin, se tient un agréable marché. Après avoir déjeuné sur place, vous choisirez, selon vos centres d'intérêt, entre les différents musées de Rouen : peinture au

musée des Beaux-Arts, arts décoratifs au **musée de la Céramique**, ferronnerie du musée **Le Secq des Tournelles**, archéologie au **musée départemental des Antiquités**, etc. Le lendemain, consacrez un peu de temps à l'agréable **Jardin des Plantes** avant de visiter les musées que vous n'avez pas vus la veille.

Pensez aux week-ends thématiques organisés par la ville de Rouen *(voir « Budget » p. 26)*.

DEAUVILLE ET LA CÔTE FLEURIE

Début septembre, pendant le Festival du cinéma américain, laissez-vous emporter vers Deauville la fiévreuse pour un week-end très *people* tout en strass et paillettes. Entre deux toiles, vous découvrirez l'animation des **planches**, la « plage fleurie », les villas centenaires et les prestigieuses enseignes. Le soir, en traversant la Touques, vous irez savourer un plateau de fruits de mer bien frais à **Trouville**. Le deuxième jour, si votre passion pour le septième art a été rassasiée, partez rayonner sur la Côte Fleurie, à l'est vers le très bel **Honfleur** ou à l'ouest vers **Houlgate** et **Cabourg** pour admirer une nouvelle fois l'architecture balnéaire de ce petit bout de côte et partir sur les pas des impressionnistes et de quelques grands écrivains…

HONFLEUR

Promenez-vous autour du **Vieux Bassin** le matin, c'est le moment où la lumière frappe les maisons du **quartier Ste-Catherine**. Son église fait d'ailleurs partie des incontournables de la ville avec ses deux nefs et son clocher séparé. Déjeunez sur le port, puis consacrez votre après-midi à la visite des musées : celui du vieil Honfleur, le musée Eugène-Boudin et les **maisons Satie**. L'étonnant jardin tropical du **Naturospace** offre aussi une alternative intéressante. Le lendemain,

E. Benard / MICHELIN

Le port de Honfleur.

quittez Honfleur en passant par la Côte de Grâce, au-dessus de la ville, d'où l'on jouit d'un magnifique panorama sur l'estuaire. Vous pouvez ensuite poursuivre vers quelques sites de la Côte Fleurie en direction de Deauville ou aller jusqu'à Houlgate et Cabourg.

LE HAVRE ET LE MARAIS VERNIER

Le week-end débute par une flânerie dans le centre du Havre afin de s'imprégner du style Perret. Une halte au **musée Malraux**, renommé pour sa collection de toiles d'Eugène Boudin et pour la donation Senn-Foulds, précédera un déjeuner pris vers le marché couvert. Après la passionnante visite guidée de l'**appartement-témoin Auguste-Perret** *(s'inscrire au préalable)*, vous quittez Le Havre en empruntant le pont de Normandie pour profiter d'une fin de journée et d'une soirée à **Honfleur**, autour du Vieux Bassin. Le lendemain, empruntez la très jolie route des chaumières en direction du **marais Vernier**. L'observatoire de **Ste-Opportune-la-Mare** permet d'en admirer les oiseaux. Vous pouvez alors rejoindre Foulbec, Conteville ou St-Sulpice-de-Grimbouville pour de belles **randonnées**.

ÉTRETAT ET FÉCAMP

À peine arrivé à Fécamp, posez vos bagages et filez vers le **palais Bénédictine** pour tout apprendre d'un alcool renommé, dont vous ne manquerez pas de vous lester de quelques bouteilles en quittant le musée… Un coup d'œil à l'**abbatiale de la Trinité** et il sera l'heure de déjeuner le long du quai Bérigny, avant de découvrir le très beau **musée des Terre-Neuvas**. Au coucher du soleil, tâchez de vous trouver au cap Fagnet, juste au nord de la ville, pour profiter d'un magnifique point de vue sur le port et la mer embrasés. La journée du dimanche se partage quant à elle entre les deux falaises d'**Étretat** et la **valleuse d'Antifer**, que l'on rejoint par le village du Tilleul *(3,5 km au sud d'Étretat)*. Elle mène, par un joli chemin, à une plage où vous pourrez paresser avant d'entreprendre la route du retour.

LE PERCHE

Votre mise au vert commence par la visite du **manoir de Courboyer** et de l'écomusée du Perche au **prieuré de Ste-Gauburge**. Profitez-en pour compléter votre documentation sur les sentiers de randonnée du Perche. Certains partent du prieuré. De La Perrière et de St-Martin-du-Vieux-Bellême, très large choix de **promenades** également. Dormez à **Mortagne-au-Perche**, dont vous dégusterez la grande spécialité culinaire : le boudin noir. Au programme du lendemain : à nouveau des randonnées, en **forêt de Réno-Valdieu** cette fois. Ne manquez pas en repartant de faire un crochet par **La Chapelle-Montligeon** et **Monceaux-au-Perche**.

LES JARDINS DE NORMANDIE

Une autre idée de week-end très vert, à entreprendre notamment au printemps, consiste à découvrir les plus beaux jardins de la région. Il peut commencer à l'est de Rouen, par les jolis **jardins d'Angélique**, à Montmain, avant de continuer avec le parc à l'anglaise du château de **Vandrimare**. L'après-midi, vous prenez la direction de Dieppe, en vous arrêtant successivement aux **jardins de Bellevue** à Beaumont-le-Hareng, et ceux **d'Agapanthe** à Grigneuseville. Le deuxième jour vous réserve de belles flâneries dans le **parc floral du bois des Moustiers**, à Varengeville-sur-Mer, dans le jardin potager du château de **Miromesnil**. La route du retour pourra vous surprendre dans le parc « aux cent sculptures » de **Bois-Guilbert**.

Les atouts de la région au fil des saisons

Océanique, le climat normand se révèle très changeant. Il ne pleut pourtant pas plus qu'à Bordeaux mais il y pleut plus souvent. Vous serez donc peut-être parfois surpris par quelques gouttes, mais sous ces latitudes, elles ne tombent jamais longtemps, et il y a fort à parier que vous jouirez pendant votre séjour de belles journées ensoleillées.

BELLE SAISON

Début **mai**, à l'heure où la nature explose, la région est un véritable enchantement. Un festival de couleurs s'offre alors au regard : palette allant du blanc neige au rose pâle des pommiers en fleur qui se détachent sur un fond vert prairie, jaune radieux des vastes champs de colza. Le printemps est idéal pour les randonneurs, qui profitent de l'éclat particulier du paysage et de la longueur des jours.

C'est **l'été**, à la saison des bains de mer, que la Normandie est néanmoins la plus prisée. La Côte Fleurie et la Côte d'Albâtre sont alors très recherchées, notamment par les Parisiens qui viennent nombreux chercher le bon air du large et la fraîcheur de l'eau. Ils apprécient tout autant l'arrière-pays, qui peut se sillonner sous des températures clémentes.

AUTOMNE-HIVER

Lorsque les jours raccourcissent et que la lumière faiblit, les tons jaunes et ocres, dont se pare la campagne, apportent leur cortège de saveurs. L'**automne** sied à la Normandie. Arrive alors le temps de la récolte des pommes et des champignons (Perche) et des jolies promenades dans les nombreuses forêts de la région. La saison est aussi idéale pour les visites culturelles, car abbayes et châteaux y sont moins pris d'assaut. Ne manquez pas non plus les grandes marées d'équinoxe *(voir chapitre ci-après)*.

Quant à **l'hiver**, les couleurs glacées, les ciels plus chargés et les plages désertées rendent savoureuse la découverte du littoral. Le moment est particulièrement bien choisi pour une escapade culturelle à Rouen, ou pour une échappée dans le charmant port de Honfleur, histoire de le découvrir sous un aspect confidentiel.

LA MARÉE ET SES SECRETS

Sur la côte normande, il importe de se familiariser avec le rythme des marées, division du temps presque aussi importante que le jour et la nuit.

Le rythme des marées

Le phénomène, spectaculaire en Manche, est dû à l'attraction de la lune et, dans une moindre mesure, à celle du soleil. Lorsque la lune est au-dessus de la mer, elle attire l'eau vers elle : le niveau monte et la mer s'avance sur la côte – c'est le flux ou flot – jusqu'à la marée haute. Six heures plus tard (la terre a fait un quart de tour sur elle-même), la lune n'est plus au-dessus de l'eau et l'attraction

Coefficient de marée : proportionnel à l'amplitude de la marée, il s'exprime en centièmes.	
Coef. 120	Marée exceptionnelle de vive-eau ;
Coef. 95	Marée moyenne de vive-eau ;
Coef. 70	Marée moyenne ;
Coef. 45	Marée moyenne de morte-eau ;
Coef. 20	Marée la plus faible de morte-eau.

Quel temps pour demain ?

Services téléphoniques de Météo France – Taper **3250** suivi de :

1 – toutes les prévisions météo départementales jusqu'à 7 jours (DOM-TOM compris) ;

2 – La météo de votre commune ;

3 – La météo de la mer, des plages et de toutes vos activités nautiques ;

4 – La météo de vos sorties en montagne ;

5 – La météo des routes ;

6 – La météo de vos voyages.

Accès direct aux prévisions du département – ✆ **0 892 68 02** suivi du numéro du département *(0,34 €/mn)*.

Toutes ces informations sont également disponibles sur **www.meteo.fr.**

fléchit : la mer se retire – c'est le reflux ou jusant – jusqu'à la marée basse.

La marée haute attire les baigneurs, qui n'ont pas à parcourir de longues étendues de sable pour trouver l'eau et perdre pied. La marée basse, en revanche, est attendue par les pêcheurs de crabes, crevettes, moules, coques…, qui explorent les rochers et les fonds sableux découverts.

Vive-eau, morte-eau

Quand le soleil et la lune sont à peu près alignés par rapport à la terre, l'attraction s'amplifie : c'est la **marée de vive-eau** (grande marée), qui se produit tous les 15 jours, lors de la pleine lune ou de la nouvelle lune. Les plus grandes marées coïncident avec les **équinoxes**. Lorsque la direction du soleil est perpendiculaire à celle de la lune par rapport à la terre, l'attraction est contrariée et la marée faiblit : c'est la **marée de morte-eau** (marnage minimal) qui se produit lors du premier et du dernier quartier de la lune.

Le service hydrographique de la Marine publie tous les ans un annuaire des marées des côtes de France qui donne, jour par jour, les horaires de pleine et basse mer.

S'Y RENDRE ET CHOISIR SES ADRESSES

Où s'informer avant de partir

LES ADRESSES UTILES

Ceux qui aiment préparer leur voyage dans le détail peuvent rassembler la documentation utile auprès des professionnels du tourisme de la région, qui disposent notamment de cartes touristiques, de brochures sur l'hébergement et la restauration ainsi que des dépliants sur les différentes activités proposées.

Outre les adresses indiquées ci-dessous, sachez que les coordonnées des offices du tourisme ou des syndicats d'initiative des villes et sites décrits dans ce guide sont données systématiquement dans les **encadrés pratiques** des villes et sites, à la rubrique « Adresses utiles ».

Comité régional de tourisme

14 r. Charles-Corbeau - 27000 Évreux - ✆ 02 32 33 79 00 - www.normandie-tourisme.fr.

Comités départementaux de tourisme

Calvados – 8 r. Renoir - 14054 Caen Cedex 4 - ✆ 02 31 27 90 30 - www.calvados-tourisme.com.

Eure – 3 r. du Cdt-Letellier - BP 367 - 27003 Évreux cedex - ✆ 02 32 62 04 27 - www.cdt-eure.fr.

Eure-et-Loir – 10 r. du Dr-Maunoury - BP 67 - 28002 Chartres Cedex - ✆ 02 37 84 01 00 - www.tourisme28.com - réserv. d'hébergements (Gîtes de France et Clévacances).

Ville de Vernon

L'office du tourisme de Vernon.

Orne – 86 r. St-Blaise - BP 50 - 61002 Alençon Cedex - ✆ 02 33 28 88 71 - www.ornetourisme.com.

Sarthe – 19 bis r. de l'Étoile - 72000 Le Mans - ✆ 02 43 40 22 50 - www.tourisme.sarthe.com.

Seine-Maritime – 6 r. Couronné - BP 60 - 76420 Bihorel - ✆ 02 35 12 10 10 - www.seine-maritime-tourisme.com.

Environnement, parcs naturels

Ce sont des paradis pour les amateurs d'activités de plein air. Dans ces espaces protégés, des structures sont mises en place pour aider à la découverte de la nature par une initiation à la connaissance de la faune et de la flore, et par la sensibilisation aux problèmes liés à l'environnement. Les activités sportives sont nombreuses et varient suivant les saisons.

Deux Parcs naturels régionaux sont à découvrir en Haute-Normandie : celui des Boucles de la Seine normande *(voir ce nom)* et celui du Perche *(voir ce nom)*.

Maison du Parc naturel régional des Boucles de la Seine normande – 76940 Notre-Dame-de-Bliquetuit - ✆ 02 35 37 23 16 - www.pnr-seine-normande.com.

Maison du Parc naturel régional du Perche – Domaine et manoir de Courboyer - 61340 Nocé - ✆ 02 33 25 70 10 - www.parc-naturel-perche.fr.

Fédération des parcs naturels régionaux de France – Fédération des parcs naturels régionaux de France - 9 r. Christiani - 75018 Paris - ✆ 01 44 90 86 20 - www.parcs-naturels-regionaux.fr.

Union nationale des centres permanents d'initiatives pour l'environnement – 26 r. Beaubourg - 75003 Paris - ✆ 01 44 61 75 35 - www.cpie.fr. Les centres organisent des séjours et week-ends de découverte de l'environnement et du patrimoine. En Normandie, seul existe le CPIE suivant :

CPIE Vallée de l'Orne – Enceinte de l'abbaye aux Hommes - 14054 Caen Cedex 4 - ✆ 02 31 30 43 27 - www.cpievdo.fr -13 avr.-31 oct. : 14h-18h ; reste de l'année : merc. 13h30-17h30.

Renseignements sur Internet

Outre les sites des comités régionaux et départementaux de tourisme mentionnés ci-dessus, voici quelques adresses utiles à retenir :

www.normandienet.tm.fr – le magazine de la Normandie sur Internet avec des articles sur les lieux clés de la région.

www.normandieweb.org – ce site référencie toutes les communes de Normandie et raconte leur histoire ou des anecdotes qui leur sont liées. Propose également les recettes des plats traditionnels.

www.normandie-qualite-tourisme.com – le site du label Normandie Qualité Tourisme (qui garantit la qualité des prestations).

www.rouentourisme.com – pour tout savoir sur l'actualité de Rouen et préparer son séjour.

www.lehavretourisme.com – pour organiser son voyage et connaître les événements de la ville.

www.pays-auge-culture.org – toute l'actualité culturelle du pays d'Auge : les festivals et manifestations, les musées et les sites ouverts au public.

www.mondes-normands.caen.fr – toute l'histoire et tout le patrimoine archéologique et architectural de la région. Présente aussi le rayonnement normand en Europe.

www.fromages.org – pour tout savoir sur les fromages normands, leur histoire, leurs caractéristiques.

Et les sites répertoriant les lieux d'hébergement et de restauration, de loisirs et de visite de chaque pays :

www.paysdeshautesfalaises.org – autour de Fécamp ;

www.cauxmaritime.com – autour de St-Valery-en-Caux ;

www.terroir-de-caux-tourisme.fr – autour de Dieppe ;

www.paysdebray.org ;

www.pays-auge.fr ;

www.pays-d-ouche.com ;

www.tourisme-avre-iton.com ;

www.ot-pays-evreux.fr.

www.tourisme.fr/recherche/index.htm – très pratique, ce site vous permet de trouver rapidement les coordonnées des offices de tourisme et syndicats d'initiative de France en tapant le nom de la commune, ou en faisant une simple recherche par ordre alphabétique.

Serveur vocal

Pour appeler directement un **office de tourisme** ou un **syndicat d'initiative**, sans en avoir les coordonnées, il vous suffit de composer le **3265** (0,34 €/mn) sur votre téléphone à la demande de l'opératrice et de prononcer distinctement le nom de la commune désirée. Vous serez alors mis en communication avec l'organisme souhaité.

TOURISME DES PERSONNES HANDICAPÉES

Un certain nombre de curiosités décrites dans ce guide sont accessibles aux personnes à **mobilité réduite**, elles sont signalées par le symbole ♿. Le degré d'accessibilité et les conditions d'accueil variant toutefois d'un site à l'autre, il est recommandé d'appeler avant tout déplacement.

Accessibilité des infrastructures touristiques

Lancé en 2001, le **label national Tourisme et Handicap** est délivré en fonction de l'accessibilité des équipements touristiques et de loisirs au regard des quatre grands handicaps : auditif, mental, moteur ou visuel.

À ce jour, plus de 2 000 sites labellisés (hébergement, restauration, musées, équipements sportifs, salles de spectacle, etc.) ont été répertoriés en France. Vous pourrez en consulter la liste (classée par type de handicap, région ou type d'activité) sur le site Internet de Maison de France à l'adresse suivante : **www.franceguide.com.**

Le magazine *Faire Face* publie chaque année, à l'intention des personnes en situation de handicap moteur, un hors-série intitulé *Guide Vacances*. Cette sélection de lieux et offres de loisirs est disponible sur Internet ou sur demande (5,30 €, frais de port non compris) auprès de :

L'**Association des paralysés de France** : APF - direction de la Communication - 17 bd Auguste-Blanqui - 75013 Paris - faire-face@apf.asso.fr - www.apf.asso.fr.

Pour de plus amples renseignements au sujet de l'accessibilité des musées aux personnes atteintes de handicaps moteurs ou sensoriels, consultez le site **http://museofile.culture.fr**, qui répertorie nombre de musées français.

Pour le département du **Calvados**, un guide téléchargeable gratuitement présente l'ensemble des adresses (hôtels, restaurants, sites touristiques, plages) adaptées aux handicapés moteur (choix validé par un représentant de l'APF) - www.calvados-tourisme.com *(rubrique « Tourisme adapté »).*

Accessibilité des transports

Train – Disponible gratuitement dans les gares et boutiques SNCF ou sur le site www.voyages-sncf.com, le *Mémento du voyageur handicapé* donne des renseignements sur l'assistance à l'embarquement et au débarquement, la réservation de places spéciales, etc. Vous pourrez le recevoir à domicile en écrivant à Mission Voyageurs Handicapés - 209-211 r. de Bercy - 75585 Paris Cedex 12.

À retenir également, le numéro vert SNCF Accessibilité Service : ✆ 0 800 154 753.

G. Targat / MICHELIN

La gare de Deauville-Trouville.

Avion – Air France propose aux personnes handicapées le service d'assistance Saphir, avec un numéro spécial : ✆ 0 820 012 424. Pour plus de détails, consultez le site www.airfrance.fr.

Publié chaque année par Aéroguide éditions (47 av. Léon-Gambetta - 92120 Montrouge - ✆ 01 46 55 93 43), l'*Aéroguide France : aéroports mode d'emploi* (59 €, frais de port non compris) donne quant à lui de précieux renseignements sur les services et assistances aux personnes handicapées dans les aéroports et aérodromes français.

Pour venir en France

Voici quelques informations pour les voyageurs étrangers en provenance de pays francophones comme la Suisse, la Belgique ou le Canada.

Pour en savoir plus, consultez le site de la Maison de la France **www. franceguide.com**.

En cas de problème, voici les coordonnées des ambassades :

Ambassade de Suisse – 142 r. de Grenelle - 75007 Paris - ✆ 01 49 55 67 00 - www.eda.admin.ch/paris.

Ambassade du Canada – 35-37 av. Montaigne - 75008 Paris - ✆ 01 44 43 29 00 - www.amb-canada.fr.

Ambassade de Belgique – 9 r. de Tilsitt - 75017 Paris - ✆ 01 44 09 39 39 (en cas d'urgence seulement) - www. diplomatie.be/paris.

FORMALITÉS

Pièces d'identité

La carte nationale d'identité en cours de validité ou le passeport (même périmé depuis moins de 5 ans) sont valables pour les ressortissants des pays de l'Union européenne, d'Andorre, du Liechtenstein, de Monaco et de Suisse. Pour les Canadiens, il n'y a pas besoin de visa mais d'un passeport valide.

Santé

Les ressortissants de l'Union européenne bénéficient de la gratuité des soins avec la **carte européenne d'assurance maladie**. Comptez un délai d'au moins deux semaines avant le départ (fabrication et envoi par la poste) pour obtenir la carte auprès de votre caisse d'assurance maladie. Nominative et individuelle, elle remplace le formulaire E 111 ; chaque membre d'une même famille doit en posséder une, y compris les enfants de moins de 16 ans.

Véhicules

Pour le conducteur : permis de conduire à trois volets ou permis international. Outre les papiers du véhicule, il est nécessaire de posséder la carte verte d'assurance.

QUELQUES RAPPELS

Code de la route

Sachez que la **vitesse** est généralement limitée à 50 km/h dans les villes et agglomérations, à 90 km/h sur le réseau courant, à 110 km/h sur les voies rapides et à 130 km/h sur les autoroutes.

Le port de la **ceinture** de sécurité est obligatoire à l'avant comme à l'arrière.

Le taux d'**alcoolémie** maximum toléré est de 0,5 g/l.

Argent

La monnaie est l'**euro**. Les chèques de voyage et les principales **cartes de crédit** internationales sont acceptées dans presque tous les commerces, hôtels

Changement de numérotation routière

Sur de nombreux tronçons, les routes nationales passent sous la direction des départements. Leur numérotation est en cours de modification. La mise en place sur le terrain a commencé en 2006, mais devrait se poursuivre sur plusieurs années. De plus, certaines routes n'ont pas encore définitivement trouvé leur statut au moment où nous bouclons la rédaction de ce guide. Nous n'avons donc pas pu reporter systématiquement les changements de numéros sur l'ensemble de nos cartes et textes.

Dans la majorité des cas, on retrouve le n° de la nationale dans les derniers chiffres du numéro de la départementale qui la remplace. Exemples : la N 16 devient D 1016, la N 51 devient D 951.

et restaurants, mais aussi par les principaux distributeurs de billets.

Téléphone

En France tous les numéros sont à dix chiffres.

Pour appeler la France depuis l'étranger composer le **00 33** et les neuf chiffres de votre correspondant français (sans le zéro qui commence tous les numéros).

Pour téléphoner à l'étranger depuis la France composer le **00** + l'indicatif du pays + le numéro de votre correspondant.

Numéros d'urgence – Le **112** (numéro européen), le **18** (pompiers) ou le **17** (police, gendarmerie), le **15** (urgences médicales).

Transports

PAR LA ROUTE

Les grands axes

Au départ de Paris

L'autoroute de Normandie (**A 13**) vous mène à Rouen en 1h36, et de là, à Dieppe *via* l'A 151 en moins d'une heure. Plus à l'ouest, la même autoroute se scinde en deux en amont de Pont-Audemer, pour rallier Le Havre *via* l'A 131.

Autre axe possible, bien que secondaire, la **D 915**, ou « route de la mer », met Dieppe (168 km) à moins de trois heures de route, via Gisors. Elle s'emprunte dès Pontoise.

Selon l'encombrement, on pourra, à la sortie de Paris, passer par Neuilly et emprunter d'abord un tronçon payant (6,70 €) de l'A 14 et rejoindre l'A 13 à Orgeval seulement.

En Haute-Normandie

Depuis Rouen, la N 27 rejoint Dieppe, la N 15 puis la D 926 Fécamp (d'où l'on peut emprunter la D 940 et la D 925 pour longer la côte). À la hauteur de Pont-l'Évêque, la N 177 permet de quitter l'A 13 pour rejoindre la Côte Fleurie.

Informations autoroutières

3 r. Edmond-Valentin - 75007 Paris - Informations sur les conditions de circulation sur les autoroutes - 0 892 681 077 - www.autoroutes.fr.

Les cartes Michelin

Les cartes **Départements** (1/150 000 ou au 1/175 000, avec index des localités et plans des préfectures) ont été conçues pour ceux qui aiment prendre le temps de découvrir une zone géographique réduite (un ou deux départements) lors de leurs déplacements en voiture. Pour ce guide, procurez-vous les cartes

Distances	Bordeaux	Brest	Lille	Lyon	Marseille	Paris	Rennes	Strasbourg
Cabourg	616	406	375	680	992	218	221	711
Deauville	631	433	337	662	974	200	249	693
Dieppe	698	551	254	658	970	197	367	632
Dreux	512	543	300	529	841	86	299	572
Évreux	557	496	311	558	870	96	312	589
Fécamp	683	496	299	665	977	204	311	678
Le Havre	672	467	319	658	970	197	283	689
Lisieux	603	425	360	630	942	169	241	661
Nogent-le-Rotrou	487	458	368	569	881	151	214	629
Rouen	637	501	259	597	909	135	316	628

Départements 303 (Calvados, Manche), **304** (Eure, Seine-Maritime), et **310** (Mayenne, Orne, Sarthe).

Vous pouvez également consulter la carte **Région 513** (Normandie), au 1/200 000, avec index des localités et plan des villes préfectures (pour la Normandie, Caen et Rouen), qui couvre le réseau routier secondaire et donne de nombreuses indications touristiques. Celle-ci est pratique lorsqu'on aborde un vaste territoire ou pour relier des villes distantes de plus de cent kilomètres.

Enfin, n'oubliez pas, la **carte de France nº 721**, qui offre une vue d'ensemble de la Normandie au 1/1 000 000, avec ses grandes voies d'accès d'où que vous veniez.

Les informations sur Internet

Le site **www.ViaMichelin.fr** propose une multitude de services et d'informations pratiques d'aide à la mobilité (calcul d'itinéraires détaillés avec leur temps de parcours et leur coût, cartes de pays, plans de villes, sélection des hôtels et restaurants du Guide Michelin France… sur la France et de nombreux pays d'Europe.

Les passages d'eau de la Seine

Le service des passages est généralement assuré tous les jours (sauf le 1er Mai). En règle générale, les traversées ont lieu à partir de 6h (parfois plus tôt) jusqu'à 22h ou 23h, toutes les 20mn environ. Le passage est gratuit.

S'adresser au Service des bacs départementaux - ☎ 02 35 05 62 29 -

EN TRAIN

Les grandes lignes

Un seul **TGV** dessert pour l'instant la Normandie : celui qui relie Marseille au Havre en 6h30.

Quatre lignes principales de **Corail Intercités** permettent autrement de gagner la région depuis Paris : Paris-Rouen-Le Havre ou Paris-Rouen-Dieppe, Paris-Trouville, Paris-Dreux-L'Aigle (ligne Paris-Caen) et Paris-Beauvais-Le Tréport.

Une quinzaine d'allers-retours sont tous les jours assurés entre Rouen et la gare Saint-Lazare (1h06 environ). Certains trains poursuivent jusqu'à Dieppe (au total, 1h58 de trajet), beaucoup assurent de toute façon la correspondance avec des TER. Une dizaine d'allers-retours desservent Le Havre (à 1h54 de Paris) et des correspondances à Bréauté mettent ensuite Fécamp à 2h10 de Paris (en TER).

Pour gagner la Côte Fleurie, il faut compter environ 2h depuis la gare Saint-Lazare avec étapes à Évreux et Lisieux.

Nogent-le-Rotrou peut être rejoint depuis Paris-Montparnasse en 1h29.

Enfin, de Paris-Nord, avec correspondance à Abbeville ou à Beauvais, possibilité de gagner Le Tréport en 2h36.

Les Trains express régionaux

Les **TER** sillonnent la région au départ des villes principales. Dieppe, Forges-les-Eaux, Évreux et Bernay ne sont qu'à 1h de Rouen, Elbeuf, 20mn, et Lisieux environ 1h20. De Dieppe, Gisors se rallie en 2h.

Un important réseau de lignes d'**autocars** renforce ce réseau ferroviaire.

Informations et réservations sur le réseau régional

Ligne directe : ☎ 3635 (0,34 €/mn) ; www.ter-sncf.com ; www.voyages-sncf.com.

S. Sauvignier / MICHELIN

Passage d'un bac sur la Seine.

Les bons plans

Les tarifs de la SNCF varient selon les périodes : 50 % en période **bleue**, 25 % en période **blanche**, plein tarif en période **rouge** *(calendriers disponibles dans les gares et boutiques SNCF).*

Bon à savoir – L'échange ou le remboursement de billets se fait gratuitement jusqu'à la veille du départ. Le jour même du départ, une retenue est imposée par personne et par trajet. Au-delà de cette date, tout échange ou remboursement est désormais impossible et le billet est perdu. Cette condition s'applique à tous les usagers, titulaires de cartes ou non, à l'exception du tarif PRO.

Les cartes de réduction

En vente dans les gares et boutiques SNCF, elles sont valables un an et vous garantissent, dans la limite des places disponibles, des réductions de 25 % à 60 % par rapport à des billets plein tarif. Vous bénéficiez par ailleurs d'un système de cumul de points fidélité vous permettant de gagner des billets.

– **Carte Enfant+** : destinée aux enfants de moins de 12 ans et leurs accompagnateurs. www.enfantplus-sncf.com.

– **Carte 12-25** : pour les 12-25 ans. www.12-25-sncf.com.

– **Carte Senior** : à partir de 60 ans. www.senior-sncf.com.

– **Carte Escapades** : permet aux 26-59 ans d'obtenir des réductions sur tout aller-retour de 200 km minimum effectué le samedi ou le dimanche, avec au choix l'aller-retour dans la même journée, ou la nuit du samedi au dimanche passée sur place et le retour effectué le dimanche. www.escapades-sncf.com.

Tarifs particuliers

Les familles ayant au minimum trois enfants mineurs peuvent bénéficier d'une **Carte famille nombreuse** *(18 € pour le paiement des frais de dossier)* permettant une réduction individuelle de 30 à 75 % selon le nombre d'enfants (la réduction est toujours calculée sur le prix plein tarif de 2e classe, même si la carte permet de voyager en 1re). Elle ouvre droit à d'autres réductions hors SNCF *(voir p. 26)*. Kit « Familles nombreuses » disponible sur www.voyages-sncf.com ou dans les points de vente SNCF.

Les réductions sans carte

Les usagers ne disposant d'aucune carte d'abonnement peuvent toutefois bénéficier de certaines réductions tarifaires :

– **Billets Prem's** : ni échangeables ni remboursables, ces billets s'achètent uniquement en ligne à des tarifs avantageux (aller simple en TGV à partir de 22 €), pourvu que vous réserviez jusqu'à 90 jours avant votre départ ou hors des périodes d'affluence.

Découvrez sur www.voyages-sncf.com les offres spéciales et bons plans du Net, et demandez à créer une **Alerte résa** pour être informé par mail ou sms des places disponibles sur la destination de votre choix.

– **Offre Loisir :** valable pour tous, sans limite d'âge, cette nouvelle façon de concevoir le voyage récompense clairement l'anticipation de l'achat : plus l'usager réserve à l'avance, meilleurs seront les prix. En fonction de la date de réservation et du taux de remplissage du train, le billet pourra ainsi aller du plein tarif à une réduction de 70 %.

EN AVION

La région est reliée (*via* Lyon) aux principales villes françaises et européennes.

Les compagnies aériennes

Air France – La compagnie assure quotidiennement la liaison Lyon-Rouen au départ de l'aéroport St-Exupéry - Renseignements et réservations : 0 820 820 820 - www.airfrance.fr.

Les aéroports de la région

Aéroport Rouen Vallée de Seine – R. Maryse-Bastié - BP 87 - 76520 Boos - 02 35 79 41 00.

Aéroport Le Havre-Octeville – R. Louis-Blériot - 76620 Le Havre - 02 35 54 65 00.

Budget

Les **comités départementaux de tourisme** de la Région Normandie publient toutes sortes de brochures thématiques *(hébergement, restauration, activités, etc.)* visant à vous faire profiter au mieux des richesses de leur région.

Pour plus de détails sur ces différents types de formules, qui répondront peut-être à vos attentes, et pour connaître les tarifs réduits parfois proposés sur certains sites et musées dès le deuxième site visité, n'hésitez pas à les contacter directement ou à visiter leurs sites et ceux du **comité régional de tourisme** *(voir rubrique « Les adresses utiles » de ce chapitre)*.

FORFAITS TOURISTIQUES

Pensez à les conserver sur vous pour pouvoir les présenter dans chaque site participant à l'opération.

Une **carte inter-sites** permet, une fois un billet plein tarif acheté, d'obtenir des réductions pour trois autres visites et d'accéder gratuitement au cinquième site. Les lieux concernés sont : le Clos

Bon à savoir

Les quelques sites suivants proposent des billets d'avion à bas coût (promos, vols de dernière minute, etc.) :

www. lastminute.com
www.opodo.fr
www.anyway.com
www.voyagermoinscher.com
www.govoyages.fr
www.easyjet.com
www.easyvols.fr
www.voyages-sncf.com

S. Sauvignier / MICHELIN

Chaumière normande.

Lupin à Étretat, le palais Bénédictine à Fécamp, le musée Malraux au Havre, les maisons Satie à Honfleur et l'abbaye de Montivilliers.

LE TEMPS D'UN WEEK-END

À Rouen

L'office du tourisme de Rouen, en partenariat avec plusieurs hôteliers, propose toute l'année « deux nuits pour le prix d'une », pour une arrivée le vendredi soir ou le samedi et sur réservation au moins 24h à l'avance. Se renseigner sur www.rouentourisme.com.

La carte d'hôte

Donnant accès à de nombreux avantages sur certaines activités de tourisme et de loisirs, cette carte est remise pour toute nuit passée entre le 15 mars et le 15 novembre dans un hôtel des communes participantes. En Normandie, cela concerne les secteurs de **Fécamp**, **Honfleur** et **Lisieux**.

Pour plus d'informations, consultez le site www.cartedhote.net.

LES BONS PLANS

Sachez que vous pouvez obtenir des réductions grâce aux solutions suivantes.

Les chèques vacances

Ce sont des titres de paiement permettant d'optimiser le budget vacances/loisirs des salariés grâce à une participation de l'employeur. Les salariés du privé peuvent se les procurer auprès de leur employeur ou de leur comité d'entreprise ; les fonctionnaires auprès des organismes sociaux dont ils dépendent.

On peut les utiliser pour régler toutes les dépenses liées à l'hébergement, à la restauration, aux transports ainsi qu'aux loisirs. Il existe aujourd'hui plus de 135 000 points d'accueil.

La Carte famille nombreuse

On se la procure auprès de la SNCF *(voir p. 24)*. Elle ouvre droit, outre les billets de train à prix réduits, à des réductions très diverses auprès de la RATP et du RER, des musées nationaux, de certains sites privés, parcs d'attractions, loisirs et équipements sportifs, cinémas et même certaines boutiques. Mieux vaut l'avoir sur soi et demander systématiquement s'il existe un tarif préférentiel famille nombreuse.

NOS ADRESSES D'HÉBERGEMENT ET DE RESTAURATION

Au fil des pages, vous découvrirez nos **encadrés pratiques**, sur fond vert. Ils présentent une sélection d'établissements dans et à proximité des villes ou des sites touristiques remarquables auxquels ils sont rattachés. Pour repérer facilement ces adresses sur nos plans, nous leur avons attribué des pastilles numérotées.

Nos catégories de prix

Pour vousg aider dans votre choix, nous vous communiquons une **fourchette de prix** : pour l'hébergement, les prix communiqués correspondent aux tarifs minimum et maximum d'une chambre double ; il en va de même pour la restauration et les prix des menus proposés sur place. Les mentions « ***Astuce prix*** » et « **bc** » signalent : pour la première les formules repas à prix attractif, servies généralement au déjeuner par certains établissements de standing, pour la seconde les menus avec boisson comprise (verre de vin ou eau minérale au choix).

Les prix que nous indiquons sont ceux pratiqués en **haute saison** ; hors saison, de nombreux établissements proposent des tarifs plus avantageux, renseignez-vous... Dans chaque encadré, les adresses sont classées en quatre catégories de prix pour répondre à toutes les attentes *(voir le tableau ci-contre)*.

Bon à savoir

Si d'aventure vous n'avez pu trouver votre bonheur parmi toutes nos adresses, vous pouvez toujours consulter ces différents sites Internet :

www.partirpascher.com
www.etaphotel.com
www.optile.com
www.budget.fr

NOS CATÉGORIES DE PRIX				
	Se restaurer (prix déjeuner)		Se loger (prix de la chambre double)	
	Province	Paris / Grandes villes et Stations	Province	Paris / Grandes villes et Stations
⊖	jusqu'à 14 €	jusqu'à 16 €	jusqu'à 45 €	jusqu'à 65 €
⊖⊖	plus de 14 € à 25 €	plus de 16 € à30 €	plus de 45 € à 80 €	plus de 65 € à 100 €
⊖⊖⊖	plus de 25 € à 40 €	plus de 30 € à 50 €	plus de 80 € à 100 €	plus de 100 € à 160 €
⊖⊖⊖⊖	plus de 40 €	plus de 50 €	plus de 100 €	plus de 160 €

Premier prix – Choisissez vos adresses parmi celles de la catégorie ⊖ : vous trouverez là des hôtels, des chambres d'hôte simples et conviviales ainsi que des tables souvent gourmandes, toujours honnêtes.

Prix moyen – Votre budget est un peu plus large. Piochez vos étapes dans les adresses ⊖⊖. Dans cette catégorie, vous trouverez des maisons, souvent de charme, de meilleur confort et plus agréablement aménagées, animées par des passionnés, ravis de vous faire découvrir leur demeure et leur table. Là encore, chambres et tables d'hôte sont au rendez-vous, avec également des hôtels et des restaurants plus traditionnels, bien sûr.

Haut de gamme – Vous souhaitez vous faire plaisir, le temps d'un repas ou d'une nuit, vous aimez voyager dans des conditions très confortables ? Les catégories ⊖⊖⊖ et ⊖⊖⊖⊖ sont pour vous… La vie de château dans de luxueuses chambres d'hôte pas si chères que cela ou dans les palaces et les grands hôtels : à vous de choisir !

Vous pouvez aussi profiter des décors de rêve de lieux mythiques à moindres frais, le temps d'un brunch ou d'une tasse de thé… À moins que vous ne préfériez casser votre tirelire pour un repas gastronomique dans un restaurant renommé. Sans oublier que la traditionnelle formule « tenue correcte exigée » est toujours d'actualité dans ces élégantes maisons !

Se loger

NOS CRITÈRES DE CHOIX

Les hôtels

Nous vous proposons, dans chaque encadré pratique, un choix très large en terme de confort. La location se fait à la nuit et le petit-déjeuner est facturé en supplément. Certains établissements assurent un service de restauration également accessible à la clientèle extérieure.

Pour un choix plus étoffé et actualisé, **Le Guide Michelin France** recommande des hôtels sur toute la France. Pour chaque établissement, le niveau de confort et de prix est indiqué, en plus de nombreux renseignements pratiques. Le symbole « **Bib Hôtel** » signale des hôtels pratiques et accueillants offrant une prestation de qualité à prix raisonnable à moins de 72 € en province (88 € dans les grandes villes et stations).

Les chambres d'hôte

Vous êtes reçu directement par les habitants qui vous ouvrent leur demeure. L'atmosphère est plus conviviale qu'à l'hôtel, et l'envie de communiquer doit être réciproque : misanthropes, s'abstenir ! Les prix, mentionnés à la nuit, incluent normalement le petit-déjeuner. Certains propriétaires proposent aussi une table d'hôte, ouverte uniquement le soir, et toujours réservée aux résidents de la maison. Il est très vivement conseillé de réserver votre étape, en raison du grand succès de ce type d'hébergement.

Bon à savoir – Certains établissements ne peuvent pas recevoir vos compagnons à quatre pattes, sinon les accueillent moyennant un supplément, pensez à le demander lors de votre réservation.

Le camping

Le **Guide Camping Michelin France** propose tous les ans une sélection de terrains visités régulièrement par nos inspecteurs. Renseignements pratiques, niveau de confort, prix, agrément, location de bungalows, de mobile homes ou de chalets y sont mentionnés.

LES BONS PLANS

Les services de réservation

Fédération nationale des services de réservation Loisirs-Accueil – 74-76 r. de Bercy - 75012 Paris - ✆ 01 44 11 10 44 - www.resinfrance.com ou www.loisirsaccueilfrance.com.

Elle propose un large choix d'hébergements et d'activités de qualité, édite un annuaire regroupant les coordonnées des 62 services Loisirs-Accueil et, pour tous les départements, une brochure détaillée.

S. Sauvignier / MICHELIN

Chambre d'hôte à Senneville-sur-Fécamp.

Fédération nationale Clévacances – 54 bd de l'Embouchure - BP 52166 - 31022 Toulouse Cedex - ✆ 05 61 13 55 66 - www.clevacances.com.

Cette fédération propose près de 24 000 locations de vacances (appartements, chalets, villas, demeures de caractère, pavillons en résidence, gîtes) et 5 400 chambres dans 22 régions réparties sur 92 départements en France et outre-mer, et publie un catalogue par département (passer commande auprès des représentants département aux Clévacances).

L'hébergement rural

Maison des Gîtes de France et du Tourisme vert – 59 r. St-Lazare - 75009 Paris - ✆ 01 49 70 75 75 - www.gites-de-france.com.

Cet organisme donne les adresses des relais départementaux et publie des guides sur les différentes possibilités d'hébergement en milieu rural (gîtes ruraux, chambres et tables d'hôte, gîtes d'étape, chambres d'hôte et gîtes de charme, gîtes de neige, gîtes de pêche, locations de chalets et campings et séjours à la ferme, gîtes Panda).

Au total, la Normandie toute entière dispose d'un éventail de plus de 2 000 gîtes ruraux et de plus de 1 000 chambres d'hôte.

Fédération des stations vertes de vacances et villages de neige – BP 71698 - 21016 Dijon Cedex - ✆ 03 80 54 10 50 - www.stationsvertes.com.

Situées à la campagne et à la montagne, les 588 stations vertes (dont une quinzaine en Haute-Normandie) sont des destinations de vacances familiales reconnues pour leur qualité de vie (produits du terroir, loisirs variés, cadre agréable) et pour la qualité de leurs structures d'accueil et d'hébergement.

L'hébergement pour randonneurs

Une cinquantaine d'hébergements destinés aux randonneurs existent dans la région.

Les randonneurs peuvent consulter le guide *Gîtes d'étapes, Refuges*, de A. et S. Mouraret *(Rando Éditions, 4 r. Maye-Lane - 65420 Ibos - ✆ 05 62 90 09 90)* - www.gites-refuges.com. Cet ouvrage et ce site sont principalement destinés aux amateurs de randonnée, d'alpinisme, d'escalade, de ski, de cyclotourisme et de canoë-kayak.

Les auberges de jeunesse

Fédération unie des auberges de jeunesse – 67 r. Vergniaud - bâtiment K - 75013 Paris - ✆ 01 44 16 78 78 - www.auberges-de-jeunesse.com. La carte LFAJ est délivrée en échange d'une cotisation annuelle de 11 € pour les moins de 26 ans et de 16 € au-delà de cet âge (23 € pour les familles).

Bon à savoir – En Normandie, vous trouverez des auberges de jeunesse FUAJ à Dieppe, Eu et Vernon.

POUR DÉPANNER

Les chaînes hôtelières

L'hôtellerie dite « économique » peut éventuellement vous rendre service. Sachez que vous y trouverez un équipement complet (sanitaire privé et télévision), mais un confort très simple. Souvent à proximité de grands axes routiers, ces établissements n'assurent pas de restauration. Toutefois, leurs tarifs restent difficiles à concurrencer (moins de 50 € la chambre double).

En dépannage, voici donc les centrales de réservation de quelques chaînes :

B & B – ✆ 0 892 782 929 *(0,45 €/mn)*.

Etap Hôtel – ✆ 0 892 688 900 *(0,45 €/mn)*.

Villages Hôtel – ✆ 02 98 33 76 00.

Enfin, les hôtels suivants, un peu plus chers (à partir de 50 € la chambre), proposent un meilleur confort et quelques services complémentaires :

Campanile – ✆ 01 64 62 46 46.
Kyriad – ✆ 0 825 003 003 *(0,15 €/mn).*
Ibis – ✆ 0 825 882 222 *(0,15 €/mn).*

Se restaurer

Entre les traditionnelles moules à la crème, le plateau de fruits de mer, les coquilles St-Jacques accommodées de mille et une façons (Dieppe en est la capitale), les soles et les turbots fraîchement pêchés, les recettes plus originales comme la raie au camembert, les restaurants de la côte ont de quoi contenter les amateurs de **fruits de mer** et de **poissons**. Pour ceux qui préfèrent **volailles** et **cochonnailles**, le poulet Vallée d'Auge, le canard cuisiné au cidre ou au calvados, le boudin de Mortagne-au-Perche et l'andouillette de Bernay figurent aussi à la carte. Le festin ne s'arrête pas là puisqu'à côté de ses quatre AOC (camembert, neufchâtel, livarot, pont-l'évêque), la Normandie produit une multitude d'autres **fromages** qui savent faire parler d'eux. Enfin, les desserts n'y sont que pur beurre : tarte aux pommes, aux poires, **teurgoule** (sorte de riz au lait, aromatisé à la cannelle, et cuit au four pendant plusieurs heures), pain perdu à la normande (à base de beurre et de pommeau, forcément !), aumônières de pommes au calvados. Gourmands, à vos fourchettes !

NOS CRITÈRES DE CHOIX

Pour répondre à toutes les envies, nous avons sélectionné des **restaurants** régionaux bien sûr, mais aussi classiques, exotiques ou à thème… Et des lieux plus simples, où vous pourrez grignoter une salade composée, une tarte salée, une pâtisserie ou déguster des produits régionaux sur le pouce.

Pour un choix plus étoffé et actualisé, **Le Guide Michelin France** recommande des restaurants sur toute la France. Pour chaque établissement, le niveau de confort et de prix est indiqué, en plus de nombreux renseignements pratiques. Le symbole « **Bib Gourmand** » signale les tables qui proposent une cuisine soignée à moins de 28 € en province, et 36 € dans les grandes villes et stations.

Quelques **fermes-auberges** vous permettront de découvrir les saveurs de la France profonde. Vous y goûterez des produits authentiques provenant de l'exploitation agricole et servis en menu unique. Réservation obligatoire !

Bon à savoir

Le guide *Bienvenue à la ferme*, édité par l'Assemblée permanente des chambres d'agriculture (*service Agriculture et Tourisme – 9 av. George-V - 75008 Paris - ✆ 01 53 57 11 44*), est aussi en vente en librairie ou sur www.bienvenue-a-la-ferme.com. Il propose par région et par département des fermes-auberges, campings à la ferme, fermes de séjour, mais aussi des loisirs variés : chasse, équitation, approches pédagogiques pour enfants, découverte de la gastronomie des terroirs en ferme-auberge, dégustation et vente de produits de la ferme.

R. Holzbachova et R. Benet / MICHELIN

La terrasse d'un restaurant à Honfleur.

SITES REMARQUABLES DU GOÛT

Quelques sites de la région (lieux permanents de production, foires et marchés ou manifestations), dont la richesse gastronomique s'appuie sur des produits de qualité liés à un environnement culturel et touristique intéressant, ont été dotés du label « sites remarquables du goût ». En Normandie, le domaine de St-Hippolyte au sud de Lisieux et le palais Bénédictine de Fécamp en bénéficient, le premier pour ses fromages, le second pour son célèbre alcool. Pour plus d'informations, consultez le site www.sitesremarquablesdugout.com.

ASSIETTES DE PAYS

Cette formule simple, rapide et de qualité a été créée par la Fédération nationale des pays touristiques. « L'assiette de pays » est un plat unique, salé, sucré ou sucré-salé, accompagné d'un verre de boisson typique et préparé à base de produits du terroir uniquement, le tout à 6-18 € (tarifs conseillés).

Elle met en commun le travail des producteurs locaux, signataires de différentes chartes de qualité et travaillant de manière traditionnelle, et celui des cuisiniers et restaurateurs.

G. Targat / MICHELIN

L'incontournable tarte aux pommes.

Pour reconnaître les restaurateurs participant à l'opération, il suffit de repérer dans la vitrine un petit logo rond comme une assiette, portant l'inscription « **L'assiette de pays** ».

Dans toute la Normandie, une **soixantaine de restaurateurs** ont adhéré à la charte de qualité « Assiette de Pays ». Ils vous donneront les coordonnées des producteurs partenaires chez lesquels vous pourrez déguster, voire acheter, les produits composant les « Assiettes de Pays ».

Vous pouvez obtenir des guides par région en consultant le site suivant : www.assiettedepays.com.

Fédération régionale des Pays d'accueil touristiques de Normandie – 25 r. de Geôle - 14000 Caen - ✆ 02 31 27 93 55 - www.normandie-pays.com. Sur simple demande, ils vous fourniront une brochure gratuite récapitulant la liste des partenaires de l'opération.

TOUCHE LOCALE

Les goûters à la ferme

De nombreuses fermes disséminées aux quatre coins de la Normandie proposent (surtout en saison) une visite de l'exploitation agricole suivie d'un savoureux goûter à base de produits fermiers régionaux : crème, beurre, fromage, cidre, pommeau, poiré, calvados… Renseignements auprès des offices de tourisme et syndicats d'initiative locaux.

LES GRANDS CHEFS DE LA RÉGION

La Normandie est une région gourmande. La preuve ? Elle se trouve dans l'assiette de cinq cuisiniers distingués que nous vous recommandons.

Rouen

Fils d'agriculteurs de Mont-St-Aignan, dans la périphérie de Rouen où il est aujourd'hui installé, **Gilles Tournadre** tient son goût des bons produits de son éducation au contact de la terre. Du plus loin qu'il s'en souvienne, il a toujours voulu devenir cuisinier et pratiquer au coeur de sa région natale. Ce petit-fils de pâtissier assimile les bases chez Albert et les grands classiques au Lucas Carton, avant de quitter Paris pour la Sologne où il apprend le gibier aux Templiers, le fameux « Relais & Châteaux » des Bezards. Il revient ensuite à Paris pour passer quatre ans chez Taillevent, école de « professionnalisme et de rigueur ». Enfin, après un détour au Château d'Audrieu pour une première place de chef, Gilles se sent prêt à débuter son aventure personnelle. En 1984, il ouvre Gill, près de la cathédrale de Rouen, décroche une première étoile Michelin l'année suivante, que le guide double en 1990 lorsqu'il déménage sur le quai de la Bourse. « Je joue le produit à travers une cuisine qui, comme le dit Bocuse, peut se passer de décodeur », explique simplement ce chef, modeste et souriant.

Restaurant Gill - 9 quai de la Bourse - ✆ 02 35 71 16 14.

Le Breuil-en-Auge

De Montmartre à Breuil, au cœur du pays d'Auge, il n'y a qu'un pas… ou presque. **Régis Lecomte**, qui débuta sa carrière à Paris sur la Butte avant de prendre ses quartiers en Normandie, peut en témoigner. Pur Augeron, natif de Lisieux, après ses classes parisiennes (Cochon d'Or à La Villette et Beauvilliers à Montmartre), il s'est donc installé dans cette charmante auberge de village où la reine Élisabeth II d'Angleterre vint déjeuner un jour de 1987. Elle avait trouvé la bonne adresse. De l'avis général, en poussant la porte de l'auberge, on découvre le calme et l'intimité d'un lieu unique. Et les gourmets emploient volontiers les qualificatifs de « créativité, générosité, douceur, mise en valeur du terroir » pour caractériser la cuisine d'un chef étoilé qui n'hésite pas à miser sur l'alliance des produits.

Le Dauphin - ✆ 02 31 65 08 11.

Beuvron-en-Auge

L'autoroute qui mène à Deauville et à ses célèbres planches passe non loin d'ici, mais à Beuvron-en-Auge, on goûte au calme. Authentique et préservé, le petit village est cerné par les haras et les prés où vaches et chevaux paissent en liberté. Le lieu est unique et c'est ce qui a séduit **Jérôme Bansard** lorsqu'il a choisi de s'y installer. Au cœur du village, les anciennes halles publiques sont devenues à l'enseigne du Pavé d'Auge, une confortable auberge à l'architecture typiquement normande, avec colombages, petites tuiles et pavés. La salle à manger occupe une belle surface et les gourmands sont à leur aise. Discret et humble, le chef professe que la vérité se tient au fond de l'assiette. Sage et mesurée, sa cuisine est riche en saveurs et n'ignore rien du poids de la tradition. Les spécialités de la région sont revisitées et nul ne songe à s'en plaindre !

Le Pavé d'Auge - ✆ 02 31 79 26 71.

Conteville

Le coup de feu. Usuelle dans le jargon des cuisiniers, l'expression désigne ce moment de fièvre intense où il faut « envoyer » les plats en salle. Le coup de feu, c'est aussi l'incendie qui ravagea, en juin 1997, l'Auberge du Vieux Logis, à Conteville, tout près de Honfleur. Installé dans une vieille bâtisse normande, le restaurant, établi un demi-siècle plus tôt par la famille Louet, fut réduit en cendres en un instant, emportant l'étoile détenu par le père Yves depuis plus de trente ans. Dramatique pour **Guillaume Louet** qui, après l'école hôtelière de Paris et pas mal de pérégrinations, venait de revenir au bercail. Depuis, la maison a été reconstruite et l'étoile est revenue. De quoi ravir une clientèle séduite par une cuisine qui n'oublie pas les fondamentaux.

Auberge du Vieux Logis - ✆ 02 32 57 60 16.

LES ALCOOLS

Vous passez dans la région ? C'est l'occasion ou jamais de découvrir les différents alcools dans le cadre de verdure qui les a engendrés. Pour plus de détails, consultez « La gastronomie » dans « Comprendre la région », ainsi que la rubrique « Que rapporter » dans « À faire et à voir ».

À FAIRE ET À VOIR

Les activités et loisirs de A à Z

Les **comités départementaux** et **comités régionaux** de tourisme *(voir p. 19)* disposent de nombreuses documentations et répondront à vos demandes d'informations quant aux activités proposées dans leur secteur.

Pour trouver d'autres adresses de prestataires, reportez-vous aux rubriques « Visite » et « Sports & Loisirs » dans les encadrés pratiques de la partie « Découvrir les sites ».

BAIGNADE

Les plages de la côte normande revêtent deux visages : à l'ouest, le long **cordon sableux** de la **Côte Fleurie** (Cabourg, Houlgate, Deauville, Trouville, Honfleur, etc.) et au nord de l'estuaire, les **galets** de la **Côte d'Albâtre** (Étretat, Yport, Fécamp, St-Valery-en-Caux, Varengeville, Dieppe, etc.).

Sur une plage surveillée, il importe de tenir compte des couleurs du drapeau hissé à proximité du poste de surveillance. **Vert** : baignade surveillée, sans danger ; **orange** : baignade dangereuse, mais surveillée ; **rouge** : baignade interdite ; **violet** : pollution.

Si vous désirez connaître le résultat des contrôles de qualité des eaux de baignade effectués chaque mois de juin pour toutes les plages du littoral, vous pouvez consulter le site **www.infosplage.com**.

Bon à savoir – Les plages sont classées en quatre catégories, de A (bonne qualité) à D…

CANOË-KAYAK

Le **canoë** se manie avec une pagaie simple ; le **kayak** avec une pagaie double. En Haute-Normandie, c'est surtout au sud de la Seine, sur l'**Eure** (axe Dreux-Louviers) et sur la **Risle** plus à l'ouest (axe L'Aigle-estuaire de la Seine) que vous pourrez pratiquer ces sports qui connaissent aujourd'hui un essor considérable.

Renseignez-vous aussi auprès des clubs de **Rouen** et de **Belbeuf**.

Le **kayak de mer** connaît, lui, un franc succès. Il utilise un équipement à peu près semblable au kayak, mais avec des embarcations plus longues et plus étroites. Son intérêt ? Il permet d'aller dans des endroits inaccessibles par voie terrestre (voir les falaises par le bas notamment). Les premières sorties sont accompagnées de navigateurs expérimentés. Vous pourrez en pratiquer dans les grands centres balnéaires comme au Havre ou à Fécamp.

Une sélection de clubs est proposée dans les « encadrés pratiques » du guide.

Les « **points Canoë nature** » et « **points Kayak de mer** » – Ces labels de la Fédération française de canoë-kayak (FFCK) mettent en valeur les structures qui proposent une offre touristique de qualité. L'enseignement lui-même est reconnu par la mention « École française de canoë kayak ». Se renseigner à la Fédération pour avoir la liste de ces structures labellisées.

Fédération française de canoë-kayak (FFCK) – 87 quai de la Marne - 94344 Joinville-le-Pont - 01 45 11 08 50 - www.ffcanoe.asso.fr. La Fédération édite un livre *France canoë-kayak et sports d'eaux vives* et, avec le concours de l'IGN, une carte, Canoë-kayak en France, avec tous les cours d'eau praticables.

Comité régional de Normandie de canoë-kayak – 40 r. des Mouettes - 76960 Notre-Dame-de-Bondeville - 02 35 75 16 10 - www.crck.org/normandie.

S. Sauvignier / MICHELIN

Plage de galets de la Côte d'Albâtre.

CHAR À VOILE ET SPEED-SAIL

Cet engin hybride du kart (à trois roues) et du voilier, mû par la seule force du vent, peut dépasser les 100 km/h. À côté des chars à voile apparaissent les *speed-sails*, planches à voile sur roulettes.

Trois clubs, à **Cabourg**, **Villers-sur-Mer** et **Trouville**, permettent de louer char à voile ou *speed-sail*. Attention, de septembre à juin uniquement en raison de l'affluence sur la plage en été.

Fédération française de char à voile – 17 r. Henri-Bocquillon - 75015 Paris - 01 45 58 75 75 - www.ffcv.org.

Char à voile.

La fédération donne la liste des clubs, des constructeurs, des guides d'information et des calendriers.

Roule au Vent – Plage de Cabourg - poste de secours n° 5 - ✆ 02 31 78 32 37.

Cercle nautique de Villers – R. Feine - BP 4 - 14640 Villers-sur-Mer - ✆ 02 31 87 00 30.

Club nautique de Trouville-Hennequeville – Digue des Roches Noires - 14360 Trouville-sur-Mer - ✆ 02 31 88 13 59.

COURS DE CUISINE

Vous avez l'âme d'un cordon bleu et vous souhaiteriez apprendre à concocter les meilleures recettes normandes ? Plusieurs chefs vous proposent des cours de cuisine. Voici quelques adresses :

Auberge du Val de Cesme – 76970 Croix-Mare - ✆ 02 35 56 63 06.

Le Petit Coq aux Champs – 27500 Campigny - ✆ 02 32 41 04 19.

Atelier Pays Gourmand – Restaurant l'Écaille - 76000 Rouen - ✆ 02 35 59 00 35.

Le Logis – 27800 Brionne - ✆ 02 32 44 81 73.

Le Potager du Domaine St-Clair – 76790 Étretat - ✆ 02 35 27 08 23.

Le Château de Miromesnil – 76550 Tourville-sur-Arques - ✆ 02 35 85 02 80.

La Maison de Sophie – 14950 St-Étienne-la-Thillaye - ✆ 02 31 65 69 97.

CROISIÈRES SUR LA SEINE

Plusieurs bateaux (80 à 350 passagers) proposent des visites de ports (Le Havre, Honfleur, Rouen), des croisières d'une demi-journée ou d'une journée complète avec restauration à bord, et des croisières de prestige de plusieurs jours entre Paris et Honfleur (dans le cas de groupes de plus de 50 personnes). Voici quelques unités affectées à ce type d'excursion :

CroisiEurope – 12 r. de la Division-Leclerc - 67000 Strasbourg - ✆ 03 88 76 44 44 - www.croisieurope.com. Croisières de Paris à Honfleur ou de Honfleur à Paris en 5-7 jours.

Viking Croisières Fluviales – S'adresser à Athenœum - 39 r. de Marbeuf - 75008 Paris - ✆ 01 58 36 08 36. Sur un bateau-hôtel de prestige, de fin mars à fin oct., croisières de 7 jours entre Paris et Le Havre avec excursions en autocar.

Le Guillaume-le-Conquérant – S'adresser à Rives de Seine Croisières - 72 r. Scheurer-Kestner - 76320 Caudebec-lès-Elbeuf - ✆ 02 35 78 31 70 - www.rives-seine-croisieres.fr. Croisières de Poses à Muids (environ 4h aller-retour).

Pour les croisières sur la ville de Fécamp, voir l'encadré pratique de Fécamp.

DELTAPLANE, PARAPENTE ET PARACHUTISME

Parachutisme, vol libre et ULM

Aéro-Club de Dieppe – S'adresser au ✆ 02 35 84 86 55 ou 02 35 84 86 55.

Aérodrome de Dieppe-St-Aubin-sur-Scie – ✆/fax 02 35 82 38 68 ou 06 07 72 09 88 - www.airlibre-parachutisme.com - parachutisme, vol libre.

Abeille parachutisme – 14600 Honfleur - ✆ 02 31 89 77 66.

Deltaplane et parapente

Club Viking – Deltaplane/Parapente, vol libre - renseignements : 14 rte du Cap - 76310 Ste-Adresse - ✆ 02 35 44 62 65 - http://vikingvollibre.free.fr.

Club Pays de Bray Vol Libre – ✆ 06 19 69 23 14 (M. Gogol). Trois sites d'envol au nord du pays de Bray : route de Fresnoy-Folny à Londinières, lieu-dit Le Mont-Blanc à Osmoy-St-Valery, le Mont-Faucon à Nesle-Normandeuse.

Fédération française de vol libre – 4 r. de Suisse - 06000 Nice - ✆ 04 97 03 82 82 - http://federation.ffvl.fr. Educ'En Ciel : apprentissage du cerf-volant pour les enfants - Hand'Icare : le parapente pour les personnes à mobilité réduite.

ÉQUITATION

Dans une région où l'élevage du cheval fait partie des traditions et des ressources économiques, de nombreux centres équestres (plus de 200) proposent des séjours, des randonnées à travers la campagne ou la forêt et sur les grèves.

Comité national de tourisme équestre – Parc équestre - 41600 Lamotte-Beuvron - ✆ 02 54 94 46 80 - www.ffe.com. Le comité édite une brochure annuelle, *Cheval nature, l'officiel du tourisme équestre*, répertoriant les possibilités en équitation de loisirs et les hébergements accueillant cavaliers et chevaux.

Comité régional d'équitation de Normandie – 23 r. Pasteur - 14120 Mondeville - ✆ 02 31 84 61 87 - www.chevalnormandie.com.

GOLF

Les habitués du practice, putting-green, bunker green d'entraînement ou du club-house seront servis : ici, on dénombre plus d'une quinzaine de golfs. Toutes les grandes stations balnéaires de la Côte Fleurie, ainsi que Le Havre, Étretat et Dieppe en sont pourvues, bien sûr, mais aussi Bellême, Gaillon, Évreux, Le Neubourg, Pont-l'Évêque, Poses, St-Saëns et Verneuil-sur-Avre. Pour de plus amples informations, contactez :

La Fédération française de golf – 68 r. Anatole-France - 92309 Levallois-Perret - ✆ 01 41 49 77 00 - www.ffgolf.org.

Ligue de golf de Haute-Normandie – 94 r. St-Jacques - 76600 Le Havre - ✆ 02 35 42 71 19.

NAVIGATION

Les côtes de la Manche sont favorables à la navigation de plaisance à voile ou à moteur. Les principaux ports de plaisance figurent sur la carte des lieux de séjour ; ils ont été sélectionnés en raison du nombre important de places qu'ils offrent et les services proposés : carburant, eau douce et électricité à quai, sanitaires et douches, manutention par grue ou élévateur, réparation, gardiennage.

Renseignements à la **Fédération française de voile** – 17 r. Henri-Bocquillon - 75015 Paris - ✆ 01 40 60 37 00 - www.ffvoile.org.

MARCHÉS

Très important dans la vie des communes, le marché est un moment sacré fait de rencontres et d'échanges. Tout en couleurs, parfums et senteurs, il constitue une excellente façon de connaître une région et de découvrir les produits locaux que proposent les producteurs eux-mêmes.

Calvados	Trouville (merc. et dim. matin), Honfleur (sam. ; marché bio merc.).
Eure	Bernay (sam. matin et marché au foie gras en juin), Le Neubourg (marché au foie gras en oct., nov. et déc.).
Orne	L'Aigle (marché aux bestiaux mar. à 7h30 puis marché traditionnel), marché de nuit deux fois en juil. et août.
Seine-Maritime	Forge-les-Eaux (jeu. et sam. matin).

Toutes les villes et presque tous les bourgs possèdent leur marché. La liste ci-dessus n'est qu'indicative et précise les jours de grand marché de quelques places importantes.

Parmi ces marchés, quelques-uns se démarquent : celui de **L'Aigle** (l'un des plus grands de France), que la Comtesse de Ségur a décrit dans ses *Mémoires d'un âne* ; celui de **Dieppe** le samedi matin ; le joli marché de **Honfleur**, place Ste-Catherine et le long du cours des Fossés ; celui de **Bernay** avec ses nombreux étals de légumes, volailles et produits artisanaux ; celui du vieux **Rouen**, place St-Marc, le dimanche matin, et le marché brocante du **Havre**, cours de la République, le vendredi.

PARCS ET JARDINS

En Haute-Normandie, une nature douce et généreuse a toujours incité les habitants à composer et entretenir de beaux jardins. Sous l'impulsion de passionnés, parcs et jardins deviennent des lieux de visite touristique de premier plan ; autant d'invitations à la promenade et à la flânerie. Parmi ceux décrits dans le présent ouvrage :

Parc du château d'**Acquigny**, parc du château de **Beaumesnil**, parc du bois des Moutiers à **Varengeville-sur-Mer**, Jardins d'**Art et d'Essai** à Normanville, jardins du château de **Bosmelet**, jardin **Agapanthe** à Grigneuseville, jardins de **Bellevue** à Beaumont-le-Hareng, parc zoologique de **Clères**, jardins de Claude Monet à **Giverny**, parc du château de **Launay**, Jardin des Plantes de **Rouen**, parc du château du **Champ-de-Bataille**, parc du château de **Miromesnil**, jardins du **prieuré St-Michel-de-Crouttes, jardins du pays d'Auge** à Cambremer…

Le **Comité régional du tourisme de Normandie** diffuse gracieusement un document sélectionnant une soixantaine de parcs et jardins ouverts à la visite (en général de mai à octobre); la brochure est disponible dans les principaux offices de tourisme et syndicats d'initiative.

Agence régionale de l'environnement de Haute-Normandie (AREHN) – Cloître des Pénitents - 8 allée Daniel-Lavallée (48 r. St-Hilaire) - 76000 Rouen - ✆ 02 35 15 78 19 - www.arehn.asso.fr.

Office national des forêts de Normandie – 53 bis r. de la Maladrerie - 76042 Rouen Cedex 1 - ✆ 02 35 14 20 45 ou 02 35 14 20 20 - www.onf.fr

Hortensias.

PÊCHE EN EAU DOUCE

En France, l'ouverture de la pêche dans les cours d'eau de première catégorie a lieu le 2e samedi de mars. La saison prend fin le 3e dimanche de septembre. Dans les rivières de seconde catégorie, la pêche est ouverte toute l'année, sauf pour le brochet, dont la prise est autorisée, selon les régions, de juillet à janvier.

L'important réseau de rivières, marais et plans d'eau de Normandie, d'une grande richesse halieutique, place la région parmi les fleurons de la pêche en France. Truites fario (indigènes) et arc-en-ciel (américaines) abondent dans les rivières, tandis que les carnassiers (brochets, sandres, saumons) peuplent lacs, étangs et cours d'eau au débit plus lent.

Les meilleurs sites de pêche sont: la **Risle** (truite fario, carnassiers), l'**Iton** (truite arc-en-ciel, brochet), la **Charentonne** (truite fario), l'**Huisne** (ombre, truite fario), la **Touques** (truite fario), l'**Yères** (truite fario), la **Bresle** (truite de mer), l'**Arques** (saumon et truite de mer), la **Durdent** (truite fario et truite de mer). Les poissons mesurant moins de 40 cm pour le brochet et 23 cm pour la truite doivent être rejetés à l'eau.

Quel que soit l'endroit, il convient d'observer la réglementation en vigueur et de prendre contact avec les fédérations départementales des associations de pêche et de protection des milieux aquatiques:

Fédération de l'Eure pour la pêche et la protection du milieu aquatique – Imm. Leipzig - Av. de l'Europe- BP 412 - 27504 Pont-Audemer Cedex - ✆ 02 32 57 10 73 - www.unpf.fr/27.

Fédération d'Eure-et-Loir pour la pêche et la protection du milieu aquatique – Le Moulin à Papier - 28400 St-Jean-Pierre-Fixte - ✆ 02 37 52 06 20.

Fédération de Seine-Maritime pour la pêche et la protection du milieu aquatique – 11 Cours Clemenceau - 76100 Rouen - ✆ 02 35 62 01 55.

Fédération de l'Orne pour la pêche et la protection du milieu Aquatique – 59 r. Jullien - BP 91 - 61014 Alençon Cedex - ✆/fax 02 33 26 10 66.

Site Internet national: www.unpf.fr.

Fédération nationale pour la pêche en France – 17 r. Bergère - 75009 Paris - ✆ 01 48 24 96 00 - www.unpf.fr.

PÊCHE EN MER

Tous les modes de pêche en mer sont praticables, du bord ou en bateau, au départ de Trouville, Honfleur, Fécamp, Dieppe, Le Tréport et St-Valery-en-Caux. Les environs de Dieppe sont parmi les plus poissonneux de la côte normande. Il n'est pas rare de capturer, depuis la jetée, bars, maquereaux, lieus et autres limandes…

Réservations et renseignements dans les offices de tourisme.

Le conseil régional du tourisme de Normandie édite et distribue un *Petit guide de la pêche à pied en Normandie.*

PETIT TRAIN

Un p'tit train cauchois – ✆ 02 35 29 49 61 - juil.-août: tlj; avr. et sept.-oct.: w.-end et j. fériés; mai-juin: merc., w.-end et j. fériés - dép. des Loges: 14h25 et 15h55 (dép. suppl. en juil.-août à 10h30 et 17h25); dép. d'Étretat: 15h et 16h30 (dép. suppl. en juil.-août à 11h30 et 18h). À travers une verte valleuse du pays de Caux, un tortillard effectue des navettes entre Étretat et Les Loges. On peut également opter pour le vélo-rail (sur réserv.; au dép. des Loges: 14h et

S. Sauvignier / MICHELIN

Chalutier à vocation touristique pour la pêche en mer.

15h30, dép. suppl. en juil.-août à 10h30 et 17h), on se laisse rouler sur un parcours de 6 km et le retour à la gare se fait en train.

Chemin de fer touristique à la découverte de la vallée de l'Eure – Gare de Pacy-sur-Eure - 27120 Pacy-sur-Eure - ✆ 02 32 36 04 63. Trois voyages pour découvrir le chemin de fer d'antan et les très beaux paysages de la vallée de l'Eure. Commentaires d'un guide qui explique l'histoire de la ligne et des villages traversés. Horaires variables, les contacter. Trains réguliers les dim. et j. fériés de mai à début oct. et les merc. en juil. et août.

Dans certaines villes, des petits trains touristiques permettent de découvrir les lieux d'une autre façon. Vous en trouverez à **Deauville**, à **Lisieux** et dans les trois villes sœurs du **Tréport**, **Eu** et **Mers-les-Bains**. Renseignements dans les offices de tourisme.

RANDONNÉE PÉDESTRE

La France compte environ 120 000 km de chemins et sentiers balisés, souvenirs des anciennes voies qu'empruntaient colporteurs, pèlerins et commerçants ruraux. Les sentiers de grande randonnée (GR), jalonnés de traits rouge et blanc horizontaux, suivent ces itinéraires. Les sentiers GR de pays, balisés en jaune et rouge, permettent de découvrir une région en un jour ou deux. Les sentiers de petite randonnée (PR), repérés d'un seul trait jaune, sont des promenades locales.

Comité départemental de la randonnée pédestre de l'Eure – Coderando27 - Pl. de Gaulle - 27000 Évreux - ✆ 02 32 38 37 07.

Comité départemental de la randonnée pédestre de Seine-Maritime – 7 r. des Noisetiers - 76190 Ste-Marie-des-Champs - ✆ 02 35 95 45 66.

La Fédération française de la randonnée pédestre (Comité national des sentiers de grande randonnée) – 64 r. du Dessous-des-Berges - 75013 Paris - ✆ 01 44 89 93 90 - www.ffrandonnee.fr. La fédération donne le tracé détaillé des GR, GRP et PR à travers ses collections de topoguides ainsi que d'utiles conseils.

Principaux sentiers permettant de parcourir la région :

Le **GR 2**, qui longe la rive droite de la Seine et traverse les forêts de la Londe et de Roumare ;

Le **GR 21**, qui remonte la vallée de la Lézarde et rejoint la côte à Étretat ;

Le **GR 22** Paris-Mont-St-Michel, qui traverse le sud-ouest de la région jusqu'à Mamers ;

Le **GR 23**, qui longe la rive gauche de la Seine et traverse la forêt de Brotonne ;

Le **GR 211**, qui part de la Seine et rejoint le littoral en traversant la forêt de Maulévrier ;

Le **GR 222**, qui part du département des Yvelines, serpente à travers l'Eure et le Calvados avant d'atteindre la Côte de Nacre à Deauville ;

Le **GR 225**, qui traverse le Vexin, la forêt de Lyons, le pays de Bray et rejoint la côte près de Dieppe ;

Le **GR « Sur les traces du chasse-marée »**, de Dieppe à Rouen (80 km). L'itinéraire emprunte les chemins des attelages qui, depuis le Moyen Âge jusqu'en 1848 (inauguration de la ligne ferroviaire Paris-Dieppe), alimentaient Rouen et Paris en poissons. Renseignements et topoguide : offices du tourisme de Dieppe et Rouen ou comité départemental du tourisme de Seine-Maritime.

Forêts et environnement

Plus d'informations sur les forêts et l'environnement auprès de l'Office national des forêts (ONF) ou de l'Agence régionale de l'environnement de Haute-Normandie (AREHN), un centre de documentation spécialisé dans les sciences de la nature et de l'environnement.

Agence Haute-Normandie de l'ONF – 53 bis r. de la Maladrerie - 76042 Rouen Cedex 1 - ✆ 02 35 14 20 45.

AREHN – Cloître des Pénitents - 8 allée Daniel-Lavallée (48 r. St-Hilaire) - 76000 Rouen - ✆ 02 35 15 78 19 - www.arehn.asso.fr.

ROUTES HISTORIQUES

Pour découvrir le patrimoine architectural local, la **Fédération nationale des routes historiques** (www.routes-

S. Sauvignier / MICHELIN

Porche en bois sculpté de l'église de Ry.

historiques.com) a élaboré 21 itinéraires à thème. Tracés et dépliants sont disponibles auprès des offices de tourisme ou de M. Tranié - 1 r. du Château - 60112 Troissereux - ✆ 03 44 79 00 00.

Ces itinéraires de visite balisés ont pour objectif de présenter le patrimoine architectural dans son contexte historique. Chacun fait l'objet d'une brochure disponible dans les offices de tourisme et syndicats d'initiative.

En Normandie, **deux itinéraires** ont été balisés par la Fédération :

Route historique Normandie-Vexin – S'adresser à Mme Vergé, présidente de la Route - château de Bizy - 27200 Vernon - ✆ 02 32 51 00 82. La route permet, entre Paris et Rouen, de découvrir des sites et des paysages remarquables à plus d'un titre : Giverny, Bizy, Mortemer, Château-Gaillard.

Route historique des abbayes normandes – Renseignements : 6 r. Couronné - BP 60 - 76420 Bihorel. La Route regroupe 36 abbayes et prieurés le long de la vallée de Seine, mais aussi autour de Caen et en basse-Normandie. Visites, expositons, concerts.

ROUTES THÉMATIQUES

Des routes touristiques moins prestigieuses, mais tout aussi agréables, sillonnent la région ; ainsi trois circuits balisés d'une trentaine de kilomètres chacun, regroupés sous le thème *Goûtez à la ferme en pays de Caux*, enchanteront les amateurs de maisons à colombages autant que les gourmands amateurs de tartes aux pommes, de confitures, de cidre ou de fromages. D'autres parcourent le Calvados et traversent à la fois des régions couvertes par ce guide et des zones décrites dans le Guide Vert *Normandie Cotentin*.

Tracés et dépliants disponibles auprès des offices de tourisme et syndicats d'initiative locaux.

Rive droite de la Seine

Route historique des maisons d'écrivains – S'adresser au Château de Vascœuil - 27910 Vascœuil - ✆ 02 35 23 62 35. Circuit littéraire et touristique de l'Île-de-France à la Haute-Normandie, cette route permet de visiter une quinzaine de demeures d'écrivains célèbres dont les maisons de Michelet à Vascœuil, Corneille et Flaubert à Petit-Couronne, Victor Hugo à Villequier et Maurice Leblanc à Étretat.

Itinéraires impressionnistes en Normandie – Six itinéraires pour découvrir les principaux thèmes abordés dans les peintures impressionnistes. Renseignements auprès des CDT de l'Eure et de Seine-Maritime et dans les offices de tourisme.

Route de Guillaume-le-Conquérant – S'adresser à Mme Morel - présidente de la Route - 3 pl. du Chauchix-St-Léonard - 22510 Moncontour-de-Bretagne - ✆ 02 96 69 39 74 ou 06 81 87 33 40. Cette route chevauche la Haute et la Basse-Normandie de Fécamp au château de Pirou (Manche), en passant par Jumièges et Bayeux.

Route du patrimoine culturel québécois – S'adresser au comité Chomedey de Maisonneuve - Centre culturel Maisonneuve - 10190 Neuville-sur-Vanne - ✆ 03 25 40 68 33. Longue route conçue pour guider en France les Canadiens français, les aidant ainsi à retrouver les lieux qui ont vu naître leurs ancêtres.

Route de la pomme et du cidre – ✆ 02 35 83 57 41 - www.terroir-de-caux-tourisme.fr. Trois circuits d'une trentaine de kilomètre entre le pays de Caux et le pays de Bray, découverte des cours-masures plantées de pommiers anciens.

Route des paysages du pays de Bray – Association culturelle et touristique du pays de Bray - ✆ 02 32 97 02 66. 180 km de route balisée pour découvrir les plus beaux panoramas du pays de Bray.

Entre les deux rives

Route des fruits – De la Maison du Parc à Duclair, un parcours de 18 km longe les vergers. Renseignements dans les offices de tourisme et à la Maison du Parc.

Rive gauche de la Seine

Route des chaumières – Ce circuit d'une cinquantaine de kilomètre part de la Maison du Parc. Il passe ensuite par Vatteville, Vieux-Port, St-Opportune-la-Mare et le marais Vernier. Renseignements dans les offices de tourisme et à la Maison du Parc.

Route du cidre – Boucle d'environ 40 km en pays d'Auge, passant par Beuvron-en-Auge, Cambremer et Bonnebosq ; nombreux producteurs de cidre de Cambremer (AOC) *(voir Le Guide Vert Normandie Cotentin)*.

Routes tranquilles du Perche – Sites et abbayes du Perche (Allovisit), Manoirs et traditions, Châteaux et étangs... Neuf itinéraires sont fléchés pour sillonner et découvrir les trésors cachés de la région. Renseignements dans les offices de tourisme et à la Maison du Parc.

S. Sauvignier / MICHELIN

Le fameux cidre normand.

THALASSOTHÉRAPIE ET BALNÉOTHÉRAPIE

À la différence du thermalisme, la thalassothérapie n'est pas considérée comme un soin médical, bien que le curiste ait la possibilité d'être suivi par un médecin.

Pour soigner, prévenir, traiter les maladies ou entretenir une bonne condition physique, la « médecine par la mer » utilise les ressources de l'Océan sous toutes ses formes : algues – algothérapie ; boues – fangothérapie ; eau – hydrothérapie et, bien sûr, le climat maritime aussi tonifiant que vivifiant !

Les cures sont de plus en plus spécialisées et tendent à combattre les maux de la vie moderne : fatigue, stress, anxiété, insomnie, tabagisme... Cependant, dans tous les centres, les soins de base sont à peu près les mêmes et comprennent généralement des bains bouillonnants, des douches sous toutes leurs formes, des applications ou des bains d'algues, des massages, parfois des soins de kinésithérapie et des séances de sauna.

Thalasso-Deauville – 3 r. de Sem - 14800 Deauville - ✆ 02 31 87 72 00.

VÉLO ET VTT

Le **pays d'Ouche**, l'**Eure et Le Neubourg** sont des régions particulièrement agréables à découvrir à vélo. Les conseils généraux développent en effet les pistes cyclables un peu partout. Sur place, les offices de tourisme et syndicats d'initiative fournissent généralement la liste des loueurs de cycles.

Dans l'**Eure**, la **voie verte** suit l'ancienne voie ferrée entre Bernay et Broglie (13 km), Évreux et Harcourt (31 km), et Incarville et Poses (13 km).

Les grands axes cyclistes en **Seine-Maritime** sont les suivants : la **voie du littoral** entre Le Tréport et Le Havre, la **voie verte** entre Dieppe et Forge-les-Eaux (70 km), le **chemin de halage** entre Villequier et Petiville (11 km).

Pour découvrir la région, **prendre le train** avec son vélo est une solution séduisante à plus d'un titre : voyage en toute sécurité, arrivée à l'heure, fatigue réduite. Le transport du vélo (accompagné) est gratuit dans la plupart des trains régionaux, ainsi que sur un certain nombre de trains de grandes lignes dont la liste est disponible dans les gares.

Enfin, certaines gares proposent des bicyclettes, qu'il est possible de restituer dans une gare différente.

Fédération française de cyclisme – 5 r. de Rome - 93561 Rosny-sous-Bois Cedex - ✆ 01 49 35 69 24 - www.ffc.fr. La Fédération propose 46 000 km de sentiers balisés pour la pratique du VTT, répertoriés dans un guide annuel.

Fédération française de cyclotourisme – 12 r. Louis-Bertrand - 94207 Ivry-sur-Seine Cedex - ✆ 01 56 20 88 88 - www.ffct.org.

Comité départemental de cyclotourisme de l'Eure – Randonnée de l'Eure - Mme Monique Loride - Le Clos Tiger - 27170 Beaumontel - ✆ 02 32 45 35 06.

Comité départemental de cyclotourisme de Seine-Maritime – 86 r. Léon-Gambetta - 76320 Caudebec-Lès-Elbeuf - ✆ 02 35 77 03 37 - www.ffct-codep76.fr.

Bon à savoir – Les clubs cyclotouristes organisent des **sorties week-end** ou **des circuits « découverte »** avec des guides. Demandez leurs adresses auprès des comités départementaux de cyclotourisme, qui dépendent de la Fédération.

VISITES GUIDÉES

La plupart des villes proposent des visites guidées. Elles sont organisées toute l'année dans les grandes villes ou seulement en saison dans les plus petites. Dans tous les cas, informez-vous du programme à l'office de tourisme et pensez à vous inscrire. En général, les visites ne sont pas assurées en deçà de quatre personnes et pendant la période estivale les listes sont rapidement complètes.

Reportez-vous aussi à l'encadré pratique des villes, dans la partie « Découvrir les sites », où nous mentionnons les visites guidées qui ont retenu notre attention.

Villes et Pays d'art et d'histoire

Sous ce label décerné par le ministère de la Culture et de la Communication sont regroupés quelque 124 villes et pays qui œuvrent activement à la mise en valeur et à l'animation de leur architecture et de leur patrimoine. Dans ce réseau sont proposées des visites générales ou insolites (1h30 ou plus), conduites par des guides-conférenciers et des animateurs du patrimoine agréés par le ministère. Renseignements auprès des offices de tourisme des villes ou sur le site **www.vpah.culture.fr**.

Les Villes et Pays d'art et d'histoire cités **dans ce guide** sont : Dieppe, Elbeuf, Fécamp, Le Havre, Rouen, ainsi que le Pays d'Auge.

Voir également le chapitre suivant, « La destination en famille ».

Ministère de la Culture et de la Communication

Logo des Villes et Pays d'art et d'histoire.

VUE DU CIEL

Voici quelques adresses pour vous offrir des sensations aériennes, mais rappelez-vous qu'il est important de connaître la météo avant le décollage.

Reportez-vous pour cela à l'encadré « Quel temps pour demain ? » dans « Les atouts de la région au fil des saisons », et renseignez-vous auprès des professionnels.

Aéroclub de Dieppe – 02 35 84 86 55 ou 02 35 84 86 55.

Aéroclub de Deauville-St-Gatien – 14130 St-Gatien-des-Bois - 02 31 64 00 93. Baptêmes et école de pilotage.

Aéroclub de Bernay – 76550 Offranville - 02 32 43 15 62.

Aéroclub d'Yvetot – 02 35 56 43 05. Promenades et vols d'initiation en avion ou hélicoptère.

Aéroclub du Havre – 02 35 48 35 91 - www.aeroclub.cjb.net. École de pilotage, baptêmes de l'air, vols d'initiation.

Aéroclub des trois villes sœurs (Eu, Le Tréport, Mers-les-Bains) – 02 35 86 56 34 - http://aeroclubetm.free.fr/.

Aéroclub Estuaire de Seine – 02 35 20 01 58.

Aéroclub de Rouen Normandie – 02 35 79 18 26 - www.acrn.asso.fr. École de pilotage, baptêmes de l'air (réserv. 3 j. av.).

Air Drakkar – S'adresser à M. Barbier - 02 35 91 31 80 ou 06 62 63 31 80 - www.ulm-airdrakkar.com.

Consultez aussi la rubrique « Deltaplane, parapente et parachutisme ».

La destination en famille

Pour se faire pardonner quelques visites de musées « pour les grands » ou pour changer un peu de la plage, nous avons sélectionné pour vous un certain nombre de sites *(voir le tableau récapitulatif ci-contre)* qui intéresseront particulièrement votre progéniture. Vous les repérerez dans la partie « Découvrir les sites » grâce au pictogramme.

LES LABELS

« Villes et Pays d'art et d'histoire »

Le réseau des Villes et Pays d'art et d'histoire (*voir la rubrique Visite guidée*) propose des visites-découverte et des ateliers du patrimoine aux enfants, les mercredis, samedis et pendant les vacances scolaires. Munis de livrets-jeux et d'outils pédagogiques adaptés à leur âge, ces derniers s'initient à l'histoire et à l'architecture et participent activement à la découverte de la ville. En atelier, ils s'expriment à partir de multiples supports (maquettes, gravures, vidéos) et au contact d'intervenants de tous horizons : architectes, tailleurs de pierre, conteurs, comédiens, etc... Ces activités sont également proposées pendant la visite des adultes en juillet et août, dans le cadre de l'opération « L'Été des 6-12 ans ».

Les Villes et Pays d'art et d'histoire cités **dans ce guide** sont : Dieppe, Elbeuf, Fécamp, Le Havre, Rouen et le Pays d'Auge.

Sites ou activités à faire en famille			
Chapitre du guide	**Nature**	**Musée**	**Loisirs**
L'Aigle		Musée de la Comtesse-de-Ségur Musée de la Grosse Forge d'Aube	Base de loisirs de Saint-Évroult
Les Andelys		Château-Gaillard	
Arques-la-Bataille			Centre nautique
Bellême		Prieuré de Ste-Gauburge	
Bernay		Musée municipal	
Pays de Caux	Jardin d'Art et d'Essai de Normanville		Ferme de Crasville-la-Rocquefort Parc de loisirs « Eau et Nature »
Clères	Parc zoologique Jean-Delacour		Parc du Bocasse
Dreux		Musée d'Art et d'Histoire Marcel-Dessal	
Elbeuf	Moulin Amour		
Eu		Musée des Traditions verrières Site archéologique de Bois-l'Abbé	
Évreux		Gisacum - Jardin archéologique	
Fécamp		Musée des Terre-Neuvas et de la Pêche	
Le Havre		Musée Malraux Muséum d'Histoire naturelle	
Honfleur	Naturospace		
Lisieux	Domaine de St-Hippolyte CERZA		
Louviers	Réserve ornithologique de la Grande Noé	Musée d'Art et d'Histoire	
Neufchâtel-en-Bray		Musée J.-B.-Mathon-A.-Durand	
Pont-Audemer		Château de St-Maclou-la-Campagne	
Pont-l'Évêque		La Belle Époque de l'automobile	Base de loisirs de Betteville
Rouen		Musée Flaubert et d'Histoire de la médecine Musée maritime et fluvial Musée national de l'Éducation	

LES CLUBS DE PLAGE

Beaucoup de clubs existent sur la Côte Fleurie. **Deauville, Houlgate, Benerville** et **Blonville-sur-Mer** ont notamment un club Mickey. À **Trouville-sur-Mer**, babypark pour les enfants entre 18 mois et 3 ans.

Sur la Côte d'Albâtre, on dénombre un seul club pour les plus jeunes, les « Crevettes roses », à **Veules-les-Roses**. **St-Valery-en-Caux** propose un jardin pour les enfants ainsi qu'un jardin des mers et **Le Tréport** le club des Gringalets, qui organise tous les après-midi des animations pour les 6-12 ans (2 €).

VISITER UNE FERME

Idéal pour des visites familiales, de nombreuses fermes ouvrent aujourd'hui leurs portes aux visiteurs. Deux labels, « **Bienvenue à la ferme** », géré par la chambre d'Agriculture, et « **Accueil paysan** », permettent de découvrir les exploitations agricoles, leurs animaux et la réalité des métiers. Pour plus d'informations :

Chambre d'Agriculture de Normandie – 6 r. des Roquemonts - 14053 Caen Cedex 4 - ✆ 02 31 47 22 48.

Association Accueil paysan de Seine-Maritime – 6 r. de l'Église - 76280 Turretot - ✆ 02 35 20 24 11.

R. & Ph. Holzbachova et Benet / MICHELIN

Les fromages de Normandie.

Que rapporter

Les adresses de boutiques ou d'artisans se trouvent à la rubrique « Que rapporter » dans les **encadrés pratiques** de la partie « Découvrir les sites », mais voici déjà quelques suggestions qui pourront vous donner des idées d'achats et de souvenirs, pour vous-mêmes ou les autres.

POUR LA BONNE BOUCHE

Les labels

Certains labels vous garantissent la qualité des produits que vous choisissez.

À l'échelle européenne, les **IGP** (Indication géographique protégée), **AOP** (Appellation origine protégée) et **STG** (Spécialité traditionnelle garantie) aux logos bleu et jaune constituent des gages de qualité.

À l'échelle nationale, ce sont les **AOC** (Appellation d'origine contrôlée), bien sûr, les **Critères Qualité Certifiés** et les **Label Rouge**. Vous pourrez découvrir la liste de ces produits sur le site www.label-rouge.org.

En Normandie, le label **Gourmandie** mis en place par l'institut Qualité Normandie constitue lui aussi une référence dans le choix des produits. Pour plus de renseignements : www.irqua-normandie.fr/gourmandie.

Enfin, les produits estampillés **Terroirs** sont ceux dont la matière première, la fabrication et la qualité gustative sont typiques de la région.

Fromages fermiers

Il serait dommage de repartir de Normandie sans en rapporter quelques fromages ! Les incontournables sont bien entendu les quatre célèbres AOC : le **camembert**, le **livarot**, le **pont-l'évêque** et le **neufchâtel**. Vous pourrez aussi rapporter quelques fromages frais du pays de Bray, déjà solidement réputés.

Laissez-vous également tenter par le **pavé d'Auge**, le **bricquebec**, l'**excelsior** et n'hésitez pas non plus à acheter dans les fermes de la région d'autres fromages, parfois inventés sur place. Les marchés et les crémeries offrent aussi un large choix qui vous laissera presque embarrassé !

Attention ! Camemberts, livarots, pont-l'évêque… redoutent les voyages sous le soleil d'été, à moins de prévoir une glacière. Mais ils craignent aussi le contact avec la glace ; pensez donc à disposer séparément chaque sorte de fromage, avec son emballage, dans un linge et/ou un sac plastique propres. Leur saveur, leur présentation et leur texture respectives seront mieux préservées.

Friandises normandes

La gastronomie normande ne se limite pas qu'aux produits laitiers et les amateurs de saveurs sucrées trouveront également leur bonheur dans la région.

Deauville-Trouville – *Planches de Deauville* : sablés en forme de planches.

Évreux – *Pétales de roses* : chocolats noirs fourrés et parfumés à la rose. *Zouzous* : feuilletés pralinés, enrobés de chocolat noir, parfumés à la framboise. *Caprices des ursulines* : petits gâteaux (Maison Auzou).

Fécamp – *Caïques* : bonbons de nougatine et d'un mélange à la bénédictine, enrobés de chocolat noir. *Calettes* : noisettes enrobées de chocolat noir. *Chocolats « Bénédictine »* : fourrés à la bénédictine (dans une boîte signée Louise Abbéma).

Le Havre – *Dominos du pays* : chocolats noirs en forme de dominos.

Rouen – *Les 100 Clochers* : chocolats fourrés d'un mélange de pommes cuites au four, pommeau et calvados. *Larmes de Jeanne* : amandes grillées, à peine caramélisées, enrobées de chocolat, saupoudrées de cacao (Maison Auzou). *Sucres de pomme* : confiserie, assez proche du sucre d'orge, aromatisée à la pomme.

Vimoutiers – *Les Étriers normands* : chocolats fourrés de praliné aux amandes.

Cidre, pommeau, poiré, calvados

Il y a belle lurette que le pommier a fait un mariage heureux avec la Normandie : neuf millions d'arbres font un bouquet généreux et vous auriez tort de ne pas rapporter une boisson ou un alcool élaboré à partir de la pomme (à consommer avec modération). On aura forcément l'embarras du choix. L'idéal est de s'adresser auprès d'un propriétaire récoltant dans une des zones AOC. Le pays d'Auge, notamment, n'en manque pas. *(Pour les précautions liées à la consommation des bouteilles de cidre ayant voyagé, voir la rubrique « Les boissons » p. 96.)*

Le cidre – Dans les caves de Normandie, on parle aujourd'hui avec délectation d'un bon cidre, comme on parle en d'autres lieux d'un grand vin. Est-il fruité, gouleyant, a-t-il du nez... Est-il long en bouche ? Le plus puissant et le plus moelleux est sans nul doute le cidre pays d'Auge, appellation contrôlée, mais il y a aussi les cidres « fermiers » aux arômes plus rustiques et plus secs. Le Perche est un gros producteur, et un projet d'AOC est en cours.

Le poiré – Le poiré est à la poire ce que le cidre est à la pomme.

Le calvados – Il y a le calvados AOC et le calvados AOC pays d'Auge. Mais attention : il y a de nombreuses dénominations : « trois étoiles » ou « trois pommes » indiquent un vieillissement de deux ans ; « Vieux » ou « Réserve » indiquent trois ans de maturation ; « VO », « Vieille Réserve », ou « VSOP » indiquent quatre ans ; « Hors d'âge », « XO », « Napoléon » ou « Extra » indiquent au moins six ans... Les goûts et les prix sont en conséquence !

Le pommeau – Un peu moins connu que le cidre ou le calvados, le pommeau est un agréable mélange à base de jus de pommes et de calvados. Il est préférable d'acheter un pommeau AOC. À boire frais ou à température ambiante.

Association interrégionale des producteurs de pommeau de Normandie – 6 r. Fresnel - 14000 Caen - ✆ 02 31 95 20 20.

Bon à savoir – De nombreux chais et distilleries se visitent ; la liste des producteurs qui ouvrent volontiers leurs portes peut être obtenue auprès de l'**Interprofession des appelations cidricoles (IDAC)** - immeuble Citipolis - 6 pl. Boston - 14200 Hérouville-St-Clair - ✆ 02 31 53 17 60.

La bénédictine – À l'origine (au 16e s.) élixir de longue vie inventé par un moine bénédictin, la bénédictine devint liqueur digestive à la fin du 19e s. On ne compte pas moins de vingt-sept plantes, herbes et épices telles que angélique, hysope, mélisse, bourgeons de pin, génépi, cannelle, aloès, baies de genièvre... pour l'élaboration de cette délicieuse liqueur que l'on peut déguster (avec modération) en cocktail aussi bien qu'en digestif.

POUR FAIRE PLAISIR

Antiquités, peinture, objets d'art

On trouvera de nombreux antiquaires et galeries d'art à Honfleur et à Rouen (autour de St-Maclou), ainsi qu'à Bernay (rue G.-Folloppe) et à Pont-Audemer. Partout dans la région, les antiquaires proposent un large choix de mobilier et d'objets régionaux.

Faïence

Des artistes potiers perpétuent la tradition de la faïence dite « vieux Forges » et « vieux Rouen » ; ils exécutent aussi des grès et des pièces personnalisées.

Céramique d'Art Rousseau – 9 r. Victor-Hugo - 27400 Louviers - ✆ 02 32 40 61 73. Possibilité de visiter leur exposition (téléphoner au préalable).

Augy-Carpentier – 26 r. St-Romain - 76000 Rouen - ✆ 02 35 98 77 47.

Faïence des Hogues – 6 r. Ste-Honorine - 27910 Les Hogues - ✆ 02 32 48 19 55.

Aux deux gouttes d'eau – Av. des Sources - 76440 Forges-les-Eaux - ✆ 02 35 09 61 53.

Atelier Franck Aumont – La Maigrière - 61550 Gauville - ✆ 02 33 34 03 55.

S. Sauvignier / MICHELIN

La faïence de Rouen.

Les ateliers du Bec – Le Bec-Hellouin - ✆ 02 32 43 72 60.

Lin

Le **pays de Caux** est le premier producteur de lin français.

C Du lin Création – 21 r. Pierre-Lamotte - 76560 Doudeville - ✆ 02 35 97 06 82.

Verre

La vallée de la Bresle était et demeure l'un des grands centres de production de verre soufflé.

Tief – 76390 Aumale - ✆ 02 35 93 47 20.

Verre d'art de la Bresle – 76340 Blangy-sur-Bresle - ✆ 02 35 93 57 01.

Copies de meubles normands

Quelques fabricants perpétuent cet art. C'est notamment le cas dans l'Eure ou en pays d'Auge. Certains ébénistes réalisent, entre autres, des copies miniatures de meubles normands (pratique si vous craignez de voyager coincé entre une armoire et une horloge normande !).

Denis Detallante – Les Meubles normands - exposition et atelier - 4 r. de la Risle - 27170 Barquet - ✆ 02 32 45 45 84 - www.detallante.com.

Fabrication artisanale de meubles sculptés – 76390 Aumale - ✆ 02 35 93 47 02.

Événements

De nombreux festivals sont organisés chaque année sur les terres normandes. Manifestations liées à la voile ou à la mer sur les côtes, concerts de musique classique dans les abbayes ou fêtes des papilles gustatives lors d'événements gourmands, les festivals se multiplient dès l'apparition des beaux jours et proposent des programmations le plus souvent de qualité. Dans l'impossibilité de prétendre à l'exhaustivité, voici une sélection parmi les principaux festivals dont la pérennité semble assurée.

Retrouvez ces manifestations ainsi que d'autres de moindre importance dans la rubrique « Événement » de l'**encadré pratique** des villes ou sites.

Bon à savoir – Bon nombre d'associations adhèrent à la Fédération française des fêtes et spectacles historiques. Guide disponible sur le site **www.fffsh.com.**

FÊTES ET FESTIVALS

Mars

Rouen – Festival du cinéma nordique - ✆ 02 32 08 32 40 - www.festival-cinema-nordique.asso.fr.

Deauville – Festival du film asiatique.

Deauville – Festival du film scientifique.

30 avril au 1er Mai

Rouen – 24 heures motonautiques - ✆ 02 32 08 32 40.

1er Mai

Marais Vernier – Étampage des vaches - ✆ 02 32 57 61 62.

Mai-décembre

Montivilliers – Les Concerts de l'abbaye - ✆ 02 35 30 96 58.

Pâques

Deauville – Festival de Pâques, quinze jours de musique classique.

Jeudi de l'Ascension

Conches-en-Ouche – Les Comices agricoles - ✆ 02 32 30 20 41.

Mai

Deauville – Salon du livre « Livre et musique ».

Ste-Adresse – Dixie Days festival de jazz.

Le Tréport – Fête du nautisme.

Pacy-sur-Eure – Les Foulées pacéennes - ✆ 02 32 36 29 38.

Dernier week-end de mai

Rouen – Fêtes Jeanne d'Arc - Spectacle médiéval - ✆ 02 32 08 32 40 - www.rouentourisme.com.

Week-end de Pentecôte

Honfleur – Fête des marins. Bénédiction de la mer à marée haute, pèlerinage des marins à N.-D.-de-Grâce.

A. de Valroger / MICHELIN

Rencontres internationales de cerfs-volants à Dieppe.

La Perrière – Marché d'Art - ✆ 02 33 73 35 49.

Mai-juin

Églises du Perche – Printemps musical du Perche - ✆ 02 33 25 70 10.

Juin

Haucourt – Fête de la St-Jean-Baptiste (dernier dim. du mois) - ✆ 02 35 90 90 87.

Pays d'Auge – Journées du patrimoine du pays d'Auge - ✆ 02 31 48 52 16.

Fécamp – Fête de la mer et de la musique (dernier w.-end av. le 21 juin).

Cabourg – Festival du film de Cabourg (mi-juin).

Deauville – Semaine internationale de la voile.

Deauville – Jumping international.

St-Ouen-de-Pontcheuil – Fête des potiers.

Évreux – Le Rock dans tous ses états.

Fécamp – Estivoiles, fête de la mer et de la musique (w.-end précédant le 21 juin).

Le Havre – Biennale d'art contemporain (années paires).

Juin-août

Le Havre – Les Zestivales : animations et concerts sur la plage du Havre.

Fin juin-début juillet

Blainville-Crevon – Archéo Jazz : festival de jazz et de musiques actuelles - www.archeojazz.com.

Mortagne-au-Perche – Les Musicales de Mortagne : festival de musique de chambre (dernier w.-end de juin et deux premiers w.-ends de juil.).

Pont-Audemer – Les Mascarets, festival de rue ouvert à tous et gratuit - ✆ 02 32 36 29 38.

Juillet

Rouen – Les Terrasses du jeudi : concerts devant les cafés et bars de la ville.

Rouen – Armada tous les quatre ans : rassemblement de vieux gréments (prochaine date : 2012) - ✆ 02 35 89 20 03.

Dives-sur-Mer – Festival de la marionnette (autour du 15) - ✆ 02 31 28 12 53.

La Haye-de-Routot – Feu de St-Clair (le 16).

Le Tréport – Fête de la mer.

Le Bourg-Dun – Festival du lin et de l'aiguille.

Deauville – Swing'in Deauville.

Juillet-août

Dreux – L'Été sous les charmes, festival de musiques du monde (concerts gratuits) - ✆ 02 37 38 87 00 - www.dreux.com.

Bellême – Spectacle nocturne « Perche terre de légendes » (trois derniers w.-ends de juil. et deux premiers d'août) - ✆ 02 33 25 23 23.

Août

Crèvecœur-en-Auge – Les Médiévales (1re quinz. du mois) - ✆ 02 31 63 02 45 - www.chateau-de-crevecoeur.com.

Blangy-sur-Bresle – Fête du verre.

Lisieux – Procession de la fête de la Vierge du sourire (le 15) - ✆ 02 31 48 55 08 - www.therese-de-lisieux.com.

St-Cyr-la-Rosière – Fête du cheval percheron (le 15) au prieuré de Ste-Gauburge - ✆ 02 33 73 48 06.

Deauville – Vente de yearlings (3e ou 4e sem. du mois) - ✆ 02 31 14 40 00.

Deauville – Grand Prix : courses hippiques. Coupe d'or du championnat de polo (dernier dim. du mois) - ✆ 02 31 14 40 00.

Deauville – Août musical : une semaine de festivités autour de la musique classique.

Fécamp – Multicup 60'.

Houlgate – Festijazz le 3e w.-end d'août dans la ville.

Septembre

Deauville – Festival du cinéma américain (1re sem.) - ✆ 02 31 14 14 14.

Dieppe – Festival international de cerf-volant (du 2e au 3e w.-end, année paire) - ✆ 02 32 90 04 95 - www.dieppe-cerf-volant.org.

Lisieux – Fêtes de sainte Thérèse : la veille au soir et le jour même, procession (dernier w.-end) - ✆ 02 31 48 55 08.

Bellême – Mycologiades internationales (fin sept.-déb. oct.) - ✆ 02 33 73 34 16 - www.mycologiades.com.

Octobre

Deauville – Rallye « Paris-Deauville » avec des voitures de collection.

Deauville – Equi'Days, fête du cheval du calvados et courses.

Pacy-sur-Eure – Relais pédestre - ✆ 02 32 36 29 38.

Fécamp – Foire aux harengs.

Octobre-novembre

Calvados – Equi'Days, manifestations hippiques à travers le Calvados - ✆ 02 31 27 90 30.

Différentes villes de Seine-Maritime et de l'Eure – Festival « Automne en Normandie » : musique, théâtre et danse - ✆ 02 32 10 87 00.

Mi-décembre

Dreux – Les Flambarts (carnaval) : fêtes et foires autour de la lumière - ✆ 02 37 38 87 00.

Deauville – Noël au Balcon, festival des arts de rue.

FÊTES ET FOIRES LIÉES À LA GASTRONOMIE

3e week-end de mars

Mortagne-au-Perche – Festival du boudin - ✆ 02 33 25 08 75.

Week-end de Pâques

Veules-les-Roses – Fête du cresson.

Pentecôte

Vernon – Foire aux cerises.

Le Tréport – Foire aux moules.

G. Targat / MICHELIN

Course de chevaux au trot attelé.

1er week-end d'août

Livarot – Foire aux fromages - ✆ 02 31 63 47 39.

Mi-septembre

Neufchâtel-en-Bray – Fête du fromage - ✆ 02 32 97 53 01.

Octobre

Beuvron-en-Auge – Fête du cidre (dernier dim. du mois).

Veules-les-Roses – Foire du val (moutons et chevaux) le 1er dim. du mois.

Honfleur – Fête de la crevette (1er ou 2e w.-end du mois) - ✆ 02 31 81 88 00.

Vimoutiers – Foire de la pomme (3e w.-end du mois) - ✆ 02 33 39 80 60.

Rouen – Fête du ventre et de la gastronomie pendant un w.-end autour de la place du Vieux-Marché.

Novembre

St-Valery-en-Caux – Foire aux harengs (avant-dernier w.-end).

Fécamp – Foire aux harengs (dernier w.-end du mois).

Dieppe – Foire aux harengs et à la coquille Saint-Jacques (w.-end suivant le 11 Nov.).

Conseils de lecture

OUVRAGES GÉNÉRAUX

L'Art de vivre en Normandie, S. Gleizes, Flammarion, 2004.

La Vallée de la Seine, G. Targat, Corlet, 2005.

ETHNOLOGIE

Grands marins normands, J. Mabire, L'Ancre de Marine, 1993.

Le Grand Métier : journal d'un capitaine de pêche, J. Recher, Plon-Terre humaine, 1977.

Les Inconnus célèbres de Normandie, B. Gourdin, Cheminements, 2007.

L'Estuaire de la Seine, A. et F. Deschandol, Éd. des Falaises, 2003.

J'ai fait mes contes : Dieppe et le pays de Caux, A. Guillot, Bertout, 1997.

Les Havrais et la mer : le Port, les Transatlantiques, les Bains de mer, ouvrage collectif, PTC, Rouen, 2004.

Haute et Basse-Normandie : guide du tourisme technique, EDF, Solar, 1999.

La Manche de Dunkerque au Havre, M. Bournerias, Guides naturalistes des côtes de France, Delachaux et Niestlé, 1998.

Y. Tierny / MICHELIN

Bateaux de pêche au Tréport.

GASTRONOMIE

Cuisine régionale de A à Z : Normandie, Le Livre de Poche.

Gastronomie normande d'hier et d'aujourd'hui, S. Morand, Flammarion, 2000.

La Cuisine normande, J.-L. Robert, Gisserot, 2002.

Le Calvados : une histoire alambiquée, G. Targat, Ouest-France, 2002.

Cuisine normande hier et aujourd'hui, Michel Bruneau, Ouest-France, 2003.

Cuisine normande, Laurent Bianquis, Hachette Littérature, 2006.

HISTOIRE

Quand la Normandie était aux Vikings, M. Planchon, Corlet, 1993.

La Normandie avant les Normands, P. Baudin, Ouest-France, 2002.

Histoire de Rouen, coll. « Univers de la France et des pays francophones », Privat.

En chemin avec Jeanne d'Arc, L. Bonnet, coll. « Itinéraires de l'histoire », Ouest-France, 2004.

La Révolution en Haute-Normandie : 1789-1802, Éd. du Petit Normand, 1998.

Dieppe, J.-E. Blanche, Bertout.

À travers la Haute-Normandie en révolution (1789-1800), ouvrage collectif, Bertout.

Histoire de la Normandie, M. de Bouard, Privat, 2001.

Le Raid de l'espoir, 19 août 1942 à Dieppe, Bertout, 1992.

PROMENADES LITTÉRAIRES ET ARTISTIQUES

Aux éditions Charles Corlet :

Promenades en Normandie avec Madame Bovary et Gustave Flaubert, R. Chouard, 1991.

Promenades en Normandie avec Maurice Leblanc et Arsène Lupin, G. Pouchain.

Promenades en Normandie avec un guide nommé Marcel Proust, B. Coulon, 1986.

Promenades en Normandie avec un guide nommé Victor Hugo, G. Pouchain, 1983.

Promenades en Normandie avec un guide nommé Guy de Maupassant, G. Pouchain, 1986.

Promenades en Normandie avec des poètes disparus, C. Le Roy, 1997.

Balzac en Normandie, G. Pouchain, 1997.

Escales d'artistes, de Dieppe à St-Valery-en-Caux, S. Louvet et A. d'Aunay, Gallimard, 2003.

Le Pays de Caux : falaises et valleuses, O. Coffano, Éd. des Falaises, 2003.

ART ET ARCHITECTURE

Promenades en Normandie romane, H. Decaëns, Zodiaque, 2003.

Haute-Normandie gothique, Y. Bottineau-Fuchs, Picard, 2001.

La Route des abbayes normandes, F-X. Verger, Huitième jour, 2003.

Grands et petits manoirs du pays d'Auge, P. Deterville, Corlet, 1983.

Manoirs du pays de Caux, M. Lécureur, Corlet, 1992.

Mobilier de Haute-Normandie, E. Mannoni, coll. « Mobilier régional », Massin, 1994.

Le Meuble haut-normand des origines à 1700, D. Lavallée, Bertout, 1990.

La Route des abbayes normandes, F. Barbut, Ouest-France, 1997.

Chapelles et églises rurales en pays de Caux, A. Hennetier et M. Lécureur, Bertout, 1997.

CONTES ET LÉGENDES

Légendes de Normandie, Amélie Bosquet, Françoise Morvan, Ouest-France, 2004 : récits traditionnels collectés au 19e s.

Légendes et récits de Normandie, Charles Brisson, René Herval, A. Lepilleur, L'Ancre de Marine, 2004.

Contes et légendes de Normandie, collectif, Nathan, 2003.

La Seine normande, J.-P. Beaufreton, Allan Sutton, 2001.

LITTÉRATURE

La vallée de la Seine

Madame Bovary, G. Flaubert, coll. « Folio », Gallimard, 2001 : l'action se passe à Ry, bourgade décrite sous le nom de Yonville.

Emily L., M. Duras, Les Éditions de Minuit, 2008 : roman dont l'action se situe en partie dans la région de Quillebeuf.

Rouge sombre, V. Moore, Le Livre de Poche, 2003 : intrigue policière à Jumièges en 1145.

Le Couvent du diable en Normandie, N. Buffetaut, Bertout, 1997 : histoire des possédées de Louviers au début du 17e s.

La Côte Fleurie et le pays d'Auge

À la recherche du temps perdu, M. Proust, coll. « Quarto », Gallimard, 1999 : évocation de Cabourg.

Léontine du pays d'Auge, R. Ruffin, France-Empire, 2002 : vie rurale dans la première moitié du 20e s.

La Côte d'Albâtre et le pays de Caux

L'Aiguille creuse, M. Leblanc, Le Livre de Poche, 1974 : une aventure d'Arsène Lupin à Étretat.

Au rendez-vous des terre-neuvas, G. Simenon, Pocket, 1998 : Maigret enquête sur le meurtre d'un capitaine de chalutier à Fécamp.

Les Contes et Nouvelles, G. de Maupassant, coll. « Bouquins », Robert Laffont : contes rustiques au sein de différentes bourgades de Haute-Normandie.

Pierre et Jean et *Une vie*, G. de Maupassant : deux ouvrages poignants qui mettent en scène une sombre histoire de famille au Havre et le destin tragique d'une femme mal mariée, près d'Yport.

La Place, A. Ernaux, coll. « Folio », Gallimard, 1997 : la ville de Y… n'est autre que la petite ville d'Yvetot.

La Falaise bleue, M. Hérubel, Presses de la Cité, 1999 : peinture des mœurs de la bourgeoisie au 19e s. dans le pays de Caux.

Le Havre

La Bête humaine, É. Zola, Pocket, 1998 : trajet ferroviaire au 19e s. entre Paris et Le Havre.

Boulevard Durand, A. Salacrou, coll. « Folio », Gallimard, 1985 : une pièce qui détaille le déroulement de ce que l'on appelle « l'affaire Dreyfus havraise ».

Saint Glinglin, R. Queneau, coll. « l'Imaginaire », Gallimard, 1981 : une intrigue loufoque inspirée de la jeunesse de Queneau au Havre.

PRESSE ET MAGAZINES

Presse quotidienne régionale

Paris-Normandie
Havre libre
Le Havre Presse

Hebdomadaires régionaux

Pays de bray

L'Éclaireur brayon (Gournay-en-Bray)
La Dépêche du Pays de Bray (Forges-les-Eaux)
Le Réveil de Neufchâtel

Pays de Caux

L'informateur (Eu-Le Tréport)
Les Informations dieppoises

Vallée de la Seine

L'impartial (Les Andelys)
Le Journal d'Elbeuf

Pays d'Auge et sud de la Seine

L'Éveil de Lisieux
L'Éveil de Pont-Audemer
L'Éveil normand (Bernay)
Le Réveil normand (L'Aigle)
Le Perche (Mortagne-au-Perche)

Magazines bimestriels

Parmi plusieurs publications, nous avons particulièrement apprécié la qualité des textes et l'iconographie de ces quelques magazines :

Maisons normandes – Édiouest Publications - 111 av. Victor-Hugo - 75016 Paris - ✆ 01 47 55 63 63.

Patrimoine normand – Éditions Heimdal - château de Damigny - 14400 Bayeux Cedex - ✆ 02 31 51 68 68.

Pays de Normandie – 20 r. Verte - 76000 Rouen - ✆ 02 35 89 21 20.

Détail de la cathédrale de Rouen.

H. Hughes / HEMIS.FR

COMPRENDRE LA RÉGION

NATURE

Qu'il s'agisse de gravir les falaises au pied desquelles s'écrasent les vagues ou de se laisser bercer par les murmures de la Seine, la région satisfait toutes les envies par sa diversité de paysages. Terre et mer se complètent idéalement, partagées entre un littoral aux multiples visages et un arrière-pays composé de deux fortes entités bien distinctes : le pays de Caux et le pays d'Auge.

G. Targat / MICHELIN

La porte et l'aiguille des falaises d'Étretat.

Le littoral

L'estuaire de la Seine sépare les falaises de craie de la Côte d'Albâtre au nord et les plages de sable de la Côte Fleurie au sud. Le tracé actuel du bord de mer résulte de la dernière offensive de la mer après les grandes oscillations du quaternaire. Ce phénomène toujours efficient continue de provoquer l'envasement de l'estuaire et l'encombrement de certains ports cauchois.

LA CÔTE D'ALBÂTRE

Un paysage de falaises

Formée au crétacé supérieur, il y a près de 80 millions d'années, la Côte d'Albâtre doit son nom à la blancheur de ses hautes falaises de craie. Ces murailles immaculées, qui atteignent parfois plus 100 mètres de hauteur et s'étalent sur près de 140 km entre Le Tréport et Le Havre. Ce front, quasi ininterrompu, fait alterner portes (sortes de passages étroits), aiguilles, vallées et valleuses. Ces vallées sans rivière, souvent suspendues, sont caractéristiques du pays de Caux *(voir « Découvrir les sites »)*. Elles permettent d'accéder aux ports de pêche et à la mer quand elles sont aménagées de rampes, d'échelles ou d'escaliers (c'est le cas à Senneville, Életot et Grainval).

La plupart des plages de la Côte d'Albâtre sont des **plages de galets**. Le **phénomène d'érosion** explique cette caractéristique. Durant des millénaires, les couches de craie ont au cours de leur formation piégé des carapaces d'animaux, de crustacés et des coquilles, qui se sont transformés en silex au moment de la sédimentation. Les stries foncées qui parcourent la falaise en témoignent. Libérés de la craie au moment de l'érosion, ces silex s'accumulent sur les plages. En six mois ou un an, l'action des vagues les transforme en galets. Commence alors pour eux une longue dérive. Emportés par la houle, les galets du sud du cap d'Antifer rejoignent Le Havre, ceux du nord s'acheminent vers l'estuaire de la Somme. Ils s'accumulent au pied des falaises orientées vers la houle et les protègent de l'érosion en atténuant l'effet du ressac.

Un écosystème exceptionnel

Située sur un axe de migration, la Côte d'Albâtre abrite une **faune** très riche. Elle accueille de nombreuses espèces d'oiseaux, attirés pour la nidification par les cavités des falaises. Celles d'Antifer, qui constituent sans doute la réserve ornithologique la plus exceptionnelle du littoral cauchois, abritent ainsi mouettes tridactyles, cormorans huppés, fulmars boréaux, faucons pèlerins et goélands argentés. Poissons, coquillages et crustacés abondent également : sole, limande, turbot, huîtres, moules et Saint-Jacques complètent ainsi la faune du littoral *(se reporter à la partie consacrée à la pêche dans « La Destination aujourd'hui »).*

Une **flore** étonnante se développe aussi dans les anfractuosités de la craie. Ainsi, le *Brassica oleracea*, qui colonise le littoral cauchois, est l'ancêtre des choux, et la betterave maritime celui de la betterave. Carotte, céleri et oseille trouvent aussi leur origine sur les côtes cauchoises. Ces promontoires sont recouverts des giroflées des murailles (aux tons jaunes et oranges), du gazon d'Olympe et de la cinéraire maritime dont les racines vont chercher l'humidité dans les fissures de la roche. Enfin, une grande diversité de bruyères, ajoncs de Le Gall, troscart des marais et chênes sessiles se développent sur les falaises normandes.

LA CÔTE FLEURIE

C'est un autre visage du littoral normand qu'offrent, juste de l'autre côté de l'estuaire de la Seine, les plages de la Côte Fleurie. Cette appellation viendrait d'un discours prononcé à Deauville en 1903 par le comte Raymond Coustant d'Yanville, alors conseiller général du Calvados, dans lequel il rend hommage au travail des paysagistes de l'époque. De Honfleur à Cabourg, le paysage se caractérise par de longues étendues de sable fin. L'estran, cet espace qui sépare le niveau des plus hautes mers et celui des plus basses mers, peut ici atteindre 1 km.

Entre Villers-sur-Mer et Houlgate, la côte dévoile ses falaises, les fameuses Vaches Noires. Recouvertes de varech, aussi noires que sont blanches leurs voisines d'Albâtre, elles atteignent parfois 100 m de hauteur. Gisement paléontologique classé, cette muraille n'est plus accessible au public. La découverte du site peut cependant se faire à marée basse, depuis la plage.

Un biotope original

La faune de la Côte Fleurie évolue pour l'essentiel dans des massifs dunaires bordés d'un estran très large. On y trouve une population très diversifiée : mollusques (patelles, crépidules, littorines, gibbules, oursins), crustacés (balanes, buccins et dormeurs) et d'autres espèces complètent ce tableau riche en couleurs, comme les éponges, les anémones et les ascidies. Hormis les habituels mouettes et goélands, le littoral héberge en hiver de nombreux oiseaux (bécasseau, tourne-pierre, guêpier d'Europe, petit pingouin et guillemot de Troïl). C'est aussi une grande zone de pêche *(voir « La Destination aujourd'hui »).*

La flore est spécifique à chaque milieu de la Côte Fleurie. Les dunes accueillent surtout l'oyat, qui permet de fixer le sable et d'assurer le maintien de l'écosystème, la mousse, le liseron, le chardon bleu et la fétuque à feuilles de jonc. L'estran et la frange littorale sont recouverts d'algues de plusieurs types : algues brunes (*pelvetiae, fucus spiralis fucus serratus*), herbiers de phanérogames, et laminaires, qui composent parfois de véritables forêts subaquatiques.

Le marais de Villers

Cet espace de 30 ha constitue un autre trésor de ce petit bout de côte. Formé par la rencontre des eaux des plateaux augerons, autrefois retenues par un cordon de dunes, et celles de la mer, il est aujourd'hui protégé par une digue qui limite les échanges avec la Manche aux grandes marées.

Le marais accueille une **faune** nombreuse. Au cours des migrations pré et postnuptiales, les oiseaux y viennent en nombre : bergeronnette printanière, locustelle tachetée, phragmite des joncs, vanneau huppé, marouette ponctuée. On trouve aussi la fauvette grisette, le rossignol, le rouge-gorge, le troglodyte mignon, le cygne… En été, le marais

Phénomène d'érosion

L'aspect spectaculaire des falaises cauchoises résulte d'un lent processus d'érosion. Le calcaire qui les compose *(voir la carte géologique de la région)* subit en effet l'action dissolvante de l'eau de pluie qui s'infiltre dans les fissures du sol. Chaque fente, chaque trou sont ainsi inexorablement agrandis jusqu'à provoquer l'effondrement de pans entiers de roche. On estime ainsi que les côtes reculent en moyenne de 10 à 20 cm par an. Dans les endroits où la craie est concentrée, comme entre Veules-les-Roses et Puys, ce recul peut atteindre 51 cm. Là où elle est moins présente, comme entre Bénouville et Veulettes-sur-Mer, le recul se limite à 14 ou 17 cm. Ce phénomène d'érosion peut se doubler de l'action du ressac, qui attaque les falaises en précipitant eau et galets contre les parois.

Ère quaternaire		Alluvions
Ère tertiaire		Terrains sédimentaires
Ère secondaire		Calcaires crétacés
		Calcaires jurassiques
Ère primaire		Noyaux granitiques
		Roches métamorphiques

devient une zone de chasse où trois espèces d'hirondelles sont visibles. En hiver, le plan d'eau abrite colverts, canards siffleurs, sarcelles d'hiver et foulques noires. Passereaux, mouettes et goélands y viennent aussi. Toute l'année, le héron cendré et l'aigrette garzette arpentent la zone humide à la recherche de nourriture.

Les eaux du marais rassemblent aussi perches, brochets, carpes et tanches. Dans ce vaste espace, cohabitent grenouilles vertes et rousses, petits carnivores (hermine, putois), serpents (vipère péliade, couleuvre à collier) et micromammifères (campagnol, musaraigne).

La **flore** est aussi riche que la diversité animale qu'elle accueille. Dans le marais se développent plusieurs espèces de laîches, d'orchidées et de plantes carnivores (drosera intermedia, grassette du Portugal). Dans quelques secteurs tourbeux, apparaissent aussi le comaret des marais, les trèfles d'eau et le rossolis à feuilles longues. Souvent, lors de précipitations abondantes, plusieurs types de sphaignes se développent.

L'ESTUAIRE

Certains font dériver le nom latin de la Seine, Sequana, du celtique *squan* : « tortueux », qui évoque les méandres décrits par le fleuve à la façon d'un immense reptile. La faible déclivité de la vallée et le débit puissant ont été, pendant près de deux millions d'années, la cause d'une lente érosion qui explique ce parcours sinueux. Le cours d'eau a creusé dans la partie concave des berges, où le courant est rapide, et déposé les sédiments récoltés sur la rive convexe, où le flux est beaucoup plus lent. La vallée montre ainsi deux visages avec des falaises abruptes sur l'une de ses berges et de plates terrasses sur l'autre. Ce contraste s'estompe aux abords de l'estuaire, les falaises se réduisent à partir du pont de Tancarville puis s'écartent des bords de Seine.

Une zone de transition

À la confluence des milieux marins et continentaux, l'estuaire de la Seine correspond à la zone comprise entre le pont de Tancarville et le pont de Normandie.

La faible pente de la vallée explique le phénomène du **mascaret** qui se produit dans l'embouchure lorsque le courant est contrarié par le flux de la marée montante *(voir « Caudebec-en-Caux » dans « Découvrir les sites »)*. On observe alors la brusque surélévation du niveau de l'eau de l'estuaire. L'aménagement des berges atténue aujourd'hui considérablement ce phénomène.

Zone tampon entre la Manche et la terre, l'estuaire est reconnu pour l'étonnante diversité de ses paysages et de son **écosystème**. L'embouchure présente une rare variété de milieux : dunes, vasières et bancs de sable, lagunes, marais salants, prairies semi-naturelles humides, tourbières. Cet intérêt écologique a justifié la notification de l'estuaire en Zone de protection spéciale par l'Union européenne et la création d'une réserve naturelle sur une partie des terrains de la rive nord *(voir plus loin la partie consacrée à l'environnement)*.

Une grande diversité biologique

Partagé entre marais, canaux, prairies, coteaux et bois, l'estuaire abrite une **flore** très bigarrée. Cette étonnante richesse se fonde sur un équilibre fragile, mis à mal par les constructions humaines. Le roseau tend à prendre une place prépondérante dans l'estuaire au détriment d'autres plantes comme le sureau, le saule ou l'argousier. Cet écosystème souffre également de quelques cas de pollution de plantes exogènes : spartine maritime, renouée du Japon ou peuplier d'Italie.

G. Targat / MICHELIN

Goéland argenté.

S. Sauvignier / MICHELIN

Le marais Vernier.

La faune répertoriée dans l'estuaire répond elle aussi de cette grande biodiversité. Au total, ce sont plus de 270 espèces d'oiseaux qui cohabitent dans le parc ornithologique de l'estuaire de la Seine au rythme des migrations. La faune piscicole est d'une tout aussi grande richesse (lamproies, truites de mer ou encore espèces aquatiques très rares comme le flûteau-fausse-renoncule ou la pesse d'eau). Les vasières abritent des nourriceries pour poissons et crustacés. Le damier de la succise et l'écaille chinée, deux papillons très rares, et une libellule, l'agrion de Mercure, sont protégés par la directive Habitat de 1995. Mammifères (sangliers, blaireaux, renards et écureuils) et reptiles (couleuvres à collier, lézards des murailles, vipères péliades) ajoutent à cette richesse biologique.

Le marais Vernier

C'est le trésor naturel de l'estuaire : il abrite la plus grande tourbière de France et le seul grand étang naturel de Haute-Normandie, la Grand'Mare. Il n'en porte pas la trace d'activités humaines anciennes et contemporaines.

Situé dans un ancien méandre abandonné par la Seine, il est en effet séparé du fleuve par une digue, qui en a permis l'assèchement à partir du 17e s., d'où son étonnant paysage de polder. L'élevage bovin en constitue la principale ressource agricole.

À lui seul, le marais Vernier concentre néanmoins une incroyable biodiversité, tant botanique (aulnes, saules têtards, rubanier, iris jaune, menthe aquatique, drosera carnivore, sphaigne…) qu'animale (balbuzard pêcheur, busard des roseaux, héron cendré, râle des genêts). À ces espèces sauvages viennent s'ajouter des spécimens domestiqués : vergers (pomme, poire, cerise, prune…), chevaux de Camargue et bœufs d'Écosse.

L'intérieur des terres

L'arrière-pays normand, au relief apaisant, se déroule en basses collines et en courtes vallées. Bocages, campagnes et forêts le caractérisent, se répartissant sur le territoire en fonction de la composition des sols. Vous serez séduit par toute la gamme de verts déployés par ses paysages où l'eau ne manque pas.

LE BOCAGE

Le bocage se caractérise par un quadrillage de haies dressées sur des talus qui cernent les prés et les champs. C'est au nord et à l'ouest, là où les sols se révèlent les plus argileux, qu'il se développe. La diversité géologique de la région compose néanmoins une grande variété de paysages bocagers.

Des bocages multiples

Au nord de la Seine, à deux pas de la Somme, la **« boutonnière » du pays de Bray** fait figure d'exception. Les couches d'argile mises au jour par l'érosion font de cette vaste dépression un endroit particulièrement propice au développement de haies et d'herbages plantés de pommiers et de poiriers. Elle se distingue d'autant plus qu'elle est cernée par des côtes crayeuses, recouvertes d'un paysage de campagne. Ses parcelles se juxtaposent donc à la forêt ou à la campagne.

Au sud de la Seine, le **pays d'Auge** présente un visage plus uniforme. Cette région qui comprend les célèbres bourgs de Livarot, Pont-l'Evêque et Camembert est l'essence même du bocage normand. Ses plateaux fertiles recouverts d'argile à silex et de limon sont parcourus de vallées où les herbages consacrés à l'élevage et les plantations de pommiers sont ceints de haies vives. On retrouve ces caractéristiques dans un périmètre comprenant le Roumois, le Lieuvin, le pays d'Ouche et le Perche.

Ces massifs touffus font office de barrières certes naturelles, mais bel et bien instaurées, entretenues, par et pour l'homme.

Un pays façonné par l'homme

Le Code Napoléon a pendant plus d'un siècle conduit à la division des terrains en obligeant les propriétaires terriens à répartir égalitairement leur patrimoine entre leurs héritiers directs. Les haies servaient à délimiter les propriétés, tout en fournissant du bois de chauffage. Elles se révélaient par la même occasion bien utiles en protégeant les cultures et le bétail du vent, tout en évitant les glissements de terrain pendant les pluies. Ce système a été remis en cause par la politique de remembrement, encouragée pendant plusieurs décennies *(voir encadré ci-dessous)*. Celle-ci a montré ses limites, et depuis le début des années 1990, les haies sont replantées.

Un riche écosystème

Les haies bocagères se divisent en trois types principaux. Les **haies basses** comprennent noisetiers, aubépines et fusains. Les **haies bocagères hautes**, qui font office de brise-vent, se composent de peupliers, de cyprès, de chênes, de châtaigniers, de charmes et d'ormes pouvant atteindre quinze mètres de hauteur ! D'un autre genre, les **haies défensives** peuvent quant à elles mesurer plus de quatre mètres. Elles sont constituées d'aubépine, d'églantiers et de prunelliers, sans oublier le chèvrefeuille, qui vient aussi parfumer ce tableau bucolique.

Ces haies constituent une niche idéale pour la faune et la flore normande. Alouettes, perdrix, grives et merles y trouvent refuge lorsqu'ils ne sont pas délogés par les chouettes, les hiboux et les faucons. Petits rongeurs, lapins et

La politique de remembrement

Le remembrement consiste à regrouper les terres agricoles divisées en parcelles trop petites ou trop dispersées. Après la Seconde Guerre mondiale, la mécanisation de l'agriculture et le souci de productivité ont été à l'origine d'une politique de remembrement visant à rationaliser les exploitations en les adaptant aux techniques modernes. Arrachage de haies et des arbres jugés inutiles, drainage des terres, comblement des mares et des fossés ont profondément modifié le visage de la Normandie. En 1995, 62 % de la surface de la Haute-Normandie avait été remembrée. Mais les travaux d'aménagement accompagnant le remembrement n'ont pas suffi à supprimer le risque d'inondations, de ruissellement et d'érosion des sols. Face à ce constat, la tendance est au démembrement et à la reconstruction du bocage. Malgré tout, il semble que les 2 500 km de haies replantées chaque année peinent à compenser celles qui sont encore arrachées.

Bâtiment à colombages, vaches et chevaux, une vision de carte postale.

batraciens nichés au pied de ces haies font aussi partie de la chaîne alimentaire de cet écosystème. Cet environnement fera la joie des amateurs de champignons en automne et réjouira le regard du promeneur au printemps lorsque se déploie au pied des massifs un parterre de primevères et de violettes.

LA CAMPAGNE

Elle prend souvent place sur des terrains calcaires, surtout localisés au sud et à l'est. Il s'agit de plaines plates, presque sans arbres, dont les grands champs ouverts sont dominés par l'élevage et la culture de blé, de colza, de lin et de betterave à sucre. La population se rassemble en de gros villages aux solides maisons de pierre.

Au nord de la Seine, la campagne couvre le **pays de Caux** et l'ouest du pays de Bray. Ce vaste plateau crayeux *(voir la carte géologique)*, tapissé de limons très fertiles, est caractérisé par le **clos-masure**, espace entouré de haies qui abritent des bâtiments d'exploitation et d'habitation, des vergers et parfois des mares. Ces haies sont constituées d'arbres (traditionnellement des hêtres ou des chênes mais aussi des peupliers) plantés sur les talus. Ces derniers, constitués d'argile et de silex, assurent aux arbres un degré d'humidité suffisant pour favoriser leur croissance.

Le paysage offre un autre visage au sud de la Seine, dans la région de Neubourg. Outre les pâturages consacrés à l'élevage de bovins, on y pratique aussi l'horticulture et les cultures maraîchères. Quant au pays d'Ouche, il privilégie les herbages, laissant le blé et la betterave au Vexin normand.

LA FORÊT

Terre de bocages et de campagne, la Normandie compte néanmoins quelques belles forêts de tailles diverses, depuis les 10 700 ha de celle de **Lyons** jusqu'aux 1 600 ha de celle du **Perche**, en passant par les massifs d'**Eu**, de **Brotonne**, d'**Eawy** et de **Bellême**.

L'hêtre et le chêne sont les rois de ces espaces, qui ont souffert des dernières tempêtes. Celle de 1987 a dévasté la hêtraie de Lyons, qui figurait alors parmi les plus belles de France. Cette année-là, la région a dû gérer 820 000 m^3 de chablis (chutes d'arbres déracinés par un agent naturel : pluie, vent, grêle, neige). En 1999, les forêts qui avaient été épargnées douze ans plus tôt sont largement touchées : 42 000 m^3 d'arbres sont abattus dans celle de la Brotonne et 50 000 m^3 dans celle de Roumare.

Ces catastrophes ont laissé néanmoins intactes quelques curiosités. Dans la forêt d'Eu, un hêtre et un chêne ont des fûts si proches qu'on les dirait soudés. À Allouville-Bellefosse, près d'Yvetot, un arbre âgé de plus de treize siècles et de 18 m de haut abrite dans son fût deux chapelles accessibles par un escalier. Dans le Perche, près de Bellême, le chêne de la Lambonnière surprend par sa taille en têtard et son énorme tronc creux (7,2 m de circonférence).

Les forêts normandes servent de refuges à de nombreuses espèces d'oiseaux : roitelets, fauvettes, mésanges huppées et pics épeiches. Elles abritent aussi renards, biches, cerfs, chevreuils et sangliers. À l'ombre des arbres, poussent des champignons, des baies et des fleurs parmi lesquelles on trouve des jacinthes et des clochettes.

L'environnement

Région très agricole et fortement industrialisée, la Haute-Normandie est confrontée à d'importants problèmes de pollution. La création de multiples zones sensibles et de parcs naturels témoigne d'une prise de conscience des problèmes environnementaux.

UN ENJEU : L'EAU

Près de 6 t de métaux, 1 200 t de boues industrielles et 3 000 t de déchets dangereux partent chaque jour dans le milieu naturel. Les rejets les plus polluants proviennent pour l'essentiel de l'industrie électronique, de la sidérurgie, la métallurgie, du traitement des déchets et de l'imprimerie.

La pollution de la Seine

Les industries postées à proximité du fleuve ont durant de nombreuses années souillé la Seine et les autres cours d'eau en évacuant des produits polluants non traités. L'industrie rejette en effet près de 90 % des métaux toxiques et des matières organiques consommatrices d'oxygène qui asphyxient les poissons.
Suite à la création en 1973 de deux réserves de chasse, et de la réserve naturelle de l'estuaire de la Seine en 1997, l'établissement de normes pour les entreprises et les agriculteurs (limitation des engrais, surveillance de la pollution, contrôle de l'entretien hydraulique des sols) a fait baisser le taux d'oxydes et les rejets de matières en suspension. La plupart des établissements industriels de la région sont aujourd'hui équipés d'installations de traitement des eaux performantes, mais la qualité des fleuves et rivières n'en est pas pour autant devenue satisfaisante.
Les sources de pollution industrielle, agricole et domestique subsistent, qu'il s'agisse des hydrocarbures rejetés par le secteur pétrochimique, des gaz d'échappement, des pesticides et des eaux usées. De plus, certains polluants se sont accumulés depuis trop longtemps dans le lit des cours d'eau pour disparaître rapidement.

Un estuaire fragile

La domestication de la Seine a mis à mal le milieu naturel. Les aménagements pour adapter le fleuve à des navires de plus en plus gros (barrages, berges bétonnées) ont endommagé l'écosystème. Le pont de Normandie a aussi perturbé le milieu naturel. En détournant l'écoulement de l'eau, il a ralenti le dépôt des sédiments, accéléré l'assèchement des marais et accentué la perte en salinité des eaux de l'estuaire. Les aménagements actuels essaient de prendre en compte la fragilité du milieu. Ainsi, le projet Port 2000 a intégré la création d'une Zone de protection spéciale « oiseaux » afin d'offrir un nouvel espace de nidification aux oiseaux, délogés par les travaux. Cette disposition n'a toutefois pas compensé la dispersion des colonies, chassées par la nouvelle infrastructure. Certains oiseaux ont déserté l'estuaire et le cycle de reproduction de la crevette grise, de la sole et du bar s'en trouve ralenti.

Des nappes phréatiques menacées

Si la situation est moins préoccupante que dans d'autres régions et si les réserves d'eau sont loin d'être épuisées, l'enjeu reste de taille. En vingt ans, l'industrie a divisé par trois sa consommation en eau. Mais, plus que la quantité, c'est surtout la qualité de l'eau qui est au cœur des enjeux.
Les sols crayeux de la région *(voir la carte géologique)* facilitent l'infiltration des précipitations dans le sous-sol, mais l'action de l'agriculture intensive au cours du siècle dernier (engrais, pesticide, suppression des haies, labours des prairies et remembrement) ainsi que l'accroissement des surfaces imperméables (routes, parkings, etc.) ont perturbé ce phénomène. Les pluies ruissellent et pénètrent beaucoup moins dans le sous-sol. Cette imperméabilité conduit à la formation de coulées de boue qui polluent les nappes... Le pays de Caux, le sud-est du Vexin normand et le sud de l'Eure ont aussi été pointés comme zones sensibles en nitrates. Malgré les normes en vigueur sur la restriction de l'emploi des pesticides, il n'existe pas de statistiques sur les conséquences à long terme de l'accumulation de ces produits à la dégradation très lente.

E. Benard / MICHELIN

Galets au pied des falaises.

L'ÉROSION

Entre le remembrement et l'exploitation des galets, la région doit faire face à différents types d'érosion des sols et des paysages *(voir en tête de chapitre)*.

LES MESURES DE PROTECTION

Face à ces problèmes écologiques, la Haute-Normandie s'intéresse de près à l'**énergie renouvelable**. Une vingtaine de projets de création de parcs éoliens sont à l'étude, deux ont vu le jour début 2006 à Fécamp et Assigny. La région désire aussi œuvrer pour la création d'un parc d'éoliennes offshore à Veulette-sur-Mer. Ayant reçu l'aval du gouvernement en septembre 2005, ce projet, accompagné d'une analyse précise du milieu naturel, constituerait une première nationale.

Les sites Natura 2000

Ces sites correspondent à des espaces européens identifiés pour la rareté ou la fragilité de leurs écosystèmes. Une vingtaine de sites de la région ont été inclus dans le plan Natura 2000 : le **littoral cauchois**, la **forêt d'Eawy**, l'**estuaire de la Seine**, la **vallée de la Bresle**, le **marais Vernier** et la **basse vallée de la Risle**... Des efforts ont été entrepris pour concilier la sauvegarde de l'écosystème de l'estuaire de la Seine et le développement économique nécessaire à la région. Le projet **Port 2000** mené au Havre en témoigne. Ces aménagements risquaient d'empiéter sur l'embouchure de la Seine et d'entraîner la destruction des vasières. Face à l'opposition des défenseurs de la nature, des pêcheurs et de Bruxelles, l'estuaire a été classé « Zone de protection spéciale » pour faciliter le passage d'animaux migrateurs et permettre le maintien et la création de vasières.

Les parcs naturels régionaux

La Haute-Normandie compte deux Parcs naturels régionaux : celui du Perche, dans l'Orne, et celui des Boucles de la Seine normande en Seine-Maritime. Le premier permet de sauvegarder l'identité de cette région façonnée autour de ses forêts de chênes et de hêtres, de ses champs et de ses manoirs, de son artisanat (briquetiers, potiers, verriers), des produits de son terroir (cidre, rillettes, miel) et de l'élevage avec notamment celui du cheval percheron. Quant au Parc naturel régional des Boucles de la Seine normande, il maintient une coupure verte entre les deux grands pôles urbains et industriels de Rouen et du Havre. La Seine s'y écoule sur 180 km et traverse des paysages contrastés : le pays de Caux, le val de Seine, le Roumois, le marais Vernier et la vallée de la Risle.

G. Targat / MICHELIN

Éolienne au pays de Caux.

Une action citoyenne

L'État et les associations essaient d'encadrer et de susciter à toutes les échelles des initiatives pour la sauvegarde de l'environnement. Près de 40 millions d'euros sont ainsi dépensés chaque année en Seine-Maritime pour préserver les sites et les rendre accessibles au public. La région tente d'inciter les agriculteurs à travailler sans produits chimiques, à développer les sentiers de randonnée, et à préserver le patrimoine local (le clos-masure du pays de Caux notamment). Grâce à la **Ligue pour la protection des oiseaux**, une vingtaine de couples de faucons, des fulmars, des hiboux moyen duc et d'autres espèces ont été sauvés dans la vallée du Dun. De son côté l'association **Aquacaux** a mis un terme au problème de décharge sauvage entre Le Havre et le cap d'Antifer.

Protection du littoral

Les côtes sont l'objet de toutes les attentions. Depuis 1985, il est ainsi interdit de ramasser les galets qui protègent les falaises de l'érosion *(voir p. 52)*. Ils étaient en effet utilisés dans les additifs pour la porcelaine, les peintures routières ou le dentifrice. Et même s'ils ne sont plus collectés, ils manquent toujours sur les plages, du fait de leur dérive. La construction d'épis permet de les retenir.

Histoire

Placée à la confluence de deux mondes, la Normandie possède une histoire riche et mouvementée. La mer lui a apporté les invasions vikings, mais l'a aussi ouverte sur le Nouveau Monde, la terre et la Seine l'ont ancrée dans la chrétienté et le continent, favorisant les échanges. Cette position stratégique a été source de déboires mais surtout d'une grande prospérité, dont témoignent encore ports, abbayes et stations balnéaires.

DR

Siège de Guérande par les Normands.

Un peu d'histoire

Des raids vikings aux larmes de Jeanne d'Arc, du chantier éclair de Château-Gaillard – la forteresse de Richard Cœur de Lion – à la construction du pont de Normandie, la dense histoire de la région navigue entre accents tragiques et épiques.

CELTES, ROMAINS, FRANCS

Av. J.-C.

La région est peuplée de Celtes. La Seine est à cette époque la « route de l'étain » (voie inévitable des embarcations partant outre-Manche quérir l'étain de Cornouailles, métal qui donne le bronze lorsqu'il est combiné au cuivre).

Apr. J.-C.

1er s. – Conquête romaine. Naissance et essor des villes : Rouen, Lisieux, Lillebonne, Évreux…

2e s. – Christianisation du pays.

3e s. – Saint Nicaise fonde l'évêché de Rouen. Incursion nordique (284).

4e s. – Incursion nordique (364).

497 – **Clovis** occupe Rouen et Évreux. La Neustrie revient à son fils, Clotaire.

6e s. – Fondation des premiers monastères.

Invasions normandes

Vers 800 – Venus de Scandinavie par la mer à bord de leurs drakkars, les Northmen, ou **Vikings**, d'origine danoise ou norvégienne, harcèlent les côtes de la Manche.

820 – Les Normands *(Northmen)* ravagent la vallée de la Seine.

841 – Rouen, Jumièges, St-Wandrille sont pillés et incendiés.

860-870 – Pour barrer la route aux Vikings, **Charles le Chauve** jette des ponts fortifiés sur la Seine ; le plus puissant se trouvait à Pont-de-l'Arche.

875 – Nouvelles persécutions dans l'ouest.

885 – Siège de Paris par les Normands.

911 – **Rollon**, chef des Normands, rencontre **Charles le Simple** à St-Clair-sur-Epte. Dudon de Saint-Quentin, premier historien de Normandie, rapporte que, pour sceller l'accord créant le duché de Normandie, le Viking mit ses mains entre celles du roi de France. Ce geste valait un solennel échange de sceaux et de signatures : il n'y eut jamais de traité écrit. L'Epte forme la frontière au nord de la Seine, l'Avre au sud. Malgré cet accord, la frontière normande fera l'enjeu de luttes entre les rois de France et les ducs de Normandie lors des trois siècles suivants.

LE DUCHÉ INDÉPENDANT

10e-11e s. – Consolidation du pouvoir des ducs. Restauration des abbayes, nouveaux monastères.

1027 – Naissance à Falaise de **Guillaume**, duc de Normandie, le futur Conquérant.

1066 – Apprenant l'avènement de **Harold** au trône d'Angleterre, Guillaume en appelle au jugement du pape qui lui ordonne de châtier l'Angleterre et excommunie Harold. Consultés, les barons, réunis à Lillebonne, se rallient au duc qui s'assure de la neutralité de la France.
Le port de Dives-sur-Mer se prépare à la conquête de l'Angleterre. Le 12 septembre, 1 000 vaisseaux cinglent vers St-Valery-sur-Somme où attendent des renforts. Le grand départ a lieu le 27 septembre et l'assaut final, le 14 octobre.
Après sa victoire, le duc accepte la couronne royale qu'on lui offre : **Guillaume le Conquérant** est sacré roi d'Angleterre le 25 décembre à Westminster.

1087 – Mort du Conquérant.

1114 – Création du comté du Perche.

1154-1189 – **Henri II** roi d'Angleterre.

1196-1197 – **Richard Cœur de Lion** fait construire Château-Gaillard, en une seule année !

1202 – **Jean sans Terre** condamné à la perte de ses biens français.

1204 – La Normandie est réunie à la Couronne de France.

DU DUCHÉ FRANÇAIS À LA PROVINCE NORMANDE

1315 – Charte aux Normands, symbole du particularisme du pays jusqu'en 1789.

1346 – Débarquement d'**Édouard III** d'Angleterre.

1348 – Propagation de la peste bubonique en Normandie.

1364-1384 – Cocherel marque le début des campagnes victorieuses de **Du Guesclin**.

1417 – **Henri V**, roi d'Angletere, envahit la Normandie. Siège de Rouen.

1431 – Procès et supplice de **Jeanne d'Arc** à Rouen.

1440 – Évreux et Louviers sont reprises aux Anglais.

1447 – **Charles VII** entre avec ses hommes dans Rouen.

1469 – Fin de la guerre de Cent Ans.

1469 – **Charles de France**, dernier duc de Normandie, est dépossédé de son duché.

1514 – L'Échiquier de Rouen devient le Parlement de Normandie.

1517 – Fondation du Havre.

1589 – **Henri de Navarre**, futur Henri IV, vainqueur à Arques, puis l'année suivante à Ivry-la-Bataille.

1771-1775 – Suppression du Parlement de Rouen.

LA NORMANDIE CONTEMPORAINE

1785 – Voyage de **Louis XVI** en Normandie.

1789 – La Grande Peur : rumeur d'un complot aristocratique contre la nation.

1790 – Division de la province normande en cinq départements.

1793 – Le 11 juillet, assassinat de Marat par la royaliste normande **Charlotte**

Guerres de Religion

Dès le deuxième quart du 16e s., le protestantisme s'est implanté dans le pays de Caux et la vallée de la Seine. En 1562, aidés des Anglais, les protestants pillent de nombreuses églises de la région et assiègent des monastères. Rouen, prise par les huguenots puis les Ligueurs, est témoin de combats sanglants. Le prince de Condé, chef des protestants, fait en 1563 appel à la reine Élisabeth d'Angleterre, mais la garnison anglaise capitule au Havre devant l'armée royale. En 1572, de nombreux protestants rouennais sont massacrés lors de la Saint-Barthélemy. Les huguenots mettent ensuite tous leurs espoirs dans le roi réformé Henri IV. Celui-ci remporte sur le sol normand deux batailles décisives contre le duc de Mayenne et les Ligueurs : Arques le 21 septembre 1589, et Ivry le 14 mars 1590. La Ligue sort profondément affaiblie de ces déroutes mais le « Vert-Galant » se convertit finalement au catholicisme. Peu avant 1685 et la révocation de l'édit de Nantes par Louis XIV, la Normandie comptait 200 000 réformés.

Corday ; le 13 juillet, échec à Vernon du soulèvement fédéraliste de quelques Girondins réfugiés en Normandie contre la Convention.

1795 – Les députés de Rouen sont admis au sein de la Convention. La pétition dans laquelle ils décrivent l'extrême misère de la ville est envoyée au Comité de salut public.

1806 – Naissance des bains de mer à Dieppe.

1843 – Chemin de fer Paris-Rouen.

1870-1871 – Guerre franco-allemande. Occupation de la Haute-Normandie.

1928 – La basse Seine, fleuve du pétrole.

1936 – L'usine Bréguet, au Havre, est la première du pays à être occupée par les grévistes du Front populaire.

Juin 1940 – Rupture du front de la Bresle. Les cités de Haute-Normandie sont ravagées.

Juin 1944 – Frappée par les combats de juin 1940 puis les bombardements alliés de 1942 et 1943, Rouen est sinistrée. La semaine rouge, du 30 mai au 4 juin, fait 20 000 victimes et 40 000 sans-abris.

Juillet 1944 – Le 19, Caen est libérée par les alliés, aidés par la résistance locale.

Août 1944 – Le 22, fin de la **bataille de Normandie**. Le bilan est lourd : 37 000 alliés et 20 000 civils sont tués. Rouen est libérée par les Canadiens le 30.

Septembre 1944 – Dieppe est livrée sans combat le 1er. Le 12, Le Havre est libéré après le déclenchement de l'opération Astonia entre le 5 et le 10 septembre. Au total, 5 000 civils ont péri, 80 % de la ville est rasée.

1954 – Le Havrais **René Coty** président de la République. **Pierre Mendès France** (maire de Louviers, député de l'Eure) président du Conseil (accords de Genève, fin de la guerre d'Indochine, autonomie interne de la Tunisie).

1955 – La Seine-Inférieure devient la Seine-Maritime.

1959 – Pont de Tancarville.

1973 – Deux régions administratives : Haute-Normandie et Basse-Normandie ; fermeture des chantiers navals de Rouen.

1974 – Création du Parc naturel régional des Boucles de la Seine normande.

1977 – Autoroute de Normandie.

1995 – **Pont de Normandie**.

1997 – Sainte Thérèse est proclamée docteur de l'Église par le pape Jean-Paul II.

1998 – Création du Parc naturel régional du Perche.

1999 – Ultime éclipse totale du soleil au 20e s., Fécamp est la première ville du Vieux Continent plongée dans l'obscurité.

2004 – 60e anniversaire du Débarquement.

2005 – Le centre Perret du Havre est inscrit au Patrimoine mondial de l'Unesco.

2006 – Inauguration de Port 2000 au Havre.

2008 – Armada de vieux gréements à Rouen.

Le monachisme

À partir du 6e s., le monachisme normand rayonne rapidement sur toute l'Europe. Au-delà de la sphère spirituelle, il exerce une large emprise intellectuelle et culturelle sur la société et s'impose comme un véritable acteur politique du monde médiéval grâce à ses richesses. Il représente à ce titre un pouvoir considérable, qui attire les convoitises des ducs de Normandie et du roi de France lui-même. Cela lui sera fatal à l'époque moderne, comme à la plupart des monastères et des abbayes.

AUX ORIGINES DU MONACHISME NORMAND

Les premiers monastères

Au 3e s., les premiers chrétiens arrivent en Normandie. Trois siècles plus tard, des fondations religieuses apparaissent. Au 7e s., saint Philibert fonde le monastère de Jumièges, les établissements de Fécamp et de St-Wandrille. Tous suivent la règle de saint Benoît *(voir encadré ci-contre)*. Le rôle politique des abbayes apparaît dès cette époque lorsque Jumièges sert de refuge à certains Mérovingiens pourchassés par les Carolingiens, au pouvoir depuis le renversement de Childéric III par Pépin le Bref, en 751.

Les raids vikings

Au 9e s., le monachisme normand, déjà affaibli par la mainmise d'abbés laïcs attirés par les bénéfices des abbayes, subit de plein fouet les invasions vikings. En 841, l'abbaye de Jumièges est elle-même détruite et pillée. St-Wandrille connaît le même sort en 858. Les Vikings remontent jusqu'à Rouen, qu'ils mettent à sac. La ville deviendra leur camp de base vers 876.

Ces raids normands appauvrissent les communautés religieuses en détruisant

La croix de Valasse conservée au musée des Antiquités de Rouen.

leurs lieux de vie et en les privant de leurs sources de revenus : dîme, taxes et reliques. Ces dernières attiraient en effet les pèlerins et les dons. Or, en s'éparpillant, les moines emportent avec eux leurs trésors (les moines survivants de Jumièges emportant dans le Cambrésis les reliques de saint Hugues et de saint Achaire).

La paix et la reconstruction

Impuissant face aux hordes de Rollon, le roi carolingien Charles le Simple conclut avec le chef viking le traité de Saint-Clair-sur-Epte, en 911. Les évêchés de Rouen, Évreux et Lisieux passent aux mains des « hommes du Nord ». Le baptême de Rollon l'année suivante marque la naissance de la Normandie. Cet acte constitue un serment d'allégeance à sa nouvelle terre et à l'Église, qui va lui permettre d'asseoir son autorité.

Son règne et celui de ses descendants donne un nouvel élan au monachisme normand qui profite des échanges avec le monde nordique, des finances du nouveau pouvoir ducal et d'une sécurité retrouvée. Dès le lendemain du baptême de Rollon, l'archevêque de Rouen réintègre sa ville, l'activité monastique reprend très vite à St-Ouen de Rouen. St-Pierre de Jumièges est reconstruite vers 940. C'est le début d'un véritable âge d'or.

LE MONACHISME MÉDIÉVAL À SON APOGÉE

Sous l'autorité des ducs normands, la relative stabilité politique permet au monachisme normand de connaître une époque florissante.

L'affermissement du monachisme bénédictin

L'une des étapes majeures du relèvement des abbayes normandes correspond à la venue en 1001 du réformateur bénédictin italien **Guillaume de Volpiano** (960 ?-1031). Ce dernier arrive, à la requête du duc Richard II (996-1026), pour restaurer l'abbaye de Fécamp et impulser une réforme fondée sur le retour à la stricte observance de la règle de saint Benoît *(voir encadré ci-dessous)*.

Ce renouveau s'étend à Jumièges et Bernay. Une vingtaine d'abbayes, dont celle du Bec-Hellouin, sont alors construites. Deux siècles plus tard, la Normandie accueille toujours de nouvelles communautés. Sous les Plantagenêts, des ordres nouveaux s'implantent en effet dans la région, et notamment des cisterciens à Bonport ou à Fontaine-Guérard. Ils professent une orthodoxie pure à l'égard de la règle bénédictine.

Le rayonnement culturel

La paix revenue, les clercs peuvent reprendre leurs activités. L'une des principales consistait à copier ou recopier parchemins, livres et manuscrits enluminés dans le **scriptorium** *(voir encadré p. 64)*. Fécamp, Jumièges et Le Bec en avaient fait leur spécialité. La plupart de ces livres manuscrits sont diffusés dans toute la chrétienté et assurent le prestige des abbayes normandes. Celles-ci deviennent des centres intellectuels où se concentrent tous les savoirs.

Dès le 9e s., Éginhard, abbé de St-Wandrille, se fait chroniqueur de son époque en retraçant la vie de Charlemagne. À la même époque, l'un de ses condisciples compose la *Geste des abbés de Fontenelle*. Les abbayes participent à

La règle de saint Benoît

La règle de saint Benoît (env. 480-env. 547) domine le monachisme occidental. Elle s'articule autour d'une vie communautaire solidement structurée sous l'autorité d'un père spirituel, l'abbé et d'une devise, *Ora et labora*, « Prie et travaille ». La journée des moines s'organise autour de trois activités : **l'office divin (Opus Dei)** qui consiste à louer et prier Dieu à plusieurs heures de la journée (matines le matin, messe, laudes au lever du soleil, vêpres à son coucher, complies), la **lecture divine** accompagnée de la **méditation**, et le **travail manuel.**

la vie intellectuelle et théologique, en accueillant au Bec, **Lanfranc** (1005-1089), qui y fonda une école, et **saint Anselme**, le plus grand théologien du 11e s.

Elles enseignent aussi toutes sortes de disciplines scientifiques : Fécamp, sous la férule de Guillaume de Volpiano, se spécialise dans les sciences naturelles et médicales, et à St-Évroult, au 11e s., Raoul Giroie rend compte des préceptes d'Hippocrate. Cette prééminence tend néanmoins à s'essouffler, et lorsque Robert de Torigny rédige au 12e s., à l'abbaye du Bec-Hellouin, une première histoire de la Normandie, le pouvoir intellectuel se déplace déjà vers les écoles de Paris.

Un pouvoir temporel de taille

Ce rayonnement intellectuel donne aux abbayes toute légitimité pour conseiller les princes ou diriger elles-mêmes des États. Aussi, fait archevêque de Cantorbéry par Guillaume le Conquérant en 1070, ce même **Lanfranc** *(voir ci-dessus)* préside-t-il aux destinées du royaume d'Angleterre avec le roi. Il meurt à Rome en 1089, après avoir rendu visite à son ancien élève au Bec, le pape Alexandre II (1061-1073). De telles collaborations renforcent les liens entre pouvoirs temporel et spirituel, déjà très étroits.

Le baptême de Rollon avait lié le duché à l'Église. Ses descendants s'appuient sur cette dernière et résident d'ailleurs jusqu'en 1204, date de l'intégration du duché au royaume de France, à Fécamp, à proximité immédiate de l'abbaye et de son conseil.

Le poids des abbayes normandes vis-à-vis du pouvoir temporel est renforcé par leur propre pouvoir financier. Elles jouissent en effet de multiples sources de revenus : domaines fonciers, dons des seigneurs, des ducs, des rois, prélèvement de la dîme et parfois récolte mensuelle des vivres nécessaires à la communauté dans les villages. Elles vivent aussi de droits perçus sur le fleuve, tel que le contrôle des bacs *(voir ci-après La Seine)*. Les passages d'eau étant le plus souvent l'apanage des seigneurs, c'est dire leur importance sur le plan temporel.

Leurs trésors (draps, étoffes précieuses, orfèvrerie) témoignent de leur richesse, souvent due aussi à la présence de reliques, qui continuent à drainer nombre de fidèles. Dès sa reconstruction en 1001, l'abbaye de Fécamp devient ainsi l'un des principaux lieux de pèlerinage normand grâce à la relique du Précieux Sang.

Mais le signe le plus évident de leur puissance, pour ne pas dire le plus durable, demeure les édifices.

Une école d'architecture

Dans cette période faste, la Normandie impose un style roman propre au duché, qui se distingue par des caractéristiques bien définies *(voir « Art et Culture »)*. Les Normands sont ainsi les premiers à bâtir une voûte sur croisées d'ogives en 1100. Aux 12e et 13e s., le gothique normand assimile l'art français *(voir « Art et culture »)*, d'autant plus prégnant que le duché est rattaché au royaume de France depuis 1204. Arcs brisés très aigus, tympans ajourés de trèfles, voussures et absence de statues caractérisent les

Dans le scriptorium

Bréviaire : livre d'heures que doivent lire tous les jours ceux qui sont dans les ordres.
Codex : livre formé de feuilles pliées et assemblées en cahier.
Enluminure : nommée par la suite miniature (16e s.) ; image en couleur illustrant les manuscrits.
Évangéliaire : livre liturgique contenant les Évangiles des messes de l'année.
Manuscrit : livre écrit à la main, par un copiste ou par l'auteur lui-même.
Martyrologe : recueil quotidien des saints dont on célèbre la fête.
Missel : livre où sont réunis toutes les prières et lectures de la messe et le rituel des cérémonies. Ce livre remplace l'antiphonaire, l'évangéliaire, le lectionnaire et le sacramentaire.
Oncial (adj.) : lettre onciale, lettre majuscule de un pouce de haut (once), utilisée du 5e au 12e s.
Palimpseste : manuscrit sur parchemin effacé, puis réutilisé.
Psautier : livre liturgique contenant 150 psaumes chantés aux offices.
Rituel : livre contenant le détail du cérémonial (sacrements, offices…).
Vélin : parchemin fait avec la peau d'un veau mort-né.

Abbaye St-Georges-de-Boscherville.

édifices, qui inspirent plus que jamais les architectes venus d'ailleurs.

Dès le 11e s., l'architecture normande exerce en effet une influence qui s'étend en Angleterre, en Norvège et jusque dans le sud de l'Italie. En France, l'école normande essaime jusqu'aux portes de Paris, en Bretagne, Picardie et Artois.

LE DÉCLIN

Avec la Grande Peste (1348) et les famines, la **guerre de Cent Ans** (1346-1469) contraint les abbayes normandes à se replier sur elles-mêmes, leur rayonnement s'affaiblit. Une tendance que précipitent les bouleversements du 16e s.

La commende

Le recul du monachisme s'accentue avec l'instauration de la commende décidée lors du concordat de Bologne en 1516. Les élections canoniques sont supprimées et le roi, qui veut diminuer le contre-pouvoir que représente le monachisme, nomme lui-même les abbés. Les émissaires du pouvoir ne voient la plupart du temps dans cette charge qu'un intérêt matériel, ne résident pas dans leur monastère et restent indifférents aux intérêts des moines. Cette mesure entraîne le déclin de nombreuses abbayes, la paupérisation de la communauté et l'abandon progressif de la vocation religieuse.

Réforme et guerres de Religion

Un an après le concordat de Bologne, Luther initie le mouvement de la Réforme. Commence alors un siècle de débat théologique et de guerres de religion. Les hostilités les plus sanglantes commencent à partir de 1562 dans la région. Les protestants détruisent de nombreuses abbayes, à Rouen, Dieppe et au Havre, les couvents et les églises sont pillés, les statues cassées *(voir encadré p. 61)*.

La congrégation de Saint-Maur

Après le **concile de Trente** (1545-1563), qui confirme les dogmes de la religion catholique face à l'iconoclasme protestant, les 17e et 18e s. voient renaître un certain élan du monachisme. La **congrégation de St-Maur** (1618), à la tête d'une action réformatrice nationale, réunit les abbayes bénédictines, dont St-Ouen de Rouen, Jumièges, Le Bec et Fécamp. Le corps religieux choisit à présent les abbés. La congrégation s'attache également à apporter une ferveur et une vitalité spirituelle nouvelle à la vie monacale, les abbayes sont rénovées, reconstruites par de jeunes moines mauristes, comme à St-Georges-de-Boscherville. Une vie studieuse et réglée reprend son cours.

LA PÉRIODE CONTEMPORAINE

La fin du 18e s. se caractérise par une relative prospérité financière acquise grâce au travail acharné initié par les mauristes. Cette aisance côtoie un certain relâchement dans l'austérité de la vie dû à l'introduction des idées philosophiques et à l'affiliation de moines aux loges maçonniques. À la **Révolution**, les biens de l'Église sont confisqués.

La vie monacale ne reprendra qu'un siècle plus tard. Les moines reviennent à St-Wandrille en 1894. La communauté du Bec-Hellouin, elle, rassemblée d'abord dans l'Aube, ne retrouve ses murs qu'en 1948.

La législation de 1901 sur les associations, la suppression des congrégations religieuses en 1903 et la séparation de l'Église et de l'État en 1905, portent un autre coup sévère aux communautés qui avaient pu se réinstaller. Les moines de St-Wandrille s'exilent alors en Belgique et ne rentrent en France qu'en 1924. Au 20e s., le champ d'action des abbayes se cantonne dorénavant au spirituel. Les communautés s'investissent dans diverses activités pour assurer leur subsistance : tourisme, hôtellerie, chants grégoriens, faïence du Bec-Hellouin, et même composants électroniques à St-Wandrille.

La Normandie, terre d'échanges

La Normandie se trouve à l'intersection de plusieurs voies d'échanges, dont les plus importantes sont le fleuve et la mer. De fait, ce sont les bords de Seine et le littoral qui ont en priorité bénéficié du dynamisme lié à cette position stratégique.

LA SEINE, UN AXE DE COMMUNICATION INCONTOURNABLE

Jusqu'au 20e s., la Seine reste une voie indispensable au transport des hommes et des marchandises, assurant par là même le développement et souvent la prospérité de la région. Mais l'ère industrielle change la donne.

Les débuts romains

Le cabotage sur la Seine est attesté dès la fin du néolithique. Il y a près de 2000 ans, l'historien grec Strabon (57 av. J.-C. – 21-25 apr. J.-C.) donne le premier témoignage écrit de cette importante activité. Une fois la Manche pacifiée par les troupes de Claude (10 av. J.-C. – 54 apr. J.-C.), le commerce peut se développer autour de Lillebonne. Rouen prend son essor au 3e s. Le fleuve est l'un des principaux axes logistiques de la Gaule romaine en permettant de relier la Manche à la Saône et au Rhône. Les produits venus de tout l'Empire transitent par Rouen et Lillebonne : vins, marbre, miel et poteries d'Italie, de Provence et d'Espagne, plomb de Bretagne, étain. Le commerce impose à chaque village bordant le fleuve d'avoir un port ou une zone de mouillage. La voie fluviale est l'option la plus rapide. Le commerce régional périclite toutefois dès les premières invasions germaines et saxonnes à la fin du 3e s.

L'expansion médiévale

Jusqu'à l'établissement définitif des Vikings en Normandie au 10e s., le commerce fluvial ne conserve que des proportions médiocres, la Seine n'est pas sûre : l'abbaye de Jumièges est ravagée en 841, Rouen attaquée en 843. Les envahisseurs, qu'ils soient germains, saxons ou vikings, empruntent cette voie d'eau idéale pour pénétrer à l'intérieur des terres. Une fois le traité de St-Clair-sur-Epte conclu entre Rollon et le roi de France (911), la région retrouve sécurité et stabilité. Le fleuve s'impose à nouveau comme le principal axe de communication, et donc de commerce, du duché.

Les **abbayes** situées au bord de la Seine reprennent une part essentielle dans l'économie fluviale en profitant de leur position stratégique. Pour la plupart, elles perçoivent le tonlieu (taxe sur le commerce) et des droits sur la pêche. Jumièges contrôle en plus, jusqu'à la Révolution, les bacs de Jumièges, du Trait, d'Yainville, d'Yville-sur-Seine, de la Roche et du Gouffre.

À cette époque, la Seine permet de relier le nord au sud de l'Europe. Les marchandises venues de la Baltique, de la mer d'Irlande, les draps produits dans la vallée de la Seine, le miel et les poteries de Méditerranée, le vin d'Île-de-France et de l'Auxerrois transitent par ses ports, dont Rouen est la perle.

Une source de richesses et de conflits

Rouen tirait toute sa richesse de la Seine déjà à l'époque romaine. Par la suite, les Vikings l'exploitent comme un **espace de transit** entre l'étranger et le Bassin parisien. La ville exporte surtout du sel, du poisson et du vin vers l'Angleterre et toute l'Europe du Nord. C'est une cité d'envergure internationale qui depuis 1079 abrite la célèbre foire Saint-Romain à laquelle affluent les marchands de tout le continent.

Forte de sa position stratégique, sur un fleuve qui ne l'est pas moins, la cité normande fait ombrage à Paris et, signe de sa puissance, s'érige même en **Commune indépendante** en 1150. Lors du rattachement de la région à la France en 1204, Philippe Auguste lui accorde le monopole du commerce sur la basse Seine. De ce fait, la Guilde des marchands de l'eau de Paris demeure tributaire des marchands rouennais pour le commerce du vin et du sel.

Ces mêmes marchands les doublent dans le commerce de drap, puisqu'ils vont chercher la laine en Angleterre et vendent directement leurs produits aux foires de Champagne et de Belgique. La **draperie normande** connaît ainsi un véritable âge d'or à l'embouchure de la Seine, où les quelque 200 artisans répartis entre Harfleur et Montivilliers concurrencent fortement ceux de Paris.

Les famines, les épidémies du 14e s. et les difficultés liées à la guerre de Cent Ans mettent cependant un frein au développement économique de la vallée de la Seine et de Rouen. L'influence de la ville décline dès 1382, quand éclate une grave révolte urbaine contre l'oppression fiscale, la Harelle. La **répression royale** est très dure : les impôts sont augmentés, une amende est imposée et les privilèges des Rouennais sur la basse Seine sont supprimés. Depuis cette date, les Normands doivent payer des impôts pour leur trafic fluvial et faire face à la concurrence des marchands de la capitale.

À la même époque, le trafic commence déjà à se déplacer vers le littoral, favorisant les ports comme Harfleur où Castillans et Portugais embarquent le sel normand, et d'où l'on exporte blé et vin de Paris ainsi que de Rouen jusqu'aux Pays-Bas, la Flandre et l'Angleterre.

Le déclin dû aux guerres modernes

Si les rivalités entre provinces ou villes pour le contrôle de la Seine ne freinent pas le trafic et les échanges, en revanche, la guerre de Cent Ans puis les guerres de Religion vont notablement ralentir l'expansion économique de la vallée de la Seine au profit du littoral.

Certes, à la Renaissance, les morutiers rouennais accompagnent les bateaux havrais et honfleurais jusqu'aux bancs de Terre-Neuve et en Baltique, et les drapiers normands vont jusqu'en Espagne, mais l'insécurité pèse sur le trafic et, dès le milieu du 17e s., le port de Rouen, comme l'ensemble de l'économie fluviale, perd de son dynamisme. Les grands marchands du fleuve se font distancer par leurs homologues du Havre, plus dynamiques et volontiers tournés vers le commerce international *(voir ci-après)*.

La Seine, une vocation industrielle

En 1500, Rouen compte déjà une dizaine d'**imprimeries**. L'eau du fleuve indispensable au processus de fabrication des livres rend possible une production à grande échelle. C'est pour la même raison que les manufactures de draps viennent s'installer non loin de la capitale fluviale au 18e s. et initier ainsi le développement industriel de la région.

Plus récemment, les rives de la Seine ont accueilli entre 1930 et 1970 des usines pétrochimiques et sidérurgiques, elles aussi fort demandeuses en eau pour le refroidissement de leurs machines. En s'implantant près de ports comme Rouen ou Le Havre, elles profitent en plus d'un approvisionnement rapide en matières premières.

Au 20e s., pour les industries, l'eau de la Seine devient plus précieuse que le transport fluvial traditionnel, définitivement détrôné par le rail et la route à partir de la Seconde Guerre mondiale. Le train relie en effet la côte à Paris dès la Belle Époque *(voir ci-après)*, et, avec les ponts de Tancarville (1959) et de Brotonne (1977), le transport routier surpasse tous ses concurrents en mettant Le Havre et Rouen à respectivement 2h et 1h15 de Paris.

G. Targat / MICHELIN

Le Bélem et son spectaculaire gréement.

UN LITTORAL TOURNÉ VERS LE MONDE

Les ports de guerre

Plusieurs ports normands ont servi de bases à des flottes de guerre. Au 11e s., Guillaume le Bâtard part du port de Dives à la conquête de l'Angleterre. Point de transit entre Rouen et l'outre-Manche, Honfleur bénéficie d'une position stratégique exploitée lors de la guerre de Cent Ans. La ville, alors fortifiée par Charles V pour fermer l'estuaire de la Seine aux Anglais, est à deux reprises occupée. Le port sert de base de départ à de multiples expéditions françaises vers l'Angleterre. En 1517, François Ier crée le port du Havre, nouveau point de rassemblement de la flotte militaire française. Dès le 17e s. pourtant, contre sa vocation première, la cité devient un port de négoce de marchandises à haute valeur ajoutée comme le café *(voir plus loin « le commerce avec l'outre-mer »)*.

Les grands navigateurs

À la suite des Espagnols et des Portugais lancés dès le 15e s. dans l'aventure des Grandes Découvertes, les marins normands regardent dès le début du 16e s. vers le Nouveau Monde. Les navires de l'armateur dieppois Jean Ango (1480-1551) atteignent Sumatra, le Brésil et le Canada.

Petit port de pêche depuis plus de cinq siècles, Dieppe devient au 15e s. le point de départ de multiples expéditions maritimes : celle de Jean de Béthencourt (1362-1425), qui fonde le royaume des Canaries dès 1402, ou celle du flibustier Belain d'Esnambuc (1588-1637), qui part en 1625 pour fonder les premières colonies françaises aux Antilles.

Beaucoup de navigateurs font aussi de Honfleur leur port d'attache : Binot Paulmier de Gonneville (15e s ?-1669), qui atteint les côtes du Brésil en 1503, Jean Denis (fin 15e-déb. 16e s.), qui explore l'embouchure du St-Laurent et Terre-Neuve en 1506, et, un siècle plus tard, Samuel de Champlain (1567 ?-1635), qui crée en 1608 la ville de Québec.

Musée de Fécamp

Terre-neuvas reprisant un filet.

Le Nouveau Monde

Du 17e au 18e s., les Normands assurèrent pour une très grande part le **peuplement du Québec**. La fondation de Québec (1608) coïncidant avec la fin des guerres de Religion, de nombreux protestants de Rouen, Caen, Honfleur, Le Havre partent peupler les terres américaines. Au milieu du 17e s., les Normands représentent près de la moitié de la population du Canada. Ce mouvement dura jusqu'au 18e s. La Normandie est sans doute la région française qui, au 21e s., entretient encore le lien le plus étroit avec le Québec.

Cette relation particulière est consolidée par une autre aventure commune : **l'épopée des terre-neuvas.** Les découvertes des explorateurs partis de Normandie obligent rapidement les pêcheurs de la région à partir vers les pays lointains. La majorité des équipages français traversant l'Atlantique pour aller pêcher la morue au large de Terre-Neuve sont composés de marins normands.

L'épopée de ces premiers « forçats de la mer » est évoquée de façon très émouvante au musée des Terre-Neuvas à Fécamp *(voir bloc « Fécamp »)*.

Le commerce avec l'outre-mer

Dès la fin du 16e s., le **potentiel commercial** des contrées lointaines apparaît. Le bois-brésil intéresse les drapiers de Rouen qui s'en servent pour la coloration. Des navires de plus en plus nombreux partent aux quatre coins du globe et ramènent des produits d'Asie (tissus précieux, épices, thé), d'Afrique (cacao, bois précieux, épices), des Amériques (tabac, café, pierres et bois précieux, cacao, coton) et des Antilles (sucre).

Aux 17e et 18e s., **le commerce triangulaire** enrichit les négociants du Havre, de Rouen et de Honfleur. Entre 1789 et 1793, Le Havre est le deuxième port négrier en France, après Nantes. Aboli en 1796, l'esclavage est rétabli par

Napoléon en 1802 et le commerce triangulaire se poursuit dès lors dans toutes les zones d'influence françaises (Antilles, Afrique) jusqu'à l'abolition de l'esclavage en 1848.

Les voyages transatlantiques

Dans la seconde moitié du 19e s., les voyages transatlantiques sur les paquebots du Havre se multiplient. L'émigration européenne vers l'Amérique transite par ces bateaux sur lesquels les classes aisées du Vieux Continent occupent les premières classes pour le seul plaisir du voyage. Fondée en 1855 par les frères Pereire, la Compagnie générale transatlantique établit pour une clientèle aisée des lignes régulières entre Le Havre, le Mexique, la Guyane, les Antilles et la Louisiane. En 1886, est créée la mythique ligne Le Havre-New York, qui accueillit les grands de ce monde jusqu'en 1970. L'aventure prend fin en 1974, avec le désarmement du paquebot le *France*.

LES BAINS DE MER

Le voyage d'agrément naît au 19e s. sous l'impulsion des aristocrates anglais. La mer est désormais recherchée pour ses vertus curatives et le bon air qu'on y respire. Le littoral normand est très rapidement prisé. Cela se passe d'abord à **Dieppe**, où la duchesse de Berry se baigne en 1824. À **Trouville**, l'année suivante, les peintres Mozin, Huet, Isabey, Boudin, Monet, Pissarro et d'autres plantent leur chevalet. Ce n'est pourtant que sous le Second Empire que la pratique des bains de mer, impulsée par le couple impérial, se généralise au sein des classes aisées. **Deauville**, **Houlgate**, **Cabourg** émergent dans les années 1860.

L'histoire de chaque station est souvent liée à celle d'un personnage important qui l'a fréquentée. Deauville est lancée par le duc de Morny, Dieppe par la reine Hortense de Hollande et Trouville par Louis-Philippe.

H. Le Gac / MICHELIN

Les villas en bordure de la plage d'Houlgate.

Leur succès est soutenu par la mise en place d'un service régulier de bateaux à vapeur sur la Seine et par l'ouverture de lignes ferroviaires *(voir encadré ci-dessous)*. Il est alors de bon ton pour les nantis de posséder une villa sur la côte. Chaque été, un petit Paris se recrée sur la Côte Fleurie qui accueillera pendant plus d'un siècle la fine fleur du monde des arts et des lettres. Baudelaire, Proust, Sarah Bernhardt et Coco Chanel y ont tour à tour leurs habitudes.

Les congés payés lanceront dans les années 1920, un second mouvement dans l'histoire du tourisme balnéaire normand avec l'émergence de stations plus populaires comme Étretat, Fécamp et Le Tréport.

Train et bains de mer

La Normandie est l'une des premières régions françaises à se lancer dans l'aventure ferroviaire. En 1843, la ligne Paris-Rouen est inaugurée en grande pompe par les deux fils de Louis-Philippe à la gare St-Lazare. Elle répond à la demande de voyageurs aisés qui se rendent sur la côte normande pour s'adonner à la nouvelle mode des bains de mer venue d'Angleterre. Il faut alors quatre heures pour parcourir les 140 km séparant la capitale de Rouen. Avec la ligne Paris-Orléans achevée la même année, il s'agit de la première liaison ferroviaire construite en France. Mais ce n'est qu'un début : en 1847, c'est au tour de la toute nouvelle gare du Havre de se voir reliée à Paris, Dieppe est connectée à la capitale en 1848 et Lisieux en 1855. Le train répond aux besoins de sa clientèle. Or, avec le lancement des stations balnéaires de Deauville et de Trouville, c'est au tour de la rive gauche de l'estuaire de la Seine de se développer. La gare de Deauville-Trouville est inaugurée en 1863, mettant la Côte Fleurie à cinq heures de Paris.

ART ET CULTURE

La Normandie fascine, et l'art ajoute à son capital séduction. Ses contrées ont le grand privilège d'illustrer quelques-unes des plus brillantes traditions artistiques. Architecture, peinture, lettres, musique, cinéma et arts décoratifs, les artistes normands, de souche ou d'adoption, ont en effet toujours puisé dans la beauté de cette région mâtinée d'influences vikings et anglaises pour forger des courants novateurs dans chaque discipline : les styles roman et gothique de l'architecture religieuse (11e-13e s.), la peinture impressionniste au 19e s., sans oublier, quelques décennies plus tard, les prouesses du dernier-né, qu'on appelle à l'époque le « cinématographe »...

E. Baret / MICHELIN

Abbaye de Fontaine-Guérard.

L'architecture

UNE LONGUE TRADITION RELIGIEUSE

Les bénédictins et l'art roman

Au 11e s., après les invasions vikings, les bénédictins se mettent à l'œuvre pour rebâtir les établissements détruits. Tout en conservant l'héritage carolingien, ils réutilisent la voûte en berceau et la coupole orientale, créant un style neuf, d'une admirable diversité dans sa simplicité. L'archéologue normand **Arcisse de Caumont** (1802-1873) lui donnera le nom de « roman ».

L'école normande et ses abbatiales

Soutenus par les ducs, les bénédictins joueront un rôle capital en Normandie où les premiers édifices d'envergure sont les églises des abbayes. Si les monastères primitifs ont disparu ou évolué, de splendides abbatiales témoignent encore de la « floraison bénédictine » (Jumièges, St-Martin-de-Boscherville). Pureté des lignes, proportions audacieuses, sobriété du décor, appareil harmonieux, tels sont les traits de l'école normande, qui ouvre la voie au style gothique.

Deux puissantes tours encadrent la façade des abbatiales, et une tour-lanterne de plan carré s'ajoute à la croisée du transept. Nues ou parées d'arcatures aux étages inférieurs, les tours s'allègent et s'ajourent de baies à mesure qu'elles s'élèvent. Au 13e s., beaucoup sont surmontées de flèches cantonnées de clochetons. La clarté intérieure étonne autant que l'ampleur des dimensions. La nef superpose deux étages d'ouvertures au-dessus des grandes arcades en plein cintre. Les moines renonceront à la lourde voûte en berceau, adoptant une toiture de charpente pour la nef et les tribunes, et une voûte d'arêtes dans les bas-côtés. Au niveau des fenêtres hautes, une galerie de circulation est ménagée dans les murs.

De charmantes églises rurales conservent leurs clochers romans, couverts d'un toit en bâtière ou coiffés d'une courte pyramide à quatre pans, en charpente ou en pierre, préfigurant la flèche gothique.

Le décor normand

Entre environ 1060 et 1150, les églises et les abbatiales normandes furent ornées de sculptures que l'on ne retrouve nulle part ailleurs en France. Les artistes s'inspirèrent de l'orfèvrerie, de la sculpture sur ivoire et surtout de l'enluminure. Les motifs végétaux et animaliers de ces travaux rappellent en effet les ouvrages écrits et décorés dans les abbayes de Jumièges, St-Ouen de Rouen et Fécamp.

Exploitant les thèmes de l'iconographie byzantine, les sculpteurs reprennent aussi le style corinthien amené par les moines italiens qui jouèrent un rôle essentiel dans les grandes constructions de l'époque (notamment l'abbaye de Bernay au 11e s.). Les contacts avec les artistes du sud de l'Angleterre furent aussi nombreux dès lors que l'abbé Robert est devenu archevêque de Cantorbéry (1051).

Le décor sculpté est surtout géométrique ; les motifs, parfois agrémentés de moulures, de têtes plates d'hommes ou d'animaux, soulignent voussures, archivoltes, corniches. Les entrelacs et le bestiaire fantastique composé de serpents et de dragons qui apparaissent aussi dans ces œuvres posent aux experts la question d'une influence scandinave.

Les matériaux normands

Les villes de la Seine normande sont construites avec la pierre des falaises crayeuses bordant le fleuve. Dans le pays de Caux, les galets sont noyés dans un mortier. L'argile a servi pour le torchis ou le pisé des chaumières que le colombage retient dans sa résille, et pour la fabrication des briques, dont l'appareil polychrome produit de rares effets.

L'art gothique (12e-15e s.)

Jusqu'au 16e s., le style né en Île-de-France, à partir de la croisée d'ogives, s'appelle **« travail à la française »**. Réfractaires à cet art, les Italiens de la Renaissance le baptisent « gothique », terme péjoratif dans leur esprit et synonyme de « barbare ». Giorgio Vasari est le premier à l'employer en 1550. Ces esthètes font ainsi référence aux Goths, la peuplade qui envahit l'Italie et pilla Rome en 410. Le nom s'est maintenu, aujourd'hui dépourvu de son sens méprisant.

Le gothique est, par excellence, l'**art des cathédrales**, symbole de la foi du peuple et de la prospérité des villes. Dès la fin du 12e s., il rayonne en Normandie : tour St-Romain de la cathédrale de Rouen, cathédrale de Lisieux. Sous la direction des évêques et des maîtres d'œuvre, toutes les corporations contribuent à l'embellissement de ces édifices : verriers, peintres, huchiers, sculpteurs…

L'ère des grandes cathédrales s'achève au 14e s. ; la guerre de Cent Ans ralentit l'essor architectural, mais la tourmente passée, le goût de la virtuosité ressurgit, avec le **gothique flamboyant**. Ici, le remplage des baies et des roses peut être comparé à des flammes ondoyantes, origine du terme « flamboyant ».

Ce style a produit quelques chefs-d'œuvre : l'église St-Maclou et la tour de Beurre à Rouen, les clochers de Notre-Dame à Caudebec et de la Madeleine à Verneuil ; de ravissantes décorations (cloîtres, chapelles, clôtures) et une brillante statuaire (thème de la Mise au tombeau).

L'art de la Renaissance (16e s.)

La région ne comprend que peu d'œuvres religieuses marquantes de cette époque. L'on peut néanmoins citer le portail de la cathédrale de Rouen, muni d'un gâble remarquable, l'église de Caudebec-en-Caux et celle de Gisors.

Le style dit « jésuite » (17e-18e s.)

Les premières décennies du 17e s. coïncident avec la réaction catholique de la Contre-Réforme. Les jésuites construisent de nombreux collèges et

L'abbaye médiévale

Le bâtiment s'organise autour d'un cloître central délimité par quatre galeries. L'on y trouve les logements des convers (moines chargés de l'entretien domestique), et surtout le **réfectoire**. Cette pièce fait office de lieu de prière avant les travaux journaliers. Les problèmes de la vie spirituelle ou temporelle du monastère se règlent ici. Salle de réunion des moines, la **salle capitulaire**, qui donne aussi sur le cloître, est un lieu de prière avant les travaux journaliers, ils y écoutent aussi la lecture d'un court fragment ou chapitre de la règle. Non loin, se trouve le **scriptorium** ou **salle de travail**, pièce réservée au travail intellectuel. **Le chauffoir,** seule pièce chauffée de l'abbaye, permet d'adoucir le confort spartiate des **dortoirs** généralement communs.

chapelles : ce sont des édifices corrects et froids, dont la façade se caractérise par la superposition des colonnes, un fronton et des consoles renversées ou ailerons raccordant l'avant-corps central aux corps latéraux. La chapelle du collège à Eu illustre très bien cette période. Le style dit « jésuite » assurera la transition entre l'art de la Renaissance et l'art baroque.

L'art classique

Les abbayes bénédictines, qui ont adopté la **réforme de saint Maur**, retrouvent leur rayonnement. Au début du 18e s., les bâtiments monastiques de l'abbaye du Bec-Hellouin sont refaits par un frère architecte et sculpteur, **Guillaume de la Tremblaye**. Le plan traditionnel est conservé, mais l'architecture et la décoration sont empreintes de noblesse et d'austérité.

CHÂTEAUX ET MANOIRS

Architecture gothique (12e -15e s.)

Dans cette période de troubles s'élabore l'**architecture féodale.** Les ducs encouragent la construction de châteaux forts aux frontières du duché. Richard Cœur de Lion verrouille la Seine avec l'imprenable Château-Gaillard. Pour surveiller l'horizon et défier l'escalade, ces forteresses se dressent sur une position dominante. Le sombre donjon est à l'origine la seule partie habitée, mais à partir du 14e s., on construit sur la cour, à l'intérieur des fortifications, un corps de logis plus hospitalier. Le château de Dieppe et certains manoirs du Perche montrent cette évolution.

Même souci du confort et du décor dans l'architecture civile : riches marchands et bourgeois se font construire de hautes maisons à colombages, en encorbellement sur un rez-de-chaussée de pierre, que protègent des toits débordants. Poteaux d'angle, corbeaux, consoles et poutres s'animent de sujets sculptés, pleins de verve et de fantaisie.

Les **annexes** incluaient porteries (porches monumentaux avec passage pour voitures et piétons) et granges. Les porteries principales comportaient un étage habitable et une salle de justice où se réglaient divers conflits et délits. Des distributions d'aumône s'y déroulaient.

A. de Valroger / MICHELIN

Château du Champ-de-Bataille (détail).

La Renaissance (16e s.)

Cardinal-archevêque et mécène de Rouen, Premier ministre du roi de France et vice-roi du Milanais, **Georges Ier** d'Amboise est considéré comme l'importateur des « usages et modes d'Italie » en Normandie. Pour son château de Gaillon, il fait plaquer, par des artistes italiens, une décoration italianisante sur une structure féodale. Les nouveaux motifs – arabesques, rinceaux, médaillons, coquilles, vases… – s'intègrent à l'art flamboyant avec lequel ils cohabiteront souvent.

C'est à travers l'architecture civile et privée que le style Renaissance offrira les plus belles réalisations. Le Gros-Horloge, le palais de justice et la Fierté St-Romain à Rouen, les châteaux de Martainville (première Renaissance), de Tilly, de Mesnières-en-Bray et d'Anet, le manoir d'Ango à Varengeville-sur-Mer et bien d'autres édifices en témoignent encore.

Dans un premier temps, on habille au goût du jour les édifices hérités de l'époque médiévale ; on y ajoute un corps de logis délicatement décoré, tandis que parcs et jardins se substituent à l'enceinte fortifiée. Tous les types de constructions sont concernés, châteaux, manoirs, hôtels et maisons. Par l'intermédiaire des humanistes, l'emprise classique se précise et gagne du terrain. On cherche la justesse des proportions et la superposition des trois ordres antiques. Insensiblement, le souci de la symétrie et de la correction dessèche l'architecture : la pompe l'emporte bientôt sur la fantaisie.

Les villes normandes abritent de nombreux hôtels Renaissance, vastes demeures seigneuriales construites en pierre. La façade est toujours sobre ; il faut entrer dans la cour pour admirer l'ordonnance de l'architecture et la richesse de la décoration. L'hôtel de Bourgtheroulde à Rouen en est un bon exemple. Le décor des demeures bourgeoises s'enrichit au 16e s. et devient moins primesautier, mais les principes de construction des maisons à pans de bois ne sont pas modifiés. La plupart de ces vieilles demeures ont disparu au cours de la Seconde Guerre mondiale; toutefois, des villes ou villages tels que Rouen, Honfleur, Bernay, Lyons-la-Forêt, Pont-Audemer, Verneuil-sur-Avre, etc. en conservent de fort jolies, brillamment restaurées.

En Normandie, la sève gothique survit. Elle rejaillit sous des aspects charmants, dans de petits manoirs et d'innombrables « châteaux d'herbage », qui se donnent une allure féodale avec fossés, tourelles et créneaux, adoptant soit la construction à colombages, soit un petit appareil de pierres et de briques de couleur.

L'âge classique (17e-18e s.)

Au cours de cette période, l'art français, issu d'une conception d'ensemble et non plus de techniques particulières, va imposer son « rationalisme ». De magnifiques palais épiscopaux, des hôtels de ville aux longues façades, de vastes hôtels particuliers donnent aux villes une physionomie nouvelle.

Après les guerres civiles, le règne de Henri IV marque un renouveau sur le plan artistique avec le **style Louis XIII**. On adopte un mode de construction plus économique en faisant une place importante à la brique. C'est une floraison de jolis châteaux aux simples façades rose et blanc, coiffés de hauts toits d'ardoise gris-bleu, comme celui de Bizy. Ces châteaux sont parfois entourés de jardins à la française comme à Beaumesnil, qui permettent d'accentuer les effets d'optique sur lesquels mise cette architecture « libre ».

Avec ses façades régulières et symétriques, l'art classique qui règne sur le **Grand Siècle** a besoin d'espace pour que l'œil saisisse l'unité de ses ensembles. C'est le cas des châteaux de Cany-Barville, du Champ-de-Bataille, de Boury-en-Vexin, du Tremblay-Omonville et d'autres bâtisses dans la région.

L'ARCHITECTURE BALNÉAIRE

Au 19e s., la mode des bains de mer donne aux architectes l'occasion d'exprimer leur talent. Sobres ou exubérantes, traditionnelles ou éclectiques, les résidences de villégiature se multiplient, et des stations balnéaires fleurissent tout le long du littoral : Cabourg, Houlgate, Villers, Deauville, Trouville, Villerville, Ste-Adresse, Étretat, Dieppe, Le Tréport, Mers-les-Bains... La majorité de ces stations se développe à partir de petits villages de pêcheurs, mais certaines sont créées de toutes pièces.

Pour la plupart, les habitations de plaisance, qui colonisent les côtes normandes dès la fin du 19e s., composent une variation à partir d'un module cubique. Les plus grandes, d'allure élancée, se caractérisent par leurs façades polychromes qui s'animent de balcons, d'escaliers, de bow-windows (fenêtres en saillie) et d'élégantes balustrades, simples ou savamment ouvragées. Les toitures, en forte pente, sont quelquefois très mouvementées; elles s'égaient souvent de lucarnes, d'épis de faîtage en faïence et de cheminées hautes et étroites.

D'autres traits distinctifs se dégagent, comme l'asymétrie, la délicatesse et l'ornementation des appareils polychromes (quadrillages réguliers, croix, losanges, superposition de bandes colorées, incrustation de pavés en céramique, etc.), la mise en valeur du pignon et le choix de la ferme (pièces de charpente assemblées dans un plan vertical, transversal à la longueur du toit) dite débordante.

G. Targat / MICHELIN

Résidences de bord de mer à Cabourg.

Parmi les formes principales de l'architecture de villégiature, on distingue entre autres la villa classique, symétrique, couramment surmontée d'un comble brisé, à lucarnes Renaissance, hérissé d'épis de faîtage et de crêtes de toit; le chalet, ouvert sur la nature, dont il existe de très nombreux modèles (suisse, espagnol, persan...), plus ou moins sophistiqués; l'exubérante villa-chalet, à mi-chemin entre les deux précédents types; la villa régionaliste, inspirée des constructions locales à pans de bois. La villa Strassburger (début du 20e s.) à Deauville illustre une forme de compromis entre l'architecture traditionnelle normande et d'autres influences, notamment alsaciennes.

L'ARCHITECTURE MODERNE

L'ampleur des destructions causées par la Seconde Guerre mondiale, ainsi que les impératifs actuels de l'urbanisme

G. Targat / MICHELIN

Le Havre : musée des Beaux-Arts et l'Œil.

(hygiène, confort, standardisation, économie, etc.) ont conduit à remodeler, entièrement ou partiellement, bon nombre de localités normandes, de toutes tailles, de toutes importances.

Parmi les artisans de ce renouveau se détache le nom d'**Auguste Perret** (1874-1954), un des maîtres du béton armé, l'architecte du quartier moderne du Havre (1945-1963). On lui doit aussi l'église St-Joseph, également au Havre, commencée avec Raymond Audigier et achevée en 1957 par leur adjoint Georges Brochard. Le style de Perret, à la fois simple et dépouillé, porte l'empreinte d'un (néo) classicisme mesuré. Il décline toutes les textures de béton, et la lumière est au centre de ses préoccupations urbanistiques ; la plupart de ses créations visent ainsi un ensoleillement maximal.

D'autres réalisations plus récentes ont vu le jour, encore au Havre, comme l'espace Oscar-Niemeyer en 1982 (du nom de son concepteur brésilien, architecte de Brasilia) : deux édifices blancs, en forme de volcan, dont les courbes et l'asymétrie contrastent avec les éléments dus à Perret. Juste à côté, de la même couleur, la grande passerelle métallique suspendue au-dessus du bassin du Commerce (1972), œuvre des architectes Gillet et Du Pasquier, dynamise l'ensemble. Citons enfin, pour en terminer avec Le Havre, le nouveau bâtiment du musée des Beaux-Arts André-Malraux (1961), comparable à un paquebot de verre ancré face à la mer. Le réaménagement de la place du Vieux-Marché à Rouen, dans les années 1970, a permis la construction d'une église moderne dédiée à Jeanne d'Arc, conçue sur les plans de Louis Arretche. La toiture de cette église affecte la forme d'un bateau renversé.

Le panorama de l'architecture contemporaine en Haute-Normandie resterait incomplet sans évoquer le **pont de Tancarville** inauguré en 1959, le **pont de Brotonne**, en 1977, et surtout, le **pont de Normandie**, encore plus colossal et aérien, qui relie depuis 1995 la Côte d'Albâtre à la Côte Fleurie. Cette dernière réalisation constitue sans doute l'ouvrage d'art le plus spectaculaire de la région pour la fin du 20e s. Conçu par Michel Virlojeux et orchestré par Bertrand Deroubaix, il se classe dans la catégorie des ponts à haubans, nettement plus avantageuse (solidité, facilité d'entretien, esthétique…) que la génération précédente des ponts suspendus (dont celui de Tancarville fait partie). Il a été harmonieusement mis en lumière (éclairage bleu et blanc) par Yann Kersalé, à qui l'on doit, entre autres, l'illumination des Champs-Élysées à Paris et de l'Opéra de Lyon.

Les colombiers

Plantés au bord des routes du pays de Caux, ces formes pointues intriguent le voyageur depuis l'Antiquité… C'est en s'arrêtant au pied de ces édifices que l'on admirera toute la finesse et leur diversité, reflets prestigieux du pouvoir seigneurial au Moyen Âge.

COLOMBIER, COLOMBOPHILIE

Le terme colombier est l'ancien nom pour désigner le pigeonnier (le mot « pigeonnier » ne s'utilise que depuis le 17e s.) et s'applique à l'habitation des pigeons domestiques. L'art d'élever ou d'employer des pigeons voyageurs s'appelle la colombophilie. Le colombin, ou

« gorge-de-pigeon », désigne une couleur, dont la nuance se situe entre le rouge et le violet. Quant à la colombine, n'en déplaise à Arlequin, il s'agit de la fiente du pigeon, engrais naturel très riche en azote et en acide phosphorique… un fumier de luxe!

Le droit de colombier

Figure familière de la campagne normande et notamment du pays de Caux, le colombier remonte à l'époque romaine. Aucune loi ne le réglementait alors. Ce n'est qu'au Moyen Âge qu'une législation vit le jour. En Normandie, la possession d'un « colombier à pied » était l'apanage d'un propriétaire de fief. Le raffinement et la richesse de l'architecture des colombiers expriment d'ailleurs le statut de leurs anciens possesseurs. Le nombre de pigeons n'était pas limité et les chasser était interdit. Le seigneur se régalait souvent de leur chair. La Révolution abolit le droit de colombier.

UN COLOMBIER, À QUOI ÇA RESSEMBLE ?

Le colombier peut être carré, polygonal ou, plus couramment, circulaire. La porte, souvent rectangulaire, se situe au ras du sol; elle est parfois arrondie vers le haut; dans la plupart des cas, elle est surmontée des armoiries du propriétaire.

À mi-hauteur, un cordon de pierre en saillie, le **larmier**, ceinture l'édifice. Il est destiné à décourager les rongeurs et à écarter l'eau ruisselante du bas des murs. Les pigeons peuvent s'envoler librement du colombier – sauf au moment des semailles ou des moissons – par des lucarnes ou lanternons aménagés en hauteur autour de l'ouvrage. La corniche assure la transition avec le toit. Celui-ci, conique sur les colombiers circulaires, à pans sur les colombiers carrés ou polygonaux, est souvent revêtu d'ardoises. Au sommet, l'épi de faîtage en plomb ou en céramique représente fréquemment un pigeon, parfois une girouette.

À l'intérieur, les parois sont couvertes d'alvéoles ou **boulins**, niches superposées régulièrement dans le mur du colombier et qui servent de nids aux pigeons. Chaque couple a son boulin, dont le nombre varie suivant la richesse du propriétaire. Ces nids mesurent souvent 25 cm de diamètre pour que le couple d'oiseaux tienne à l'aise avec deux petits. Les pigeons pondent deux à six fois par an, deux, rarement trois œufs. Le blanc étant la couleur préférée des pigeons, murs et boulins sont enduits de lait de chaux.

Une ou plusieurs échelles tournantes fixées à des bras, eux-mêmes rattachés à une poutre verticale centrale qui pivote sur une pierre dure (ou foire), permettent d'accéder aux boulins pour nettoyer les nids. La charpente du toit est souvent splendide.

TYPES DE COLOMBIERS

Le colombier entièrement réservé aux pigeons est appelé colombier **à pied**; les boulins occupent ici toute la hauteur des parois internes.

Le colombier dont l'étage est réservé aux pigeons et le niveau inférieur utilisé comme poulailler, remise, bergerie, etc., est dit colombier **bifonctionnel** ou **d'étage**. Un plancher sépare alors les deux parties et l'accès à l'étage se fait au moyen d'une échelle mobile, par une porte située à l'extérieur, à hauteur du larmier.

On distingue différentes sortes de colombiers dits **classiques**. Parmi eux, le colombier en brique et pierre est un type très répandu, au contraire du colombier en pierre de taille. Au nord et au nord-est du Havre, le colombier en silex noir et pierre blanche tire toute son élégance du contraste des matériaux. On trouve aussi des colombiers en brique, silex noir et pierre de taille (la brique, qui fait son apparition au 17e s., tend à remplacer le silex noir).

Parmi les colombiers dits **secondaires** : le colombier en silex clair, matériau dont la couleur rappelle la pierre de taille, le colombier en silex et pierre, et le colombier en silex, brique et grès, comme celui du manoir d'Ango à Varengeville, véritable marqueterie de pierres blanches ou grises et de briques rouges ou noires.

La **fuie**, terme abusivement employé pour colombier, est une sorte de petit colombier construit sur un pilier de bois ou sur une maçonnerie.

M. Dewynter / MICHELIN

Colombier d'Héricourt-en-Caux au hameau du Petit-Vauville.

ABC d'architecture

Les dessins présentés dans les planches qui suivent présentent un aperçu visuel de l'histoire de l'architecture dans la région et de ses particularités. Les définitions des termes d'art permettent de se familiariser avec un vocabulaire spécifique et de profiter au mieux des visites des monuments religieux, militaires ou civils.

Architecture religieuse

ROUEN – Plan de la cathédrale Notre-Dame (12e au 15e s.)

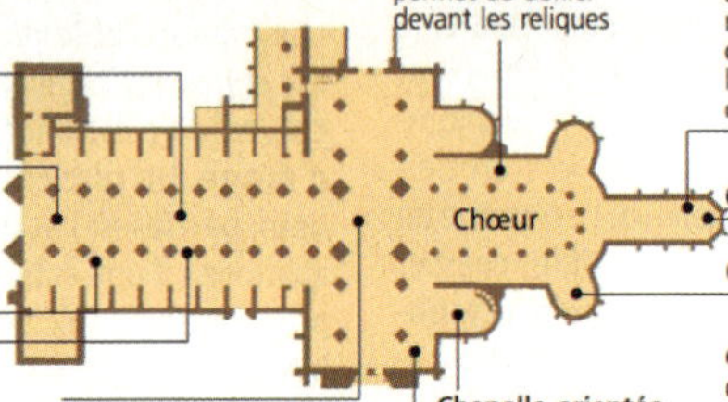

ROUEN – Coupe transversale de la cathédrale Notre-Dame (12e au 15e s.)

CAUDEBEC-en-CAUX – Voûtes de la chapelle de la Vierge dans l'église Notre-Dame (14e s.)

R. Corbel / MICHELIN

CAUDEBEC-EN-CAUX – Église Notre-Dame (14e s.)

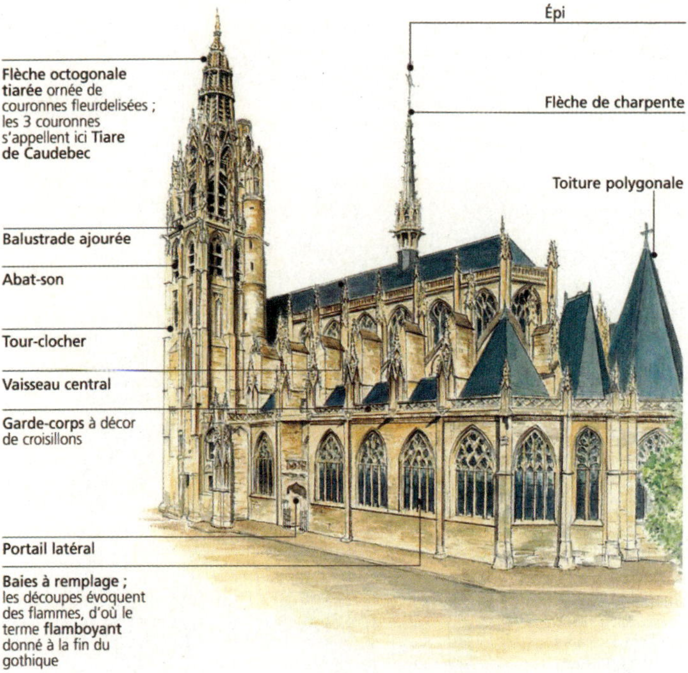

ROUEN – Portail des Libraires, cathédrale Notre-Dame (1482)

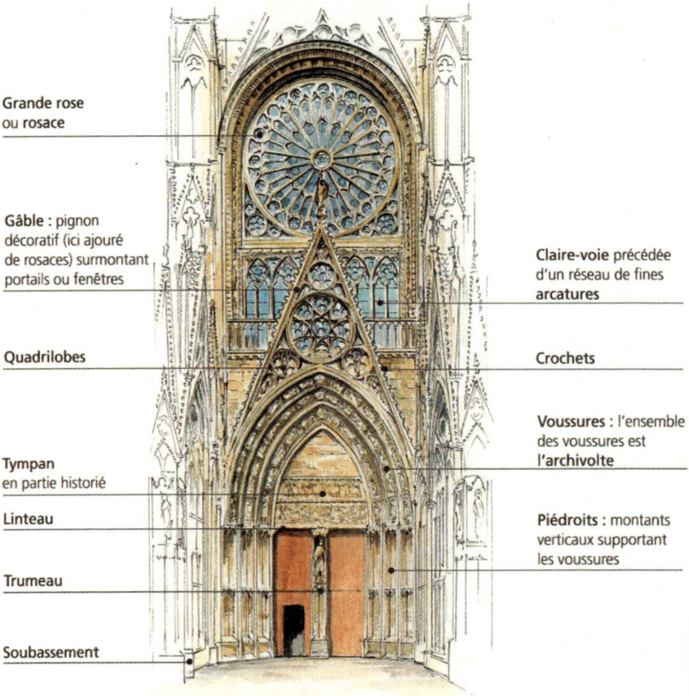

R. Corbel/ MICHELIN

ROUEN – Chœur et croisée du transept de l'abbatiale St-Ouen (14e s.)

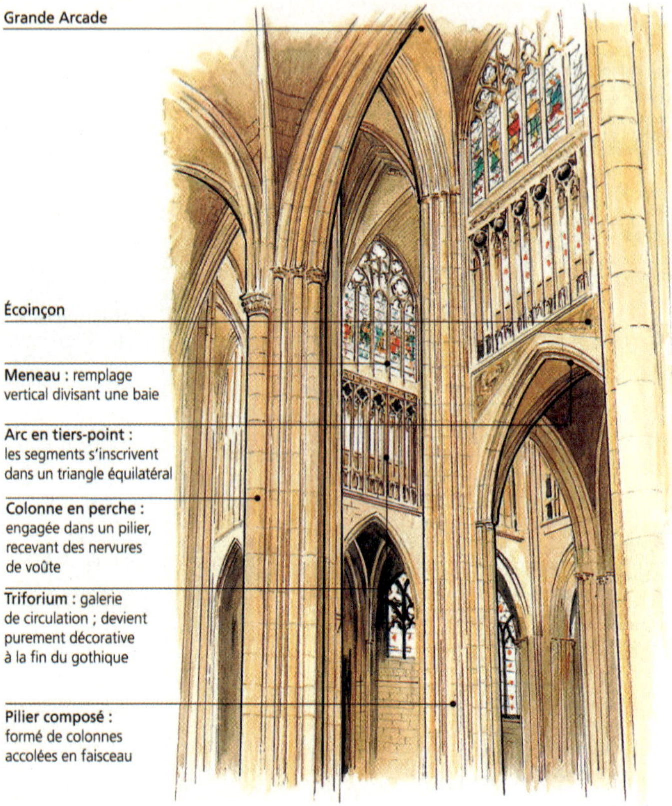

CAUDEBEC-en-CAUX – Grandes orgues de l'église Notre-Dame (1541-1542)

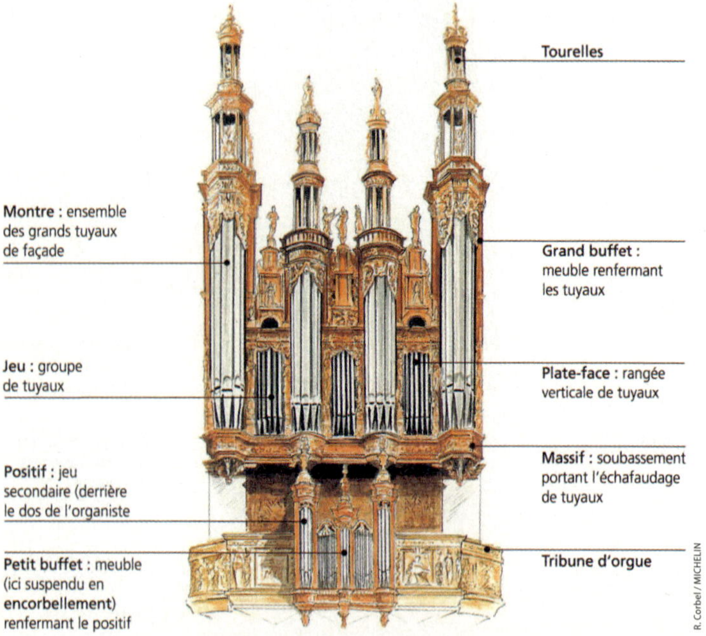

ÉVREUX – Cathédrale Notre-Dame, vitrail (début du 14e s.)

« Les vitraux du chœur d'Évreux sont les plus beaux du 14e s. Ils sont d'une limpidité délicieuse : ce ne sont qu'ors légers, bleus aériens, rouges transparents, blancs argentins… ils s'harmonisent avec le chœur lumineux, largement éclairé de blanc », affirmait Émile Mâle.

ÉCOUIS – Stalles du chœur de la collégiale Notre-Dame, Vitrail (14e s.)

Les stalles sont souvent sculptées (15e s. et 16e s.) de petites scènes grotesques et familières, les **drôleries.**

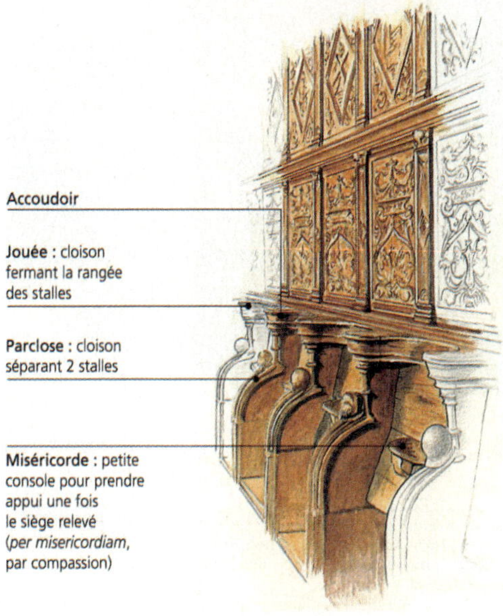

R. Corbel / MICHELIN

Architecture rurale

Chaumière du pays de LYONS-LA-FORÊT

Architecture militaire

Château d'HARCOURT (13e s.)

Le château d'Harcourt résume l'art de construire une forteresse au Moyen Âge.

R. Corbel / MICHELIN

Architecture balnéaire

DEAUVILLE – Villa Strassburger (début du 20e s.)

Pastiche de l'architecture traditionnelle à colombage ; aux influences proprement normandes s'ajoutent celles de l'Alsace, d'autres régions de France et quelques excentricités nées de l'imagination de l'architecte **G. Pichereau.** Jeux des toitures asymétriques, multiplication des lucarnes, fermes débordantes.

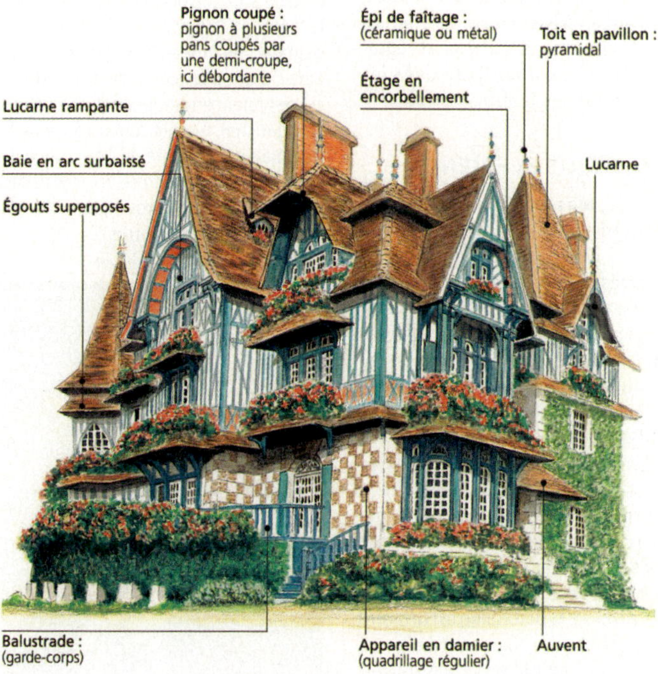

Génie civil

Le pont de NORMANDIE (1988-1994)

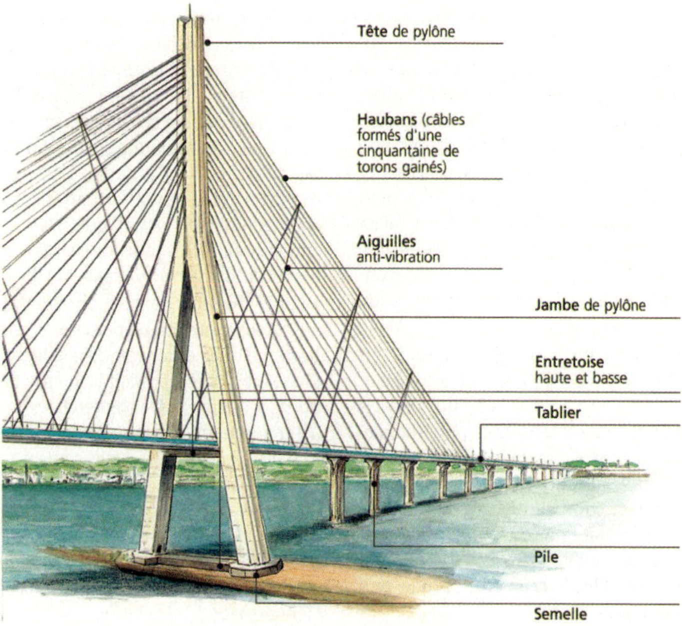

Les arts décoratifs

Qui n'a pas le souvenir d'une vieille et robuste armoire normande qui siégeait dans la chambre d'un aïeul ? De la faïence rouennaise à la terre cuite du Pré-d'Auge, en passant par les éternels meubles normands, l'artisanat régional puise son authenticité dans les ressources d'une terre ancestrale.

CÉRAMIQUE ET FAÏENCE

Vers 1550, **Masséot Abaquesne**, premier faïencier français connu, fabrique à Rouen des pavés décoratifs très appréciés. Son art avait été introduit à la cour de François Ier par des Italiens. À la même époque, les ateliers du Pré-d'Auge et de Manerbe (près de Lisieux) fabriquent, en plus des pavés vernissés, de la « vaisselle de terre plus belle qu'ailleurs ».

Le terme céramique concerne tous les aspects de la terre cuite, alors que la faïence est une céramique faite d'une argile composée, recouverte d'un émail à base d'étain. La faïence blanche peut recevoir un décor peint. Plus récente en France (18e s.), la porcelaine est un autre produit céramique contenant du kaolin, à pâte fine, translucide et vitrifié, couvert d'une glaçure incolore.

Deux sortes de terre composaient la **faïence de Rouen** : un tiers de terre de St-Aubin (plateau de Boos), grasse, rouge vif, et deux tiers de terre des Quatre-Mares (entre Sotteville et St-Étienne-du-Rouvray), terre d'alluvions, légère et sablonneuse. Elles étaient mélangées, pilées, lavées, séchées, moulues, tamisées et déposées dans des bassins de décantation afin d'être clarifiées. Une fois devenu assez consistant, le mélange était transporté dans des greniers près d'un four pour achever l'évaporation. Dans les mûrissoirs, on piétinait le mélange pour extraire les gaz de fermentation et mêler le sable nécessaire à la composition de la terre céramique. Puis venaient le façonnage (tournage, moulage), l'application de l'émail et des couleurs et la cuisson.

En 1644, la **faïence de Rouen** entre dans l'histoire avec son décor bleu sur blanc ou blanc sur bleu. À la fin du siècle, la production s'intensifie et, pour remplacer la vaisselle plate (d'or ou d'argent) sacrifiée et fondue au profit du Trésor, toute la cour, écrit Saint-Simon, « se met en huit jours en faïence ». Dans le style dit « rayonnant », le décor rappelle le travail des ferronniers et brodeurs si réputés de la ville.

Le rouge apparaît sur le « vieux Rouen » à la fin du 17e s. et la mode sera au décor bleu et rouge jusqu'au milieu du 18e s. La vogue des « chinoiseries » s'impose parallèlement puis, vers 1750, le style rocaille avec son décor « au carquois » et le fameux « Rouen à la corne » où fleurs, oiseaux, insectes s'échappent d'une corne d'abondance. C'est le grand siècle des faïenceries rouennaises (surtout rive gauche), mais la concurrence de la porcelaine et le traité de Commerce de 1786, autorisant l'entrée en France des faïences anglaises, provoquent bientôt la ruine de cette industrie.

G. Targat / MICHELIN

Pot à pharmacie, musée de la Céramique de Rouen.

Les objets en terre cuite émaillée du **Pré-d'Auge** se caractérisent le plus souvent par une glaçure verte ou jaune, teinte obtenue en utilisant des oxydes colorants. On peut classer ces poteries vernissées selon leur destination : utilitaire (pots, pichets, assiettes, braseros, chaufferettes, repassoirs à braises, etc.), architecturale ou symbolique (croix de cimetières, pavés, épis de faîtage et autres productions décoratives).

Le **pays de Bray**, dont le nom signifierait « boue » en celte, perpétue aussi une tradition de la poterie et de la faïence. Forges-les-Eaux a produit jusqu'à la fin du 19e s. des pièces très recherchées. On distingue, parmi le « vieux Forges », des faïences épaisses, les « culs noirs » ou « culs bruns », et de la vaisselle blanche aux motifs simples et élégants, où dominent des associations de vert et bleu. L'industrie de la faïence est introduite dans cette ville en 1797 par un Anglais, Georges Wood.

LE VERRE

L'activité est attestée en Normandie dès le Moyen Âge (15e s.). Dans la **vallée de la Bresle**, à la frontière avec ce qui n'est pas encore le département de la Somme, les maîtres verriers fabriquent des fenêtres pour les riches demeures et de la verroterie pour les usages courants. Le site fournit du bois de chauffe pour les fours et des fougères dont les cendres composent la potasse nécessaire à la fusion du sable. Tenants d'un savoir-faire élaboré, les verriers sont anoblis grâce à leur art et vivent parfois dans de véritables petits châteaux.

Jusqu'au 18e s., la vallée de la Bresle voit l'activité verrière poursuivre son développement. L'avènement de l'ère industrielle au 19e s. scelle son destin, la plus grande part de la production de la vallée se convertit au flaconnage pour la parfumerie et la cosmétique. Dans les années 1930, les machines font leur apparition, les verreries traditionnelles disparaissent, le souffle de l'homme est remplacé par l'air comprimé de la machine. L'automatisation est achevée dans la décennie 1950. Les Verreries de la Bresle sont les premières à fabriquer des flacons de haute parfumerie de façon entièrement automatique. Aujourd'hui, le pôle verrier de la Bresle conserve toute sa compétitivité, 80 % de la production mondiale des flacons de parfums de luxe en est issue. La structure rassemble encore des savoir-faire et des métiers uniques : maquettistes, modeleurs, moulistes, verriers, paracheveurs.

MEUBLES NORMANDS

Buffet normand, horloge ou armoire normandes… Qui ne connaît, au moins de réputation, ces trois éléments majeurs du mobilier traditionnel ? Leur taille imposante, leur robustesse – le chêne est le matériau privilégié – et leur élégance en font des objets très prisés.

L'**armoire** apparaît en Normandie dès le 13e s., remplaçant le coffre à habits médiéval. Le **buffet** existe déjà au début du 17e s., tandis que l'**horloge** se répand au 18e s. C'est l'âge d'or du mobilier normand : buffet ou vaisselier aux belles proportions, délicatement ouvragés ; haute horloge à balancier, au cadran de bronze doré finement ciselé, de cuivre, d'étain ou d'émail, parfois rétrécie en son milieu (dans le pays de Caen) et alors appelée « demoiselle », mais le meuble roi des intérieurs normands demeure l'armoire.

Un meuble de tradition : l'armoire

Chêne massif, jolies ferrures, médaillons, corniche sculptée d'oiseaux, d'épis de blé, de paniers de fleurs, de chutes de fruits, de carquois de Cupidon… Rien n'est trop beau pour une armoire normande. Parmi les motifs Louis XVI, récurrents des corniches, figuraient le couple ou le nid de colombes et les bouquets de roses, symboles d'amour.

Élément majeur du mobilier, l'armoire constituait en effet la « corbeille » de noces de la jeune mariée, contenant son trousseau. À chaque naissance d'une fille, la tradition voulait que son père abatte un chêne. L'arbre était laissé sur place un an ou deux, le temps de détanner, puis on l'abritait pour qu'il sèche avant de le transformer en armoire dotale en vue du mariage. Cette tâche était souvent confiée à un artisan, sédentaire ou itinérant. Ces sculpteurs possédaient leurs propres gabarits, poncifs et modèles de décors qu'ils présentaient à leurs clients, à la manière d'échantillons. Ils aménageaient parfois de petites variantes pour personnaliser la commande.

Quelques jours avant le mariage se déroulait un étrange cérémonial : le transport du meuble chez les futurs époux, acheminé ostensiblement sur une charrette enrubannée. Le promis offrait une bonnetière assortie à l'armoire, et les époux pouvaient s'installer en ménage…

La peinture

Bien qu'elle ait vu naître très tôt des artistes exceptionnels, la région n'acquit ses lettres de noblesse auprès des peintres qu'au 19e s., grâce aux impressionnistes. Depuis cette époque, son prestige, ses paysages et la lumière si particulière qui en émane font de la Normandie une place forte de la peinture.

LES PRÉCURSEURS DES 17e-18e s.

Quelques peintres locaux marquent l'âge classique et sa transition avec le baroque, mais leurs origines normandes transparaissent fort peu dans leurs œuvres, le plus souvent inspirées de scènes bibliques, mythologiques ou historiques.

L'Andelysien **Nicolas Poussin** (1694-1665) travaille quarante ans à Rome et devient l'un des chefs de file de l'école italienne. Ses dernières toiles, où la nature prend le dessus sur la représentation humaine, annoncent le travail des paysagistes. Les Rouennais **Jean-Baptiste Jouvenet** (1664-1717) et **Jean Restout** (1692-1768) perpétuent l'esprit baroque romain dans la grande peinture religieuse, avec des influences du Nord. Un peu plus tard, le fougueux **Théodore Géricault** (1791-1824), peintre néoclassique passionné par les chevaux, lui aussi natif de Rouen, ouvre la voie du romantisme. Ces quatre maîtres sont bien représentés au musée des Beaux-Arts de Rouen.

G. Targat / MICHELIN

Tableau d'Eugène Boudin.

UN 19e S. FOISONNANT

À cette époque, la peinture passe au premier plan de l'art français et connaît une émancipation rapide. Ce siècle marque la victoire du paysage sur les sujets historiques ou la scène de genre. L'art académique, solennel et conventionnel – ce que l'on appelle le « style pompier » (à cause des personnages casqués de certaines compositions) – est remis en question par une série d'artistes privilégiant une vision plus authentique, oscillant entre réalisme et naturalisme. Dans certaines sphères, on cesse de plagier l'art antique, et l'on quitte l'espace clos des ateliers pour aller s'exercer sur le motif. La Normandie va bientôt devenir le rendez-vous des peintres en plein air et le berceau de l'impressionnisme.

Plein air, mer, plage !

Au début du 19e s., quand les romantiques découvrent la Normandie, quelques paysagistes amoureux de la mer travaillent déjà sur la côte encore déserte. C'est le cas d'**Eugène Isabey** (1804-1886), qui popularise en France un genre nouveau : la « marine », dont les pionniers sont des peintres hollandais et anglais des 17e-18e s.

Inspiré par la force sauvage et inquiétante de la nature, le paysagiste lyrique **P. Huet** (1803-1869) débarque à Honfleur en 1820, où il brosse notamment le phénomène des grandes marées d'équinoxe. Il est rejoint l'année suivante par l'Anglais **R. P. Bonington** (1801-1828), qui traduit dans ses aquarelles la fraîcheur humide des plages. D'autres leur emboîtent le pas, de Trouville à Dieppe. Ils oscillent entre romantisme et réalisme, tels **C. Corot** (1796-1877) ou **C. Daubigny** (1817-1878), rattachés à l'école de Barbizon, ou évoluent du réalisme vers le naturalisme, comme **G. Courbet** (1819-1877).

Tous ces maîtres ont voulu voir Honfleur, la lumière de l'estuaire, les falaises cauchoises, l'aiguille d'Étretat… Et tous annoncent l'impressionnisme : leurs sujets sont des paysages exécutés en plein air ou des scènes de la vie quotidienne ; leur touche, libre et juxtaposée, non plus lisse et régulière, traduit une vision réelle, moins idéalisée.

Le « roi des ciels » sur la Côte de Grâce

Dans la seconde moitié du 19e s. – la mode est alors aux bains de mer –, les artistes posent leurs chevalets aussi bien sur la Côte Fleurie que la Côte d'Albâtre. De grandes avancées sont notamment accomplies autour de la Côte de Grâce, où le Honfleurais **E. Boudin** (1824-1898) se met à peindre dès les années 1840 (sur les conseils de Millet, un autre peintre normand). La petite librairie-papeterie qu'il tient au Havre lui servira de premier lieu d'exposition.

Sacré « roi des ciels » par Baudelaire, Boudin encourage à son tour un jeune Havrais de 15 ans, **C. Monet** (1840-1926), à délaisser la caricature pour les joies de la peinture en plein air. L'été, il incite aussi d'autres camarades, dont L.-A. Dubourg, J.-B. Jongkind, A.-F. Cals, C. Troyon… à prendre pension à la « ferme de St-Siméon » chez « la mère Toutain ».

LES IMPRESSIONNISTES

Les plus jeunes dépasseront leurs aînés dans leur quête de la luminosité picturale. Ils veulent exprimer la vibration de la lumière des brumes, le frémissement des reflets et des nuances, la profondeur du ciel et l'adoucissement, la décoloration même des teintes sous l'éclat du soleil.

Méprisés par l'Institut qui régente alors les milieux académiques, invariablement refusés au Salon – seule possibilité alors pour se faire connaître –, ces peintres, **Monet**, **Sisley**, **Bazille**, et leurs amis parisiens, **Renoir**, **Pissarro**, **Cézanne**, **Guillaumin** notamment, vont former

L'acte de naissance

Lors de la première exposition officielle du groupe, en 1874, dans l'atelier du photographe Nadar à Paris, Monet avait envoyé une petite toile brossée depuis sa fenêtre au Havre : « du soleil dans la buée et au premier plan quelques mâts de navires pointant… », confessera plus tard le maître ; on me demande le titre pour le catalogue, ça ne pouvait vraiment pas passer pour une vue du Havre ; je répondis : « Mettez *Impression, Soleil levant.* » Par dérision, un critique au journal *Le Charivari* retiendra le terme **impressionniste** pour stigmatiser l'ensemble des œuvres présentées. Il écrira : « *Impression*, j'en étais sûr. Je me disais aussi, puisque je suis impressionné, il doit y avoir de l'impression là-dedans… »

un cercle d'artistes « indépendants », organisés en société anonyme, d'abord connu sous le nom de groupe des « intransigeants » ou des « révoltés ».

De 1862 à 1869, ces artistes restent fidèles à la côte normande et à l'estuaire de la Seine.

Lors de l'occupation allemande (1870-1871), ils se réfugient en Angleterre, où les œuvres des paysagistes anglais, tels que Constable ou Turner, suscitent leur enthousiasme et leur apportent de riches enseignements, surtout dans la façon de traiter la lumière. Après la guerre franco-allemande, les impressionnistes reviennent rarement dans la région.

Toutefois, c'est aux confins de la Normandie, à Giverny *(voir ce nom)*, que Monet s'installe en 1883, où il peint surtout dans son magnifique jardin. Il y exécute, entre autres, ses fameuses séries des meules de foin et ses nymphéas. En 1883-1884, Pissarro travaille à Rouen, puis se fixe près de Gisors. De 1878 à 1885, Renoir est un hôte régulier de Wargemont, aux alentours de Dieppe, où il portraiture les Bérard. Au début des années 1890, Monet réalise à Rouen une série consacrée à la façade de la cathédrale, qu'il immortalise à différentes heures du jour.

LES DESCENDANTS (FIN 19e-DÉBUT 20e s.)

L'afflux incessant d'artistes contribue à faire de la région l'un des berceaux du **pointillisme**, ou divisionnisme. Né de l'impressionnisme, il divise les teintes en petites touches de couleur pure pour donner une plus grande impression de luminosité, en application du principe de la division de la lumière blanche en sept couleurs fondamentales. **Seurat** (1859-1891) et **Signac** (1863-1935), pionniers de la méthode, vont en Normandie étudier des paysages ; leur technique séduira également Pissarro. Tout aussi brillamment illustré entre Dieppe et Deauville, le **fauvisme**, où la primauté va à la couleur sous sa forme la plus éclatante, marquera le début du 20e s.

Au dehors de ces grands courants, pour cette période, épinglons en vrac **Vallotton** (1865-1925), Suisse d'origine, lié aux nabis ; **Gernez** (1888-1948) qui finit ses jours à Honfleur ; le paysagiste **Marquet** (1875-1947) ; **O. Friesz** (1879-1949), Havrais attaché à Honfleur qu'il brosse sous divers aspects ; **Van Dongen** (1877-1968), peintre des élégances et des mondanités, habitué de Deauville.

Si Marquet, Friesz et Van Dongen se rapprocheront du fauvisme, le Havrais **R. Dufy** (1877-1953) s'en dégagera, associant au trait et au dessin la richesse du coloris, dans l'expression du mouvement. Leur camarade **G. Braque** (1882-1963), qui repose à Varengeville, adhère aussi au groupe des fauves avant d'évoluer vers le cubisme.

Il sera suivi un temps par **M. Duchamp** (1887-1968), natif de Blainville. Ce dernier vient ensuite au futurisme, puis jette ses pinceaux pour se consacrer, en bon dadaïste, à ses « ready-made ». Dérisoires ou déconcertantes, ses œuvres ouvrent la voie aux mouvements artistiques d'après-guerre : pop art, happening, art conceptuel…

Pour voir les grands artistes normands ou proches de la Normandie, ne manquez pas de visiter les musées de Rouen, du Havre et, bien sûr, de Giverny.

DR

Portail de la cathédrale de Rouen par Monet.

Lettres, musique et cinéma

Du chant grégorien aux morceaux insolites de Satie, de la chanson de geste au réalisme de Flaubert *via* le dilemme cornélien, des naufragés médusés de Géricault au jardin de Monet, des aphorismes d'Allais aux tirades de Bourvil… les muses n'ont jamais quitté la Haute-Normandie.

Pierre Corneille.

MUSIQUE

Camille Saint-Saëns (1835-1921), pianiste virtuose et précoce, né à Paris de père normand, compose symphonies, opéras, œuvres religieuses, concertos, etc. : *La Danse macabre* (1875), *Samson et Dalila* (1877).

Né au Havre, Suisse d'origine, **Arthur Honegger** (1892-1955) est un compositeur prolifique. Il laisse des mélodies sur des poèmes de Cocteau, Apollinaire, et Claudel, des poèmes symphoniques et un oratorio, *Le Roi David* (1924). Son œuvre la plus célèbre est créée en 1923, il s'agit de *Pacific 231*.

Le Honfleurais **Erik Satie** (1866-1925), qui débute comme pianiste de cabaret à Montmartre, a influencé Ravel, Debussy, Stravinski… Sarcasme et ironie émaillent des œuvres comme *Morceaux en forme de poire*, *Airs à faire fuir*… Sa pièce maîtresse est *Socrate* (1918), drame symphonique sur des textes de Platon.

LETTRES

La littérature, comme l'architecture, est une « fleur monastique ». Transmis par les moines et les pèlerins, les récits historiques et légendaires inspireront aux poètes des épopées merveilleuses, notamment *La Chanson de Roland*. Sage moine copiste ou trouvère saltimbanque, bien qu'il reste un personnage mystérieux, citons aussi **Béroul**, qui transcrivit au 12e s. les 3 000 vers de la légende de *Tristan et Iseult* en dialecte anglo-normand.

17e s. – Né à Rouen, **Corneille** (1606-1684) porte à la scène des débats de conscience et fait prévaloir la souveraineté de la raison, sans méconnaître les élans du cœur. Son goût pour la grandeur et la vérité humaine s'allie toujours au sens, bien normand, de la mesure. *Le Cid* (1637) est sans doute sa plus grande pièce, elle lui assure toujours un très grand succès. **Madeleine de Scudéry** (1607-1701), havraise de naissance, reste dans les annales pour avoir composé le plus long roman de la littérature française, *Cyrus*, dont les 10 volumes sont publiés entre 1649 et 1653. Elle a aussi inspiré Molière qui tourna en dérision son cercle dans sa célèbre pièce, *Les Précieuses ridicules* (1659).

18e s. – Le Rouennais **Fontenelle** (1657-1757) est un disciple spirituel de Gassendi et de Descartes. Il est aussi le neveu de Corneille par sa mère, qui était la sœur du dramaturge. Sa nature positive incarne le tempérament normand ; son œuvre, habilement subversive, ouvre la voie des Lumières. Parmi ses nombreuses œuvres on retiendra ses *Entretiens sur la pluralité des mondes* (1686).

Le grand voyageur havrais, **Bernardin de Saint-Pierre** (1737-1814), reste célèbre pour ses *Études de la nature* (1784) et *Paul et Virginie* (1787), qui fit pleurer Madame Bovary. Poussé par ses rêves, il parcourt le monde et séjourne à l'île Maurice. De retour à Paris, nommé intendant du Jardin des Plantes à la place de Buffon en 1791, il se fait le disciple de Rousseau.

19e s. – Un peu oublié de nos jours, **Casimir Delavigne** (1793-1843) est néanmoins considéré comme le plus grand dramaturge français à son époque. Fils d'armateur havrais, il se fit connaître au moment du désastre de Waterloo et goûte à la consécration grâce au théâtre à la fin des années 1820.

La Normandie s'illustre toutefois véritablement avec un écrivain originaire de Rouen, romantique assagi, qui décrit avec réalisme la province et ses mœurs : **Gustave Flaubert** (1821-1880). Il conçoit l'art comme un moyen de connaissance et un sacerdoce. Malgré la richesse et la dualité de sa nature normande, l'ermite de Croisset se dit « épris de gueulade, de lyrisme » et pourtant acharné à « creuser », « fouiller le vrai tant qu'il peut ». *Madame Bovary* (1857) le place parmi les plus grands auteurs de la littérature française.

Flaubert soumet à la rude discipline du style **Guy de Maupassant** (1850-1893). L'élève est un observateur non moins minutieux dont la popularité ne fléchit pas. Dans les *Contes de la bécasse* (1883), *Une Vie* (1883), *Pierre et Jean* (1888) et ses quelque 300 nouvelles, il évoque la Normandie, ses classes sociales et les sombres histoires de familles bourgeoises, animé d'une verve âpre et sarcastique.

L'œuvre du Honfleurais **Alphonse Allais** (1854-1905) se distingue par un humour aigu. On lui doit *Vive la vie* (1892), *On n'est pas des bœufs* (1896) et quelques épigrammes où se mêlent esprit, clairvoyance et humour.

20e s. – Le philosophe essayiste Émile Chartier, dit **Alain** (1868-1951), de Mortagne-au-Perche, s'est élevé contre toutes les formes de tyrannie. Ses *Propos sur le bonheur* (1928), *Sur l'éducation* (1932) restent des œuvres marquantes. L'Elbeuvien **André Maurois** (1885-1967) a brillé dans plusieurs genres : souvenirs de guerre, romans (*Climats,* 1928), biographies, études historiques. **Jean Mallard, vicomte de La Varende** (1887-1959), auteur du pays d'Ouche, évoque la Normandie d'hier et de toujours : *Par monts et merveilles de Normandie.* Natif de Rouen, spécialiste du roman policier, **Maurice Leblanc** (1864-1941) est le père du « gentleman cambrioleur » (Arsène Lupin). **Raymond Queneau** (1903-1976), né au Havre, est l'auteur de poèmes et romans dont le célèbre *Zazie dans le métro* (1959), et dirigea aussi l'Encyclopédie de la Pléiade. **Jean-Paul Sartre** (1905-1988), philosophe et écrivain parisien, théoricien de l'existentialisme, vit et travaille au Havre de 1931 à 1936. Il s'est grandement inspiré de cette expérience pour écrire *La Nausée* (1938). **A. Salacrou** (1899-1989), Rouennais, voit l'œuvre dramatique comme « une méditation sur la condition humaine ». Son théâtre illustre tous les genres : *Un homme comme les autres* (1926), *Boulevard Durand* (1961).

CINÉMA

La Normandie est indissociablement liée au cinéma. Dès 1895, la région accueille les essais de **Georges Méliès** (1861-1938), l'un des premiers grands réalisateurs français. Un an plus tard, le cinéma connaît ses premiers succès dans les salles obscures de Rouen. La Normandie séduit les réalisateurs tout au long du 20e s., un certain nombre des plus grands films sont tournés dans la région. Dieppe sert ainsi de décor au film de Luis Buñuel (1900-1983) *Le Journal d'une femme de chambre* avec Jeanne Moreau, Évreux constitue la toile de fond du *Voleur* (1961) de Louis Malle, tandis qu'Étretat a tout récemment accueilli Romain Duris dans *Arsène Lupin* (2004).

Les deux principales villes de la région ne sont pas en reste. **Le Havre** a ainsi abrité le tournage du célèbre *Quai des brumes* (1938) de Carné, avec Gabin et Morgan, et celui de *La Bête humaine* de Renoir la même année, toujours avec Gabin. En 1968, Gérard Oury y tourne *Le Cerveau*, l'un de ses plus grands succès, avec Belmondo et l'enfant du pays, Bourvil (1917-1970). **Rouen**, elle aussi, a vu défiler du beau monde : l'équipe de *La Bête humaine* en 1938, Truffaut pour *Jules et Jim* (1962), Ventura et Dewaere dans *Adieu poulet* (1975) et Chabrol, réalisateur de *Madame Bovary* (1991). Depuis 1988, la ville aux cent clochers ne se contente toutefois plus de faire office de décor. Elle s'est dotée d'un **Festival annuel du film nordique** qui se déroule fin mars et dont le prestige est dorénavant établi.

Deauville demeure cependant le site phare du cinéma en Normandie. La ville a séduit les plus grands : Claude Lelouch y tourne son film le plus célèbre, *Un homme et une femme* (1966), Gérard Blain (1930-2000) y réalise *Les Amis* (1981) et Patrice Leconte *Tandem* (1987). Mais la station est surtout réputée pour son **Festival du film américain**. Depuis 1975, les plus grandes stars du cinéma mondial paradent en effet sur les planches le mois de septembre venu : Robert de Niro, Harrison Ford, Sharon Stone, Julia Roberts… La création en 2000 du Festival du film asiatique a conforté Deauville dans son statut de capitale internationale du cinéma en révélant quelques grands réalisateurs asiatiques.

G. Issac / OT Deauville

Pierre Brosnan au Festival du film américain de Deauville.

LA DESTINATION AUJOURD'HUI

La Normandie jouit d'un capital sympathie certain, fondé sur le cliché un peu figé d'une verte contrée où paissent tranquillement les vaches à l'ombre des pommiers. Aujourd'hui, cette région dynamique réussit pourtant le pari de s'adapter à une économie mondialisée. Tandis que l'agriculture et la pêche poursuivent leur mutation, le commerce maritime et son potentiel industriel insèrent la Normandie dans le tissu économique européen. La région n'en reste pas moins fière de son terroir et continue à produire des spécialités aussi emblématiques que le lait, le cidre et le camembert.

E. Benard / MICHELIN

Le port du Havre en pleine activité.

Économie

La Normandie joue sur tous les tableaux. Destination touristique, elle vit néanmoins encore au rythme d'activités ancestrales comme l'agriculture et la pêche, tout en restant profondément marquée par une forte activité industrielle qui, de Rouen au Havre, suit le cours de la Seine. Ouverte sur le monde grâce à l'activité incessante du port du Havre, la région constitue également l'un des principaux pôles français du commerce international et de la pétrochimie.

ACTIVITÉS MARITIMES

La pêche

D'après le comité régional des pêches de Haute-Normandie, la région compte environ 150 navires de pêche maritime : 51 % dépendent du port de Dieppe, 27 % de Fécamp et 20 % du Havre. L'activité se caractérise par sa nature artisanale, les bateaux sont de taille généralement assez modeste, un peu plus de la moitié d'entre eux ont une longueur inférieure à 12 m et pratiquent essentiellement une **pêche côtière** en Manche, dans un périmètre qui s'étend de Port-en-Bessin au sud jusqu'à la Baie de Somme au nord. Parmi ces embarcations, 21 % sont des chalutiers, tandis que les chalutiers/coquillards et les fileyeurs/caseyeurs (équipés de filets et de casiers) se partagent équitablement le reste de la flotte. À quelques miles des côtes, ces unités collectent bar, coquille Saint-Jacques, sole, turbot, hareng, cabillaud, maquereau, merlan, roussette, carrelet. Pour ce qui est de la grande pêche, l'époque des terre-neuvas « **forçats de la mer** » est bel et bien révolue, même si quelques unités industrielles subsistent : une à Dieppe et quatre à Fécamp. Les marins partent pour des campagnes de deux ou trois semaines qui les emmènent sur toutes les mers d'Europe, depuis le nord de l'Écosse jusqu'au large du Portugal, en passant par la mer d'Irlande et la mer du Nord, au large de la Norvège et du Danemark. À bord de ces bateaux usines le poisson est préparé et conditionné afin d'être directement prêt à la vente ou au transport.

Dans la région, poissons et coquillages issus de la pêche artisanale, de même qu'une petite part de la pêche industrielle, sont vendus à la criée à Dieppe et Fécamp, ou bien sous les halles du Havre et du Tréport. Une bonne partie du butin des chalutiers usines est transmis aux vingt mareyeurs de la région qui ravitaillent les poissonniers et les grandes surfaces de toute la France. Les ventes de pêche fraîche de la région représentent plus de 5 % de la production nationale et 35 millions d'euros. La Haute-Normandie est la première région française pour la coquille Saint-Jacques et le port de Dieppe constitue le fleuron de cette réussite : plus de 6 000 t. y sont récoltées chaque année et le montant des ventes se situe autour de 7,2 millions d'euros. La Seine-Maritime fournit également chaque année près de 700 t. de soles et plus de 7 000 t. de sardines.

Ce constat ne doit cependant pas cacher la baisse du nombre de pêcheurs dans la région : de 860 en 1990, ils sont passés à environ 700 en 2002 et 650 aujourd'hui, soit une baisse de près de 22 % des effectifs par rapport au début de la décennie 90... Seuls Le Tréport, Dieppe, Fécamp et Le Havre restent compétitifs dans l'économie très concurrentielle de la pêche. L'abandon de la tradition de pêche à la morue à Fécamp, la baisse des quotas annuels fixés par l'Union européenne et la substantielle diminution de la production entérinent un déclin qui touche depuis les cinquante dernières années les pêcheurs de Haute-Normandie et de toute la France.

Le commerce

Le Havre – Au débouché de l'estuaire de la Seine, porte d'une des mers les plus fréquentées du monde, **Le Havre** est aujourd'hui le premier port français pour le trafic de conteneurs et le quatrième européen derrière Rotterdam, Anvers et Hambourg. Des capacités d'accueil énormes (navires de 250 000 t.) et des moyens de manutention colossaux ont permis sa réussite.

Les plus gros tankers voient leur cargaison redirigée vers d'autres ports français ou européens sur de plus petits navires. Voie maritime, voie fluviale, liaisons ferroviaires (plus de vingt dessertes par jour entre Le Havre et Paris) et transport autoroutier pour les produits les plus précieux assurent l'approvisionnement et le désengorgement quotidien des quais. La plupart des transferts se font à présent par **conteneurs** : plus d'un million sont traités tous les ans, soit plus de la moitié des tonnages français. Relié à 500 ports du monde entier, Le Havre a créé en 1994 des entrepôts francs qui permettent aux entreprises étrangères de stocker pendant cinq ans leurs marchandises sans devoir acquitter de droits de douane. Charbon, pétrole, phosphate, bois tropicaux et tourteaux de soja constituent l'essentiel des produits importés, les exportations comprennent essentiellement le ciment et les céréales. Le port permet également le transit de camions, de semi-remorques ou d'automobiles neuves.

Autre secteur phare du Havre : le **trafic pétrolier**. À 20 km au nord, Antifer accueille 20 % du pétrole brut importé chaque année en France depuis 1976. D'où l'implantation à proximité des industries pétrochimiques *(voir ci-après L'Industrie)*.

Rouen – À 80 km en amont de l'estuaire de la Seine et à 120 km de Paris, **Rouen** jouit d'une position privilégiée qui lui permet de se classer au sixième rang des ports français. En amont de la ville, le tirant d'eau est suffisant pour que des convois de 500 t puissent remonter le fleuve jusqu'à Compiègne. En aval, il permet à des navires de 35 000 t. de relier Le Havre par le canal de Tancarville, en évitant ainsi l'estuaire. Particulièrement réputé pour les flux de **produits pétroliers** qui y transitent (13 % des exportations et 45 % des importations françaises), le port est également le premier du pays pour l'importation de **produits forestiers** (rondins, pâte de bois, papiers) et de **matières premières chimiques** (phosphates). Rouen exporte aussi les **céréales** produites sur les terres de Normandie vers l'ensemble des pays d'Europe.

La Normandie, plaque tournante du commerce français – Deuxième région exportatrice française et deuxième région pour le trafic maritime et fluvial, la Haute-Normandie possède deux des plus grands ports français. Bien que plus de 90 millions de tonnes de produits transitent chaque année par eux, Rouen et Le Havre restent cependant loin derrière leurs concurrents du Benelux.

Après avoir longtemps souffert d'un certain isolement géographique, l'ouverture des autoroutes A 28 et A 29 en 2005 a en partie réglé ce problème en reliant ces ports au nord de l'Europe, mais aussi à Nantes, Bordeaux et l'Espagne par la route des estuaires, facilitant l'afflux de marchandises vers leurs quais. Encore fallait-il pouvoir les accueillir et gérer leurs flux.

Le constat du fossé existant entre les capacités du Havre et de Rouen, et celles de Rotterdam et Amsterdam, a conduit à la création du **Havre Port 2000**. Inauguré le 30 mars 2006 après plus de cinq ans de travaux, le second chenal et les nouveaux quais devraient permettre dans les prochaines années de tripler les capacités du port en accueil et en manutention afin de pouvoir espérer accueillir 6 millions de conteneurs par an. Cela permettrait au Havre de confirmer sa vocation de « Porte de l'Europe » en attirant vers son port les marchandises venues du monde entier, notamment de Chine.

L'INDUSTRIE

Quatrième région française pour son secteur secondaire, la Haute-Normandie réunit 51 000 entreprises. Durant ces cinq dernières années, l'emploi industriel accuse cependant un certain repli. Malgré cela, la région reste marquée par une forte identité industrielle née avec le textile au 19e s. Si cette activité fondatrice est aujourd'hui en net recul, la région demeure la première productrice de lin en France. Néanmoins, ce n'est pas le principal de ses atouts…

La chimie et la pétrochimie

La présence des ports a induit l'implantation le long de la Seine de ces industries à forte consommation de matières premières.

La chimie et la pétrochimie emploient près de 15 % des actifs du secteur industriel régional. Grâce à quatre raffineries construites à Gonfreville-l'Orcher (Total), Notre-Dame-de-Gravenchon (Mobil-Oil) et Petite-Couronne (Shell), la région produit aujourd'hui un tiers du pétrole raffiné français. Les sites de Pharma-Parc (Le Vandreuil et Val-de-Reuil ainsi que le parc Bio-Sciences de Normandie à Mont-St-Aignan) assurent une grosse partie de la recherche et du développement du secteur.

Deuxième région en chimie médicinale, troisième en produits de cosmétiques et d'emballage, la Haute-Normandie assure 60 % de la production française de lubrifiants et 50 % de celle de plastique.

C. Zaber / Total Petrochemicals

Usine de la compagnie pétrolière Total.

Zones Seveso 2

La présence d'industries à risques dans la région a conduit les autorités à prendre des mesures de sécurité. Quelque 70 sites sont ainsi classés Seveso 2, du nom de la directive édictée en 2003 après l'explosion de l'usine AZF à Toulouse. Cette directive impose aux entreprises une définition et une gestion de leurs risques, impliquant l'information des riverains et des plans d'évacuation en cas d'accident. Ces zones se localisent principalement dans les environs du Havre, la zone d'activité de Port-Jérôme, à quelques kilomètres en amont du pont de Tancarville, et l'agglomération de Rouen-Elbeuf.

Le secteur automobile

Il s'agit aussi de l'un des secteurs les plus dynamiques de la région. Sa présence en Normandie débute en 1960 lorsque Renault crée une usine à Cléon pour fabriquer des moteurs et des boîtes de vitesses. Un pôle consacré modèles haut de gamme voit le jour à Sandouville quatre ans plus tard. Cette initiative a entraîné l'implantation d'une centaine d'équipementiers dans la région (Legrand, Autoliv). L'industrie automobile assure aujourd'hui 30 % de la production nationale et constitue la principale source d'emplois (28 000 salariés). Le technopôle du Madrillet, près de Rouen, représente pour le secteur un pôle d'innovations d'envergure.

L'aéronautique

Le symbole de cette activité de pointe est incontestablement la Snecma qui fabrique à Vernon les moteurs des fusées Ariane. Au total, neuf entreprises du secteur sont implantées dans la région et représentent 8 000 emplois.

Le papier, une tradition qui se porte bien

Dès le 16e s., l'importation de bois a favorisé le développement dans la région d'une industrie du papier. Les deux cinquièmes des papiers-journaux utilisés en France sont fabriqués à Rouen.

La production d'électricité

Le littoral inoccupé a permis l'installation de deux centrales nucléaires assurant la production d'électricité : Paluel (40 km de Dieppe et 70 km du Havre) et Penly (20 km du Tréport, 15 km de Dieppe et 70 km de Rouen). 13,3 % de l'électricité française d'origine nucléaire y est produite. La centrale thermique du Havre permet d'offrir un complément à la production électrique de la région.

Difficultés et enjeux

Malgré cette apparente bonne santé, l'industrie normande reste confrontée à des enjeux décisifs.

À l'exception des centrales nucléaires, seules les zones de l'Eure (proches de Paris) et celles de la vallée de la Seine (sur un axe stratégique) ont accueilli de nouvelles entreprises. Même si un réseau important de **PME et de PMI** est implanté dans la région, 50 % des sièges sociaux sont situés en dehors et 300 à l'étranger : l'éloignement des centres de décision a un impact important, sur les créations d'emploi notamment. De plus, le portrait d'une industrie florissante ne fait pas oublier les difficultés rencontrées face à la **concurrence étrangère** dans les domaines de la pétrochimie et de l'automobile, illustrée par le retrait de British Petroleum de Vernon et la réduction d'effectifs de Renault à Sandouville. La fin des chantiers navals du Havre et de Dieppe en 1999 et 2003 marque aussi l'abandon d'une glorieuse page de l'histoire de l'industrie normande.

Face à ces difficultés, la région se concentre davantage sur les **industries d'avenir** et la ville nouvelle de Val-de-Rueil s'oriente vers la haute technologie à travers la recherche pharmaceutique, l'électronique et l'informatique. La politique de coopération avec la Picardie et la Basse-Normandie est destinée à soutenir aussi la région face à ces défis.

L'AGRICULTURE ET L'AGROALIMENTAIRE

Favorisées par un climat tempéré, des sols alluvionnaires riches en limons et des petites vallées humides, les régions de Normandie produisent des herbages d'une qualité exceptionnelle. L'ancien fief des ducs s'est transformé en terre d'élevage, très réputée pour ses bovins et ses chevaux.

La fin des vaches de race normande ?

Hormis quelques poches du Cotentin et du Bessin, l'essor du cheptel bovin en Normandie ne date que du Second Empire. Jusque-là cantonnées aux landes et marais, les vaches conquièrent les terres à sarrasin ou à seigle. La **race normande** s'impose comme la première en France au début du 20e s. C'est une race mixte, à la jolie robe tricolore, blanc, fauve et brun-rouge foncé, couleurs disposées en taches ou rayures aussi appelées « bringeures ». Elle subit désormais la concurrence de la **« française frisonne pie noir »**, race à viande et très bonne laitière (capacité de production supérieure de 27 %), et celle de l'**hollandaise holsteins**, à robe noir et blanc, qui représente la moitié du cheptel actuel.

En dépit de remarquables atouts, la valeureuse normande est dépassée dans toutes les contrées de Normandie à l'exception du pays d'Auge. La forte teneur de son lait garantit des beurres et des fromages de haute qualité. Elle donnerait également les meilleurs veaux et une viande à la saveur incomparable.

Ces dix dernières années, le cheptel normand a enregistré un recul de 16 % !

Le cheval en Normandie : richesse et diversité

Parmi les chevaux normands, on peut distinguer deux groupes, identifiables à leur morphologie et aux tâches qui leur sont assignées : les **chevaux de trait** et les **chevaux de sport** ou de **course**.

Les chevaux de trait sont représentés par le percheron et le cob. Robustes et puissants, ils sont destinés aux loisirs (attelage et randonnées), à l'exportation

La Fête de l'étampage

Né en 1790 de la nationalisation des pâturages de l'abbaye de Jumièges, le « droit au marais » réserve aux paysans du **marais Vernier** le droit de mener paître leurs troupeaux dans la prairie communale.

Il s'appliquait à tous les villageois, sauf au seigneur, à son personnel et aux étrangers, d'où l'idée de marquer les animaux. La tradition est restée bien vivace et l'étampage, marquage au fer rouge sur la corne, a lieu chaque année le matin du 1er Mai.

G. Targat / MICHELIN

Étampage dans le marais Vernier.

(débardage en Allemagne, courses au Japon…) ou bien à la boucherie. Bien qu'un peu délaissées, le nombre des naissances pour ces races se stabilise autour de 7 % du total des mises bas annuelles dans la région.

Le percheron possède une robe pommelée grise ou noire, une large croupe, une longue encolure, des cuisses musclées et une rusticité à toute épreuve. Il est le cheval de trait par excellence, aujourd'hui le plus répandu. Son origine remonterait aux croisades et il aurait du sang d'étalons arabes et espagnols. Au début du 20e s., il tractait les omnibus parisiens. De nos jours, les Japonais se l'arrachent à la fois pour les courses et la viande, les Allemands pour le débardage du bois, les Russes pour leurs champs et les Américains pour les parcs de loisirs.

Le cob est un autre magnifique et puissant cheval de trait. Demi-sang capable de traîner une tonne de charge à vive allure, il faisait l'orgueil des attelages élégants. C'est aussi un bon cheval de selle.

Toutefois, les chevaux **de sport ou de course** restent la grande spécialité de la région depuis le développement de Deauville lors de la décennie 1860. Près de 50 % des **pur-sang** et des **trotteurs français** sont présents en Normandie. Le **selle français**, moins répandu, est surtout consacré au sport équestre.

Le pur-sang est élevé en Normandie depuis le début du 18e s. Amélioré et sélectionné en vue des courses, il descend d'étalons orientaux et de juments anglaises. La très renommée vente des poulains d'un an (yearlings) a lieu à la fin du mois d'août à Deauville, elle atteint parfois des sommets : en 2005, des acheteurs ont déboursé pas moins de 580 000 euros pour une jument. Celle des poulinières et des jeunes poulains (foals) se déroule à la fin du mois de novembre.

Moins célèbre, **le trotteur français** est un cheval de selle demi-sang issu du croisement de juments normandes (carrossier normand) avec des pur-sang anglais ou des demi-sang. Remarqué pour la qualité de son trot vers 1830, il est considéré depuis 1937 comme un type de race pure.

Quant au **selle français**, autrefois appelé anglo-normand, ce cheval de selle (robe baie ou alezane) est né du croisement de pur-sang anglais et de juments autochtones. Son élevage se maintient vers la côte et dans les environs du Perche.

G. Targat / MICHELIN

Tas de pommes à cidre du pays d'Auge.

L'agroalimentaire : pilier de l'économie normande

La tradition agricole normande est à l'origine d'une importante industrie agroalimentaire qui encore emploie 10 % des salariés de l'industrie de la région répartis dans près de 200 établissements. Le secteur est composé de structures moyennes : une cinquantaine d'établissements emploient plus de 50 salariés et une quinzaine entre 200 et 500. Un salarié sur trois travaille dans une structure dont le siège se trouve dans la région, la dépendance à l'égard de grandes entreprises extérieures se fait moins sentir que dans les autres secteurs de l'industrie : on peut ainsi mentionner Normival, en Seine-Maritime, ou la Société industrielle & commerciale Normandie, basée dans l'Eure.

Conformément à l'histoire et à la diversité des produits naturels de la région, le secteur regroupe un grand nombre d'activités qui vont du lait et de la viande jusqu'aux grains et au tabac, en passant par la confiserie et les conserves, les boissons.

Tout en haut de l'échelle, la **confiserie**, la biscuiterie et les conserves regroupent 50 % du chiffre d'affaires de l'agroalimentaire normand. Ces activités transforment des ressources agricoles venues de la région et du monde entier. Beaucoup de ces produits sont ensuite directement exportés. Aujourd'hui, de grands groupes nationaux ou internationaux sont implantés dans la région : Nestlé, Saint-Louis Sucre, Ferrero, Legal, Saveurs de France…

Le **lait** et la **viande** sont les activités historiques de la région. Une forte baisse d'activité affecte toutefois ces secteurs qui ne représentent plus que 18 % du chiffre d'affaires de l'agroalimentaire normand. Ces déboires ne font pas oublier les heures de gloire : l'histoire de Danone et de ses fameux « petits suisses » a commencé ici, dans le pays de Bray. La région sait aussi rester compétitive et accueille aujourd'hui d'autres grands noms : Novandie, Senoble et Unilever, en ce qui concerne le lait, et SA Gewy, Arcadie ou Socopa pour la viande.

Un peu à l'écart de ces multinationales, on trouve un tissu non négligeable de PME/PMI surtout spécialisées dans la production de boissons, notamment la fabrication du cidre et du calvados. Ces industries traditionnelles, autrefois familiales, sont souvent rachetées par de grands groupes : Bacardi-Martini et Slaur Chauvet sont ainsi implantés en Seine-Maritime de même que Marnier-Lapostolle ou Pierval dans l'Eure.

Quant aux secteurs des **grains** et du **tabac**, ils restent des franges mineures de l'agroalimentaire régional. Malgré la première place du port de Rouen en France pour l'exportation de céréales, peu d'industries se sont établies dans le secteur. De même, bien que le géant mondial Seita se soit implanté dans la région, les grands industriels du tabac n'ont qu'un poids marginal au sein de l'agroalimentaire.

S. Sauvignier / MICHELIN

Camemberts moulés dans un hâloir.

L'ensemble de ces activités est contrôlé par l'Institut régional de la qualité agroalimentaire créé en partenariat avec la Basse-Normandie pour développer la qualité et la notoriété des produits normands. L'appellation « **Gourmandie** » a été créée à l'initiative de cet institut pour permettre aux consommateurs de mieux identifier les meilleurs produits normands. Ils doivent venir de la région, respecter des règles de qualité et passer par un test de consommateurs. Ces produits sont très divers : saucissons Roches Blanches (à Cany-Barville), fromage de Neufchâtel, calvados du pays d'Auge (ferme Belleau). Pour en savoir plus, consultez le site Internet : www.gourmandie.fr.

LE TOURISME

Hautes falaises, cités balnéaires, abbayes millénaires, cités portuaires célèbres, toiles impressionnistes, patchwork de prairies du bocage, camemberts et pont-l'évêque, « calva » des aïeux, les terres normandes proposent tout un parterre de plaisirs. Berceau du **tourisme balnéaire** français, la région ne rompt pas avec cette longue tradition. Elle se trouve parmi les premières régions françaises pour les courts séjours et 5 % des logements sont des résidences secondaires. Le temps d'un week-end, beaucoup de Parisiens font l'aller-retour entre la capitale et Deauville, aussi surnommée le « 21e arrondissement ».

La Normandie est pour beaucoup de visiteurs d'origine étrangère (40 % de Néerlandais, 20 % d'Allemands et 20 % de Britanniques) une première étape sur le sol français.

Les chiffres de l'INSEE semblent cependant démentir le poids touristique actuel de la région. Selon cet organisme, la Normandie n'est en effet qu'au quinzième rang national au vu du nombre de lits consacrés au tourisme. Néanmoins, l'Armada de Rouen (en 2003, plus de 3 000 marins, 40 voiliers et navires de guerre et 5,8 millions de visiteurs), le millier de monuments historiques que la ville abrite ainsi que le classement du centre du Havre parmi les sites du Patrimoine mondial de l'Unesco permettent de nuancer ces chiffres et de parier sur une prochaine augmentation de la fréquentation touristique. Les grands événements ne manquent pas dans la région, et un public souvent nombreux vient assister à des manifestations aussi variées que la Fête des marins à Honfleur lors du week-end de la Pentecôte, la procession de la Vierge du sourire à Lisieux le 15 août, et le Festival du film américain de Deauville, début septembre.

Entre 2000 et 2006, 20 millions d'euros ont été consacrés par la région au tourisme. Le secteur regroupe de 3 à 4 % de la population active. Les efforts se sont axés autour de la mise en valeur des **villes d'Art et d'Histoire** (Rouen, Le Havre, Fécamp, Dieppe et Évreux) et du patrimoine architectural de la route des abbayes. Le tourisme sportif et le tourisme de découverte économique ont également été au cœur des préoccupations du conseil régional, qui encourage les entreprises à ouvrir leurs locaux pour la découverte des savoir-faire. La création et la rénovation de bâtiments d'hébergement sont également encouragés.

Normandie, terre d'abondance

La variété et la qualité des produits normands ne pouvaient que donner naissance à une gastronomie authentique, où la crème joue un rôle éminent. Cet habit couleur ivoire, velouté et moelleux, convient autant pour les volailles que pour les poissons, viandes blanches ou gibiers.

DES TALENTS DANS TOUS LES DOMAINES

La Normandie séduit par sa richesse culinaire incomparable. Issus de la terre ou de la mer, ses produits démontrent une qualité sans pareille qui leur permet d'entrer dans les plus originales et les plus savoureuses compositions. Productrice de viande de bœuf de race normande, de volaille et de charcuterie, la région étend son panel à la marée où la coquille Saint-Jacques figure en bonne place, sans oublier les petites douceurs…

Les viandes

Très célèbre, le **bœuf de race normande** donne une viande savoureuse que les puristes apprécient nature, ou poêlée au beurre. L'autre classique dans toute la région reste la **côte de veau à la normande**. Poêlée, puis flambée au calvados, la viande est déglacée à la crème. Le plat se décline aux petits oignons et/ou aux champignons, accompagnée de tranches de pommes rôties. Le jarret de veau à la normande mijote dans une cocotte avec les mêmes ingrédients, hormis la crème, remplacée par un litre de cidre fermier.

La volaille

Pour cuisiner la **volaille**, une dinde ou un poulet à la normande, la voie royale consiste à tomber dans les mains d'un chef augeron et se faire mitonner à la mode **« vallée d'Auge »**, avec ses petits oignons. Ici encore, une flambée de calva, de la crème fraîche et de copieuses rasades de cidre font tout le secret de la sauce. Le **canard**, sauvage et de basse-cour, dont il existe de nombreuses espèces en Normandie, reste un pilier de la gastronomie régionale. Il s'accommode au cidre ou au vinaigre de cidre, ou encore à la façon **« bonhomme normand »**. La tradition du **canard au sang** se perpétue à Rouen. À Duclair, la victime est le caneton local (le palmipède est étouffé, non pas saigné).

La volaille est aussi très présente dans la **charcuterie** locale, et permet de composer toutes sortes de terrines. En Haute-Normandie, Mortagne-au-Perche et Bernay se singularisent respectivement par le **boudin noir** et l'**andouillette**. Pour les tripes à toutes les modes et l'andouille, il faut passer en Basse-Normandie, à Vire ou à Caen.

La marée

La Haute-Normandie jouit d'une double identité terrienne et maritime, qui se retrouve inévitablement dans sa gastronomie. Soles et turbots tiennent le haut du pavé dans les restaurants du littoral. La morue, que les marins fécampois pêchaient jadis au large de l'Islande ou sur les bancs de Terre-Neuve, est encore préparée sous la forme de célèbres galettes, mélange de poisson et de purée de pommes de terre recouvert de panure. L'amateur de **fruits de mer** et **crustacés** craque pour les coques

G. Targat / MICHELIN

Quelques vedettes de la gastronomie normande.

et les crevettes grises de Honfleur, les **coquilles Saint-Jacques** de Dieppe, les crabes, moules et palourdes de toute la côte. Signalons aussi la sole normande, préparée avec des moules, des huîtres et des champignons, puis nappée d'une sauce au vin blanc et à la crème. Cette recette connaît quelques variantes entre Le Tréport et Cabourg. La marmite dieppoise réunit le meilleur de la Normandie : poissons (turbot, sole, rougets grondins, lotte), crustacés (coquilles Saint-Jacques, moules), légumes (oignon, céleri, poireau), aromates (persil, thym, laurier, sel, poivre) cuits dans le beurre, la crème d'Isigny et du cidre sec…

La teurgoule

Cette recette traditionnelle du pays d'Auge date de l'époque florissante du commerce des épices à Honfleur. Les épouses des navigateurs ont l'idée de parfumer à la cannelle les jattes de riz au lait qu'elles laissent mijoter des heures dans le four à pain du boulanger. Mélanger 2 l de lait entier, 125 g de riz, 85 g de sucre en poudre, 1 cuil. à café de cannelle, 1 pincée de sel. Verser dans une terrine tous ces ingrédients. Laisser cuire 5h à four doux. Ce dessert se déguste froid ou chaud et s'accompagne idéalement de **falues**, sortes de galettes briochées, plates et longues.

Quelques douceurs ?

Les amateurs de plaisirs sucrés sauront faire un sort à quelques spécialités au beurre (galettes, chaussons sablés, brioches…), souvent associées au plus normand des fruits. La **tarte normande**, dont les pommes sont parfois cuites au cidre, occupe une place de choix ; la variante yportaise, également composée de pommes, s'appelle pourtant « tarte au sucre ». Ceux qui voudront goûter les meilleures brioches se rendront à Gisors et Gournay pour croquer les **bourdelots**, pommes enrobées de pâte à pain, aussi appelés **douillons** quand ils sont enveloppés de pâte feuilletée. Les enfants sages supplieront leurs parents de leur laisser goûter aux sucres de pomme de Rouen.

LE PAYS DES FROMAGES

Quatre fortes personnalités

Si la crème est reine, les fromages sont rois. Le **pavé d'Auge** est, pense-t-on, l'ancêtre de la plupart des fromages normands. Il est l'illustre aïeul du **pont-l'évêque** (pâte molle à croûte fleurie), du **livarot** (pâte molle à croûte lavée) et du **camembert** (pâte molle à croûte fleurie).

Le camembert

D'après la légende, **Marie Harel** (1761-1812), née à la ferme de Beaumoncel près de Camembert, fabrique du fromage qu'elle vend au village. En 1790, elle cache un prêtre originaire de la Brie, fuyant la Terreur. En remerciement de son hospitalité, il lui confie le secret de l'affinage d'un fromage de sa composition. Le **camembert** voit le jour. À l'origine, sa croûte était bleuâtre, mais au début du 20e s., l'usage de souches de pénicillium lui donnera son teint actuel.

Son histoire débute réellement au 19e s. En 1863, lors de l'inauguration de la ligne de chemin de fer Alençon-Paris, un descendant de Marie Harel réussit à faire goûter son produit à Napoléon III. L'empereur en exige désormais tous les jours sur sa table : c'est la consécration !

Le camembert quitte sa Normandie natale et arrive dans la capitale par le premier train. Mais le produit ne tolère que de courtes distances jusqu'à ce qu'un inventeur découvre la célèbre boîte de bois ronde. Elle va lui permettre d'être conservé plus longtemps et de voyager à travers le monde.

La Grande Guerre renforce la popularité du camembert, bientôt symbole de la France entière. Dès 1914, sa saveur devient fédératrice : il apparaît dans la ration de tous les soldats du pays.

Sa fabrication – Elle s'accomplit selon des étapes bien précises. Tout commence par la **collecte** du lait et la **préparation**, le lait est chauffé entre 30 °C et 37 °C puis versé dans des bacs contenant de la présure où il coagule : c'est l'**emprésurage**. À ce stade la température du lait doit être maintenue entre 30 °C à 32 °C, et son acidité entre 24° à 28°. L'acidification dépend des conditions atmosphériques et des animaux producteurs. La caille obtenue est sabrée en lanières pour aider le sérum à s'écouler lors du **tranchage**. Viennent ensuite le **moulage** et le **rabattage** : des louches sont versées dans chaque moule puis la surface des moulages est égalisée. Le soir même, le fromage est **retourné**. Ces six premières phases ont lieu dans la première journée de fabrication. Le lendemain, on pratique le **démoulage** et le **séchage**. La pâte molle obtenue est ôtée des moules et placée au séchoir, pour achever l'**égouttage** à une température de 18 °C à 20 °C. Puis c'est l'étape décisive du **salage** : on sale d'abord une face et le tour du fromage. La pièce est retournée et l'autre face est salée le lendemain. Le quatrième jour, les fromages sont transportés dans des **hâloirs** (séchoirs). La production est divisée en deux parties, l'une réservée à l'affinage ; l'autre à la vente. Pendant l'**affinage**, les camemberts reposent dans des caves et sont retournés chaque jour. Enfin, triés par qualité, ils sont **emballés** et refroidis avant expédition.

AOC, l'exigence de qualité

Le camembert a reçu en 1983 l'**appellation d'origine contrôlée** (AOC). Les trois terroirs les plus réputés sont le pays d'Auge – sa terre natale –, le bocage ornais et le Cotentin. L'AOC, réservée aux meilleurs produits, exige l'utilisation d'un lait cru et un moulage à la louche (remis en question en 2008).

Le pont-l'évêque et le livarot ont aussi leur AOC. L'élite des **pont-l'évêque** vient du pays d'Auge, mais il peut être produit dans une zone plus vaste : Eure, Calvados, Manche, Orne, Seine-Maritime, Mayenne. Le **livarot**, dont la puissance alarme à tort l'odorat des non-initiés, s'élabore avec du lait « reposé » ; son territoire est plus restreint : sud-ouest du Calvados et nord-ouest de l'Orne.

G. Targat / MICHELIN

Le plus délicieux des « colonels ».

Des plaisirs moins connus...

Un peu dans l'ombre du pont-l'évêque, du livarot et du camembert, se distinguent les **fromages frais** du pays de Bray. « Suisses », demi-sel, doubles-crèmes, ils jouissent d'une réputation solidement établie. Enfin, le **neufchâtel**, fromage fermier (AOC) en forme de briquette, carré, bonde, double bonde ou cœur, possède aussi ses adeptes.

Le cidre, un mode d'emploi

Pour profiter au mieux du fruité de cette boisson, il convient de la conserver dans une cave fraîche où la température ne dépasse pas 15 °C, et la consommer, avec sagesse, dans les mois qui suivent l'achat. Les bouteilles se stockent couchées et celles qui ont subi un long transport doivent reposer debout quelques jours (les produits de type mousseux garderont cette position). Brut ou doux, ce breuvage se sert toujours frais, entre 8 °C et 12 °C.

LES BOISSONS

Le lait

C'est l'or blanc de la Normandie. La majeure partie de la production régionale se destine aux filières beurrières, crémières et fromagères. C'est au mois de mai qu'on produit le lait le plus savoureux, et le plus réputé reste celui d'Isigny (Isigny se trouve en Basse-Normandie, *voir le Guide Vert* Normandie Cotentin).

La pomme dans tous ses états

Le **cidre** est la boisson normande phare, sans doute parce qu'il est issu du fruit le plus chargé de symboles et le plus croqué en France : la **pomme**, indissociable de la région. Les variétés à cidre, beaucoup plus chétives, se taillent la part du lion en Normandie. La culture du pommier à cidre s'est répandue à partir de la Biscaye (l'une des provinces basques d'Espagne) vers le pays d'Auge entre les 11e et 12e s. Elles traversent la Seine à partir du 15e s. et déclassent la bière et le vin dans toute la Normandie.

Aujourd'hui, la majorité des pommes à cidre proviennent d'arbres « basses tiges » dont les branches taillées en candélabre se prêtent bien à la mécanisation. La récolte des fruits commence fin octobre et dure environ un mois. Les arbres sont « hochés » (gaulés manuellement ou secoués à l'aide de machines) et les fruits sont ramassés à terre quand ils ne tombent pas directement dans des filets. Les pommes terminent leur maturation sous la paille, dans des greniers aérés, pendant quinze jours ou un mois selon la saveur désirée (douce, amère, acide). Elles sont ensuite broyées, puis pressées pour obtenir le « moût ». La fermentation de ce jus donne le cidre, et sa distillation fournit le calvados dont le pays d'Auge perpétue la grande tradition.

Le cidre véritable, le « bon bère », ou « gros bère », comme l'appellent les

Normands, est du pur jus de pomme. La bouteille débouchée, le « bère » doit rester « muet » ; dans le verre, il pétille mais mousse à peine. Qu'il soit brut (peu sucré, au goût de pomme bien typé, titrant entre 4 ° et 5 ° d'alcool), demi-sec ou doux (obtenu artificiellement en arrêtant la fermentation à 2,5 ° et 3 ° d'alcool), le cidre accompagne aussi bien les repas gastronomiques que les crêpes ou les desserts à base de pommes.

Le cidre de la vallée d'Auge, le plus fameux, bénéficie aussi de l'AOC. Il subit un examen gustatif et un contrôle analytique rigoureux avant sa commercialisation. On distingue 5 crus augerons : blangy-le-château-pont-l'évêque, cambremer, lisieux-orbec, livarot et vimoutiers, mais il en est d'excellents ailleurs.

Tout aussi célèbre mais consommé avec plus de modération, le **calvados** est un autre produit emblématique de la région. Il naît de la distillation de cidres âgés d'environ un an ; plus que tout autre alcool, cette eau-de-vie de cidre (50 ° à 55 °) ne demande qu'à vieillir (dans ses fûts de chêne) pour s'assouplir : 12 ou 15 ans, le début de l'âge d'or. En cuisine, on pourra se satisfaire d'un calvados encore vert. De plus en plus éblouissant dès l'âge de 20 ans, il peut alors dignement prétendre à la mention « hors d'âge », qu'usurpent fréquemment des calvados âgés de 6 ans à peine (hélas, la loi autorise l'appellation dès ce stade.) Au-delà de 40 ans, le vénérable calva des grands-pères resplendit; la richesse de ses arômes en fait le plus précieux des breuvages. L'AOC date de 1942 et s'applique à deux appellations : « calvados » et « calvados du pays d'Auge ». Il existe en outre une dizaine d'appellations réglementées qui concernent notamment les produits du pays de Bray, du pays de la Risle, du Perche, de la vallée de l'Orne, du Calvados, etc.

S. Sauvignier / MICHELIN

Tirage de calvados au fût.

Enfin, n'oublions pas de mentionner une autre de ces boissons confectionnées à partir du roi des fruits normands : le **pommeau**. Cet apéritif se compose de 2/3 de jus de pomme (du moût non fermenté) pour 1/3 de calvados, et titre entre 16 ° et 18 ° d'alcool. Le vieillissement s'effectue également en fût de chêne, pendant près de 18 mois. Il a été reconnu en AOC en 1991. Il se consomme frais, sans glace, accompagné de pommes séchées ; servi à température ambiante, il valorise les huîtres, le foie gras, le melon ou la tarte aux pommes.

Le trou normand, un rituel vieux de quatre siècles

Au milieu du repas, le Normand avale un petit verre de calvados : c'est le rituel du « trou normand ». Cette coutume a l'avantage de hâter la digestion. L'explication la plus courante, c'est que l'alcool dissout les graisses, mais les nutritionnistes affirment qu'il ne fait que dilater les parois de l'estomac et estompe l'impression de satiété. De nos jours, un sorbet à la pomme arrosé de calvados le supplante souvent. Pourtant, rien ne vous empêche de « coiffer » puis « recoiffer » votre café d'un verre de calvados. Selon une hiérarchie savante et nuancée, celui-ci peut être « nif » (clair), « gouleyant », « dret en goût », « cœru », « justificatif », ou « ben amoureux à boire » !

Les autres breuvages

Le **poiré**, tout aussi délicat que le cidre, est issu de la fermentation du jus de poires fraîches ; c'est un cidre de poires, en quelque sorte.

Signalons par ailleurs la si célèbre **bénédictine**, liqueur qui naquit dans la tête d'un moine herboriste à Fécamp vers 1510. La boisson est alors conçue à des fins médicinales à partir d'herbes cauchoises et d'épices exotiques. Les troubles de la Révolution firent disparaître la recette de l'élixir, qui ne fut retrouvée qu'en 1863 par Alexandre le Grand (curieuse homonymie), dans un grimoire venu de l'abbaye de Fécamp… Dix ans plus tard, la production atteignait déjà 150 000 bouteilles !

Vue sur les ruines du Château-Gaillard et les Andelys.

Eurasia Press/Photononstop

DÉCOUVRIR LES SITES

L'Aigle

8 489 AIGLONS
CARTE GÉNÉRALE B3 – CARTE MICHELIN DÉPARTEMENTS 310 M2 – ORNE (61)

Les tours de l'église St-Martin dominent le cœur historique de la cité aiglonne qui se déploie sur la Risle. Ses berges ombragées conservent le souvenir d'une célèbre comtesse, auteur des *Petites filles modèles* et du *Bon petit diable*. Mais pour visiter la ville, choisissez de préférence le mardi, jour de son grand marché – le troisième de France – où vous pourrez déguster quelques-unes des spécialités locales comme le cervelas.

Se repérer – L'Aigle se situe aux confins du pays d'Ouche et du Perche, sur la route reliant Dreux (59 km à l'est) à Argentan. Lisieux n'est qu'à 56 km au nord-ouest par la D 519.

Se garer – Vous trouverez une place aux parkings des places de la Halle, de l'Europe, de Verdun et de Bois-Landry.

À ne pas manquer – Son célèbre marché du mardi, le troisième de France par la taille ; le musée de la Grosse Forge d'Aube et son joli site.

Organiser son temps – Prévoyez une bonne demi-journée à l'Aigle avant d'explorer les musées d'Aube.

Avec les enfants – Redécouvrez l'univers des *Petites filles modèles* au musée de la comtesse-de-Ségur et étudiez le mécanisme de la Grosse Forge.

Pour poursuivre la visite – Voir aussi le Parc naturel régional du Perche, Mortagne-au-Perche, Verneuil-sur-Avre, Conches-en-Ouche, le château de Beaumesnil et Vimoutiers.

Se promener

Rue Thiers

Son extrémité franchit un bras de la Risle. Beau porche en grison au n° 17. À droite, le long du cours d'eau, une vieille maison en grison (12e s.) a été restaurée ; les lieux d'aisance subsistent, suspendus à la façade, au-dessus de la rivière.

Quai Catel

Au n° 8, le bel hôtel (18e s.) était la demeure du conventionnel Colombel qui vota la mort de Louis XVI.

Rue Saint-Jean

Au n° 868, maison du Second Empire ; au n° 55, édifice de 1789 ; au n° 52, ancien relais de poste. Jolies demeures également aux nos 34, 48 et 50.

Rue Romain-Darchis

Au n° 24, façade typiquement normande ornée de quatre figurines sculptées (ancienne boutique d'apothicaire).

G. Targat/MICHELIN

Château de L'Aigle, actuelle mairie.

Visiter

Église Saint-Martin

Une tour carrée (fin du 15e s.), très ouvragée, contraste avec la tour (12e s.), plus petite, bâtie en **grison** et surmontée d'une flèche plus récente. À l'intérieur subsistent deux verrières du 16e s. (à droite du chœur et à la première fenêtre du bas-côté gauche) que complète un bel ensemble de vitraux modernes. Jolies clés pendantes aux voûtes du bas-côté (Renaissance).

Maître-autel (1656) surmonté d'un beau retable en bois sculpté : quatre colonnes à vis coiffées de chapiteaux corinthiens et décorées de feuilles de vigne, de grappes de raisin et de génies. La Descente de croix, au centre, est attribuée à Lebrun. Remarquez aussi les statues des niches extérieures encadrant les fenêtres de la nef sud, elles sont l'œuvre de sculpteurs contemporains (R. Martin, P. Belmondo, P. Cornet, Yencesse, Lambert-Rucky).

Château

Construit en 1690 sur l'emplacement de l'ancienne forteresse (11e s.) et sur les plans de Mansart, il abrite la mairie et deux musées.

Musée des Instruments de musique – *Pl. Fulbert-de-Beina - ✆ 02 33 84 16 16 - tlj sf w.-end 8h30-12h, 13h30-17h30 (vend. 16h45) - fermé j. fériés - gratuit.*
Un escalier à double révolution conduit au 1er étage. On traverse la salle du conseil municipal avant d'accéder à une pièce qui contient divers instruments de musique : instruments à cordes, à vent, dont un « serpent » utilisé dans les musiques militaires, instruments exotiques.
Musée « Juin 44 : bataille de Normandie » – *✆ 02 33 84 16 16 - visite guidée obligatoire sur demande préalable (hors sais.) avr.-sept. : mar., merc., w.-end et j. fériés 14h-18h - 3,60 € (-15 ans 1,80 €).*
Ce musée de cire, installé dans les communs du château (17e s.), présente des personnages célèbres (De Gaulle, Leclerc, Churchill, Roosevelt, Staline…) dont on peut écouter les voix enregistrées. Reconstitution de scènes de guerre telles que le sabotage d'une voie ferrée par des maquisards. Carte en relief et dioramas retracent les principales phases de la bataille de Normandie.
Un petit **musée d'archéologie** et une exposition sur la **météorite** qui tomba au-dessus de L'Aigle le 26 mars 1803 complètent le musée - *entrée libre.*

Le saviez-vous ?
Le nom – D'après une légende du 11e s., le seigneur des lieux, un certain Fulbert de Beina, vassal des ducs de Normandie, aurait érigé sa forteresse sur l'emplacement d'un nid d'aigle. La cité se serait alors appelée *Aquila*, qui aurait donné « L'Aigle ». Le nom de la ville est aussi celui d'une constellation. Or, coïncidence ? Une météorite est tombée sur L'Aigle le 26 avril 1803 !
Leurs armes – « D'or à l'aigle à deux têtes de sable, au chef d'azur chargé de trois fleurs de lys d'or. »
La tradition – L'Aigle est un des principaux centres de la haute vallée de la Risle, connue pour ses tréfileries qui maintiennent vivante une tradition métallurgique des plus anciennes.

Aux alentours

Saint-Sulpice-sur-Risle

3 km au nord-est par la D 930.
Quelques œuvres d'art décorent l'**église** attenante à un ancien prieuré du 13e s., refait en partie au 16e s. : une tapisserie du 16e s., une toile du 17e s. (sainte Cécile) et une statue de sainte Anne. Deux vitraux datent des 13e et 14e s. *Téléphoner au préalable au 02 33 24 15 76 - lun.-vend. 15h-17h.*
Au moment de quitter St-Sulpice-sur-Risle, prenez la route qui fait face à la mairie, le chemin de la Batterie. Suivez-la pendant 1 ou 2 km, passez sous la D 918 et une centaine de mètres plus loin, vous verrez sur votre droite un étonnant **champ de mégalithes**.

Aube

7 km au sud-ouest. Quittez L'Aigle par la D 926.
C'est au **château des Nouettes**, à l'entrée de la ville, devenu un centre médico-pédagogique, que séjournait la comtesse de Ségur (1799-1874), née Rostopchine.
Un circuit pédestre de 9 km, « **La Comtesse de Ségur** », part de la place centrale d'Aube.
Musée de la Comtesse-de-Ségur – *3 r. de l'Abbé-Derry - ✆ 02 33 24 60 09 - de mi-juin à fin sept. : tlj sf mar. 14h-18h (dernière entrée 17h) - fermé j. fériés - 4 € (enf. 1,50 €) ; 6 € (enf. 2 €) billet combiné avec le musée de la Grosse Forge d'Aube.*
Dans l'ancien presbytère, au pied de l'église, le **musée de la Comtesse-de-Ségur** présente portraits, souvenirs et documents rappelant la vie et l'œuvre du célèbre écrivain, et de sa famille. Les personnages de ses romans sont évoqués par différents objets (jeux, poupées et autres jouets, mannequins, livres, meubles…). Ne manquez pas les expositions annuelles sur un livre de la Comtesse et sur les jeux d'enfants.
Musée de la Grosse Forge d'Aube – *✆ 02 33 34 14 93 - visite audioguidée (45mn) de mi-juin à fin sept. : tlj sf mar. 14h-18h (dernière entrée 17h) - fermé j. fériés - 4 € (6-12 ans 1,50 €) ; 6 € (enf. 2 €) billet combiné avec le musée de la Comtesse-de-Ségur.*
À la sortie de la ville, sur la Risle, en direction de L'Aigle, ce musée retrace cinq siècles d'histoire de la métallurgie. Pratiquement inchangée depuis le 17e s., la forge est l'une des mieux conservées de l'époque. Remarquez le four d'affinerie, l'énorme

arbre à cames du marteau et les soufflets en bois (reconstitution de 1995) autrefois actionnés par une roue à aubes. Belles maquettes permettant de mieux comprendre l'histoire de la métallurgie.

Saint-Évroult-Notre-Dame-du-Bois

27 km au nord-ouest. Quittez L'Aigle par la D 13.

Les restes d'une abbaye fondée au 6e s. et qui comptait parmi les grands centres intellectuels normands aux 11e-12e s. s'étalent dans un paysage harmonieux. On peut piquer une tête devant le monastère ou bien se ressourcer en forêt de St-Évroult, là où jaillit la Charentonne.

Vestiges de l'abbaye – Dévastée au 10e s. par les guerres, l'abbaye romane d'Ouche attend le 11e s. pour connaître son nouvel élan. Elle sera reconstruite au 13e s. dans le style gothique, mais l'ensemble ne subsiste aujourd'hui qu'à l'état de vague ruine.

Sur la place, devant l'entrée principale, un monument a été élevé à la mémoire d'Orderic Vital. Ce moine historien et chroniqueur de la Normandie (1075-1142) laisse une description enthousiaste du monastère, sans laquelle l'imagination suffit difficilement à reconstituer l'ensemble. Derrière le monument, passez sous le porche (fin du 13e s.) pour voir, à gauche, les restes de l'imposante abbatiale, qui bénéficient d'importants travaux de restauration.

À proximité, le plan d'eau des Sts-Pères propose de nombreuses activités (pédalo, baignade, tennis, pêche, etc.).

Château de la Ferté-Fresnel

15 km au nord-ouest. Quittez L'Aigle par la D 12. ✆ 02 33 24 23 23 - http://chateau.fertefresnel.free.fr - juil.-août : tlj sf lun. 10h30-12h, 14h-18h30 - 7 € (-12 ans gratuit) - visite guidée du château (1h30) et libre du parc.

Ancien fief des barons de la Ferté-Frênel, le site a déjà connu trois châteaux différents lorsqu'en 1860, le marquis de Montault demande à l'architecte parisien Storès de lui en construire un.

À l'intérieur, admirez les volumes impressionnants du **hall d'entrée★**, ses trois grandes loges en anse de panier et son escalier à double révolution, adaptés d'un projet conçu pour l'Opéra de Paris. Grand lustre Viollet-le-Duc. La visite se poursuit dans la **salle à manger** au parquet du 18e s. et au plafond à caissons Second Empire. La cheminée est d'époque Louis XIV, de même que les boiseries de l'immense **salle de réception** qui mène au **salon des Arts**, décoré par des peintures de Godon.

Le **parc** offre quant à lui deux visages avec d'un côté, une partie d'inspiration anglaise, et de l'autre, un parc à la française dessiné par Duchêne en 1920, avec allées de tilleuls, topiaires, douves, pont, balustres et serpentine d'eau.

L'Aigle pratique

Adresse utile

Office du tourisme de L'Aigle – *Pl. Fulbert-de-Beina - 61300 L'Aigle - ✆ 02 33 24 12 40 - www.paysdelaigle.com - tlj sf dim. et j. fériés 9h-12h30, 14h-18h30.*

Visites

L'office de tourisme fournit le dépliant d'une jolie promenade à travers L'Aigle (1h30) doublé d'un circuit à travers les 15 communes du Pays de L'Aigle - gratuit. Il propose aussi un circuit « Pierres et Lumière » pour partir à la découverte du patrimoine architectural de la région. Fiches randonnées pour découvrir le pays d'Ouche vendues sur place (se renseigner pour le tarif).

Se loger

Hôtel du Dauphin – *Pl. de la Halle - ✆ 02 33 84 18 00 - www.hoteldudauphin.free.fr - P - 30 ch. 62/85 € - 10 € - rest. 33/38 €.* Le plus ancien des deux bâtiments hébergeait déjà une hôtellerie en 1618. Chambres en partie rénovées, dotées de meubles de style ou fonctionnel. Boutique de produits régionaux. Carte au goût du jour servie dans une plaisante salle à manger. Joli cadre « rétro » à la Renaissance.

Se restaurer

Le Manoir de Villers – *Le Manoir - 61550 Villers-en-Ouche - 9 km au nord de St-Évroult par D 230 dir. Bocquencé - ✆ 02 33 34 98 00 - http://perso.wanadoo.fr/le.manoir/ - fermé janv., mar., merc. et jeu. sf hôtel - réserv. conseillée - 14/26 € - 6 ch. 24/50 € - 6,50 €.* Cette accueillante ferme du 17e s. regroupe un centre équestre, un restaurant et six petites chambres. Les propriétaires, Italiens d'origine, concoctent d'appétissantes recettes de leur pays dont de fameuses pâtes maison, à déguster, en leur compagnie, dans un cadre rustique simple et chaleureux.

Toque et Vins – *35 r. Louis-Pasteur, rte d'Argentan - ✆ 02 33 24 05 27 - fermé lun. soir, mar. soir et dim. - 16/30 €.* Christophe Millery anime avec passion et convivialité ce bistrot à vins au décor tout simple comptant beaucoup d'habitués. Il se fera un plaisir de vous aider à choisir le vin, servi au verre ou en bouteille, qui accompagnera sa savoureuse cuisine traditionnelle. Soirées dégustation.

Auberge Saint-Michel – *61300 St-Michel-Tubœuf - 3,5 km à l'est de L'Aigle par D 926 - ☏ 02 33 24 20 12 - auberge.saint-michel@wanadoo.fr - fermé 3-15 janv., 5-26 sept., mar. soir, merc. soir et jeu. sf midi j. fériés - 17/29 €.* Pour vous restaurer en cours de route, cette auberge normande en bordure de la nationale conviendra parfaitement. Une enfilade de petites salles anciennes, au mobilier bistrot, plafonds poutrés et boiseries sombres, sert de cadre à une cuisine traditionnelle.

Que rapporter

Marché – *Mar. mat.*

Les Caves de Normandie – *64 r. Louis-Pasteur - ☏ 02 33 24 14 54 - cavesdenormandie@wanadoo.fr - tlj sf les apr.-midi de sam., lun. et dim. 8h30-12h, 13h45-18h - fermé j. fériés.*
Calvados des Aïeux, pommeau, chocolats au calvados. Visite d'une cave de vieillissement suivie d'une dégustation. Également, vente sur place.

Les Andelys★★

8 208 ANDELYSIENS
CARTE GÉNÉRALE C2 - CARTE MICHELIN DÉPARTEMENTS 304 I6 - EURE (27)

Défendus par les ruines splendides de Château-Gaillard, Les Andelys – au nombre de deux : le grand et le petit – se partagent l'un des plus beaux sites de la vallée de la Seine. Panorama grandiose et frisson garanti depuis le point de vue battu par les vents, qui domine la vallée et les vestiges de la forteresse médiévale.

Se repérer – Les Andelys se composent de deux localités reliées par deux voies parallèles : l'avenue de la République et la rue du Maréchal-Leclerc. Le « Petit-Andely », à l'ouest, en bord de Seine, ne manque pas d'agrément, avec ses maisons à pans de bois et son petit port de plaisance, dominés par les ruines imposantes de Château-Gaillard. Le « Grand-Andely », à l'est, ne peut rivaliser de charme malgré sa jolie église. Paris se trouve à 100 km, Rouen à 40 km.

À ne pas manquer – L'exceptionnelle forteresse de Château-Gaillard et son magnifique point de vue sur la vallée de la Seine.

Organiser son temps – Découvrez château-Gaillard le matin puis profitez de l'après-midi pour vous promener dans Les Andelys ou dans les alentours.

Avec les enfants – Le site exceptionnel de château-Gaillard ne pourra qu'enchanter les adultes et les plus jeunes.

Pour poursuivre la visite – Voir aussi Lyons-la-Forêt, Gisors, Vernon, Giverny et Louviers.

G. Targat/MICHELIN

Les ruines de Château-Gaillard.

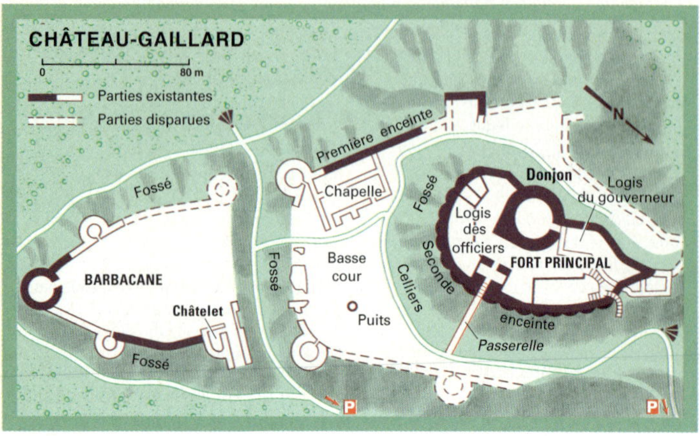

Comprendre

Une très ancienne cité – L'étymologie des Andelys révèle une origine celtique. Andely dériverait en effet de *and* et *leg*, qui pourraient signifier « pierre obscure, couverte et entourée de bois ». D'autres interprètent *and* comme « frontière » – celle qui séparait deux tribus anciennes. L'occupation du site est donc bien antérieure au monastère que sainte Clotilde, l'épouse de Clovis – connue pour avoir convaincu son mari de se convertir au catholicisme –, fonda au 6e s. Dans la rue qui porte son nom (derrière la mairie), une fontaine subsiste : elle y aurait changé l'eau en vin pour la donner aux ouvriers qui construisaient la chapelle du monastère. À partir du 13e s., les écrits mentionnent *Andeleium novum* « Andely le nouveau » (Petit-Andely) et *Andeleium vetus* (Grand-Andely).

Une si belle fille d'un an ! – Pour barrer au roi de France la route de Rouen par la vallée de la Seine, **Richard Cœur de Lion**, duc de Normandie et roi d'Angleterre, fait construire en 1196 une solide forteresse sur la falaise qui domine le fleuve près d'Andely. Les travaux sont vivement menés. L'année suivante, Château-Gaillard est debout et Richard peut s'écrier : « Qu'elle est belle, ma fille d'un an ! »

Malgré son audace, **Philippe Auguste** n'ose d'abord s'attaquer à la forteresse, tant celle-ci lui paraît redoutable. La mort de Richard Cœur de Lion, à qui succède l'hésitant Jean sans Terre, le décide à tenter sa chance. Cherchant à obtenir la reddition de la place par la famine, il l'isole, fin 1203, par un double fossé, renforcé par des tours de bois. Mais apprenant, en février 1204, que les assiégés ont encore des vivres pour un an, il décide de donner l'assaut. Le seul accès possible est un isthme étroit. Il relie le promontoire sur lequel est bâtie la forteresse aux collines où le roi de France a établi son camp. C'est là que portera l'attaque.

Premier obstacle : le châtelet, redoute triangulaire gardant le point vulnérable. Sous la protection de claies, un chemin est établi jusqu'au fossé profond de 15 m. De la terre et des arbres y sont précipités pour le combler et, quand les échelles permettent d'y descendre, l'assaut est donné. Une sape provoque l'effondrement partiel de la tour d'angle et ouvre une brèche dans le châtelet dont les défenseurs se retirent dans le fort principal. Le 6 mars, quelques assaillants pénètrent par les latrines dans l'enceinte du château : ils abaissent le pont-levis qui relie basse cour et châtelet. Le gros des Français s'y précipite. Sous les coups répétés des machines, la dernière enceinte se lézarde, les attaquants s'engouffrent dans une brèche et forcent la garnison à se rendre. Trois mois plus tard, Rouen tombe aux mains du roi de France.

Visiter

Un itinéraire fait le tour des Andelys - *10 km - départ de l'office de tourisme.*

Château-Gaillard★★

Visite : 1h. Accès en voiture : depuis Grand-Andely, suivez la signalisation à partir de la rue Louis-Pasteur ; à pied (ascension : 30mn) : depuis Petit-Andely, suivez la rue Richard-Cœur-de-Lion, près de l'office de tourisme. ✆ 02 32 54 41 93 - 15 mars-9 nov. : tlj sf mar. 10h-13h, 14h-18h - possibilité de visite guidée - fermé 1er Mai - 3 € (-10 ans gratuit) ; 4 € billet combiné avec le musée Nicolas Poussin.

Du parking supérieur, **vue**★★ sur le château, la Seine et Les Andelys.

Le châtelet
Un fossé très profond le séparait du fort principal. Des cinq tours qui le défendaient, il ne reste que la plus haute, celle qu'attaquèrent les soldats de Philippe Auguste. Un sentier étroit le contourne.

Le fort principal
Gagnez l'esplanade dite basse cour, située entre le bastion avancé (barbacane) et le fort principal, puis longez le mur d'enceinte à gauche. On passe devant la **chapelle** et les soubassements du donjon : il a été habilement tiré parti de la forme naturelle du roc. Poursuivez jusqu'à l'extrémité des murailles où l'on a un joli point de vue à pic.
Revenez sur vos pas en longeant le fond du fossé. On passe devant les **celliers** creusés dans le roc et destinés à abriter les réserves de vivres de la garnison.
Pénétrez dans l'enceinte du fort par la passerelle qui a remplacé le pont-levis de l'entrée principale.
On peut alors admirer le **donjon** de 8 m de diamètre intérieur avec des murailles de 5 m d'épaisseur. Il comptait trois étages reliés par des escaliers de bois mobiles. À droite, attenant au donjon, on distingue les ruines du logis du gouverneur.
En ressortant de l'enceinte, il est possible de prolonger la promenade jusqu'au bord de l'escarpement rocheux : **vue★★** très étendue sur la vallée de la Seine.

Le Grand-Andely

Église Notre-Dame★
Deux tours flanquées d'une tourelle d'escalier carrée rythment la façade. Flanc droit (16e s.) : bel exemple du style flamboyant. Le flanc gauche (16e-17e s.) contraste par son ordonnance Renaissance : arcs en plein cintre, pilastres ioniques, toits à balustrade, cariatides, statues à l'antique.
Intérieur – Nef (13e s.) de proportions harmonieuses. Le triforium, finement orné, a été refait au 16e s. et les fenêtres hautes agrandies. Croisillon gauche et chapelle voisine : deux belles toiles de Quentin Varin qui fut sans doute le maître de Nicolas Poussin. Sous la tour, Mise au tombeau, groupe de pierre (16e s.), et Christ au tombeau (14e s.). Ne manquez pas le **buffet d'orgues★** de style Renaissance.

Musée Nicolas-Poussin
R. Ste-Clotilde - ✆ 02 32 54 31 78 - été : merc.-dim. 14h-18h ; reste de l'année : tlj sf mar. 14h-18h - fermé de mi-déc. à déb. janv., 2e w.-end de sept., 1er janv., 1er Mai, 25 déc. - 2,50 € (-10 ans 1,25 €).
Près de la fontaine Ste-Clotilde, dans la rue du même nom. Le célèbre peintre classique (1594-1665) était originaire de Villers, non loin des Andelys. Le musée qui lui est dédié occupe une demeure du 18e s. On peut y admirer, outre les fac-similés, une toile du

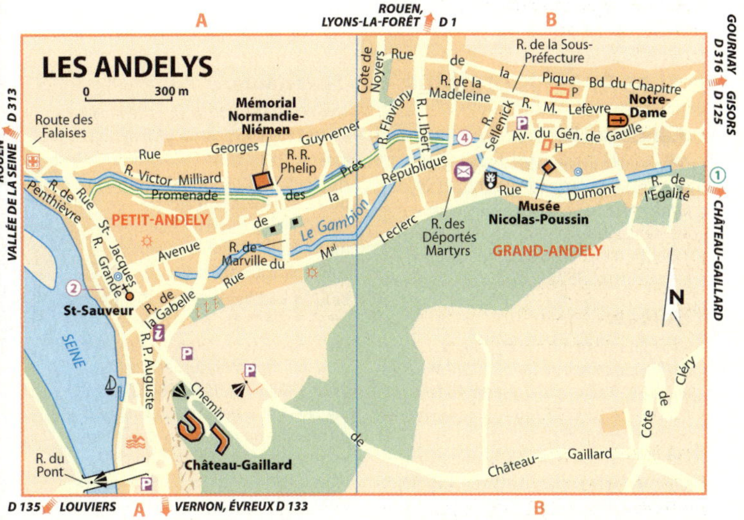

SE LOGER
Mme Vard (Chambre d'Hôte) ..... ①

SE RESTAURER
Chaîne d'Or (La) ..... ②
Paris (De) ..... ④

maître, *Coriolan fléchi par les larmes de sa mère*. On y découvrira aussi une étonnante mosaïque du 4e s., quelques objets d'art religieux dont une belle Vierge à l'Enfant en pierre polychrome (14e s.) et quelques meubles traditionnels des 17e et 18e s.

Le Petit-Andely

Église Saint-Sauveur

Il s'agit d'une église gothique, en forme de croix grecque. Le chœur est de la fin du 12e s. et la nef du début du 13e s. Un porche en bois la précède, dont le soubassement en pierre est du début du 15e s. À l'intérieur, orgues de 1674.

Mémorial Normandie-Niémen

R. Raymond-Phélip - ✆ 02 32 54 49 76 - de déb. juin à mi-sept. : 10h-12h, 14h-18h ; reste de l'année : 14h-18h - fermé mar., 1er janv., 1er Mai, 24-25 déc. - 3,50 € (-12 ans 1 €).

« Sur la terre russe martyrisée comme la terre française et par le même ennemi, le régiment Normandie, mon compagnon, soutient, démontre, accroît la gloire de la France ! », déclare Charles de Gaulle, le 9 décembre 1944. Vidéo, panneaux photographiques, objets, cartes, uniformes et maquettes perpétuent le souvenir de cette glorieuse escadrille. Deux salles sont dédiées au pilote andelysien Marcel Lefèvre et une autre évoque les missions Normandie-Niémen depuis 1945.

Élégance Renaissance à Château-Gaillon.

Aux alentours

Gaillon

12 km au sud par la D 316.

Dans le bourg, une jolie maison de bois construite au 16e s. se dresse près de l'église, dans la rue principale.

Château – *On ne visite pas, travaux de restauration.* Propriété des archevêques de Rouen depuis saint Louis, Gaillon s'est illustré par l'initiative de Georges Ier d'Amboise, premier des grands cardinaux-ministres. Au retour de l'expédition conduite en Italie par Louis XII, ce prélat fait remodeler le château de Gaillon dans le nouveau goût italien (1497-1510). L'édifice s'impose alors comme un monument d'avant-garde. Il inaugure ainsi le mouvement de la Renaissance en Normandie. La rampe d'accès se profile à droite, au sommet de la montée de la D 6015, vers Rouen. Sa restauration est toujours en cours. Le pavillon d'entrée, cantonné de tours, conserve son décor Renaissance. Ses richesses intérieures d'origine ont été dispersées dès la Révolution.

Les Andelys pratique

Adresse utile

Office du tourisme des Andelys – *R. Philippe-Auguste - ✆ 02 32 54 41 93 - http://office-tourisme.ville-andelys.fr - avr.-sept. : 10h-12h, 14h-18h, dim. 10h-12h, 14h-17h ; reste de l'année : se renseigner - fermé 1er janv., 1er Mai, 25 déc.*

Se loger

⊖⊜ **Chambre d'hôte Mme Vard** – *29 r. de l'Huis, hameau de Surcy - 27510 Mézières-en-Vexin - 13 km au sud-est des Andelys par D 1 - ✆ 02 32 52 30 04 - simone.vard.monsite.orange.fr - fermé nov.-mars - ⍁ - 4 ch. 50 €* ☕. Le grand air, le calme et le charme d'une ferme en activité. Les vieux meubles, la belle cage d'escalier à colombages et la rusticité des chambres font de cette maison un lieu de séjour authentique. Vente de produits fabriqués sur place (cidre, jus de pommes, etc.).

Se restaurer

⊖⊜ **De Paris** – *10 av. de la République - ✆ 02 32 54 00 33 - www.giverny.org - 25/41 € - 11 ch. 55/66 € - ☕ 7,50 €.* Avenante maison de maître du début du 20e s. hébergeant une salle de restaurant au cadre mi-bourgeois, mi-rustique. Chambres rajeunies et sobrement décorées.

⊖⊜⊜ **La Chaîne d'Or** – *27 r. Grande - ✆ 02 32 54 00 31 - www.hotel-lachainedor.com - fermé 1er janv.-4 fév., dim. soir, mar. midi, lun. et mar. de nov. à mars - 29/88 € - 12 ch. 78/132 € -* ☕ *12 €.* Cette belle maison au bord de la Seine ponctuera agréablement votre visite de la région. Choisissez une des tables le long des fenêtres : elles donnent sur le fleuve… Mais où que vous soyez, vous apprécierez à sa juste valeur la cuisine soignée et renommée. Quelques chambres pour prolonger le plaisir…

Arques-la-Bataille

2 486 ARQUAIS
CARTE GÉNÉRALE B1 – CARTE MICHELIN DÉPARTEMENTS 304 G2 – SEINE-MARITIME (76)

Cette petite commune de l'arrière-pays dieppois tire son agrément de la forêt environnante, avant-garde du grand massif d'Eawy, et de la présence de deux beaux châteaux. La forteresse médiévale d'Arques est liée à une victoire du futur Henri IV, dont l'artillerie écrivit une belle page d'histoire. Quant au château de Miromesnil, il vit naître en 1850 un certain Guy de Maupassant.

- **Se repérer** – À 8 km au sud-est de Dieppe, près du point de confluence de la Varenne et de la Béthune, les vestiges de la forteresse médiévale dominent la ville et sa vallée d'un éperon rocheux. Futaie normande la plus proche de la mer, la forêt d'Arques s'étend au nord-est.
- **À ne pas manquer** – Le point de vue qu'offre le château féodal d'Arques-la-Bataille sur la région environnante ; les jardins et le potager du château de Miromesnil.
- **Organiser son temps** – Faire le tour extérieur du château d'Arques-la-Bataille prend 30mn, comptez le triple pour la visite du château de Miromesnil.
- **Avec les enfants** – Allez vous rafraîchir au centre nautique.
- **Pour poursuivre la visite** – Voir aussi Dieppe, Varengeville-sur-Mer, Fécamp et le pays de Caux.

Comprendre

La bataille d'Arques – **Henri IV**, alors roi sans royaume, dispose de la forteresse d'Arques « capable d'endurer le canon ». Il place à l'intérieur des remparts toutes les pièces d'artillerie qu'il peut réunir et se retranche, avec 7 000 hommes, à hauteur du confluent de l'Eaulne et de la Béthune, pour attendre les 30 000 ligueurs du duc de Mayenne, frère du défunt duc de Guise, Henri le Balafré.

La rencontre a lieu le 21 septembre 1589. Le brouillard, fréquent dans la région, retarde l'entrée en action de l'artillerie. Les troupes du roi de Navarre sont en fort mauvaise posture, mais à la première éclaircie les canons tonnent et, selon Sully, « creusent quatre belles rues » dans les rangs des ligueurs. Mayenne, qui avait promis de ramener le Béarnais « lié et garrotté », bat en retraite.

Son souvenir – Aujourd'hui, un monument élevé au pied de la forêt d'Arques *(voir le circuit ci-dessous)* commémore cette bataille qui contribua, avec celle d'Ivry, à l'accession des Bourbons au trône de France. La ville conserve aussi dans son nom le souvenir de cette victoire. On l'a accolée au mot *Arques*, d'origine latine, qui évoquerait les « arches » d'un pont aujourd'hui disparu. Ce dernier enjambait la Varenne au 7e s. Le même nom renvoie également à la rivière formée par la réunion de la Varenne, de la Béthune et de l'Eaulne. En revanche, plus rien ne rappelle dans l'étymologie le fait que Guillaume le Conquérant embarqua d'Arques pour son second périple outre-Manche.

G. Targat/MICHELIN

Les ruines du château d'Arques-la-Bataille.

Visiter

Château

Partez de la place Desceliers, où se dresse la mairie. Gagnez l'entrée du château par la 2e rue à droite. Cette voie très étroite et sinueuse, en forte montée, est réservée à la circulation locale. Fermé pour raisons de sécurité - accès libre aux alentours.

Il s'agit d'une intéressante ruine féodale sur un promontoire rocheux dont le point le plus élevé porte le donjon (12e s.). Construit entre 1038 et 1043, le château subit en 1053 l'assaut de Guillaume le Bâtard. Henri Ier Beauclerc le reconstruit en 1123. Au 14e s., il est renforcé par l'adjonction de nouvelles tours, et au début du 16e s. aménagé pour recevoir des pièces d'artillerie. En 1584, il est repris aux ligueurs qui s'en étaient rendus maîtres.

Église N.-D.-de-l'Assomption

Place Desceliers, prenez la rue des Halles, traversez la place de Lombardie, puis prenez la rue des Bourguignons.

Érigée à partir de 1515, elle n'a reçu son clocher qu'au 17e s. Après avoir admiré la façade avec ses deux tourelles et son arc-boutant ajouré, contournez l'édifice par la droite et remarquez la galerie qui entoure la nef.

Les vitraux de l'abside (16e s.), restaurés, ont été reposés. Dans la chapelle à droite du chœur, on voit, à droite en entrant, un petit buste de Henri IV et l'inscription commémorative de la bataille ; les boiseries sont du 16e s. La chapelle à droite du transept abrite une Pietà (15e s.). La chapelle de la Vierge, à gauche du chœur, est ornée de boiseries (1613) signées à droite : « Raudin, ton amy ».

E. Bénard/MICHELIN

Jardin-potager du château de Miromesnil.

Aux alentours

Château de Miromesnil★

4 km au sud-ouest d'Arques-la-Bataille. 02 35 85 02 80 - www.chateaumiromesnil.com - ♿ - avr.-oct. : 14h-18h ; visite libre du jardin potager et du parc juil.-août : 10h-13h, 14h-18h - possibilité de visite guidée (1h15) - 6,50€ (7-18 ans 4 €), 4 € jardin potager et parc.

Il date du lendemain de la bataille d'Arques (1589). Le corps de logis, couvert d'un grand toit d'ardoises, présente, sur la cour d'honneur, une façade Louis XIII monumentale, rythmée de pilastres surmontés de vases sculptés et encadrée de minces tourelles et d'ailes ajoutées au 19e s.

Intérieur – Le marquis de Miromesnil, garde des Sceaux de Louis XVI, y meurt en 1796. On verra aussi quelques souvenirs de Guy de Maupassant, né en 1850 dans ce château que ses parents ont loué pendant les trois premières années de sa vie. Dans une des tours, sous le cabinet de toilette où naquit Guy de Maupassant, le petit **salon de Laure de Maupassant** présente des objets datant de 1850 (berceau, piano, etc.).

Le **salon du marquis de Miromesnil** est orné du portrait du marquis Armand Thomas Hue de Miromesnil et de celui de sa seconde épouse, née Bignon. La **chambre à coucher** du marquis de Miromesnil abrite sa collection de livres marqués de ses armoiries. Quant au **cabinet de travail**, il expose le terrier du marquisat, registre recensant terres et domaines.

Façade sud – Encadrée de deux tourelles cylindriques coiffées de toits en poivrière, elle diffère fort de la façade nord. La brique y domine, la pierre n'apparaît qu'autour des fenêtres et aux angles de l'avant-corps. Époque Henri IV.

Jardins et potager fleuri★ – Des allées fleuries bordent des carrés de fruits, de légumes et de fleurs à couper sagement ordonnés. Le jardin potager, clos de murs de briques roses sur lesquels s'épanouissent arbres fruitiers, roses et clématites, joint à sa vocation « nourricière » celle d'un jardin « de plaisir ».

Chapelle – En traversant une magnifique futaie de hêtres, on arrive à la chapelle du 16e s., seul vestige de la forteresse détruite en 1589 par les troupes du duc de Mayenne. La sobriété des murs en grès et silex contraste avec la richesse de la décoration intérieure (16e et 18e s.).

Circuit de découverte

À TRAVERS LA FORÊT D'ARQUES

30 km – environ 1h. Quittez Arques à l'est par la D 56.

Cette forêt de hêtres couronne un éperon cerné par l'Eaulne et la Béthune qui s'unissent à ses pieds pour former l'Arques. La D 56 traverse la rivière puis le sud du massif en longeant une ancienne voie romaine.

Saint-Nicolas-d'Aliermont

Comme les autres communes qui s'étirent le long de la D 56 sur le plateau étroit d'Aliermont, cette localité est un exemple de « village-rue », typique d'une colonisation (12e et 13e s.) développée suivant les axes de communication.

Musée de l'Horlogerie★ – *48 r. Édouard-Cannevel - ✆ 02 35 04 53 98 - de déb. juin à fin sept. : tlj sf lun. 10h-12h, 14h-18h ; oct.-déc. et avr.-mai : merc.-dim. 14h30-18h - fermé janv.-mars et j. fériés - 3,50 € (enf. 1,50 €).*

Au cœur de l'industrie horlogère pendant près de trois siècles, Saint-Nicolas-d'Aliermont a choisi 2007 pour rouvrir les portes de ce musée singulier. Les collections, exposées de manière chronologique, mettent en avant l'histoire locale et l'évolution des techniques. Un atelier installé au sein du musée vous permettra d'observer un horloger, maître de la précision. Du mouvement à balancier court au quartz, des cadrans solaires aux réveils, déambulez au fil des salles, le pas calé sur le tic-tac régulier des horloges en tout genre !

À la sortie de St-Nicolas, prenez à gauche la D 149.

Envermeu

L'**église** de ce village, de style gothique enrichi de motifs Renaissance, reste inachevée. Colonnes torses. Chaire en bois sculpté surmontée d'un dais. Notez la majesté du **chœur★**, les fines nervures de son abside, réussite de légèreté et d'élégance.

D'Envermeu, la D 920, à l'ouest, puis la D 54 conduisent à Martin-Église.

Le village de **Martin-Église**, en lisière de forêt, est renommé pour ses truites.

Prenez la D 1 vers Arques.

Aussitôt après une belle maison à pans de bois (hôtel) et un pont sur l'Eaulne, prenez à gauche une route étroite. 600 m plus loin, avant une maison, tournez à droite dans la route forestière du Bivouac qui reste très proche de la lisière ; de belles échappées se révèlent sur la vallée d'Arques.

Monument commémoratif de la bataille d'Arques

15mn à pied AR. Laissez la voiture dans un virage à gauche (terre-plein herbeux à droite). Là se détache un sentier conduisant à l'obélisque érigé sous la Restauration pour rappeler le succès remporté ici par Henri IV. De l'autre côté de la vallée apparaît Arques-la-Bataille, dominée par son château. La route entre ensuite en pleine forêt.

Après le rond-point Henri-IV, au terme d'une ligne droite, tournez à droite dans la route forestière Sully.

La route traverse une autre partie de la forêt où de belles futaies de hêtres s'offrent à la vue. Jolie descente. *La D 56 à droite ramène à Arques.*

Arques-la-Bataille pratique

Voyez aussi les encadrés pratiques de Dieppe, du pays de Caux, Neufchâtel-en-Bray, Eu et Le Tréport.

Se loger

Chambre d'hôte La Chatellenie – *268 rte de la Source (près de l'église) - 76510 St-Aubin-le-Cauf - 6 km à l'est d'Arques-la-Bataille par D 1 - ✆ 02 35 85 88 69 - www.lachatellenie.com - fermé du 1er nov. à mi-mars - 5 ch. 80/90 €.* Alexandre Alekhine, ancien champion du monde d'échecs, vécut quelque temps dans cet élégant château familial du 18e s. aujourd'hui transformé en chambres d'hôte. Hébergement de bon confort (mobilier contemporain et de style) et tenue rigoureuse. Agréable parc de 1 ha incluant une rivière, pêche en étang privé.

Se restaurer

L'Auberge d'Archelles – *✆ 02 35 83 40 51 - www.manoir-darchelles.fr - fermé 2e quinz. de fév., 25 déc.-1er janv., vend. soir, sam. midi et dim. soir hors sais. - 17,50 € déj. -*

17,50/42 € - 4 ch. 61 € - ☕ *7 €.* Cette auberge aménagée dans une écurie du 16e s. et sa terrasse au bord de l'eau dégagent un charme indéniable. Bel intérieur où domine la brique rouge. Côté cuisine : foie gras maison, légumes en provenance directe du potager et, l'hiver, viandes grillées dans la cheminée. Repas à thème selon les saisons.

Sports & Loisirs

Association Varenne Plein Air – *Varenne - 76510 St-Aubin-le-Cauf - ☏ 02 35 85 69 05 - www.varennepleinair.fr - 9h-12h, 13h30-17h30.* Centre nautique installé au bord du plan d'eau de la Varenne situé juste à côté d'Arques.

Pays d'Auge★★

CARTE GÉNÉRALE A 2/3 – CARTE MICHELIN DÉPARTEMENTS 303 L/N4/6 – CALVADOS (14)

Tout en herbages, parsemé de chaumières et de manoirs à colombages, jalonné de saules et de pommiers, quadrillé de haies vives et sillonné de routes sinueuses – dont celle du cidre –, le pays d'Auge forme une transition admirable avec les plages de la Côte Fleurie. Par son aspect bucolique et la renommée de ses produits, cet arrière-pays reste l'un des meilleurs symboles de la Normandie.

- **Se repérer** – Le pays d'Auge, borné à l'ouest par la Dives et à l'est par la Touques, s'organise autour de Lisieux (36 km au sud de Honfleur). Opportunément épargnées par le remembrement, ses haies vives à perte de vue noient sous leur verdoyante uniformité les différences de relief, lequel s'achève par un abrupt d'une centaine de mètres : la « **côte d'Auge** » des géographes. Celle-ci domine la vallée de la Dives et la campagne de Caen.
- **À ne pas manquer** – Le très beau château de Crèvecœur-en-Auge pour son architecture à pans de bois typiquement augeronne.
- **Organiser son temps** – Profitez de la matinée pour découvrir les manoirs et visiter le château de Crèvecœur. L'après-midi, filez aux jardins du pays d'Auge.
- **Pour poursuivre la visite** – Voir aussi Lisieux, Crèvecœur-en-Auge et Pont-l'Évêque.

Comprendre

Quelques célébrités gourmandes – Si la région ne manque pas de figures connues, comme la truculente mère Denis, il convient de rappeler que sa réputation doit beaucoup aux « grands noms » de la crémerie : le **camembert** pour commencer, star incontestée du plateau de fromages, le **pont-l'évêque** et le **livarot** ensuite. Le **pavé d'Auge** a aussi ses adeptes. Côté pressoir, il faut citer le père Jules (**calvados**, **pommeau**, **cidre**), qui ne manque pas non plus de caractère.

G. Targat/MICHELIN

La place centrale du village de Beuvron-en-Auge.

Les fermes et les manoirs – Ces deux architectures font partie intégrante du pays d'Auge. Les fermes sont isolées dans leur **clos** comme celles du pays de Caux dans leur cour-masure. Les bâtiments à **colombages**, disséminés autour de la maison d'habitation, abritent le four, le pressoir, le grenier à pommes, le colombier et les étables. L'indispensable laiterie occupe une place de choix. De leur côté, les innombrables manoirs ajoutent un charme supplémentaire au pays. Plus ou moins rustiques, plus ou moins harmonieux, ils sont toujours parfaitement adaptés au paysage.

Circuits de découverte

EN AUGE

La « côte d'Auge » 1

66 km – environ 3h. Quittez Lisieux par l'avenue du 6-Juin, D 613. À la Boissière, prenez la D 59 à droite.

Ancienne abbaye du Val Richer

On ne visite pas. Abbaye cistercienne détruite en 1789, à l'exception du bâtiment des hôtes (17e s.). Le ministre Guizot, député de Lisieux à partir de 1830, l'acquiert en 1836 et – bien que méridional – s'attache au pays au point d'écrire : « Nous autres, Normands… » Il s'y retire après la révolution de 1848 et y meurt en 1874.

Les frères et inventeurs Schlumberger, Conrad et Marcel, y ont aussi résidé et y ont mis au point certaines de leurs inventions *(voir Crèvecœur-en-Auge).*

Peu après, sur la gauche apparaît le château de Roque-Baignard dans un cadre agréable.

Prenez la D 101 à gauche et poursuivez tout droit sur la D 117. Au carrefour avec la D 16, tournez à gauche, puis prenez à droite la D 85.

Clermont-en-Auge★

Suivez la signalisation « Chapelle de Clermont - Panorama ».

Laissez la voiture à l'amorce du chemin bordé de hêtres menant à la **chapelle** *(15mn AR).* Du chevet, vous aurez un magnifique **panorama★** sur les vallées de la Dives et de la Vie, si bien nommée.

Parmi les nombreuses statues décorant l'intérieur de l'église, saint Marcouf et saint Thibeault, en pierre polychrome (16e s.), veillent sur le chœur tandis que saint Jean-Baptiste et saint Michel encadrent l'autel. *De Pâques à fin oct. : 10h-17h.*

Beuvron-en-Auge★

Le nom vient des castors (*biber* en latin) dont le ruisseau du Doigt était le repaire. Aujourd'hui, il évoque un ravissant bourg, membre du club très fermé des Cent plus beaux villages de France. Autour de sa place centrale, une quarantaine de très belles **maisons à colombages** illustrent à elles seules la technique du pan de bois. Les anciennes halles, deux fois détruites et aujourd'hui transformées, ajoutent une note pittoresque à l'ensemble. N'hésitez pas à vous y arrêter, pour flâner à travers ses venelles, ou prendre un verre, accompagné d'une teurgoule (sorte de riz au lait) ou de falues (brioches). Possibilité de shopping au point de vente des produits du terroir.

Sortie sud du village : très joli manoir aux sujets sculptés.

Prenez la D 49 en direction de Lieu-Robinet et Pontfol. Une fois la D 16 atteinte, prenez à droite et rejoignez la D 613. Tournez à gauche en direction de Crèvecœur-en-Auge.

Crèvecœur-en-Auge★ *(voir ce nom)*

Dans Crèvecœur-en-Auge, tournez à gauche pour suivre la D 101 en direction de Cambremer. Les jardins du pays d'Auge sont indiqués sur la droite 100 m avant le bourg.

Jardins du pays d'Auge★

Rte des 3-Rois à Cambremer - ✆ 02 31 63 01 81 - mai-sept. : 10h-19h - 7,20 € (5-14 ans 5 €).

Très beaux jardins thématiques, plantés sur près de 3 ha de vivaces, de plantes de collection et de bambous. Les noms sont évocateurs : jardins des senteurs, jardin du soleil et jardin de la lune, jardin des anges et jardin d'eau… Au total, une trentaine d'espaces coexistent ici, rythmés par de belles constructions typiquement augeronnes, transposées une à une dans les lieux par les propriétaires.

Sortez de Cambremer par la D 85, au Cadran tournez à gauche sur la D 50 et continuez jusqu'à la Boissière où vous rejoindrez la D 613.

VALLÉE DE LA TOUQUES

La Normandie traditionnelle 2

60 km – environ 2h.

La D 579 procure de belles échappées sur la vallée de la Touques et le riche versant est où alternent vergers et herbages, pour les chevaux. Fierté augeronne depuis le 18e s., l'élevage des pur-sang se perpétue en effet dans toute la région qui compte plus de 200 haras. Ces chevaux de selle, taillés pour la course, se négocient en août à Deauville. Ils sont alors âgés d'un an, d'où leur nom : « yearlings ».

Quittez Lisieux par le boulevard Herbert-Fournet, D 579, puis prenez la D 263 à droite.

Rocques

L'**église** campagnarde au milieu de son vieux cimetière est précédée de deux porches en bois juxtaposés. Le chœur et la tour datent du 13e s. À l'intérieur, tableau et torchères de la confrérie de la charité locale ; statues en bois polychrome.

Rejoignez la D 579 par la D 262.

À la sortie de Manneville-la-Pipard, du haut de la côte, belle échappée.

Pont-l'Évêque *(voir ce nom)*

Canapville

Manoir des Évêques de Lisieux (13e-15e s.) – *✆ 02 31 65 24 75 - www.manoirdeseveques.fr - visite guidée (45mn) juil.-août : tlj sf mar. 14h-19h - 6 € (-12 ans gratuit).*

Ce bel édifice en pans de bois est un des plus charmants du pays d'Auge. Il comprend le grand manoir, corps de logis principal qui regroupe autour de la tourelle d'escalier trois belles cheminées monumentales en pierre, et le petit manoir, dont le poteau d'entrée est sculpté d'une tête d'évêque. À l'intérieur, les salles du rez-de-chaussée, meublées (18e s.), présentent des collections de porcelaines de Chine. On visite également le vieux pressoir à cidre.

Manoir des Évêques de Lisieux

Manoir des Évêques de Lisieux.

Prenez la D 677 en direction de Pont-l'Évêque, puis à droite la D 58.

Beaumont-en-Auge

Ce petit bourg, perché sur un éperon dominant la vallée de la Touques, est la patrie du mathématicien et physicien **Pierre Simon**, marquis de Laplace (1749-1827), dont on peut voir la statue et la maison natale sur la place de Verdun.

Empruntez la D 58 au sud, puis à gauche la D 675 jusqu'au croisement avec la D 280. Prenez à droite ; la route passe sous l'autoroute.

Saint-Hymer

Ce village est agréablement situé au creux d'un vallon. L'**église** du 14e s., avec quelques vestiges romans, appartenait au prieuré qui fut l'un des derniers centres d'activité janséniste au 18e s. Son clocher est une réplique de celui de Port-Royal-des-Champs, célèbre abbaye au sud-ouest de Paris. L'intérieur abrite un bel ensemble de boiseries des 17e et 18e s., des vitraux du 14e s. et quelques toiles de Jean Restout. Pour ceux qui s'en souviennent, la célèbre mère Denis repose dans le cimetière adjacent. De St-Hymer à Ouilly-le-Vicomte, la route, parfois sinueuse, est très agréable au printemps : elle se déroule alors entre haies en fleur et vergers. De jolies fermes à colombages se disséminent dans le paysage.

Pierrefitte-en-Auge

Dans l'**église** du 13e s., les voûtes lambrissées de la nef sont ornées de peintures en camaïeu bleu et violet représentant des paysages. Belle poutre de gloire du 16e s. *✆ 02 31 64 09 31 - sur demande à l'auberge des Deux-Tonneaux.*

Coquainvilliers

Distillerie Boulard – *✆ 02 31 62 60 54 - www.lebistrotnormand.fr - ♿ - visite guidée (30mn) sur demande quelques j. av. auprès de Mme Els de mi-avr. à fin sept. : 10h-18h - fermé 1er janv. et 25 déc. - 2,50 €.*

Une visite guidée invite à la découverte des secrets de la distillation en alambics à « repasse » pour la fabrication du calvados. On voit aussi les chais où le précieux distillat vieillit lentement dans des fûts de chêne. Dégustation en fin de visite.

Ouilly-le-Vicomte

L'**église**, au bord de la route reliant les deux rives de la Touques, est l'une des plus anciennes de Normandie (vestiges des 10e et 11e s.). Elle possède un autel Renaissance en bois sculpté, un lutrin de même époque, des vitraux modernes de Grüber et une crucifixion (trois statues) du 17e s. *Visite sur demande à la mairie - ✆ 02 31 61 12 64 ou M. Aillaume au 02 31 62 29 02.*

Parc du château de Boutemont – *✆ 02 31 61 12 16 - de Pâques à la Toussaint : sam. et merc. 15h-18h, dim. 15h30-18h - possibilité de visite guidée (1h30-2h) sam. 15h, dim. 15h30 - 6 € (-12 ans gratuit).* Joli parc à la française dessiné autour d'un château construit entre les 14e et 16e s. Tous deux sont inscrits à l'Inventaire des monuments historiques. Le château, qui ne se visite pas, est entouré de douves sèches et est constitué

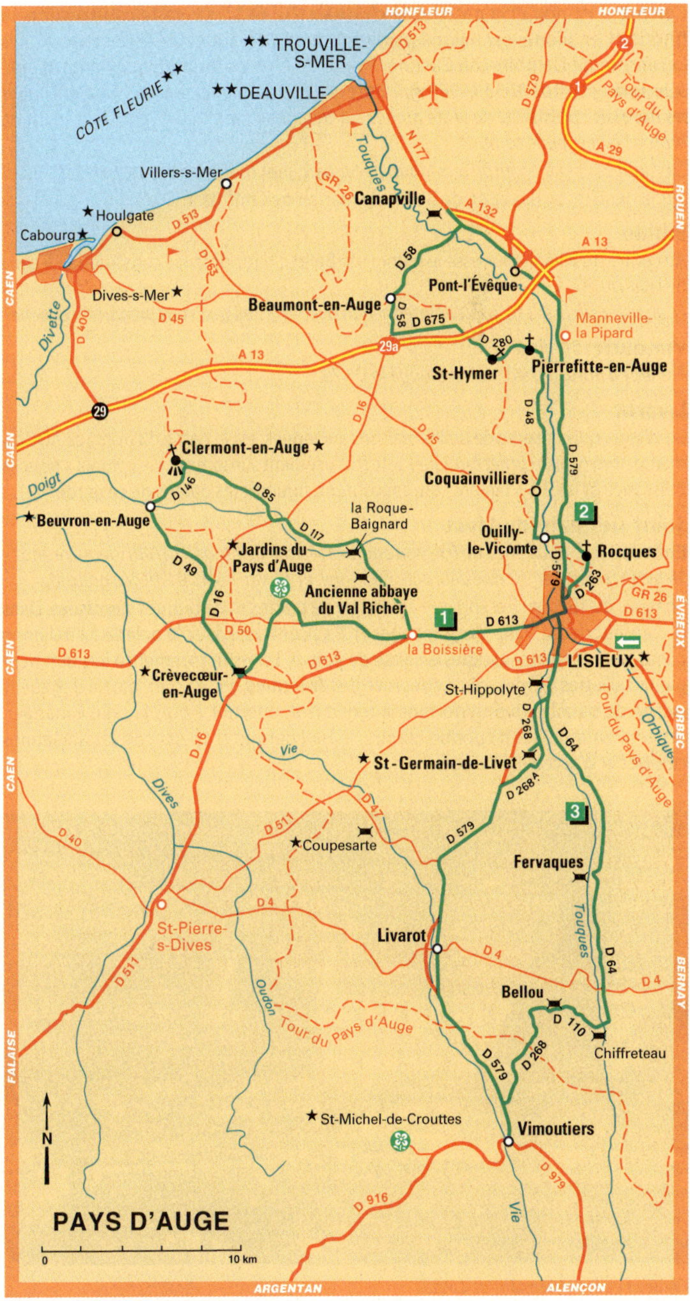

d'une poterne, d'un pont-levis et de quatre tours d'angle. Topiaires d'ifs, buis taillés, arbres séculaires et large bassin contribuent au charme du parc. Jolie chapelle sur les hauteurs à l'arrière du château qui offrent une belle vue sur l'ensemble. Dans l'ancien potager, charmant jardin italien planté de magnolias palissés, d'arbres fruitiers et de lauriers nobles.

Gagnez Lisieux par les D 159 et D 579.

HAUTE VALLÉE DE LA TOUQUES

Au départ de Lisieux 3

Circuit de 75 km – environ 3h. Quittez Lisieux par la D 579, et prenez à gauche la D 64.
Une grande partie de ce circuit remonte la grasse vallée de la Touques.

Fervaques

Comme le manoir et la poterne, le **château** (16e et 17e s.), vaste construction en brique et en pierre, est baigné par la Touques. Fervaques a été pendant 22 ans la retraite de Delphine de Custine, l'amie de Chateaubriand, qui y a lui-même séjourné. *℘ ℘ 02 31 32 33 96 - ♿ - visite extérieure uniquement : se renseigner pour les horaires - possibilité de visite guidée sur demande préalable (1 sem. av.) - 6 € (enf. gratuit) livret-guide compris.*

Continuez sur la D 64 jusqu'aux Moutiers-Hubert, puis tournez à droite dans la D 110.
Sur la gauche, en direction de Bellou, le manoir de Chiffretot.

Bellou

Au centre du village se dresse le manoir de Bellou, harmonieuse construction à pans de bois du 16e s.

Poursuivez sur la D 110 jusqu'à l'intersection avec la D 268 que vous prendrez à gauche.

Vimoutiers *(voir ce nom)*

Prenez au nord la D 979 que prolonge la D 579.

Livarot

Ce village, qui conserve de belles maisons anciennes, est la patrie du fromage AOC du même nom *(voir le carnet pratique)*, affectueusement surnommé « le colonel » pour sa puissance et les 3 à 5 lanières qui l'entourent, figurant les galons de ce grade.

Saint-Germain-de-Livet

Château★ – *℘ 02 31 31 00 03 - visite guidée (45mn) tlj sf mar. 11h-18h (dernière entrée 1h av. la fermeture) - fermé déb. oct., déc.-janv. et 1er Mai - 6,45 € (-18 ans gratuit).*
Château du 16e s. au bel appareil en damier de pierres et de briques vernissées. Dans la cour intérieure, l'aile à colombages (15e s.) contraste avec la galerie à l'italienne composée de quatre arcades en anse de panier. La visite commence logiquement par la salle des Gardes, qui a conservé des **fresques** du 16e s. en partie dégagées (scène de bataille ; Judith portant la tête d'Holopherne). Après la salle à manger, ornée d'un mobilier d'époque Empire, le hall permet d'apercevoir les anciennes cuisines et d'accéder à l'étage.

A. de Valroger/MICHELIN

Château de Saint-Germain-de-Livet.

Le mobilier de la chambre est typique du 19e s. tandis que les deux pièces suivantes ont été aménagées en salons Louis XV et Louis XVI ; leur charme est renforcé par le carrelage en terre cuite du Pré-d'Auge. Après la chambre dite d'Eugène Delacroix (mobilier du peintre, photos), la grande galerie est décorée d'œuvres des peintres de la famille Riesener (19e s.) ; elle se termine par un petit salon rond Louis XVI logé dans la gracieuse tourelle sud (armoire Louis XIV en ébène incrustée de cuivre).

Jardins de l'abbé Marie – Juste en face du château, la jolie église St-Germain est entourée d'un charmant petit jardin traversé par une rivière.

Par la D 268, regagnez la D 579 et Lisieux.

Pays d'Auge pratique

Voir aussi l'encadré pratique de Lisieux.

Adresse utile

Office du tourisme de Cambremer – *16 r. Pasteur - 14340 Cambremer - 02 31 63 08 87 - www.office-tourisme-cambremer.fr - juil.-août : 9h30-13h, 14h-18h, dim. 9h30-13h, j. fériés 10h30-13h, 15h-17h30 ; avr.-juin et sept. : tlj sf dim., lun. et mar. 10h30-12h30, 14h30-18h ; oct.-mars : sam. et vend. 10h30-12h30, 14h30-18h.*

Visites

Visites guidées – Pays d'art et d'histoire, le pays d'Auge propose des visites-découvertes (1h30) animées par des guides-conférenciers agréés par le ministère de la Culture et de la Communication. Pour les enfants, des ateliers sont organisés dans le même cadre. *Renseignements dans les offices de tourisme ou sur www.vpah.culture.fr.*

Cambremer – L'office de tourisme organise des visites-découvertes du canton qui passent par trois lieux habituellement fermés au public. Chaque semaine a son programme (*se renseigner auprès de l'office de tourisme*), mais le parcours passe systématiquement par un haras, puis par un manoir, un château ou un prieuré avant de s'achever, pour le goûter, dans une cave cidricole de la Route du cidre *- juil.-août - 5-7 €.*

Se loger

Chambre d'hôte les Marronniers – *Les Marronniers - 14340 Cambremer - 02 31 63 08 28 - www.les-marronniers.com - fermé 15 nov.-15 fév. - - 4 ch. 58/62 €* . Cette agréable demeure du 17e s. entourée d'un parc fleuri jouit d'une vue superbe sur la vallée de la Dives et sur la mer au loin. Les chambres, spacieuses et personnalisées, portent le nom d'une déesse antique. En été, les copieux petits-déjeuners sont servis dans un joli patio.

Chambre d'hôte Manoir de Cantepie – *Le Cadran - 14340 Cambremer - 11 km à l'ouest de Lisieux par D 613 puis D 50 - 02 31 62 87 27 - fermé 15 nov.-1er mars - - réserv. obligatoire - 3 ch. 70 €* . En franchissant le seuil de ce splendide manoir du 17e s., vous tomberez immédiatement sous le charme. Le raffinement et l'élégance de la maison, la sympathie et la simplicité de l'accueil ajoutés à la douceur des prix en font une adresse privilégiée en pays d'Auge.

Hôtel Au Repos des Chineurs – *Chemin de l'Église - 14340 Notre-Dame-d'Estrées - 15 km à l'ouest de Lisieux par D 613 puis D 50 - 02 31 63 72 51 - www.au-repos-des-chineurs.com - fermé janv.-fév. - P - réserv. conseillée le w.-end - 10 ch. 82/132 € - 10 € - salon de thé 11/17 €.* Ce relais de poste du 17e s. abrite des chambres confortables et joliment décorées, parfois équipées de baignoires à remous. Petit-déjeuner bio servi dans une élégante salle faisant office de salon de thé, où vous pourrez chiner meubles, bibelots et objets insolites.

Se restaurer

Auberge de la Boule d'Or – *Pl. Michel-Vermughen - 14430 Beuvron-en-Auge - 02 31 79 78 78 - fermé janv., mar. soir et merc. sf juil.-août - 24/35 €.* La façade à colombages en épis de cette auberge est ravissante ; l'intérieur ne lui cède en rien : poutres, tomettes, meubles rustiques et cheminée où crépitent les grillades. Dans ce cadre très normand, on se régalera donc de délices fleurant bon la crème, le cidre et le calvados.

Auberge des Deux Tonneaux – *14130 Pierrefitte-en-Auge - 02 31 64 09 31 - www.aubergedesdeuxtonneaux.com - fermé 15 nov.-15 fév., dim. soir et lun. sf vac. scol. - 26 €.* Belle maison du 17e s. à colombages, toit de chaume et terrasse dominant la vallée de la Touques. On y sert des plats typiques du pays d'Auge - tourte tiède de Pont-l'Évêque, foie gras, boudin noir, tripes, poule au pot, teurgoule - arrosés de cidre. Décor rustique et service « à la bonne franquette ».

Que rapporter

Le Village Fromager - Fromagerie Graindorge – *42 r. du Gén.-Leclerc - 14140 Livarot - 02 31 48 20 10 - www.graindorge.fr - tlj sf dim. 9h30-12h, 13h30-17h, sam. 9h30-12h.* Plusieurs bâtiments composent ce « village fromager ». Des salles ludiques évoquant l'histoire du pays d'Auge, son agriculture, etc. sont installées au cœur même de la fromagerie Graindorge. Visite de la fromagerie au cœur des ateliers de fabrication avec des films commentant chaque étape. Boutique et espace de dégustation.

Calvados Roger Groult – *Rte des Calvados, clos de la Hurvanière - 14290 St-Cyr-du-Ronceray - ✆ 02 31 63 71 53 - www.calvados-roger-groult.com - 9h-12h, 13h-16h ; w.-end et j. fériés sur RV.* En cinq générations, la famille Groult est passée de la fabrication du cidre et du calvados pour sa consommation personnelle à la production bien plus importante de la petite entreprise que l'on connaît aujourd'hui, réputée pour la finesse et la qualité indéniable de ses produits, réalisés toujours de manière traditionnelle. Visite des vergers et des chais proposée.

Calvados Pierre Huet – *5 av. des Tilleuls, manoir la Brière des Fontaines - 14340 Cambremer - ✆ 02 31 63 01 09 - www.calvados-huet.com - Pâques-sept. : 9h-12h30, 14h-18h, dim. et j fériés 10h-13h, 15h-18h ; juil.-août : 9h-19h, dim. et j fériés 10h-13h, 15h-19h ; oct.-Pâques : tlj sf dim. et j. fériés 9h-12h30, 14h-18h.* L'aventure du calvados a commencé pour la famille Huet en 1865. La cinquième génération s'apprête à prendre la relève. Plus de 40 variétés de pommes sont cultivées sur le domaine, servant à élaborer un calvados de première qualité, des cidres, du pommeau, etc. Boutique sur place, visite possible du pressoir et des chais.

Événement

Foire au fromage : *1er w.-end d'août - ✆ 02 31 63 47 39.*

Le Bec-Hellouin★★

CARTE GÉNÉRALE B2 – CARTE MICHELIN DÉPARTEMENTS 304 E 6 – EURE (27)

Malgré les mutilations qu'elle a subies, l'abbaye du Bec témoigne de son importance au Moyen Âge en tant que foyer de culture et centre religieux. Le Bec-Hellouin, c'est aussi un petit village typiquement normand, blotti au fond d'une vallée. Tous les clichés locaux s'y sont donné rendez-vous : maisons à pans de bois, lambeaux de bocage, ruisseaux, prairies, vaches grasses à l'ombre des pommiers…

- **Se repérer** – L'abbaye se trouve à 35 km au sud-ouest de Rouen, et à équidistance, soit 40 km, de Honfleur (nord-ouest), Lisieux (ouest) ou Évreux (sud-est). Paris n'est qu'à 150 km, et Caen à 80 km. Le Bec est si près, et son site tellement séduisant, qu'il se transforme, lors des belles journées d'été, en un important pôle touristique, relayé par le plateau du Roumois et la plaine du Neubourg, tout proches.
- **À ne pas manquer** – L'abbaye du Bec-Hellouin, le château et les jardins de Champ-de-Bataille, ainsi que la forteresse d'Harcourt et son arboretum.
- **Organiser son temps** – Vous pourrez visiter l'abbaye le matin puis profiter de l'après-midi pour découvrir le château d'Harcourt ou celui de Champ-de-Bataille.
- **Pour poursuivre la visite** – Voir aussi Brionne, Bernay, Pont-Audemer, le Parc naturel régional des Boucles de Seine, Elbeuf, Louviers et Évreux.

Comprendre

La fondation – En 1034, l'élégant chevalier **Herluin** abandonne son destrier, se laisse pousser la barbe comme un pénitent et demande à son maître, le comte de Brionne, l'autorisation de se consacrer à Dieu. Gagnés par cet exemple et une semblable vocation, neuf candidats anachorètes prennent la même initiative. En 1041, le monastère du « Bec » compte trente-deux moines.

L'année suivante, un étranger se présente : clerc italien du nom de **Lanfranc**, venu pour enseigner à Avranches, il en est reparti, lassé de son succès et attiré par la réputation de pauvreté du monastère de Herluin. Pendant trois ans, Lanfranc reste un moine obscur, mais, en 1045, Herluin lui demande de reprendre son enseignement.

Une aura intellectuelle et politique certaine – Lorsque le jeune duc Guillaume assiège Brionne, il apprécie particulièrement les entretiens de Lanfranc qui devient son meilleur conseiller. Envoyé à Rome pour obtenir la levée de l'interdit qui pèse sur la Normandie depuis le mariage de Guillaume et Mathilde, Lanfranc réussit pleinement dans cette délicate mission. Vers 1060, Herluin réinstalle sa communauté un peu en amont du vallon. Quelques années plus tard, le duc demande à Lanfranc de devenir le bâtisseur et le premier abbé de l'abbaye aux Hommes à Caen, dont il a promis d'être le fondateur.

Le **pape Alexandre II**, qui avait été l'élève de Lanfranc au « Bec », choisit son ancien maître pour le siège archiépiscopal de Canterbury. Quand Guillaume le Conquérant regagne la Normandie, Lanfranc, primat d'Angleterre, devient le véritable régent des îles Britanniques. À sa mort, **Anselme**, abbé du « Bec », philosophe et théologien venu d'Aoste, lui succède à ce poste (1093) et l'abbaye devient l'un des foyers intellectuels de l'Occident. Elle est connue sous le nom de Bec-Hellouin, issu du mot *bekkr* d'origine scandinave signifiant « ruisseau » ou « cours d'eau », celui-là même qui abreuve les vaches en lisière du village, auquel on a accolé le nom déformé du fondateur.

La réforme mauriste et la Révolution – Au 17e s., le « Bec », qui est la douzième abbaye à accepter la réforme de **saint Maur**, retrouve un lustre nouveau. En 1669, le frère **Guillaume de la Tremblaye** (1644-1715), grand maître d'œuvre de la congrégation, l'un des meilleurs sculpteurs et architectes de son époque à qui l'on doit les bâtiments conventuels de l'abbaye aux Hommes à Caen, y fait profession. Plus d'un siècle après, la Révolution chasse la congrégation du site. Sous l'Empire, l'église abbatiale, dont le chœur long de 42 m était un des plus vastes de la chrétienté, est abattue. Les bâtiments dévastés sont transformés en dépôt de remonte pour la cavalerie.

La renaissance au 20e s. – En 1948, ces locaux sont rendus à leur destination première par l'administration des Beaux-Arts et, le 29 septembre, une messe solennelle y est célébrée par les bénédictins « olivétains », rattachés à la congrégation fondée en 1319 par Bernard Tolomei, et dont l'abbaye-mère se trouve au Monte Oliveto en Toscane. L'année suivante, les moniales-oblates de sainte Françoise-Romaine rejoignent leurs frères au Bec et construisent leur monastère près de l'abbaye.

Visiter

L'ABBAYE★★

3 pl. de l'Abbé-Herluin - ✆ 02 32 43 42 60 - www.abbayedubec.com - visite libre : 8h-21h - possibilité de visite guidée (45mn, dép. 10h30 (dim. 12h), 15h et 16h - 5 € (-12 ans 3,50 €).

Tour Saint-Nicolas

Accès interdit pour des raisons de sécurité. Du 15e s., elle reste le vestige le plus important de l'ancienne église abbatiale, dont elle était d'ailleurs isolée. La flèche a disparu. Une plaque rappelle les rapports étroits qui unissaient l'Église d'Angleterre à l'abbaye aux 11e et 12e s.

On aperçoit derrière les murs l'ancien logis abbatial *(privé)*.

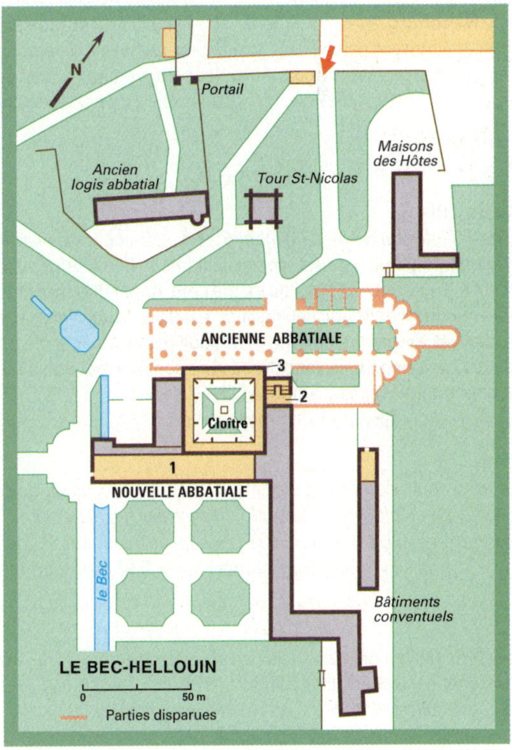

Ancienne abbatiale

Elle fut démolie au 19e s., et seuls des restes de piliers et les vestiges du bras sud du transept permettent d'en imaginer la disposition. Descendez la nef aujourd'hui disparue pour rejoindre les grands bâtiments classiques.

Nouvelle abbatiale

Elle est aménagée dans l'ancien réfectoire mauriste, salle voûtée aux proportions majestueuses. L'autel, en marbre des Alpes, a été offert en 1959 par la région d'Aoste, patrie de saint Anselme. Le **sarcophage** (**1**) (11e s.) devant le maître-autel renferme le corps de Herluin, le fondateur de l'abbaye.

En sortant, à gauche, on se trouve en présence d'un corps de bâtiment en retour d'angle dont l'ordonnance classique, calmement rythmée, œuvre caractéristique du style mauriste, est rehaussée par le cadre de verdure environnant.

S. Sauvignier/MICHELIN

La tour St-Nicolas du Bec-Hellouin.

Cloître

Par le monumental **escalier d'honneur** (**2**) (18e s., rampe moderne), on accède au cloître, construit entre 1640 et 1660. C'est l'un des premiers cloîtres classiques de France avec terrasses à l'italienne. Il s'inspire du cloître du Mont-Cassin (Italie), œuvre de Bramante. À l'angle nord-est du cloître, belle **porte gothique** (**3**) (14e s.) au tympan orné d'une Vierge en majesté.

Circuits de découverte

LE ROUMOIS ET LE NEUBOURG

Chacun de ces deux circuits d'environ 50 km, au départ du Bec, nécessite environ 2h30.

La plaine du **Neubourg**, au sud de la Seine, et le plateau du **Roumois**, qui la prolonge au nord, se caractérisent par un sous-sol crayeux recouvert de limon, tout ce dont raffolent les cultures céréalières. Au charme des petites églises rurales émergeant des ombrages touffus de leur cimetière, répond la noblesse de certains châteaux.

Le Roumois 1

Quittez Le Bec par Pont-Authou et prenez la D 38.

Château de Tilly

Visite guidée de l'intérieur de mi-juil. à mi-août : 14h-18h - 4 € - extérieur 10h-18h - 2,50 € (-12 ans gratuit). Construit vers 1500 par Guillaume le Roux, seigneur de Bourgtheroulde, qui fit élever à Rouen l'hôtel du même nom. Appareillé en losanges de pierres et briques vernissées, ce château Renaissance a gardé son mur d'enceinte cantonné de tourelles pointues. Remarquez la riche décoration des lucarnes et, dans la tour arrière coiffée d'un élégant campanile, l'**escalier à vis★** dont l'exceptionnel assemblage des briques rappelle celui du palais Rihour à Lille.

Revenez sur la D 124. 4 km plus loin, prenez à droite la D 576.

Écaquelon

Joli village en bordure de la forêt de Montfort. Dans l'**église**, belles boiseries du 16e s. *Visite sur demande préalable auprès de Mme Renverseau - ✆ 02 32 42 67 31.*

Après l'église, prenez la D 582, traversez Les Épinais, puis continuez jusqu'à Illeville-sur-Montfort. De là, poursuivez vers Rougemontier par la D 94, puis tournez à droite sur la D 144.

Routot

L'église possède un clocher roman aux arcatures entrecroisées. La **maison du Lin** évoque l'histoire, le travail artisanal et industriel du lin. *✆ 02 32 56 21 76 - ♿ - juil.-août : 14h-18h30 ; mars-juin et sept. : tlj sf mar. 14h-18h30 - 2,30 € (1,50 €).*

La D 144 se prolonge vers Bouquetot et Bourg-Achard.

Bouquetot

L'**église**, des 11e et 12e s., renferme de belles statues en pierre et en bois ainsi que trois tableaux restaurés du 18e s. À côté de l'église, une grille protège une aubépine géante, vieille de 700 ans. Très beaux ifs dans le cimetière. *Visite sur demande auprès de M. Duval - ✆ 02 32 57 35 47.*

Bourg-Achard

L'**église** a conservé, dans le chœur et dans le croisillon gauche, de beaux vitraux du 16e s. et surtout un ensemble de boiseries des 15e et 16e s. comportant, outre les stalles, un siège de célébrant sculpté avec une fantaisie délicieuse et, dans le croisillon droit, quatre panneaux de bois sculpté représentant des scènes de la vie de saint Eustache et de saint Placide. Admirez, à l'entrée de ce même chœur, la Vierge à l'oiseau en pierre polychrome du 15e s. L'autel central, restauré, s'harmonise avec l'ensemble de ce décor.

Gagnez Bourgtheroulde par la D 313, puis Infreville, à 1 km, par la D 574.

Bourgtheroulde

Intéressants vitraux Renaissance dans le chœur de l'**église**. Du château, démantelé en 1789, il ne reste que le pavillon d'entrée et le colombier (16e s.). *Sur RV, aux horaires d'ouverture de la mairie - ✆ 02 35 87 60 70.*

Infreville

Dans l'**église**, grand retable (18e s.) de style rocaille. *Sur RV, aux horaires d'ouverture de la mairie - ✆ 02 35 87 60 70.*

Rejoignez Le Bec par la D 438 et à droite la D 39.

Le Neubourg 2

Quittez Le Bec par la D 39 en direction du Neubourg.

Château du Champ-de-Bataille★

✆ 02 32 34 84 34 - www.duchampsdebataille.com - visite des jardins mai-juin et sept. : 14h-18h ; de Pâques à fin avr. et de déb. oct. à la Toussaint : w.-end et j. fériés 14h-18h - 12 € (6-12 ans 8 €) - les intérieurs du château ; visite audio-guidée juil.-août : 15h30-17h30 ; de Pâques à fin juin et de déb. sept. à la Toussaint : w.-end 15h30-17h30 - 24 € (6-12 ans 15 €).

Selon la légende, ce palais se trouve sur le site de la bataille qui opposa en 935 l'armée du comte de Cotentin (menée par Guillaume Longue Épée) à celle de Robert le Danois. D'autres soutiennent simplement qu'un brave paysan nommé Bataille possédait un champ à cet endroit.

Le château a été construit par Alexandre de Créqui, puis habité par la famille d'Harcourt avant son pillage en 1795. Au 20e s., il sert successivement d'hospice, de camp de prisonniers de guerre et de prison pour femmes. Le duc d'Harcourt le rachète en 1947 et commence les restaurations.

Elles se poursuivent avec M. Garcia, propriétaire depuis 1992, à qui l'on doit les nouveaux aménagements des intérieurs et des jardins.

Intérieur – *Entrée par la cour d'honneur, à gauche.* Les grandes salles d'apparat, superbement meublées, présentent les riches collections de mobilier et d'objets d'art du propriétaire.

Parc★★

Il est assez rare de voir naître aujourd'hui un jardin de cette importance et chaque année apporte son lot de nouveautés à cette entreprise titanesque. Les spectaculaires perspectives de ce vaste jardin à la française ne sauraient faire oublier une organisation plus subtile qui reprend les sept degrés de la création. Minéral, végétal, animal… le parcours dévoile des bosquets, des kiosques, des pièces d'eau, un charmant théâtre de verdure, avant la montée des marches qui conduit au canal (lumière) et à la Sphère (esprit).

A. de Valroger/MICHELIN

Château du Champ-de-Bataille.

Parcours de découverte du massif du Champ-de-Bataille – *Pour rejoindre à pied le point de départ de cette randonnée, laissez votre voiture au château. Depuis l'entrée, contournez le domaine par la droite de façon à rallier le GR 26 (env. 2 km) qui vous y mènera. En voiture, prenez la D 39 dir. Le Neubourg, puis, avant La Mare Auzanne, tournez à droite, c'est indiqué. Pour plus de renseignements, contacter l'office du tourisme du Neubourg ✆ 02 32 35 40 57.* Le parcours de découverte (1,5 km) propose un circuit balisé pour mieux connaître les espèces végétales du bois. Le massif boisé de Champ-de-Bataille abrite aussi un parcours de santé de plus d'un kilomètre.

Gagnez Le Neubourg par la D 39.

Le Neubourg

Capitale de la plaine du même nom. L'église conserve un **maître-autel** (17e s.) orné de jolies statues.

Musée de l'Écorché d'anatomie – *✆ 02 32 35 93 95 - www.le-neubourg.fr - ♿ - de mi-fév. à mi-déc. : 14h-18h30 - fermé lun., mar., de mi-déc. à mi-fév. et 1er Mai - 4,50 €.* Au début du 19e s., le docteur Auzoux, enfant du pays, invente pour les étudiants en médecine un modèle d'anatomie démontable à volonté – 96 pièces en moyenne, pour visualiser les muscles, les membranes et les nerfs. Le musée en présente les procédés de fabrication. Sont également exposés des écorchés d'animaux et de végétaux, puisque Auzoux étendit son étude à ces espèces. Intéressante collection de dessins du docteur et film retraçant son aventure.

Du Neubourg, départ de cinq circuits touristiques à vélo. Possibilité de louer les vélos sur place. Se renseigner à l'office de tourisme.

La voie verte, qui passe au Neubourg, offre aussi de belles possibilités d'escapades en vélo.

Prenez la direction de Conches-en-Ouche. Quittez Le Neubourg au sud par la D 840.

Le Tremblay-Omonville

Le château, caractérisé par un curieux avant-corps (milieu du 18e s.), est doté de terrasses et d'imposants communs.

Revenez au Neubourg et prenez la D 137 en direction de Brionne.

Harcourt★

Le bourg se situe au carrefour d'un réseau de routes vers les rives de la Risle et de la Charentonne, et vers la forêt de Beaumont.

À deux pas de l'**église** (13e s.), qui conserve une élégante abside, on découvre les vieilles halles à pans de bois. *Demander la clé à la mairie (lun.-vend. sf merc. 9h-12h, 13h30-16h30, sam. 9h-11h30) - ✆ 02 32 45 02 40.*

Deux circuits de randonnées balisés (6 et 14,5 km) partent de l'église.

Château★ – *✆ 02 32 46 29 70 - de mi-juin à mi-sept. : 10h30-18h30 ; de déb. mars à mi-juin et de mi-sept. à mi-nov. : tlj sf mar. 14h-18h - fermé de mi-nov. à fin fév. - 4 € (-18 ans 1,50 €), gratuit Journées du patrimoine, Rendez-vous au jardin.*

Berceau de la famille d'Harcourt, ce château et son parc boisé (100 ha) appartiennent depuis 1827 à l'Académie d'agriculture de France.

Le château a été construit à la fin du 12e s. par Robert II d'Harcourt, compagnon de Richard Cœur de Lion. Au 14e s., Jean VI d'Harcourt le renforce et le modernise. Françoise de Brancas, princesse de Lorraine et comtesse d'Harcourt, le convertit en confortable logis au 17e s.

Au bout de l'allée d'entrée : la masse imposante du château et de son enceinte. À gauche, un sentier longe les fossés (20 m de large) ceinturant l'enceinte flanquée de tours en ruine : il dévoile de belles **vues** sur l'ensemble fortifié. Par le châtelet de l'entrée sud, on accède à la basse cour, séparée du donjon par un fossé intérieur. L'entrée médiévale et son pont ont été rétablis. Du côté de la façade du 17e s. se trouve un puits (12e s.) dont la margelle est une pierre taillée d'un seul tenant. À l'intérieur, une exposition retrace l'histoire du domaine à travers les siècles.

Attenant à la cour d'honneur, l'**arboretum★** s'étend sur 11 ha et possède plus de 500 espèces d'arbres, en majorité des conifères. Vous y verrez deux cèdres du Liban, plantés vers 1810 et aujourd'hui hauts de 30 m (à l'entrée), de nombreux épicéas (pleureur drageonnant) ; un étonnant hêtre tortillard, des chênes majestueux et bien d'autres essences… Un sentier balisé parcourt le « clos » qui est l'arboretum de « collection » (nombreuses essences mais représentées par quelques sujets seulement) ; plus à l'ouest, l'arboretum de « peuplement » (moins d'essences mais cultivées en bouquets plus importants). ♿ - *mêmes conditions de visite que le château.*

Le domaine s'entoure d'une **forêt** (95 ha) peuplée d'arbres rares et superbes venus de tous les coins du monde (mélèzes de Pologne, hêtres du Chili, sapins du Caucase, séquoias, thuyas de l'Oregon…), et d'essences exotiques d'intérêt ornemental et forestier.

Rejoignez Le Bec-Hellouin en passant par Brionne.

Brionne *(voir ce nom)*

Le Bec-Hellouin pratique

Adresse utile

Office du tourisme du Plateau du Neubourg – *Pl. du Mar.-Leclerc - 27110 Le Neubourg - ✆ 02 32 35 40 57 - www.le-neubourg.fr/tourisme - mai-sept. : 9h30-12h30, 14h-18h ; reste de l'année : tlj sf. dim. 10h-12h30, merc. et sam. 9h30-12h30, 14h-18h.*

Se loger

⊖ **Chambre d'hôte Château de Boscherville** – *27520 Bourgtheroulde - 10 km au nord-est du Bec-Hellouin par D 438 D 80 et D 38 - ✆ 02 35 87 62 12 - ⊠ - 5 ch. 55 €* ☕. Les chambres de ce petit château familial (18e s.) sont confortables et claires, son petit salon élégant et l'accueil très agréable. Une étape immanquable, rien que pour le plaisir de flâner sous les chênes centenaires du parc, comme le fit en son temps Jean de La Fontaine…

Se restaurer

⊖⊖ **Le Canterbury** – *R. de Canterbury - ✆ 02 32 44 14 59 - fermé dim. soir, mar. soir et merc. - 18/38 €.* Ici, pas de chichis : l'objectif n'est pas de vous épater, mais de vous satisfaire. Le résultat ? Une cuisine traditionnelle faite dans les règles de l'art servie dans une belle maison à colombages du 18e s. Petite terrasse pour les beaux jours.

⊖⊖ **L'Écurie** – *Pl. de la Mairie - 27350 Routot - ✆ 02 32 57 30 30 - patrick.bourgeois1@club.fr - fermé dim. soir et lun. sf j. fériés - 15/38 €.* Cet ancien relais de poste situé face aux anciennes halles abrite un salon réchauffé par une belle cheminée en pierre et une salle à manger rustique. Cuisine traditionnelle.

Que rapporter

Faïence – *Les Ateliers du Bec, à l'abbaye.* Les moines de l'abbaye se sont spécialisés dans la fabrication artisanale de faïences et proposent, dans leur boutique ou en ligne *(www.abbayedubec.com)*, un large choix d'objets aux décors variés : plats, assiettes, coupes, vases, etc.

Bellême

1 576 BELLÊMOIS
CARTE GÉNÉRALE B4 – CARTE MICHELIN DÉPARTEMENTS 310 M4 – ORNE (61)

Bourgade percheronne s'il en est, Bellême regroupe ses maisons au-dessus des rives de la Même, au sommet d'un petit éperon de 225 m qui domine un joli paysage verdoyant. À l'orée d'une magnifique forêt faisant partie du Parc naturel régional, la ville fait office de station verte et de porte d'entrée pour tous ceux qui rêvent de découvrir le Perche et ses chemins de randonnée.

Se repérer – Située à 22 km au nord-ouest de Nogent-le-Rotrou, Bellême a longtemps disputé à Mortagne-au-Perche le titre de capitale du Perche. Sa rivale se trouve à 17 km plus au nord.

À ne pas manquer – Les maisons anciennes de la ville close et les randonnées en forêt.

Organiser son temps – Comptez 1h pour découvrir la ville et 3h pour visiter l'Écomusée de Ste-Gauburge.

Avec les enfants – Découvrez les procédés de fabrication du cidre et les métiers percherons au prieuré de Ste-Gauburge.

Pour poursuivre la visite – Voir aussi Nogent-le-Rotrou et Mortagne-au-Perche.

S. Sauvignier/MICHELIN

Douves de l'ancien château et hôtel Bansard-des-Bois.

Se promener

La ville close

Le **porche**, flanqué de deux tours reconstruites, ainsi que d'autres tours désormais encastrées derrière des maisons, sont les seuls vestiges des remparts du 13e s. édifiés autour de l'ancienne forteresse du 11e s. En franchissant le porche, on remarque encore le passage de la herse. À proximité, plaque commémorative sur la prise de la ville par Blanche de Castille. L'épisode remonte à 1229, date à laquelle la régente, accompagnée du futur roi saint Louis, prit d'assaut la forteresse tenue par Mauclerc, comte de Bretagne.

La **rue Ville-Close**, à l'emplacement de l'ancienne citadelle, est bordée de belles maisons classiques des 17e-18e s., qui conservent souvent leur décoration extérieure : balcons harmonieux, balustrades en fer forgé, portail monumental. Bel exemple de cette architecture classique : l'élégante façade de l'hôtel Bansard-des-Bois (n° 26), que vous apercevrez depuis les abords de l'abreuvoir qui occupe les douves de l'ancien château.

Église Saint-Sauveur

Du 17e s. et de pur style classique. L'intérieur (nef lambrissée) est richement décoré. Le maître-autel à baldaquin (1712) en pierre et en marbre retient l'attention. Les boiseries du chœur viennent de l'ancienne abbaye de Valdieu. Les vitraux du chœur montrent six scènes de la vie du Christ. La cuve des fonts baptismaux, décorée de guirlandes, s'appuie contre un retable à trois panneaux.

Cinq circuits de randonnées (de 3,5 à 10,5 km) partent de Bellême, de l'office de tourisme ou de l'église. Le n° 4 en particulier, qui rejoint le très bel étang de la Herse (10,5 km), offre une agréable échappée en forêt.

Aux alentours

Mamers

16 km à l'ouest de Bellême, sur la D 955 qui mène à Alençon.

Blottie dans un creux de la vallée de la Dives, Mamers est la capitale du Saosnois, petite région de transition entre les collines boisées du Perche et le plat pays du Mans. L'industrie de l'électroménager et du matériel de camping y supplante celle du chanvre, mais la cité n'en oublie pas pour autant son passé, avec les filets et la passementerie.

Place de la République – Au n° 33, une plaque indique l'ancienne demeure du politicien Joseph Caillaux, mort à Mamers en 1944. Son nom reste associé à l'impôt sur le revenu et « aux affaires » : le meurtre de Calmette (directeur du *Figaro*), en 1914, par son épouse (pour le protéger) ou sa propre arrestation, en 1918, pour intelligence avec l'ennemi.
Remarquez, sur le toit de la maison du n° 26, une réplique miniature de la tour Eiffel (échelle 1/100) qui trône là depuis 1889 !
Le couvent de la Visitation et le cloître (1685), restaurés, abritent les instances administratives de la ville.
Place Carnot – L'église St-Nicolas, qui s'ouvre par un joli portail flanqué de colonnes, est le plus ancien monument de Mamers ; juste en face, les halles datent de 1918 et accueillent d'importantes foires.
Église Notre-Dame – Fondée au 12e s., elle est presque entièrement refaite au 16e s. La nef principale montre un étrange triforium à larges baies à meneaux. Une jolie Dormition de la Vierge, terre cuite du 16e s., orne un revers à gauche de la façade.

Circuits de découverte

FORÊT DE BELLÊME★

35 km – environ 3h.
La forêt domaniale de Bellême (2 400 ha) est une des plus belles du Perche. Elle doit sa réputation à ses majestueuses futaies de chênes autant qu'à la variété et à la beauté de ses sites. Une partie du massif sert désormais de forêt d'expérimentation.
Quittez Bellême au nord-ouest par la D 938.
Avant d'atteindre la forêt, très jolie vue sur la petite ville.

Étang et fontaine de la Herse

Les eaux calmes de l'étang de la Herse reflètent l'agréable cadre de verdure qui l'entoure, assurant la fraîcheur du lieu, plutôt apprécié des touristes.
De l'autre côté de la route, face à la maison forestière de l'Hermousset, se trouve une fontaine romaine. À proximité, deux blocs de pierre portent des inscriptions latines.
Faites demi-tour et prenez à droite au carrefour Colbert.
La route forestière, revêtue, dévoile de jolies perspectives. Au carrefour Dagoury (vallée du Creux), prenez à gauche. La route serpente dans l'admirable forêt et gagne la lisière.
Prenez immédiatement à droite pour entrer en forêt.
Avant d'atteindre le Rond de Montimer, on traverse un fourré. Dans ce secteur, l'Office national des forêts procède, selon le « traitement en taillis », à la régénération des vieux peuplements tous les 20 à 30 ans.
Prenez à gauche sur 400 m le chemin en descente.
Chêne de l'École – Son fût de 22 m (environ 4,3 m de circonférence), pour une hauteur totale supérieure à 40 m et… un âge dépassant 300 ans, est parfaitement droit. Depuis 1927, il est dédié à l'École nationale des eaux et forêts.
Rejoignez le carrefour de Montimer et gagnez La Perrière.

La Perrière

Son nom vient du latin *perreria*, carrière de pierre. Le village est, en effet, construit sur un promontoire calcaire, recouvert de sable. On trouve par endroits des blocs de grès de couleur rouge sombre, les grisons. De nombreuses maisons sont construites avec ces pierres. Connu au 19e s. pour la fabrication du filet (noué, brodé, perlé), ce village plein de charme est aujourd'hui très « tendance » et s'anime les week-ends avec l'afflux de nombreux Parisiens…

De grands Bellêmois

Aristide Boucicaut (1810-1877), créateur du Bon Marché et, par là même, initiateur du commerce moderne, compte parmi les plus illustres Bellêmois. Une plaque indique l'emplacement de son premier magasin au **n° 1** de la place portant maintenant son nom.
Chantre de la région, l'écrivain **Roger Martin du Gard** (1881-1958) a longtemps vécu au Tertre (à 2 km de Bellême). Il doit sa renommée à ses récits des grandes mutations sociales et intellectuelles dont il fut témoin (prix Nobel de littérature en 1937). Dans les années 1960, Françoise Mallet-Joris écrivait également près de Bellême, au Gué-de-la-Chaîne.

Roussard et grison

Le **roussard** est un grès composé de grains de silex reliés entre eux par une pâte ferrugineuse compacte. Au contact de l'humidité de l'air ambiant, le fer s'oxyde et la pierre prend une teinte de rouille plus ou moins accentuée. Cette pierre se retrouve sur de nombreux édifices civils ou religieux de l'Eure (tour Grise de Verneuil-sur-Avre), de l'Orne et de la Sarthe. Le **grison**, également fréquent dans la région, est un agglomérat de roches qui a tendance à s'effriter et que l'on retrouve notamment à Senonches (ancien château, église).

Le « **sentier découverte** » de La Perrière *(plan-dépliant au syndicat d'initiative)* permet de repérer les ruelles aux noms surprenants, les logis anciens du 15e au 17e s., le site classé de l'Éperon. Vous aurez ensuite bien mérité une petite pause à la **Maison d'Horbé** par exemple, sympathique établissement qui fait à la fois brocante et salon de thé.Du chemin qui contourne le cimetière, près de l'église, joli **panorama★** sur la campagne percheronne. On aperçoit à l'ouest la forêt de Perseigne et au loin celle d'Écouves.

Quatre chemins de randonnées (3, 4,5 ou 12,5 km) partent du bourg, de la place de la Poste ou de l'église *(plans au syndicat d'initiative)*. Ils permettent de découvrir la campagne percheronne, ou sa forêt pour celui qui rejoint le Chêne de l'École.

Par la D 210 (direction Bellavilliers), puis la D 275 (avec emprunt de la D 931), rejoignez La Pervenchères. Continuez au nord par la D 27 ; après Vauvineux, une route à gauche est fléchée vers le Chêne.

Chêne de la Lambonnière

S'il manque de prestance – il est en effet taillé en têtard –, ce vénérable chêne de plus de cinq siècles impressionne avec son énorme tronc creux de 7,20 m de circonférence.

Revenez à La Pervenchères et continuez sur la D 27 jusqu'à La Gravelle. La D 7 à droite conduit à Bellavilliers, puis la D 310 à St-Martin-du-Vieux-Bellême.

Saint-Martin-du-Vieux-Bellême

Ce village, aux maisonnettes coquettes groupées autour de l'église (14e-15e s.), a su conserver sa petite musique d'hier à travers l'industrie du bois.

Trois circuits de randonnées (de 2 à 4 km) partent de la place de l'église en direction de la forêt de Bellême.

On rejoint Bellême par la D 955 que l'on prend à gauche.

BELLÊME ET SON PAYS

34 km – environ 3h. Quittez Bellême au sud par la D 7.

Le parcours débute dans une agréable campagne aux larges horizons où se découpe, çà et là, la silhouette de quelque tourelle.

Château des Feugerets

On ne visite pas. Deux pavillons carrés bordant les douves garnies d'une fine balustrade et un élégant corps de logis du 16e s. forment un bel ensemble. L'imposante silhouette du château se détache sur un fond de verdure où pousse la fougère qui lui a donné son nom.

Reprenez la D 7 jusqu'à St-Germain-de-la-Coudre.

Saint-Germain-de-la-Coudre

La crypte de l'église date du 11e s. Elle est dédiée à saint Blaise et contient une belle Vierge à l'Enfant en pierre.

Quittez le village par la D 107 (dir. Le Theil) puis prenez la deuxième à gauche vers l'Hermitière.

L'Hermitière

Cidrerie traditionnelle du Perche – *✆ 02 37 49 67 30 - www.cidrerie-traditionnelle-du-perche.fr - avr.-oct. : 10h-12h, 15h-20h (boutique ouv. hors sais. sur demande préalable) - gratuit.* Vous êtes accueilli sur le site même de l'exploitation agricole pour découvrir les procédés de fabrication du cidre grâce à une visite guidée et à une vidéo de 20mn. Possibilités d'acheter sur place les produits de la ferme (cidre, calvados, jus de pommes, confitures, terrines, etc.)

Suivez la D 211 en direction de St-Hilaire-sur-Erre. Environ 2 km après le hameau de la Guiénière, tournez à gauche sur la D 313.

Préaux-du-Perche

Au Moyen Âge, la paroisse dépendait de l'abbaye de St-Germain-des-Prés à Paris.

Église – La très jolie église St-Germain associe des éléments architecturaux allant du 12e (le clocher) au 18e s.

Trois circuits de randonnées (de 5,5 à 17 km) partent de la place du Monument aux Morts à la découverte de la campagne percheronne et de son patrimoine architectural. Un quatrième circuit propose, depuis le parking du Parc Nature, une agréable promenade de 5 km.

Prenez la D 277 vers l'ouest.

Prieuré de Sainte-Gauburge

À St-Cyr-la-Rosière. 02 33 73 48 06 - http://museeatp.free.fr - avr.-sept. : 10h30-18h30 ; reste de l'année : 10h30-18h - fermé sam. mat. et dim. mat. (déc.-janv.), 1er janv., 25 déc. - 5,20 € (enf. gratuit).

L'**Écomusée du Perche** y est installé. Pressoir, grugeoir et alambic permettent d'expliquer les procédés de fabrication du cidre. Une importante collection d'outils agricoles complète cette présentation de l'agriculture traditionnelle percheronne. À l'étage, de vieux métiers reconstitués (maréchal-ferrant, bourrelier, charron, bûcheron, tonnelier, etc.) font revivre la vie artisanale d'hier. Fête de l'agriculture début juillet et Fête du cheval percheron le 15 août.

Des ateliers sont régulièrement proposés aux enfants lors des petites vacances scolaires (poterie, construction d'un four, etc.). Téléphonez pour réserver. Tous les ans, l'écomusée organise également une chasse aux œufs le dimanche de Pâques.

L'**église** (13e-14e s.), d'un style gothique très pur, accueille des expositions temporaires sur un sujet percheron. Attenants à l'église subsistent les bâtiments de l'ancien prieuré qui dépendait de l'abbaye royale de St-Denis, du 12e s. à la Révolution. Cet ensemble monumental (13e-18e s.) ordonné autour de la cour traduit les aspects de la vie prieurale : église, logement des moines, du prieur et dépendances agricoles (l'activité première du prieuré résidait précisément dans la production agricole).

L'écomusée propose une brochure pour partir à la découverte de St-Cyr-la-Rosière (parcours de 6 km aller simple).

Depuis l'écomusée, trois circuits de randonnées pédestres (de 3,5 à 13,5 km) permettent de découvrir les manoirs des environs et la Pierre procureuse.

À la sortie est du village, remarquez, à gauche, la ferme des **Chaponnières**. Une tour ronde raccorde au corps de logis un pavillon carré de la fin du 16e s.

Du prieuré, prenez la route en direction du Theil puis suivez « La Pierre procureuse ».

La Pierre procureuse

D'après la légende, la pierre de couverture de ce dolmen de la fin du néolithique (2 500 ans av. J.-C.) procurerait à ceux qui la touchent toutes sortes de bienfaits, de là ce nom de Pierre procureuse. Avis aux amateurs !

Revenez en arrière puis prenez la route en direction de St-Cyr-la-Rosière, Clémance.

Manoir de l'Angenardière

On ne visite pas. Au milieu d'une enceinte bien conservée, ce manoir du 16e s., restauré, conserve un aspect féodal avec ses imposantes tours couronnées de mâchicoulis.

Continuez vers St-Cyr-la-Rosière.

G. Targat/MICHELIN

Le prieuré de Ste-Gauburge.

Saint-Cyr-la-Rosière

L'église de ce petit village conserve un joli **portail** roman à triple voussure. À l'intérieur, la chapelle de droite (en entrant) abrite une toile du 17e s. représentant le martyre de saint Sébastien, ainsi qu'une **Mise au tombeau★** en terre cuite polychrome, également du 17e s.

Bellême pratique

Adresse utile

Office du tourisme du pays bellêmois – *Bd Bansard-des-Bois - 61130 Bellême - ✆ 02 33 73 09 69 - www.lepaysbellemois.com - juil.-août : 10h-12h30, 14h-18h, mar. 14h-18h ; avr.-juin et sept. : tlj sf. lun. 10h-12h30, 14h-18h, mar. 14h-18h ; reste de l'année se renseigner - fermé 22 déc.-4 janv.*

Syndicat d'initiative du pays de Pervenchères – *Grand-Place - 61360 La Perrière - ✆ 02 33 73 35 49 - tlj sf dim., j. fériés et lun. 10h-12h30, 13h30-18h - fermé pdt les vac. scol. de Noël.*

Se loger

⊖⊖ **Hôtel du Golf** – *Rte du Mans - 2 km au sud-ouest de Bellême par D 938 - ✆ 02 33 85 13 13 - www.domainedugolfdebelleme.com - 60 ch. 75/115 € - ☕ 10,50 € - rest. 15/45 €.* Sur un golf de 18 trous, cette grande maison du 16e s. aux murs de pierre apparente a été rénovée pour accueillir golfeurs et autres amateurs de vacances vertes. Préférez les chambres du bâtiment le plus récent, elles sont plus grandes et mieux équipées. Tranquillité assurée.

⊖⊖ **Chambre d'hôte Le Moulin de Gémages** – *Le Moulin - 61130 Gémages - au sud de Bellême par D 7, dir. La Ferté-Bernard - ✆ 02 33 25 15 72 - http://www.lemoulindegemages.free.fr/ - ⊠ - 5 ch. 75/85 € ☕ - repas 30 €.* Les chambres, aménagées dans les dépendances du moulin vieux de 800 ans, ont du cachet avec leurs meubles anciens, tomettes, pierres et poutres apparentes. Très beau domaine de 15 ha avec parcours de pêche à la mouche, table d'hôte... Une adresse rare à l'accueil charmant.

Se restaurer

⊖ **L'Escale** – *44 r. du Mans - ✆ 02 33 73 13 32 - escalepelletier@aol.com - fermé 3 sem. en août, 1 sem. à Noël, vend. soir et dim. soir - réserv. conseillée - 11 € déj. - 11,50/29,90 € - 10 ch. 58/65 € - ☕ 7 €.* Le chef de ce restaurant est un artiste accompli, aussi talentueux devant ses fourneaux que derrière un chevalet ; ce sont d'ailleurs ses tableaux qui ornent la salle à manger au décor actuel. En cuisine, il concocte des recettes traditionnelles et des spécialités régionales (notamment au cidre). Chambres neuves.

Que rapporter

Marché – *61360 La Perrière.* Marché de l'Art le week-end de la Pentecôte.

Sports & Loisirs

Marcheurs du Perche Ornans – *La Grange Rouge - 61130 St-Germain-de-la-Coudre - ✆ 02 33 83 22 90 - cdrp61.org.* Le Perche regroupe une centaine de sentiers de petite randonnée et de promenade. Généralement situés au centre des bourgs, des panneaux indiquent le départ des circuits balisés et donnent les renseignements relatifs à chaque itinéraire : numéro, dénomination, kilométrage, durée moyenne de la marche. Pour organiser une randonnée, contacter l'association les Marcheurs du Perche Ornais.

Bernay

10 600 BERNAYENS
CARTE GÉNÉRALE B3 – CARTE MICHELIN DÉPARTEMENTS 304 D7 – EURE (27)

Nichée dans la vallée de la Charentonne, Bernay séduit par son ensemble d'anciennes demeures à pans de bois remises en valeur. Cette petite ville animée, qui vit naître l'alexandrin, s'est développée autour de l'abbaye fondée au 11e s. par Judith de Bretagne, épouse du duc Richard II.

Se repérer – Bernay s'étend à la confluence de la Charentonne et du Cosnier. On y accède depuis Rouen (65 km au nord-est) ou Alençon (92 km au sud-ouest), par la D 438 ; depuis Lisieux (34 km au nord-ouest) ou Évreux (52 km au sud-est), par la D 613.

À ne pas manquer – Le point de vue depuis le boulevard des Monts, le musée municipal, et dans les environs, le beau château de Beaumesnil avec son insolite labyrinthe de buis.

Organiser son temps – Consacrez une matinée à la visite de la ville et laissez-vous l'après-midi pour suivre le cours de la Risle. Le château de Beaumesnil vous retiendra une bonne heure.

Avec les enfants – Découvrez les activités du musée, spécialement adaptées pour les enfants.

H. Le Gac/MICHELIN

Vue sur les toits de Bernay.

Pour poursuivre la visite – Voir aussi Conches-en-Ouche, L'Aigle, Vimoutiers, Lisieux, Brionne, Le Bec-Hellouin et le pays d'Auge.

Se promener

Boulevard des Monts★

De cette belle allée à flanc de coteau dominant le nord de Bernay, **vues** sur la ville et la vallée de la Charentonne.

Hôtel de ville

C'est l'ancienne abbaye de Bernay. Les bâtiments du 17e s. ont la noble ordonnance des conceptions architecturales des mauristes.

Rues intéressantes et vieilles demeures

Quelques rues du vieux Bernay, bordées de maisons typiques, méritent d'être parcourues.

« L'eau, la pierre, le bois » : c'est le nom d'un circuit balisé qui traverse le vieux Bernay. Il permet de découvrir tout le charme de cette région.

Rue Gaston-Pholloppe – De nombreux antiquaires y ont pignon sur rue.

Rue du Général-de-Gaulle et rue Thiers – Artères commerçantes très animées. Au bout de la rue Thiers, l'**église Ste-Croix**, commencée au 14e s. et très restaurée, renferme d'intéressantes œuvres d'art provenant en partie du Bec-Hellouin, dont la **pierre tombale** de Guillaume d'Auvillars, abbé du « Bec » (1418). Elle se trouve dans le croisillon droit du chœur, à l'entrée de la sacristie. Au revers du portail d'entrée, bas-relief en bois doré (16e s.) : le Portement de croix. Seize grandes statues d'apôtres et d'évangélistes (fin 14e s.) sont adossées aux piliers de la nef et du chœur, orné des statues en terre cuite de saint Benoît et saint Maur (17e s.). Sur le maître-autel, groupe de la Nativité (1683) d'après l'œuvre en marbre (1662) des frères Anguier, pour le Val-de-Grâce à Paris.

Rue Gabriel-Vallée – On y accède par le passage du Grand-Bourg s'ouvrant rue du Général-de-Gaulle. Au **n° 17**, maison à colombages et en encorbellement.

Visiter

Ancienne église abbatiale

Pl. Guillaume-de-Volpiano - ☏ 02 32 46 63 23 - de mi-juin à mi-sept. : 10h-12h, 14h-19h ; reste de l'année : 14h-17h30 - possibilité de visite guidée sur demande (3 mois av.) - fermé lun., 1er janv., 1er Mai et 25 déc. - 3,60 € billet combiné avec le musée municipal (gratuit -16 ans, merc. et 1er dim. du mois).

Cette église a été commencée en 1013 par **Guillaume de Volpiano**, appelé de Fécamp par Judith de Bretagne, femme du duc de Normandie Richard II. À cette époque, le rôle d'un tel établissement était autant politique et économique que religieux et intellectuel. Au 15e s., une abside polygonale remplace l'abside semi-circulaire. La nef s'élève sur de grandes arcades à chapiteaux corinthiens et la tribune se compose de baies géminées. Le bas-côté nord, refait au 15e s., est voûté d'ogives ; les coupoles surbaissées du bas-côté sud sont du 17e s.

Le saviez-vous ?

Le plus illustre des enfants du pays reste le trouvère **Alexandre de Bernay** (12e-13e s.). Il est l'auteur, avec un certain Lambert le Tort, du poème le *Roman d'Alexandre*, inaugurant l'usage des vers de 12 syllabes, ou pieds, appelés par la suite alexandrins. Ce poème s'inspirant de textes de l'Antiquité, à la gloire d'Alexandre le Grand, comprenait 17 952 vers !

Musée municipal

Pl. Guillaume-de-Volpiano - ☏ 02 32 46 63 23 - de mi-juin à mi-sept. : 10h-12h, 14h-19h ; reste de l'année : 14h-17h30 - possibilité de visite guidée sur demande (3 sem. av.) - fermé lun., 1er janv., 1er Mai et 25 déc. - 3,60 € billet combiné avec l'abbatiale (gratuit -16 ans, merc. et 1er dim. du mois).

Il se tient dans l'ancien logis abbatial (fin du 16e s.), construction en damier de pierres et de briques.

Belle collection de peintures, du 17e au 20e s. Écoles française (Girodet, Villon, importante collection de toiles d'Henri de Maistre, etc.), dont celle de Barbizon (Diaz de la Peña), flamande et hollandaise (R. Brakenburg, Van Goyen), italienne ; paysagistes et impressionnistes anglais (Constable). Faïences (Rouen, Nevers, Moustiers) et beaux meubles normands anciens (armoires et bahuts). Au 1er étage (classé aux Monuments historiques), le *Portrait du procurateur de St-Marc*, attribué au Tintoret, et le délicieux *Moines et religieuses en goguette*, par R. Brakenburg.

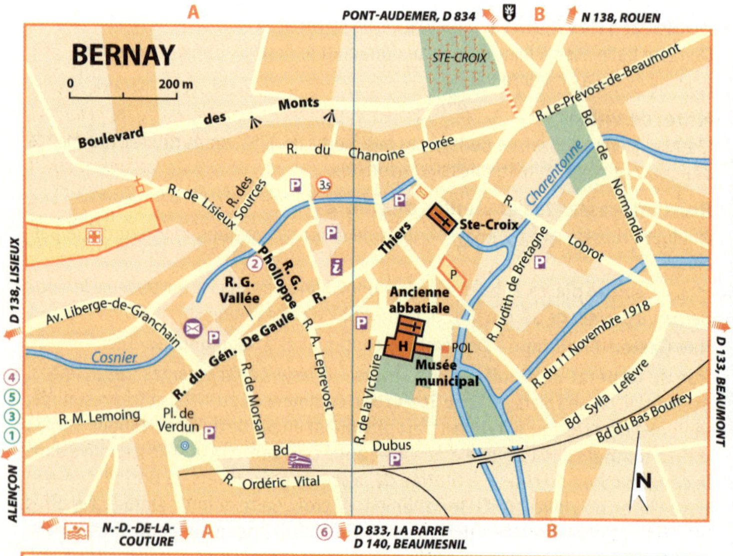

SE LOGER

Acropole Hôtel .... ①
Côté Jardin (Chambre d'hôte) .... ③
Manoir de l'Engagiste (Chambre d'hôte le) .... ⑤

SE RESTAURER

Bistrot de Bernais (Le) .... ②
Jardin de Taormina (Le) .... ④
Moulin Fouret (Hostellerie du) .... ⑥

Ne manquez pas non plus le sous-sol et ses collections d'archéologie et d'arts et traditions populaires.

Un mercredi et un dimanche par mois, le musée organise diverses animations adaptées aux plus jeunes et aux adultes, et propose une découverte familiale du musée.

Basilique N.-D.-de-la-Couture

À 1 km au sud du centre. Accès par la rue Kléber-Mercier. Se renseigner au presbytère - 12 r. Alexandre - ✆ 02 32 43 06 82 - visite libre sam. 14h-18h.

Cette église du 15e s., érigée en basilique en 1950, est couverte de voûtes en bois; la statue de N.-D.-de-la-Couture (16e s.), objet de la dévotion des pèlerins, est placée sur un autel moderne, dans le transept gauche. L'église a conservé de beaux vitraux, habilement restaurés, représentant l'Ascension, l'Arbre de Jessé, la Résurrection…

Circuit de découverte

LE LONG DE LA RISLE ET DE LA CHARENTONNE

65 km – environ 3h.

Depuis les alentours de L'Aigle, la **Risle** et la **Charentonne**, jolies rivières rapides et poissonneuses, mènent des chemins presque parallèles. La seconde serpente dans les herbages humides d'une vallée aux aspects parfois solitaires avant de se jeter dans la Risle à la hauteur de Serquigny.

De nombreux petits moulins à eau captaient autrefois son énergie pour actionner meules et forges, puis alimenter les filatures qui occupaient une main-d'œuvre abondante. Certains de ces moulins subsistent, mais la rivière n'alimente plus guère que les rêveries des promeneurs.

Sortez de Bernay à l'est par la D 133.

Menneval

Le village à la sortie de Bernay s'étale dans un des replis les plus séduisants de la vallée. Charmante petite église rurale (façade refaite en 1971). La confrérie de charité locale, fondée en 1060, est la plus ancienne de la région.

Poursuivre sur la D 133. Moins de 2 km après Camfleur, prenez à droite la D 42.

Fontaine-l'Abbé

Joli village normand. Dans l'**église**, à côté du château Louis XIII, belles torchères de charité. *Ne se visite pas.*

Revenez sur la D 133 qui se poursuit jusqu'à Serquigny.

Serquigny

Le « grand château » (17e s.) est à l'écart du bourg, qui possède aussi un « petit château » (18e s.). Comme la localité voisine de Courcelles et bien d'autres dans la région, Serquigny a longtemps vécu au rythme de sa forge et de sa grande filature dont le bâtiment de briques subsiste. L'église conserve un portail roman; sa façade ouest est appareillée en damier de silex noir et de pierre blanche. À l'intérieur, des vitraux Renaissance éclairent une chapelle de la même époque (à gauche). Quatre gros piliers cylindriques soutiennent la tour du clocher. Petite chaire à prêcher faite de panneaux sculptés; anciennes statues de bois (nef).

Poursuivez sur la D 133 au sud-est, le long de la Risle.

Beaumont-le-Roger

Les ruines de l'ancien prieuré de la Trinité (13e s.), dont les imposants contreforts sont visibles de la route, se dressent sur une terrasse. Une rampe, sous un porche, permet d'accéder à celle-ci. L'**église** St-Nicolas (14e-16e s.), fort endommagée par les bombardements, a été restaurée. On y découvre des vitraux anciens (15e et 16e s.) et modernes.

Sept circuits de randonnées permettent de découvrir les environs de Beaumont-le-Roger - *renseignements à l'office de tourisme - ✆ 02 32 44 05 79.*

Quittez Beaumont au sud-ouest par la D 25.

Château de Beaumesnil★

13 km au sud par la D 140. ✆ 02 32 44 4009 - www.chateaubeaumesnil.com - de Pâques à fin juin : lun., vend., w.-end et j. fériés 14h-18h ; juil.-août : 11h-18h ; sept. : tlj sf mar. 14h-18h - 7 € (12-17 ans 3,50 €).

Décrit par **La Varende** dans *Nez-de-Cuir*, sous le nom de Mesnil Royal et aujourd'hui surnommé le « Versailles normand », le château est un des rares chefs-d'œuvre de style Louis XIII baroque, avec l'hôtel de Sully à Paris. Édifié en pierre et brique, il arbore une **façade★★** richement décorée de motifs florentins.

La visite des intérieurs meublés permet d'admirer un escalier monumental et, dans la bibliothèque, une cheminée ayant la particularité d'être ouverte sur les côtés. Une exposition permanente présente une importante collection de livres reliés des 17e et 18e s., dont l'interrogatoire de Ravaillac (1610) et le budget de Marie de Médicis (1615). Une exposition temporaire (*en été uniquement*) propose de beaux exemples de reliures contemporaines, mais aussi des ateliers ou des démonstrations.

Jardins et **parc** (près de 60 ha), qui garde intact son plan du 17e s., répondent à la richesse de l'ensemble. Comme émergeant de l'eau des douves, un étrange **labyrinthe de buis★** d'époque baroque occupe l'emplacement de l'ancienne motte du donjon féodal.

E. Baret/MICHELIN

Le château de Beaumesnil précédé, à droite, de son labyrinthe de buis.

Le canton de Beaumesnil a balisé 17 itinéraires pédestres d'une durée moyenne de 3h - *dépliant disponible auprès des offices du tourisme de Bernay ou de Beaumesnil.*

Quittez Beaumesnil par le sud-ouest en direction de La Grimoudière, puis de Lande-peureuse à l'ouest. Là, prenez la direction de Menhir au sud-ouest et rejoignez la D 49. Tournez à droite pour atteindre Broglie.

Broglie

Le petit bourg de Chambrais, le long de la rivière, devient au 18e s. le fief de l'illustre famille piémontaise de Broglie dont il prend alors le nom. Les vastes bâtiments du **château** *(ne se visite pas)*, ancienne forteresse médiévale reconstruite au 18e s., occupent une position dominante.

Église – La partie centrale de la façade et la base du clocher sont en **grison**, le reste en grès du pays. La façade est percée d'une puissante porte en plein cintre. À l'intérieur, les lourds piliers (également en grison) du côté gauche et le chœur sont romans. Le reste de l'édifice date des 15e et 16e s., comme les statues dans le bas-côté droit.

Jardin aquatique – *✆ 02 32 44 60 58 - accès libre - gratuit.*

Baigné par le cours de la Charentonne, cet agréable petit jardin accueille des végétaux des régions tempérées et des plantes exotiques.

Longez le cours de la Charentonne en direction de Bernay par la D 33.

Ferrières-Saint-Hilaire

Comme son nom l'indique, une ancienne industrie métallurgique s'est développée dans ce petit village. Vestiges de la forge et du château du maître de forge.

Saint-Quentin-des-Isles

En contrebas du château (19e s.), on aperçoit une filature de coton. Le colombier de l'ancien manoir se dresse sur une île.

Bernay pratique

Adresse utile

Office du tourisme de Bernay – *29 r. Thiers - 27300 Bernay - ✆ 02 32 43 32 08 - www.ville-bernay27.fr - de déb. mai à mi-sept. : lun.-sam. 10h-12h, 14h-18h30, dim. 9h30-12h30 ; de mi-sept. à fin avr. : lun.-sam. 10h-12h, 14h-17h30.*

Se loger

Acropole Hôtel – *10 r. Grande-Malouve - 3 km au sud-ouest de Bernay sur rte de Broglie - ✆ 02 32 46 06 06 - www.hotel-acropole.com - P - 51 ch. 54/68 € - 10 €.* Excentré dans une zone commerciale, établissement proposant un hébergement avant tout pratique. Insonorisation et équipements propices à l'étape de repos ou d'affaires.

Chambre d'hôte Côté Jardin – *62 r. Grande - 14290 Orbec - 18 km au sud-ouest de Bernay par D 131 - ✆ 02 31 32 77 99 - www.cotejardin-france.be - - 5 ch. 70 €.* Cette maison dissimule un véritable joyau derrière sa façade bourgeoise : un ravissant jardin à l'anglaise traversé par un joli ruisseau. Aux beaux jours, les petits-déjeuners sont servis dans ce havre de paix et de verdure. Chambres à thème (« africaine », « orbecquoise », etc.), actuelles et fort bien tenues.

Chambre d'hôte Le Manoir de l'Engagiste – *15 r. St-Rémy - 14290 Orbec - 18 km au sud-ouest de Bernay par D 131 - ✆ 02 31 32 57 22 - www.engagiste.com - 4 ch. 85 €.* Ce manoir du 16e s. divinement restauré vaut qu'on s'y attarde. Les chambres, décorées avec des matériaux nobles, sont de véritables cocons. En hiver, vous prendrez vos petits-déjeuners dans l'exquis salon au coin d'une cheminée. À découvrir absolument.

Se restaurer

Le Bistrot de Bernais – *21-23 r. Gaston-Phollope - ✆ 02 32 46 23 60 - fermé 2 sem. en août, dim. et lun. - 12 € déj. - 16/32 €.* Voici une adresse comme on voudrait en trouver plus souvent ! Un passage étroit conduit à une ravissante cour où, l'été, se déploie la terrasse. On pousse une porte grinçante pour découvrir un intérieur de style médiéval (la maison date du 15e s.) doté d'une immense cheminée. Cuisine traditionnelle et spécialités de fromages.

Le Jardin de Taormina – *2-4 pl. du Parvis - 14290 Orbec - 18 km au sud-ouest de Bernay par D 131 - ✆ 02 31 32 01 15 - www.le-jardin-de-taormina.com - fermé dim. soir et lun. - 16 € déj. - 15/25 €.* Ce restaurant situé au pied de Notre-Dame-d'Orbec abrite trois salles à manger à l'ambiance méridionale. Les soirs d'été, attablez-vous en terrasse : la vue sur le clocher de l'église illuminée y est magique... Un cadre séduisant pour une authentique cuisine italienne.

Hostellerie du Moulin Fouret – *27300 St-Aubin-le-Vertueux - 3,5 km au sud de Bernay par rte de St-Quentin-des-Isles - ✆ 02 32 43 19 95 - lemoulinfouret@wanadoo.fr - fermé dim. soir, mar. midi et lun. d'oct. à mars - 35/55 € - 8 ch. 50 € - 9 €.* En pleine campagne, dans un parc au bord de la Charentonne, cet ancien moulin est une délicieuse halte… pour un repas sur la terrasse fleurie en été ou dans la chaleureuse salle normande en hiver. Quelques chambres pour dormir, bercé par le clapotis de l'eau.

Faire une pause

Couturier – *61 r. Thiers - ✆ 02 32 43 00 74 - tlj sf lun. et mar. 8h-19h30 - fermé 2 sem. de fin janv. à déb. fév. et 3 sem. de fin juin à déb. juil.* Certains viennent ici pour les délicieux macarons, d'autres pour la verrine Vallée d'Auge (crème légère au caramel, brisures de nougatine et dés de pommes acidulées) ou les superbes Polonaises. Et il y a ceux qui ne résistent pas au petit salon de thé adjacent où l'on déguste chocolats, caramels à la crème fraîche, passe-temps, petits sablés au bon goût de beurre noisette, glaces et sorbets en saison.

Que rapporter

Marchés – Marché traditionnel le sam. matin. Marché au foie gras en juin.

Sports & Loisirs

Randonnées – À 14 km de Bernay, le canton de Thiberville a balisé 12 itinéraires pédestres d'une durée moyenne de 3h - dépliant disponible auprès des offices du tourisme de Bernay ou de Thiberville.

Événement

Lundi de Pentecôte – D'origine médiévale, la tradition des charitons subsiste dans la région de Bernay mieux qu'ailleurs. Chaque lundi de Pentecôte se déroule dans la ville une grande assemblée des confréries de charité, l'occasion d'un défilé solennel et coloré.

Parc naturel régional des
Boucles de la Seine normande★★

CARTE GÉNÉRALE B2 – CARTE MICHELIN DÉPARTEMENTS 304 E4 – EURE (27) ET SEINE-MARITIME (27-76)

La vaste et belle forêt de Brotonne (7 400 ha), qu'enlace une large boucle de la Seine, contribue au charme de la rive gauche du fleuve. La création en 1974 du Parc naturel régional a permis de la mettre en valeur. La construction du pont de Brotonne, trois ans plus tard, l'a définitivement tirée de sa solitude. En lisière des frondaisons tentatrices, dans ces villages proprets, prêtez donc l'oreille à la petite musique d'hier, celle du vieux pressoir, du moulin, du four à pain…

- **Se repérer** – Comme son nom l'indique, le Parc s'étend de chaque côté des amples méandres de la Seine, en aval de Rouen. Les ponts de Tancarville ou de Brotonne permettent de passer d'une rive à l'autre, ainsi que les bacs.
- **À ne pas manquer** – Les multiples sentiers balisés du parc, ainsi que Vieux-Port et ses alentours, pour leur charme.
- **Organiser son temps** – Vous trouverez difficilement à vous loger au cœur du parc. Rayonner à partir de Pont-Audemer peut être la solution. N'oubliez pas de prévoir des pique-niques pour vos déjeuners.
- **Pour poursuivre la visite** – Voir aussi Pont-Audemer, Honfleur, Caudebec-en-Caux et Jumièges.

S. Sauvignier/MICHELIN

Vue étendue sur Vieux-Port et la Seine.

Découvrir

PARC NATUREL RÉGIONAL DES BOUCLES DE LA SEINE NORMANDE

Ce parc, de près de 45 000 ha s'étend de l'ouest de Rouen à partir de la boucle de Roumare jusqu'au marais Vernier, un peu avant le pont de Normandie. Dépassant largement les limites de la forêt de Brotonne, il couvre toute la vallée de la basse-Seine, intégrant dans son espace une multitude de sites dont quelques-unes des plus imposantes abbayes de la région. Il attire ainsi les inconditionnels du tourisme vert et les amoureux d'histoire et d'art de vivre.

C'est dans ce contexte que le rôle du parc prend toute son importance. Sa mission consiste en effet à superviser les aménagements et les activités propres à développer l'économie (coopératives, promotion de l'artisanat…) tout en préservant le patrimoine naturel et culturel. Un autre de ses objectifs vise à sensibiliser les gens à la nature et au patrimoine. Cela commence par les 65 000 habitants du parc, et continue auprès des visiteurs qui viennent nombreux profiter des multiples randonnées et des sites historiques exceptionnels des Boucles de la Seine.

Maison du Parc

76940 Notre-Dame-de-Bliquetuit - 02 35 37 23 16 - www.pnr-seine-normande.com - - juil.-août : 9h-18h30, w.-end 10h-18h30) ; avr.-juin et sept. : 9h-18h, w.-end 12h-18h ; reste de l'année : tlj sf w.-end 9h-18h - fermé j. fériés.

À la lisière de Notre-Dame-de-Bliquetuit, sur la route qui mène au pont de Brotonne, elle occupe le site d'une ancienne ferme et de ses dépendances. Outre une documentation fournie sur la forêt de Brotonne toute proche, elle offre une multitude d'informations sur le reste du parc en tenant notamment à la disposition du visiteur des brochures publiées par le Parc, la région ou encore l'Office national des forêts. Elles indiquent souvent les sentiers pédestres ou les itinéraires pour les vélos.

Des circuits à thème sont proposés à partir de la maison du Parc *(voir le carnet pratique)*.

« Le sentier de la maison du Parc » – *2 km* - un sentier de découverte nature vous fera découvrir un potager biologique, une haie plessée et une mare tout en vous apprenant à reconnaître différentes espèces d'arbres. Deux autres circuits de 8 à 12 km partent de la maison du Parc.

Circuit de découverte

FORÊT DE BROTONNE ET BORDS DE SEINE

L'étymologie de Brotonne reste controversée. La petite histoire fait du massif de *Brotonne* la *silva Britonis* ou « forêt du Breton », ledit Breton pouvant être saint Condède, un ermite qui, vers 670, aurait reçu du roi mérovingien, Théodorique III, un morceau de la forêt d'Arelaune. Celle-ci aurait été rebaptisée au profit de son pays natal. Autre version, le nom est bien lié au bénéficiaire de la donation du domaine, mais il s'agirait d'un certain *Burton*, lequel n'a rien de breton.

Toujours est-il qu'aujourd'hui, cette forêt se distingue surtout par ses **routes forestières** (D 40 et D 131), dont les percées donnent de beaux aperçus sur le moutonnement des futaies de feuillus (hêtres et chênes) et sur les pinèdes (pins sylvestres).

80 km – environ 3h. Départ de N.-D.-de-Bliquetuit vers le sud, par la D 913 et la D 313.

Chêne à la cuve

À 100 m de la D 313, à hauteur de la borne kilométrique 11, à droite de la route.

Quatre troncs de chêne, divergeant d'une même souche, délimitent une sorte de cuve naturelle de 7 m de circonférence.

Reprenez la D 313. Après la forêt, prenez la D 90 à la première intersection à droite.

Moulin de Hauville

02 32 56 57 32 - juil.-août : 14h30-18h30 ; mai-juin et sept. : dim. 14h30-18h30 - possibilité de visite guidée - 2,50 € (enf. 1,50 €).

Ce moulin du 13e s., qui appartenait à l'abbaye de Jumièges, est l'un des seuls en pierre subsistant en Haute-Normandie. Sa toiture tournante (orientée selon le sens des vents) en charpente de chêne couverte de roseaux, sa tour aux élégantes pierres, ses grandes ailes lui donnent fière allure. À l'intérieur, on peut apprécier le mécanisme et, si le vent est de la partie, le voir fonctionner.

À Hauville, prenez plein ouest, la direction de La Haye-Aubrée. À la troisième intersection, prenez la D 686 à droite.

La Haye-de-Routot

Deux **ifs★** millénaires colossaux (16 m et 14 m de circonférence) – l'un abrite une chapelle, l'autre un oratoire – offrent leur fraîcheur au cimetière entourant la petite **église**. *Dim. 14h-18h.*

Le **four à pain**, dans une construction du 18e s., fait revivre la fabrication du pain à l'ancienne cuit au bois. Exposition d'outils de boulanger et de pains aux formes fantaisistes. Le rituel de la cuisson du pain se perpétue. *02 32 57 35 74 - juil.-août : 14h-18h ; mars-juin et oct.-nov. : dim. et j. fériés 14h-18h - fermé 1er janv., 8 Mai, lun. de Pentecôte, 11 Nov., 25 déc. - 1,80 €, gratuit le dim. pour les -16 ans.*

Le **musée du Sabot**, installé dans une maison traditionnelle du Roumois (17e s.), présente les outils et les techniques autrefois utilisés. Importante collection de sabots. *02 32 57 35 74 - juil.-août : 14h-18h ; mars-juin. et sept.-nov. : dim. 14h-18h - possibilité de visite guidée - fermé 1er janv., 8 Mai, Lun. de Pentecôte, 1er et 11 Nov., 25 déc. - 2 €.*

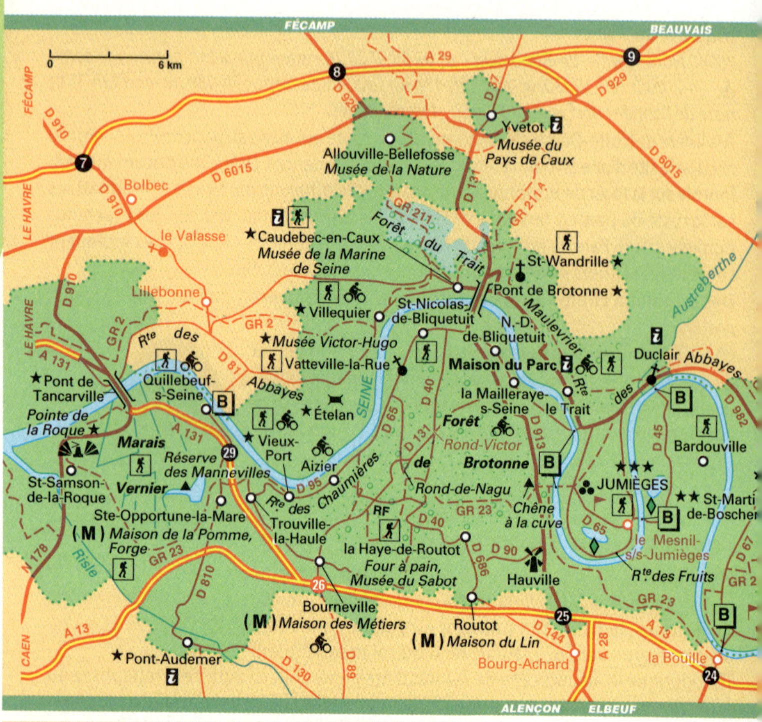

PARC NATUREL RÉGIONAL DES BOUCLES DE LA SEINE NORMANDE

Limites du Parc — M Musée ou exposition — Sentier de découverte — Centre d'informa[tion]

GR Principaux sentiers — Base de plein air ou de loisirs — Circuit à vélo — B Bac

Prenez la D 40 qui s'enfonce dans la forêt. À l'intersection avec la D 686, prenez à gauche, puis à droite sur la D 90 jusqu'à Bourneville. Là, prenez au nord-ouest la D 89 en direction de Quillebeuf. À Trouville-la-Haule, tournez à droite sur la D 95 en direction de Vieux-Port.

Vieux-Port★

Charmant village aux chaumières traditionnelles lové dans un nid de verdure au bord de la Seine. Les toits rivalisent d'épaisseur et les haies admirablement taillées ressemblent à des murets délicats et parfumés.

« Parcours historique Portut tutus » et « Chemin des sources bleues » – Ces deux itinéraires partent de l'esplanade en bord de Seine. Le premier (2 km) explique les origines du village, le second (7,8 km) invite à découvrir de belles chaumières en traversant des paysages de bocage et en longeant la Seine.

Un circuit VTT de 22 km part également de Vieux-Port.

Continuez sur la D 95 et traversez Aizier.

Aizier

Le clocher de pierre de l'église romane (12e s.) est d'allure très archaïque. Près de l'église, dalle à trou d'homme : vestige d'une allée couverte (2 000 ans av. J.-C.).

Poursuivez jusqu'à Vatteville-la-Rue par la D 95, puis la D 65.

Vatteville-la-Rue

Dans la nef Renaissance de l'église, on découvre une litre : bande armoriée de couleur noire, peinte sur les murs à l'occasion des funérailles d'un seigneur. Des verrières du 16e s. illuminent le chœur flamboyant.

Départ : église de Vatteville - Trois sentiers de randonnées de 5, 10 et 17 km partent en direction du bourg, de la Seine ou de la forêt.

Continuez jusqu'à St-Nicolas-de-Bliquetuit.

De St-Nicolas-de-Bliquetuit s'égrènent de beaux jardins clos et de pittoresques maisons à colombages.

Un sentier de randonnée de 5,5 ou 7 km part de la cale du bac en direction des prairies de Barre-y-va *(voir p. 147)*.

Du village, rejoignez le pont de Brotonne.

Pont de Brotonne★

Mis en service en 1977, ce pont routier à péage enjambe la Seine en amont de Caudebec-en-Caux. Ses caractéristiques : 1 280 m de long, un tablier suspendu à 50 m au-dessus des eaux et des pylônes hauts de 125 m.

Par la D 65, revenez à N.-D.-de-Bliquetuit.

Parc naturel régional des Boucles de la Seine normande pratique

Transports

Traversées en bac – Sur le territoire du Parc, six bacs relient les deux rives de la Seine : La Bouille à Sahurs, Duclair à Berville, Mesnil-sous-Jumièges à Yville-sur-Seine, Yainville à Heurteauville, Jumièges à Heurteauville, Quillebeuf à Port-Jérôme. Le bac de Jumièges est le moins régulier, ceux de Quillebeuf et de Duclair les plus importants…

Service des bacs départementaux – ✆ 02 35 96 36 69 - en règle générale, les traversées ont lieu à partir de 6h (parfois plus tôt) jusqu'à 22 ou 23h, toutes les 20mn environ. Le passage est gratuit pour les véhicules légers immatriculés en Seine-Maritime (mais payant pour tous les véhicules pour le bac de Quillebeuf-sur-Seine), et de l'ordre de 1,70 € pour les autres.

Visites

Réserve des Mannevilles – À l'est du marais Vernier, entre Quillebeuf et Ste-Opportune-la-Mare.

Forêts domaniales – *ONF de Rouen - 53 bis r. Maladrerie - 76042 Rouen Cedex 1 - ✆ 02 35 14 20 45* - Les forêts de Brotonne et du Trait-Maulévrier occupent une place importante dans le Parc naturel des Boucles de la Seine normande. L'Office national des forêts y a créé des sentiers pédestres, équestres et cyclables.

Se loger

⊜⊜ Chambre d'hôte Les Sources Bleues – *Rte du Vieux-Port - 27500 Aizier - 5 km au nord de Bourneville par D 139 - ✆ 02 32 57 26 68 - www.les-sources-bleues.com - 4 ch. 58/70 € ☕ - repas 20 €.* Au bord de l'estuaire, cette superbe maison normande qui date de 1854 est entourée d'un joli parc joyeusement fouilli qui s'étire le long de la Seine. De là, on aperçoit les bateaux filer vers Le Havre. Le décor de bois, parquets et tomettes ne manquent pas de charme ; les chambres sont de confort simple, mais au cadre très agréable.

Se restaurer

⊜⊜ Le Parc – *721 r. du Pdt-Coty - 76480 Duclair - ✆ 02 35 37 50 31 - www.restaurant-leparc.fr - fermé mar. - 15/47 €.* Même si les environs proches ne fourmillent pas d'adresses notables, ce restaurant n'a pas besoin de concurrence pour affirmer tous ses charmes. Une grande bâtisse bourgeoise dominant le fleuve, où l'on déguste une cuisine du terroir, dans l'atmosphère raffinée et feutrée des maisons d'hôte. Un lieu incontournable !

⊜⊜ Risle Seine – *Au bourg - 27500 Bourneville - ✆ 02 32 42 30 22 - www.risle-seine.com - fermé 8-14 mars, merc. soir et lun. - 18/29 €.* Dans cette maison de village à la façade ocre pâle, le décor simple sert d'écrin à une cuisine goûteuse préparée avec des produits frais. Les menus variés contenteront les petits et les gros appétits. Dernier argument de poids : la terrasse dans le jardin en été.

Circuits à thème

ROUTE DES CHAUMIÈRES

En lisière de la forêt, la route suit les méandres de la Seine de Mailleraye-sur-Seine jusqu'au marais Vernier. Elle vous invite à découvrir de jolies chaumières au milieu de cours plantées de pommiers et vous permettra de comprendre le savoir-faire lié à leur construction. Une brochure détaillée est disponible à la maison du Parc.

ROUTE DES FRUITS

Cette route qui va de Jumièges à Duclair est très agréable au printemps quand les vergers sont en fleurs et gourmande en été avec la vente de fruits aux barrières des producteurs. Renseignements à la maison du Parc.

ROUTE DES ABBAYES

La route passe par les abbayes de St-Georges-de-Boscherville, Jumièges et St-Wandrille. Renseignements à la maison du Parc.

ROUTE DU BLÉ AU PIN

Entre La Haye-de-Routot et Hauville des panneaux expliquent la fabrication du pain, de la mouture du blé décrite au moulin de Hauville, à la préparation du pain exposée au vieux four à pain de La Haye-de-Routot où chaque dimanche le pain cuit est défourné.

Sports et loisirs

Forêts domaniales – *S'adresser à l'ONF de Rouen - 53 bis r. Maladrerie - 76042 Rouen Cedex 1 - ✆ 02 35 14 20 20.* Les forêts de Brotonne et du Trait-Maulévrier occupent une place importante dans le Parc naturel des Boucles de la Seine normande. L'Office national des forêts y a créé des sentiers pédestres, équestres et cyclables (*dépliant gratuit*).

Événement

Le feu de St-Clair – Tous les ans à **La Haye-de-Routot**, dans la nuit du 16 juillet, le feu de St-Clair – un bûcher de 15 m de haut – crépite en l'honneur du saint patron de la paroisse. Quelques semaines avant, les frères de la Charité abattent un peuplier, le débitent à la Fête-Dieu, puis le mettent à sécher. Une fois sec, le bois est coupé en bûches. Le matin du 16 juillet, elles sont entassées autour d'un mât de sapin coiffé d'une croix. Après l'office religieux, vers 23h, le bûcher est béni puis enflammé. Les brandons ramassés par les habitants protégeront leurs maisons de la foudre. Fête foraine, défilés et grand bal animent la journée.

Brionne

4 306 BRIONNAIS
CARTE GÉNÉRALE B2 – CARTE MICHELIN DÉPARTEMENTS 304 E 6 – EURE (27)

Par sa situation idéale, proche tout à la fois de l'abbaye du Bec, des châteaux d'Harcourt et du Champ-de-Bataille – trois points forts de la région –, et grâce à son fier donjon carré, Brionne est devenu un agréable lieu de séjour. Vous ne pourrez trouver meilleur point de départ pour rayonner dans le Lieuvin.

- **Se repérer** – À 40 km au nord-ouest d'Évreux par les D 613 et D 130 et à 39 km à l'est de Lisieux, Brionne commande la vallée de la Risle.
- **À ne pas manquer** – Ne manquez pas son donjon carré et les rives de la Risle.
- **Organiser son temps** – Après 1 ou 2h de balade dans Brionne, profitez des sentiers de randonnées alentour, et filez ensuite vers le Bec-Hellouin, le château d'Harcourt et Champ-de-Bataille.
- **Pour poursuivre la visite** – Voir aussi Pont-Audemer, le Bec-Hellouin, Elbeuf et Bernay.

Comprendre

Une histoire intimement liée à celle du Bec-Hellouin – Brionne (du gaulois *Brio Onno* ou du romain *Breviodurum* qui signifient « pont sur la rivière ») a été très liée à l'épanouissement de la vie monacale, au 11e s., dans le vallon voisin du Bec. En effet, le siège de la ville, où s'était retranché Guy de Bourgogne, entre 1047 et 1050, donna l'occasion au duc Guillaume de Normandie d'entrer en contact avec le foyer de culture du Bec-Hellouin. Ce sera le point de départ d'une relation de confiance qui amènera le monastère à jouer un rôle prééminent dans l'organisation religieuse de l'Angleterre.

Se promener

De l'ancienne place forte ne subsistent que le donjon et quelques vestiges du château (rive droite). Dans le même axe s'alignent l'église St-Martin, la gare (rive gauche) et l'office de tourisme.

Trois circuits balisés (de 15 à 22 km) partent de l'office de tourisme. Ils sont praticables à pied, à vélo ou à cheval.

Donjon

15mn à pied AR. Laissez la voiture sur la place de l'Église (St-Martin). La rue du Maréchal-Foch ou la rue de la Soie permettent de rejoindre la rue des Canadiens ; après 50 m dans cette rue, prenez à droite la « sente du Vieux-Château », en forte montée vers les ruines de l'un des rares et meilleurs types de donjon normand carré (11e s.). De puissants contreforts venaient épauler ses quatre étages.

Église Saint-Martin

La nef est du 15e s. et le chœur à voûte gothique lambrissée du 14e s. Vitraux modernes.

Jardin de Shaftesbury

De l'autre côté de la Risle. Promenade agréable le long de la Risle dans un petit jardin portant le nom de la ville anglaise jumelée.

Ancien pressoir

En direction de la gare. Cet édifice du 18e s., récemment restauré, abrite l'office de tourisme.

G. Targat/MICHELIN

Donjon carré du 11e s.

Circuit de découverte

LE LIEUVIN

39 km – environ 1h.

Le Lieuvin est un plateau couvert d'argile à silex et de limons ; c'est aussi une région céréalière et herbagère. Avec le Roumois, séparé par la vallée de la Risle, il forme transition entre le pays de Caux et le pays d'Auge.

Quittez Brionne au nord par la D 46. À Authou, continuez sur la D 137 vers St-Georges-du-Vièvre.

Saint-Grégoire-du-Vièvre

Le mur méridional de l'église présente une originale composition en damier, de silex noir et de pierre blanche, avec, sur certaines pierres, des personnages et des sortes de rébus qui dateraient du 16e s.

Reprenez la D 137.

La route est agréablement ombragée.

Saint-Georges-du-Vièvre

Située au cœur du Lieuvin, cette commune est le point de départ du circuit des maquisards qui couvre le nord-est du canton, vers la Risle (*demander la brochure des circuits touristiques du canton à l'office de tourisme*).

Prenez au sud-est la D 38.

Château de Launay

S'engager à pied dans l'avenue qui se détache à droite. Visite guidée (45mn) de mi-août à fin sept. - 5 €. De la grille d'honneur, on peut admirer cette construction d'époque Régence, aux ailes prolongées par des dépendances du 16e s. aux beaux colombages. Dans le parc, jardins à la française et magnifique hêtre pleureur. Voyez le **pigeonnier★** aux consoles sculptées de monstres et de personnages grotesques.

Reprenez la D 38.

La route descend sous une véritable voûte de hêtres.

Saint-Benoît-des-Ombres

Remarquez la chapelle que protège un rideau de verdure. Perché sur le porche en bois (15e s.), saint Benoît, également de bois, vous dévisage. À l'intérieur, belle voûte et fonts baptismaux (16e s.).

Ralliez la D 31 en suivant la direction de St-Victor-d'Épine. Les jardins sont indiqués sur la droite au bout de 2 km environ.

Les jardins du clos Saint-François

St-Victor-d'Épine - ✆ 02 32 45 98 90 - mai-août : vend.-lun. : 10h-12h, 14h-18h - 5 € (-16 ans gratuit).

Joli jardin à l'anglaise patiemment dessiné depuis 1985 autour d'une ancienne chaumière normande que les propriétaires ont d'abord restaurée. La succession d'ambiances végétales et animales (ânes, paons, canards, oies, etc.) invite à la flânerie. Belle collection de roses anciennes (près de 150 espèces). Buissons en fleurs, pivoines arbustives, hydrangeas, datura, rhododendrons, cyprès chauves, arbre de Judée et séquoïa.

Rejoignez St-Victor-d'Épine.

Devant la mairie de St-Victor-d'Épine par un circuit de randonnée intitulé **Circuit de la Grande Boissière** (6,5 ou 9,5 km).

Suivez la D 31 en direction de Berthouville et tournez ensuite à gauche sur la D 26. À Brétigny, prenez la D 48 vers le nord puis tourner à gauche sur la D 38.

Livet-sur-Authou

De charmantes maisons à colombages noir et blanc marquent l'entrée de la localité. Le château avec son parc et l'église de l'autre côté de la route composent un tableau pittoresque.

Les circuits des moulins et lavoirs partent de la mairie (5 ou 7 km).

Retournez à Brionne par la D 38 et la D 46.

Brionne pratique

Adresse utile

Office du tourisme du canton de Brionne – *1 r. du Gén.-de-Gaulle - 27800 Brionne - ✆ 02 32 45 70 51 - mai-oct. : 9h30-12h30, 14h-18h, dim. 10h-12h30 ; reste de l'année : tlj sf lun. 9h30-12h30, 14h-18h, dim. 10h-12h30 - fermé 1er janv. et 25 déc.*

Sports & Loisirs

Base de loisirs de Brionne – *✆ 02 32 45 44 40 - 8h-22h - parking payant juil.-août 3 €.*

Cabourg★

4 027 CABOURGEAIS
CARTE GÉNÉRALE A2 – CARTE MICHELIN DÉPARTEMENTS 303 L4 – CALVADOS (14)

Station balnéaire mondaine et animée, créée sous le Second Empire, Cabourg conserve un parfum d'antan et la faveur d'une élégante clientèle. Équipements et loisirs y sont nombreux pour toute la famille et tous les goûts. Vous n'y viendrez pas pour avoir un emploi du temps surchargé, mais pour flâner le long des villas Belle Époque et sur la promenade du front de mer où rôde parfois le fantôme de Marcel Proust !

H. Le Gac/MICHELIN

Le casino de Cabourg donne directement sur le front de mer.

- **Se repérer** – Depuis Caen (33 km au sud-ouest), Deauville (19 km) et Honfleur (51 km) à l'est, accès par la D 513 ; depuis Lisieux (30 km au sud-est), par la D 45. Le plan des rues de Cabourg dessine un éventail déployé, dont les jardins du Casino forment le pivot, orienté côté plage. Les cours de la Dives et de la Divette s'unissent près de l'hippodrome et forment un estuaire aménagé en petit port de pêche et de plaisance. Sur l'autre rive s'étend la ville de Dives-sur-Mer.
- **À ne pas manquer** – Les villas de Cabourg et le joli port de Dives-sur-Mer.
- **Organiser son temps** – Choisissez plutôt la matinée pour découvrir la ville de manière à éviter l'affluence estivale.
- **Pour poursuivre la visite** – Voir aussi Houlgate, Deauville, Trouville, Honfleur, Lisieux et le pays d'Auge.

Comprendre

Du village de pêcheurs au Tout-Paris – En 1853, Henri Durand-Morimbau, promoteur et agent d'affaires parisien, travaille pour une société thermale dont le but est la création d'établissements de plaisance. Cette année-là, il découvre Cabourg, un petit hameau de pêcheurs qu'il décide de transformer en station balnéaire. Il s'entoure alors d'Achille Collin, un ancien directeur de théâtre, et d'un dramaturge, Adolphe Dennery, qui entraînent bientôt dans leur sillage tous les directeurs de théâtre. Le monde du spectacle et de la littérature mise sur la création de la station.

Celle-ci voit le jour en 1855, dessinée selon un plan radiocentrique au cœur duquel trônent le casino et le jardin qui le borde. La ligne directrice est

Le saviez-vous ?

Les trois éléments au centre du blason de Cabourg rappellent la vocation originelle et la situation géographique de la cité : un poisson, un bateau en mer et l'embouchure d'une rivière, la Dives. Le tout s'entoure d'une branche de laurier, synonyme de distinction, et d'une autre de chêne, symbole de force et de constance.

déjà donnée : Cabourg sera élégante et réunira la fine fleur parisienne ainsi que de nombreux hommes de théâtre. Son développement s'accélère après la création, en 1862, du Grand Hôtel de la Plage : 150 villas sont construites entre 1862 et 1875. Dès 1868, le casino est d'ailleurs reconstruit et un théâtre lui est adjoint.

Le Cabourg de Proust – En 1881, Marcel Proust se rend pour la première fois à Cabourg ; il a alors dix ans et le climat maritime apaise ses crises d'asthme. Attiré par le charme des lieux, qu'il revisite souvent, il finit par élire domicile au Grand Hôtel, renouant ainsi avec l'univers de son enfance. La littérature française lui doit *À l'ombre des jeunes filles en fleurs*, peinture de la vie de plage au début du siècle et des mœurs de Cabourg – Balbec – à la Belle Époque.

Une station balnéaire à la mode – À la fin du 20e s., la renommée artistique de Cabourg se perpétue grâce à des hommes comme **Bruno Coquatrix**, le père de l'Olympia de Paris, qui prend la direction des « grands établissements » cabourgeais en 1956. S'y succèdent alors : Piaf, Bécaud et Aznavour. À partir de 1971, il préside au destin de la station en étant élu maire de la ville. La restauration complète du Grand Hôtel est une de ses grandes réalisations.

Le Sauveur sans « croux »

En l'an mil et un de la grâce de Dieu, raconte la légende, des pêcheurs de Cabourg ramènent dans leurs filets un Christ sans croix. Tout l'équipage se jette à genoux, à l'exception d'un homme qui se refuse à adorer « un morceau de bois ». Pour démontrer le bien-fondé de son attitude, d'un coup de hache, il tranche net le genou droit de la statue. Or voici que la blessure se met à saigner. Ce signe divin suffit à convertir l'impie. Une querelle s'élève alors entre les habitants de Cabourg et ceux de Dives au sujet de la possession de ce Christ. En bons Normands, les uns plaident que c'est dans leurs filets qu'on a ramené le Sauveur, les autres arguent que le trésor a été pêché dans leurs eaux ; le juge ordonne que la « sainte image » soit remise à l'eau. C'est sur la grève de Dives qu'elle échoue, et les Divois, enchantés, en prennent possession. Cependant, le Christ est toujours sans croix et malgré les efforts multiples des artisans aucun n'est capable d'en ajuster une. Trois ans plus tard, une croix est pêchée en mer, cette fois par des Divois. Apportée à l'église, elle s'adapte miraculeusement ! Telle est l'origine de l'important pèlerinage qui dura jusqu'à la fin du 16e s.

Séjourner

Face à la mer, le **casino** et le **Grand Hôtel** forment le pôle d'où rayonnent des rues en éventail reliées par des artères semi-circulaires. De belles villas cossues, aux jardins ombragés et souvent fleuris, donnent tout leur charme à ces avenues.

En terrasse, au-dessus de la plage de sable fin en pente douce, la **promenade Marcel-Proust** incite à la flânerie. La vue s'étend de Riva-Bella à Houlgate avec Trouville à l'arrière-plan et le cap de la Hève à l'horizon.

Le nouvel **hippodrome**, inauguré en 1991, se trouve à l'entrée sud de Cabourg. Un vaste **plan d'eau**, protégé par une longue digue, a été aménagé pour la navigation de plaisance à l'embouchure de la Dives : le Cap Cabourg.

Aux alentours

Dives-sur-Mer★

La ville n'est séparée de Cabourg que par l'estuaire de la rivière Dives, dont elle porte le nom. C'est de l'ancien port de Dives-sur-Mer que Guillaume le Bâtard, duc de Normandie, s'embarqua pour la conquête de l'Angleterre au 11e s.

Halles★ – 14e et 15e s. Leur magnifique charpente en chêne, très bien conservée, s'harmonise parfaitement avec la toiture en tuile. Quelques enseignes en fer forgé caractérisent divers commerces.

Au fond de la place de la République, on peut voir les **bâtiments** (16e s.) du manoir de Bois-Hibou. La demeure appelée Lieutenance a servi de gendarmerie au 19e s.

Église Notre-Dame de Dives – Cette massive construction, sanctuaire de pèlerinage jusqu'aux guerres de Religion, date des 14e et 15e s., sauf la croisée du transept, vestige d'un premier sanctuaire édifié au 11e s. Au revers de la façade figure la liste (gravée en 1862) des 315 compagnons d'armes de Guillaume dans son expédition en Angleterre. À l'intérieur, l'élégance de la nef (15e s.) contraste avec l'aspect massif des piliers et les arcades sévères de la croisée du transept, romane. Les croisillons, le chœur et la belle chapelle de la Vierge ont été construits au 14e s. dans le style rayonnant.

Village Guillaume-le-Conquérant – Agréable quartier d'artisanat aménagé dans l'ancienne hostellerie du même nom (16e s.), décorée au 19e s. de sculptures de bois et de statues des 17e et 18e s. Parmi ses visiteurs de marque, Mme de Sévigné, Alexandre Dumas, Thiers, Poincaré, etc. Autour de la cour de l'ancienne auberge se rassemblent les boutiques aux façades décorées d'enseignes.

Merville-Franceville-Plage

6 km. Quittez Cabourg par l'avenue de la Paix, D 514.

Lors du Débarquement allié en juin 1944, le puissant et stratégique point de défense que constituait la batterie de Merville (4 abris bétonnés pourvus chacun d'une pièce de 150 mm d'une portée de 20 km) fut le centre de violents combats qui s'avérèrent décisifs pour la suite des opérations.

Le **musée de la Batterie**, véritable lieu de mémoire, permet de comprendre les enjeux liés au débarquement, sur le lieu même des affrontements. Quatre casemates sont aujourd'hui aménagées pour la visite : histoire du combat, mémorial du 9e bataillon des parachutistes britanniques et exposition d'armes (dont un canon). Au sein d'un des abris, vous pourrez revivre l'assaut des Britanniques grâce à un spectacle « son et lumière » *(déconseillé aux enfants). Pl. du 9e-Bataillon - ✆ 02 31 91 47 53 - www.batterie-merville.com - ♿ - de mi-mars à mi-nov. : 9h30-19h - 6 €. La Carte Pass, qui offre des réductions dans tous les lieux de mémoire liés au Débarquement, est ici valable.*

Ranville

8 km au sud de Merville-Franceville-Plage par la D 223, vers l'Orne.

Pendant la Seconde Guerre mondiale, Ranville, pris d'assaut le 6 juin, à 2h30, par les parachutistes du 13e bataillon du Lancashire de la 6e division aéroportée britannique, a été le premier village libéré de France. Cimetière commémoratif.

Cricqueville-en-Auge

Quittez Cabourg au sud par la D 400. Dépassez Dives-sur-Mer. Rejoignez la D 27 et prenez à gauche. Après La Bruyère, prenez la direction de Cricqueville.

Le **château** *(on ne visite pas)*, achevé en 1584, forme avec ses trois pavillons aux combles immenses une composition encore médiévale d'aspect. Son appareil en damier de pierres et briques lui donne son cachet normand.

Sur la D 45, dans la descente de Sarlabot à Dives, un beau panorama s'étend sur la côte du Calvados, de part et d'autre de l'embouchure de l'Orne.

Cabourg pratique

Adresse utile

Office du tourisme de Cabourg – *Jardins de l'Hôtel de Ville - 14390 Cabourg - ✆ 02 31 06 20 00 - www.cabourg.net - juil.-août : 9h30-19h ; vac. scol. (hors juil.-août) : 9h30-12h30, 14h-18h, dim. et j. fériés 10h-12h, 14h-18h ; reste de l'année : 10h30-12h30, 14h-17h30, dim. et j. fériés 10h-12h, 14h-16h - fermé mar. mat. (nov.-mars).*

Syndicat d'initiative de Dives-sur-Mer – *2 r. d'Hastings - 14160 Dives-sur-Mer - ✆ 02 31 91 24 66 (en sais.) - de mi-juin à fin sept. : 10h-12h, 14h-18h, sam. 10h-12h, 14h30-18h30, dim. et j. fériés 10h-12h, 14h30-16h30 - visite guidée gratuite jeu. à 17h devant le syndicat d'initiative.*

Se loger

⊖ **Camping Municipal le Point du Jour** – *Rte de Cabourg - 14810 Merville-Franceville-Plage - 5 km à l'ouest de Cabourg par D 514 - ✆ 02 31 24 23 34 - camp.lepointdujour@wanadoo.fr - ouv. mars-15 nov. - réserv. conseillée - 142 empl. 18 €.* Voilà un camping qui plaira aux amoureux de grand air marin, il est au bord de la plage ! Les emplacements sont judicieusement délimités par de belles haies. Salle de jeux et de télévision… Mais rien ne vaut le spectacle de la mer.

ROGER VIOLLET

Affiche de tourisme balnéaire Belle Époque.

⊖⊖ **Hôtel de Paris** – *39 av. de la Mer - ☏ 02 31 91 31 34 - www.hotel-de-paris-cabourg.fr - fermé janv. -* P *- 24 ch. 57/75 € - ☕ 6,80 €.* Hôtel situé dans l'artère la plus commerçante de la ville, à 300 m de la mer. Les chambres sont rénovées avec sobriété et égayées de murs colorés. Accueil fort sympathique. Bar disposant d'une terrasse.

⊖⊖ **Hôtel Le Cottage** – *24 av. du Gén.-Leclerc - ☏ 02 31 91 65 61 - www.hotel-cottage-cabourg.com -* P *- 14 ch. 60/110 € - ☕ 8 €.* Atmosphère de maison d'hôte en ce cottage des années 1900 devancé par un sympathique jardinet. Un escalier tortueux dessert les chambres, simples mais régulièrement rafraîchies, et offrant toutes un décor différent ; le dernier étage abrite les moins spacieuses. Salle des petits-déjeuners familiale.

⊖⊖ **Chambre d'hôte Ferme de l'Oraille** – *Chemin de Deraine - 14430 Douville-en-Auge - 7 km au sud-est de Dives-sur-Mer par D 45, D 27 entre la Maison Blanche et La Croix d'Heuland chemin de Deraine - ☏ 02 31 79 25 49 ou 06 12 60 25 71 - ⊭ - 2 ch. 47/50 € ☕.* Ici pas de luxe ostentatoire, vous êtes dans une ferme normande du 18e s. dont les propriétaires sont aussi producteurs de lait. Voilà une bonne occasion de redécouvrir le goût authentique de ce breuvage lors d'un petit-déjeuner accompagné de confitures maison. Chambres simples, au calme.

⊖⊖ **Chambre d'hôte Ferme des Glycines** – *Carrefour Malerne - 14510 Gonneville-sur-Mer - 4 km à l'est d'Houlgate par la D 24 - ☏ 02 31 28 01 15 - fermé janv.-mars, de nov. à fin déc. et du lun. au jeu. hors sais. - ⊭ - 3 ch. 55 € ☕.* Cette ferme normande de 1780 mérite qu'on s'y arrête. Ses chambres aux tons harmonieux sont agréables à vivre, et vous apprécierez les petits-déjeuners tartinés de confitures maison. Le domaine est aussi celui des chevaux, moutons et poules.

⊖⊖⊖ **Castel Fleuri** – *4 av. Alfred-Piat - ☏ 02 31 91 27 57 - www.castel-fleuri.com - fermé 5-24 janv. - 22 ch. 85 € ☕.* Charmante maison précédée d'un joli jardin où l'on sert le petit-déjeuner dès les premiers beaux jours. Chambres coquettes et fraîches ; salon à la fois simple et cosy.

Se restaurer

⊖ **Dupont avec un Thé** – *6 av. de la Mer - ☏ 02 31 24 60 32 - sasdupont.dives@wanadoo.fr - fermé mar. et merc. hors sais., lun. midi, jeu. midi et vend. midi hors sais. sf vac. scol. - 5/15 €.* Consacré Meilleur Ouvrier de France en 1989, ce pâtissier chocolatier a ouvert quatre magasins dans les environs (les autres étant situés à Dives, Deauville et Trouville). Une gamme complète de petits trésors à savourer, avec entre autres le puits d'amour et le caramel au beurre salé. Dernière nouveauté : le canotier 1900.

⊖⊖ **Le Baligan** – *8 av. Alfred-Piat - ☏ 02 31 24 10 92 - www.lebaligan.fr - fermé 8 déc.-12 janv., 9-15 fév. et merc. sf j. feriés - 17/24 €.* Nouvelle table du centre-ville au décor de bistrot. Vue sur les cuisines où le chef mitonne les produits de la mer tout frais, selon une carte évolutive.

⊖⊖ **La Champagne-Ardenne** – *11 pl. du Marché - ☏ 02 31 91 02 29 - www.lachampagne-ardenne-cabourg.com - fermé lun. hors sais. - 13 € déj. - 17/45 € - 16 ch. 39/55 € - ☕ 5,90 €.* Face au nouveau marché couvert, cet hôtel-restaurant sans prétention demeure néanmoins fort convenable et bien tenu. Une salle de restaurant élégante avec une carte proposant quelques spécialités de poissons et fruits de mer. À l'étage, des chambres simples et sans surprise, très bien pour faire étape en ville.

⊖⊖ **Au Pied des Marais** – *Au Hôme - 2 km à l'ouest de Cabourg - ☏ 02 31 91 27 55 - au-pied-des-marais@orange.fr - fermé 24 janv.-8 fév., 21 juin-4 juil., 20-28 déc., lun. et mar. sf le soir en juil.-août - 20/50 €.* Auberge normande prisée pour sa carte traditionnelle et ses spécialités de pieds de cochon. Grillades cuisinées sous vos yeux dans la cheminée de la salle à manger rustique.

⊖⊖ **Chez le Bougnat** – *27 r. Gaston-Manneville - 14160 Dives-sur-Mer - ☏ 02 31 91 06 13 - www.chezlebougnat.fr - fermé 5-31 janv., jeu. soir, vend. soir et sam. soir sf du 14 Juil. au 31 août - 16/26 €.* Décor de bric et de broc dans cette ancienne quincaillerie dont les murs carrelés de blanc sont tapissés de vieilles affiches. Voilà pour le cadre ! Pour l'assiette, généreuse cuisine naviguant entre plats du marché et spécialités maison.

⊖⊖ **Chez Marion** – *10 pl. de la Plage - 14810 Merville-Franceville-Plage - 5 km à l'ouest de Cabourg par D 514 - ☏ 02 31 24 23 39 - www.chez-marion.com - fermé janv., lun. et mar. sf vac. scol. - réserv. conseillée - 25/42 € - 14 ch. 65/72 € - ☕ 8 €.* On vient de loin pour déguster les poissons et fruits de mer de ce restaurant ! Pas moins de 18 sortes de coquillages et crustacés différents, les homards bretons du vivier et une superbe collection de calvados contribuent à son succès… Si vous y passez la nuit, demandez une chambre avec vue sur mer.

⊖⊖⊖ **Guillaume le Conquérant** – *2 r. Hastings - 14160 Dives-sur-Mer - ☏ 02 31 91 07 26 - restaurantguillaumeleconquerant@orange.fr - fermé 25 juin-2 juil., 24 nov.-25 déc., dim. soir et lun. sf août et j. fériés, merc. soir d'oct. à avr. - 28/54 €.* Pour finir la balade dans le village, un repas au fond de la cour de cet ancien relais de poste du 16e s. s'impose. Avec sa belle salle meublée à l'ancienne, ce restaurant vous transportera dans un autre temps… En été, vous profiterez de sa terrasse ensoleillée.

En soirée

Bar du Grand Hôtel – *Prom. Marcel-Proust - ✆ 02 31 91 01 79 - www.grandhotel-cabourg.com - 11h30-23h50.* On ne présente plus ce lieu phare de la Belle Époque... terriblement beau et nostalgique avec ses immenses lustres et ses grandes tentures. Ceux qui n'ont pas le bonheur d'y passer quelques jours peuvent toujours aller prendre le thé dans cet établissement chargé d'histoire.

Grand Casino – *Prom. Marcel-Proust - ✆ 02 31 28 19 19 - machines à sous : lun.-jeu. 10h-3h, vend.-sam. 10h-4h, dim. 10h-3h ; boule : lun.-jeu. 21h-3h, vend. 21h-4h, sam. 16h-4h, dim. 16h-3h ; jeux trad. : merc.-jeu. 21h-3h, vend.-sam. 20h-4h, dim. 15h-3h ; discothèque : vend.-sam. 23h-5h.* C'est autour du casino que furent tracées en éventail, à l'origine, les principales avenues de la ville. La promenade Marcel-Proust, piétonne et en bord de mer, vous mène directement à cet antre du jeu... Comment résister ? Outre les machines à sous et les jeux traditionnels, le casino abrite aussi une discothèque (500 places), une salle de spectacle (500 places), un théâtre à l'italienne (jusqu'à 500 places) et un restaurant panoramique face à la mer. Terrasse en front de mer.

Sports & Loisirs

Courses hippiques de Cabourg – *Av. Michel-d'Ornano - ✆ 02 31 28 28 80 - renseignements sur le programme des courses. Restaurant panoramique.* Même si le turf n'est pas votre dada... vous serez à coup sûr emballé par le spectacle des courses de trot de l'hippodrome de Cabourg (à l'entrée sud de la ville). Les courses estivales se déroulent exclusivement en nocturne (les mardis et vendredis), et d'autres courses ont lieu à l'automne et en décembre.

École de voile Française – *Sur la plage côté ouest - ✆ 02 31 91 27 00.* Location de catamarans, canoës et speed-sail d'avril à septembre.

G. Targat/MICHELIN

Chevaux de course à l'entraînement.

Golf Miniature – *13 av. du Cdt-Touchard - ✆ 02 31 24 14 44 - juil.-août : 10h-22h30 ; avr., mai, juin, sept., oct. : 14h30-19h - fermé de la Toussaint à Pâques et mar. hors sais. - 5 €.* Créé en 1953, ce beau mini-golf de 18 pistes reproduit plusieurs grands monuments du monde entier (comme le pont de Tancarville, Big Ben, la pyramide de Chéops, la tour de Pise, la tour Eiffel...). En fin de partie, vous pouvez prendre un verre sur la terrasse du bar qui surplombe la mer.

Les Écuries de la Sablonnière – *Av. Guillaume-le-Conquérant, rte de Caen (face au camping le Vert Pré) - ✆ 02 31 91 61 70 - http://sablonniere.neuf.fr - tlj sf jeu. (sf vac. scol.) 9h-12h30, 14h-18h.* Installé dans une maison normande, ce club équestre organise des promenades sur la plage ou dans l'arrière-pays et dispense des leçons pour cavaliers de tout niveau (poneys pour les enfants). Également, pension pour votre cheval.

Cabourg Marine – *Av. Pasteur - port de plaisance - ✆ 02 31 91 69 08.* Promenades en mer de Pâques à la Toussaint.

Caudebec-en-Caux★

2 331 CAUDEBECQUAIS
CARTE GÉNÉRALE B2 – CARTE MICHELIN DÉPARTEMENTS 304 E4 – SEINE-MARITIME (76)

Le fleuve, paisible et majestueux, donne un charme balnéaire à cette commune du Parc naturel régional des Boucles de la Seine normande, ceinturée de forêts. Ancienne capitale du pays de Caux, elle a perdu ses vieux quartiers – incendiés en 1940 –, mais sa belle église Notre-Dame et quelques jolies demeures ont pu être épargnées. Quant au mascaret, malicieuse vague déferlante qui attirait autrefois une foule d'intrépides sur les quais, un petit musée s'en souvient.

Se repérer – À mi-chemin entre Rouen (48 km à l'est) et Le Havre (52 km à l'ouest), Caudebec est construite en amphithéâtre au bord de la Seine. Le pont de Brotonne permet de passer sur l'autre rive et d'accéder directement à la forêt du même nom, cernée par une boucle du fleuve.

Se garer – Parkings place du Marché (*sauf le samedi matin*), place Henri-IV et place d'Armes.

À ne pas manquer – L'église Notre-Dame pour son architecture flamboyante et le joli site de Villequier.

Organiser son temps – Prenez une bonne journée pour découvrir Caudebec et ses abords immédiats avant de rayonner en direction des abbayes.

Pour poursuivre la visite – Voir aussi le pays de Caux, St-Wandrille, Jumièges, Rouen, le Parc naturel des Boucles de Seine et Lillebonne.

G. Targat/MICHELIN

Le portail ouest de N.-D. de Caudebec.

Comprendre

Une prospérité passagère – Le nom de Caudebec, d'origine scandinave (le « frais ruisseau » de *kald*, « froid », et *bekkr* ou *bec*, « cours d'eau ») est mentionné pour la première fois au 11e s. sur une charte consentie aux moines de l'abbaye de St-Wandrille. Au 12e s., la ville s'entoure de fortifications pour résister aux Anglais, qui s'en rendent maîtres en 1419. Charles VII visite la cité libérée en 1449. Les guerres de Religion apportent leur lot de malheurs. Caudebec se soumet à Henri IV en 1592 et devient un centre florissant grâce à la confection de gants et de chapeaux. Le caudebec, élégant chapeau de feutre, s'impose notamment à la cour du roi. La Révocation de l'édit de Nantes (1685) met fin à cette prospérité.

Le mascaret – Aux grandes marées de vives eaux, le flux marin qui pénètre dans l'estuaire se trouve étranglé entre les rives du fleuve et empêche l'écoulement normal des eaux fluviales au point de déterminer un renversement de courant donnant naissance à la **barre** appelée mascaret. Ce phénomène naturel est considérablement atténué aujourd'hui par la correction des berges de la Seine. C'est de Caudebec que le mascaret s'observait sous son aspect le plus impressionnant, surtout lors des grandes marées d'équinoxe. Le rouleau écumeux remontait le fleuve « à la vitesse d'un cheval au galop », puis la vague colossale déferlait sur les rives, éclaboussant copieusement curieux et téméraires. Cette attraction n'amusait pas les marins, car le phénomène se faisait sentir autrefois à chaque marée.

Se promener

2 km - 1h - dép. de l'office de tourisme. De la place du Gén.-de-Gaulle, prenez la rue de la Vicomté. Sur la droite, l'**ancienne prison** est encastrée dans les remparts érigés sous Charles V (14e s.).

Continuez dans la rue Thomas-Basin où la statue de l'ancien évêque de Lisieux, né en 1412 à Caudebec-en-Caux, vous dévisage. Il a œuvré à la réhabilitation de Jeanne d'Arc.

Maison des Templiers

1 r. Thomas-Basin - ✆ 02 35 96 20 93 - janv.-mars : mar. et jeu. 14h-18h ; avr.-oct. : tlj sf lun. et mar. 14h30-18h30, sam. 10h-12h, 14h30-18h30 - fermé 25 déc. - 4 € (-16 ans gratuit).

Ce précieux spécimen de l'architecture civile du 13e s. conserve intacts ses deux murs-pignons. Les Amis du vieux Caudebec y ont reconstitué le **musée**

(Biochet-Brechot) de la ville : histoire locale, lithographie, meubles normands et textiles anciens.

Suivez la rue de la Ste-Gertrude.

On longe la **tour des Fascines** et la **tour d'Harfleur**.

Prenez la rue du Havre, côté gauche, puis encore à gauche la rue Planquette.

Église Notre-Dame★ *(voir « Découvrir »)*

Du parvis de l'église, on peut admirer trois belles demeures à l'angle de la Grand'Rue (côté gauche de l'église), dont la **Maison normande** et l'**hôtel des Baillis de Caux** (18e s.). Elles rappellent le caractère de la ville avant la guerre.

Gagnez la place du Marché, côté droit de l'église et prenez la rue de la Poissonnerie qui donne sur les quais où l'on s'engage à droite.

Poursuivez vers l'avenue W.-Churchill.

Musée de la Marine de Seine

Av. Winston-Churchill - ✆ 02 35 95 90 13 - avr.-sept. : 14h-18h30 ; reste de l'année : 14h-17h30 - fermé 1er janv. et 25 déc. - 3,30 € (enf. 2 €).

Il est consacré exclusivement à l'histoire de la navigation sur la Seine : les ports, les échanges commerciaux, la construction navale, les traversées. Il abrite notamment le *Joble*, bateau de transport de 1886. Coutumes et traditions sont également évoquées. À découvrir ou à redécouvrir : le souvenir du **mascaret**. La présentation d'embarcations en bois sert d'introduction à la visite.

Depuis la terrasse de l'hôtel de ville, agréable perspective sur la Seine qu'animent les allées et venues des bateaux.

Rejoignez la place du Gén.-de-Gaulle en longeant le quai Guilbaud.

Visiter

ÉGLISE NOTRE-DAME★

Selon Henri IV, l'église N.-D. de Caudebec était « la plus belle chapelle du royaume ». Remarquable édifice flamboyant *(voir ABC d'architecture)*, elle a été construite de 1425 à 1539, en partie par Guillaume Le Tellier. Son portail a été achevé au début du 17e s.

Extérieur – Accolé au flanc sud se dresse le clocher dont la hauteur totale est de 53 m. Carré à la base, il est surmonté d'une balustrade délicatement ajourée, sur laquelle repose une pyramide octogonale, coiffée d'une flèche de pierre en forme de tiare. La

SE LOGER		SE RESTAURER	
Marine (Normotel la)	①	Rendez-Vous des Chasseurs (Au)	②
Normandie (Hôtel le)	③	Val de Cesne (Auberge du)	④

façade ouest s'ouvre par trois beaux portails flamboyants. Le plus grand compterait 333 personnages. Une remarquable rosace, entourée de statuettes, les surmonte.

Intérieur – Le vaisseau, de proportions harmonieuses, est dépourvu de transept. Le triforium et les fenestrages sont les parties les plus typiquement flamboyantes.

Les **fonts baptismaux**, du 17e s., situés dans la chapelle St-Jean-Baptiste, à gauche, sont ornés de panneaux sculptés d'une grande finesse de travail. Le couvercle de la cuve représente des scènes de l'Ancien Testament et de l'Évangile.

Remontant l'allée centrale, remarquez les beaux vitraux du 16e s., notamment ceux représentant saint Pierre près du Christ en croix, au-dessus du maître-autel à gauche, et, à droite, le Couronnement de la Vierge et saint Paul.

Dans les chapelles des bas-côtés, de jolies statues anciennes, dégagées de leur badigeon, ont retrouvé leur finesse et leurs couleurs d'origine. Ces chapelles, au nombre de 19, étaient autrefois affectées à diverses confréries.

Chapelle du Saint-Sépulcre – *À droite de la chapelle axiale.* Elle a inspiré Fragonard, qui en laisse une esquisse.

Sous le baldaquin très ouvragé (16e s.) repose le Christ gisant, avec de grandes statues de pierre qui lui font face : le tout provient de l'abbaye de Jumièges.

Belle Pietà du 15e s. entre les deux fenêtres.

Chapelle de la Vierge (chapelle axiale) – De forme hexagonale, cette chapelle est célèbre par sa **clé de voûte★**, monolithe de 7 t soutenu uniquement par des arcs et formant un pendentif d'une retombée de 4,30 m. Cette prouesse est due à Guillaume Le Tellier, inhumé dans cette chapelle, dont la pierre tumulaire, sous le vitrail de droite, rappelle les travaux. Douze des 16 panneaux de ce vitrail retracent la vie de saint Nicolas ; celui du haut, le martyre de sainte Catherine.

Les **grandes orgues★** (début 16e s.) comptent 3 345 tuyaux en étain martelé, qui déploient une sonorité bien particulière, à la qualité reconnue. Ils prennent place dans un beau buffet en chêne sculpté.

Anciennes boiseries de St-Wandrille dans la sacristie.

Circuits de découverte

« CEUX DU LATHAM »

8 km – environ 1h. Quittez Caudebec par la rue St-Clair et, sur la droite, suivez le chemin de Rétival.

La route court au-dessus d'un petit escarpement, en offrant de jolies échappées sur la courbe du fleuve.

Après une descente très rapide, prenez à gauche la D 37.

La route remonte un charmant **vallon★** où sont disséminées des fermes aux toits de chaume, parfois transformées en habitations de plaisance.

Avant Rançon, tournez à droite dans la D 33.

Saint-Wandrille★ *(voir ce nom)*

Monument « À ceux du Latham-47 »

Élevé en 1931, il rappelle la généreuse expédition au cours de laquelle Guilbaud, Amundsen et leurs compagnons disparurent dans l'Arctique, en 1928, en portant secours à l'équipage du dirigeable *Italia* en perdition sur la banquise.

Par la D 22, puis la D 982, revenez à Caudebec.

BARRE-Y-VA

21 km – environ 1h - Quittez Caudebec au nord par la route d'Yvetot et prenez à gauche la D 40.

Sainte-Gertrude

La petite **église** se dresse dans un cadre pittoresque. Consacrée en 1519, elle présente les caractéristiques du style flamboyant. À l'intérieur, remarquez, à droite du maître-autel, un tabernacle de pierre, pièce rare du 15e s., ainsi que d'intéressantes statues, dont un Christ en pierre.

Latham-47

Le nom fait allusion à l'hydravion employé pour la mission, un prototype mis au point par une entreprise caudebecquaise spécialiste de ce type d'appareils : Latham. Le gouvernement français avait réquisitionné ce spécimen-là car il avait été conçu en vue d'un raid Paris-Les Açores-New York. Les mauvaises conditions météorologiques, sans doute conjuguées à des problèmes techniques, semblent être à l'origine de la disparition de l'appareil, au large de la Norvège, le 18 juin 1928.

Poursuivez sur la D 40 et prenez la D 30 à gauche, puis la D 440 vers Anquetierville jusqu'au carrefour de la D 982. Prenez celui-ci à gauche, puis, à l'entrée de St-Arnoult, la D 440 à droite qui rejoint la D 281. Tournez et prenez à gauche la route qui descend à Villequier.

Villequier★

Dans un **site★** admirable, en bord de Seine, Villequier s'étale au pied de l'abrupt boisé, couronné d'un château.

Musée Victor-Hugo à Villequier.

Des sentiers pédestres avec de magnifiques panoramas sur la Seine ont été aménagés dans la forêt avoisinante.

À la sortie du bourg, sur la D 81 en allant vers l'ouest, est aménagée une véloroute de 12 km accessible à pied, à vélo ou en rollers. Elle suit le chemin de halage jusqu'à Petiville.

Musée Victor-Hugo★ – *02 35 56 78 31 - ♿ - avr.-sept. : 10h-12h30, 14h-18h, j. fériés 14h-18h ; reste de l'année : 10h-12h30, 14h-17h, dim. 14h-17h30 - fermé mar. - 3 € (enf. 1,50 €).*

Installé dans l'ancienne maison des Vacquerie, riche famille d'armateurs havrais, le musée évoque la vie et l'entourage de Léopoldine Hugo, fille du poète. Vous pourrez revivre, au détour des portraits de famille, correspondances et paysages normands, l'atmosphère paisible jusqu'au jour funeste du 4 septembre 1843 où Léopoldine et son mari, Charles Vacquerie, se noyèrent. On y (re) découvrira aussi, outre les poèmes des *Contemplations* dans lesquels Victor Hugo exhale sa douleur, de nombreux dessins du poète.

À droite de l'église dans le petit cimetière, parmi les tombes de la famille Hugo, on voit celle où sont réunis Charles Vacquerie et Léopoldine, et celle d'Adèle Hugo, femme du poète (inhumé au Panthéon).

Quais de la Seine – En s'y promenant à pied, on assiste au ballet des bateaux remontant et descendant le fleuve. La relève du pilote chargé du parcours proprement fluvial et de son collègue, responsable de la navigation à travers les passes de l'estuaire, s'effectuait autrefois à Villequier.

Retrouvez Caudebec par la D 81, via Barre-y-va.

Sur cette route, vous apercevrez une statue de Victor Hugo, élevée non loin du lieu de la noyade de sa fille et de son mari, six mois après leur mariage en 1843.

Barre-y-va

Ce nom fait allusion à la « barre » (mascaret) qui remontait la Seine à grande vitesse. Un oratoire et une petite **chapelle** perpétuent le souvenir de pèlerinages et de témoignages de reconnaissance (ex-voto) des marins de la Seine. *02 35 95 69 15 - tlj sf mar. 8h-19h.*

Regagnez Caudebec par la D 81.

Caudebec-en-Caux pratique

Adresse utile

Office du tourisme intercommunal de Caudebec – *Pl. du Gén.-de-Gaulle - 76490 Caudebec-en-Caux - ✆ 02 32 70 46 32 - www.tourismecauxseine.com - avr.-oct. : 10h-12h30, 13h30-18h30 ; reste de l'année : 10h-12h30, 14h-18h - fermé 1er janv., 25 déc.*

L'office du tourisme de Caudebec distribue un dépliant offrant des possibilités de randonnées dans les environs. Trois circuits (de 4,5 à 8,5 km) en partent d'ailleurs.

Se loger

Normotel La Marine – *18 quai Guilbaud - ✆ 02 35 96 20 11 - www.normotel-lamarine.fr - P - 31 ch. 57/97 € - 12 € - rest. 20/44 €.* Face à la Seine animée par le va-et-vient des bateaux, grande bâtisse hôtelière dont les meilleures chambres ont un balcon tourné vers le fleuve. Salle de restaurant panoramique où l'on vient faire des repas traditionnels ; terrasse d'été au bord de l'eau.

Hôtel Le Normandie – *Quai Guilbaud - ✆ 02 35 96 25 11 - www.le-normandie.fr - P - 16 ch. 80 € - 7,50 € - rest. 18/40 €.* Sur le quai longeant la Seine, chambres fonctionnelles, parfois garnies de meubles rustiques ; les plus spacieuses, en façade, ont un balconnet et offrent une échappée sur le fleuve. Vue batelière par les baies du restaurant ; plats traditionnels et normands.

Se restaurer

Au Rendez-Vous des Chasseurs – *1040 rte de Ste-Gertrude - 76490 Ste-Gertrude - 3 km de Caudebec-en-Caux - ✆ 02 35 96 20 30 - alexandre.verstraeten@orange.fr - fermé dim. soir et merc. - 15/27 €.* On ne repart jamais bredouille de ce sympathique restaurant situé à la lisière de la forêt. Sa cuisine du terroir revisitée et ses spécialités régionales font saliver la clientèle depuis plus de 150 ans. Une réputation entretenue par le tajine des chasseurs avec faisan, cerf et lièvre, servi en hiver dans un cadre chaleureux.

Auberge du Val au Cesne – *Le Val au Cesne - 76190 Yvetot - ✆ 02 35 56 63 06 - www.valaucesne.fr - fermé 10 janv.-1er fév., 23 août-7 sept., lun. et mar. - 28/60 € - 5 ch. 90 € - 9 €.* Dans un vallon en pleine campagne, cette auberge normande est délicieuse avec ses colombages, son jardin touffu et sa volière. La cuisine qui s'y prépare est en parfaite harmonie avec son décor : soignée, elle a le goût de l'authentique. Chambres douillettes.

Sports & Loisirs

Randonnées – Le « sentier de la gribane » (fléché) révèle d'autres aspects intéressants de la ville. Les promenades de la Vignette et du Mont-Calidu dévoilent de beaux panoramas. Renseignements : office du tourisme du pays de Caux-vallée de Seine.

Pays de Caux★

CARTE GÉNÉRALE B 1/2 – CARTE MICHELIN DÉPARTEMENTS 304 B/H 3/6 – SEINE-MARITIME (76)

Le pays de Caux, si cher à Maupassant qui en était originaire, doit sa célébrité à son imposant front de mer, ses splendides falaises et ses stations balnéaires animées. Au pied des murailles crayeuses, dont un ciel léger et vaporeux atténue la brutalité des lignes, prêtez donc l'oreille au chant des galets à l'instant où la vague se retire de l'estran. L'intérieur des terres séduit surtout par son patrimoine architectural. De cours-masures en manoirs, d'églises en châteaux, et de colombiers en chaumières, colombages, torchis, briques, grès et silex s'agencent en murs polychromes.

- **Se repérer** – Ce massif plateau de craie blanche, recouvert d'un manteau d'argile, est délimité au sud par la vallée de la Seine, à l'ouest et au nord par la Côte d'Albâtre du pont de Normandie à Dieppe, et à l'est par l'axe Dieppe-Rouen.
- **À ne pas manquer** – Les stations balnéaires et les petits villages de la Côte d'Albâtre ; les charmants villages de l'arrière-pays et le nord du Parc des Boucles de la Seine.
- **Organiser son temps** – Il vous faudra plusieurs jours pour découvrir ce pays.
- **Avec les enfants** – Ils seront séduits par le jardin d'Art et d'Essai de Normanville. La visite de la ferme de Crasville-la-Rocquefort les amusera également.
- **Pour poursuivre la visite** – Voir aussi Dieppe, Varengeville-sur-Mer, Fécamp, Étretat, Le Havre, Honfleur, Lillebonne, Caudebec-en-Caux, St-Wandrille, Clères et Neufchâtel-en-Bray.

S. Sauvignier/MICHELIN

Falaises de craie et plage de galets à Veulettes-sur-Mer, sur la Côte d'Albâtre.

Comprendre

La « Côte d'Albâtre » en mouvement – La falaise de craie qui a donné son nom au pays de Caux (du latin *calx*) recule sans cesse. Ses couches alternées de silex foncé et de marnes jaunâtres subissent en effet les actions conjuguées des flots et des agents atmosphériques. Des témoins comme l'aiguille d'Étretat et quelques bancs sous-marins signalent, jusqu'à 2 km au large, une ancienne ligne de rivage. Au cap de **la Hève**, où la côte est très exposée, le recul peut atteindre 2 m par an. La marne et la craie se dissolvent rapidement, donnant une teinte laiteuse aux eaux bordières. Les vagues viennent transformer les silex en **galets** que le flot brasse inlassablement.

Ce phénomène est à l'origine d'une autre caractéristique de la Côte d'Albâtre : **les valleuses.** Ces vallées sèches qui festonnent la crête des falaises ont été gagnées de vitesse par le recul de la côte et sont maintenant plus ou moins tronquées, restant « suspendues ». Seuls les cours d'eau les plus abondants ont pu raccorder leur vallée à la ligne de rivage actuelle. Des ports ont profité de cette échancrure créée pour se développer, tandis que les stations balnéaires ont tiré parti de ces accès à la grève.

Le point de vue de Maupassant

« De Dieppe au Havre, la côte présente une falaise ininterrompue, haute de cent mètres environ, et droite comme une muraille. De place en place, cette grande ligne de rochers blancs s'abaisse brusquement et une petite vallée étroite aux pentes rapides, couvertes de gazon ras et de joncs marins, descend du plateau cultivé vers une plage de galets où elle aboutit par un ravin semblable au lit du torrent. La nature a fait des vallées, les pluies d'orage les ont terminées par ces ravins, entaillant ce qui restait de la falaise, creusant jusqu'à la mer le lit des eaux qui sert de passage aux hommes.

Quelquefois un village est blotti dans ces vallons, où s'engouffre le vent du large. »
(Guy de Maupassant. Contes divers. Le Saut du berger.*)*

La saga des galets – Formés à partir des silex tombés des falaises et polis par la mer, les galets sont caractéristiques des rivages de la Côte d'Albâtre. Au début du 20e s., entrepreneurs et artisans se sont intéressés à ces pierres qui comptent, après le diamant, parmi les plus dures au monde. Le galet a servi de matériau de concassage, de pierre de construction et dans la fabrication du papier de verre. Composé de silice très pure, il servait aussi, après broyage, à la fabrication de porcelaines et céramiques. Il entre aujourd'hui dans la composition de peintures résistantes destinées au marquage routier. En quelques décennies, du fait de cette exploitation intensive, le dépôt a diminué de moitié et joue moins bien son rôle de cordon protecteur des falaises. C'est pourquoi la collecte de galets sur l'estran est interdite depuis 1985.

La ferme cauchoise – Vue de loin, c'est une oasis de verdure. En approchant, on peut détailler sa structure : des talus, les « levées », de 1,50 à 2 m de hauteur et garnis d'une double rangée d'arbres, les « boqueteaux » (chênes, hêtres ou ormes), protègent du vent la **cour-masure**, vaste prairie de 2 à 3 ha plantée de pommiers où se disséminent la maison d'habitation et les bâtiments d'exploitation aux murs de colombage. Une porte, souvent monumentale, donne accès à cet ensemble. Chaque ferme possède sa mare et sa citerne.

Le lait, principale source de revenus pour le paysan cauchois, est envoyé aux agglomérations urbaines de la basse Seine, ou remis aux beurreries et fromageries des vallées. Des pratiques originales subsistent : au printemps, les animaux sont mis au **tière** (piquet) à même les carrés de fourrage artificiel. Chaque bête – vache ou cheval – y marque son rayon d'action sous forme d'un cercle parfaitement géométrique.

Circuits de découverte

LA CÔTE D'ALBÂTRE★

Entre la Béthune et la Durdent 1

77 km – environ 2h30.

La route dessert, au prix de multiples sinuosités, tout un chapelet de plages étalées à l'embouchure des petits fleuves côtiers ou terrées dans leur valleuse. De belles échappées sur la mer et les falaises, des vues plongeantes sur le site de certaines stations ponctuent l'itinéraire.

Côté terre, calvaires et vieilles églises jalonnent les petites routes tranquilles. Les îlots de verdure composés par les fermes et les villages rompent la monotonie du vaste plateau cauchois.

Dieppe★★ *(voir ce nom)*

Quittez Dieppe par la D 75.

Pourville-sur-Mer

Cette station balnéaire, située à l'embouchure de la Scie près d'une falaise découpée, s'est relevée des ruines provoquées par le raid amphibie allié du 19 août 1942 *(voir Dieppe)*. Un régiment canadien, le « South Saskatchewan », et les « Cameron Highlanders » – débarqués au son de la cornemuse – causèrent de sérieux dommages à l'ennemi avant de rembarquer, grâce au dévouement de la marine et au sacrifice de leur arrière-garde. Stèle commémorative sur le parking en front de mer.

Varengeville-sur-Mer★ *(voir ce nom)*

Sainte-Marguerite-sur-Mer

L'église (12e s.) de ce village a été très remaniée au 16e s. L'édifice ne comporte pas de transept. À l'intérieur subsistent, au côté gauche de la nef, quatre **arcades★** du sanctuaire primitif. Les arcades du côté droit datent de 1528. Remarquez la deuxième colonne, à droite, colonne torse semée de coquilles. Le maître-autel (1160) avec colonnettes à chapiteaux romans est un des rares spécimens qui subsistent de cette époque.

Saint-Aubin

La jolie **église** du 16e s. conserve de nombreuses traces romanes : portail et clocher en pierre de silex.

Le bourg, posté à l'embouchure de la rivière Dun, sert de porte d'entrée à la jolie **vallée** du même nom, longue de 10 à 12 km et inscrite à l'Inventaire des sites pittoresques

G. Targat/MICHELIN

Veules-les-Roses s'enorgueillit d'être traversée par le plus petit fleuve de France.

de la Seine-Maritime. On l'appelle également la « vallée du lin ». Châteaux et manoirs, fermes et chaumières de tisserands participent à sa richesse patrimoniale.

La vallée offre de nombreuses possibilités de boucles pédestres ou cyclistes. Renseignez-vous à l'office du tourisme du Bourg-Dun *(voir ci-après)*. Possibilité de location de vélo sur place.

Prenez la D 237 à gauche.

Flainville

À mi-chemin entre St-Aubin-sur-Mer et le Bourg-Dun, sur la gauche.

Belles fresques murales de la Renaissance à l'intérieur de la **chapelle St-Julien** du 16e s. Le **four à pain,** récemment restauré, abrite tous les outils du boulanger d'autrefois.

Reprenez la D 237 vers le sud.

Le Bourg-Dun

L'**église** Notre-Dame est un vaste édifice assez composite, remarquable par sa **tour★** du 13e s. à la puissante base carrée. Sa flèche en fer de hache remonte à Louis XIII. Avancez-vous le long du côté droit, dans le cimetière ; vous aurez alors une magnifique vue sur la tour de l'église de Bourg-Dun.

Entrez par la porte Renaissance qui dessert le bas-côté droit. Du jubé ne subsistent que les bases supportant les statues de saint Antoine et de saint Sébastien. Dans le croisillon droit couvert de voûtes flamboyantes, un **enfeu** et une **piscine** Renaissance. Le chœur ouvre largement à droite, par trois arcades, sur un bas-côté fort beau, ajouté au 14e s. Dans le bas-côté gauche, fonts baptismaux Renaissance.

Continuez sur la D 237.

Saint-Pierre-le-Vieux

L'église des 12e et 13e s. conserve un clocher de style roman et des éléments gothiques et néogothiques des 14e et 16e s. Notez le **cadran** au pied de l'église : il servait autrefois au cantonnier pour donner la direction dans laquelle il était parti travailler.

Continuez sur la D 237.

La Gaillarde

La jolie **chapelle Ste-Marguerite** est remarquable pour la finesse de sculpture de son porche roman, notamment les têtes formant chapiteaux en haut des colonnes. Vieux four à pain en plein cœur du village.

Continuez sur la D 237.

Saint-Pierre-le-Viger

Deux vendredis après-midi par mois, vous pourrez y visiter l'usine « **Terre de lin** », une des plus grandes coopératives linières de France. *Sur demande (15 j. av.) à l'office du tourisme du Bourg-Dun - 3 € (-18 ans gratuit).*

Au bord du Dun, joli **manoir** en grès des 16e et 17e s.

Prenez la D 142 vers le sud puis la D 108 sur la gauche.

Crasville-la-Rocquefort

L'exploitation **St-Cosme** est implantée dans un clos-masure cerné de hêtres et entouré de champs de blé, de betterave et de lin. L'ensemble de la famille organise la visite de la ferme, dans une ambiance chaleureuse. L'occasion de découvrir la chèvrerie, les cochons, les dindons, les vaches et les lapins. Un film permet d'appréhender le travail de l'exploitation (fabrication du fromage et traitement du lin). Possibilités de promenade en attelage *(réserver)*. Vente de fromages dont la spécialité et création maison, le galet d'Albâtre. *02 35 97 41 76 ou 06 09 83 78 16 - balade en attelage sur demande préalable 14h30-18h30 ; visite de la chèvrerie 17h-19h - 4 € (enf. 2 €).*

Revenez à St-Aubin et engagez-vous à gauche sur la D 68.

Veules-les-Roses★

Un point plage propose de nombreuses activités nautiques en saison.

Mise à la mode au début du 19e s. par une actrice de la Comédie-Française, Anaïs Aubert, cette agréable station balnéaire s'abrite dans le vallon de la Veules, le plus petit fleuve de France (1 194 m). Malgré le lourd tribut payé à la guerre, notamment la destruction du front de mer en juin 1940, la ville a gardé un patrimoine intéressant. Le circuit proposé par l'office de tourisme *(3,5 km, demander le plan)* découvre quelques moulins, mais aussi une grande variété de villas et de maisons, souvent en brique et en silex. Certains lieux sont vraiment séduisants, en particulier au niveau de l'abreuvoir et près des sources de la Veules où sont aménagées des cressonnières.

L'**église** St-Martin (16e-17e s.) est surmontée d'une tour-lanterne du 13e s. À l'intérieur, la nef et les bas-côtés sont couverts d'une charpente de bois. Plusieurs colonnes torses de grès surprennent par leur décor sculpté (16e s.) : coquilles Saint-Jacques en souvenir d'un pèlerinage, bateau, poissons pour illustrer l'activité des pêcheurs…

Prenez à gauche la D 37.

Église de Blosseville – Coiffée d'un clocher du 12e s., elle abrite de beaux vitraux Renaissance et des statues anciennes (verrière du chœur et bas-côté gauche).

Par la D 37, continuez en direction d'Ermenouville.

Château du Mesnil-Geoffroy

02 35 57 12 77 - www.chateau-mesnil-geoffroy.com - visite guidée mai-sept. : 14h30-18h - fermé lun., mar., 1er janv., 1er Mai, 1er et 11 Nov. - 6 €.

Ce château privé des 17e et 18e s. conserve quelques beaux exemples de l'art de vivre sous Louis XV. Il est entouré d'un parc à la française de 9 ha, renommé pour sa magnifique roseraie classée dans la route des roseraies normandes *(voir Pays de Caux pratique)*. Elle répertorie près de 2 500 espèces de roses, dont plus de 300 parfumées.

En sortant du château, prenez à droite la D 70 jusqu'à Mesnil-Durdent.

Jardin communal des Amouhoques

Blotti au cœur du charmant village de Mesnil-Durdent, ce joli jardin porte le nom d'une fleur que l'on offrait jadis aux jeunes couples afin que leur union soit prolifique. Appellation qui lui fut sans doute bénéfique, puisque le jardin compte aujourd'hui plus de 300 espèces de fleurs sauvages et d'herbes folles. N'oubliez pas le talus qui relie le jardin au parking, il vous donne des indications complémentaires.

Prenez la D 468 jusqu'à St-Valery-en-Caux.

St-Valery-en-Caux★

Port de pêche et de cabotage, St-Valery est une station balnéaire fréquentée. Le port, bien abrité, s'enfonce à l'intérieur par un chenal et reçoit de nombreux plaisanciers. Une digue-promenade borde la longue plage de galets.

Falaise d'Aval★ – Garez-vous quai du Havre et empruntez, un peu plus loin à gauche, le sentier des Douaniers qui s'élève jusqu'au monument commémoratif des combats de juin 1940 (2e division de cavalerie). La vue s'étend à l'est jusqu'au phare d'Ailly et, par temps clair, jusqu'à Dieppe.

Maison Henri-IV – *Quai du Havre.* Cette belle demeure Renaissance, siège de l'office de tourisme, abrite au 1er étage un musée d'histoire locale.

S. Sauvignier/MICHELIN

Détail de la maison Henri-IV.

Falaise d'Amont – Un grand escalier monte au monument de la 51e division écossaise, d'où l'on domine St-Valery, son port et sa plage. Un autre monument moderne a été érigé à la mémoire de Costes et Bellonte, qui réalisèrent, en 1930, la première traversée aérienne Paris-New York à bord du *Point d'interrogation.*

Nombreuses possibilités de randonnées pédestres dans les environs. Renseignez-vous à l'office de tourisme.

Centre nucléaire de production d'électricité

02 35 57 66 99 - site soumis au plan Vigipirate, se renseigner av. la visite - gratuit.

Le site de **Paluel** se compose de quatre tranches autonomes ayant chacune une puissance de 1 300 MW. De l'uranium enrichi est utilisé comme combustible, le refroidissement étant assuré par l'eau de mer pompée du rivage. L'énergie thermique libérée par le combustible y est transformée en énergie mécanique puis électrique. Exposition sur les différentes sortes d'énergie, le choix du nucléaire, l'histoire de l'énergie en BD et celle du fonctionnement de la centrale.

Veulettes-sur-Mer

La station balnéaire de Veulettes échelonne ses villas dans un vallon spacieux et verdoyant à l'embouchure de la Durdent. Non contente de posséder un petit casino, elle propose plusieurs possibilités de loisirs grâce à sa longue plage (2,5 km), son mini-golf ou la piste cyclable qui la relie à Paluel. L'église (11e-13e s.), à mi-pente dans la verdure, est surmontée d'une tour-lanterne.

La vallée de la Durdent 2

52 km – environ 3h.

La Durdent, qui débouche paresseusement à Veulettes-sur-Mer, s'est creusé une vallée largement dessinée, tranchée de verdure au milieu des espaces découverts du plateau cauchois.

Quittez Veulettes par la D 10 au sud. À Paluel, prenez la D 68 à gauche.

Chapelle de Janville – Après un virage très serré à droite, continuez à suivre la D 68. En haut de la côte, tournez à gauche pour atteindre la chapelle N.-D. de Janville, sur le rebord du plateau. Belle grille de chœur sculptée à l'intérieur du sanctuaire.

Revenez à Paluel, puis suivez la D 10 jusqu'à Cany-Barville.

Cany-Barville

Sur la rive gauche, **l'église**, reconstruite au 16e s. dans son caractère ogival primitif, conserve son clocher du 13e s. À l'intérieur, dominant le maître-autel (18e s.), une « gloire » composée de plus de 80 anges en relief forme un immense ostensoir dont l'hostie est symbolisée par le vitrail du centre. *Visite guidée sur demande à l'office de tourisme - 02 35 57 17 70.*

Prenez la D 268.

Barville

La petite église occupe un **site★** délicieux entre deux bras de la Durdent.

Le parcours de la D 268 est particulièrement attrayant entre Cany-Barville et sa jonction avec la D 131 ; on peut profiter d'une vue rapprochée sur le château de Cany.

Château de Cany

Visite guidée (45mn) juil.-août : tlj sf vend. 10h-12h, 15h-18h - fermé 4e dim. juil. - 6 € (-7 ans 3 €).

Il est précédé d'une grande cour bordée de deux dépendances symétriques que prolongent deux pavillons. Entouré de douves qu'alimente la Durdent, le château se présente comme un imposant édifice en pierre et en brique, édifié à la fin de l'époque Louis XIII. Le corps de logis est flanqué de deux ailes faisant saillie, la façade s'ouvre par un escalier à double volée en forme de fer à cheval.

Les appartements ont conservé un beau mobilier des 17 et 18e s. Au 2e étage, une suite de chambres révèle de belles tapisseries des Flandres. Au 1er étage, le salon d'apparat, ou salon vert, est décoré de boiseries Régence.

Au sous-sol, les anciens offices et la cuisine rassemblent ustensiles, fourneaux, vaisselle et mannequins.

Continuez sur la D 268, puis prenez à droite la D 131 et tout de suite après la D 50 à gauche. Dépassez Ourville-en-Caux. Parvenu à hauteur de Normanville, laissez le village sur votre droite et suivez un peu plus loin les panneaux indiquant le jardin sur la droite.

Château de Cany.

Le jardin d'Art et d'Essai★

Normanville - 1620 rte de Fauville - ✆ 02 35 29 62 39 - http://aisthesie.free.fr - juin-août : tlj sf merc. 14h30-22h ; reste de l'année : tlj sf. merc. et jeu. 14h30-19h - fermé de mi-nov. à mi-avr., 1er janv. et 25 déc. - 6 € (-14 ans 3 €).

Un jardin à voir pour ses plantes aux mille vertus, ses superbes arbres, ses méandres et sa belle collection de bambous. Au cours de la promenade se fait parfois entendre le son d'un carillon perdu entre les feuillages et les chants d'oiseaux. Autre attrait du lieu : on vous y fait sentir des plantes à l'odeur de curry ou de jambon à l'os, on vous les fait toucher et, plus inhabituel, on vous fait goûter leurs saveurs poivrées, piquantes, amères ou sucrées. Une promenade qui réveille les cinq sens !

Revenez sur la D 50 et reprenez la direction de Fauville-en-Caux. Juste avant le bourg, prenez la D 926 à main droite. Dépassez Ypreville-Biville, et après 2 km, tournez à droite sur la D 17.

Valmont *(voir p. 213)*

Rejoignez et suivez la D 150 en direction de Fécamp. À l'entrée de la ville, prenez la direction de Senneville, puis sur la côte, à l'est, longez la falaise pour atteindre Fécamp.

Le plus beau **panorama★★** du parcours se révèle entre Senneville et Fécamp, près de la **chapelle N.-D.-du-Salut** (pèlerinage des marins) : belvédère, table d'orientation.

Fécamp★★ *(voir ce nom)*

De Fécamp à la vallée de la Lézarde 3

33 km – environ 1h. Quittez Fécamp par la D 940.

Yport

Station balnéaire blottie dans un vallon, Yport – bien que dépourvue de tout aménagement portuaire – avait sa communauté de marins pêchant avec des caïques (bateaux de plage conçus pour être tirés sur les galets) jusqu'en 1970.

Étretat★★ *(voir Falaises d'Étretat)*

Quittez Étretat par la D 39.

La route, par un vallon, s'enfonce à l'intérieur du plateau.

À Criquetot-l'Esneval, prenez à gauche la D 239.

Cuverville

L'écrivain **André Gide** (1859-1951) repose dans le petit cimetière, sous une simple dalle de béton, au chevet de l'église. L'auteur des *Nourritures terrestres* fit de longs séjours à Cuverville dans la propriété de ses cousins Rondeaux.

La route redescend par la jolie vallée de la Lézarde.

Château du Bec

On ne visite pas. Bâti du 12e au 16e s., il est particulièrement bien mis en valeur par son cadre de verdure et d'eaux dormantes.

À Épouville, prenez à gauche la D 925, puis la D 52 à droite.

Manéglise

La petite **église**, au portail décoré de motifs géométriques, est l'une des plus gracieuses productions de l'art roman en Normandie. Malgré ses dimensions menues, sa nef, du 12e s., est flanquée de collatéraux.

Montivilliers *(voir p. 233)*

La route s'échappe de la vallée de la Lézarde par le vallon du ruisseau de Rouelles, faubourg du Havre possédant un agréable parc de loisirs où se trouve un joli colombier de silex. La route longe ensuite la forêt de Montgeon, puis le tunnel Jenner mène dans le centre de la ville.

Le Havre★ *(voir ce nom)*

Le lin en pays de Caux

Il faut venir au mois de juin, lorsque le lin est en fleur, pour mesurer l'importance de cette culture dans la région. Les délicates fleurs bleues, parfois blanches, ondulent avec grâce sous le vent, portées par leurs longues et fines tiges. Une grande part de la production française vient d'une large zone qui s'étend de Caen à la Picardie. Le pays de Caux est donc au cœur de cette culture linière dont Doudeville est la capitale. Le lin textile est de loin le plus courant tandis que le lin oléagineux, plus rustique et moins haut, est recherché pour ses graines dont on extrait l'huile (peintures, encres, Omega 3). Après sa période floraison, le lin est arraché en juillet, et est laissé plusieurs semaines au sol où il se dégrade : c'est le *rouissage*. Les étapes industrielles peuvent alors commencer, notamment celles du *teillage* qui vont dégager les fibres si recherchées. Les débouchés les plus importants sont l'habillement et le linge de maison.

LE PLATEAU CAUCHOIS★

Circuit autour d'Yvetot 4

50 km – environ 1h30.

Yvetot

Grosse ville-marché du plateau de Caux, Yvetot est aussi la capitale légendaire d'un royaume de fantaisie qu'une chanson célèbre de Béranger a popularisé :

« Il était un roi d'Yvetot, Peu connu dans l'histoire, Se levant tard, se couchant tôt, Dormant fort bien sans gloire… »

Église St-Pierre – *8h30-19h, dim. et j. fériés 8h30-12h.* Cet édifice moderne (1956) en rotonde s'éclaire d'immenses **verrières**★★ de Max Ingrand. Les couleurs, très douces à l'entrée, deviennent éclatantes au centre où, près du Christ en croix, se tiennent la Vierge et les Apôtres. Les saints de France, fondateurs d'ordres religieux, et grands saints du diocèse de Rouen apparaissent dans les autres panneaux. Les vitraux derrière l'autel de la chapelle de la Vierge évoquent les épisodes de sa vie.

Musée des Ivoires★ – *☎ 02 35 95 08 40 - www.tourisme-yvetot.fr - ♿ - avr.-sept. : 9h15-12h45, 13h30-18h30, lun. 13h30-18h30 ; reste de l'année : tlj sf dim. et lun. 9h15-12h30, 14h-17h30 - possibilité de visite guidée - fermé 1er janv., 11 Nov. - 2,30 € (enf. 1,20 €).*

Huit vitrines présentent des ivoires des 19e et 20e s. : personnages historiques, objets de la vie quotidienne et statuettes. Les 200 objets réunis dans ce petit musée sont une preuve supplémentaire de l'art dieppois ! Remarquez notamment la vitrine de diptyques, ode à la finesse et à la minutie. Dans une salle annexe, plats et assiettes en terre cuite ou faïence, d'époques et d'origines diverses.

Près de 120 km de circuits pédestres ou cyclistes sont balisés dans les alentours d'Yvetot. Renseignez-vous à l'office de tourisme.

Quittez Yvetot en prenant la direction de Ste-Marie-des-Champs (D 37). Après la sortie d'Yvetot, tournez à gauche au rond-point. Suivez la rue du Vieux-Ste-Marie jusqu'au manoir de Fay.

Manoir de Fay

Ce joli manoir du 17e s. *(on ne visite pas)*, tout en briques avec chaînages et harpes de pierres, aurait accueilli l'oncle de Pierre Corneille. En cours de restauration, la propriété abrite un immense verger et un potager clos où l'on peut flâner. Beaucoup de charme.

Continuez la rue du Vieux-Ste-Marie puis prenez à gauche la route de La-Linerie pour rejoindre et suivre à droite la D 131 jusqu'à Autretot.

Autretot

Joli village typiquement cauchois qui tire une grande fierté de ses fleurs – près de 20 000 plantées chaque année pour égayer le bourg !

À la sortie d'Autretot, juste avant le château d'eau, prenez la D 110 sur la gauche et suivez-la jusqu'à Allouville-Bellefosse en passant par Veraval, Hautot-le-Vatois, Écretteville-lès-Baons et Valliquerville.

Allouville-Bellefosse

La localité a vu naître en 1585 le flibustier Pierre Belain-d'Esnambuc, colonisateur des Antilles et fondateur de la ville de St-Pierre à la Martinique.

Un **chêne** vieux de plus de treize siècles, prétend-on, fait la fierté du village. Ce doyen des arbres français se dresse devant l'église. Un petit sanctuaire à N.-D.-de-la-Paix et une cellule d'ermite superposées, accessibles par un escalier et des galeries de circulation, sont logés dans le tronc évidé et gainé en partie pour le protéger des atteintes du temps.

À environ 1,5 km du village *(signalisation)* se trouve le **musée de la Nature**, aménagé dans une ferme cauchoise. On y verra surtout des dioramas : ornithologie, milieux naturels normands avec leur faune et leur flore (marais, plaine, forêt, cour de ferme, littoral marin). *✆ 02 35 96 06 54 - www.chene.asso.fr - ♿ - juil.-août : 10h-12h, 14h-19h ; avr.-juin et sept. : 14h-18h - fermé 1er janv. et 25 déc. - 3,50 € (5-12 ans 2,50 €).*

Prenez la D 33 (dir. Caudebec-en-Caux), puis suivez la D 104 sur la gauche.

Touffreville-la-Corbeline

Église du 18e s. flanquée d'un clocher qui date du 12e s. Tombe des frères Bossières, pionniers des Terres australes.

Au-delà de Touffreville-la-Corbeline se dispersent de belles fermes cauchoises entourées de leur rideau d'arbres.

Continuez sur la D 104 puis prenez successivement à gauche la D 89, à droite la D 5 et à gauche la D 304 jusqu'à Mont-de-l'If.

Mont-de-l'If

Deux manoirs se dressent dans ce bourg dont l'église compte quelques vestiges du 11e s. *Prenez la D 304 puis la D 5 pour rentrer à Yvetot.*

Pays de Caux pratique

Voir aussi les encadrés pratiques de Dieppe, Étretat, Le Havre et Caudebec-en-Caux.

G. Targat/MICHELIN

Une belle Normande !

Adresses utiles

Office du tourisme de Cany-Barville – *32 pl. Robert Gabel - ✆ 02 35 57 17 70 - www.cany-barville.fr - avr.-sept. : 10h-12h30, dim. et j. fériés 10h-12h30 ; oct.-mars : tlj sf. mar. et dim. 10h-12h30, 14h-18h30, lun. et merc. 14h-18h30.*

Office du tourisme de la vallée du Dun – *Espace Bernard-Quesnel - 2 rte de Dieppe - 76740 Le Bourg-Dun - ✆ 02 35 84 19 55 - se renseigner pour les horaires - fermé lun., mar., dim. et j. fériés.*

Office du tourisme de St-Valery-en-Caux – *76460 St-Valery-en-Caux - ✆ 02 35 97 00 63 - www.plateaudecauxmaritime.com - juil.-août : 10h-13h, 14h-19h ; mai-juin et déb. sept. à mi-sept. : 10h-13h, 15h-19h ; de mi-sept. à fin avr. : 10h-12h30, 14h30-18h30 - fermé 1er janv. et 25 déc.*

Office du tourisme de Veules-les-Roses – *27 r. Victor-Hugo - 76980 Veules-les-Roses - ✆ 02 35 97 63 05 - www.veules-les-roses.fr - juil.-août : 10h-13h, 14h30-19h (18h30 dim. et j. fériés) ; reste de l'année : tlj sf dim. 10h-13h, 14h-18h - fermé lun., 1er janv., 11 Nov. et 25 déc.*

Office du tourisme de Veulettes-sur-Mer – *Maison de la Mer - 1 chemin des Courses - 76450 Veulettes-sur-Mer - ✆ 02 35 97 51 33 - www.ville-veulettes-sur-mer.fr - juil.-août : 10h30-13h, 15h-19h ; des vac. de Pâques à fin juin et sept. : w.-end et j. fériés 10h30-13h, 15h-19h.*

Office du tourisme d'Yvetot – *8 pl. du Mar.-Joffre - 76190 Yvetot - ✆ 02 35 95 08 40 - www.tourisme-yvetot.fr - avr.-sept. : 9h15-12h45, 13h30-18h30, lun. 13h30-18h30 ; reste de l'année : tlj sf lun. 9h15-12h30, 14h-17h30 - fermé dim. et j. fériés.*

Visites

Deux circuits touristiques pour automobilistes sont balisés dans les environs de St-Valery-en-Caux : le circuit de la Durdent et celui du grès. Renseignez-vous dans les offices de tourisme.

Se loger

Hôtel La Marine – *113 r. St-Léger - 76460 St-Valery-en-Caux - ✆ 02 35 97 05 09 - fermé jeu. midi et merc. - 6 ch. 44/48 € - 6 € - rest. 16/28,90 €.* Une douce atmosphère règne dans cette maison tricentenaire à la typique façade en brique. Chambres sagement rustiques, portant chacune le nom d'un bateau de pêche. Au restaurant, spécialités de poissons et de fruits de mer (sur commande) servis sous de vénérables poutres.

Chambre d'hôte Le Château de Grosfy – *61 r. du Calvaire - 76570 Hugleville-en-Caux - ✆ 02 35 92 63 60 - www.chateaudegrosfy.com - 4 ch. 42/53 €.* Une belle allée de tilleuls conduit à cette demeure familiale datant des 18e et 19e s. qui abritait autrefois un pavillon de chasse. Mobilier rustique et de style dans les chambres spacieuses et calmes. Billard, bibliothèque, jeux de société et cuisine à disposition. Parc de 5 ha incluant un petit bois.

La Maison des Galets – *22 cours Le Perry - 76460 St-Valery-en-Caux - ✆ 02 35 97 11 22 - www.lamaisondesgalets.fr - fermé 12-25 janv. - 14 ch. 60/79 € - 9 €.* Hôtel rénové aux chambres d'esprit zen, plus agréable côté mer. Petit-déjeuner continental ou normand (produits du terroir) servi dans une salle offrant une vue panoramique.

Hôtel Les Remparts – *4 r. des Bains - 76460 St-Valery-en-Caux - ✆ 02 35 97 16 13 - 15 ch. 46/56 € - 7 €.* Sympathique petit hôtel proche de la mer et des falaises. Chambres parfaitement tenues, garnies de meubles anciens (style années 1930). Accueil très aimable.

Chambre d'hôte La Maison d'Ectot – *Hameau d'Ectot - 76460 St-Valery-en-Caux - 2 km à l'est de St-Valery-en-Caux par D 925 dir. Dieppe - ✆ 02 35 97 88 05 - http://lamaisondectot.monsite.wanadoo.fr - - 3 ch. 50 €.* Près de la longue plage de galets de St-Valery, ancienne étable abritant des chambres en duplex, au décor sobre, avec mobilier en bois blond. Belle salle campagnarde pour les petits-déjeuners. La quiétude du jardin est toujours appréciée en été.

Chambre d'hôte Mme Genty – *5 rte de Quiberville, Hameau de Ramouville - 76740 St-Aubin-sur-Mer - 4 km au nord du Bourg-Dun puis dir. Quiberville - ✆ 02 35 83 47 05 - www.fermettederamouville.com - - 5 ch. 51/55 €.* Une restauration habile et soignée a rendu à cette typique ferme cauchoise de la fin du 18e s. son lustre d'antan. Chambres décorées dans un esprit campagnard. Le matin, l'odeur du pain chaud vous conduira jusqu'à la délicieuse salle des petits-déjeuners.

Chambre d'hôte Château de Mesnil Geoffroy – *76740 Ermenouville - 12 km au sud de St-Valery-en-Caux par D 20 et D 108 - ✆ 02 35 57 12 77 - www.chateau-mesnil-geoffroy.com - 5 ch. 80/120 € - 10 €.* Château des 17e et 18e s. – classé monument historique – entouré d'un parc agrémenté d'un jardin à la française et d'une superbe roseraie. Chambres très raffinées agrémentées de meubles de famille anciens et d'objets d'art. Accueil charmant assuré par de vrais princes, heureux propriétaires de cette adresse de caractère.

Chambre d'hôte Le Clos du Vivier – *4 chemin du Vivier - 76540 Valmont - 2 km à l'est de Valmont par D 150 dir. Ourville - ✆ 02 35 29 90 95 - www.leclosduvivier.com - - 2 ch. et 1 suite 100/120 €.* Cette agréable chaumière était à l'origine sur les terres du château de Valmont. Intérieur très chaleureux, jolies chambres meublées d'ancien et salon doté d'une cheminée. Aux beaux jours, les petits-déjeuners sont servis sur la terrasse. Grand jardin où déambulent les poules de race.

Se restaurer

Restaurant du Lac de Caniel – *R. du Dessous-des-Bois - 76450 Vittefleur - ✆ 02 35 97 40 55 - www.lacdecaniel.fr - réserv. obligatoire - 9 € déj. - 10,50/14 €.* Cette base de loisirs située au bord d'un lac propose de nombreuses activités : bowling, mini-golf 12 trous, parcours nature, ski nautique, luge d'été, pédalos et plage de sable (juil.-août). Côté brasserie, terrasse ensoleillée tournée vers le plan d'eau et buffets ; jeux pour enfants couverts.

La Boussole – *1 r. Max-Leclerc - 76460 St-Valery-en-Caux - ✆ 02 35 57 16 28 - fermé nov.-fév., lun. et mar. sf juil.-août - 10,50 € déj. - 12,80/24,80 €.* Joliment agencé dans une maison à colombage bleu marine, ce restaurant, face au port, semble entièrement dédié aux charmes et aux saveurs de l'océan. Deux salles à l'ambiance « cosy », avec chaises bistrot et tables en bois. Plateaux de fruits de mer en été et beaucoup de spécialités de poissons. Soirées piano.

L'Ailly – *2000 r. de la Mer - 76119 Ste-Marguerite-sur-Mer - ✆ 02 35 85 17 91 - fermé dim. soir et jeu. - 16,50/26 €.* Impossible de ne pas remarquer la façade vivement colorée de ce restaurant dont le nom est aussi celui d'un phare moderne. Décor néo-rustique simple mais tout à fait agréable avec lambris, cheminée et plantes vertes. Cuisine traditionnelle et menu végétarien.

Ferme-auberge Eawy – *2 pl. de l'Église - 76680 Ardouval - 15 km à l'ouest de Neufchâtel-en-Bray par D 48 et D 915 - 02 35 93 02 42 - fermé 20 déc.-1er fév. et dim. soir ; ouv. à partir du jeu. - - réserv. obligatoire - 20/25 €.* Cette maison en briques rouges abrite une salle à manger campagnarde – poutres, cheminée, meubles régionaux, cuivres – agrandie d'une véranda. Cuisine d'inspiration normande où les volailles issues de l'élevage familial sont omniprésentes. Mare aux canards dans la cour.

Le Belvédère – *76280 St-Jouin-Bruneval - 02 35 20 13 76 - www.restaurant-lebelvedere.com - fermé 10 janv.-9 fév., merc. soir, dim. soir et jeu. - 21/40 €.* Étonnante architecture perchée sur les falaises du pays de Caux. La confortable salle à manger, joliment rénovée, offre une vue exceptionnelle sur la mer : déguster poissons, moules et crustacés en l'admirant est un plaisir qu'il serait dommage de se refuser !

Faire une pause

La Ferme au Fil des Saisons – *15 km au nord-est d'Yvetot par D 37 - 76560 Amfreville-les-Champs - 02 35 56 41 46 - tte l'année : merc., vend.-sam. ; tlj en juil.-août.* Dans les anciennes écuries : boutique de produits du terroir (cidre, miel, légumes, volailles...), salles d'exposition (évocation de la vie rurale, culture du lin, etc.) et espace pour des « goûters-tartines », parfois en présence d'un conteur. Sentiers pédagogiques pour découvrir la faune et la flore régionales.

Sports & Loisirs

Club Nautique Valeriquais – *Av. Clemenceau, Maison de la Mer - 76460 St-Valery-en-Caux - 02 35 97 25 49 - www.cnvaleriquais.fr.st - tlj sf merc. 9h-12h, 13h30-16h30 - fermé 23 déc.-7 janv.* Si ce club nautique existe depuis plus de 80 ans, il peut se targuer de disposer d'un matériel toujours à la pointe de la modernité. Vous pourrez vous initier à la voile, vous perfectionner, mais aussi faire des sorties découvertes ou des programmes d'entraînement régate. Une structure ouverte tout au long de l'année.

Parc de Loisirs « Eau et Nature » – – *R. du Dessous-des-Bois - entre St-Valery-en-Caux et Fécamp - 76450 Vittefleur - 02 35 97 40 55 - www.lacdecaniel.fr - pour les loisirs : se renseigner - fermé 29 sept.-21 mars.* Cette base de loisirs propose de nombreuses activités nautiques : ski nautique, barque, canoë, kayak, luge d'été, pédalo, plage surveillée (juillet-août). Également sur place, aire de jeux, bowling, mini golf (12 trous), billards et espace restauration avec terrasse ensoleillée.

Clères★

1 266 CLÉROIS

CARTE GÉNÉRALE B2 – CARTE MICHELIN DÉPARTEMENTS 304 G4 – SEINE-MARITIME (76)

Dans un décor à faire pâlir les maharajahs, un troupeau d'antilopes indiennes de Clères évolue gracieusement. La vie est belle lorsque l'on naît « espèce en voie d'extinction » au zoo Jean-Delacour ! Avec son château décoré de motifs de brique et de silex, ce parc animalier, établi à Clères depuis 1920, compte parmi les attractions de qualité en Normandie.

Se repérer – À 30 km au nord de Rouen par l'A 150, l'A 151 et la D 6, et à une cinquantaine de kilomètres au sud de Dieppe, par la D 927 et la D 6.

À ne pas manquer – Les oiseaux rares des volières de Clères.

Organiser son temps – Comptez deux bonnes heures pour faire le tour complet des espèces animales préservées au zoo.

Avec les enfants – Amusez-vous à identifier les animaux du zoo de Clères et poursuivez la journée parmi les jeux du parc de Bocasse.

Pour poursuivre la visite – Voir aussi le pays de Caux, Dieppe, Neufchâtel-en-Bray, Forges-les-Eaux et Rouen.

Comprendre

Le manoir et son village – Le château de Clères, ravissant manoir à pans de bois typiquement normand, construit du 14e au 16e s. et fortement remanié au 19e s., se compose de deux corps de bâtiments en grès. Le plus occidental est de style néogothique ; le plus oriental a été remanié vers 1505. Sur la place du village, les halles en bois (18e s.) recouvertes d'ardoises ont fière allure.

La mission du parc Jean-Delacour – Le zoo entoure le château. Il porte le nom de **Jean Delacour** (1890-1985), ornithologue et botaniste de renom qui fut à l'origine du zoo. C'est l'un des quatre parcs zoologiques français associés au Muséum d'histoire naturelle, établissement public à caractère scientifique et culturel. Ces parcs poursuivent des recherches pointues sur la gestion et la conservation des espèces qu'ils abritent. Au-delà de son rôle attractif, Clères participe activement à une vingtaine de programmes européens de conservation et d'élevage d'espèces animales menacées.

Visiter

Parc zoologique de Clères-Jean-Delacour★

02 35 33 23 08 - avr.-sept. : 10h-19h ; mars et oct. : 10h-18h30 ; fév. et nov. : 13h30-17h - 5,50 € (enf. 4 €).

Le cadre naturel exceptionnel du parc favorise la découverte des animaux. Rivières, pelouses, bosquets, arbres sont habités par oiseaux et mammifères (200 de 7 espèces différentes). Du jardin, où l'on rencontre flamants roses, canards et oies exotiques, on passe dans le parc proprement dit, où circulent en semi-liberté antilopes, kangourous, gibbons, cervidés, grues, paons. Plus de 300 couples de palmipèdes, de 120 espèces différentes, vivent et nichent autour du lac. En contre-haut, des parquets et volières sont peuplés pour la plupart d'espèces peu communes et menacées (environ 2 000 oiseaux, de 250 espèces). Une galerie du château héberge des oiseaux exotiques rares.

E. Baret/MICHELIN

Exotisme et cadre normand s'allient harmonieusement au parc zoologique de Clères.

Aux alentours

Parc du Bocasse

2 km à l'ouest par la D 6. 02 35 33 22 25 - www.parcdubocasse.fr - juil.-août : 10h-18h, dim. et j. fériés 10h-19h (dernière entrée 1h av. la fermeture) ; mars-juin et sept.-oct. : se renseigner - 12 € hte sais., 11 € basse sais.

Plus de trente attractions pour les enfants : jeux et manèges nombreux (ruche géante qui explique de façon ludique la fabrication du miel, bateau viking, petit huit...). Les activités doivent souvent se faire accompagné d'un adulte (âge minimum à chaque fois précisé). Aires de pique-nique.

Montville

6 km au sud par la D 155.

Musée des Sapeurs-pompiers de France – *02 35 33 13 51 - avr.-oct. : 10h-12h, 14h-18h, w.-end 14h-18h ; reste de l'année : 10h-12h, 14h-17h, w.-end 14h-17h - fermé vac. scol. de Noël, 1er janv., 1er Mai, 1er et 11 Nov., 25 déc. - 3,80 € (3-14 ans 1,50 €).*

Dans un cadre contemporain, voitures rouges, drapeaux et uniformes, casques brillants et grandes échelles retracent la glorieuse histoire de ce corps d'élite dont la devise est « *Courage et dévouement* » (pour les sapeurs-pompiers de province) et « *Sauver ou périr* » (pour ceux de Paris).

Trois générations se dégagent de la soixantaine de gros engins présentés : engins à bras depuis la création des *gardes-pompes* au début du 18e s. jusqu'aux années 1910, véhicules hippomobiles de 1880 à 1930 et automobiles apparues aux alentours de la Grande Guerre. Gravures anciennes et matériel de sauvetage.

Notez la très rare **pompe à bras** dite des échevins de Rouen (1721), la pompe à vapeur hippomobile (1886), le fourgon-pompe Somua (1937) et la grande échelle mécanique (30 m) sur châssis Delahaye de 1938, également rarissimes.

Clères pratique

Adresse utile

Office du tourisme de Clères – *59 av. du Parc - 76690 Clères - ✆ 02 35 33 38 64 - www.ot-cleres.fr - 10h-12h, 14h-18h, lun. 14h-18h, w.-end et j. fériés 14h-18h - fermé 22 déc.-4 janv., 1er et 11 Nov.*

Se restaurer

Au Souper Fin – *76690 Frichemesnil - 4 km au nord-est de Clères par D 6 et D 100 - ✆ 02 35 33 33 88 - www.souperfin.com - fermé 24 mars-1er avr., 11 août-2 sept., 22 déc.-6 janv., dim. soir d'oct. à avr., merc. et jeu. - 30/52 € - 3 ch. 60 € - ☕ 10 €.* Accueil et service avenants à cette table au nouveau décor design à touches rustiques installée dans une maison en briques et colombages qui abritait autrefois l'épicerie-café du hameau. Cuisine actuelle, vins choisis, terrasse-pergola côté jardin et jolies petites chambres.

Conches-en-Ouche★

4 982 CONCHOIS

CARTE GÉNÉRALE B3 – CARTE MICHELIN DÉPARTEMENTS 304 F8 – EURE (27)

Cette petite ville avenante, à mi-chemin entre Paris et la mer, est la capitale très fréquentée du mystérieux pays d'Ouche, autrefois redouté pour ses sorciers. Son patrimoine architectural, bien mis en valeur depuis quelques années, mérite l'étape. Les amateurs d'artisanat verrier y feront d'autant plus volontiers halte que la ville est devenue, grâce à son musée, l'une des vitrines contemporaines de l'art du verre.

- **Se repérer** – Adossé à la zone forestière qui forme la lisière nord du pays d'Ouche, le bourg de Conches est situé sur un éperon de 144 m de hauteur. Accès depuis L'Aigle (30 km au sud-ouest) ou Évreux (14 km au nord-est) par la D 830 ; de Bernay (30 km au nord-ouest) par la D 140 et de Rouen (50 km au nord) *via* Le Neubourg.
- **À ne pas manquer** – L'église Ste-Foy, pour ses très beaux vitraux.
- **Organiser son temps** – Vous pourrez profiter de Conches le matin avant d'arpenter l'un des nombreux sentiers de randonnées de la région l'après-midi.
- **Pour poursuivre la visite** – Voir aussi Évreux, le Bec-Hellouin, Brionne, Bernay et Verneuil-sur-Avre.

Se promener

Jardin de l'hôtel de ville

Au-delà de la **porte gothique** de l'hôtel de ville – entrée de l'ancienne enceinte du château –, on atteint un jardin, le square Jean-de-La Varende, où se dresse le **donjon** ruiné des seigneurs de Tosny, entouré de tours circulaires (12e s.). De la terrasse de l'hôtel de ville, où trône un sanglier en pierre, **vue** sur la vallée du Rouloir et sur l'élégante abside flamboyante de l'église Ste-Foy. Vue similaire, en contrebas, de la terrasse ornée d'une balustrade à décor flamboyant.

La **Maison des richesses de l'Eure**, à côté du château, est une demeure à pans de bois qui abrite des expositions.

Rue du Val

Deux édifices notables dans cette rue accessible par la place Carnot. Sur la droite, la **maison Corneille** – foyer de la famille de l'illustre écrivain –, demeure du 16e s. à pans de bois. Au bout de la rue, l'**hôpital**, établi sur le site de l'ancienne abbaye, conserve quelques pierres vénérables ; on visite également les caves voûtées.

S. Sauvignier/MICHELIN
Donjon et tours du château de Conches.

Visiter

Église Ste-Foy★

L'église actuelle remplace, depuis la fin du 15e s., celle que Roger de Tosny avait dédiée à la jeune martyre sainte Foy *(voir encadré ci-dessous)*.

Une haute flèche légèrement inclinée, en bois et plomb, domine la tour méridionale. C'est la copie de celle effondrée lors d'un ouragan en 1842. Beaux vantaux sculptés (début 16e s.) aux portes de la façade et nombreuses gargouilles.

L'intérieur conserve d'intéressantes statues, dont celle de sainte Suzanne (13e s.) à l'entrée de la chapelle St-Michel ou celle de saint Pierre coiffé d'une tiare (16e s.) à l'entrée de la chapelle de la Vierge. Pietà polychrome (16e s.) dans le bas-côté gauche et Christ ressuscité en pierre (16e s.) au chevet. Notez également la **statue** du grand pèlerin saint Roch (17e s.) dans le bas-côté droit, à la hauteur du grand orgue.

Vitraux★ – L'homogénéité de cet ensemble de la Renaissance (première moitié du 16e s.) n'a pas été altérée par les restaurations consécutives à la chute de la flèche.

Les verrières du bas-côté gauche illustrent la vie de la Vierge.

Les sept verrières du chœur, hautes de 10,50 m, se divisent en deux parties par une traverse trilobée. Au niveau supérieur figurent des scènes de la vie du Christ, au niveau inférieur des épisodes de la vie et du martyre de sainte Foy, ainsi que les portraits des donateurs.

Les vitraux du bas-côté droit, œuvres d'ateliers de l'Île-de-France ou de Fontainebleau, retracent des scènes bibliques et évangéliques préfigurant l'Eucharistie ou liées à son institution. Remarquez le **pressoir** mystique de la cinquième fenêtre.

En face de l'église, rue Ste-Foy, le St-Jacques est un ensemble de **maisons** à pans de bois (15e-16e s.). Leurs belles caves à étages voûtées (11e-12e s.) peuvent se visiter.

Musée du Terroir normand

☏ 02 32 37 92 16 - juin-sept. : tlj sf lun. et mar. 10h-12h, 14h-18h, dim. 14h-17h - 3 €.

Présentation de vieux outils et de machines anciennes dans une grange démontée, transportée et reconstituée sur le site actuel. Reconstitutions d'ateliers d'artisans. Si la mise en scène n'est pas des plus originales, elle permet de se replonger dans des savoir-faire oubliés. Amusez-vous donc à repérer, dans la grande salle, des objets insolites comme le peigne à myrtilles ou les ustensiles des premiers boy-scouts. Espace apiculture à l'étage. À la sortie, vous pourrez vous dégourdir les jambes en arpentant l'espace vert aménagé à cet effet, au-delà du Rouloir.

Le saviez-vous ?

Le nom – De retour d'une campagne contre les Maures d'Espagne aux côtés de Don Sanche d'Aragon (1034), Roger de Tosny, seigneur du lieu et descendant de Rollon Ier, rapporte d'un pèlerinage à *Conques* (qui signifie coquille bivalve), en Rouergue, des reliques de **sainte Foy**. La cité naissante, d'abord nommée Castellio puis Châtillon, sera rebaptisée d'après le sanctuaire.

Les armes – Les armes de leur ville – « d'or à une bande d'azur chargée de trois coquilles d'argent » – conservent le souvenir des grands pèlerinages et du passage des seigneurs de Conches à Compostelle.

Le pays d'Ouche – C'est un plateau boisé aux aspects solitaires, souvent évoqué par le romancier La Varende. Ses terres sont d'un travail difficile et l'industrie ne joue plus un rôle aussi important qu'autrefois.

Musée du Verre

Rte de Ste-Marguerite. Soyez attentif, le musée, un peu en retrait, se trouve entre une station-service et un bâtiment de la Délégation sociale - ✆ 02 32 30 90 41 - ♿ - juin-sept. : tlj sf lun. et mar. 10h-12h, 14h-17h30, dim. 15h-18h ; mars-mai et oct.-nov. : merc.-sam. 14h-17h30 - 3 €.

M. Wirth/Musée du Verre de Conches

« Messager de l'espace » par Yan Zoritchak.

Sa plus grande salle accueille chaque année une exposition temporaire différente. Viennent ensuite les espaces consacrés aux collections permanentes, constituées entre autres de pâtes de verre dues au grand maître verrier conchois, François Décorchemont (1880-1971), surnommé le « sorcier de Conches » pour son savoir-faire. L'ont rejoint des œuvres d'artistes plus contemporains comme Yan Zoritchak, Régis et Gisèle Fiévet, Claude Monod, Edmée Delsol, qui n'hésite pas à jouer sur les matières, ou Gérard Fournier.

Aux alentours

Breteuil-sur-Iton

14 km au sud par la D 840. Adossé à sa forêt, ce bourg est entouré par un bras forcé de l'Iton formant un étang bordé par un jardin public à l'emplacement de l'ancien château fort. En 1081, la belle Adèle, fille de Guillaume le Conquérant et de Mathilde de Flandre, y épouse Étienne, comte de Blois.

Église – Les parties les plus anciennes datent du 11e s. Son appareillage en grison lui donne un charme rustique et son clocher est une grosse tour carrée surmontant la croisée du transept. L'intérieur frappe par l'ordonnance des grandes arcades de la nef reposant sur 12 massifs piliers de grison de l'époque de Guillaume le Conquérant. Les 5 arcades de l'abside s'appuient sur des colonnes aux chapiteaux à feuillages. Balustrade des orgues joliment décorée de motifs empruntés à la Renaissance italienne et de statuettes d'anges musiciens.

Vallée du Rouloir

Circuit de 10 km. Routes étroites. Quittez Conches par la route d'Évreux, D 830.

À 3 km, tournez à gauche dans un chemin revêtu, sous bois, en descente très rapide. Après La Croisille, tournez à gauche dans la première route goudronnée (D 167). Un kilomètre plus loin, à un croisement, tournez à gauche dans un chemin en descente qui rejoint le fond de la vallée du Rouloir à l'église de St-Élier, dans un joli paysage. En suivant la rivière, regagnez Conches dont le site apparaît sous son plus beau visage.

La Ferrière-sur-Risle

Quittez Conches par l'ouest et roulez 14 km sur la D 140.

La place centrale du petit village ne manque pas de charme avec ses maisons anciennes et son marché couvert.

L'**église** (13e-14e s.) a été remaniée ; à l'intérieur, grand retable du 17e s. en chêne, aux sculptures dorées, dont la partie centrale montre une Descente de croix due à un élève de Léonard de Vinci.

Bel ensemble de statues, dont une Vierge à l'Enfant (14e s.) et sainte Anne en pierre polychrome (16e s.). Parmi les œuvres du 17e s., un saint Michel (haut de 2,10 m) et une Pietà en bois polychrome. À côté, petites halles du 14e s., restaurées.

Prenez au nord la D 23.

La route qui mène au Val Gallerand suit la verdoyante vallée de la Risle.

Le Val Gallerand

En lisière de la forêt de Beaumont.

Superbes bâtiments de ferme *(privé)* en style vieux normand, construits dans un cirque de verdure.

Conches-en-Ouche pratique

Adresse utile

Office du tourisme de Conches-en-Ouche – *Place A. Briand - 27190 Conches-en-Ouche - www.conches-en-ouche.fr - 10h-12h30, 14h-17h30 - fermé dim., lun. et j. fériés.*

Visites

Promenades, randonnées, visites guidées – Édité par la communauté des communes de Conches, un topoguide des randonnées pédestres, équestres et VTT dans la région est disponible à la Maison du tourisme. Celle-ci propose aussi quatre formules de visites guidées dans Conches : découverte des vitraux de Ste-Foy ; visite de la ville et des caves de l'ancienne abbaye ; visite des musées du Verre et du Terroir normand ; visite des caves (11e-12e s.) de la maison St-Jacques.

Se loger

Hôtel Le Cygne – *2 r. Paul-Guilbaud - 02 32 30 20 60 - www.lecygne.fr - fermé vac. de fév., oct., dim. soir, vend. midi et lun. - P - 13 ch. 45/52 € - 7 € - rest. 18/24 €.* Dans l'enceinte d'un ancien relais de poste qui daterait d'avant la Révolution, cet hôtel compte 13 chambres fraîchement rénovées. Confort actuel teinté de couleurs pastel. Deux petites salles de restaurant séparées par une cheminée normande, proposant une carte riche en cuisine du pays, à des prix très corrects.

Hôtel de Normandie – *R. St-Étienne - 02 32 30 04 58 - www.conches-hotel.com - fermé 1 sem. en fév., 1 sem. en août, 2 sem. en oct. et 1 sem. en déc. - 17 ch. 52,50 € - 7 € - rest. 12,80/30,50 €.* Situé en centre-ville, à deux pas du donjon, cet hôtel a été entièrement remis à neuf il y a quelques années. Une partie hébergement très soignée, comprenant 2 chambres accessibles aux personnes à mobilité réduite, lui valant le label « Tourisme et handicap 4 logos ». Restaurant traditionnel avec une jolie véranda.

Se restaurer

La Grand'Mare – *13 av. Croix-de-Fer - 02 32 30 23 30 - 13/27 €.* Cette grande maison à colombages propose deux formules gourmandes : le restaurant gastronomique servant une cuisine traditionnelle bien faite, savoureuse et à prix très doux, ou le bistrot et son ardoise de suggestions du jour (ouvert uniquement à l'heure du déjeuner).

Que rapporter

Marché – Le jeudi matin et le dimanche matin.

Sports & Loisirs

Village équestre de Conches – *02 32 30 22 56.* Ce domaine de plus de 500 ha abrite deux sites : Cheval Village et Poney Village. Outre un centre de formation professionnelle, un collège et un lycée équestre, il dispose de structures permettant une grande diversité d'activités : stages équestres pour enfants et adolescents, promenades en forêt, dressage, obstacles, polo, horse-ball, pony-games.

Lac de la Noë – *1 rte d'Évreux - 27190 La Bonneville-sur-Iton - 02 32 37 61 97 - www.conches-en-ouche.fr - juin-sept. : 10h-19h - 2 € (-16 ans 1 €).* Situé à La Bonneville, 7 km au nord-est de Conches. Tennis, baignade, pêche, canoë-kayak, pédalos, poney, tir à l'arc, location de matériel. Hébergement de groupes toute l'année.

Château de Crèvecœur-en-Auge★

CARTE GÉNÉRALE A3 – CARTE MICHELIN DÉPARTEMENTS 303 M5 – CALVADOS (14)

Ce bourg accueillant de la vallée d'Auge doit sa renommée à son château, remarquablement restauré par la dynastie Schlumberger. C'est aussi le point de départ idéal pour partir à la rencontre des autres manoirs augerons dispersés dans une nature généreuse.

Se repérer – Crèvecœur se situe à mi-distance de Caen (34 km à l'ouest) et de Lisieux (20 km à l'est) ; on y accède par la D 613.

À ne pas manquer – Le magnifique colombier du château de Crèvecœur-en-Auge.

Organiser son temps – Le château de Crèvecœur n'ouvrant qu'à 11h, passez d'abord au manoir de Coupesarte pour en admirer les extérieurs.

Pour poursuivre la visite – Voir aussi le pays d'Auge, Lisieux, Pont-l'Évêque, Houlgate et Cabourg.

JACASS/MICHELIN

La ferme et le colombier du château de Crèvecœur-en-Auge (15e s.).

Visiter

Château★

02 31 63 02 45 - www.chateau-de-crevecoeur.com - ♿ - juil.-août : 11h-19h ; de fin mars à fin juin et sept. : 11h-18h ; oct. : dim. 14h-18h - 6 € (10-18 ans 4 €).

Entourés d'arbres et de douves, les bâtiments à pans de bois du **château**, dont la motte date du 11e s., ont été transformés au 15e s. et restaurés en 1972. Ils forment un tableau très pittoresque, dans la logique médiévale : basse cour et motte féodale entourées de douves en eau.

La **porterie** (16e s.) se compose d'un rez-de-chaussée, fait d'un appareillage de briques et de pierres disposées en damier, et d'un étage à colombages. Ce bâtiment provient du château de Beuvilliers, près de Lisieux, aujourd'hui disparu.

Les anciens bâtiments de la ferme du château permettent aux visiteurs de découvrir l'architecture traditionnelle augeronne à pans de bois ; exposition dans le premier bâtiment. Magnifique exemple de ces constructions, le **colombier** (15e s.) surprend par sa forme carrée. Un essentage de tuiles, visible sur les quatre côtés du bâtiment, se termine en auvent. Au sommet, deux lucarnes sont décorées de croix de Saint-André, et sur le côté opposé aux vents une plage d'envol a été installée pour les pigeons. Ces derniers disposaient à l'intérieur de 1 500 boulins (niches à pigeons).

Changement d'époque et de registre dans la **grange** (16e s.) qui est consacrée au **musée Schlumberger**. Il porte le nom des frères Conrad et Marcel, ces deux ingénieurs alsaciens qui inventèrent en 1927 le procédé de la prospection pétrolière électrique, mondialement utilisé de nos jours. Matériel de forage, voiture de prospection, photographies, vidéo, etc.

La **chapelle** (12e s.), qui accueille des expositions temporaires, possède une charpente de châtaignier en forme de carène renversée, ainsi que des fragments de peinture murale médiévale.

Il est alors temps de rejoindre le **manoir** (15e s.), partiellement protégé par son enceinte, qui évoque avec quelques modestes reconstitutions la vie du seigneur des lieux…

Finissez par le verger, qui regroupe plus de 26 variétés locales de pommiers.

Demandez à voir, si vous ne les avez pas déjà aperçues dans le poulailler, les « **poules de Crèvecœur** ». Tout ébouriffées, arborant une jolie huppe, elles sont les dernières représentantes d'une ancienne race locale en voie de disparition.

Aux alentours

Manoir de Coupesarte★

15 km au sud-est. Quittez Crèvecœur-en-Auge au sud par la D 16 en direction de St-Pierre-sur-Dives. Au Mesnil-Mauger, prenez à gauche la D 47. Traversez les Authieux-Papion, puis après St-Julien-le-Faucon, tournez à droite pour continuer sur la D 47. Coupesarte se trouve 1,5 km plus loin. Visite extérieure uniquement 9h-20h - gratuit.

E. Benard/MICHELIN

Le manoir de Coupesarte.

Cette belle demeure bordée d'eau sur trois côtés constitue le logis principal d'un corps de ferme. La construction remonte à la fin du 15e s. ou au début du 16e s. Sa gracieuse façade à colombages se termine par deux tourelles d'angle. Les communs, également à colombages, donnent à l'ensemble une note originale.

Du champ à gauche après la petite écluse, vous profitez d'une très belle vue sur la façade du manoir.

Château de Crèvecœur-en-Auge pratique

Voir les offices du tourisme de Lisieux et du Pays d'Auge.

Visites

La **Route du cidre** ondule au nord de Crèvecœur, entre la N 13 et l'autoroute de Normandie.

Se loger

Chambre d'hôte La Ferme de l'Oudon – *12 rte d'Écots - 14170 Berville-l'Oudon - 15 km au sud de Crèvecœur-en-Auge par D 16, dir. St-Pierre-sur-Dives et D 40 - 02 31 20 77 96 - www.fermedeloudon.com - fermé 13 nov.-30 janv. - 3 ch. 110/150 € - repas 40 €.* Une ancienne ferme et ses dépendances joliment restaurées, au cœur de bocage normand. Décoration intérieure soignée mariant l'ancien et le moderne. La chambre aménagée dans la tour du 16e s. a beaucoup de caractère. Parc de 7 ha avec potager et table d'hôte (sur réservation).

Deauville★★

3 973 DEAUVILLAIS
CARTE GÉNÉRALE A2 – CARTE MICHELIN DÉPARTEMENTS 303 M3 – CALVADOS (14)

Deauville doit sa réputation mondiale autant au luxe et au raffinement de ses diverses installations qu'à l'élégance de ses manifestations qui, tout au long de l'année, mais surtout en été, ponctuent son calendrier des festivités : courses hippiques dont le Grand Prix, championnat mondial de polo, régates, tournois de golf et de tennis, galas, marché international du yearling. Tous les ans, début septembre, le Festival du cinéma américain transforme Deauville en une proche banlieue de Hollywood.

Se repérer – À 94 km de Rouen et 43 km du Havre, Deauville s'étend le long d'une plage de 2 km, entre Trouville-sur-Mer, son aînée, et le mont Canisy, point culminant de la Côte Fleurie. L'estuaire de la Touques, que l'on franchit au pont des Belges, près de la gare, sépare les deux stations. Depuis ce pont, la longue avenue de la République, voie principale et rectiligne, traverse l'intérieur de Deauville en longeant les deux hippodromes (sur la gauche) ; toutes les rues transversales (sur la droite) mènent au front de mer.

À ne pas manquer – Les belles villas de la station ; le panorama du mont Canisy et la route du littoral de Honfleur à Cabourg.

Organiser son temps – Découvrez Deauville le matin afin d'éviter l'affluence du milieu de journée.

Pour poursuivre la visite – Voir aussi Trouville, Honfleur, Houlgate, Cabourg et le pays d'Auge.

G. Targat/MICHELIN

La plage de Deauville et ses pittoresques parasols.

Comprendre

Des terres gagnées sur les marais – Jusqu'au milieu du 19e s., le site sur lequel se trouve aujourd'hui Deauville était occupé par les marais. En 1859, le financier **Donon** et le médecin du Tout-Paris, **Olliffe**, achètent le domaine foncier pour en faire une station balnéaire. Le parrain de l'opération n'est autre que le **duc de Morny**, beau-frère de Napoléon III. Il faillit laisser son nom à la station, Mornyville, mais elle s'appela finalement Deauville (de *Dosville*, nom du petit bourg qui vivait de l'agriculture).

Un haut lieu de villégiature – Construite selon un plan octogonal, la jolie station se développe très vite et les villas rivalisent de beauté en empruntant aux modes architecturales de toute l'Europe de l'époque. Après la chute du Second Empire, la création du **Cercle** en 1875 (lieu où se réunissaient les propriétaires d'écuries de course) relance la fréquentation : les courses hippiques deviennent le lieu de rendez-vous de toute la noblesse européenne. En 1912, le casino, l'hôtel Normandy et les nouvelles tribunes de l'hippodrome sont construits. Ils demeurent aujourd'hui des points de passage obligés pour qui veut vivre un séjour deauvillais inoubliable.

Une station mythique – Ce parrainage originel et cette fréquentation huppée, qui s'est poursuivie tout au long du 20e s., ont contribué à créer l'image prestigieuse de Deauville. Romanesque aussi. Ce n'est sans doute pas un hasard si Claude Lelouch y tourna, en 1966, le film *Un homme et une femme*, avec Anouk Aimée et Jean-Louis Trintignant dans les rôles principaux.

Séjourner

La haute saison de Deauville commence en juillet et se clôt par le Grand Prix de Deauville et la Coupe d'or du championnat mondial de polo, aussi appelé le Deauville Polo Cup, l'un des plus grands tournois du monde. Les courses ont lieu alternativement sur l'hippodrome de la Touques (plat) et sur celui de Clairefontaine (plat et obstacles). Hors saison, la station accueille de nombreux congrès et séminaires.

L'attraction de la mer et des planches ne devrait pas faire oublier la richesse du patrimoine deauvillais, notamment ses somptueuses **villas 1900** dont la fameuse **villa Strassburger** *(peut se visiter en été)*, construite en 1907 par le baron Henri de Rothschild et rachetée en 1924 par le milliardaire américain dont elle porte le nom. Son style s'inspire des manoirs augerons. Elle conserve aujourd'hui les œuvres de Enrico Campagnola (1911-1984), de la **donation Bret-Campagnola** faite à Deauville.

L'office de tourisme propose un dépliant sur les incontournables de la station.

Les planches

Depuis 1923, un chemin de planches en azobé, bois d'Afrique tropicale, d'un brun violacé assez soutenu, est l'aspect le plus caractéristique de la vie de plage à Deauville. D'élégantes constructions : les Bains pompéiens, le bar du Soleil, où vedettes et célébrités aiment à se montrer, forment le fond d'un tableau où les couleurs des tentes jettent les notes les plus vives.

Le long du front de mer, le boulevard Eugène-Cornuché permet au promeneur de s'assurer que le nom de « plage fleurie » décerné à Deauville n'est pas usurpé.

Le port des yachts, sur la Touques, et le Yacht-Club offrent un gracieux spectacle. Enfin, dans le prolongement des quais, le port témoigne du dynamisme de la station.

Port-Deauville

Le port est contenu à l'ouest par la digue brise-lames allant de la plage à l'embouchure de la Touques, et à l'est par la jetée annonçant l'entrée bâbord du chenal. L'ensemble comprend un bassin à marée, un bassin à flot et un autre en lais de mer (environ 5 ha), accessibles par une écluse à sas et offrant le double avantage d'un mouillage en eau profonde et d'une grande capacité d'accueil. Au milieu de l'eau, les parties bâties englobent les typiques « marinas » aux toits d'ardoise, la capitainerie et « l'antenne » du Marina Deauville Club (quai des Marchands, au niveau de l'écluse), ainsi que les espaces réservés aux centres commerciaux et à l'hôtellerie. Le profond chenal d'accès au port assure le passage des bateaux 8 heures par marée, soit environ 16 heures par jour.

Se promener

Partez de l'office de tourisme et remontez la rue Fossorier en direction de la mer.

Rue Fossorier

Sur la gauche, remarquez la **villa Cardon** du Second Empire. Dans les années 1920, son jardin a été converti en boutique (actuellement le Manoir d'Émilie). Au n° 12, la **villa Ste-Claire** (1866) en brique polychrome et ardoise arbore une monumentale tourelle de forme polygonale.

Tournez à droite dans la rue du Général-Leclerc, dépassez la rue Olliffe et prenez à gauche la rue Mirabeau.

À l'angle de la rue Jean-Mermoz, le balcon du premier étage et le bois découpé ornant la bordure de rive du toit donnent des allures de chalet rustique à la **villa des Lierres**, édifiée entre 1866 et 1873. La véranda ajoute quant à elle une touche coloniale.

Tournez à gauche boulevard Eugène-Cornuché.

Boulevard Eugène-Cornuché

C'est sans doute ici que se concentrent les plus belles demeures de Deauville. Voyez, au n° 3, la **villa du Phare** en briques polychromes (1877), au n° 7, la **villa Grisélidis** (1871) avec ses bandes de brique colorées, ses bow-windows et son toit réhaussé d'épis, au n° 11, les bas-reliefs de la **villa Suzanne**, et au n° 15, la célèbre **villa les Abeilles**, commanditée par la couturière Irène Paquin à Auguste Bluysen, l'architecte

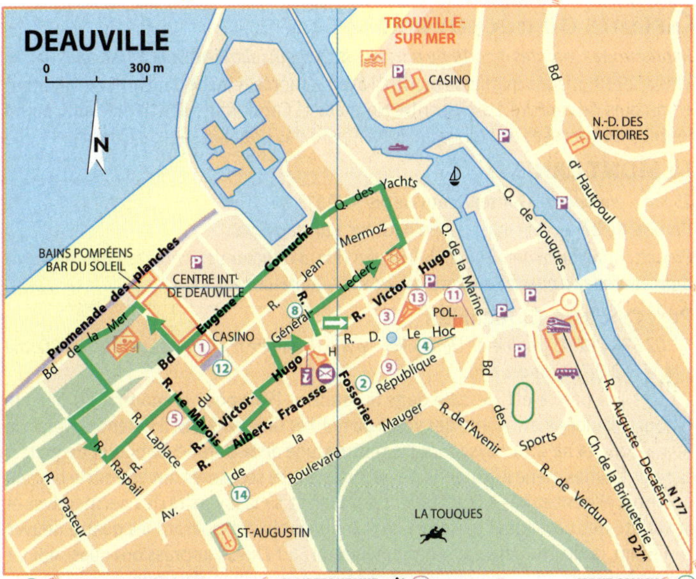

SE LOGER	
Chantilly (Hôtel Le)	2
Continental (Hôtel Le)	4
Épi d'Or (Hôtel L')	6
Hélios (Hôtel)	8
Maison Pommerose (chambre d'Hôte La)	10
Normandy-Barrière (Hôtel)	12
Patio (Hôtel Le)	14

SE RESTAURER	
Bar de la Mer	1
Dupont avec un thé	3
Flambée (La)	5
Galerie de Tourgéville (La)	7
Garage (Le)	9
Nautica (Le)	11
Table d'Auge (La)	13
Yearling (Le)	15

du Grand Rex à Paris. Son architecture marie épis de faîtage, tuiles plates normandes et pans de bois, avec des éléments art nouveau en béton. Plus loin, la **villa Camélia**, une des plus anciennes de Deauville, possède de nombreux bow-windows et des pignons typiques de l'Europe du Nord. À quelques numéros de là, le prestigieux hôtel **Normandy Barrière** se reconnaît à ses façades en faux pans de bois plaqué vert.
Rejoignez la mer et les planches par la rue Sem. Après la piscine, tournez à gauche et retrouvez le boulevard Cornuché que vous prendrez à droite. Marchez jusqu'à la rue Raspail dans laquelle vous vous engagerez pour rallier la rue des Villas, première à droite.
Au n° 20, admirez les panneaux colorés de la **villa Palissy**, peints sur lave émaillée.
Revenez sur vos pas et poursuivez tout droit jusqu'à la rue Le Marois. Tournez à droite.

Rue Le Marois

À l'angle avec la rue du Général-Leclerc, remarquez les **villas Chalet-Chalet** et **Santiago**. Plus loin, au n° 18, **Les Glaïeuls**, construits en 1870, s'inspirent des maisons rurales de l'Italie du Nord. Notez, au n° 20, la **villa Montréal**, construite en 1913.
Parvenu à la rue Albert-Fracasse, prenez à gauche.

Rue Albert-Fracasse

Au n° 81, la **villa Les Dunes**, construite en 1910, est agrémentée de terrasses en quart de cercle et de balustres sur lesquelles s'ouvrent les salles de réception. Notez aussi les nombreux élements décoratifs de la **villa Les Primevères** (1890), au n° 21.
Prenez à gauche la rue du Général-de-Gaulle, puis la rue Victor-Hugo à droite.

Rue Victor-Hugo

Au n° 91, la **villa Les Giroflées** (1880) présente une architecture très influencée par le style augeron. Au n° 83, la **villa Le Paradou** affiche quant à elle de nombreux éléments néogothiques.
Tournez à gauche dans la rue Hoche.
Le parcours se termine par la **villa Le Belvédère** (1870) dont le jardin est devenu une boutique, tout comme celui de la villa Cardon.
Revenez à l'office de tourisme en prenant à droite la rue E.-Colas.

Circuits de découverte

Kilométrages comptés à partir du pont des Belges qui relie Deauville à Trouville.

L'infini des horizons marins se marie ici avec le morcellement d'un arrière-pays tout en recoins de verdure. La côte entre Honfleur et Cabourg devient, l'été venu, parmi les plus fréquentées de France, mais n'en perd pas pour autant son charme.

LE MONT CANISY★

25 km – environ 1h. Quittez Deauville par la D 513.

L'église de Bénerville apparaît en hauteur à un carrefour.

Prenez à gauche avant l'église. 200 m plus loin, à hauteur de la mairie, continuez tout droit et prenez à gauche au carrefour suivant. Continuez sur 1 km.

Parc Calouste-Gulbenkian

✆ 02 31 14 02 02 (mairie de Deauville) - www.deauville.fr - juil.-août : 14h-18h - fermé j. fériés - 2 € (-18 ans gratuit).

Ce très joli parc a été dessiné dans les années 1930 pour le magnat du pétrole Calouste Gulbenkian. Abrité des vents du nord et sans vis-à-vis, il s'étend sur plus de 30 ha dont 14 ha sont paysagers. De l'entrée, une allée bordée de buis et de plates-bandes fleuries mène à la grande pelouse des arbres séculaires ouverte sur le bocage augeron. N'hésitez pas à déambuler pour bien saisir la diversité des perspectives et la variété des paysages : parterres de roses en croix symbolisant les quatre fleuves de l'Islam, jardin fruitier et potager, pinèdes du Sud-Ouest, impressions quasi alpines sur les hauteurs. L'été, expositions et concerts de musique classique.

Revenez à l'église et prenez la rue à droite. Au sommet de la montée, prenez à droite vers le mont Canisy. Laissez votre voiture avant la barrière.

Un sentier conduit au blockhaus d'où la **vue** s'étend du cap de la Hève à l'estuaire de l'Orne.

Reprenez votre voiture et empruntez la route à droite.

Après la traversée de la moderne cité de Canisy, la route dévale rapidement ; vues sur la vallée de la Touques.

Au carrefour St-Arnoult, continuez tout droit.

Touques

À l'embouchure de la rivière du même nom, ancien port de Guillaume le Conquérant, le village conserve de vieilles maisons le long du ruisseau des Ouies. L'église St-Thomas (12e s.) doit son nom au passage de saint Thomas Becket. L'**église St-Pierre** (11e s.) accueille diverses expositions. *✆ 02 31 88 70 93 - www.ville-touques.com.*

LA CORNICHE NORMANDE★★

De Deauville-Trouville à Honfleur

21 km – environ 1h. Quittez Deauville-Trouville par le boulevard d'Hautpoul, D 513.

Au milieu d'une végétation magnifique, ce trajet réserve, à travers les haies et les vergers, des échappées sur l'estuaire de la Seine. De belles propriétés s'égrènent tout au long du parcours. Peu avant Villerville, la vue s'élargit sur l'estuaire du fleuve et ses installations pétrolières. Au fond à gauche, Le Havre est reconnaissable à sa centrale thermique et au clocher de l'église St-Joseph.

Villerville

Cette station balnéaire garde son charme rural grâce à son cadre de prairies et de bois. L'église se signale par son clocher roman. À marée basse, des groupes de rochers comme le banc du Ratier prolongent la plage. Depuis la terrasse qui la domine, vue sur Le Havre et le cap de la Hève.

La route présente des passages étroits et des virages marqués.

Cricquebœuf

Un condensé de la Normandie romantique et traditionnelle. Dans ce tout petit village si joliment nommé, la minuscule **église** (12e s.) aux vieux murs drapés de lierre a été abondamment popularisée par l'affiche et l'image. Tout autour, prés, pommiers à cidre, vaches, mares ajoutent au charme des lieux.

À Pennedepie, prenez la D 62, puis à 2,5 km, la D 279 à droite.

Barneville

L'église, enfouie dans la verdure, s'adosse au magnifique parc d'un **château** du 18e s.

Faites demi-tour. À 4 km, prenez à gauche après un château et gagnez Honfleur.

Une série de cabines de plage à Villers-sur-Mer.

LA CÔTE FLEURIE★★

De Trouville-Deauville à Cabourg

19 km – environ 30mn. Quittez Deauville par la rue A.-Decaëns, D 513.

Bénerville et Blonville-sur-Mer

Ces deux petites stations balnéaires jumelées partagent leur longue plage de sable fin sur les pentes du mont Canisy. Quelques villas se disséminent sur la falaise de Bénerville.

À Blonville, parc de loisirs et centre sportif proches de la mer; club nautique sur la plage. Au centre, dans la chapelle N.-D.-de-l'Assomption, fresques dues à Jean-Denis Maillart.

Villers-sur-Mer

Le charme de cette station balnéaire tient autant à son animation estivale qu'à son immense plage et à l'agrément de son arrière-pays, accidenté et boisé, sillonné de sentiers qui descendent au cœur de la ville. On y trouve, comme il se doit, un casino et un bon équipement sportif. La plage, qui court de Blonville à la falaise des Vaches Noires, est bordée, à l'aplomb de la localité, par une longue digue-promenade où une borne signale le passage du méridien de Greenwich. Un bel ensemble de vitraux (19e s.) éclaire l'église néogothique près de la mairie.

Vaches Noires et fossiles

La réputation des Vaches Noires en matière de fossiles n'est plus à faire. Ses falaises révèlent des couches remontant à l'ère secondaire. L'érosion naturelle (écoulements d'eau et action de la marée) met régulièrement au jour de nouvelles veines de sédiments, dans lesquelles sont pris les fossiles. Mais attention, les règles de fouilles sont très strictes, et pour des raisons de sécurité, l'accès aux falaises est limité.

Le **Musée paléontologique** expose une importante collection de fossiles découverts sur le site des Vaches Noires depuis la fin du 19e s. : mollusques (belle série d'ammonites), crustacés, coraux de plus de 100 millions d'années; il est également possible de voir des dents, mâchoires et vertèbres de crocodiles, dinosaures et ichtyosaures. *☏ 02 31 87 01 18 - www.villers-sur-mer.fr - juil.-août : 9h-19h ; mars-juin et sept.-oct. : 9h30-12h30, 14h-18h ; nov.-fév. : 9h30-12h30, 14h30-17h - fermé dim. apr.-midi nov.-fév. (sf pdt vac. scol.), 1er janv. et 25 déc. - gratuit.*

Avant Houlgate, à droite dans la descente, dans un virage en épingle à cheveux, table d'orientation et **panorama** sur l'embouchure de la Dives et celle de l'Orne.

Houlgate★ *(voir ce nom)*

La route longe la côte et, avant Dives-sur-Mer, passe devant le monument commémorant le départ du duc Guillaume pour la conquête de l'Angleterre.

Rejoignez Cabourg par la D 45.

Deauville pratique

Adresse utile

Office du tourisme de Deauville – *Pl. de la Mairie - 14800 Deauville - 02 31 14 40 00 - www.deauville.org - juil.-août : 9h-19h, dim. et j. fériés 10h-18h ; reste de l'année : 10h-18h, dim. et j. fériés 10h-13h, 14h-17h - fermé 1er janv et 25 déc.*

Office du tourisme de Villers-sur-Mer – *Pl. Mermoz - 14640 Villers-sur-Mer - 02 31 87 01 18 - www.villers-sur-mer.fr - juil.-août : 9h-19h ; mars-juin et sept.-oct. : 9h30-12h30, 14h-18h ; nov.-fév. : tlj sf dim. ap.-midi hors vac. scol. 9h30-12h30, 14h-17h - fermé 1er janv. et 25 déc.*

Visite

Mont Canisy – Visite guidée du site historique organisée par les Amis du Mont-Canisy - *se renseigner à l'office du tourisme de Deauville - 02 31 14 40 00 - www.mont-canisy.org.*

Train touristique

Un petit train effectue un tour de la ville - dép. pl. de la Mairie ou restaurant Le Ciro's - *avr.-sept. : visite commentée (35 mn) 10h30-18h30 - 3,50 € -s'adresser à l'office de tourisme.*

G. Targat/MICHELIN

L'entrée de l'hôtel Normandy à Deauville.

Se loger

Hôtel Le Patio – *180 av. de la République - 02 31 88 25 07 - www.hotel-patio.fr - fermé fév. - 13 ch. 52/85 € - 7,50 €.* L'enseigne le laisse deviner : cette bâtisse centenaire à la façade immaculée dispose d'un joli patio fleuri où, dès les premiers beaux jours, sont servis les petits-déjeuners. Les chambres, personnalisées, sont régulièrement rafraîchies.

Hôtel Le Continental – *1 r. Désiré-Le Hoc - 02 31 88 21 06 - www.hotel-continental-deauville.com - fermé 13 nov.-20 déc. - 42 ch. 57/96 € - 8,50 €.* Hôtel bâti en 1880 à proximité de la gare. Petites chambres équipées d'un mobilier en stratifié et d'un efficace double vitrage. Sympathique salle de petits-déjeuners.

Hôtel Hélios – *10 r. Fossorier - 02 31 14 46 46 - www.hotelheliosdeauville.com - fermé 7-21 janv. - 43 ch. 76/80 € - 8 €.* Établissement pratique au centre de la célèbre station balnéaire de la Côte Fleurie. Sobres chambres rajeunies et duplex appréciés par les familles. Minipiscine.

Hôtel L'Épi d'Or – *23 av. Michel-d'Ornano - 14910 Blonville-sur-Mer - 02 31 87 90 48 - www.hotel-normand.com - fermé 20 fév.-24 mars et 13-29 déc. - P - 40 ch. 55/160 € - 8 € - rest. 19/45 €.* Avenante maison de style normand bien rénovée. Les chambres, toutes semblables, sont avant tout pratiques. Sobre salle à manger actuelle et carte traditionnelle ; repas rapides à la brasserie dans un décor rustique.

Chambre d'hôte La Maison Pommerose – *À St-Sylvestre-l'Église - 27260 St-Sylvestre-de-Cormeilles - 02 32 57 13 05 ou 06 83 38 74 69 - www.pommerose.com - - 3 ch. 62 € - repas 22/24 €.* Nichée dans un écrin de verdure et de tranquillité, cette magnifique demeure, résolument normande, vous séduira aussi par son confort. La cheminée en pierre calcaire se charge de réchauffer les pièces ornées de tomettes et de boiseries. Joli jardin garni de pommiers. Petits-déjeuners copieux et savoureux.

Hôtel Le Chantilly – *120 av. de la République - 02 31 88 79 75 - www.123france.com/chantilly/ - 17 ch. 82/115 € - 8,50 €.* Cette maison de ville proche de l'hippodrome abrite des chambres très bien tenues et progressivement rénovées. Vous prendrez votre petit-déjeuner dans un minisalon.

Hôtel Normandy – *38 r. Jean-Mermoz - 02 31 98 66 22 - www.lucienbarriere.com - 259 ch. 292/726 € - 24 €.* Cet élégant manoir à colombages de 1912 est au cœur de la vie deauvillaise : en face de la mer, à deux pas du casino et des rues commerçantes, c'est ici qu'il faut être ! Fastueux, il répondra à toutes vos envies, sans restrictions... Un vrai must dans cette ville où tout brille.

Se restaurer

Dupont avec un Thé – *20 pl. Morny - 02 31 88 20 79 - sasdupont.dives@wanadoo.fr - fermé lun., jeu. et vend. hors sais. sf vac. scol. de 13h à 14h30 - 5/15 €.* À l'instar de ses sœurs des environs, cette boutique fait le bonheur des nombreux gourmands qui viennent déguster madeleines et macarons au café accompagnés d'un chocolat chaud à l'ancienne. Mais on y trouvera aussi une formule de petite restauration fort convenable d'assiettes composées ou encore un « petit-déjeuner super complet ».

Le Nautica – *2 r. Désiré-Le Hoc - 02 31 88 03 27 - pubnautica@wannadoo.fr - fermé merc. hors sais. sf vac. scol. - 10,90/18,60 €.*

Vous trouverez l'ambiance des pubs anglais enrichie d'une petite teinte marine dans cette brasserie proche de la gare. La carte peut s'enorgueillir de ne présenter que des plats faits maison, y compris le saumon fumé et le foie gras, les deux spécialités principales. Service continu de midi à minuit.

⊖⊖ **Bar de la Mer** – *Bd de la Mer, casino Barrière de Deauville - ✆ 02 31 88 27 51 - www.lucienbarriere.com - fermé nov.-15 fév. sf j. fériés et vend.-lun. pdt vac. scol. - 22 € déj. - 16/45 €.* Ce restaurant posé à même les célèbres planches connaît un grand succès grâce à son immense terrasse sur le front de mer. Entièrement rénové, il vous propose un banc d'écailler, des grillades et de nombreuses salades. Splendide vue sur le large.

⊖⊖ **Le Garage** – *118 bis av. de la République - ✆ 02 31 87 25 25 - fermé 11 déc.-7 janv. - 18/29 €.* Dans cet ancien garage, l'huile d'olive a avantageusement remplacé celle de vidange, les cuisiniers ont succédé aux mécaniciens et les serveurs aux pompistes d'antan... Une fresque à sujet automobile subsiste encore dans cet espace transformé en brasserie. Cuisine *ad hoc* et bon choix de produits de la mer.

⊖⊖ **Le Yearling** – *38 av. Hocquart-de-Turtot - ✆ 02 31 88 33 37 - www.le-yearling.fr - fermé 9 janv.-2 fév., lun. et mar. sf juil.-août - 15 € déj.- 21/68 €.* Vous l'aurez compris, vous êtes chez un amateur de chevaux : les murs de sa maison près de l'hippodrome sont tapissés de photos à leur effigie. Comme en plus, sa cuisine de marché est goûteuse et qu'il a mis du homard au menu... on y court ! Prix plutôt raisonnables pour la station.

⊖⊖⊖ **La Flambée** – *81 r. Gén.-Leclerc - ✆ 02 31 88 28 46 - restaurant.laflambee@wanadoo.fr - fermé 2-15 janv. - 26/48 €.* Une belle flambée crépite dans la grande cheminée où l'on prépare, sous vos yeux, les grillades. Autres choix : plats traditionnels et homard (vivier).

⊖⊖⊖ **La Table d'Auge** – *Pl. du Marché - ✆ 02 31 88 30 58 - www.deauville-terroir.com - réserv. conseillée en été et le w.-end - 32/58 €.* La fraîcheur des crustacés de ce restaurant est garantie : ils sont tirés des viviers à la demande. Mais que les allergiques se rassurent, ils pourront aussi déguster de beaux produits du terroir, authentiques et goûteux. Le soir, si le temps le permet, préférez la terrasse.

⊖⊖⊖ **La Galerie de Tourgéville** – *14800 Tourgéville - 6 km au sud de Deauville par D 278 et D 27 - ✆ 02 31 87 31 11 - www.galeriedetourgeville.com - fermé mar. et merc. - 30 €.* Derrière la façade de cette ancienne fromagerie s'abritent une galerie d'art contemporain de 1 000 m² et un restaurant au décor hétéroclite aménagé avec soin. La carte est simple, un peu branchée, l'ambiance assurée.

Faire une pause

Martine Lambert – *76 bis r. Eugène-Colas - ✆ 02 31 88 94 04 - martine.combert@wanadoo.fr - avr.-sept. : 10h-13h, 15h-20h, w.-end 10h-0h ; juil.-août : 9h-0h ; oct.-mars : w.-end et vac. scol.* La réputation des glaces Martine Lambert a depuis longtemps dépassé les « frontières » de Deauville. À base de pur lait de vache de Normandie et d'œufs frais, elles sont délicatement parfumées. Le Succulent aux noisettes, au chocolat et au caramel, le tout recouvert de noisettes et d'amandes grillées est absolument irrésistible.

En soirée

Casino – *R. Edmond-Blanc - ✆ 02 31 14 31 14 - www.lucienbarriere.com.* 325 machines à sous, punto-banco, roulettes française et anglaise, boule, stud poker, black-jack, craps. Également sur place : restaurants, bars, discothèque et théâtre.

Les Planches – *Le Bois-Lauret - env. 6 km au sud-ouest de Deauville dans l'arrière-pays (itinéraire fléché) - 14910 Blonville-sur-Mer - ✆ 02 31 87 58 09 - www.lesplanches.com - vend.-sam. et vac. scol. : 23h à l'aube - fermé janv.* Tout Neuilly-Auteuil-Passy fréquente cette discothèque réputée pour son bar cubain, sa salle « Le Bazar » et sa piscine chauffée. Pendant le festival de Deauville, on s'y précipite (jamais avant minuit) avec l'espoir (parfois comblé) de croiser quelques stars...

Sports & Loisirs

Poney Club – *R. Renaldo-Hahn - ✆ 02 31 98 56 24 - tlj pdt vac. scol. ; le reste de l'année : w.-end et j. fériés - fermé janv.* Balades sur la plage. Le matin, possibilité d'assister à l'entraînement des chevaux de course dans l'eau de mer.

Le Circuit de Deauville – *Rte de Caen - 4 km au sud de Deauville en prenant la D 27 - 14800 St-Arnoult - ✆ 02 31 81 31 31 - www.dupratconcept.com - 9h30-12h30, 13h30-18h30 - à partir de 20 €.* Ce grand parc de loisirs mécaniques se propose de vous initier, entre autres, au karting (adulte et enfant), au speed-boat (sur circuit nautique), au jet-ski, au quad, à la conduite de sécurité voiture...

Deauville Aventure – *Chemin de la Performance - 4 km au sud de Deauville en prenant la D 27 - 14800 St-Arnoult - ✆ 02 31 81 25 25 - www.dupratconcept.com - 9h30-12h30, 13h30-18h30 - à partir de 10 €.* Paint-ball, jeux stratégiques, escalade, tir à l'arc, balades en buggy... Pour petits et grands.

Événements

Juin – **Semaine internationale de la voile** et **Jumping international**. Début de la saison des courses.

Août – Août musical, championnat de polo, courses hippiques, ventes de yearlings.

Septembre – **Festival du cinéma américain** – 10 j. déb. sept.

Dieppe★★

33 500 DIEPPOIS
CARTE GÉNÉRALE B1 – CARTE MICHELIN DÉPARTEMENTS 304 G2 – SEINE-MARITIME (76)

« À Dieppe, la lumière est comme un écrin », disait Matisse. La plage la plus proche de Paris, encadrée de hautes falaises, est la doyenne des stations balnéaires françaises. Son port, où voisinent installations modernes en plein rendement et vieux quartiers de pêcheurs, est l'un des plus insolites de Normandie. Dès la fin du 14e s., c'est par les pérégrinations de ses marins que Dieppe forge sa réputation. Ils débarquent en Afrique noire et installent des comptoirs le long du golfe de Guinée d'où ils ramènent ivoire et épices. Ils s'établissent aussi au Cap-Vert et foulent le Nouveau Monde… quatre ans avant Colomb, prétend-on.

- **Se repérer** – Située sur la Côte d'Albâtre, Dieppe se trouve à 65 km au nord de Rouen et à 108 km au nord-est du Havre. Traversée par la Béthune, la ville se divise en deux entités bien distinctes avec les quartiers anciens et pittoresques sur la rive droite et le centre commerçant et administratif sur la rive gauche autour de la Grande-Rue et de la rue de la Barre.
- **Se garer** – Visez les parkings du front de mer *(bd de Verdun)*, ils sont gratuits tout comme ceux, plus petits, du quai Bérigny *(centre culturel)* et de la gare *(à l'arrière)*. Le parking du Maréchal-Joffre, face à la mairie, est payant.
- **À ne pas manquer** – Les beaux bâtiments du 18e s. de la rue de la Barre et le splendide panorama sur la ville depuis le château-musée ; les sentiers de la forêt d'Eawy et les quatre beaux jardins qui se trouvent à l'ouest de St-Saëns.
- **Organiser son temps** – Prévoyez une journée pour découvrir Dieppe et une bonne demi-journée pour le circuit en forêt d'Eawy.
- **Pour poursuivre la visite** – Voir aussi Varengeville-sur-Mer, Arques-la-Bataille, le pays de Caux, Le Tréport et Eu.

G. Targat/MICHELIN

L'ensemble portuaire de Dieppe jouxte la vieille ville.

Comprendre

Jehan Ango et la guerre de course (16e s.) – Les Portugais s'étant avisés de traiter en pirate tout navire s'aventurant sur les côtes d'Afrique, François Ier autorise les représailles en vertu de « lettres de marque » (ordres de mission émanant du roi). À l'époque, Dieppe ne manque pas de valeureux capitaines : les **frères Parmentier**, qui passèrent l'équateur en 1529 ; le Florentin **Verrazano**, qui découvrit le site de New York en avril 1524 et le baptisa « terre d'Angoulême ». La cité prend donc la tête du mouvement. L'armateur Jehan Ango en fait « un arsenal de course d'où sortent des flottes à faire trembler les rois ». Plus de 300 vaisseaux portugais sont capturés, et le roi du Portugal, craignant la ruine de son commerce maritime, intrigue pour obtenir le rachat de la lettre de marque du terrible armateur. Après bien des négociations, Ango s'en dessaisit (1531).

Le saviez-vous ?

Le nom – *Dieppe* dérive du terme anglo-saxon *deep*, « profond », allusion à l'estuaire de l'Arques, anciennement *la Deep*. Il s'agit d'un fleuve suffisamment profond pour y accueillir des navires de haute mer dès le 7e s., et bientôt abriter un port. L'Arques est alimentée par l'Aulne, la Béthune et la Varenne.

Les gens – Le héros de la ville s'appelle **Jehan Ango**. Grand armateur et conseiller maritime de François Ier, il est le premier navigateur français à passer le cap de Bonne-Espérance en 1529. Six ans plus tard, le roi le nomme gouverneur de Dieppe, où il se fera construire un splendide palais de bois (*voir aussi sa résidence campagnarde de Varengeville*). Mort en 1551, Ango est enseveli dans la chapelle qu'il avait fait construire dans l'église St-Jacques.

Contestation – Dans ce port normand, on affirme que le navigateur **Jean Cousin**, Dieppois d'origine, mouilla le long des côtes brésiliennes et foula le sol du Nouveau Monde en 1488, soit quatre ans avant le célèbre Christophe Colomb.

Les bains de Dieppe – Le chroniqueur Pierre de l'Estoile raconte qu'en 1578, le roi Henri III « par le conseil de ses médecins s'alla baigner en la mer de Dieppe pour guérir de certaines gales dont il était travaillé ». L'eau de mer, et en particulier celle de Dieppe, passait pour guérir certaines maladies dont la rage. Au 17e s., Mme de Sévigné rapporte que des dames d'honneur de la reine, mordues par un chien, se rendirent à Dieppe. À propos de l'une d'entre elles, elle écrit : « Elle a été plongée dans la mer. La mer l'a vue toute nue et sa fierté en a été augmentée ; j'entends la fierté de la mer, car pour la belle, elle en a été fort humiliée. »

La mode des bains de mer se développe au début du 19e s. En 1813, la reine Hortense de Hollande, belle-sœur de Napoléon Ier, choisit Dieppe pour se refaire une santé. Le lancement de la station est attribué à la duchesse de Berry, qui y passe ses étés de 1824 à 1830, entraînant à sa suite mondains et aristocrates. Tout au long du 19e s., Dieppe accueille aux bains et au casino extravagantes et célébrités : Louis-Philippe, Napoléon III, Eugène Delacroix, Camille Saint-Saëns, Alexandre Dumas fils, Oscar Wilde…

Le raid des Canadiens (1942) – 19 août, à l'aube. sept mille soldats, en majorité canadiens, débarquent en huit points de la côte, entre Berneval et Ste-Marguerite. Ce matin-là, Dieppe est l'objectif principal de l'opération « Jubilee », première reconnaissance en force des Alliés sur le continent depuis juin 1940. Lors de cette « répétition » miniature du « vrai » débarquement, une seule batterie adverse sera réduite, près du phare d'Ailly. Les chars « Churchill », évoluant péniblement sur la plage de Dieppe, soumis à un tir d'artillerie intense, doivent se sacrifier pour couvrir le rembarquement. Un bon nombre des survivants canadiens de l'opération « Jubilee » participeront, deux ans plus tard, à la libération de Dieppe. De ce raid, les Alliés tirent des leçons utiles : les défenses allemandes sont soignées près des ports, et les faibles pertes navales alliées indiquent la possibilité d'opérations amphibies de grande envergure. De son côté, l'adversaire conclut que tout débarquement allié visera en priorité les ports.

Se promener

LE CENTRE ET LA PLAGE

Environ 1h30 au départ du parking de la place Nationale, à deux pas de l'église St-Jacques. Autres possibilités de stationnement à proximité : quai Henri-IV ou angle du quai Duquesne et de la rue d'Écosse.

Place Nationale

Elle est dominée par la statue du lieutenant général **Abraham Duquesne** (1610-1688), qui commande son premier navire dès l'âge de 17 ans. Vainqueur de l'amiral néerlandais Ruyter en 1676, il traque aussi les pirates en Méditerranée. Son refus de renoncer au protestantisme l'empêchera de devenir amiral de France.

Remarquez les demeures du début du 18e s. aux nos 18 à 24. Sur la pharmacie est apposée la plaque commémorative du chimiste Descroizilles, à qui l'on doit l'invention du filtre à café, erronément attribuée à l'abbé Belloy.

Église Saint-Jacques★

Commencée au 13e s., elle sera souvent remaniée. Le portail central, surmonté d'une belle rose, est du 14e s. La tour de façade date du 15e s. ; chevet et chapelles rayonnantes du 16e s. Le croisillon sud, rue Ste-Catherine, illustre bien le style gothique primitif. Cent sept gargouilles ont été dénombrées.

Intérieur – La nef (13e s.), de proportions harmonieuses, s'orne d'un triforium du 14e s. La décoration des fenêtres hautes est postérieure d'un siècle. Près de la tour que dessert un escalier décoré de graffiti se trouve la première chapelle du bas-côté droit, dite du St-Sépulcre (15e s.), clôturée par une jolie balustrade de pierre. Les autres chapelles ont été offertes par les armateurs dieppois. Buffet d'orgues de 1635.

Au-dessus de la porte de la chapelle du Trésor (sacristie), à gauche, remarquez la frise (1530) reproduisant un défilé d'Indiens du Brésil et évoquant les lointains voyages des Dieppois. Le transept, partie la plus ancienne de l'église, supporte le dôme central, refait au 18e s. Le chœur a de jolies voûtes en étoile et un triforium ajouré (16e s.). Au-dessus du maître-autel, belle statue de saint Jacques, en bois, du 17e s. À sa droite, la chapelle du Sacré-Cœur conserve ses voûtes de style flamboyant.

Grande-Rue

Cet axe piéton, assez animé, se déploie sur l'emplacement d'une ancienne voie gauloise qui permettait de passer à gué d'une falaise à l'autre lorsque la ville n'était qu'un vaste marécage envahi par la mer à marée haute. De nombreuses maisons en briques blanches datent de l'époque de la reconstruction de Dieppe après le bombardement naval anglais de 1694. Leurs balcons en fer forgé sont dus aux maîtres ferronniers d'Arques-la-Bataille. Le corsaire Balidar, terreur des équipages anglais sillonnant la Manche, habita au **no 21** (café du Globe). Au **no 77**, il faut entrer dans la cour pour voir, à droite, une jolie fontaine de 1631. Aux **nos 137-139** de la Grande-Rue se trouvait un magasin d'articles pour peintres où Pissarro, Monet, Renoir, Boudin, Sisley, Van Dongen, Dufy et Braque se sont approvisionnés. Au **no 186**, à hauteur du 1er étage, une enseigne d'apothicaire montre les trois règnes de la nature : un obélisque (minéral), un palmier (végétal) et un soleil (le feu).

Place du Puits-Salé

Au carrefour de six rues, c'est le centre le plus animé de Dieppe. La place doit son nom à un vieux puits d'eau saumâtre, remplacé au 16e s. par une fontaine, terminal de l'un des plus anciens systèmes d'adduction d'eau du pays. Le puits actuel est factice. Le grand fronton blanc du café des Tribunaux, ex-cabaret de l'Horloge (une horloge qui date de 1709), domine la place. Cet édifice du début du 18e s. a profité d'une rénovation au début du 20e s. L'actuelle pâtisserie occupe l'ancien bâtiment de l'Amirauté, également du début du 18e s.

Rue de la Barre

Le **no 4** de cette rue hébergea Voltaire à son retour d'exil en Angleterre. Son ami apothicaire, Jacques Tranquillain Féret, lui offrit le gîte pendant une partie de l'hiver. Plus loin, on longe à nouveau de belles demeures du début du 18e s., avec balcons d'époque, comme aux **nos 40, 42** et **44**. Temple de l'Église réformée au **no 69**, dans l'ancienne chapelle d'un couvent de carmélites (1645). Au **no 99**, une plaque commémorative signale la maison natale de l'abbé Guilbert (1697-1784). Fidèle à son vœu de pauvreté, ce chroniqueur dieppois vécut et mourut dans la misère.

Prenez à droite la rue de la Sygogne que surplombe la masse du château.

Dans le **square du Canada**, au pied de la falaise de l'ouest, se dresse une stèle dont les faces rappellent les 350 ans d'histoire commune unissant Dieppe et le Canada, depuis le départ des colons dieppois au Québec (17e s.), jusqu'au 20e s., avec le raid du 19 août 1942. En été, on peut accéder au château-musée à partir de ce square.

Gagnez la plage par le boulevard de Verdun où la porte monumentale, « **les Tourelles** », en très bon état de conservation, précède le casino. C'est l'unique survivante des cinq portes de l'ancienne enceinte fortifiée (15e s.).

Traversez les pelouses au niveau du jardin d'enfants et parcourez la plage animée jusqu'au bout de la jetée qui dévoile un beau panorama sur les falaises et le château.

Continuez tout droit en quittant la jetée et suivez le quai du Hâble qui longe **le Bout-du-Quai**. Ce quartier de pêcheurs, face au chenal, se compose de quelques ruelles autour de la place du Moulin-à-Vent. Notez les statuettes de la Vierge, nichées en hauteur. Côté nord se trouve l'**Estran-Cité de la mer** *(voir Visiter)*. Juste avant l'angle de la rue de la Rade et du quai du Hâble, on distingue les vestiges de la tour aux Crabes (14e s.) qui surveillait l'entrée du port.

Suivez le quai Henri-IV qui longe le port de plaisance. L'**hôtel d'Anvers** (1697) tire son nom d'un bas-relief, où l'on distinguait la ville flamande (édifice identique au no 176,

Grande-Rue). Il précède l'ancien **collège des Oratoriens**, élevé à l'emplacement de la maison de Jehan d'Ango, détruite en 1694.

Retrouvez la place Nationale en continuant tout droit dans la Grande-Rue.

LE PORT, LE POLLET ET SA FALAISE

Environ 2h au départ de l'office de tourisme.

L'ascension de la falaise depuis le Pollet, quartier des pêcheurs, procure de beaux panoramas. Préférez le matin pour prendre quelques clichés : vous profiterez ainsi de la douceur de la lumière et éviterez le soleil dans les yeux et dans l'objectif de l'appareil photo.

Port de plaisance (avant-port)

C'est la partie la plus curieuse du port. De hautes bâtisses entourent le bassin. Un port de plaisance (450 anneaux et 10 pontons) y est aménagé depuis le transfert en 1994 du terminal des car-ferries de la ligne de Newhaven, qui accueille le Superseacat d'Hoverspeed, sur le site du nouvel avant-port où a été construite une gare maritime moderne.

Pour rejoindre le terminal à pied, franchissez les ponts mobiles Ango puis Colbert, construits en 1889 d'après un projet d'Eiffel et reliés par le quai du Carénage qui donne

SE LOGER		SE RESTAURER	
Aguado	1	Bistro du Pollet (Le)	1
Capucins (Villa des)	3	Colombier (Le)	3
Europe (Hôtel de l')	6	Marmite Dieppoise (À la)	6
Grand Duquesne (Hôtel au)	9	New-haven (Le)	9
Logis d'Eawy (Chambre d'hôte le)	12	Sully (Le)	12
Présidence (Hôtel)	14	Trou Normand (Au)	14
Villa Florida (Chambre d'hôte la)	16	Voiles d'Or (Les)	16

sur le quartier des pêcheurs, le Pollet. En suivant le pied de la falaise, on aperçoit les *gobes*, anciennes habitations troglodytes aujourd'hui murées.

De retour au pont Colbert, engagez-vous dans la ruelle des Grèves située à côté d'une boucherie. De la rue Guerrier, prenez la rue du Petit-Fort en haut de laquelle l'escalier à droite conduit au sommet de la falaise.

Le Pollet et sa falaise

Depuis la rue Guerrier, on peut faire un crochet dans la très ancienne et pittoresque rue Quiquengrogne dont le nom étrange était le cri des corsaires de la Manche au 15e s. À côté du n° 3 rue du Petit-Fort, une minuscule demeure de pêcheur, au toit affaissé et désormais inhabitable, est bien antérieure au bombardement de 1694. Un peu plus loin, entre deux maisons, belle échappée sur l'avant-port. En arrivant en haut de la falaise, la **chapelle N.-D.-de-Bon-Secours**, inaugurée en 1876, se trouve juste derrière vous. À l'intérieur, des plaques de marbre portent les noms des marins dieppois disparus en mer. Une procession solennelle s'y déroula tous les 15 août jusqu'en 1945. Juste à côté, le sémaphore militaire veille sur les bateaux en mer 24h/24, aux jumelles, à la radio et au radar. Placez-vous au pied du calvaire ou au-delà du mât de signaux. De là, la **vue★** s'étend sur la ville et le port.

On peut aussi accéder en voiture au sommet de la falaise du Pollet, par la D 925. À mi-côte, prendre à gauche la route de Puys jusqu'à la falaise. Tourner ensuite à gauche et longer la falaise.

De retour au pont Ango, vous pouvez faire le tour du port de pêche aménagé sur le bassin Duquesne, puis vous glisser le long des bassins du Canada et de Paris pour découvrir les infrastructures du port de commerce.

Port de pêche (bassin Duquesne)

Port de pêche artisanale et premier en France pour la coquille Saint-Jacques, Dieppe possède une flottille importante qui effectue des rotations de pêche rapides (d'une nuit à cinq jours). À deux heures de Paris, il débarque chaque jour une diversité de produits de grande fraîcheur et souvent de noble espèce, comme la sole, le merlan et le cabillaud. L'activité du marché aux poissons, au petit matin, retiendra les amateurs de couleur locale.

G. Targat/MICHELIN

Bateaux de pêche amarrés au port de Dieppe.

Port de commerce (arrière-port)

Le trafic des fruits continue à occuper une part très importante dans les activités du port. Il est surtout axé sur la banane, l'ananas et la mangue en provenance de la Côte d'Ivoire. S'y ajoutent les agrumes, pommes de terre et légumes primeurs du Maroc. Huiles, graines, tourteaux et bois constituent aussi une part non négligeable du trafic.

Profitez-en éventuellement pour vous fournir en poissons et fruits de mer auprès des étals de pêcheurs installés sur le parvis de l'office de tourisme. *Mar.-sam. en matinée.*

Visiter

Château-musée★

Perché sur un flanc de la falaise. Accès en voiture : suivre la signalisation « Château-musée-Panorama » par la D 75 qui monte au boulevard de la Mer (parking). À pied : chemin de la Citadelle ou square du Canada en été.

À l'extrémité est du **boulevard de la Mer**, une **vue**★ magnifique se dévoile sur la ville et la plage. Le château de Dieppe, légèrement en contrebas, est appareillé en silex et grès alternés et en briques rouges et blanches. Il prend appui sur une grosse tour cylindrique, vestige des fortifications qui défendaient la ville au 14e s. Des courtines (17e s.) le relient à la tour St-Rémy, de plan carré. Ancienne demeure des gouverneurs de la ville et pôle de résistance dès le Moyen Âge contre la domination anglaise, il abrite le musée. Du haut des tours, **vue**★ sur la ville et la mer.

B. Legros/Château-Musée de Dieppe

Râpe à tabac ornée d'un bas-relief représentant une Descente de croix.

Musée★ – *☎ 02 35 06 61 99 - juin-sept. : 10h-12h, 14h-18h (dernière entrée 30mn av. la fermeture) ; oct.-mai : tlj sf mar. 10h-12h, 14h-17h, dim. 10h-12h, 14h-18h - fermé 1er janv., 1er Mai, 1er nov. et 25 déc. - 3 € (-12 ans gratuit).*

Marine et ivoire sont les deux centres d'intérêt autour desquels s'organisent les collections. La visite débute par un rappel du brillant passé maritime de Dieppe : cartes (portulan), instruments de navigation, figures de proues, etc. Parmi les modèles de navires, le *Beaumont* de la Compagnie des Indes (18e s.), à l'échelle 1/20e.

Le trésor du musée, c'est son incomparable collection d'**ivoires dieppois**★, dont le travail minutieux ne le cède en rien à l'art extrême-oriental, qu'il s'agisse d'objets à caractère religieux (crucifix, chapelets, reliures de missels, statuettes, etc.) ou profane (ustensiles de toilette, de couture, éventails, tabatières, pendules, sculptures et maquettes de navires). Une reconstitution d'atelier montre l'outillage des ivoiriers locaux. Ceux-ci – ils sont 350 au 17e s. – s'étaient établis à Dieppe pour profiter des arrivages directs de l'ivoire d'éléphant importé d'Afrique ou d'Asie. Le sculpteur dieppois Pierre-Adrien **Graillon** (1807-1872) fait l'objet d'une intéressante mise en avant.

Plusieurs salles, au 1er étage, se consacrent à la peinture et au mobilier, notamment hollandais. Aux marines et natures mortes de poissons (Pieter Boel, 17e s.) s'ajoutent d'intéressantes toiles des écoles française, anglaise et autrichienne des 19e-20e s., avec Isabey, Noël, Boudin, Renoir, Pissarro, Lebourg, Sisley, W. Sickert, Von Thoren, etc. Ce qui relie la plupart des tableaux présentés et leur donne un éclairage unique, c'est l'ancrage local : vues de la ville, de ses quartiers et des environs. Au même étage se trouve une trentaine de **poteries précolombiennes** (Pérou) et, installée dans sa niche, une sculpture de Jean-Baptiste Carpeaux, *La Pêcheuse de vignots*. Voyez également, dans la tour, la jolie collection de **râpes à tabac**★. Au 17e s., ces objets délicats servaient à préparer la poudre de tabac à priser.

Une salle est dédiée au compositeur Camille Saint-Saëns, originaire de la ville par son père : dessins, portraits, souvenirs de voyages, premier piano, etc.

Autour d'un fonds d'une centaine d'estampes de **Georges Braque** (présentées en alternance) s'agence une collection d'art du 20e s. (Raoul Dufy, Lurçat, Édouard Pignon, Gilles Aillaud, etc.). Cette dernière partie du musée donne sur l'espace consacré aux expositions temporaires régulièrement renouvelées.

Estran-Cité de la mer

37 r. de l'Asile-Thomas - ☎ 02 35 06 93 20 - http://estrancitedelamer.free.fr - ♿ - 9h-12h, 14h-18h - fermé 1er janv., 25 déc. - 5,50 € (-16 ans 3,50 €).

Dans un ancien quartier de pêcheurs, ce musée qui a fêté ses vingt ans en 2007 privilégie une approche scientifique de la mer et de la pêche. Naviguez dans la section **construction navale** entre une embarcation à rames et une maquette de chalutiers ou prenez la barre au sein de la cabine du capitaine ! L'**espace pêche** concerne l'évolution des techniques, de la pêche côtière à la pêche industrielle. De la mer à l'assiette, vous comprendrez les étapes de traitement du poisson en Haute-Normandie. Une dernière salle évoque l'érosion de la Côte d'Albâtre et la qualité des eaux, ainsi que l'écosystème de la Manche Est. À la fin de la visite, vous verrez les principales espèces de la Manche et de l'Atlantique Nord évoluer dans des **aquariums**.

Le Mémorial du 19 août 1942

☏ 02 35 84 80 67 - juin-sept. : tlj sf mar. 14h-18h30 ; de Pâques à fin mai et de fin sept. à mi-nov. : w.-end et j. fériés 14h-18h30 - 2,30 € (-15 ans gratuit).

Installé dans l'ancien théâtre de Dieppe, en attente de restauration, cet espace commémore le raid canadien d'août 1942 *(voir Comprendre)*. Panneaux explicatifs, objets du quotidien, décorations, maquettes d'avions et uniformes.

Aux alentours

Offranville

12 km au sud-ouest par la D 54^{B}/D 54.

Ce village possède une église du 16e s. flanquée d'un if millénaire de plus de 7 m de circonférence. Le parc floral **William-Farcy** se pare de rosiers, tulipes, cyprès, magnolias, camélias, azalées… *☏ ☏ 02 35 85 40 42 - ♿ - juil.-août : 10h-19h ; mai-juin : tlj sf mar. 10h-19h ; avr. : tlj sf mar. 14h-18h, w.-end et j. fériés 10h-18h ; de déb. sept. à mi-sept. : w.-end et j. fériés 10h-20h - 3,50 € (-12 ans gratuit).*

Puys

5 km au nord-est par la rocade des Graves de Mer, la rue des Martyrs-de-la-Résistance et la D 113.

Ce très joli hameau, qui attira de nombreux intellectuels et artistes (George Sand, Jean-Baptiste Carpeaux et Alexandre Dumas), dispose d'une charmante petite plage.

Circuit de découverte

FORÊT D'EAWY★★

70 km – environ 2h.

Le massif d'Eawy (prononcer E-a-vi) recouvre sur 6 600 ha la croupe accidentée que délimitent les vallées de la Varenne et de la Béthune. C'est avec la forêt de Lyons la plus belle futaie de hêtres de Normandie. Son nom, d'origine germanique, signifie « prairie humide ». Une magnifique percée rectiligne, la route ou plutôt l'allée des Limousins, et de profonds vallons rafraîchissants rehaussent son intérêt touristique.

Quittez Dieppe par la D 915.

La route court sur le plateau entre la Varenne et la Scie.

Prenez à gauche la D 107.

Après Le Bois-Robert, la route en descente présente de jolies vues sur la croupe boisée bien dessinée séparant la vallée de la Varenne d'un vallon affluent.

Tournez à droite dans la D 149.

Cette route et la D 154 qui la prolonge remontent la calme vallée de la Varenne parsemée de manoirs de briques et serrée, sur la gauche, par les futaies de la forêt d'Eawy.

À Bellencombre, prenez la D 99 à gauche. La route s'élève, dévoilant une belle vue sur le village, avant de rejoindre la forêt. Traversez la forêt jusqu'au site de Val-Ygot qui se trouve sur la gauche, près de la lisière.

Les V 1 du Val-Ygot

Jalonné de panneaux explicatifs, le site comprend treize bâtiments en béton et une reconstitution de rampe de lancement de V 1. Une stèle est érigée en mémoire des victimes des armes secrètes d'Hitler. Cent dix-sept sites de ce type ont existé en Seine-Maritime.

Rejoignez Pommeréval et prenez à droite la D 12.

Après une section sinueuse sous les frondaisons, la route rejoint St-Saëns sur lequel se découvrent de jolies vues.

A. de Valroger/MICHELIN

Rampe de lancement de V 1 reconstituée.

Le jardin Agapanthe à Grigneuseville.

Saint-Saëns

Petit bourg en bordure de la forêt et de la Varenne. L'église (19e s.) conserve quelques vitraux du 16e s. : l'Arbre de Jessé, la vie de Saint Louis, la Passion et la Pentecôte.

Gagnez la D 929 et filez en direction de Tôtes. Plusieurs jardins sont fléchés à partir de cette route. Celui de Bellevue se trouve à Beaumont-le-Hareng (après 4 km sur la D 929, tournez à droite sur la D 97).

Jardin de Bellevue★

Traversez Beaumont-le-Hareng et prenez à gauche dans le tournant au niveau de l'église - ✆ 02 35 33 31 37 - ♿ - 10h-18h - possibilités de visite guidée juin-nov. : dim. et j. fériés à partir de 16h - 6 € (-12 ans gratuit).

Après plus de 20 ans de soins, ce parc de 6 ha niché dans un superbe vallon arbore une magnifique collection d'hellébores (roses de Noël), qui s'épanouit en plein hiver. Chaque saison apporte cependant son lot de floraisons et de couleurs : pivoines, rhododendrons, magnolias, et clématites au printemps, hydrangeas, phlox et hortensias en été, feuillages et écorces en automne. N'hésitez pas à pousser jusqu'au bout du parc, vous y découvrirez un superbe panorama sur la vallée et la forêt d'Eawy.

Revenez sur vos pas et traversez la D 929 pour gagner Beuzeville-la-Giffarde et prendre la D 225 jusqu'à Grigneuseville.

Jardin Agapanthe★

Accès et parking à côté de l'église - ✆ 02 35 33 32 05 - www.jardins-agapanthe.fr - mai-sept. : tlj sf mar. et merc. 14h-18h ; avr. et oct. : w.-end 14h-19h - 7 €.

Caché derrière de hautes haies, serré autour de la maison et d'anciens bâtiments à colombages, ce petit jardin de rêve (6 000 m^2) séduit par son charme très intimiste. Le parcours surprend par la variété des petits espaces cloisonnés aux ambiances très différentes : chambres de verdure, sous-bois, bassins, pergola, jardin méditerranéen… Des tables et des chaises, semées ici et là, invitent à d'agréables haltes.

Poursuivez sur la D 225, traversez Biennais et à la sortie, prenez la D 57 jusqu'à Étaimpuis.

Le clos du Coudray

Étaimpuis - ✆ 02 35 34 96 85 - ♿ - leclosducoudray.com - avr.-oct. : 10h-19h - fermé j. fériés - 7,50 € (6-14 ans 3,50 €).

Ce jardin aménagé dans un ancien clos-masure rassemble 8 000 variétés de plantes originaires d'Asie, d'Amérique du Nord et d'ailleurs. Une trentaine de petits espaces, agrémentés de bancs et de panneaux explicatifs, se les partagent. Vous parcourrez ainsi la roseraie, le jardin exotique de bambous japonais et de gunneras, le jardin de berge, le jardin des elfes avec ses epimediums asiatiques et le surprenant jardin de graviers.

Sortez d'Étaimpuis et prenez la D 57 vers le nord. Traversez St-Victor-l'Abbaye et engagez-vous sur la D 929 vers Tôtes pour rallier St-Maclou-de-Folleville, presque mitoyen.

Moulin de l'Arbalète

St-Maclou-de-Folleville - ✆ 02 35 32 67 11 - visite guidée juil.-août : 14h-18h ; avr.-juin et sept.-oct. : merc., w.-end et j. fériés 14h-18h - 3,50 € (-16 ans 1,80 €).

Intéressante visite d'un moulin hydraulique du 19e s. encore en activité.

Revenez à St-Victor-l'Abbaye, prenez la D 929 vers l'est puis, à Montreuil-en-Caux, prenez à gauche la D 96 en direction d'Auffay.

Château de Bosmelet

✆ 02 35 32 81 07 - www.chateau-de-bosmelet.fr - visite des jardins juil.-août : 13h-19h ; juin et sept. : vend., w.-end et j. fériés 13h-19h - 7 € (-12 ans gratuit).

Ce château de style Louis XIII, aujourd'hui restauré, s'inscrit dans un bel environnement. La double avenue de tilleuls tricentenaires (qui culminent à près de 40 m) et le tapis vert s'étirant sur plus de 2 km valent le coup d'œil.

Le parc abrite l'exceptionnel **potager « arc-en-ciel »**, subtile combinaison de bordures de fleurs et de rectangles de légumes dans plusieurs palettes de couleurs. Sur ses 2 ha, un parterre est consacré aux plantes asiatiques.

Continuez sur la D 96 jusqu'à Auffay.

Auffay

Cet agréable village a conservé une imposante collégiale (fin 11e s.) largement remaniée au cours des siècles. Il vit au rythme de ses célèbres **jacquemarts**, Houzou Bernard et Paquet Sivière, qui sonnent les heures depuis le 17e s. On ignore leur origine exacte, mais la légende raconte que deux protestants ayant outragé la foi catholique furent condamnés à payer l'horloge de la collégiale et à sonner les heures et les offices. À leur mort, ils auraient été remplacés par les automates. Les originaux (que l'on peut admirer à travers les vitres de la mairie) ont dû être remplacés en 1999.

Plus de 120 km de circuits pédestres sont balisés dans les alentours d'Auffay. *Renseignez-vous dans les offices du tourisme de la région.*

Remontez sur Dieppe par la D 3 et la D 927.

Dieppe pratique

Adresse utile

Office du tourisme de Dieppe – *Pont Jehan-Ango - quai du Carénage - 76200 Dieppe - ✆ 02 32 14 40 60 - www.dieppetourisme.com - juil.-août : 9h-19h ; mai et sept. : 9h-13h, 14h-19h, dim. et j. fériés 10h-13h, 15h-18h ; oct.-avr. : tlj sf dim. 9h-12h, 14h-18h.*

Visites

Dieppe, qui porte le label Ville d'art et d'histoire, propose des visites-découvertes animées (1-2h) par des guides-conférenciers agréés par le ministère de la Culture et de la Communication (5 €) et des ateliers pour les enfants. Les visites guidées se font également à vélo (5 €) ou sous forme de spectacle (6 €) - *en été sur réserv. ✆ 02 35 06 62 79 - www.vpah.culture.fr.*

Se loger

⊖ **Hôtel Au Grand Duquesne** – *15 pl. St-Jacques - ✆ 02 32 14 61 10 - www.augrandduquesne.fr - 12 ch. 42/63 € - ☕ 6,80 € - rest. 13,90/39,60 €.* Alors que l'hôtel propose un hébergement assez simple et sans fioriture, la partie restaurant atteint une qualité qu'il convient de saluer. Ici, tout est fait maison, même le pain. Outre le menu végétarien et terroir, le chef vous fera découvrir la création maison en dessert : le crépiau dieppois au caramel au lait.

⊖⊖ **Aguado** – *30 bd de Verdun - ✆ 02 35 84 27 00 - www.hoteldieppe.com - 56 ch. 60/115 € - ☕ 10 €.* Le bâtiment enjambe une rue donnant sur le front de mer, mais les chambres, à choisir côté promenade maritime ou côté ville et port, bénéficient d'une insonorisation optimale.

⊖⊖ **Hôtel de l'Europe** – *63 bd Verdun - ✆ 02 32 90 19 19 - www.hoteldieppe.com - 60 ch. 65/106 € - ☕ 9 €.* Bâtisse hôtelière à façade en bois et béton. Les chambres, claires et amples, sont meublées en rotin et tournées vers la Manche. Bar feutré fréquenté par la clientèle locale.

⊖⊖ **Hôtel Présidence** – *1 bd de Verdun - ✆ 02 35 84 31 31 - www.hotel-la-presidence.com - 89 ch. 70/140 € - ☕ 11 € - rest. 24/46 €.* Situation idéale pour cet immeuble des années 1970 proche de la plage et du château-musée. Les chambres sont fonctionnelles et bien tenues ; demandez-en une côté mer. Le restaurant panoramique logé au dernier étage ménage une vue sur la Manche. Bar de style anglais.

⊖⊖ **Chambre d'hôte Villa des Capucins** – *11 r. des Capucins - ✆ 02 35 82 16 52 - www.villa-des-capucins.fr - 5 ch. 70 € ☕.* Dans le quartier du Pollet, maison d'hôte de caractère mettant à profit les dépendances d'un prieuré. Jolies chambres tournées vers le jardin clos. Cuisine-salle à manger de style ancien.

⊖⊖ **Chambre d'hôte La Villa Florida** – *24 chemin du Golf - ✆ 02 35 84 40 37 - www.lavillaflorida.com - 🚭 - 4 ch. 73/78 € ☕.*

Cette maison contemporaine au toit d'ardoise est étonnante : inondée de lumière, ses volumes intérieurs sont superbes. Toutes les chambres, sobres et élégantes, possèdent une petite terrasse et le joli jardin donne sur le golf de Dieppe. Calme assuré et accueil très agréable.

Chambre d'hôte Le Logis d'Eawy – *1 r. du 31-Août-1944 - 76680 St-Saëns (57 km au sud par l'A 29) - ✆ 06 19 15 52 04 - www.logisdeawy.com - - 2 ch. et 2 suites 59/72 €* . Au cœur d'un bourg de caractère, cet ancien relais de poste cache derrière sa façade à colombages une belle cour pavée, accessible par son porche. Un intérieur splendide, avec une grande partie d'éléments d'origine, très bien conservés. Petits-déjeuners complets et savoureux. Excellent rapport qualité-prix.

Se restaurer

Le Sully – *97 quai Henri-IV - ✆ 02 35 84 23 13 - restaurant-le-sully@wanadoo.fr - fermé de mi-janv. à mi-fév., mar. soir et merc. - réserv. conseillée le w.-end - 12/34 €.* Ce restaurant familial abrite trois salles différentes : la première de style « rétro » avec sa véranda côté port, la deuxième contemporaine, la dernière rustique, agrémentée de pierres et poutres apparentes et d'une collection de cuivres. Les produits de la mer ont les honneurs de la carte.

Le New-Haven – *53 quai Henri-IV - face au port de plaisance - ✆ 02 35 84 89 72 - fermé mar. soir et merc. sf juil.-août - 17/29 €.* Un restaurant simple et sympathique : salle de restaurant rénovée et les baies vitrées de la véranda donnent sur le port de plaisance. Le chef sélectionne avec soin ses produits et réalise une cuisine traditionnelle généreusement servie.

Le Bistrot du Pollet – *23 r. Tête-de-Bœuf - ✆ 02 35 84 68 57 - fermé 10-23 avr., 14-17 août, dim. et lun. - réserv. obligatoire - 25/39 €.* Un petit bistrot comme on est heureux d'en trouver. Jolie façade marine à petits carreaux, murs jaunes tapissés d'affiches anciennes, tables rapprochées favorisant la convivialité et goûteuse cuisine entre terre et mer. Pas étonnant que l'endroit soit souvent bondé !

Au Trou Normand – *76550 Pourville-sur-Mer - 5 km à l'ouest de Dieppe par D 75 - ✆ 02 35 84 59 84 - fermé 1er-19 août, 21 déc.-4 janv., mar. soir, merc. soir et dim. - 23/35 €.* L'auberge surplombe la plage où débarquèrent, en 1942, les Canadiens de l'opération « Jubilee ». Sur la carte : produits de la mer et du terroir.

Le Colombier – *R. Loucheur - 76550 Offranville - ✆ 02 35 85 48 50 - lecourski@wanadoo.fr - fermé 16 janv.-*

S. Sauvignier/MICHELIN

Galets troués.

13 fév., 19 sept.-6 oct., mar. soir hors sais., dim. soir et lun. - 25/61 €. Cette vénérable maison normande (1509) serait la doyenne du bourg. Murs jaunes, poutres restaurées, belle cheminée ancienne et vieux tourne broche en salle. Cuisine d'aujourd'hui.

À La Marmite Dieppoise – *8 r. St-Jean - ✆ 02 35 84 24 26 - fermé 28 juin-6 juil., 22 nov.-10 déc., dim. sf le midi d'avr. au 1er nov., jeu. soir et lun. - 30/46 €.* Cette façade en briques jaunes dissimule un petit restaurant du centre-ville bien connu des Dieppois. La cuisine fait la part belle aux produits de la mer ; vous vous régalerez de la marmite dieppoise, la spécialité maison. Le week-end, on dîne aux chandelles…

Les Voiles d'Or – *2 chemin de la Falaise - ✆ 02 35 84 16 84 - fermé 13 nov.-1er déc., dim. soir, lun. et mar. - réserv. conseillée - 30/48 €.* Table au goût du jour perchée sur la falaise du Pollet, au voisinage de la chapelle Notre-Dame-de-Bon-Secours et du sémaphore. Intérieur chaleureux et coloré ; mobilier design.

Sports & Loisirs

Armement Legros – *54 r. du Dauphin-Louis-XI - ✆ 02 35 84 82 85 - juil.-août : tlj selon condition météo - fermé sept.-juin sf w.-ends et j. fériés.* M. Legros organise des sorties de pêche ainsi que des promenades en mer commentées (40mn) au cours desquelles vous profiterez d'une vue imprenable sur les falaises dieppoises. Il est possible de louer son matériel pour la pêche en mer.

L'Avenue Verte – *Voir le carnet pratique de Forges-les-Eaux.*

M. Dubois – *10 r. de la Charpenterie - ✆ 02 35 84 93 51 - mai-oct. : 8h30-18h - forfait 5 pers. 230 € - sur réserv.* Sortie de pêche en mer.

Dreux★

32 300 DROUAIS
CARTE GÉNÉRALE C3 – CARTE MICHELIN DÉPARTEMENTS 311 E3 – EURE-ET-LOIR (28)

Aux confins de l'Île-de-France et de la Normandie, Dreux est un marché régional vivant d'industries diversifiées. La ville conserve le souvenir de la famille des Orléans dont les restes sont rassemblés dans la crypte de la chapelle royale où tombeaux et gisants forment un impressionnant musée de la statuaire du 19e s. Toute proche, la vallée de l'Eure réserve aussi quelques surprises, notamment au château d'Anet.

- **Se repérer** – À 85 km à l'ouest de Paris par la N 12, à 48 km au sud-est d'Évreux et à 59 km à l'est de L'Aigle, Dreux se situe en bordure du département, véritable ville frontalière de la Normandie. Le centre historique se trouve rive gauche et s'étend depuis le beffroi et l'église St-Pierre jusqu'à la chapelle royale St-Louis. La Grand-Rue en est l'axe le plus vivant.
- **À ne pas manquer** – La chapelle royale St-Louis et le château Renaissance d'Anet aux très belles ornementations.
- **Organiser son temps** – Prévoyez 2h pour la découverte de la ville et le même temps pour la visite du château d'Anet. Entre les deux, vous aurez le temps d'aller pique-niquer sur le site du château d'Ivry.
- **Avec les enfants** – Suivez le parcours adapté à leur intention au musée Marcel-Dessal.
- **Pour poursuivre la visite** – Voir aussi Verneuil-sur-Avre, Conches-en-Ouche et Évreux.

Comprendre

Frontière de France puis domaine royal – À l'époque gallo-romaine, capitale des Durocasses, Dreux était déjà un carrefour routier important. La ville prend de l'ampleur lorsque les Normands se fixent au-delà de l'Avre et que sa forteresse garde désormais la frontière de la France, face à un voisin très belliqueux.

Le château, bâti sur la colline qu'occupe la chapelle St-Louis, subit de nombreux sièges. En 1593, la ville, qui a pris parti pour la Ligue et refuse de se livrer depuis trois ans, est brûlée par Henri IV et sa forteresse démantelée.

En 1556, le Parlement de Paris avait décidé que le comté de Dreux ne pourrait plus appartenir qu'à la famille royale de France, qui l'avait souvent remis en gage à de grandes familles du royaume. En 1775, Louis XVI cède ainsi Dreux à son cousin le duc de Penthièvre, fils du comte de Toulouse. En 1783, sur l'insistance du roi, le duc doit se défaire de son magnifique domaine de Rambouillet. Il fait alors transférer les sépultures familiales de l'église paroissiale de Rambouillet (détruite depuis) à la collégiale qui jouxte le château de Dreux.

La fille du duc apporte en mariage le comté à Louis-Philippe d'Orléans (Philippe Égalité). C'est à cette suzeraineté princière que Dreux, simple nécropole familiale avant la Révolution, doit, depuis, l'honneur de conserver les restes des Orléans.

Se promener

Beffroi★

En cours de restauration. Réouverture prévue en 2009-2010.

Vingt-cinq années (1512-1537) ont été nécessaires à la construction de cet élégant beffroi. Admirez la façade qui ferme l'ancienne Grand-Rue (Maurice-Viollette), elle est particulièrement ouvragée. De leur côté, le rez-de-chaussée et le 1er étage ont une ornementation flamboyante ; le 2e étage dénote déjà la maîtrise du jeune Clément **Métezeau** : fenêtres encadrées de pilastres et surmontées d'une frise, tourelles à lanternon.

A. de Valroger/MICHELIN

Le quartier piétonnier de Dreux.

Le saviez-vous ?

Le nom – *Dreux* dérive du nom d'une tribu gauloise qui occupait les lieux : les *Durocasses*. Loin de rappeler cette origine ethnique, le durocasse évoque aujourd'hui un appétissant gâteau.

Les gens – **Jean Rotrou** (1609-1650), poète et lieutenant du bailliage de sa ville natale, mourut victime de son dévouement en regagnant la ville ravagée par la peste. Sur la place qui porte son nom, une statue, œuvre du sculpteur Allaseur, rappelle son souvenir. Autre Drouais, **François-André Philidor** (1726-1795) s'est distingué à la fois par les échecs et la musique. Il fut tout à la fois précurseur de l'opéra comique et le plus grand joueur d'échecs de son temps – l'un des premiers à en faire profession. Son traité intitulé *L'Analyse des échecs* fait encore autorité.

Autour du beffroi, le quartier piétonnier invite à la flânerie. De la place Métezeau, on peut rejoindre l'église St-Pierre.

Église Saint-Pierre

Bâtie au début du 13e s., en partie ruinée au cours de la guerre de Cent Ans, elle a été très remaniée du 15e au 17e s. La façade date du 16e s. Des tours qui devaient l'encadrer, seule celle de gauche a été achevée. Le portail et le croisillon gauche sont du 13e s., comme le chœur. Le croisillon droit date des 16e et 17e s.

L'intérieur comporte de belles verrières (15e-16e s.) ainsi qu'un bénitier creusé dans un chapiteau (12e s.) montrant les Saintes Femmes au tombeau. Notez les **vitraux** des chapelles latérales (1re, 2e, 3e à droite, 2e, 3e, 4e à gauche) et de la chapelle absidiale. Remarquable buffet d'orgues polychrome (1614) au décor abondant.

La Grand-Rue

L'ancienne Grand-Rue (Maurice-Viollette) déborde d'animation, notamment les jours de marché. À l'angle de la rue Illiers se dressent **deux maisons à pans de bois** (15e s.) dont les étages en encorbellement s'épaulent mutuellement grâce à des poutres.

Visiter

Chapelle royale Saint-Louis

Suivez la direction Évreux-Alençon pour accéder au parking du cimetière qui précède l'enceinte de la chapelle royale, juchée sur sa colline - ☏ 02 37 46 07 06 - www.chapelle-royale-dreux.com - visite guidée (45mn) juil.-août : tlj sf mar. 9h30-12h, 13h30-18h ; avr.-juin et sept. : tlj sf mar. 9h30-12h, 13h30-17h30 - 7,30 € (7-15 ans 4 €).

La collégiale St-Étienne s'élevait ici avant la Révolution. En 1783, on y avait rassemblé les restes des familles de Toulouse-Penthièvre. En 1816, la duchesse douairière d'Orléans, veuve de Philippe Égalité, fait élever une chapelle néoclassique en forme de croix grecque. Louis-Philippe, devenu roi des Français, agrandit le monument et change son aspect extérieur, accumulant clochetons et pinacles « gothiques ». L'œuvre honore le 19e s. par la qualité de son architecture et la contribution d'artistes de valeur.

La chapelle supérieure, mieux éclairée depuis le percement de fenêtres latérales sous Louis-Philippe, est ornée de vitraux consacrés à des patrons de la France et de la famille royale : dans la série de gauche figurent saint Philippe, sainte Amélie, saint Ferdinand (les têtes sont des portraits). Les vitraux de l'abside ont trait à la vie de saint Louis.

On descend ensuite dans la **crypte principale** où reposent le roi Louis-Philippe et la reine Marie-Amélie, le duc d'Orléans, le duc d'Aumale et le duc de Nemours, le prince de Joinville, le duc et la duchesse d'Alençon. Leurs tombes et gisants comptent parmi les œuvres de qualité de la statuaire du 19e s. (sculpteurs : Mercié, Pradier, Dubois, Chapu, Millet, Lenoir, etc.). Voyez en particulier l'émouvant *Enfant voilé*, statue du prince Louis mort à 7 ans (1854).

Au niveau inférieur, cinq **glaces peintes**★★ et émaillées (manufacture de Sèvres, comme les autres verrières) produisent d'impressionnants effets de lumière. La **sépulture** du duc Ferdinand d'Orléans, prince royal, et de son épouse, princesse de Mecklembourg-Schwerin, perpétue par l'architecture la séparation des confessions catholique et protestante, mais la tendresse des attitudes rétablit l'unité du couple.

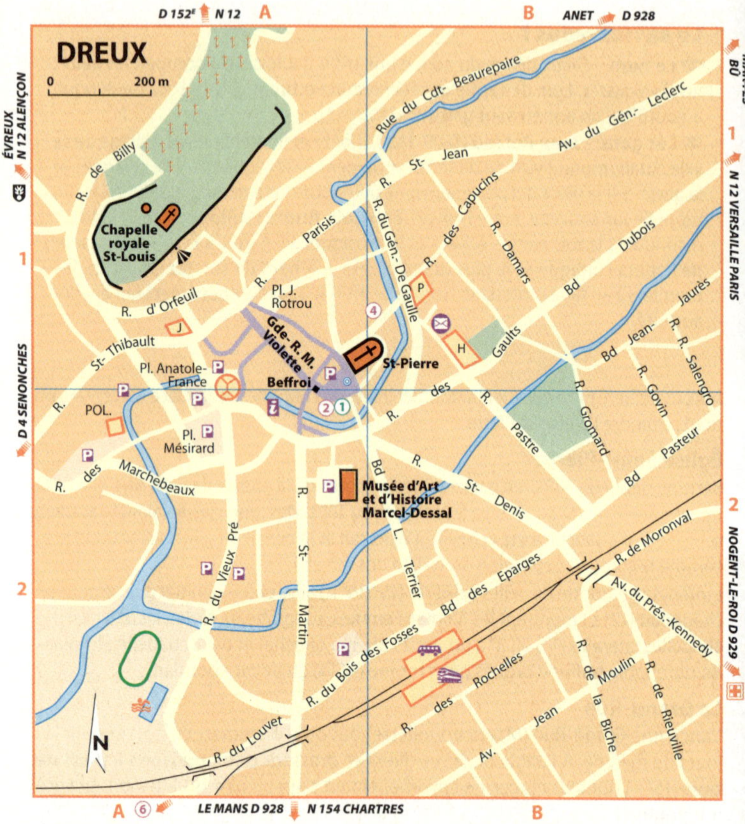

SE LOGER

Beffroi (Hôtel le)........ ①

SE RESTAURER

Quatre Vents (Aux)........ ②

Saint Pierre (Le)........ ④

Vallée Verte (Auberge de la)........ ⑥

La **crypte inférieure**, sous la rotonde de la chapelle haute, montre douze sépulcres préparés pour la famille d'Orléans : on y retrouve le prince François d'Orléans (mort pour la France en 1960 pendant la guerre d'Algérie) entouré de ses parents, Henri, comte de Paris (1999) et Isabelle, comtesse de Paris (2003). Dans une crypte voisine repose le prince Thibaut d'Orléans depuis 1983.

Du parc qui conserve quelques intéressants vestiges de fortifications, belles vues sur la ville.

Musée d'Art et d'Histoire Marcel-Dessal

Pl. du Musée - ✆ 02 37 50 18 61 - www.musees.regioncentre.fr - tlj sf dim. et mar. 14h-18h - fermé j. feriés (sf 14 Juil.), vac. de Noël - 2,20 € (-18 ans gratuit).

Installé dans une chapelle néoromane, le musée conserve quelques intéressants souvenirs de la collégiale St-Étienne (12e s.) qui se dressait à l'emplacement de la chapelle royale.

Aux collections d'archéologie locale (préhistoire, époques gallo-romaine et mérovingienne) s'ajoutent archives et documents anciens évoquant l'histoire de la région de Dreux du Moyen Âge à la IIIe République. Une section est consacrée à la famille d'Orléans (Louis-Philippe et les membres de sa famille). Exposition de meubles (18e s.) provenant de quelques châteaux des alentours. Peintures anciennes et contemporaines, dont certaines impressionnistes ou plus tardives (toiles de Vlaminck, Montezin, Le Sidaner, etc.), ordonnées autour d'un tableau de Monet : *Les Glycines.*

Un parcours guidé avec une documentation ciblée rend la visite du musée attractive aux enfants.

Circuit de découverte

VALLÉE DE L'EURE

60 km – environ 3h (visite du château d'Anet comprise).

Le paysage de la vallée de l'Eure séduit par sa netteté de lignes. Les rives verdoyantes de la rivière, surmontées de versants dénudés d'un profil franc, réservent de charmantes surprises au promeneur.

Entre les forêts de Dreux et d'Ivry

Quittez Dreux au nord par la D 928, franchissez l'Eure et prenez à gauche la D 116.

À gauche, l'aqueduc qui traverse la vallée conduit les eaux de l'Avre à Paris. La route file entre le cours de l'Eure et le mur verdoyant de la forêt de Dreux.

À Sorel-Moussel, prenez à gauche et franchissez le fleuve. Prenez à droite la D 143.

À **Ézy-sur-Eure** – ancien centre de fabrication de peignes en corne – le vieux pont de St-Jean, en dos d'âne, relie la rive gauche à Saussay.

Prenez la D 68 jusqu'à Anet.

Château d'Anet★

✆ 02 37 41 90 07 - www.chateaudanet.com - visite guidée (45mn) avr.-nov. : tlj sf mar. 14h-18h (17h en nov.) ; fév.-mars : w.-end 14h-17h - 7,30 € (enf. 4,20 €).

Après 1789, le domaine tombe hélas sous la coupe de la « bande noire » (spéculateurs de biens nationaux) : ne subsiste aujourd'hui que la moitié des constructions d'avant la Révolution.

Les travaux commencent vers 1548. **Philibert Delorme** en est l'architecte. Jusque-là, les artistes ont construit suivant les traditions de l'architecture française et décoré à l'italienne. À Anet, l'apport italien pénètre dans la conception architecturale par l'emploi des pilastres et des colonnes. Dans la cour d'honneur, l'avant-corps du logis central (transporté dans la cour de l'École des beaux-arts à Paris), superposant les trois ordres antiques, est très en avance sur son époque.

Au 17e s., des transformations sont faites par le duc de Vendôme, petit-fils de Henri IV et de Gabrielle d'Estrées. Le duc fait disparaître la galerie-promenoir des jardins. Il ajoute un avant-corps et un escalier d'honneur à l'aile gauche de la cour d'honneur, la seule subsistant aujourd'hui, et fait fermer la cour de Diane, à l'ouest, par un hémicycle.

Portail d'entrée – Dû à Philibert Delorme. Au-dessus de l'arche centrale, le tympan est constitué par un moulage du bas-relief en bronze de Benvenuto Cellini situé au Louvre : *Diane couchée*. Dans le couronnement de la porte se trouve une horloge que domine un cerf tenu aux abois par quatre chiens. Ces statues sont des moulages. Jadis, ces animaux donnaient l'heure : les chiens en aboyant, le cerf en frappant du pied. Sur les ailes en terrasse flanquant la porte, des cheminées surmontées par des sarcophages témoignent de la constance du deuil de Diane de Poitiers.

Aile gauche de l'ancienne cour d'honneur – La visite commence au 1er étage par la chambre de Diane de Poitiers dont un lit de parade Renaissance, décoré des trois croissants de Diane, fait le principal ornement. Les vitraux comprennent des fragments des « grisailles » d'origine dont la discrétion décorative rappelle le deuil de cette dernière. Le grand **escalier d'honneur** (17e s.), adjonction du duc de Vendôme,

Une reine sans couronne

Peu après son arrivée à la Cour, **Diane de Poitiers**, veuve de Louis de Brézé, grand sénéchal de Normandie et châtelain d'Anet, s'attache Henri, second fils de François Ier, de 20 ans plus jeune qu'elle. Belle, imposante, ayant le goût des arts, intelligente et froide, Diane le conquiert sans peine car la femme de Henri, « une Médicis », n'est que la fille de banquiers florentins. Diane a 32 ans quand elle plaît au dauphin, elle le fascine tout autant quand il devient Henri II ; elle ne l'a pas encore déçu en 1559, âgée de 60 ans, quand il est tué en tournoi par Montgomery. Toujours aussi séduisante, elle règne douze ans sur le souverain, la Cour, les artistes et les finances royales, et elle fait reconstruire Anet, le témoin de sa puissance et de son goût. Mieux encore, c'est elle qui élève les enfants du roi et de la reine. En 1559, Catherine de Médicis lui reprend Chenonceau, mais lui laisse Anet. C'est là que Diane de Poitiers se retire et meurt, en 1566, ayant achevé d'embellir son château, la première œuvre du style Henri II.

L'entrée du château d'Anet.

offre une vue sur la pièce d'eau et le parc. Du vestibule (17e s.), on passe dans le salon Rouge au mobilier de style Renaissance italienne et française.

De la salle des Faïences, qui garde en partie son carrelage primitif, on passe à la salle à manger où deux atlantes de Puget soutiennent la cheminée monumentale. Le médaillon central, de Goujon, montre Diane enlaçant le cerf royal.

Chapelle – De 1548. En forme de croix grecque, elle est l'œuvre de Philibert Delorme. Une **coupole** coiffée d'un lanternon couvre la nef circulaire ; c'est l'un des premiers construits en France. Le savant dessin losangé des caissons produit une surprenante illusion d'optique : l'ensemble de la coupole semble aspiré vers le haut. Au sol, le dessin du carrelage rappelle ces subtilités géométriques.

Les niches abritent les statues des douze apôtres par Germain Pilon (moulages). Les bas-reliefs des écoinçons et des voûtes, représentant des angelots portant les attributs de la Passion et des Renommées annonçant la résurrection du Christ, passent pour être de Jean Goujon. De la tribune communiquant avec ses appartements de l'aile droite, aujourd'hui détruite, Diane de Poitiers pouvait assister à la messe.

Chapelle funéraire de Diane de Poitiers – *Entrée place du Château, à gauche lorsqu'on regarde le portail principal.* La chapelle, construite sur les plans de Claude de Foucques, architecte des princes de Lorraine, a été commencée juste avant la mort de Diane, en 1566, et terminée en 1577. La **statue★** en marbre blanc représentant la maîtresse d'Anet agenouillée sur un haut sarcophage de marbre noir est attribuée à Pierre Bontemps. Depuis la violation de cette sépulture en 1795, les restes de Diane reposent contre le chevet de l'église paroissiale d'Anet, entre deux contreforts.

Revenez à Ézy-sur-Eure et prenez la D 836.

Ivry-la-Bataille

La **bataille**, c'est celle qui voit, le 14 mars 1590, la victoire de Henri IV sur le duc de Mayenne et les Ligueurs. La petite histoire raconte que le roi, entraînant ses troupes, leur aurait recommandé de se rallier à son fameux « panache blanc » au cas où les étendards disparaîtraient du combat.

Au n° 5 rue de Garennes, se dressent une demeure typique où Henri IV aurait logé en 1590 et, fermant la rue de l'Abbaye, le portail (11e s.) à trois voussures aux sculptures rénovées de l'ancienne abbaye d'Ivry, disparue sous la Révolution.

Église St-Martin – Cet édifice (fin 15e-début 16e s.) doit sa fondation à Diane de Poitiers. Sa construction est partiellement attribuée à Philibert Delorme, célèbre architecte de l'époque. Gargouilles et dragons animent la tour à pinacles gothiques. Le portail sud (porte murée), coiffé d'un élégant fronton, est quant à lui rythmé de pilastres à chapiteaux corinthiens. À l'intérieur, une belle voûte en berceau lambrissée couvre la nef et les bas-côtés.

Ancien château – *Un chemin près de l'église, au niveau de la surprenante tour « Arsenal » du 19e s. qui permettait aux pompiers de faire sécher leurs tuyaux, grimpe sur la colline dominée par les ruines du château.*

Construit à partir de la fin du 10e s., il fut détruit et abandonné au 15e s., bien avant la célèbre bataille d'Ivry. Ses ruines ont été mises à jour depuis les années 1970 par un groupe de bénévoles. Le site livre un superbe panorama sur Ivry et la vallée de l'Eure…

Continuez par la D 833 en direction de St-André-de-l'Eure.

La Couture-Boussey

Ce village est depuis le 16e s. un important centre de fabrication d'instruments de musique à anche. Sur la place, le **musée artisanal et industriel des Instruments à vent** expose une grande variété d'instruments produits au cours des siècles. *✆ 02 32 36 28 80 - www.lacoutureboussey.com - ♿ - tlj sf lun. 14h-18h - possibilité de visite guidée - fermé de fin déc. à déb. janv. et 1er Mai - 4 € (-18 ans 1,50 €).*

Prenez à droite la D 163.

Obélisque d'Ivry – L'obélisque commémoratif de la bataille d'Ivry, que signale une allée d'arbres, a été érigé sur le plateau (sur le territoire d'Épieds) par Napoléon en 1804.

Prenez la direction d'Épieds. À l'intersection avec la D 67, prenez à droite puis à gauche la D 71.

Entre Neuilly et les moulins de Merey, le **château de la Folletière** se profile à travers les frondaisons. C'est une construction de brique et de pierre de la fin du 16e s., au milieu d'un beau parc.

À Merey, prenez à droite la D 58. Franchissez l'Eure et à Breuilpont, prenez la D 836 vers Anet.

Dreux pratique

Adresse utile

Office du tourisme de Dreux – *Cours de l'Hôtel-dieu - www.ot-dreux.fr - avr.-oct. : 9h-12h30, 13h45-18h30 ; reste de l'année : 9h-12h, 13h45-18h - fermé dim. et j. fériés.*

Se loger

⊖⊖ **Hôtel Le Beffroi** – *12 pl. Métezeau - ✆ 02 37 50 02 03 - hotel.beffroi@club-internet.fr - fermé 23 juil.-16 août - 15 ch. 65 € - ☕ 7 €.* Pour visiter le beffroi et l'église St-Pierre, vous êtes ici aux premières loges… Ce n'est pas le grand luxe, mais l'aménagement fonctionnel des chambres convient. Nous préférons celles côté rivière, elles sont plus calmes.

Se restaurer

⊖⊖ **Le Saint-Pierre** – *19 r. Sénarmont - ✆ 02 37 46 47 00 - www.lesaint-pierre.com - fermé 7-15 mars, 12-28 juil., dim. soir, jeu. soir et lun. - 16/29 €.* Restaurant niché dans une ruelle voisine de l'église St-Pierre. Trois petites salles à manger sobrement aménagées : jolies teintes pastel, meubles de style bistrot et tableaux accrochés aux murs. Accueil chaleureux et attrayante cuisine traditionnelle à prix doux.

⊖⊖ **Aux Quatre Vents** – *18 pl. Métezeau - ✆ 02 37 50 03 24 - geyvan@wanadoo.fr - fermé le soir et sam. sf vend. en hte sais. - 17/24,50 €.* Au cœur de Dreux, affaire familiale déployant un éventail de recettes traditionnelles dans une salle de restaurant agencée à la façon d'une brasserie. Aux beaux jours, attablez-vous en terrasse. Formule buffets.

⊖⊖⊖ **Auberge de la Vallée Verte** – *6 r. Lucien-Dupuis - 28500 Vernouillet - 2 km au sud de Dreux par D 311 - ✆ 02 37 46 04 04 - www.auberge-vallee.com - fermé 1er-25 août, 25 déc.-9 janv., dim. et lun. - 30/55 € - 16 ch. 70/90 € - ☕ 10 €.* Dans cette auberge menée en famille, c'est la tradition qui prime. Vous y dégusterez une cuisine réalisée avec les produits du marché, dans une salle à manger rustique avec mezzanine. Côté auberge, dix chambres rénovées.

Que rapporter

Calvados Morin – *10 r. d'Ezy - 27540 Ivry-la-Bataille - ✆ 02 32 36 40 01 - calvadosmorin@tiscali.fr - tlj sf w.-end 14h-16h - fermé j. fériés.* C'est sur les bords de l'Eure, dans de magnifiques caves souterraines du 19e s., que le calvados Morin, né en 1889 dans un petit village normand, acquiert sa belle couleur ambrée. Venez y découvrir le métier d'éleveur de calvados et les différentes étapes de fabrication.

Elbeuf

17 000 ELBEUVIENS
CARTE GÉNÉRALE B2 – CARTE MICHELIN DÉPARTEMENTS 304 G6 – SEINE-MARITIME (76)

Il reste bien peu de chose des vieux quartiers des drapiers qui ont fait d'Elbeuf l'une des premières cités du textile en Normandie. La ville a payé un lourd tribut lors de la Seconde Guerre mondiale, et sa reconstruction, avouons-le, n'a pas été des plus heureuses. Les alentours permettent toutefois de compenser ce manque.

- **Se repérer** – Au creux d'un méandre de la Seine, à 20 km au sud de Rouen, l'agglomération elbeuvienne s'entoure de collines boisées qui forment une sorte d'enclave du département de la Seine-Maritime dans celui de l'Eure. Accès par les D 6015 et D 7 depuis Rouen (20 km au nord) ; la D 313 depuis Louviers (14 km au sud-est) ou la D 321 depuis Pont-de-l'Arche (10 km à l'est).
- **À ne pas manquer** – Une promenade dans la vieille cité drapière ; le parcours des sources de l'Oison.
- **Organiser son temps** – L'après-midi sera idéal pour découvrir Elbeuf et ses environs en raison des horaires d'ouverture des différents lieux de visite.
- **Avec les enfants** – La visite du moulin Amour à St-Ouen-de-Pontcheuil intéressera petits et grands.
- **Pour poursuivre la visite** – Voir aussi Louviers, le Bec-Hellouin, le Parc naturel régional des Boucles de Seine et Rouen.

Comprendre

Le drap d'Elbeuf – La production de textile, apparue ici au 15e s., a fait la gloire d'Elbeuf entre le 17e s. et la fin du 19e s. Dès 1667, Colbert crée une manufacture royale dans la cité drapière. Vingt-cinq ans plus tard, cette association de tisserands, placée sous la tutelle de l'État, regroupe 42 fabricants et emploie 8 000 ouvriers. Les laines étaient cardées et filées dans les campagnes, tandis que les foulons, les ateliers d'ourdissage, de tissage et de teinture se concentraient le long de la rivière du Puchot.

Les premières machines à vapeur apparaissent timidement en 1817. Vers 1830, l'introduction de « nouveautés » – les draps étaient jusqu'alors unis – marque l'apogée du secteur. La mécanisation se généralise après 1870 ; plus de 20 000 personnes

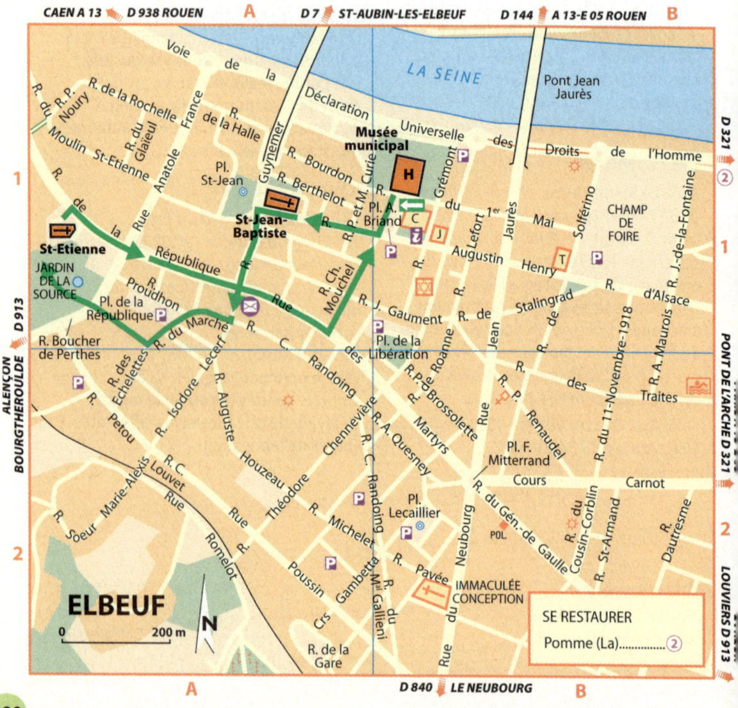

vivent alors des manufactures. Les Alsaciens, arrivés en 1871, participent activement à cette révolution industrielle. La Grande Guerre fournira l'une des dernières grandes commandes – le poilu se doit d'être bien vêtu.
Le déclin de cette activité, qu'a évoqué **André Maurois**, la plus célèbre plume d'Elbeuf, s'est accompagné d'un essor des industries chimique, électrique et automobile.

Se promener

LE VIEIL ELBEUF

Environ 3/4h. Laissez votre véhicule au parking en face de l'hôtel de ville.
Elbeuf ne conserve de son histoire viking que des bribes dans son nom. La ville s'appelait en effet *Guellebo* ou *Wellebou* au temps des premiers Normands. Les suffixes scandinaves *bo* ou *bou* ont donné *beuf* (ils viennent du mot *budh*, qui signifie « abri temporaire », « demeure »). L'itinéraire proposé se concentre donc plutôt sur le passé drapier de la cité.
Prenez la rue Henry, puis au niveau de l'église St-Jean, à gauche la rue Guymener.

G. Targat/MICHELIN
Maison de 1740 aux colombages verts.

En face de l'église, la place St-Jean et le quartier du Puchot (cours d'eau aujourd'hui souterrain) formaient le cœur de la cité drapière.
Au **n° 72** de la rue Guymener, l'important édifice du 18e s. en pans de bois abritait la **manufacture Grandin** de L'Épervier. Au **n° 63** se tenait la **manufacture Godet** ; un atelier en pans de bois (18e s.) et une ancienne filature (19e s.) entourent ce qu'il reste de la cour. Dans la même rue, la Maison 1740 avec ses combles « à l'impériale » témoigne de la richesse des drapiers d'Elbeuf.
Continuez tout droit dans la rue R.-Poulain et prenez la rue du Marché, à droite, qui donne sur la place de la République.
On aperçoit, place de la République, le haut d'une ancienne cheminée tronquée (19e s.) qui signale l'emplacement de l'**usine Clarenson** ; elle remplaça la manufacture Petou avant de fermer ses portes en 1961. Plus de 350 ouvriers y travaillaient en 1889. Il faut passer derrière pour découvrir cette belle construction (18e s.) en pans de bois dont la restauration se poursuit.
Prenez la rue aux Bœufs, traversez la rue Boucher-de-Perthes. Par les jardins de la Source, gagnez l'église St-Étienne, puis remontez la rue de la République sur la droite.
Les **jardins de la Source** ont permis au modeste cours du Puchot de revoir le jour, depuis 1994. Au **n° 23** de la rue de la République se tenait la **manufacture Louvet**, logis sur rue avec ses ateliers (18e s.) dans la cour ; aux **nos 12-14**, la **manufacture Houiller** est de conception similaire.
Continuez tout droit sur la rue des Martyrs ; la première rue à gauche ramène au parking de l'hôtel de ville.

Visiter

Musée municipal d'Elbeuf

Pl. Aristide-Briand - ✆ 02 32 96 90 15 - www.mairie-elbeuf.fr - ♿ - juil.-août et vac. scol. : tlj sf lun. 14h30-17h30 ; reste de l'année : tlj sf lun. et mar. 14h30-17h30 - fermé j. fériés - gratuit.
Ce musée a mis en valeur, dans neuf salles de plain-pied, d'importantes collections d'histoire naturelle. Sections zoologique (animaux naturalisés, squelettes, coquillages), minéralogique et archéologique (verreries et sépultures gallo-romaines). Une salle est consacrée à l'histoire locale (tableaux et sculptures).

Église Saint-Jean-Baptiste

Tlj sf w.-end 9h-13h30. Chœur fermé au public pour travaux.
Elle est d'ordonnance gothique, mais à l'intérieur, uniformément repeint, l'ornementation et le mobilier sont classiques. Les vitraux (16e s.) aux 1re, 3e, 4e et 5e fenêtres du bas-côté gauche et à la 1re du bas-côté droit sont les plus anciens (1500) et les mieux conservés. Des vitraux modernes s'allient bien aux verrières anciennes.

Église Saint-Étienne

Mai-oct : sam. 10h30-13h.

Cet édifice de style flamboyant conserve des vitraux du 16e s. Dans l'abside, à droite, à la fenêtre supérieure, le vitrail de la Crucifixion ; d'autres retracent des scènes de la vie de la Vierge (absidiole du bas-côté gauche). Non loin de la chapelle de la Vierge, remarquez le beau vitrail de l'Arbre de Jessé. Dans une chapelle du bas-côté droit, vitrail de saint Roch ; un des panneaux montre les drapiers en costume de travail.

La sculpture sur bois est représentée par une poutre de gloire de style Louis XV, un Christ gisant du 13e s. (bas du bas-côté gauche) et, de part et d'autre du chœur, les statues de saint Étienne et de saint Jean.

Aux alentours

La Saussaye

5 km au sud d'Elbeuf par la D 840. Sam., dim. et j. fériés 11h-17h, juil.-sept. tlj 11h-17h.

La très belle collégiale St-Louis fut construite entre 1307 et 1317 par Guillaume d'Harcourt à la place des ruines d'une ancienne chapelle. Deux incendies détruisirent aux 16e et 19e s. les peintures murales intérieures, les vitraux et la toiture, mais les murs en pierre et silex sont encore d'époque.

Les sources de l'Oison

6 km au sud d'Elbeuf par la D 840, à St-Pierre-des-Fleurs.

Un circuit de randonnée de 13 km part de la mairie de St-Pierre-des-Fleurs en direction des jolies sources de l'Oison (balisage jaune).

Saint-Ouen-de-Pontcheuil

8 km au sud d'Elbeuf par la D 840. 02 32 35 80 27 - www.moulinamour.com - - de mi-juil. à fin août : tlj sf lun. 14h30-18h30 ; mai-juin et de déb. sept. à mi-oct. : dim. et j. fériés 14h30-18h30 - possibilité de visite guidée - fermé du 1er-13 juil. - 4 € (-16 ans gratuit).

Dernier des moulins hydrauliques inventoriés sur la rivière Oison, le **moulin Amour** écrase encore le blé lors des démonstrations ou des animations. La farine obtenue est tamisée dans une bluterie ancienne. Autour du mécanisme en mouvement, des expositions sur les anciens métiers mettent en valeur le patrimoine régional.

Un sentier de découverte de 1 km accessible à tous permet, grâce à un guide papier et à des installations très ludiques et très pédagogiques, de découvrir de multiples espèces végétales et animales.

Orival★

À environ 5 km au nord par la D 938.

L'escarpement de craie, dont les « roches » aux formes étranges surplombent la route d'Oissel à Orival, domine aussi un paysage fluvial harmonieux. L'église d'Orival est un rare édifice semi-troglodytique du 15e s.

Roches d'Orival★

1h à pied AR. Sur la D 18, laissez la voiture à hauteur du panneau : « sentier des Roches ». Prenez ce sentier raide (et glissant par temps de pluie) ; en haut de la côte, prenez à droite et passez devant des caves creusées dans le rocher. Le chemin longe la falaise. Environ 300 m après, d'une croupe herbeuse, se dévoile une **vue** dégagée sur la Seine et sur les escarpements de « roches » interrompus par une corniche verdoyante sur laquelle le sentier se poursuit.

La charmante route D 18 longe la Seine.

G. Targat/MICHELIN

Les roches d'Orival en contre-plongée.

Oissel

12 km au nord par la D 938.

Un jardin public très agréable met la localité en valeur.

Elbeuf pratique

Adresse utile

Office du tourisme d'Elbeuf – *28 r. Henry - 76500 Elbeuf - ✆ 02 35 77 03 78 - www.tourisme-elbeuf.org - tlj sf w.-end 8h30-12h30, 13h30-17h15 (vend. 16h30).*

Visites

Visites guidées – Ville d'art et d'histoire, Elbeuf propose de mars à oct. des visites-découvertes (1h30) animées par des guides-conférenciers agréés par le ministère de la Culture et de la Communication. Toutes les visites sont gratuites. *Rens. à l'office de tourisme, au service Patrimoine - ✆ 02 32 96 90 12 - www.mairie-elbeuf.fr.*

Se restaurer

Bon à savoir – Dans les plaines alluviales de la Seine et de l'Eure, à l'automne, les « **Monstrueux d'Elbeuf** » s'alignent en rangs disciplinés. Ces plantes savoureuses dont la fierté des maraîchers du pays et les chefs du coin n'ont pas manqué de mettre à l'honneur et au goût du jour cette ancienne variété de poireau.

La Pomme – *44 rte de l'Eure - 27340 Pont-de-l'Arche - 11 km à l'est d'Elbeuf par D 921 et D 321 - ✆ 02 35 23 00 46 - fermé dim. soir, mar. soir et merc. - 27/60 €.* Aménagée dans une belle chaumière normande sur les bords de l'Eure, salle de restaurant au cadre douillet et gentiment champêtre. Cuisine au goût du jour.

Falaises d'Étretat★★★

1 615 ÉTRETATAIS

CARTE GÉNÉRALE A1 – CARTE MICHELIN DÉPARTEMENTS 304 B3 – SEINE-MARITIME (76)

« Quand, sur une plage pleine de soleil, la vague rapide roule les fins galets, un bruit charmant, sec comme le déchirement d'une toile, joyeux comme un rire et cadencé, court par toute la longueur de la rive, voltige au bord de l'écume, semble danser, s'arrête une seconde, puis recommence avec chaque retour du flot. Ce petit nom d'Étretat, nerveux et sautillant, sonore et gai, ne semble-t-il pas né de ce bruit de galets roulés par les vagues ? La plage, dont la beauté célèbre a été si souvent illustrée par les peintres, semble un décor de féerie avec ses deux merveilleuses déchirures de falaise qu'on nomme les portes. » (Guy de Maupassant, Étretat.)

Se repérer – Cette station balnéaire située à 47 km au nord de Honfleur, 90 km au nord-ouest de Rouen et 219 km de Paris doit sa haute fréquentation à l'originalité de son cadre, grandiose.

Se garer – Dans le centre, tous les parkings sont payants ; le plus grand se trouve place du Général-de-Gaulle. Vous pourrez vous garer gratuitement au parking du Grand-Val *(r. Guy-de-Maupassant, à 300 m du centre)*, route du Havre au sud, et au nord près de l'ancienne gare. Lors des périodes d'affluence, visez les parkings situés en dehors du centre-ville qui est très vite saturé.

À ne pas manquer – Le panorama sur la Manneporte depuis la falaise d'Aval.

Organiser son temps – Il faut compter, depuis la plage, 1h à pied aller-retour pour atteindre chacune des falaises.

Avec les enfants – Faites un petit tour en train touristique.

Pour poursuivre la visite – Voir aussi Le Havre, Fécamp, Varengeville-sur-Mer, Dieppe et le pays de Caux.

Le saviez-vous ?

Le nom – Le nom dérive de *Estretot*, d'origine scandinave. L'interprétation la plus courante a été donnée par un moine bénédictin : le préfixe *estre* viendrait de *oistre*, *wester* ou *west*, c'est-à-dire « ouest », ou « couchant » ; le suffixe *tot* est lié à la notion de « domaine », « hameau », « pièce de terre avec habitation ». Étretat signifie donc le « hameau du couchant ».

Les gens – Maupassant y passe son enfance, menant une vie « de poulain échappé » selon sa propre expression, puis y fait construire la villa « La Guillette », qu'il habite de 1883 à 1889. Arsène Lupin, sous la plume de Maurice Leblanc, décrit l'Aiguille creuse. Dumas, Hugo, Gide, Corot, Boudin, Monet, Offenbach, Beckett et bien d'autres ont contribué à asseoir la réputation de la station.

Découvrir

Falaise d'Aval★★★

1h à pied AR. Empruntez l'escalier (180 marches, main courante) à l'extrémité de la digue-promenade. Taillé dans la falaise crayeuse, il permet, prolongé par un sentier, d'atteindre le sommet de la falaise.

À l'extrémité ouest de la digue-promenade, prenez l'escalier qui conduit au sentier escaladant la falaise. Longez le bord de la falaise jusqu'à la crête de la porte d'Aval, arcade rocheuse étonnamment découpée. Maupassant y voyait volontiers « un éléphant plongeant sa trompe dans la mer ».

La **vue** est magnifique, à gauche sur l'arche massive de la Manneporte à l'architecture monumentale façonnée par la nature, en face sur l'Aiguille et de l'autre côté sur la falaise d'Amont. Les variations de couleur suivant l'heure et l'éclairage sont un véritable enchantement.

Contournez l'anse jusqu'à la Manneporte : vue en direction du cap d'Antifer. Continuez jusqu'au promontoire qui domine la seconde arche ; de là, la vue porte au sud sur le port pétrolier du Havre-Antifer.

Falaise d'Amont★★

1h à pied AR ou 10mn en voiture : prenez la D 11 « Fécamp par la côte ». Juste avant le panneau marquant la fin de l'agglomération, tournez à angle aigu à gauche dans une route étroite en forte montée. Au terme de cette route, laissez la voiture sur le parking à gauche.

De la chapelle des marins dédiée à N.-D.-de-la-Garde, **vue**★ sur Étretat. La longue plage de galets s'étend en dessous, fermée par la falaise d'Aval et l'Aiguille.

Derrière la chapelle, une immense flèche se dresse vers le ciel. En montant les quelques marches, à l'arrière, on se retrouve sur le socle de l'ancien monument en forme d'avion. On découvre alors son nom en grandes lettres blanches, son nez, ses ailes et sa queue. Ce monument à la mémoire de Nungesser et Coli rappelle le départ de l'*Oiseau blanc*, première et malheureuse tentative de la traversée sans escale de l'Atlantique (8 mai 1927). C'est d'ici que l'appareil sera aperçu pour la dernière fois.

Musée Nungesser-et-Coli – *Fermé pour travaux.* Face au monument, il abrite quelques souvenirs des deux aviateurs disparus, « ceux qui les premiers ont osé ».

Séjourner

Bordée d'une **digue-promenade**, la **plage** de galets est encadrée par les célèbres **falaises** : à droite, la falaise d'Amont avec la petite chapelle N.-D.-de-la-Garde, le musée et le monument Nungesser-et-Coli ; à gauche, la falaise d'Aval avec son arche monumentale, la porte d'Aval. L'Aiguille, haute de 70 m, se dresse un peu plus loin, solitaire.

Sur la plage, les pittoresques caloges, ces vieilles embarcations hors d'usage, recouvertes d'un toit de chaume, qui abritaient l'attirail des pêcheurs, ont disparu à l'exception de trois d'entre elles, reconstituées.

G. Targat/MICHELIN

Bateaux sur la plage d'Étretat, avec la falaise d'Aval en arrière-plan.

Halles

Cette belle reconstitution de halles anciennes en bois regroupant des artisans donne son cachet à la place du Maréchal-Foch.

À proximité, le **boulevard du Président-René-Coty** qui conduit à la mer est bordé d'élégants bâtiments à pans de bois.

Église Notre-Dame

L'ancienne dépendance de l'abbaye de Fécamp s'ouvre par un portail roman (tympan du 19e s.). Une corniche à modillons sculptés fait le tour de l'église.

À l'intérieur, les six premières travées (11e s.) sont bien caractéristiques du style roman avec leur décoration géométrique et leurs chapiteaux à godrons. Le reste de l'édifice est du 12e s. Avancez jusqu'à la croisée du transept pour admirer la tour-lanterne édifiée au cours du 13e s.

Visiter

Le Clos Lupin★

☎ 02 35 10 59 53 - www.arsene-lupin.com - visite audio-guidée (45mn) avr.-sept. : 10h-17h45 ; oct.-mars : w.-end et vac. scol. 11h-16h45 - fermé de mi-nov. à mi-déc., 1er janv. et 25 déc. - 6,75 €(-16 ans 4,25 €).

Dans une vaste demeure familiale normande, au charme délicieusement suranné, rencontre insolite avec le gentleman cambrioleur, en chair et en os, de retour sur les lieux qui l'ont vu naître.

Qui de Maurice Leblanc ou d'Arsène Lupin a vécu ici ? Les deux, assurément. On y découvre pêle-mêle les souvenirs de l'écrivain et les objets les plus étroitement liés à la gloire de son héros. L'astucieux dandy fait des visiteurs ses complices, leur confiant ses secrets les plus précieux et les défiant avec ses énigmes. Effets d'ombres et de lumières, projections d'images, portes dérobées, trappes dissimulées… la magie de l'illusion gagne chacune des pièces.

Aux alentours

Attention ! Nous vous indiquons ci-après deux **valleuses**. L'éboulement des falaises peut parfois en limiter l'accès, voire l'interdire. Si tel est le cas, ne vous y aventurez pas ! Pour des raisons de sécurité, il est indispensable : de ne pas circuler au pied des falaises et de connaître les horaires des marées avant d'y descendre, afin de ne pas être surpris par les flots montants. Ces recommandations valent aussi pour les valleuses traitées dans les environs de Fécamp.

Terminal du Havre-Antifer

15 km au sud. Quittez Étretat par l'avenue Georges-V, D 940.

Valleuse d'Antifer – *Depuis le village du Tilleul dont elle dépend, prenez en face de la grande porte de l'église la rue de mer puis suivez la rue d'Antifer sur la droite. On accède alors à un parking. Il faut ensuite descendre un joli chemin coupant bois et prairies pendant une petite demi-heure.*

Protégée par le Conservatoire du littoral, cette valleuse se mérite, certes, mais la promenade est pleine de charme et conduit à une belle plage de galets. Très belle vue, mais il est possible que vous ne soyez pas seul à la contempler, l'endroit étant renommé.

L'association Déficaux, qui protège la valleuse avec le Conservatoire du littoral, propose en été des sorties nature. *Se renseigner à l'office du tourisme d'Étretat.*

Retournez sur la D 940 et 800 m après Le Tilleul, prenez à droite la D 111 vers La Poterie-Cap-d'Antifer.

Bruneval – Près de l'étroite plage, resserrée au débouché d'une **valleuse** tapissée de bruyères, un monument commémoratif (en contre-haut, à gauche) rappelle une des plus audacieuses opérations commando de la Seconde Guerre mondiale, l'**opération Biting** (coup de croc).

Il s'agissait de récupérer des pièces d'un radar allemand – les Allemands avaient de l'avance dans la mise au point des radars –, puis de détruire la station. Aidés des informations fournies par les agents de la confrérie Notre-Dame, les parachutistes anglais et canadiens du major Frost atterrirent, dans la nuit du 27 au 28 février 1942, et surprirent totalement la garnison allemande. Ils purent récupérer les éléments clés du radar et détruire la station avant de rembarquer presque sans pertes.

Entre Bruneval et St-Jouin-Bruneval, la route sinueuse décrit un beau parcours où la végétation se pare de différentes couleurs.

Une longue descente mène au terminal pétrolier.

Terminal du Havre-Antifer – À une encablure de la plage de St-Jouin, le port du Havre-Antifer accueille depuis 1976 les pétroliers dont le tonnage dépasse la capacité du port du Havre.

En remontant vers St-Jouin-Bruneval, par une petite route à droite (panneau : Port du Havre-Antifer/Belvédère), on accède à un belvédère.

Falaises d'Étretat pratique

Adresse utile

Office du tourisme d'Étretat – *Pl. Maurice-Guillard - 76790 Étretat - ✆ 02 35 27 05 21 - de mi-juin à mi-sept : 10h-19h, reste de l'année : 10h-12h, 14h-18h - fermé 1er janv. et 25 déc.*

Se loger

⊖ **Hôtel La Résidence** – *4 bd René-Coty - ✆ 02 35 27 02 87 - 15 ch. 42/98 € - ☕ 6 €.* Ce manoir du centre-ville date du 14e s. Ses chambres, plutôt agréables, sont assez amusantes avec leurs meubles disparates. Attention aux marches : le superbe escalier d'époque qui mène à la réception est de guingois, grand âge oblige ! Accueil plaisant. Location de vélos.

⊖ **Chambre d'hôte M. et Mme Delahais** – *54 r. du Président-René-Coty - 76790 Le Tilleul - 3 km au sud d'Étretat par D 940 - ✆ 02 35 27 16 39 - fermé 2 sem. en oct. - ⊘ - 4 ch. 40 € ☕.* Pour obtenir les clés de votre chambre, c'est à l'épicerie du village qu'il faudra vous adresser ! Confort simple, accueil d'une grande gentillesse, calme ambiant et surtout prix très intéressants à seulement trois minutes en voiture d'Étretat !

⊖⊖ **Hôtel des Falaises** – *1 bd René-Coty - ✆ 02 35 27 02 77 - 24 ch. 48/69 € - ☕ 7 €.* Petit immeuble proche de la plage de galets, encadrée par les falaises d'Aval et d'Amont. Les chambres, sans ampleur, sont fonctionnelles et décorées avec sobriété.

Se restaurer

⊖ **Lann Bihoué** – *45 r. Notre-Dame - ✆ 02 35 27 04 65 - www.lannbihoue.com - fermé déc., mar. sf vac. scol. et merc. - 9/20 €.* Si vous souhaitez faire une entorse à votre régime gastronomique normand, vous trouverez forcément votre bonheur dans cette crêperie proche du centre-ville. Parmi les traditionnelles salées, au sarrasin, on trouvera la spécialité maison à l'andouille de Guéméné et aux pommes caramélisées. Service sympa.

⊖ **Le Clos Lupin** – *37 r. Alphonse-Karr - ✆ 02 35 29 67 53 - http://www.le-clos-lupin.fr - fermé mar. et merc. sf vac. scol. - réserv. obligatoire le w.-end - 19/26 €.* Cette coquette façade peinte du centre-ville dissimule une salle à manger tout en longueur récemment redécorée. Le chef mitonne une cuisine classique, élaborée à partir de produits frais et proposée à des prix tout à fait raisonnables.

⊖⊖ **Le Galion** – *Bd René-Coty - ✆ 02 35 29 48 74 - fermé 15 déc.-26 janv., mar. et merc. - 23/39 €.* En plein centre, cette maison construite avec les éléments d'une vieille demeure de Lisieux a notamment un plafond de poutres sculptées qui date du 14e s. Sa cuisine et ses prix serrés en font une bonne adresse du coin.

Que rapporter

Marché – *Jeu. mat.*

Sports & Loisirs

Association Voile et Galet d'Étretat – *R. Adolphe-Boissaye - ✆ 06 10 56 69 67 - www.voilesetgalets.com - 9h-18h - fermé 12 nov.-Pâques.* Parce que les falaises d'Étretat dévoilent une majesté unique quand on les voit de la mer, on prendra plaisir à naviguer dans la baie. Un éventail complet d'embarcations disponibles, parmi lesquelles le catamaran, l'optimist, la planche à voile ou le canoë de mer. Activités encadrées par des professionnels.

Train Touristique Étretat-Pays de Caux – *- La Gare - 6 km à l'est d'Étretat par D 940 - 76790 Les Loges - ✆ 02 35 29 49 61 - www.trains-fr.org/unecto/ttepac - w.-end : dép. des Loges à 14h, 15h30 et 17h - retour en train à Étretat à 15h, 16h30 et 18h (horaires variables suivant les mois) - fermé nov.-mars.* À travers une verdoyante valleuse du pays de Caux, un petit train touristique effectue des navettes entre Étretat et Les Loges. Le parcours comprend une descente de 5 km : sensations garanties ! On peut aussi choisir le vélorail à partir des Loges (20 à 30mn, retour en pédalant : 45mn, rampe à 2 % ou en petit train).

Eu★

8 081 EUDOIS
CARTE GÉNÉRALE C1 – CARTE MICHELIN DÉPARTEMENTS 304 I1 – SEINE-MARITIME (76)

À une encablure de la mer et deux pas de la forêt, cette charmante petite ville au riche patrimoine de cité royale s'étage au pied de sa belle collégiale. Juste en face, le château actuel se dresse à l'emplacement de l'ancienne forteresse où Guillaume, le futur Conquérant, prit en 1050 la main de sa cousine, Mathilde de Flandre.

Se repérer – Eu occupe, à 4 km à l'est du Tréport (par la D 1915) et 34 km au nord-est de Dieppe par la D 925, une position frontalière sur la rive gauche de la Bresle. Celle-ci délimite la Normandie et la Picardie (rive droite), en même temps que les départements de la Seine-Maritime et de la Somme. Au sud-est, les trois massifs de la forêt d'Eu, sillonnés de jolies routes, déploient leurs frondaisons jusqu'à Aumale. Venant du Tréport, le côté gauche de la route longe le parc et le château, puis la collégiale *(parking sur la place entre les deux monuments)*. Venant des autres directions, on aboutit sur la ceinture de boulevards qui enserre le centre.

À ne pas manquer – Le château et son musée ; le centre historique pour l'ambiance animée de ses petites rues piétonnes.

Organiser son temps – Dédiez votre matinée à la visite de la ville et du château avant de faire route, l'après-midi, vers l'agréable forêt d'Eu. Le soir venu vous trouvera attablé au Tréport à Mers-les-Bains, en Picardie.

Avec les enfants – Découvrez le site archéologique de Bois-l'Abbé et accompagnez-les au musée des Traditions verrières pour voir sa machine à fabriquer les billes.

Pour poursuivre la visite – Voir aussi Le Tréport, Dieppe, Arques-la-Bataille et Neufchâtel-en-Bray.

Visiter

Collégiale Notre-Dame-et-Saint-Laurent★

02 35 86 19 34 - avr.-oct. : 9h-12h, 14h-18h ; nov.-mars : 9h-12h, 14h-17h - fermé 1er janv. - gratuit.

Elle est dédiée à la Vierge et à saint Laurent O'Toole, primat d'Irlande, mort à Eu en 1180. C'est un bel édifice gothique (12e-13e s.) dont l'abside a été refaite au 15e s. Viollet-le-Duc a procédé à une restauration générale au 19e s.

Le saviez-vous ?

Eu a vu naître les frères François (1604-1669) et Michel (1612-1686) **Anguier**, sculpteurs de talent dans le goût baroque. Le second a notamment participé à la décoration du Louvre et du Val-de-Grâce à Paris.

Extérieurement, le chevet et les bas-côtés, aux nombreux contreforts surmontés de clochetons et de pinacles, attirent l'attention. L'**intérieur** se signale par l'ampleur et l'harmonie des proportions. La nef conserve un très bel **orgue** en chêne sombre sculpté et orné de statues, datant de 1614. Restauré en 1841 par Cavaillé-Coll, il l'a été à nouveau et à l'identique en 1977. Dans la chapelle absidiale se trouve la statue de Notre-Dame d'Eu attribuée à l'un des frères Anguier. Belle statue de la Vierge (16e s.) dans la chapelle du croisillon gauche ; au fond du chœur, reliquaire contenant les restes de saint Laurent. Dans la 2e chapelle du déambulatoire, à droite (chapelle du Saint-Sépulcre), sous un dais flamboyant, **Mise au tombeau★** du 15e s., actuellement en restauration. En face, magnifique tête de Christ de douleur (15e s.).

Crypte – Juste sous le chœur, la crypte, antérieure à la collégiale, voûtée d'ogives, a été restaurée en 1828 par les soins du duc d'Orléans, futur Louis-Philippe, qui y regroupa les mausolées des comtes d'Eu et de la maison d'Artois (14e-15e s.), profanés à la Révolution. Contre le mur à gauche, admirez le gisant de saint Laurent O'Toole (12e s.), probablement l'un des plus anciens de France.

De la place juste derrière l'église, vue plongeante sur les quartiers bas de la ville et sur l'**hôtel-Dieu** (que l'on rejoint par la rue de l'Abbaye). La communauté des sœurs hospitalières, fondée en 1654 par Catherine de Joyeuse, y demeure jusqu'en 1967. Cette construction de brique en « U » vient d'être restaurée. Elle entoure un charmant jardin qui était à l'origine le potager. Un rare cimetière couvert se trouve à gauche, sous la salle capitulaire.

Château★

Rien ne subsiste du château où Guillaume, le futur Conquérant, et Mathilde de Flandre se marièrent en 1050. L'édifice a été détruit en 1475 sur ordre de Louis XI. Ce vaste bâtiment de brique et de pierre, plusieurs fois restauré, a été commencé en 1578 par Henri de Guise et Catherine de Clèves. Devenu possession de la famille d'Orléans, ce sera l'une des résidences favorites de Louis-Philippe, qui y reçut deux fois la reine Victoria. De 1874 à 1879, Viollet-le-Duc se charge de la décoration des lieux pour le comte de Paris, petit-fils du roi. Il modernise alors le château en y installant l'éclairage au gaz et le chauffage central.
Propriété de la ville d'Eu depuis 1964, le château abrite la mairie et le musée Louis-Philippe. L'ensemble a été classé Monument historique en 1985.

G. Targat/MICHELIN

Parterres de fleurs au château d'Eu.

Musée Louis-Philippe – *✆ 02 35 86 44 00 - www.ville-eu.fr - 15 mars-8 nov. : tlj sf mar. 10h-12h, 14h-18h, vend. 14h-18h (dernière entrée 30mn av. la fermeture) - 4 € (enf. 2 €).* En introduction à la visite, une vidéo retrace l'histoire du domaine et de sa restauration, car le site a subi les attaques de la mérule, champignon terriblement destructeur. Aujourd'hui, ses impressionnants ravages sont effacés et le château peut poursuivre son programme de travaux, notamment dans la galerie des Guise, dont le décor antérieur à l'incendie de 1902 est progressivement reconstitué.
On traverse la cour pour gagner le château aux aménagements essentiellement du 19e s., en particulier de Louis-Philippe. Dans le hall, belle berline de Jean V de Portugal (1727), **portique** orné de vitraux, « mur de lumière » sur le jardin dû à Viollet-le-Duc et au maître verrier Oudinot. La visite se poursuit par les deux salons et la chambre de la duchesse d'Orléans (belle-fille de Louis-Philippe) ornée de toiles de Viollet-le-Duc, de somptueux parquets en marqueterie et de mobilier en acajou d'époque.
Au premier étage se succèdent une salle de bains du 19e s. et une chambre dorée aux boiseries (18e s.) or et vert, portant le monogramme de la Grande Mademoiselle. Vient ensuite l'**office** avec le matériel culinaire, la porcelaine et l'orfèvrerie Christofle, la **salle à manger** de famille du roi Louis-Philippe, avec son plafond à caissons du 17e s., ses tapisseries et sa belle table dressée. Le **salon** qui suit surprend par l'harmonie étrange des teintes rose et noir.
De l'autre côté de l'escalier d'honneur, la fameuse **galerie des Guise** bénéficie de toutes les attentions : son plafond à caissons a été restitué et l'ensemble des 46 portraits (17e s.) de la puissante famille de Lorraine-Guise (Catherine de Médicis, duc d'Aumale, Marie Stuart, etc.), retrouvés en Écosse, est en cours de restauration.
Le parc – Du château, très belle perspective sur les 15 ha de ce parc surtout planté de hêtres, parmi lesquels un sujet de 1585, le **Guisard★**, classé « arbre remarquable ». Le public profite aujourd'hui en toute quiétude de ses jardins à la française, de sa roseraie du 19e s., des rhododendrons, des azalées et des conifères plantés sous Louis-Philippe et le comte de Paris. Anciennes glacières, pièces d'eau, terrasses et allées boisées en sus.

Jardin des Fontaines

Ne manquez pas ce ravissant jardin niché au bas du parc du château, en surplomb de la Bresle. Juste à côté, le pavillon des Fontaines et son eau de source vous invitent à une halte désaltérante.

Un parcours de 4,4 km permet de rejoindre Le Tréport en longeant les rives de la Bresle par l'ancien chemin de halage.

Le théâtre du Château

02 35 50 20 97 - mar.-vend. 14h-18h - entrée libre.

En 1847, les architectes Fontaine et Legrand construisent, à la demande de Louis-Philippe, sept dépendances pour le château. Le régime tombé, l'une d'elle est transformée en théâtre pour la ville en 1857. Sa récente restauration a rendu tout son lustre à l'édifice et à sa salle de 200 places, décorée à l'italienne de motifs floraux et d'allégories (la Comédie, la Tragédie...). Exposition de tableaux de Pierre Roussel (1927-1996).

Chapelle du collège★

02 35 50 16 73- du 3 mars 30 nov. : 10h-12h, 14h-18h, dim. et j. fériés 15h-18h.

Aujourd'hui lycée, le collège, fondé par Henri de Guise (1582), porte le nom des frères Anguier, anciens élèves de l'établissement, alors dirigé par les jésuites. Sa chapelle élevée en 1624 par Catherine de Clèves, veuve du Balafré auquel elle avait apporté le comté d'Eu en 1570, présente une **façade★** Louis XIII remarquable.

L'appareillage de briques et de pierres, magnifiquement restauré, donne à l'édifice une chaleur et une douceur saisissantes dont le visiteur se sent envahi dès son entrée dans la nef. Toutes proportions gardées, cette chapelle est bâtie sur le même plan que l'église du Gesù à Rome. Les fonts baptismaux (15e s.), en pierre sculptée, proviennent de l'ancienne église de La Trinité.

L'intérieur abrite les deux **mausolées★** (chœur) de la duchesse et du duc de Guise (assassiné à Blois en 1588 sur ordre d'Henri III). Sur des sarcophages en marbre noir, les personnages sont à demi couchés dans une attitude de repos ; à l'étage supérieur, ils sont agenouillés et prient les mains jointes. Œuvre de Barthélemy Tremblay, Germain Gissey, Nicolas et Simon Guillain.

Musée des Traditions verrières

Rue Sémichon, au nord du centre-ville. De la collégiale, empruntez la rue Charles-Morin et la chaussée de Picardie, ou bien suivez les boulevards périphériques en direction d'Abbeville. Le musée se trouve sur la droite de la chaussée de Picardie, dans des bâtiments en briques rouges précédant la rivière Busine. 02 35 86 04 68 - ♿ - de déb. juil. à mi-sept. : mar., merc., w.-end et j. fériés 14h30-18h ; mai-juin et de mi-sept. à fin oct. : mar., w.-end et j. fériés 14h30-18h - 3 € (-12 ans gratuit).

Les anciennes écuries de la caserne de cavalerie de Louis-Philippe servent de cadre à un intéressant petit musée qui retrace l'évolution des techniques de fabrication du verre. Présentation de machines anciennes (dont une fabriquait des billes). Jolies collections de fioles et flacons, rappelant que la vallée de la Bresle produit plus de 80 % des flacons des parfums de luxe français. Des petits films complètent la visite. Démonstrations de souffleurs de verre régulièrement organisées.

De la chapelle St-Laurent, proche du musée mais qui ne se visite pas, beau **panorama** sur les trois villes sœurs et sur la vallée de la Bresle. *Accès à pied par le chemin des pèlerins qui part à droite du café Le Relais, sur la place Albert Ier où aboutit la chaussée de Picardie.*

Aux alentours

Chemin Vert du Petit Caux – Entre Eu et St-Quentin-au-Bosc, un chemin de 17 km emprunte l'ancienne voie ferrée Dieppe-Eu. Une étonnante promenade pour la richesse de la faune et de la flore et la diversité des paysages traversés (bois, vallons, villages, viaduc et ponts). Abri de randonneurs à Touffreville-sur-Eu (pour 30 pers.). *De la place Guillaume-le-Conquérant, empruntez la rue de Verdun (vers l'est) puis la rue d'Aumale. Le Chemin Vert part de celle-ci, juste après la rue des Jardins.*

Site archéologique de Bois-l'Abbé

Renseignements à l'office de tourisme. De la place Guillaume-le-Conquérant prenez la rue de Verdun puis la rue d'Aumale. Tournez à droite sur la route de Beaumont (dir. forêt d'Eu). Le site se trouve à 2,4 km après la lisière de la forêt - visite (2h30) de mi-juin à mi-sept. : mar. 14h, dim. 15h - 4,50 € (10-18 ans 3 €). Prévoir de bonnes chaussures.

Un étonnant chantier de fouilles auquel participent chaque été, sous la direction d'un archéologue, de très nombreux bénévoles. Grâce à eux, un temple (probablement du 3e s.), un théâtre, des villas du 1er s. et des thermes publics ont pu être découverts. La visite, commentée par l'archéologue, permet de contempler ces vestiges et d'appréhender le travail mené. Elle se termine par la découverte du mobilier conservé au dépôt des fouilles dans les anciennes cuisines du château.

Forêt d'Eu

57 km – environ 3h. La forêt d'Eu se compose de trois massifs isolés. Seuls sont décrits ici le « triage » d'Eu et la haute forêt d'Eu, belles hêtraies étalées sur le plateau entre la Bresle et l'Yères.

Quittez Eu au sud-est par la D 49. À Incheville, prenez à droite la D 58.

Vous entrez en forêt en laissant à droite la chapelle au joli portail du prieuré de St-Martin.

Au carrefour du Hêtre-des-Princes, prenez à gauche la D 126 vers Millebosc. Dirigez-vous ensuite vers Guerville et engagez-vous dans la D 14 jusqu'au carrefour de Montauban.

Vous atteignez alors la lisière de la haute forêt d'Eu. La percée rectiligne de la route est bientôt bordée de belles futaies.

Prenez la route forestière tournante. Au poteau Ste-Catherine, tournez à droite vers la maison forestière de Ste-Catherine.

Point de vue de Sainte-Catherine

45mn à pied AR. Laissez la voiture près de la barrière. Dépassez la maison forestière, à gauche, et gagnez l'orée du bois. En continuant à pied, dans un joli sous-bois, vous découvrirez bientôt le « panorama des sept clochers » sur la vallée de l'Yères.

Revenez au poteau Ste-Catherine et reprenez à droite la route d'arrivée.

M. Janvier/MICHELIN

Le hêtre.

La Bonne Entente

À 20 m à droite de la route. On y voit un chêne et un hêtre qui, en grossissant côte à côte, se sont rapprochés au point que les bases des fûts se confondent et semblent partir de la même souche. Cet arbre a été dédié par Jacques Chirac à la reine mère Élisabeth à l'occasion de son 100e anniversaire et le site porte désormais son nom.

Au poteau St-Rémy, la D 149, prise à droite à angle aigu, sort de la forêt et la vue se dégage sur la vallée de l'Yères. La D 16 suit la rive droite de la rivière et la route traverse alors de calmes paysages ruraux emprunts de sérénité.

Saint-Martin-le-Gaillard

Au 15e s., le navigateur Jean de Béthencourt, gentilhomme de St-Martin-le-Gaillard, conquit les îles Canaries et en devint le seigneur.

L'**église** du 13e s., au fin clocher d'ardoise, a été remaniée au 16e s. Elle conserve des chapiteaux à personnages humoristiques. Fonts baptismaux du 16e s., Vierge à l'Enfant du 18e s. ; petit détail : l'Enfant Jésus reçoit une figue. *Juil.-août : tlj 14h-18h ; le reste de l'année, contacter Mme Morisse - ✆ 02 35 50 34 16.*

Par la rive gauche, gagnez Criel-sur-Mer, puis rentrez à Eu par la D 925.

Eu pratique

Adresse utile

Office du tourisme d'Eu – *Pl. Guillaume-le-Conquérant - 76260 Eu - ✆ 02 35 86 04 68 - juil.-août : 9h30-18h30, dim et j. fériés 10h-13h ; mai-juin : 9h30-12h30, 14h-18h30 ; mars-avr. et sept.-oct. : 9h30-12h30, 14h-18h ; nov.-fév. : 9h30-12h30, 14h-17h30 - fermé 1er janv., 1er Mai et 25 déc.*

Visites

L'office de tourisme propose un **circuit du patrimoine**. *Procurez-vous d'abord le dépliant puis rejoignez la place Guillaume-le-Conquérant.*

Il organise également des visites guidées à thème de la ville, notamment aux vacances de la Toussaint avec l'opération « l'Automne sur tous les tons ».

Des visites pour les enfants, comme le **J'EUdois**, sont organisées à dates précises par l'office de tourisme.

Un dépliant propose 17 randonnées de 1h30 à 4h30 dans l'arrière-pays.

Se loger

Chambre d'hôte Manoir de Beaumont – *Rte de Beaumont - ✆ 02 35 50 91 91 - www.demarquet.com - - P - 3 ch. 48/56 €* . Cet ancien relais de chasse du château d'Eu domine la vallée. De ses chambres coquettes et confortables, vous goûterez en toute quiétude au calme de son parc, au charme de sa maison… et surtout à la qualité de l'accueil. Autant d'arguments qui en font une adresse privilégiée !

Hôtel restaurant Maine – *20 pl. de la Gare - ✆ 02 35 86 16 64 - www.hotel-maine.com - fermé dim. soir hors sais. - P - 19 ch. 54/76 € - 8 € - rest. 16/42 €*. Étape au discret charme « rétro » dans une maison bourgeoise bâtie en 1897. Les chambres, sobrement équipées, s'agrémentent parfois de petites touches évoquant le passé. Salle à manger de style Belle Époque égayée de bibelots, tableaux et bouquets de fleurs.

Sports & Loisirs

Joostens Cycles – *1 r. Charles-Morin - ✆ 02 35 86 22 24 - joostens@nerim.net - tlj sf dim. et lun. 9h-12h, 14h-19h - fermé 2 sem. en fév., 2 sem. en août.* Location de vélos.

Évreux★

50 300 ÉBROÏCIENS
CARTE GÉNÉRALE C3 – CARTE MICHELIN DÉPARTEMENTS 304 G7 – EURE (27)

Sans présenter l'image de la Normandie douce et rustique, Évreux, la capitale religieuse et administrative du département de l'Eure mérite une visite approfondie pour la qualité de son patrimoine historique, architectural et artistique. Arrosée par l'Iton, affluent de l'Eure, qui se ramifie en plusieurs bras le long desquels subsistent des lavoirs, cette ville provinciale et dynamique demeure le gros marché agricole des campagnes voisines et un important pôle industriel. Sans compter que chaque saison apporte son lot de découvertes archéologiques.

Se repérer – Évreux se situe à 96 km à l'ouest de Paris, 58 km au sud de Rouen et 48 km au nord-ouest de Dreux. Traversé par les nombreux bras de l'Iton, son centre-ville réunit activités administratives et monuments historiques et se parcourt à pied. Quatre autres quartiers s'agencent autour de lui : St-Michel au nord-ouest, très résidentiel, Nétreville au nord-est et la Madeleine au sud, zones d'activité et de logement, et enfin Navarre à l'ouest, où déjà la forêt atteint la ville.

À ne pas manquer – Le charme flamboyant de la cathédrale Notre-Dame et les riches collections du musée.

Organiser son temps – Comptez 2h pour visiter le musée.

Avec les enfants – Réapprenez l'Antiquité au site archéologique du Gisacum et prenez le chemin de fer de la vallée de l'Eure.

Pour poursuivre la visite – Voir aussi Vernon et Giverny, Les Andelys, Louviers, Le Bec-Hellouin, Brionne, Bernay et Conches-en-Ouche.

E. Bénard/MICHELIN

Pont sur l'Iton à proximité de la cathédrale.

Comprendre

Les armes – « D'azur à trois fleurs de lis d'or, à la bande componée d'argent et de gueules brochant sur le tout. » Les lettres K et E, inscrites sur les branches de chêne et d'olivier entourant l'écu, signifient Karolus Eburovicis : Charles à Évreux. La ville les tient de Charles VII, très reconnaissant de l'engagement des habitants aux côtés du capitaine de Flocques qui bouta les assaillants anglais hors d'Évreux en 1441.

Une ville française à travers les guerres – Comme pour tant de villes de France, l'histoire d'Évreux n'est qu'une longue succession d'incendies et de destructions.

5e s. – Les Vandales mettent à sac le vieil Évreux, bourgade prospère d'origine gauloise située sur le plateau.

9e s. – Les Normands détruisent la ville fortifiée que les Romains avaient établie dans le site actuel d'Évreux, au bord de l'Iton.

1119 – Au cours de ses luttes contre le comte d'Évreux soutenu par Louis VII, Henri Ier d'Angleterre brûle la cité.

1193 – Philippe Auguste, trahi ici même par Jean sans Terre, incendie à nouveau la ville en représailles.

1356 – Vient le tour de Jean le Bon qui assiège Évreux, défendu par Charles le Mauvais, et y boute encore le feu.

1379 – Charles V assiège la ville qui souffre gravement.

Juin 1940 – Bombardements aériens allemands ; le centre est la proie des flammes pendant près d'une semaine.

Juin 1944 – Bombardements aériens alliés ; le quartier de la gare est dévasté.

Se promener

L'ouest du centre-ville (route de Lisieux/Caen) est équipé depuis 1991 d'un palais des congrès et d'une salle de spectacle à l'acoustique excellente, le Cadran.

3 km – environ 1h30 (sans la visite de la cathédrale et du musée). Parking sur la place Clemenceau ; départ place du Général-de-Gaulle.

Place du Général-de-Gaulle

Elle s'étend sur le site de l'ancien château d'Évreux. La construction de l'hôtel de ville, en pierre de Vernon, a pu débuter en 1890 grâce au don d'un natif d'Évreux : Olivier Delhomme. Au centre de la place, face à la mairie, se dresse une fontaine monumentale due à Émile Décorchemont. Elle représente l'Eure sous les traits d'une jeune femme qui tient une rame et l'écusson ébroïcien ; les enfants symbolisent deux de ses affluents : l'Iton et le Rouloir.

Promenade des Berges de l'Iton

L'Iton a été assaini et des jardins fleuris ont été créés sur ses rives, offrant aux piétons un cheminement tranquille en pleine ville. La promenade prend le nom de Charles II (roi de Navarre et comte d'Évreux, 1332-1387) jusqu'à la tour de l'Horloge, puis de Robert de Flocques (libérateur de la ville en 1441) jusqu'au pont de la rue de Grenoble.

Tour de l'Horloge – Cet élégant beffroi du 15e s. s'élève à l'emplacement de l'une des deux tours qui flanquaient la porte principale de la ville. Sa première fonction était de servir de guet. Flèche recouverte de plomb et cantonnée de pinacles en bois.

Le mur gallo-romain – Le réaménagement des berges en 2005 a permis de le mettre à jour. Ses vestiges suivent le cours de l'Iton, rappelant que la ville était déjà fortifiée sous l'Antiquité.

Le lavoir – Il témoigne de l'ancienne activité textile d'Évreux. À la fin du 19e s., une vingtaine de moulins et d'usines coexistaient sur les berges de l'Iton.

Le miroir d'eau – En continuant jusqu'à la cathédrale, ne manquez pas le miroir d'eau dans lequel celle-ci et l'évêché se reflètent.

La cathédrale Notre-Dame se dresse au bout de la promenade des Remparts sur la gauche (voir Visiter) ; l'ancien palais épiscopal lui fait suite.

Ancien évêché

L'édifice, du 15e s., a été construit par l'architecte Pierre Smoteau sur l'ordre de l'évêque Raoul du Fou. La façade regardant la cathédrale a gardé un joli corps flamboyant avec ses gracieuses lucarnes, les frontons ornementés de ses fenêtres et sa tourelle d'escalier. Les bâtiments abritent le Musée municipal.

Prenez la rue de la Harpe et la rue Jean-Jaurès.

Sur la droite, les ombrages et la roseraie du **jardin public** (parc François-Mitterrand) mettent en valeur l'ancien couvent des Capucins.

Cloître de l'ancien couvent des Capucins

De mi-avr. à mi-sept. : 8h-20h ; de déb. mars à mi-avr. et de mi-sept. à fin oct. : 8h-19h ; nov.-fév. : 8h-17h - gratuit.

Il se compose de quatre galeries à colonnes monolithiques et à charpente en bois. Sur les murs sont gravées des maximes de morale. Un jardin intérieur, très fleuri et décoré d'un puits en son milieu, agrémente l'ensemble.

Prenez la rue Victor-Hugo, puis, 700 m plus loin, à droite, le boulevard de la Buffardière ; franchissez le pont et prenez à droite la rue Joséphine.

Église Saint-Taurin

C'est l'ancienne église abbatiale, fondée en 660 et dédiée au premier évêque d'Évreux. L'édifice actuel date des 14e et 15e s.

Une jolie arcature romane court au bas du bas-côté gauche, à hauteur des fonts baptismaux Renaissance.

De beaux **vitraux** du 15e s. éclairent le chœur (14e s.). Les trois verrières de l'abside retracent la vie de saint Taurin. Il faut absolument aller jeter un coup d'œil sur le trésor de l'église, dans une chapelle du croisillon gauche du transept. Vous y verrez la **châsse de Saint-Taurin★★** (argent doré enrichi d'émaux), du 13e s., représentant une chapelle reliquaire en miniature. L'évêque y figure avec sa mitre et sa crosse. Ce chef-d'œuvre d'orfèvrerie médiévale, don de saint Louis, devait contenir les reliques du saint homme.

Suivez la rue Joséphine pour rejoindre la place du Général-de-Gaulle.

E. Baret/MICHELIN

Détail de la châsse de Saint-Taurin.

Visiter

Cathédrale Notre-Dame★★

C'est le miroir des périodes fastes et néfastes d'Évreux.

De la cathédrale primitive du 10e s., refaite entre 1119 et 1193 puis incendiée, subsistent les grandes arcades de la nef. Le chœur s'élève en 1260 ; au 14e s. viennent s'ajouter les chapelles des bas-côtés et du déambulatoire. À nouveau brûlée en 1356, l'église n'est restaurée que sous Louis XI. La tour-lanterne, les croisillons du transept (sauf la façade nord) et la chapelle de la Mère-de-Dieu datent de cette époque. Début 16e s., le maître d'œuvre Jean Cossart élève la magnifique façade du croisillon nord et son portail. La campagne de construction se termine par le remaniement de la tour sud, dans le style Henri II, et l'achèvement – au 17e s. seulement – de la tour nord.

Au 20e s., les parties hautes ont gravement souffert. En juin 1940, tandis que le « clocher d'argent », flèche de plomb, se consumait, les tours ouest perdaient la tête. Leur reconstruction a été menée à bien et la tour sud a retrouvé sa balustrade et ses pinacles. Enfin, la flèche de la cathédrale a été remplacée en 1973.

Malheureux accident

D'après une vieille légende ébroïcienne, le jeune plombier chargé de bâtir la tour-lanterne de la cathédrale d'Évreux – autrefois coiffée d'une flèche de plomb nommée « clocher d'argent » –, alla si vite en besogne qu'on y vit l'intervention du diable. Le malheureux tomba dans le vide en posant la dernière plaque de plomb.

Extérieur – *Longez le flanc nord de l'édifice.* Les fenêtres des bas-côtés ont été refaites au 16e s. dans le style flamboyant. Le portail nord compose un ensemble très homogène où l'art flamboyant, à son apogée, déploie toute sa maîtrise de décoration.

Intérieur – La nef, entièrement restaurée, conserve ses robustes arcatures romanes où s'appuient un beau triforium et des baies gothiques. Les bases de la tour-lanterne, œuvre d'une belle envolée, portent une décoration flamboyante.

Fermé par une superbe **grille de fer forgé** (18e s.), le chœur forme un ensemble harmonieux où règne la lumière. Les **vitraux★** de l'abside, au dire d'Émile Mâle, sont « les plus beaux du 14e s. et d'une limpidité délicieuse… ».

De jolies **clôtures de bois★** Renaissance desservent le déambulatoire dont l'entrée sud est surmontée d'un vitrail montrant Louis XI agenouillé devant Notre-Dame. La première chapelle à droite, **chapelle du Trésor** (15e s.), est – chose unique – close par de grosses barres de fer terminées par des crochets et des piquants, auxquels se greffe une armature qui se fixe aux murs à la hauteur de la fenêtre. Les ferrures des portes sont remarquablement ciselées.

La **clôture★** de la quatrième chapelle est un véritable chef-d'œuvre de composition et d'exécution : les figures en haut-relief de la partie inférieure sont admirables. Les vitraux de cette chapelle sont du début du 14e s.

Dans l'axe de l'édifice, la chapelle de la Mère-de-Dieu, construite grâce aux largesses de Louis XI, renferme une série de verrières (15e s.) intéressantes. Les pairs de France ayant assisté au sacre du roi sont représentés dans les parties hautes dont les remplages figurent des fleurs de lys. La fenêtre centrale porte un Arbre de Jessé ; la Vierge s'entoure de nombreux personnages. Deux fenêtres plus loin, côté droit, se tient

Louis XI lui-même. Charmante et vénérée, la statue de la Mère-de-Dieu (fin 15e s.) orne l'autel.

Les dernières chapelles sont aussi fermées de clôtures. La deuxième clôture, d'ordonnance gothique, a des motifs Renaissance (partie inférieure). Les troisième, quatrième et sixième clôtures, les plus anciennes, sont gothiques. Des animaux fantastiques décorent le soubassement de la sixième.

Musée★★

6 r. Charles-Corbeau - ✆ 02 32 31 81 90 - ♿ - tlj sf lun. 10h-12h, 14h-18h - fermé 1er janv., 1er Mai, 1er et 11 Nov. et 25 déc. - 4 € (-18 ans gratuit), gratuit 1er dim. du mois.

Installé dans l'ancien évêché (15e s.), le musée ne manque pas de points forts : la section archéologique, les collections médiévales et de la Renaissance, la peinture moderne et contemporaine…

Au rez-de-chaussée, les deux premières salles sont consacrées à l'histoire du département de l'Eure et de la ville. Costumes, bannières, torchères, bâtons de confréries de charité illustrent les traditions populaires. Puis, l'ancienne salle capitulaire et la salle suivante, toutes deux décorées d'une cheminée monumentale, présentent les collections du Moyen Âge et de la Renaissance, principalement des objets d'art religieux et de la statuaire médiévale provenant de la cathédrale ou d'églises du département : stalles du 16e s., statues en bois polychrome, suite de tapisseries d'Aubusson (17e s.) sur le thème de l'Enfant prodigue, plaques tombales, chapiteaux.

Au sous-sol, la très belle **salle archéologique★** découvre l'ancien rempart gallo-romain (3e s.) sur lequel est appuyé l'édifice. La présentation est ordonnée autour de quatre périodes : préhistorique, protohistorique, gallo-romaine et mérovingienne. Les vitrines comptent, parmi des objets de la vie domestique et des bijoux, une belle

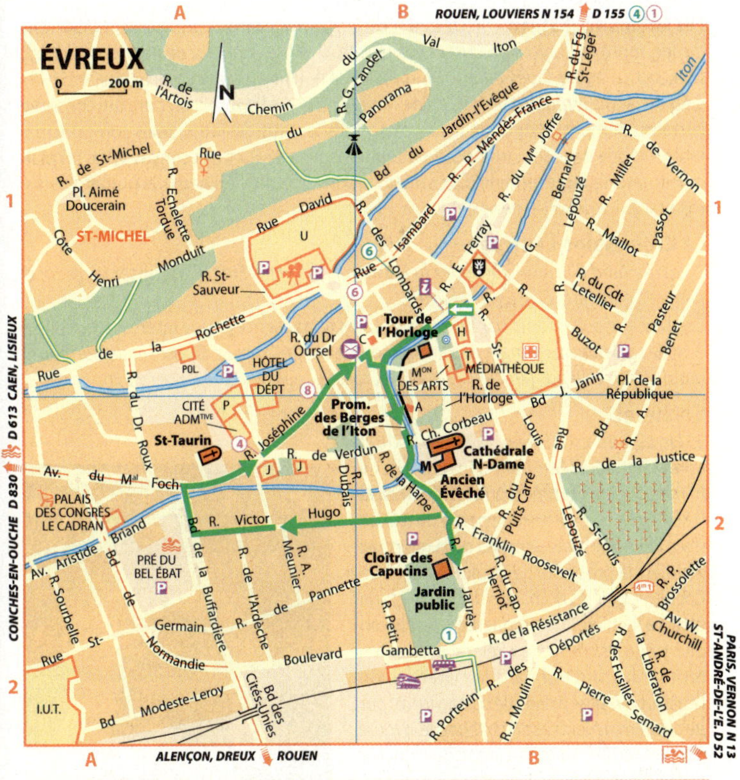

SE LOGER

Gare (Grand Hôtel de la) .... ①
Manoir de la Boissière (Chambre d'hôte) .... ④
Orme (Hôtel de l') .... ⑥

SE RESTAURER

Boulangeraie (La) .... ①
Croix d'Or (La) .... ④
France (Hôtel de) .... ⑥
Gazette (La) .... ⑧

collection de bronzes romains. Admirez également le **Jupiter Stator★**, un bronze du 1er s., et un autre du 3e s., l'**Apollon**, ainsi que la coupe en verre gravé.
Au 1er étage, les salons présentent des peintures, faïences et mobilier des 17e et 18e s., ainsi qu'une belle collection de montres et d'horloges anciennes. Un centre de documentation est ouvert au public.
Au 2e étage, on passe de la peinture (Flandrin, Boudin) et de la sculpture du 19e s. à la photographie des origines à nos jours (Man Ray, Cahun).
Une partie de cet étage et le dernier accueillent des expositions temporaires ou alternativement des collections permanentes principalement centrées sur les mouvements de l'abstraction.

Aux alentours

Vieil-Évreux

9 km à l'est par N 13 (dir. Paris) et route à droite vers Vieil-Évreux.

Gisacum - Jardin archéologique – *✆ 02 32 31 94 78 - de déb. mars à mi-nov. : 10h-18h, sam. 14h-18h - possibilité d'animations et de visite guidée sur réservation dim. et j. fériés apr.-midi - gratuit.*

Dans cette ancienne ville-sanctuaire (1er s.) qui a précédé celle de l'actuelle ville d'Évreux, des fouilles ont mis au jour des thermes et un théâtre antique. Un centre d'interprétation permet de saisir la ville antique dans son ensemble entre sanctuaire, aqueduc, thermes, forum et théâtre. Il propose aussi une très intéressante présentation du travail de l'archéologue. De son côté, le jardin dispose d'un cadre bucolique pour mettre en valeur les thermes et leur fonctionnement.

Miserey

7 km à l'est par la N 13 (dir. Paris) et D 650 à gauche (dir. Miserey).

Les jardins du château – *✆ 02 32 67 00 21 - ♿ - avr. : vend.-lun. et j. fériés 14h30-18h ; du déb. mai à mi-août : sam.-lun. et j. fériés 14h30-18h (en août sur demande préalable) ; sept.-oct. : dim. et j. fériés 14h30-18h - possibilité de visite guidée avr.-oct. : dim. à 15h30 - 6,50 € (-10 ans gratuit).* Le château de Miserey (18e s.) dispose d'un parc qui conserve certains éléments d'époque (serre et orangerie, saut-de-loup), mais son principal intérêt réside dans ses jardins thématiques inspirés de Dante et conçus selon un plan cruciforme. Ils représentent l'Éden (roses inermes), l'enfer (épineux), le purgatoire (ifs, rosiers) et le paradis (chênes).

La Croix-Saint-Leufroy

17 km au nord d'Évreux ; rattrapez la D 316 qui part vers l'Eure. Franchissez la rivière et prenez à gauche la D 836 vers Louviers.

L'**église** abrite des fonts baptismaux sculptés Renaissance et une intéressante collection de tableaux provenant de l'ancienne abbaye de Croix-St-Ouen. *Sur demande à la mairie (mar. et vend. 17h-19h) - 27490 La Croix-St-Leufroy - ✆ 02 32 67 75 20.*

Cocherel

25 km au nord-est d'Évreux ; prenez la D 316 et après l'Eure, tournez à droite dans la D 836. Ce hameau doit sa notoriété à **Aristide Briand** (1862-1932) qui, suite à une partie de chasse dans l'Eure en 1906, s'éprend de la région et acquiert la propriété des Hulottes, près de Cocherel, puis les domaines de La Cailleterie et de La Ramière. Il les fréquentera de plus en plus jusqu'à sa mort. Le « Pèlerin de la paix » repose aujourd'hui dans le cimetière de l'église, bien situé à flanc de coteau *(accès par un chemin en montée se détachant de la route à l'entrée du hameau).* Sa tombe est signalée par une dalle de granit couleur de suie.
Une statue, *Les Méditations*, érigée de l'autre côté du pont de l'Eure, rappelle aussi son souvenir.

E. Bénard/MICHELIN

Monument à Aristide Briand.

Au bord de la D 57, route de Jouy-sur-Eure, une pyramide commémore la victoire remportée ici en 1364 par le connétable Bertrand Du Guesclin sur les Anglo-Navarrais du captal (chef militaire en Gascogne) de Buch.

Pacy-sur-Eure

20 km à l'est par la N 13.

Le paysage jusqu'à Pacy-sur-Eure ne manque pas d'attraits.

La petite ville a connu, comme **Cocherel**, une certaine notoriété lorsqu'Aristide Briand tomba sous le charme de la vallée (monument à l'entrée de la localité). L'homme d'État était un habitué du restaurant Le Wolf de Pacy.

Église St-Aubin – Bel édifice gothique du début du 13e s., remanié au 16e s., dont la nef est d'une régularité et d'une unité de style remarquables. À l'intérieur, parmi les œuvres d'art moderne, un autel orné de quatre bas-reliefs en pâte de verre coulée dans du ciment et les verrières de Décorchemont aux tons de braise représentant l'Ascension. Belle Vierge à l'Enfant attribuée à Germain Pilon, touchante sainte Anne et belle Pietà. On verra aussi des statues en pierre (16e-17e s.) et un saint Michel terrassant le dragon.

Chemin de fer touristique à la découverte de la vallée de l'Eure – *Gare de Pacy-sur-Eure - ☏ 02 32 36 04 63 - www.cfve.org - horaires variables, se renseigner - trains réguliers juil.-août : merc. et dim. ; mai-juin et de déb. sept. à déb. oct. : dim. - 8 €.*

À bord de machines de la première moitié du 20e s., découvrez les très beaux paysages de la vallée de l'Eure et le charme du chemin de fer d'autrefois. Un guide explique l'histoire de la ligne et des villages traversés.

Évreux pratique

Adresse utile

Office du tourisme d'Évreux – *1 ter pl du Gén.-de-Gaulle - 27000 Évreux - ☏ 02 32 24 04 43 - www.ot-pays-evreux.fr - de mi-juin à mi-sept. : 9h30-18h15, dim. et j. fériés 10h-12h30 ; reste de l'année : tlj sf dim. et j. fériés 9h30-18h15.*

Se loger

⊖⊖ Grand Hôtel de la Gare – *61 bd Gambetta - ☏ 02 32 38 67 45 - www.legrandhotelevreux.com - P - 29 ch. 52/69 € ▭ - rest. 12,90/22,90 €.* Rénovées récemment, les chambres de cet hôtel offrent un agréable confort actuel rehaussé de jolies couleurs chaudes. Si les fenêtres à double vitrage filtrent efficacement le bruit des heures de pointe, on préférera néanmoins la partie arrière du bâtiment. Restaurant traditionnel avec animations musicales le week-end.

⊖⊖ Hôtel de L'Orme – *13 r. des Lombards - ☏ 02 32 39 34 12 - www.hotel-de-lorme.fr - fermé le w.-end d'oct. à mars - 39 ch. 72 € - ▭ 9 €.* En plein centre-ville, un hôtel pratique et fonctionnel pour voyageurs de passage. Les chambres, à l'image de la façade, sont sobres avec leur mobilier en bambou ou plaqué...

⊖⊖ Chambre d'hôte Manoir de la Boissière – *Hameau « La Boissaye » - 27490 La Croix-St-Leufroy - 16 km au nord-est d'Évreux par D 316, dir. Gaillon et D 836 - ☏ 02 32 67 70 85 - www.chambres-la-boissiere.com - ⊠ - réserv. obligatoire - 5 ch. 49 € ▭ - repas 23 €.* Ce manoir du 15e s. abrite une ferme céréalière, agencée autour de sa salle à manger. Les cinq chambres bénéficient d'une décoration personnalisée, tantôt romantique, tantôt cosy. Meubles familiaux et tomette refaite à l'ancienne. Jolie mare aux canards et vieux porche dehors. Table d'hôte normande sur réservation.

Se restaurer

⊖ La Croix d'Or – *3 r. Joséphine - ☏ 02 32 33 06 07 - la.croixdor@orange.fr - 12/32 €.* Dans cette maison voisine de l'église de St-Taurin, les produits de la mer sont à l'honneur : servis dans une longue et sobre salle à manger ou sur la terrasse-véranda, ils font le bonheur de la clientèle locale. Une adresse simple à prix doux.

⊖La Boulangeraie – *130 av. Aristide-Briand - 27930 Gravigny - 2 km au nord d'Évreux - ☏ 02 32 62 22 35 - tlj sf dim. 7h-20h - 5/9 €.* Le concept est original : d'un côté la boulangerie avec sa gamme très complète de pains spéciaux, de l'autre l'espace restauration où l'on peut déjeuner d'un sandwich maison ou commander une pizza, une omelette ou une salade. Produits d'une fraîcheur et d'une qualité irréprochables.

⊖⊖ Hôtel de France – *29 r. St-Thomas - ☏ 02 32 39 09 25 - www.hoteldefrance-evreux.com - fermé sam. midi, dim. soir et lun. - réserv. conseillée - 23/50 € - 16 ch. 52/70 € - ▭ 6,50 €.* La cuisine traditionnelle suit le rythme des saisons et se déguste dans cette agréable salle de restaurant agrandie d'une véranda ouverte sur le cours de l'Iton. Chambres de bon confort et tranquilles malgré la proximité du centre-ville. Parking privé.

⊖⊖ La Gazette – *7 r. St-Sauveur - ☏ 02 32 33 43 40 - xavier.buzieux@wanadoo.fr - fermé août, sam. midi et dim. - 23/39 €.* Table actuelle soignée repérable à sa belle devanture sombre en bois peint. Mobilier moderne, poutres enduites, murs gris clair et copies de vieilles gazettes composent le décor, à la fois intime et « trendy », de la salle de restaurant.

En soirée

Le Grand Café – *11 r. de la Harpe - ✆ 02 32 33 14 01 - lun.-jeu. 7h30-21h, vend.-dim. 7h30-1h.* Sises dans une rue piétonne, au bord du canal, les deux terrasses de ce café traditionnel offrent une agréable vue sur la cathédrale. Aux beaux jours, plaisant jardin aménagé en terrasse. Repas de type brasserie à midi en semaine et le soir du jeudi au dimanche.

Que rapporter

Marché – Évreux centre-ville (merc. et sam. mat.), la Madeleine (dim. mat.).

Auzou – *34 r. Chartraine - ✆ 02 32 33 28 05 - jm.auzou@free.fr - mar.-jeu. 9h-12h45, 13h45-19h30, vend. 9h-19h30, sam. 8h-19h30, dim. et j. fériés 8h30-13h - fermé 1er janv. et 1er Mai, dim. en juil.-août.* Cette chocolaterie propose plusieurs spécialités maison : le Pavé d'Évreux (praline avec une coque de nougatine enrobée de chocolat), les Zouzous d'Auzou, sans oublier les fameux macarons de Grand'Mère Auzou et la dernière création : La Louise.

Sports & Loisirs

Circuits à vélo ou à pied – *✆ 02 32 24 04 43 - www.ot-pays-evreux.fr.* L'office du tourisme d'Évreux met à disposition une gamme complète de dépliants précis et bien documentés sur les différents circuits de randonnées des alentours. Promenades à pied, en VTT ou à cheval, de 5 à 17 km pour découvrir chemins et sites touristiques. De quoi oublier sa voiture l'espace d'une journée.

Fécamp★★

19 500 FÉCAMPOIS

CARTE GÉNÉRALE B1 – CARTE MICHELIN DÉPARTEMENTS 304 C3 – SEINE-MARITIME (76)

Fécamp vit toujours au rythme de son port, longtemps « capitale » des terre-neuvas français pour la pêche à la morue. Aujourd'hui, des bateaux de plaisance remplacent ceux du « grand métier » et différentes activités ont pris le relais : sécheries de morue, saurisseries de harengs, surgélation, chantiers de réparation navale, transit de bois et pondéreux. La belle abbatiale de La Trinité témoigne du passé monastique de la ville ; le palais Bénédictine et la charmante plage de galets fournissent des raisons supplémentaires de s'y arrêter.

Se repérer – À 43 km au nord-est du Havre et à 72 km au nord-ouest de Rouen, la ville s'étend le long du port aménagé à l'embouchure de la rivière de Valmont. Bon point de départ vers le pays de Caux.

À ne pas manquer – Les riches collections du palais Bénédictine ; l'abbatiale de La Trinité ; la série d'ex-voto du musée des Terre-Neuvas et de la Pêche, le superbe point de vue depuis le cap Fagnet et l'abbaye de Valmont.

Organiser son temps – Comptez une journée pour vous promener dans la ville et découvrir les environs.

Avec les enfants – Embarquez pour le musée des Terre-Neuvas et de la Pêche.

Pour poursuivre la visite – Voir aussi le pays de Caux, Étretat, Varengeville-sur-Mer et Dieppe.

Comprendre

La « Porte du Ciel » – Dès le 7e s., un monastère abrite l'insigne relique du Précieux Sang, miraculeusement échouée à Fécamp avec le figuier « confié à la mer et à la grâce de Dieu » par Isaac, neveu de Joseph d'Arimathie. « Ce monastère est digne d'être comparé à la Jérusalem céleste. On le nomme la Porte du Ciel, le Palais du Seigneur. L'or, l'argent et les ornements de soie y brillent de toutes parts », écrira l'archevêque de Dol.

Richard II, à qui son père – non content d'avoir rebâti un magnifique sanctuaire en l'honneur de la Sainte-Trinité – a fait promettre de fonder une abbaye bénédictine, s'émerveille, lors d'un voyage en Bourgogne, de l'action de l'abbé de St-Bénigne de Dijon, **Guillaume de Volpiano**, qui a déjà appliqué la réforme issue de Cluny à plusieurs monastères. En 1003, se rendant au désir du duc de Normandie, Guillaume de Volpiano se fixe à Fécamp avec une colonie monastique. La nouvelle abbaye prend une importance considérable et rayonne sur tout le duché.

Avant le développement du Mont-St-Michel, Fécamp est le premier pèlerinage de Normandie. Les ducs viennent traditionnellement y faire leurs pâques. Dès le 11e s., trouvères et jongleurs, objets d'une protection spéciale de la part des abbés du lieu, contribuent à propager la gloire du Précieux Sang et de La Trinité de Fécamp.

Une ville de pêche – Depuis son origine, la ville est étroitement liée à la mer et au commerce de ses produits : *Fécamp* dérive d'ailleurs de *Fiscannum* ou *Fisci campus*, dont la racine, *fisc*, signifie « poisson ». Au Moyen Âge, les saurisseries autour du port exportent dans tout le royaume le « hareng de Fescan » qui gagne ses lettres de noblesse. À la Renaissance, les premiers vaisseaux fécampois pêchent la morue sur les bancs de Terre-Neuve. Au début du 19e s., ce sont plus de 25 000 marins fécampois qui affrontent le froid, la brume et les tempêtes, de la fin février à la fin juillet. La tradition a d'ailleurs perduré jusqu'à peu : dans les années 1970, quinze chalutiers géants (soit environ 900 hommes) salaient et congelaient encore 21 000 t de morue dans les mers glacées, parmi les icebergs à la dérive. Aujourd'hui, la tradition des terre-neuvas est bel et bien révolue, et il ne reste plus à Fécamp qu'une quarantaine de bateaux de pêche, exclusivement consacrés au cabotage.

Se promener

Jusqu'en 1863, **Guy de Maupassant** revient souvent dans la maison de sa grand-mère maternelle, à Fécamp. Il situe d'ailleurs *La Maison Tellier* et divers épisodes de ses contes dans la ville portuaire, une ville dont il reste peu d'édifices d'époque, hormis derrière l'abbatiale de La Trinité, autour de la place des Halettes.

Pourtant, une constante demeure : Fécamp s'organise toujours autour de son port. Le « Bout menteux », entre les quais de la Vicomté et Bérigny, autrefois repaires des vieux loups de mer, conserve encore son animation. La plage se déploie depuis l'entrée du chenal jusqu'au casino. Quant à la chaussée Gayant, qui enjambe l'arrière-port (pont mobile), elle permet de rejoindre la falaise nord et la côte de la Vierge où se profilent le sémaphore et la chapelle N.-D.-du-Salut *(voir Aux alentours)*.

Promenades thématiques

Quatre itinéraires pédestres à thème permettent de découvrir agréablement le patrimoine de la ville et différents aspects de son histoire. Au choix : « Fécamp, ville abbatiale, ville ducale » ; « Centre-ville : nouveaux hommes, art nouveau » ; « Fécamp, capitale des terre-neuvas » ou « La côte de la Vierge ». Plan détaillé gratuit dans les deux maisons du tourisme de la ville.

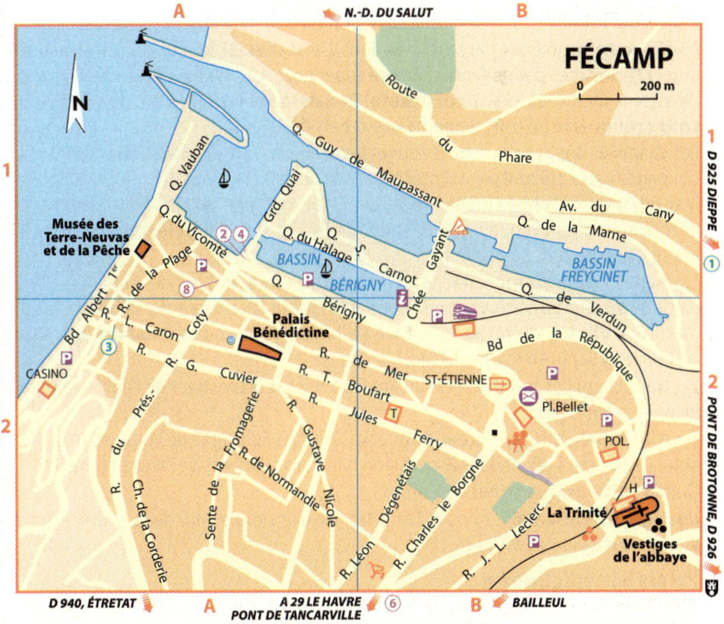

SE LOGER

Le Thuillier (Chambre d'hôte Mireille) 1
Plage (Hôtel de la) 3

SE RESTAURER

Nounoute (Chez) 2
Maritime (Le) 4
Rouge (Auberge de la) 6
Vicomte (Le) 8

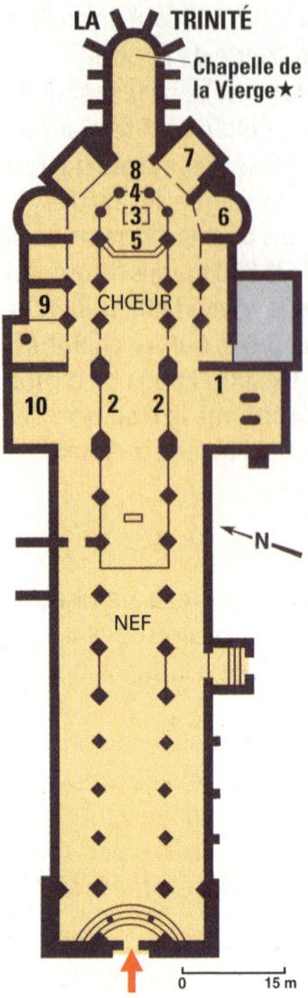

Le port

Le bassin Freycinet sert surtout au trafic commercial. Le quai de Verdun reçoit les navires chargés de gravier, de sable destiné à la verrerie, de sel en provenance des Salins du Midi et de bois en rondins ou scié.

Visiter

Abbatiale de La Trinité★

Pl. des Ducs Richards - 9h-12h, 14h-18h

L'église du duc Richard Ier, incendiée par la foudre, est reconstruite aux 12e-13e s. Des remaniements ont été menés du 15e au 18e s. L'hôtel de ville, accolé au flanc nord, occupe les bâtiments monastiques. *Visite tlj sf pdt les offices.*

Extérieur – Par sa longueur (127 m), l'édifice peut rivaliser avec nos grandes cathédrales (Notre-Dame de Paris : 130 m). La façade, de style classique, est peu en harmonie avec l'ensemble. Les flancs de la nef frappent par leur aspect sévère. Longez le côté sud et arrêtez-vous devant le portail latéral ; le tympan de la porte intérieure offre un excellent exemple de décoration gothique normande.

La tour-lanterne, de plan carré, haute de 65 m (tours de Notre-Dame : 69 m), s'élève sur la croisée du transept : c'est un beau type de clocher normand.

Intérieur – La nef, située en contrebas, compte dix travées aux proportions majestueuses. La belle tour-lanterne s'élève d'un seul jet à 40 m au-dessus du sol. Deux groupes de personnages provenant de l'ancien jubé encadrent l'autel. Le croisillon droit abrite l'admirable **Dormition de la Vierge★** (fin du 15e s.) **(1)**.

À droite, un reliquaire sculpté (15e s.) abrite le « **pas de l'ange** ». En 943, lors de la consécration de l'édifice, un ange pèlerin apparaît tandis que les évêques délibèrent sur le patronage à donner à l'église. Il ordonne de dédier le sanctuaire à la Sainte et Indivisible Trinité et laisse l'empreinte de son pied sur la pierre ici conservée.

Le chœur est magnifique par ses dimensions. Les **stalles (2)**, le baldaquin et le maître-autel **(3)**, dessinés par de France, artiste rouennais, sont de belles œuvres du 18e s. Derrière le maître-autel se trouve l'**autel Renaissance (4)**. Au centre du sanctuaire, **coffre reliquaire (5)** orné de petits bas-reliefs du 12e s.

Les chapelles des bas-côtés du chœur et les chapelles rayonnantes ont reçu au 16e s. de magnifiques **clôtures★** sculptées. Dans la quatrième chapelle à droite est placé le **tombeau★** de l'abbé Thomas de St-Benoît **(6)**, mort en 1307 ; le soubassement est décoré de scènes évoquant les légendes de l'abbaye. La **chapelle rayonnante (7)** abrite d'autres tombeaux d'abbés.

La **chapelle de la Vierge★**, refaite au 15e s., forme un ensemble indépendant de style flamboyant. Ses **boiseries** à médaillons (18e s.) sont les anciens dorsaux des stalles du chœur. **Vitraux** du 13e au 16e s. Face à elle, adossé au chœur, le **tabernacle★ (8)** du Précieux Sang, en marbre blanc.

Les deux chapelles rayonnantes suivantes sont les seuls vestiges de l'église romane incendiée par la foudre.

Dans la chapelle du Sacré-Cœur, tombeau (17e s.) de Guillaume de Volpiano (premier abbé de Fécamp) **(9)**, et dans le croisillon gauche, fragments de l'ancien jubé **(10)**.

Quittez l'abbatiale par le bas-côté droit.

Vestiges de l'abbaye – *23 r. des Forts.* De cette ancienne cour de la Maîtrise, jolie vue sur le chevet de La Trinité.

Palais Bénédictine★★

110 r. Alexandre-le-Grand - ✆ 02 35 10 26 10 - de déb. juil. à déb. sept. : 10h-18h ; fév.-mars et oct.-déc. : 10h30-11h45, 14h-17h ; de déb. avr. à déb. juil. et de déb. sept. à mi-oct. : 10h-12h, 14h-17h30 - fermé 1er janv., 1er Mai et 25 déc. - 6,50 € (12-18 ans 2,50 €).

Les bâtiments, œuvre de l'architecte Camille Albert (fin du 19e s.), marient les styles néogothique et néo-Renaissance. Le musée possède une importante collection d'objets d'art : pièces d'or et d'argent, ivoires, **albâtres** de Nottingham (fin 15e s.), ferronneries, sculptures, émaux (13e s.) et de nombreux manuscrits anciens.

La salle gothique, couverte d'une belle charpente en bois de chêne et de châtaignier en carène renversée, abrite, entre autres, la bibliothèque provenant en majorité de l'ancienne abbatiale de Fécamp, des livres d'heures du 15e s. aux riches **enluminures**, de nombreux **ivoires**, une collection de **lampes** à huile des premiers siècles de l'ère chrétienne et une **Dormition de la Vierge**.

Dans la salle du Dôme, quatre panneaux (bois polychrome du 15e s.) représentent le martyre de sainte Marguerite.

Un savant élixir

Vers 1510, un moine vénitien, dom Bernardo Vincelli, s'essaie à la distillation de plantes régionales et d'épices orientales. Ce serait à partir de l'élixir obtenu, qu'Alexandre le Grand, négociant fécampois, crée en 1863 la fameuse liqueur *Bénédictine*, apposant la devise de l'ordre, DOM, *Deo Optimo Maximo* (à Dieu très grand, très bon), sur les bouteilles.

Après la belle salle Renaissance, une section est consacrée à la peinture du 14e au 18e s., avec des toiles d'origines diverses (Allemagne, Flandres, Italie...).

La salle Alexandre-le-Grand expose objets et documents se rapportant à l'histoire de la marque et aux idées majeures de son créateur. Plusieurs affiches publicitaires signées Mucha, Cappiello, Sem et Lopes Silva retiennent l'attention. Une pyramide de plus de 500 bouteilles dénonce les multiples contrefaçons et imitations dont la célèbre liqueur a souffert.

La salle des Plantes permet de toucher, voir et sentir quelques-unes des 27 épices et plantes utilisées dans la *Bénédictine*. La visite se poursuit par la distillerie, où les alambics de cuivre rouge servent à la transmutation des alcools et des plantes, puis par les caves où les alcoolats vieillissent en fûts de chêne : c'est « le repos » des esprits. Après l'espace contemporain qui accueille des expositions temporaires de peinture et de sculpture, une salle vidéo et surtout une dégustation terminent agréablement la visite.

Palais Bénédictine, Fécamp

La cour intérieure du palais Bénédictine.

Musée des Terre-Neuvas et de la Pêche★

27 bd Albert-1er - ✆ 02 35 28 31 99 - ♿ - juil.-août : 10h-18h30 ; reste de l'année : tlj sf mar. 10h-12h, 14h-17h30 - possibilité de visite guidée - fermé 1er janv., 1er Mai et 25 déc. - 3 € (-18 ans gratuit). Déménagement prévu en 2009, destination l'ancienne sécherie des Pêcheries de Fécamp, devant le port de plaisance, sur le Grand-Quai.

Ce musée d'ethnographie conserve la mémoire d'un passé maritime prestigieux : il évoque les souvenirs de la pêche et de ses métiers en pays cauchois et fait revivre la grande épopée de Fécamp, capitale des terre-neuvas.

Les deux galeries d'exposition s'ordonnent en étage autour d'un bassin central où l'on découvre, comme échoué sur un fond de galets, le caïque *Notre-Dame-de-Bon-Secours*, construit à Fécamp en 1948 selon la méthode viking (construction « à clin »). La pêche lointaine est illustrée par des reproductions de graffiti marins et des figures de poupe et de proue. On découvre ensuite la naissance et l'expansion de la grande aventure des morutiers sur les bancs de Terre-Neuve au temps des voiliers et des doris. À côté de l'un des derniers doris conservés, plusieurs vitrines abritent des maquettes de trois-mâts terre-neuviers, des outils ayant servi au travail du poisson et nombre d'objets évoquant les dures conditions de la vie à bord. Vous verrez également une très belle série d'ex-voto et de marines. Enfin, une salle entière est consacrée à la construction navale (maquette de chantier de l'*Étoile* et de la *Belle Poule,* navire-école de la Marine nationale construit à Fécamp en 1931, atelier de voilerie reconstitué, etc.).

Le 1er étage décrit la pêche harenguière, au filet dérivant, qui fit la fortune de Fécamp et la pêche à pied, effectuée à marée descendante par les « rocailleux ». Remarquez au passage la surprenante paire de galoches aux semelles à gros clous, ou « galoches à rocailles ». Des maquettes de harenguiers à celles des grands chalutiers modernes, du matériel de pêche et de salage à celui de la navigation, toute l'évolution des méthodes de pêche et des types de navires est balayée. Une salle est dédiée à l'histoire du port de Fécamp (très intéressant plan-relief au 1/1 000 du port en 1830). L'accès à la terrasse extérieure, comme un appel vers le grand large, dévoile une **vue★** sur la mer et la longue plage de galets bordée de falaises. Une dernière section, en redescendant, aborde le sauvetage en mer.

Aux alentours

Cap Fagnet

Sur la falaise au nord du port de Fécamp. Le cap accueille depuis 2006 cinq éoliennes, et l'espace est promis à un réaménagement prochain. Le lieu mérite un petit détour pour sa jolie petite chapelle : **Notre-Dame-du-Salut** (11e s.) construite pour protéger les marins (collection d'ex-voto). Magnifique panorama depuis le sémaphore.

Les valleuses

Attention ! Il est indispensable de respecter certaines mesures de sécurité avant de vous y aventurer *(voir Falaises d'Étretat, Aux alentours).*

Vaucottes – *9 km au sud-ouest de Fécamp. Accessible depuis Vattetot (12 km au sud-ouest de Fécamp* via *la D 940 et la D 11) par la jolie route qui traverse le bois des Hogues ou bien d'Yport par la route de la côte qui offre un très beau panorama.* Cette valleuse dépend de Vattetot-sur-Mer, village agricole et pêcheur dont l'église au clocher octogonal de pierres blanches servait d'amer aux marins. Le site est classé et pour cause : un chemin tracé au flanc des deux collines permet de descendre vers la mer en admirant l'architecture balnéaire des jolies villas construites au début du siècle dernier. Maurice Leblanc, l'auteur d'Arsène Lupin, séjourna à la villa Marie-Louise.

Val-de-la-Mer – *À Senneville-sur-Fécamp (5 km au nord-est par la D 925), prenez après l'église sur la gauche, la rue du Val-de-Mer.* Les falaises de cette valleuse sont impressionnantes, et particulièrement appréciées des amateurs d'ornithologie. On y accède par un escalier, mais les éboulements sont fréquents : il est donc conseillé de profiter du point de vue depuis le haut des marches.

St-Pierre-en-Port – *13 km au nord-est de Fécamp par la D 925 et la D 79.* Cet ancien port construit au bout d'une valleuse offre aujourd'hui un accès aisé à une jolie plage familiale, d'où la vue est magnifique.

Les Grandes-Dalles – *À quelques kilomètres au nord-est de St-Pierre-en-Port.* Ici aussi, un village de pêcheurs s'est très tôt construit au fond de la valleuse dont l'accès ne pose donc aucun problème. Nombreuses villas de la fin du 19e s., période où le site abrita même un sanatorium. La petite plage de galets s'ouvre sur un superbe panorama.

La grande pêche, antique tradition

Pendant près de 400 ans, les techniques de pêche n'ont guère changé : la morue était pêchée à la ligne de fond par deux hommes à bord de barques à fond plat (doris). Le brouillard (la boucaille) était parfois tel que les matelots perdaient leur goélette. Le poisson était ensuite décollé, ébreuillé (débarrassé de ses viscères, les breuilles), énoncté (vidé de son sang), tranché (pour ôter l'arête principale), lavé, affalé (descendu en cale), empilé et salé à bord du navire : c'était la pêche « à la morue verte », par opposition à la pêche « à la morue sèche » pour laquelle les hommes s'installaient durant la saison sur les côtes de Terre-Neuve, y construisant des cabanes pour s'abriter et des « échafauds » pour le séchage des prises.

Les Petites-Dalles – *À quelques kilomètres au nord-est de St-Pierre-en-Port et des Grandes Dalles.* Charmant petit coin touristique où village et accès à la mer coïncident. Belles villas en grès et silex. La jolie plage aux cabines blanches livre un magnifique point de vue sur le large.

Château de Bailleul

10 km au sud-est par la D 73.

Cet élégant château *(on ne visite pas)* a été construit au 16e s. par Bertrand de Bailleul. Le corps de bâtiment, carré, est flanqué de quatre pavillons, chacun dominé par une figure représentant les quatre vertus cardinales : Justice, Prudence, Force et Tempérance. Les trois ordres grecs rythment la façade principale : dorique (rez-de-chaussée), ionique (1er étage), corinthien (2e étage). Les façades latérales, presque aveugles, gardent un aspect médiéval. Une chapelle s'élève dans le parc planté d'arbres séculaires.

Valmont

11 km à l'est par la D 150.

Au cœur du pays de Caux, dominé par un château bâti sur un éperon rocheux, cet agréable village conserve les vestiges d'une abbaye bénédictine. Valmont devient un bourg important après l'arrivée des Estouteville, famille *a priori* d'origine viking, qui connaît au 12e s. une brillante réussite. Robert Ier d'Estouteville sera de la bataille d'Hastings (1066) aux côtés de Guillaume le Conquérant.

Nef de l'abbatiale de Valmont.

Abbaye★ – *℘ 02 35 27 34 92 - ♿ - de mi-mars à fin sept. : tlj sf mar. 14h30-17h - possibilité de visite guidée sur demande préalable (1 sem. av.) - fermé janv., dim. de Pâques, dim. de Pentecôte, 15 août, 25 déc. - 2 € (enf. gratuit).*

Fondée au 12e s., détruite par un incendie et reconstruite au 14e s., elle est entièrement remaniée au 16e s. Les bâtiments conventuels ont été refaits par les mauristes en 1680. Delacroix y séjourne plusieurs fois chez ses cousins Bataille. De l'église abbatiale subsiste le chœur Renaissance dont les voûtes sont effondrées ; l'influence flamboyante apparaît dans ses bas-côtés et dans les vestiges du transept.

La **chapelle de la Vierge★**, ou chapelle des Six heures (les moines y célébraient la messe tous les jours à six heures), est demeurée intacte. La voûte, très décorée, reste d'une grande légèreté ; les cinq beaux vitraux du 16e s. sont consacrés à la vie de la Vierge.

L'autel, fait d'une grande pierre, repose sur des colonnes venant de la partie détruite du triforium. Sa croix (12e s.) dominait l'ancien cimetière des moines. Au-dessus de lui, la « chambrette » au ravissant décor abrite une Annonciation attribuée à Germain Pilon. À droite, voyez le tombeau avec gisant de Nicolas d'Estouteville, fondateur de l'abbaye, et le bas-relief représentant le Baptême du Christ dans le Jourdain, qui surmonte une fontaine.

La sacristie, de construction Renaissance, conserve ses vitraux d'époque ; les boiseries sont du 18e s.

Château – *Ne se visite pas.*

L'ancienne forteresse militaire, entourée d'un beau parc, était le domaine des Estouteville. Elle comporte un donjon roman flanqué d'une aile Louis XI couronnée d'un chemin de ronde couvert, et une aile Renaissance.

Départ parking du Vivier - 30mn. Une agréable promenade mène aux sources de la Valmont entre champs et sous-bois. On parcourt l'ancienne réserve de pêche du château, appelée **Le Vivier**. L'endroit abrite aujourd'hui une faune et une flore typique des milieux humides (trèfles d'eau, orchidées, canards sauvages, etc.). Quelques panneaux explicatifs permettent de mieux connaître ce fragile écosystème. Vous pouvez continuer la balade en suivant la Valmont sur les 13 km qui séparent sa source de la mer.

Fécamp pratique

Adresses utiles

Office du tourisme de Fécamp – *Quai Sadi-Carnot - 76403 Fécamp cedex - 02 35 28 51 01 - www.fecamptourisme.com - juil.-août : 9h-18h30 ; avr.-juin : 9h-18h, w.-end et j. fériés 9h30-18h30 ; reste de l'année : tlj sf dim. et j. fériés 9h-18h.*

Point plage – *Digue promenade - bd Albert-1er - juil.-août : 10h-18h30.*

Point info – *En face de l'abbatiale de la Trinité - auberge du Grand-Cerf - 02 35 28 84 39 - dépliants en libre accès - 8h-12h,13h30-17h30, sam. 8h-12h.*

La « **carte d'hôte** » pour tous ceux qui séjournent au moins une nuit à Fécamp, Yport, Froberville, St-Léonard ou Senneville-sur-Fécamp (la demander à l'hôtel ou à l'office de tourisme) offre de nombreuses réductions dans les musées, lieux touristiques et clubs sportifs de la région.

Visites

Fécamp, qui porte le label Ville d'art et d'histoire, propose des visites-découvertes animées par des guides-conférenciers agréés par le ministère de la Culture et de la Communication, sur des thèmes variés : de la vallée à la ville, sur les pas de Maupassant, architectures romane et gothique, les souterrains de Fécamp, etc. *S'adresser au service du patrimoine - 02 35 28 84 39 - toute l'année selon calendrier - 5 €.*

Visites découvertes – Des visites guidées thématiques sont organisées par la maison du Patrimoine. Programme auprès de l'office de tourisme ou de la maison du Patrimoine - *maison du Patrimoine - 10 r. des Forts - 76400 Fécamp - 02 35 28 84 39.*

Se loger

Hôtel de la Plage – *87 r. de la Plage - 02 35 29 76 51 - www.hoteldelaplagefecamp.com - 22 ch. 40/66 € - 6,50 €.* Pas très loin du front de mer, cet hôtel familial tout simple est une halte sans prétention. Ses chambres sont proprettes et la salle où l'on prend le petit-déjeuner est assez pittoresque, avec son comptoir en forme de coque de bateau et son décor marin.

Chambre d'hôte Mireille Le Thuillier – *37 Le Val-de-la-Mer - 76400 Senneville-sur-Fécamp - 5 km à l'est de Fécamp dir. Dieppe, puis rte secondaire - 02 35 28 41 93 - www.val-de-la-mer.com - fermé 20 août-20 sept. - - 3 ch. 59 €* . Cette charmante maison normande, que l'on jurerait ancienne, doit son nom à la petite route qui borde son jardin et que vous emprunterez pour rejoindre le bord de mer. Chambres décorées avec un goût exquis ; la plus grande, très lumineuse, se trouve au rez-de-chaussée.

Se restaurer

Chez Nounoute – *3 pl. Nicolas-Selle - 02 35 29 38 08 - fermé merc. de sept. à fév. - réserv. conseillée - 12 € déj. - 14/28 €.* On découvre toujours avec plaisir ce genre d'adresses un peu atypiques, tenues en général par des personnages pleins de caractère et de bienveillance. Mais quand, en plus, on se régale comme ici d'une bonne choucroute de la mer ou d'autres plats de poissons frais, on en garde forcément un souvenir spécial.

G. Targat/MICHELIN

Étiquette d'une bouteille de bénédictine.

Le Vicomté – *4 r. du Prés.-René-Coty - 02 35 28 47 63 - fermé 16 août-1er sept., 20 déc.-3 janv., merc. soir, dim. et j. fériés - 17 €.* Proche de l'étonnant palais Bénédictine dû au créateur de la célèbre liqueur, agréable petit bistrot décoré de vieilles affiches et de gravures. Au coude à coude, on déguste une cuisine du marché à découvrir sur l'ardoise.

Auberge de la Rouge – *Rte du Havre, à St-Léonard - 02 35 28 07 59 - www.auberge-rouge.com - 19/59 € - 8 ch. 60 € - 7 €.* Salle campagnarde avec poutres et cheminée ou véranda ouverte sur le jardin fleuri : deux cadres rénovés pour une cuisine traditionnelle. Chambres rustiques en rez-de-jardin.

Le Maritime – *2 pl. Nicolas-Selle - 02 35 28 21 71 - réserv. conseillée - 19,50/30,50 €.* « Mille millions de mille sabords ! » pourrait-on s'écrier en débarquant dans ce restaurant du port de plaisance : instruments de navigation et lambris de bois mettent dans l'ambiance. Côté assiette, des produits de la mer, bien sûr, mais aussi des plats de viandes, pour les pirates affamés.

Que rapporter

Marché – *Sam. 9h-17h30.*

Palais Bénédictine – *110 r. Alexandre-le-Grand - A 13 dir. Le Havre, sortie Fécamp - 02 35 10 26 10 - www.benedictine.fr - variables suivant les sais. - fermé janv., 1er Mai et 25 déc.* Cet extraordinaire bâtiment à l'architecture exceptionnelle mariant les styles gothique et Renaissance fut construit à la gloire de Bénédictine. Visite de la distillerie et des caves consacrées à la célèbre liqueur (*voir p. 210*).

Sports & Loisirs

Tourisme et loisirs maritimes – *15 r. Vicomte - ✆ 02 35 28 99 53 ou 06 16 80 24 10 - tlm76@wanadoo.fr - août : promenades Fécamp-Étretat ; sept.-juil. : Visite du port du Havre - promenade en mer et visite du port : 13,50 € (enf. 9,50 €).* En juillet, au départ de Fécamp, ce bateau touristique vous propose des promenades en mer, à la découverte de l'autre côté des falaises d'Étretat, et des sorties de pêche. Également, visite du port du Havre et pêche en mer (de sept. à juil., au départ du Havre).

L'office de tourisme propose des itinéraires à vélo très bien conçus (vallée de Valmont, vallée de Ganzeville, etc.).

Nombreuses randonnées pédestres dans les environs – *Renseignements dans les offices de tourisme et syndicats d'initiative.*

Événements

Fête des pêcheurs – *Premier w.-end de fév.* Messe à St-Étienne puis procession.

Multicup 60' – *3 à 4 jours fin août-déb. sept.* Course de multicoques, salon nautique.

Foire aux harengs – *Dernier w.-end de nov.*

Forges-les-Eaux

3 542 FORGIONS
CARTE GÉNÉRALE C2 – CARTE MICHELIN DÉPARTEMENTS 304 J4 – SEINE-MARITIME (76)

À l'endroit où la verdoyante dépression du pays de Bray s'épanouit, Forges-les-Eaux est aujourd'hui une station hydrominérale et un agréable lieu de repos qu'agrémentent des espaces verts bien entretenus. Voilà qui devrait vous persuader de la prendre comme point de départ pour la découverte de la « boutonnière ».

- **Se repérer** – À 60 km au nord-est de Rouen. Les rues principales convergent place de la République, face à la place Brévière où un passage dessert le parc de l'hôtel de ville. La rue de la République et l'avenue des Sources mènent au centre thermal (à gauche) et (à droite) au parc Montalent – où jaillit la Chevrette, source ferrugineuse –, mis en valeur par les lacs de l'Andelle et de l'Épinay. Le bois de l'Épinay, au nord-ouest, prolonge ce parc.
- **À ne pas manquer** – Le circuit du pays de Bray et ses très jolis villages.
- **Organiser son temps** – Déjeunez à Forges-les-Eaux et partez ensuite sur les routes du pays de Bray.
- **Pour poursuivre la visite** – Voir aussi Neufchâtel-en-Bray, Clères et le château de Martainville.

Se promener

Départ de l'office de tourisme.

La **rue de la République** aligne quelques façades à colombages (17e-18e s.) avant de devenir l'avenue des Sources, qui passe sous le pont de l'ancienne voie ferrée, transformée en sentier de randonnée. On accède au parc thermal (géré par le Club Méditerranée) et au casino en prenant à gauche, juste après le pont, la rue C.-Riden. Celle-ci permet d'apercevoir une jolie façade du 17e s., la « **Porte de Gisors** », qui se dresse devant un rideau de verdure : elle provient de l'ancien couvent des carmélites de Gisors. Quant à la façade qui s'élève dans la cour de la piscine (visible depuis l'avenue des Sources), elle était autrefois dans l'un des pavillons de chasse de Louis XV, aux environs de Versailles.

Le saviez-vous ?

Productions – Jusqu'au 15e s., on s'est servi du courant des rivières et des ruisseaux pour alimenter des forges et travailler le métal. D'où la devise de la ville : « *Ferro et aqua* ». Forges-les-Eaux a aussi produit des faïences de qualité jusqu'au 19e s. Les motifs, délicats et variés, sont souvent dans les tons vert et bleu.

Légende – Lors d'un ballet de fées sur la place du village primitif, l'une d'entre elles invite le débonnaire Uger à danser. En remerciement, la fée lui offre une bouteille magique, pleine de cidre et intarissable s'il en garde le secret. Le brave homme, on s'en doute, en fait profiter ses amis, et, ayant forcé sur le breuvage, leur divulgue le secret, tandis que la bouteille se vide aussitôt.

Parc thermal

Les installations thermales du Club Méditerranée, dans un cadre moderne et élégant, disposent de toutes les distractions habituelles des villes d'eaux. Les eaux ferrugineuses de Forges, limpides et froides, sont toniques et radioactives.

En s'avançant dans le parc, laissez à gauche la « grotte » où se prenaient les eaux de la « Royale », de la « Reinette » et de la « Cardinale » – allusion aux passages de Louis XIII, de la reine et de Richelieu au 17e s. – pour atteindre un des étangs formés par l'Andelle, dans un joli cadre.

Parc Montalent et bois de l'Épinay

De l'autre côté de l'avenue des Sources, autour des lacs du parc Montalent et jusqu'au bois de l'Épinay, quatre agréables **sentiers écologiques**, soigneusement balisés, sont propices à la promenade : « Miroir aux Oiseaux », « Étangs Sauvages », « La Chevrette » et « La Hêtraie ».

E. Baret/MICHELIN

Façade de l'ancien couvent des carmélites de Gisors (17e s.).

Visiter

Collection de Faïence de Forges

Dans l'office de tourisme - r. Albert-Brochet - ✆ 02 35 90 52 10 - visite guidée sur demande à l'office de tourisme (3 j. av.) tlj sf lun., w.-end et j. fériés - 2,50 € (-12 ans 2 €).

Le salon d'honneur de la mairie expose quelques pièces de faïence (plats et assiettes). Deux types de décors existent : sujets inspirés de l'actualité de l'époque (faits d'armes du Premier Empire, bestiaire exotique...) et sujets naïfs et populaires (chaumières, fleurs, animaux, scènes de la vie paysanne...).

Musée de la Résistance et de la Déportation

R. du Gén.-Leclerc - ✆ 02 35 90 64 07 - 14h-18h - possibilité de visite guidée - fermé j. fériés - 5 € (-10 ans gratuit). Ce musée installé sur deux niveaux retrace les moments forts de la Résistance en Haute-Normandie durant la Seconde Guerre mondiale. Insignes, armes, uniformes et divers documents relatent ces heures sombres de l'histoire ainsi que la tragédie de la déportation.

Aux alentours

La ferme de Bray

Quittez Forges au nord-ouest par la D 915 ; à 8,5 km tournez à gauche avant Sommery et suivez le fléchage. 281 Chemin de Bray - 76440 Sommery - ✆ 02 35 90 57 27 - http://ferme.de.bray.free.fr - juil.-août : 14h-19h ; de Pâques à fin juin et de déb. sept. à la Toussaint : w.-end et j. fériés 14h-19h - 6 € (-12 ans gratuit).

Au bord du Sorson, ce charmant hameau restauré montre l'ensemble des bâtiments d'une ferme importante du 17e et du 18e s. Des expositions sont régulièrement organisées au rez-de-chaussée du manoir, vaste demeure du 16e s. dont la façade a été remaniée au 17e s. Four à pain, pressoir à cidre, moulin, vieux outils agricoles et artisanaux revivent lors d'animations ponctuelles. Pêche en étang, sentiers de randonnées, loisirs et chambres d'hôte.

Circuit de découverte

PAYS DE BRAY

Nid de verdure au milieu des vastes étendues découvertes du plateau de Caux, le pays de Bray tire son originalité d'un accident de relief particulier : la « boutonnière ». Évidée ici dans la craie, elle est responsable d'un paysage dont la netteté de traits est unique en Normandie. Cette région, très arrosée et à l'habitat dispersé, alterne vallons, coteaux calcaires, collines, prairies, bocages et forêts. Elle se déploie sur 75 km de long, parallèlement à la vallée de la Seine (distante de 30 km), entre Londinières, au nord de Neufchâtel-en-Bray *(voir ce nom)*, et Beauvais. Sa gastronomie n'a d'égale que la qualité de son accueil.

Le lait et les pommes sont en effet les deux mamelles du pays de Bray, garde-manger de l'agglomération parisienne. L'élevage est surtout orienté vers l'industrie laitière avec, comme principaux centres, Ferrières, Gournay, Serqueux, Aumale et Neufchâtel. L'importante production de pommes de table et de cidre industriel indique la proximité d'un grand marché urbain.

Au départ de Forges-les-Eaux

60 km – environ 2h. Quittez Forges par la D 921 au sud.

La Ferté-Saint-Samson

Le village est juché sur un gradin, en avant du rebord principal de la « boutonnière » que l'Andelle et ses affluents ont découpé en buttes au profil net et régulier.

Montez à pied à l'église pour profiter d'une vue étendue sur la dépression du pays de Bray, aux bords nettement marqués. Place de la Mairie, la gracieuse **maison de Henri IV** *(on ne visite pas)*, du 16e s., a été transférée de la région dieppoise et réédifiée en 1968 sur l'à-pic du gradin.

Prenez la D 9 au sud.

Sigy-en-Bray

Blotti au bord de l'Andelle, le bourg possède un intéressant témoin de l'architecture du Moyen Âge. De l'ancienne abbaye de Sigy, fondée au 11e s. par Hugues Ier, subsiste l'**église abbatiale**. Le chœur du 12e s. est terminé par une abside à sept pans. Portail du 13e s. et, dans la nef, voûtes restaurées au 18e s. Le clocher du 15e s. domine le cimetière et son calvaire en grès (fin 15e s.).

Prenez la D 41 à l'est vers Argueil, puis la D 921 au sud jusqu'à Fry. Là, prenez la D 1 à gauche avant l'église.

Vous approchez l'abrupt sud-ouest du Bray, aux lourdes buttes dénudées, couronnées d'une calotte de hêtres (mont Robert).

Beauvoir-en-Lyons★

Laissez la voiture après la mairie et prenez la rue à gauche vers l'église. Du chevet de celle-ci, la **vue★** s'étend sur la verte vallée de Bray dont les bords rectilignes fuient vers le sud-est. Par temps clair, on peut apercevoir la cathédrale de Beauvais.

Reprenez la voiture et continuez à suivre la D 1.

À un carrefour, tournez à gauche dans la D 57 en descente : vues dégagées sur le Bray. Suivez ensuite la D 21.

Gournay-en-Bray

C'est, avec Ferrières, l'une des agglomérations les plus vivantes du pays de Bray. L'industrie laitière locale prend une part prépondérante dans le ravitaillement de la France en fromage frais, et pour cause, c'est ici que naquit le fameux « **petit suisse** » !

En 1850, **Dame Hérould**, fermière de Villers-sur-Auchy (dans l'Oise, à 5 km à l'est de Gournay), secondée par un vacher suisse, a l'idée d'ajouter de la crème à une préparation de lait destinée à produire des bondons (petits fromages cylindriques). **Charles Gervais**, alors commis auprès d'un mandataire des Halles à Paris, entrevoit le potentiel commercial de cette nouveauté crémière onctueuse, présentée sous la

G. Targat/MICHELIN

L'un des chapiteaux romans polychromes de St-Hildevert.

forme de petits cylindres emmaillotés dans du papier imprimé. Gervais et la fermière concluent un accord pour produire et distribuer la spécialité à grande échelle. La production industrielle commence à la proche ferme du Manet, puis à Ferrières-en-Bray (village mitoyen de Gournay).

Collégiale St-Hildevert – En grande partie du 12e s. La nef latérale sud, du 11e s., a résisté aux différentes guerres. Les portails gothiques (fin 12e s.) ont été très restaurés.

À l'intérieur, les puissantes colonnes sont surmontées de **chapiteaux** au décor stylisé, inspiré de motifs empruntés aux règnes végétal et animal. Les plus frustes et archaïques se trouvent à l'extrémité du bas-côté droit, autour de l'autel St-Joseph ;ils comptent parmi les premiers essais de figuration humaine à l'époque romane.

Les bas-côtés comportent des statues anciennes dont celles, à l'entrée du chœur, de la Vierge et de saint Hildevert (15e s.), en bois polychrome.

Prenez la D 916 au nord et continuez tout droit sur la D 8. À St-Étienne, tournez à gauche dans la D 84.

Beuvreuil

Un porche en bois (16e s.) décoré de briques émaillées précède la petite **église** rustique du 11e s. À l'intérieur, fonts baptismaux du 11e s., statues gothiques, lutrin (16e s.), retable (15e-16e s.). Près de la chapelle, le manoir fortifié des 14e et 15e s. a soutenu un siège des huguenots. *Actuellement fermé pour travaux.*

Retrouvez Forges par la D 84 et la D 915, à droite.

Forges-les-Eaux pratique

Adresse utile

Office du tourisme de Forges-les-Eaux – *R. Albert-Bochet - 76440 Forges-les-Eaux - ✆ 02 35 90 52 10 - www.ville-forges-les-eaux.fr - mai-sept. : 9h30-12h30, 13h30-18h, dim. 10h-13h ; oct.-avr. : tlj sf dim. 9h-12h30, 14h-18h - fermé le 1er Mai.*

Plus de 100 km de circuits pédestres sont balisés aux alentours de Forges-les-Eaux. *Se renseigner à l'office de tourisme.*

Quatre itinéraires sont également proposés aux cyclistes.

Se loger

⊖ **Chambre d'hôte Ferme de Bray** – *76440 Sommery - 10 km au nord-est de Forges-les-Eaux par D 915 - ✆ 02 35 90 57 27 - www.ferme.de.bray.free.fr - - 5 ch. 44 €* . À ce lieu de visite s'ajoutent des chambres d'hôte dans la partie édifiée au 18e s. Ambiance campagnarde bien sûr, tant par le mobilier que par la simplicité des aménagements. Pour l'anecdote, la même famille est propriétaire de la ferme depuis 1452…

⊖ **Chambre d'hôte Le Clos du Quesnay** – *651 rte de Rouen - 76440 Mauquenchy - 1 km à l'est de Forges-les-Eaux par D 919 - ✆ 02 35 90 00 97 - www.leclosduquesnay.fr - - 5 ch. 50 € - repas 19 €.* Fruit de trois ans d'efforts pour le remettre en état, ce corps de ferme typiquement normand offre un habile mélange de nouveauté et d'authenticité. Les cinq chambres (dont une réservée aux personnes à mobilité réduite) associent confort « cosy » et sobriété. Savoureuse cuisine normande. Grand verger de cent pommiers.

⊖⊖ **Le Continental** – *Av. des Sources, rte de Dieppe - ✆ 02 32 89 50 50 - www.partouche.com - P - 44 ch. 69/73 € - 10 €.* Petit immeuble de style régional abritant des chambres assez grandes, rénovées dans un style contemporain. Confortable salon et charmante salle de petit-déjeuner.

En soirée

Casino – *Av. des Sources - ✆ 02 32 89 50 50 - www.casinoforges.com - 10h-4h, sam. 5h.* 260 machines à sous, tables de roulettes anglaise et française, stud poker, boule, black-jack, etc. Également, restaurants, bars et organisation de manifestations culturelles : spectacles, concerts, expositions.

Que rapporter

Marché –*Jeu. et dim. mat.*

Aux deux gouttes d'eau – *Pl. de l'ancienne gare thermale, près du casino -*

℘ 02 35 09 61 53 - 9h30-12h30, 14h30-19h. Alexandre Audel est le dernier potier en activité à Forges-les-Eaux. Il perpétue la tradition des faïenciers de la ville et réalise des pièces dans le style traditionnel du 19e s. (motifs « Vieux Forges » ou « Vieux Rouen »). Visites libres de son atelier-boutique.

Sports & Loisirs

Avenue Verte – ♿ - *accès libre tte l'année.* Suivant le tracé de l'ancienne voie ferrée reliant Forges-les-Eaux à Dieppe, ce projet a débuté par un premier tronçon, ouvert entre Beaubec-la-Rosière et St-Aubin-le-Cauf. Fin août 2006 s'y est ajoutée la portion de Forges-les-Eaux à Beaubec : 40 km pour pratiquer vélo, roller et marche en toute sécurité.

Gisors★

11 400 GISORCIENS
CARTE GÉNÉRALE C2 – CARTE MICHELIN DÉPARTEMENTS 304 K6 – EURE (27)

Ancienne ville frontière tenue par les ducs de Normandie, Gisors est la capitale du Vexin normand. Agréablement située sur l'Epte, dans un cadre de verdure, la cité doit son origine à son château dont la position stratégique sera plus d'une fois convoitée.

- **Se repérer** – À 76 km au nord-ouest de Paris et 64 km au nord-est de Rouen, Gisors occupe une position frontalière à l'extrême est du département de l'Eure, lequel se termine ici en une enclave dans l'Oise. La cité s'inscrivait dans une ligne défensive allant de Forges-les-Eaux à Vernon et comprenant les châteaux de Neaufles-St-Martin et Château-sur-Epte.
- **À ne pas manquer** – L'enceinte du château médiéval et l'Arbre de Jessé de l'église St-Gervais-et-St-Protais.
- **Organiser son temps** – Réservez votre matinée pour visiter les monuments de Gisors, et suivez l'itinéraire de la vallée de l'Epte l'après-midi.
- **Pour poursuivre la visite** – Voir aussi Giverny, Vernon, Les Andelys et Lyons-la-Forêt.

Visiter

Château fort★★

℘ 02 32 55 59 36 - visite guidée (1h) avr.-sept. : tlj sf mar. 10h, 11h, 14h30, 15h45 et 17h ; fév.-mars et oct.-nov. : w.-end 10h30, 14h30 et 16h - fermé 1er janv., 1er Mai, 1er et 11 Nov., 25 déc. - 5 € (-18 ans 3 €). Ce magnifique ensemble d'architecture militaire normande des 11e et 12e s. domine la ville. Le château fort a été construit dès 1097 par Guillaume le Roux, roi d'Angleterre, fils de Guillaume le Conquérant. Au 12e s., Henri II Plantagenêt le renforce et en 1193, Philippe Auguste s'en empare. Il change souvent de mains pendant la guerre de Cent Ans avant de revenir à la couronne française en 1449.

Un jardin public a été aménagé à l'intérieur de l'enceinte fortifiée ; de la terrasse, la vue plongeante sur la ville permet de distinguer parfaitement les différentes époques de construction de l'église St-Gervais-et-St-Protais.

Au centre de l'enceinte autrefois entourée de fossés, sur une motte artificielle, s'élève le **donjon** (11e s.) flanqué d'une tour de guet et ceinturé d'une solide muraille. Un escalier à vis permet d'accéder au sommet d'où se découvre un **panorama** sur la ville.

Le saviez-vous ?

Le nom – Trois interprétations s'affrontent. L'une se réfère à la venue de César, qui aurait établi son campement au mont de l'Aigne, appelé *Caesaris Auctium*, terme déformé en *Caesorcium*, puis *Gisorcium*. L'autre propose l'association des mots *gis* (gîte) et *aure* (courant d'eau), d'origine scandinave. La troisième, liée à la Gaule druidique, fait dériver Gisors de *Gui-Hartz* (forêt de Gui).

Les armes – « De gueules à la croix engrêlée (dentelée) d'or au chef cousu d'azur chargé de trois fleurs de lys d'or », telles sont les armes des Gisorciens.

Un trésor templier ? – L'histoire raconte qu'en 1946, le gardien du château affirma avoir découvert une chapelle abritant une trentaine de coffres en métal précieux, au bout d'un puits qu'il aurait creusé. L'accès étant périlleux, nul ne vérifia et l'affaire resta en suspens jusqu'en 1960 où une équipe d'archéologues fouilla les souterrains du château. En vain. Elle n'y découvrit rien, pas plus que les militaires envoyés quatre ans plus tard par André Malraux. En dépit de ces tentatives infructueuses, la légende court toujours, alimentée par le séjour, entre 1158 et 1161, de trois templiers dans la forteresse : Richard d'Hastings, Toestes de Saint-Omer et Robert de Pirou.

E. Baret/MICHELIN

Arbre de Jessé de l'église Saint-Gervais-et-Saint-Protais.

Église Saint-Gervais-et-Saint-Protais★

L'édifice remonte au 12e s. (parties les plus anciennes), mais la construction a continué jusqu'à la fin du 16e s.

Ainsi, le chœur gothique date de 1249. Les chapelles latérales formant déambulatoire ont été ajoutées entre 1498 et 1507. Elles sont reconnaissables de l'extérieur à leurs pignons pointus très détachés qui entourent le chevet.

Les remarquables portails des transepts du 16e s. sont encore gothiques, comme la très haute nef. La monumentale façade ouest est Renaissance ; le porche finement sculpté s'encadre de deux tours, l'une (nord) construite en 1536, de style François Ier, terminée par un dôme, l'autre (sud) de style Henri II, laissée inachevée en 1591.

Malgré ce mélange de styles, l'ensemble reste harmonieux, particulièrement à l'intérieur où la nudité des murs clairs laisse toute leur valeur à la beauté de l'architecture et à la richesse de la décoration sculptée.

Admirez le grand vitrail en grisaille, du 16e s., dans la chapelle latérale à droite du chœur, ainsi que les quelques statues anciennes. Dans la chapelle sous la tour sud, bel escalier en colimaçon, œuvre de Jean Grappin, et monumental Arbre de Jessé (fin du 16e s.).

Circuit de découverte

VALLÉE DE L'EPTE

41 km – environ 2h.

Cette paisible rivière appréciée des peintres autant que des touristes a joué un rôle important dans l'histoire de la Normandie. Outre le château fort de Gisors, les vestiges des donjons de Neaufles-St-Martin et de Château-sur-Epte en témoignent encore. La route suit la rive droite de l'Epte, souvent très ombragée et contrastant avec l'aspect plus dénudé des versants taillés dans le soubassement crayeux des plateaux du Vexin.

Quittez Gisors à l'ouest par la D 10.

Neaufles-Saint-Martin

Le village est dominé par les restes d'un **donjon** (11e s.) dressé sur une « motte » parfaitement conservée.

Reprenez la D 10 et au carrefour avec la D 181, prenez à gauche.

Dangu

L'**église** gothique, avec porche et portail Renaissance, intéresse surtout pour son chœur décoré de boiseries du 18e s. et de panneaux peints. Près de la chaire, une tapisserie de Beauvais (18e s.) représente la Crucifixion, et au fond de l'église, une belle boiserie, l'Annonciation. Dans la **chapelle Montmorency**, un vitrail en grisaille (au-dessus de l'autel) figure saint Denis et saint Laurent avec, à genoux, Guillaume de Montmorency, cinquième fils du connétable Anne de Montmorency. *✆ 02 32 55 22 15 - sur demande auprès de la mairie.*

À côté de l'église, la façade d'une jolie maison à pans de bois s'anime de quelques sculptures ; les vantaux de bois du portail datent du 16e s.

Poursuivez par la D 146 qui longe la vallée.

Deux km avant Château-sur-Epte, sur la rive opposée, **St-Clair-sur-Epte** ne conserve pas grand-chose de la fameuse entrevue qui mit en présence Rollon et Charles le Simple.

La formation du duché de Normandie

En 911, **Rollon**, le chef des Normands, rencontre **Charles le Simple** à **St-Clair-sur-Epte**. Dudon de St-Quentin, premier historien de Normandie, rapporte que pour sceller l'accord créant le duché de Normandie, le Viking mit ses mains entre celles du roi de France. Ce « tope-là » de maquignons valait un solennel échange de sceaux et de signatures, car il n'y eut jamais de traité écrit. L'Epte forme la frontière au nord de la Seine, l'Avre au sud. La frontière normande a été l'enjeu de luttes séculaires entre les rois de France et les ducs de Normandie, devenus rois d'Angleterre à la fin du 11e s.

Château-sur-Epte

Les ruines d'un important **donjon** se dressent sur une « motte » entourée d'un fossé. C'est le seul reste, avec la majeure partie des remparts, de la forteresse construite par Guillaume le Roux pour protéger la frontière normande contre les attaques éventuelles du roi de France.

Continuez sur la D 146.

Un pont de pierre du 15e s. enjambe l'Epte à **Aveny**.

De la D 170, un sentier ombragé *(30mn AR)* mène à une **allée couverte** ; monument mégalithique constitué de pierres dressées recouvertes de dalles.

Reprenez la D 146. À Bray-et-Lu, tournez à droite.

Château de Beaudemont

Des ruines du château fort du 11e s., bâti sur une « motte », jolie **vue** sur la vallée.

Poursuivez vers Giverny par la D 5.

Giverny★★ *(voir ce nom)*

Rejoignez Vernon par la D 313.

Gisors pratique

Adresse utile

Office du tourisme de Gisors – *4 r. du Gén.-de-Gaulle - ✆ 02 32 27 60 63 - www.tourisme-gisors.fr - avr.-sept. : 9h-12h, 14h-18h, sam. 10h-12h, 14h-18h, dim. 10h-12h, 14h-16h ; reste de l'année : tlj sf w.-end 9h-12h, 14h-18h - fermé j. fériés.*

Se loger

Hôtel Moderne – *1 pl. de la Gare - ✆ 02 32 55 23 51 - www.hotel-moderne-gisors.fr - P - 31 ch. 50/65 € - 9 € - rest. 14/27 €.* Cet hôtel familial situé face à la gare conviendra pour une étape. Les chambres, sobrement décorées, sont bien tenues. Salle à manger rustique, cuisine traditionnelle et formule « table d'hôte » favorisant la convivialité.

Chambre d'hôte Le Four à Pain – *8 r. des Gruchets - 27140 St-Denis-le-Ferment - 7 km au nord-ouest de Gisors dir. le château, rte secondaire et D 17 - ✆ 02 32 55 14 45 - lefour-apain.monsite.orange.fr - - 2 ch. 65/80 €* . Difficile d'imaginer une chambre aménagée dans un ancien four à pain au milieu d'un charmant jardin fleuri… C'est pourtant ce que vous propose ce lieu d'exception. La seconde pièce, dans la fermette restaurée à l'ancienne, est plus vaste et sous une belle charpente.

Se restaurer

Le Cappeville – *17 r. Cappeville - ✆ 02 32 55 11 08 - www.lecappeville.com - fermé 5-15 janv., 1er-18 sept., merc. et jeu. - 26/55 €.* Le chef de ce restaurant familial propose une cuisine d'inspiration traditionnelle : plats normands revus et corrigés ou recettes créatives utilisant les produits du terroir. Salle à manger lumineuse agrémentée de poutres et d'une cheminée.

Giverny★★

506 HABITANTS
CARTE GÉNÉRALE C3 – CARTE MICHELIN DÉPARTEMENTS 304 J7 – EURE (27)

Giverny entretient la mémoire de Claude Monet qui résida ici de 1883 à sa mort en 1926. Sa maison rose aux volets verts et son délicieux jardin vous transportent dans les plus belles de ses œuvres. C'est autour de cette propriété qu'il exécute ses séries de peupliers, de meules de foin et ses grands formats des *Nymphéas* visibles à Paris aux musées Marmottan et de l'Orangerie. Entre 1887 et 1914, il provoque dans le village et toute la région une véritable colonisation artistique, surtout américaine, à laquelle se consacre un musée.

S. Sauvignier/MICHELIN

Étang des Nymphéas dans le jardin de la maison de Claude Monet.

- **Se repérer** – En lisière du Val-d'Oise, le petit village campe sur les rives droites de la Seine et de l'Epte qui se rejoignent ici, à 2 km au sud-est de Vernon (69 km de Rouen) par la D 313/D 5. La rue principale (piétonne) se trouve derrière la maison de Monet et le musée d'Art américain à quelques pas, de l'autre côté de la D 5.
- **Se garer** – Des parkings ont été aménagés de part et d'autre de la D 5.
- **À ne pas manquer** – La maison de Claude Monet et le musée d'Art américain sont incontournables. Engagez-vous aussi sur le sentier d'interprétation proposé par le Conservatoire des sites naturels de Haute-Normandie.
- **Organiser son temps** – Prévoyez 2h pour visiter chacun des musées, et 1h30 pour le sentier d'interprétation.
- **Pour poursuivre la visite** – Voir aussi Vernon, Les Andelys, Évreux et Dreux.

Se promener

Le Conservatoire des sites naturels de Haute-Normandie a mis en place deux sentiers balisés pour découvrir la faune et la flore (mantes religieuses, lézards verts et orchidées, astragales ou anémones) des coteaux de Giverny : le **sentier du Lézard vert** (5 km) et le **sentier de l'Astragale** (5,5 km). *Le départ s'atteint en montant rue Blanche-Hoschedé, à gauche en venant de l'auberge Baudy. Carnet nature conçu pour accompagner des circuits disponible à la mairie et au musée d'Art américain, ou en contactant le CREN - ✆ 02 35 65 47 10.*

Visiter

Maison de Claude Monet★

✆ 02 32 51 28 21 - www.fondation-monet.com - avr.-oct. : tlj sf lun. 9h30-18h - 5,50 € (enf. 3 €).

La longue maison rose aux volets verts qui surplombe le jardin abrite quelques reproductions et la collection d'estampes japonaises (18e-19e s.) réunie par Monet. C'est aussi l'occasion de découvrir le salon de lecture « bleu », la chambre avec le lit et le bureau à cylindre, le salon atelier, la salle à manger « jaune » avec son mobilier de bois peint et, surtout, la ravissante cuisine aux murs carrelés de faïence bleue. Au sein de l'ancien « grand atelier » se trouvent aujourd'hui accueil et boutique.

Le jardin, en évolution constante au fil des saisons, comprend le jardin d'eau et le « Clos normand ». Ce dernier restitue celui, très fleuri, que Monet avait dessiné. Les allées rectilignes, éclatantes de couleurs, mènent au jardin d'eau artificiel. Situé de l'autre côté de la route, ce jardin d'inspiration japonaise utilise les eaux de l'Epte. Des ponts japonais franchissent l'étang des Nymphéas tapissé de nénuphars, avec son grand saule pleureur, ses rives bordées de bambous et de rhododendrons.

Un accueil mitigé – Les habitants de Giverny n'ont pas toujours facilité le travail de ce peintre de génie, en rupture avec l'académisme de son époque. On raconte que Monet devait louer au prix fort les célèbres meules de foin qu'il immortalisa sous toutes les lumières et tous les angles.

Musée d'Art américain Giverny★

02 32 51 94 65 - www.maag.org - - avr.-oct. : 10h-18h (dernière entrée 30mn av. la fermeture) - possibilité de visite guidée sur demande (15 j. av.) - fermé lun. (sf lun. férié), 1er janv., 1er et 11 Nov. et 25 déc. - 5,50 € (-12 ans gratuit), gratuit 1er dim. du mois.

Il célèbre les relations étroites entre l'art français et l'art américain. En quatre galeries contiguës, de nombreux tableaux, issus pour la plupart de la collection de la Terra Fondation for the Arts, dont le siège est à Chicago, représentent des œuvres d'artistes américains.

Les expositions sont renouvelées tous les ans et présentent différentes périodes de l'histoire de l'art américain, de 1720 à nos jours, comme l'impressionnisme ou l'art moderne. Au sous-sol, exposition sur l'histoire de Giverny, village d'artistes.

La visite du musée peut se terminer par celle des beaux jardins attenants, composés de parterres de couleurs chaudes ou froides et séparés par des haies. Sont également organisés des conférences, des cours d'histoire de l'art et des ateliers d'arts plastiques ainsi que des visites commentées des jardins de différentes propriétés ayant appartenu à des artistes impressionnistes.

Giverny pratique

Voir aussi l'encadré pratique de Vernon.

Adresse utile

Point info de Giverny – *Dans le grand parking aménagé face au musée d'Art américain - avr.-oct. : 10h-17h30.* Pour tout savoir sur les visites de Giverny.

Se loger

Chambre d'hôte Le Bon Maréchal – *1 r. du Colombier - 02 32 51 39 70 - www.giverny.fr - - 3 ch. 63/73 €* . À l'origine, cette maison était une buvette où se retrouvaient Monet et ses amis peintres. Très bien située, entre les célèbres jardins et le musée d'Art américain, elle abrite aujourd'hui des chambres douillettes et confortables. Prix tout en douceur !

Se restaurer

Restaurant-Musée Baudy – *81 r. Claude-Monet - 02 32 21 10 03 - www.giverny.fr - fermé nov.-mars, lun. et dim. soir sf j. fériés - 22,50 €.* L'ancien hôtel Baudy accueillait autrefois les peintres impressionnistes. Vous vous attablerez au milieu de leurs tableaux pour savourer plat du jour et salades avant de pousser la porte du délicieux jardin de roses anciennes qui sert d'écrin à un atelier, juste derrière… Immanquable !

Le Moulin de Fourges – *38 r. du Moulin - 27630 Fourges - 02 32 52 12 12 - www.moulindefourges.com - fermé nov.-mars, dim. soir et lun. sf juil.-août - 32/55 €.* Ancien moulin au bord de l'Epte, où se serait sans doute plu Monet, hôte de la voisine Giverny. Point de nymphéas, mais un agréable cadre champêtre. Cuisine traditionnelle.

Le Havre★

183 600 HAVRAIS (AGGLOMÉRATION : 248 547 HABITANTS)
CARTE GÉNÉRALE A2 – CARTE MICHELIN DÉPARTEMENTS 304 A5 – SEINE-MARITIME (76)

Gigantesque port maritime, ville industrielle et ultime jalon de la magnifique vallée de la Seine, Le Havre étale ses installations à la pointe du môle le plus avancé du pays de Caux. Le « port le plus meurtri d'Europe » en 1945 occupe désormais l'un des tout premiers rangs, tant sur le plan national qu'européen. Exemple remarquable de l'architecture et de l'urbanisme de l'après-guerre, la ville reconstruite par Auguste Perret a d'ailleurs été inscrite en 2005 à la Liste du patrimoine mondial de l'Unesco. Une charmante station balnéaire, Ste-Adresse, plusieurs musées de qualité et un certain art de vivre rehaussent l'intérêt de la cité portuaire.

G. Targat/MICHELIN

Vue étendue du Havre et de sa plage depuis Ste-Adresse.

- **Se repérer** – À 197 km de Paris et 90 km de Rouen, l'agglomération du Havre s'étend sur la rive droite de l'embouchure de la Seine qu'enjambe le pont de Normandie. Elle comprend, outre la vaste zone portuaire et industrielle, la commune résidentielle de Ste-Adresse au nord, et l'ancien port de Harfleur à l'est. Au centre, le quartier moderne s'organise autour de l'espace Niemeyer. Depuis l'hôtel de ville, la majestueuse avenue Foch s'ouvre sur le large par la « Porte océane », expression des liens étroits qui unissent la cité à la mer.
- **À ne pas manquer** – Les collections du musée Malraux, le style de l'appartement-témoin Auguste-Perret et la promenade aménagée le long des docks.
- **Organiser son temps** – L'idéal est de venir le mercredi ou en week-end pour avoir accès à un maximum de visites.
- **Avec les enfants** – Procurez-vous le livret enfant du musée Malraux et partez avec eux à la découverte des plus belles œuvres.
- **Pour poursuivre la visite** – Voir aussi Honfleur, Étretat, le pays de Caux et Lillebonne.

Comprendre

Naissance d'un port – En 1517, pour remplacer Harfleur envasé, **François Ier** fait construire un nouveau port baptisé « Havre-de-Grâce ». L'emplacement marécageux choisi par Bonnivet, grand amiral de France, ne paie pas de mine, mais l'étale de la marée haute s'y prolonge plus de deux heures, phénomène capital pour l'avenir du Havre. En 1518, la première nef de guerre, l'*Hermine,* entre dans le bassin du Roi, embryon du port moderne, avec le navire amiral. Le roi accorde à la ville son nom, très provisoire, de Françoise-de-Grâce et ses armes : « De gueules à la salamandre d'argent… » Beaucoup des grandes expéditions partent du nouveau port : celle de Jean Verrazzano vers l'Amérique du Sud en 1524, celle de Champlain vers le Canada en 1604, etc. Le port connaît rapidement un trafic important (commerce avec le Nouveau Monde, pêche de la morue à Terre-Neuve), mais pendant les guerres de Religion, il devient temporairement militaire.

La « Porte océane » – La vocation du Havre, port d'entrepôt et port transatlantique, se dessine dès la guerre d'Indépendance américaine. Le port, qui s'emploie au ravitaillement des « insurgents », est une véritable « forêt de mâts » et le quartier St-François, connu des marins du monde entier, regorge de richesses. Tous les produits coloniaux importés : coton, café, tabac, bois exotique, sont redistribués à travers l'Europe.

Le saviez-vous ?
Les écrivains Bernardin de Saint-Pierre, Jean-Paul Sartre, Raymond Queneau et André Malraux, les peintres Eugène Boudin, Claude Monet et Raoul Dufy, le compositeur suisse Arthur Honegger et les présidents Félix Faure et René Coty ont longtemps vécu au Havre.

La liaison avec New York devient plus rapide. En 1850, le *Franklin,* paquebot à voiles et à aubes, fait la traversée en 15 jours. En 1864, la Compagnie générale transatlantique met en ligne le paquebot à vapeur *Washington.*

Puis ce sera le tour des *Normandie, Île-de-France, Liberté* (ancien paquebot allemand) et *France.* Autant de noms que les Havrais prononcent avec nostalgie et qui évoquent l'ère de gloire, révolue, des grands transatlantiques quand ils franchissaient la jetée escortés par les Abeilles, saluant le port de leurs trois coups de sirène.

Le Havre dans la guerre – Le Havre a subi 146 bombardements et compté plus de 4 000 tués, 80 000 sans-abri, 9 935 immeubles détruits et 9 710 endommagés. Le siège proprement dit de la ville débute le 2 septembre 1944. La bataille de Normandie est terminée. Paris est déjà libéré, mais Le Havre, toujours occupé, sera voué à l'écrasement total. Du 5 au 13 septembre, date de libération, le pilonnage aérien allié est effroyable. Les Allemands, de leur côté, se sont acharnés à dynamiter les installations portuaires encore utilisables. Les Alliés ont fourni un puissant matériel à l'administration du port autonome, mais le simple déblaiement a pris, à lui seul, deux années.

Une reconstruction modèle – En 1945, la ville ancienne au plan en damier, créé en 1541 par l'Italien Bellarmato (quartier St-François), est dévastée. Tout en conservant le tracé des rues, la reconstruction a suivi un plan d'urbanisme moderne conçu par **Auguste Perret** (1874-1954), le « magicien du béton armé ». Au cœur de ses préoccupations : la lumière, l'espace et la qualité de vie. C'est dans cet esprit qu'il reconstruit la ville en proposant aux Havrais une alternance de petits ensembles de quelques étages et de tours avec de nombreuses places aérées, plantées d'arbres. On lui doit aussi l'hôtel de ville, sa place et l'église St-Joseph. C'est son œuvre, pour son unité et son intégrité et parce qu'elle a su associer les structures historiques encore existantes aux idées nouvelles d'urbanisme et de construction, qui vaut au Havre de figurer aujourd'hui au Patrimoine mondial de l'Unesco.

Découvrir

LE PORT DU HAVRE★★ (plan I A2)

Le trafic

Port maritime en eau profonde, situé à l'entrée de l'estuaire de la Seine, Le Havre est le premier port français pour le commerce extérieur et le trafic de conteneurs, et le quatrième port européen pour le trafic global. Il reçoit chaque année quelque 7 000 navires de commerce et s'ouvre sur le monde entier : 250 services maritimes réguliers le relient à plus de 500 ports.

Les échanges énergétiques sont prépondérants grâce aux importations de pétrole brut et de charbon, aux transits de produits raffinés et d'hydrocarbures gazeux. Les autres marchandises expédiées et réceptionnées en vrac concernent les exportations de céréales, les trafics industriels et de produits chimiques. S'y ajoutent les marchandises diverses (conteneurs), le trafic transmanche, les remorques routières, les véhicules neufs en transit et le trafic conventionnel. Le trafic passagers reste important grâce aux rotations des car-ferries vers la Grande-Bretagne (Le Havre-Portsmouth).

L'équipement d'un port tourné vers l'avenir

La communauté portuaire havraise mise sur la valorisation des atouts naturels géographiques et nautiques du port, sa position à l'entrée du continent européen lui permettant de garantir les meilleurs délais d'acheminement.

Les capacités – Avec le développement de la conteneurisation, Le Havre s'est équipé de terminaux spécialisés disposant de matériel adapté aux manutentions terrestres (portiques, hangars) et au trafic ferroviaire. Ce choix fait du Havre le port de conteneurs le plus important de France et l'un des seuls en Europe capables de recevoir les grands porte-conteneurs de 6 000 EVP (équivalent vingt pieds). Depuis l'inauguration en 2006 de **Port 2000** (6 ans d'études, 4 ans de travaux), il accueille les plus grands navires (350 m de long, 45 m de large, porte-conteneurs de 8 000 EVP) dans toutes les conditions de marées, en nombre et sans file d'attente.

Quelques ouvrages – À l'extrémité du **bassin René-Coty (plan II G)**, l'**écluse François-Ier** est l'un des ouvrages de ce type les plus volumineux du monde (longueur : 400 m, largeur : 67 m, profondeur : 24 m). Accessible à des navires de 250 000 t à pleine charge, elle met en communication les bassins de marée et les bassins et canaux à niveau constant, dont le **grand canal du Havre (plan II H)**.

S'ajoute également à toutes ces infrastructures, le **port pétrolier du Havre-Antifer**, situé à 22 km au nord du Havre, entre St-Jouin et Bruneval. Aménagé à partir de 1972, c'est un « port à la côte » en eau profonde (25 m) qui peut recevoir les supertankers de 550 000 t.

A. de Valroger/MICHELIN

Le bassin du Commerce, avec en toile de fond, le Grand Volcan de l'espace Oscar-Niemeyer.

Se promener

Le quartier moderne★ (plan I A/B2)

D'une ordonnance remarquable par l'équilibre entre volumes et espaces, le centre ménage de grandes perspectives que rythment de vastes ensembles d'habitations aux lignes horizontales, parfois rompues par des immeubles-tours. D'audacieux monuments jaillissent à la verticale, comme l'église St-Joseph et l'hôtel de ville.

Promenade d'environ 1h30 ; départ place du Gén.-de-Gaulle, entre le bassin du Commerce et l'espace Oscar-Niemeyer où se trouvent deux parkings.

Bassin du Commerce et espace Oscar-Niemeyer (plan I B/C2)

À son extrémité ouest, face au monument aux morts, le paysage urbain a changé de visage grâce à l'implantation de l'espace Oscar-Niemeyer, signé par l'architecte brésilien du même nom. Inauguré en 1982, cet ensemble en béton aux courbes prononcées tranche avec les horizontales et les verticales des immeubles voisins. Il s'agit de la première maison de la Culture voulue par André Malraux, qui en confia la création en 1961 à Reynold Arnould, directeur des musées du Havre. Aujourd'hui encore, le plus vaste bâtiment (**Grand Volcan**) abrite théâtre, salles de cinéma et d'exposition.

La **rue de Paris** (B2) offre au regard une architecture bien ordonnée et, sous les arcades, de nombreuses boutiques ; celle-ci donne sur l'hôtel de ville.

Place de l'Hôtel-de-Ville★ (plan I B2)

Construite suivant les plans de Perret, c'est l'une des plus vastes d'Europe. Elle compose un ensemble de constructions à trois étages, aux toitures en terrasses, rythmé par des immeubles-tours de dix étages. La place s'agrémente de bassins, de fontaines et de galeries habillées de charmilles et de haies d'ifs. En son centre, mémorial à la Déportation et à la Résistance symbolisées par les « deux oiseaux blessés » du sculpteur Adam. Une tour en béton brut domine l'**hôtel de ville** aux lignes sobres.

Avenue Foch★ (plan I A/B2)

L'artère est traitée en promenade. Ses agréables pelouses ombragées et ses constructions d'une grande unité, aux lignes horizontales, lui donnent une certaine allure. Dans son axe, entre deux immeubles flanqués de tours, la « **Porte océane** » – symbole d'accueil et invitation au voyage – s'ouvre sur le front de mer. Des sculptures modernes de style néofiguratif ornent impostes et angles d'immeubles.

Digue nord et plage (plan I A 1/2)

La très longue digue nord, que renforce une jetée en retour d'équerre, protège le port de plaisance. De son extrémité, on a une belle vue sur l'avant-port.

La plage du Havre et de Ste-Adresse, repaire des véliplanchistes (3e spot de France), s'étire de la digue nord au cap de la Hève. Selon la marée, elle peut être de galets (mer haute) ou de sable (mer basse).

Depuis la digue-promenade (le « boulevard maritime » pour les Havrais), vues sur l'estuaire de la Seine. En été, les « cabanes » de plage s'étalent tout le long du rivage.

Depuis la « Porte océane », prenez au sud le boulevard Clemenceau qui longe l'anse des Régates et l'anse de Joinville, puis encore à gauche la rue F.-Lemaître.

Église Saint-Joseph★ (plan I B2)

Cette construction des années 1950, en béton brut, surmontée d'un clocher octogonal haut de 109 m, caractérise bien l'art d'Auguste Perret par la sobriété de ses lignes.

L'**intérieur**★★ de plan carré est une réalisation monumentale dont l'effet est saisissant. Quatre groupes de quatre piliers carrés supportent la base du clocher qui forme une tour-lanterne octogonale (84 m de haut).

Reprenez le boulevard Clemenceau jusqu'à l'avant-port. Longez le musée des Beaux-Arts André-Malraux (voir « Visiter »).

Sémaphore (plan I B2)

La tour (radar, radio, télégraphe) culmine à 45 m. Du bout de la jetée, la **vue** embrasse l'entrée du port et l'avant-port protégé par la longue digue sud, avec le poste d'accostage des méthaniers au premier plan et les réservoirs à méthane liquide. On peut suivre d'ici tous les mouvements des navires.

Continuez le long du front de mer et prenez le quai de Southampton puis, après le Bassin du Roi, le quai de l'Île au tout début duquel se trouve la maison de l'Armateur (voir « Visiter »). Prenez alors la première à gauche, rue du général Faidherbe puis le pont Notre-Dame. Empruntez à droite le quai Videcoq puis remontez la rue des Drapiers à gauche.

Cathédrale Notre-Dame (plan I B2)

Construite de 1575 à 1630, elle allie gothique et Renaissance. Le portail nord, orné de colonnes ioniques, est dit de l'Ave Maria, à cause de l'inscription figurant au-dessus de la rose flamboyante. Quatre paires de colonnes ioniques surmontées de vases à chaque extrémité rythment la façade ouest. L'étage supérieur, percé d'une grande fenêtre, est d'ordre corinthien. Ses contreforts portent des gargouilles en forme de salamandres.

L'intérieur comporte une nef centrale et deux latérales terminées par une chapelle. Les grandes orgues (1637), don de Richelieu, portent au sommet les armes du cardinal.

La rue de Paris rejoint la place du Gén.-de-Gaulle.

Visiter

Musée Malraux★ (plan I B2)

2 bd Clémenceau - ✆ 02 35 19 62 62 - www.ville-lehavre.fr - ♿ - tlj sf mar. 11h-18h, w.-end 19h - fermé 1er janv., 1er Mai, 14 Juil., 11 Nov. et 25 déc. - 5 € (-18 ans gratuit), gratuit 1er sam. du mois.

Dressé à l'entrée du port et regardant le large à travers *Le Signal* (monumentale sculpture de béton), le musée a été repensé en 2005 pour pouvoir accueillir la nouvelle donation Senn-Foulds, venue enrichir un panorama assez complet de la peinture du 17e au 20e s.

Rez-de-chaussée – Présentation de tableaux de la donation Charles-Auguste-Marande (Monet, Jongkind, Pissarro, Delacroix et les fauves Marquet, Camoin et Kees van Dongen) ainsi qu'un ensemble d'œuvres du Havrais **Raoul Dufy** (1877-1953). Ce dernier appartenait au groupe des fauves du Havre avec Braque et Othon Friesz, dont certaines céramiques, exécutées pour une villa de Ste-Adresse en 1909, sont aussi exposées. Raoul Dufy subit l'influence de Cézanne et, à un moment, celle du cubisme, mais il suivait surtout son inspiration personnelle, traitant ses thèmes favoris : orchestres, régates, courses de chevaux, bals champêtres, plages normandes, rues pavoisées et sujets allégoriques. Souplesse et légèreté du graphisme, éclat de la palette, mouvement exprimé par la dissociation

SE LOGER

Art (Hôtel) .... ①
Novotel (Hôtel) .... ②
Marly (Hôtel) .... ④
Richelieu (Hôtel) .... ⑥
Terminus (Hôtel) .... ⑧

du dessin et de la couleur et fantaisie d'interprétation caractérisent son art. Un cabinet consacré aux arts graphiques a également été créé (les pièces changent tous les trois mois).

Mezzanine – Elle conserve la prestigieuse **collection de toiles d'Eugène Boudin★** (1824-1898), Normand né à Honfleur mais Havrais d'adoption. Sacré « roi des ciels » par Charles Baudelaire, il fut l'un des grands précurseurs de l'impressionnisme. Ses sujets de prédilection : les paysages normands et les scènes de plage à Deauville et Trouville. Les pièces présentées retracent l'évolution de son art, depuis ses débuts où il peint à la manière précise des maîtres hollandais *(Pardon de Ste-Anne-la-Palud)* jusqu'à ses dernières toiles, qui atteignent une

SE RESTAURER

Auberge (La petite) ③

Odyssée (L') ⑦

Wilson (Le) ⑨

liberté de touche à la limite de l'art figuratif *(Barques jaunes à Étretat, Intérieur d'une église en Bretagne)*.

L'étage accueille également la belle **donation Senn-Foulds★** qui place le musée au premier rang des collections impressionnistes françaises en province. À côté des Delacroix, Monet, Pissarro *(Soleil levant à Éragny)*, Renoir *(Portrait de Nini Lopez)* et Sisley, de nombreux tableaux avant-gardistes complètent les œuvres du 20e s. déjà présentes au musée (Bonnard, Derain, Matisse, etc.).

Au fond de la mezzanine, pour les 17e-18e s., la grande peinture religieuse (Vouet, Ribera, La Fosse) côtoie les natures mortes (Stoskopff), les paysages et les marines (Backhuysen).

Un parcours avec l'aide d'un livret est proposé aux enfants. *Se renseigner.*

Appartement-témoin Auguste-Perret★ (plan I B2)

✆ 02 32 74 04 04 - visite guidée merc., w.-end et j. fériés 14h-17h (dép. ttes les heures) - fermé 1er janv. et 25 déc. - 5 € (-12 ans gratuit), gratuit 1er sam. du mois.

Belle reconstitution de l'appartement-témoin qu'Auguste Perret avait présenté à l'Exposition internationale de 1947, puis deux ans plus tard aux Havrais dont la ville devait être reconstruite. La visite permet de saisir le projet de l'architecte, son désir de rationnalisation et de flexibilité de l'espace. Les meubles épurés et fonctionnels des décorateurs René Gabriel, Marcel Gascoin et André Beaudoin, ainsi que les nombreux objets du quotidien, donnent beaucoup de vie au lieu et traduisent les évolutions sociales de l'après-guerre.

Le Havre : appartement-témoin de la ville reconstruite par Auguste Perret.

Muséum d'Histoire naturelle (plan I B2)

Pl. du Vieux-Marché - ✆ 02 35 54 75 85 - http://museum.ville-lehavre.fr - tlj sf lun. 9h30-12h, 14h-18h, jeu. 14h-18h - possibilité de visite guidée sur demande (8 j. av.) - fermé 1er Mai, 14 Juil., 11 Nov. et 25 déc. - gratuit.

Installé dans l'ancien palais de justice (18e s.). Des expositions temporaires (renouvelées plusieurs fois par an) présentent les différentes collections du musée : ornithologie, minéralogie, géologie, histoire locale, etc. Le dynamisme de la muséographie met le fonds en valeur et le visiteur peut faire appel aux médiateurs pour découvrir le musée. En fin de parcours, une salle présente des œuvres du peintre naturaliste Charles-Alexandre Lesueur, né au Havre en 1778.

Maison de l'Armateur (plan I C2)

3 quai de l'Île - ✆ 02 35 19 09 85 - www.musees-haute-normandie.fr - 11h-18h, merc. 14h-18h - fermé jeu., 1er janv., 1er Mai, 14 Juil., 11 Nov. et 25 déc. - 3 € (-18 ans gratuit).

Cette maison de la fin du 18e s. est l'une des rares survivantes des bombardements de 1945. Édifiée pour son usage personnel par l'architecte et le fontainier de la ville, M. Thibault, elle a été rachetée au début du 19e s. par un armateur, d'où son nom. Ses cinq niveaux circulaires entièrement décorés de bois sculpté s'agencent autour d'un étonnant puits de lumière central et octogonal. Toutes les pièces ont été reconstituées et présentent les valeurs esthétiques des notables de l'époque : écuries, chambres, bureau de négoce, cabinets de curiosités et salle d'observation.

Le quartier de l'Eure (plan I D2)

L'un des gros projets actuels de la ville est la réhabilitation des **docks**. Une agréable promenade est aménagée au-delà du bassin Paul-Vatine au-dessus duquel un étonnant pont mobile a été construit. Accessible aux piétons, aux rollers et aux vélos, l'**esplanade Bellot** et le jardin fluvial seront ensuite intégrés dans un parc urbain de 9 ha qui reliera la gare à l'entrée du port. L'architecte Jean Nouvel s'est vu confier plusieurs projets au sein de ce quartier en mutation : un espace aquatique, ouvert en 2008, et un Centre de la mer et du développement durable, qui devrait voir le jour en 2011.

Aux alentours

Sainte-Adresse★ (plan II E)

Cette charmante localité prolonge Le Havre vers le cap de la Hève. Active cité maritime au 14e s., elle s'appelait à l'époque St-Denis-Chef-de-Caux, mais en 1369, un terrible raz-de-marée détruisit totalement son port. Le village se reconstruisit alors dans le vallon d'Ignauval au fond duquel on découvre aujourd'hui le charmant manoir de Vitanval (15e s.), la plus vieille demeure du pays de Caux.

La station balnéaire s'est développée au début du 20e s. à l'initiative d'un commerçant parisien, Dufayel. Au cours de la guerre 1914-1918, à la suite de l'invasion de la Belgique, le gouvernement belge s'y installa, bénéficiant du privilège d'extra-territorialité. De nos jours, Ste-Adresse fait figure de « Nice havrais ». De jolies villas entourées de jardins s'étagent en effet sur les hauteurs escarpées du cap, offrant de beaux points de vue sur Le Havre et l'estuaire de la Seine.

Circuit de Sainte-Adresse★ (plan II A)

Le boulevard Albert-Ier longe la plage et rejoint la place Clemenceau où la statue d'Albert Ier, roi des Belges de 1909 à 1934, rappelle les liens entre la Belgique et cette localité.

Suivez la signalisation Pain de Sucre, N.-D.-des-Flots.

Après quelques lacets, on passe devant le **Pain de Sucre**, cénotaphe du général-comte Lefebvre-Desnouettes, disparu dans un naufrage au large de l'Irlande (1822). Ce monument a été élevé sous cette forme pour servir d'amer aux marins. Un peu plus haut sur la droite, la **chapelle N.-D.-des-Flots** renferme des ex-voto de marins.

Prenez à gauche la route du Cap.

La route longe les bâtiments de l'École nationale de la marine marchande, l'une des plus modernes d'Europe.

Cap de la Hève (plan II E) – *En avant du phare (15mn à pied AR).* Ce site rocheux domine l'entrée du port et l'embouchure de la Seine (casemates de la dernière guerre).

Faites demi-tour et prenez le boulevard du Président-Félix-Faure, à droite, qui ramène en vue de la mer. Dans la descente, après deux virages, un belvédère, le « Balcon de l'estuaire », dévoile un **panorama★** sur la plage, la ville et le port du Havre, l'estuaire de la Seine et la côte du Calvados. Joli point de vue sur l'estuaire depuis la table d'orientation.

Regagnez la place Clemenceau.

Parc de Montgeon (plan II F)

À 3 km du centre du Havre. Accès par le tunnel Jenner s'ouvrant cours de la République (direction ville haute).

Ce massif boisé de 250 ha (chênes, hêtres, bouleaux), aménagé pour les promeneurs et transformé en parc de loisirs, est devenu un agréable lieu de détente. Lac (canotage), aires de jeux, camping et terrains sportifs.

Prieuré de Graville (plan II G)

Accès par la rue A.-Briand, la rue de Verdun (direction Rouen-Paris), puis à gauche la rue de l'Abbaye (panneau indicateur). On entre par le cimetière.

Un sanctuaire érigé au 6e s. abritait les reliques de sainte Honorine (martyrisée à Lillebonne en 303) qui, pour être préservées de la « fureur des Normands », furent emportées à Conflans-Ste-Honorine, près de Pontoise.

L'**église Ste-Honorine**, ancienne abbatiale, date des 11e et 13e s. : beaux chapiteaux historiés, retable du 17e s. restauré à l'or 23 carats. À l'entrée, sur la gauche, se dresse la statue monumentale de N.-D.-de-Grâce appelée **Vierge noire** en raison de la couleur du métal qui la compose. Elle a été érigée après la guerre de 1870 pour célébrer le recul des Prussiens aux portes de la ville.

Descendez par les jardins en terrasses qui contournent les bâtiments conventuels du 13e s. (remaniés au 17e s.) à gauche de l'église. Depuis ces terrasses, beaux **coups d'œil** sur le site de l'abbaye, Le Havre et la baie de Seine. On aboutit dans la rue du Prieuré ; plus haut, un escalier conduit au musée installé dans les bâtiments conventuels.

Musée du Prieuré de Graville – *✆ 02 35 24 51 00 - fermé pour travaux.* Il présente une collection d'art religieux du 16e s. à nos jours. Pierres tombales, chapiteaux, statues en pierre du 12e au 15e s., bas-reliefs et statues en bois polychrome. Une section illustre l'histoire de l'architecture régionale française (maquettes de maisons).

Harfleur (plan II D)

Accès par la rue A.-Briand et la rue de Verdun en direction de Rouen.

Ancien port de mer de la banlieue industrielle du Havre. L'**église St-Martin** possède un clocher du 15e s., célèbre dans le pays de Caux, qui s'élève à 83 m. À l'intérieur, aux belles clefs de voûte, les piliers de gauche ont des chapiteaux à feuillages. Dans la première chapelle du bas-côté droit, retable (18e s.) et pierre tombale (14e s.). Buffet d'orgues (17e s.) orné de fines sculptures. En suivant la rue des 104 et la rue Gambetta, on atteint le **pont sur la Lézarde** d'où la vue est jolie sur le clocher.

Château d'Orcher (plan II H)

10 km. Quittez Le Havre par la D 6015, puis prenez à droite la route de Gonfreville-l'Orcher - Visite guidée (30mn) de déb. juil. à mi-août et Journées du patrimoine : tlj sf lun. 14h-18h - 5,50 € (-16 ans 3 €). Ce château se dresse sur une falaise dominant la Seine. À l'origine (11e s.), il faisait partie d'un système de défense assurant la protection de l'estuaire. Démantelé au 14e s., il est racheté au 18e s. par un négociant rouennais qui rase trois des côtés et aménage le quatrième dans le goût de l'époque Louis XV.

On visite la bibliothèque, la salle à manger (collection d'assiettes de la Compagnie des Indes) et les salons dont l'un expose un bel ensemble de boiseries rocaille. À l'extérieur, ne manquez pas le magnifique **colombier** octogonal en silex bleuté et en pierre, renforcé de contreforts.

Montivilliers

8 km du centre. Quittez Le Havre par la D 489.

Ce satellite de l'agglomération havraise est né d'une abbaye de moniales érigée par saint Philibert au 7e s., d'où son nom : « ville du moustier » (du monastère). Un parcours fléché et numéroté invite à la visite de l'histoire de la ville et de son patrimoine architectural. Dépliant disponible au service culturel municipal.

Après plus de vingt ans de travaux, l'abbaye accueille un parcours spectacle « **Cœur d'Abbayes★** » qui propose une rétrospective historique agrémentée d'une belle scénographie. *✆ 02 35 30 96 66 - www.ville-montivilliers.fr - ♿ - avr.-sept. : 10h-19h,*

w.-end et j. fériés 14h-19h ; oct.-mars : tlj sf lun. 10h-17h, w.-end 14h-18h - fermé 1er janv. et 25 déc. - 5 €.

Église St-Sauveur★ – Contournez l'édifice par la gauche pour voir la tour-lanterne (11e s.) élevée à la croisée du transept. Une tour romane coiffée d'une flèche refaite au 19e s. domine la façade. L'intérieur possède deux nefs. La plus grande, romane, contient une chaire sculptée en chêne massif (17e s.). La nef latérale gothique est ajoutée au 16e s. Au revers du clocher, jolie tribune flamboyante à trois pans.

Aître de Brisegaret – *Chemin d'accès sur la route de Fécamp (à gauche devant un magasin de marbrier).* De cet ancien ossuaire, moins bien préservé que l'aître St-Maclou à Rouen, ne subsiste qu'une galerie (16e s.) couverte d'un berceau de bois. Les piliers sont sculptés de personnages divers, squelettes, écussons, etc.

A. de Valroger/MICHELIN

Le cloître de Montivilliers.

Château de Filières

20 km au nord-est par la D 6015 ; prenez à gauche la D 31 après St-Romain, puis la D 80 à droite. ✆ 02 35 20 53 30 - visite guidée (30mn) juil.-août : 14h-18h ; mai-juin et sept. : dim. 14h-18h - 6 €.

Le château s'élève sur la gauche, juste après Gommerville, dans un beau parc, au bout d'une allée bordée d'arbres qui débouche sur la cour d'honneur ceinturée de douves. L'édifice en pierre blanche de Caen comporte deux parties distinctes : aile gauche de la fin du 16e s., pavillon central et aile droite du 18e s., dont la sobre façade classique s'orne d'un fronton aux armes des Mirville, constructeurs du château et ancêtres des propriétaires actuels.

À l'intérieur, admirables sujets d'Extrême-Orient (porcelaines, tentures), souvenirs des rois de France (médaillons en biscuit de Sèvres) et intéressantes pièces de mobilier retiennent l'attention.

Dans le parc, à gauche du château, « **la cathédrale★** » aligne sept magnifiques rangées de hêtres dont les frondaisons et les ramures forment une véritable voûte.

Le Havre pratique

Adresse utile

Office du tourisme du Havre – *186 bd Clemenceau - 76600 Le Havre - ✆ 02 32 74 04 04 - www.lehavretourisme.com - de Pâques à fin oct. : 9h-18h45, dim. et j. fériés 9h-17h45 ; reste de l'année : 9h-12h30, 14h-18h15, dim. et j. fériés 10h-12h30, 14h30-17h.*

👁 L'office de tourisme propose des week-ends thématiques.

Visites guidées

Le Havre, qui porte le label Ville d'art et d'histoire, propose des visites-découvertes (1h30) animées par des guides-conférenciers agréés par le ministère de la Culture et de la Communication. Ateliers pour les enfants. Visites à thème (6 €) et visites de la ville en minibus (5 €) - *✆ 02 35 21 27 33 (service du patrimoine).*

Visite du port autonome – Pour tout renseignement sur le port, s'adresser à l'accueil dans le hall du siège social du port autonome du Havre (terre-plein de la Barre) ou à l'office de tourisme – possibilité de prêt de CD ou CD-Rom pour visite audio-guidée du port. *✆ 02 32 74 74 00 - www.havre-port.fr -*

Visite du port en bateau – *Découverte du port du Havre - mai-juil. et sept.-déc. (selon les conditions météo) - dép. de la digue Charles-Olsen - se renseigner à l'office de tourisme - 13,50 € (enf. 9,50 €).*

Se loger

€€ **Hôtel Richelieu** – *132 r. de Paris - ✆ 02 35 42 38 71 - www.hotel-lerichelieu-76.com - 19 ch. 46 € - ☕ 6,50 €.* Dans la rue de Paris aux nombreuses boutiques. Hall-salon aux couleurs de l'océan. Chambres tranquilles et bien tenues.

€€ **Hôtel Terminus** – *23 cours de la République - ✆ 02 35 25 42 48 - www.grand-hotel-terminus.fr - fermé 22 déc.-1er janv. - 44 ch. 67/95 € - ☕ 7,50 € - rest. 17 €.* Comme son nom le laisse entendre, l'hôtel Terminus se trouve face à la gare, mais profite d'une insonorisation efficace. Choisissez une chambre rénovée pour ses couleurs gaies et son mobilier contemporain. Petit-déjeuner servi sous forme de buffet.

⊖⊖ **Hôtel Marly** – *121 r. de Paris - ✆ 02 35 41 72 48 - www.hotellemarly.com - 37 ch. 73/99 € - ☕ 12,50 €.* Sur le boulevard qui mène au port, cet hôtel à la façade un peu austère est pratique. Ses chambres sont assez grandes, correctement équipées et fonctionnelles... Une bonne adresse pour concilier affaires et tourisme.

⊖⊖ **Art Hôtel** – *147 r. Louis-Brindeau - ✆ 02 35 22 69 44 - www.bestwestern.fr/arthotel - 31 ch. 79/125 € - ☕ 12 €.* Face à l'espace Oscar-Niemeyer (le volcan) à deux pas du bassin du Commerce. Salon-bar contemporain. Chambres rénovées et fonctionnelles.

⊖⊖ **Hôtel Les Voiles** – *3 pl. Clemenceau - 76310 Ste-Adresse - ✆ 02 35 54 68 90 - www.voiles76.fr - 17 ch. 70/150 € - ☕ 11 € - rest. 26/39 €.* Emplacement idéal face à la mer pour cet hôtel au chaleureux intérieur contemporain. Toutes les chambres (sauf quatre) s'ouvrent sur le large. Au restaurant, cadre de bistrot marin et baies vitrées avec une jolie vue.

⊖⊖⊖ **Hôtel Novotel** – *20 cours Lafayette - ✆ 02 35 19 23 23 - www.novotel.com - 134 ch. 95/160 € - ☕ 13 € - rest. 28 €.* Architecture résolument contemporaine posée sur les rives du bassin Vauban, à proximité de la gare. Chambres spacieuses et lumineuses, parfaitement équipées. Le restaurant au cadre design ouvre sur le jardin intérieur. Cuisine traditionnelle.

Se restaurer

⊖⊖ **Le Wilson** – *98 r. Prés.-Wilson - ✆ 02 35 41 18 28 - fermé dim. soir, mar. soir, merc. et 3-20 juil. - 17/34 €.* Décor de bistrot simple et chaleureux, ambiance conviviale et accueil charmant caractérisent ce petit restaurant installé sur une placette, dans un secteur commerçant et populaire. Aux beaux jours, profitez de la terrasse et de la joyeuse animation du quartier. Cuisine traditionnelle.

⊖⊖ **La Petite Auberge** – *32 r. Ste-Adresse - ✆ 02 35 46 27 32 - fermé sam. midi, dim. soir, lun., 20 fév.-1er mars et 1er-24 août - 22/41 €.* Non loin de la cité de Ste-Adresse, ce petit restaurant à la pimpante façade habillée de colombages sert une cuisine gourmande qui chante les saveurs du terroir et celles du marché... Ambiance intimiste dans un décor néo-rustique, avec poutres apparentes, nappes blanches et meubles cérusés.

⊖⊖⊖ **L'Odyssée** – *41 r. du Gén.-Faidherbe - ✆ 02 35 21 32 42 - fermé sam. midi, dim., lun., 18 avr.-2 mai et 7-27 août - 29/39 €.* Heureux qui comme vous ferez un beau... repas dans ce sympathique restaurant du quartier St-François : cuisine et cadre semblent inspirés par Poséidon.

Faire une pause

Les 3 Pics – *Sente Alphonse-Karr - 76310 Ste-Adresse - ✆ 02 35 48 20 60 - http://les3pics.cartesurtables.com - 10h-1h - fermé sam. apr.-midi, dim. apr.-midi et lun.* Cet établissement domine la mer. Sur la terrasse en été, larges baies vitrées en hiver. La carte affiche fruits de mer et poissons. Café-salon de thé.

Que rapporter

Les Gobelins – *R. du Prés.-Wilson - lun., merc. et vend. 7h30-13h30.* Ce marché n'est pas très étendu, mais il présente l'avantage d'être situé en plein centre-ville, sur une grande avenue aux larges trottoirs jouxtant la mairie. Les Havrais se fournissent chez les marchands de primeurs, nombreux et d'un excellent niveau de qualité, les charcutiers, les bouchers ou les poissonniers ; tous proposent une marchandise de saison fraîche et savoureuse.

Les Halles Centrales – *Fermé dim. et j. fériés.* Les boutiques disposent d'un espace de vente conséquent et sont séparées par de larges allées. Étals tenus bien souvent par les meilleurs commerçants de la ville. Vous trouverez là une trentaine de stands alimentaires.

S. Sauvignier/MICHELIN

Pêcheurs sur la jetée du Sémaphore.

Sports & Loisirs

Aéro-club du Havre - Jean-Maridor – *R. Louis-Blériot - aéroport du Havre-Octeville - ✆ 02 35 48 35 91 - aeroclub@club-internet.fr.* Baptêmes de l'air et vols d'initiation de 30mn ! Court mais intense... À bord d'un aéronef de 2 ou 4 places, vous longerez la côte jusqu'à Étretat, puis reviendrez par la campagne et le pont de Normandie avant de contourner Le Havre par l'estuaire.

Promenade en mer - « Ville du Havre » – Sur le « Ville du Havre », voilier spécialement destiné à la promenade, découvrez la ville côté mer (sorties encadrées par un skipper professionnel BE). Billetterie et renseignements à l'office de tourisme - ✆ 02 32 74 04 04.

Événements

👁 **Bon à savoir** – L'office de tourisme édite un programme de manifestations mensuel, *Agenda*, qui recense les principaux événements et annonce les escales des grands paquebots de croisière.

Honfleur★★★

8 139 HONFLEURAIS
CARTE GÉNÉRALE A2 – CARTE MICHELIN DÉPARTEMENTS 303 N3 – CALVADOS (14)

Sur l'estuaire de la Seine qu'enjambe l'impressionnant pont de Normandie, aux portes du pays d'Auge et de la Côte de Grâce si bien nommée, Honfleur distille toute l'année le parfum des vacances. On flânerait des heures durant le long du Vieux Bassin et autour du clocher Ste-Catherine, à travers les vieilles rues pleines de charme et de colombages, sans oublier ses musées, parmi lesquels les maisons Satie, dédiées au malicieux compositeur honfleurais. Côté port, une flottille de bateaux de pêche débarque chaque jour poissons et crustacés. La double vocation de port fluvial et maritime de Honfleur s'affirme lors des escales de gros navires de croisière, de plus en plus fréquentes.

A. Lagarde/MICHELIN

Honfleur : le Vieux Bassin et le quai Ste-Catherine.

- **Se repérer** – La ville s'étend sur la rive gauche de l'embouchure de la Seine, à 3 km du pont de Normandie, soit 25 km du Havre et 91 km de Rouen. L'animation se concentre autour de l'avant-port et du Vieux Bassin où l'ingénieur Frédéric Sauvage fit ses premiers essais de bateau à hélice en 1832. Aujourd'hui, il n'est pas rare que de luxueux navires de 220 m, transportant jusqu'à 1 200 passagers, s'arrêtent le long des quais en eau profonde (entre 7,5 m et 9,5 m).
- **À ne pas manquer** – Les ruelles du vieux Honfleur et son étonnante église Ste-Catherine à deux nefs.
- **Organiser son temps** – Pour profiter des plus belles lumières sur le Vieux Bassin, privilégiez le début de matinée ou la fin de journée : tôt, les rayons du soleil caressent les façades anciennes du quai Ste-Catherine, et le soir, ils enflamment les greniers à sel sur le quai opposé.
- **Avec les enfants** – Visitez les jardins tropicaux du Naturospace.
- **Pour poursuivre la visite** – Voir aussi Trouville, Deauville, Houlgate, Cabourg, le pays d'Auge, Pont-l'Évêque et Le Havre.

Comprendre

Le Canada, colonie normande – Dès le début du 16e s., des navigateurs avaient touché les côtes d'un pays appelé « Gallia Nova » par Verrazano, le découvreur du site de New York. Mais c'est **Jacques Cartier** qui, en 1534, « y met les pieds, s'en empare et le donne à la France ». Il adopte le nom de Canada : « village », en huron. Pourtant, François Ier est déçu, car le Malouin ne rapporte ni épices, ni or, ni diamants. Le Canada est délaissé. Ce n'est qu'au début du 17e s. que **Samuel de Champlain**, navigateur avisé, reçoit mission de créer des établissements sur ce vaste territoire. Parti de Honfleur, il fonde Québec en 1608.

Colbert incite Louis XIV à s'intéresser au Canada, qui devient bientôt une vraie colonie normande et percheronne. Plus de 4 000 paysans s'y établissent et défrichent le sol.

La pêche, la chasse, le commerce du « pelu » (fourrure) y sont florissants. Mais les Iroquois, établis dans la région des lacs Érié et Ontario, contestent l'installation des colons français, qui doivent, en 1665, faire appel à l'armée française pour se protéger de leurs incursions. C'est ainsi que débarque le régiment de Carignan-Salières, fort d'un millier de soldats. Aussitôt, un décret oblige les soldats à se marier sur place, moins de quinze jours après l'arrivée des bateaux transportant les **« filles du roy »**.

Cavelier de La Salle, partant du Canada, explore la Louisiane. C'est pour défendre la vallée de l'Ohio, voie de passage entre les deux colonies, que s'engage avec l'Angleterre la lutte qui aboutit à la perte du Canada (1760).

L'invitation des arts – Honfleur est un lieu béni des Muses. Baudelaire, résidant chez sa mère retirée ici, déclare : « Mon installation à Honfleur a toujours été le plus cher de mes rêves. » Il y compose *L'Invitation au voyage*.

Depuis le 19e s., l'atmosphère et le charme de la ville ont inspiré une foule d'artistes : peintres, écrivains et musiciens. Lorsque la côte normande est à la mode parmi les romantiques, Musset séjourne à St-Gatien chez son ami Ulrich Guttinger. Les peintres affluent bientôt : de purs Normands (Boudin, Hamelin, Lebourg, etc.), mais aussi des Parisiens (Paul Huet, Daubigny, Corot, etc.) et des étrangers (Bonington, Jongkind, etc.). La petite auberge de St-Siméon, « Chez la Mère Toutain », servait à l'époque de point de ralliement à ces artistes de l'école de Honfleur, dont certains formeront le groupe des impressionnistes. Depuis, les maîtres de toutes les écoles (pointillistes avec Seurat, fauves avec Dufy) ont succombé au charme de Honfleur. Plus que jamais, la peinture reste ici une « maladie endémique ».

Se promener

LE VIEUX HONFLEUR★★

Déambulez le long des quais, foulez les rues et ruelles pavées du quartier Ste-Catherine ; arrêtez-vous devant la façade d'une demeure ancienne, devant le chevalet d'un peintre ou devant une bolée de cidre à la terrasse d'un café, autour du Vieux Bassin… Pour apprécier Honfleur, il faut prendre le temps de flâner !

Environ 1h30 (sans la visite des musées) au départ de la place A.-Boudin, à l'est du Vieux Bassin ; parking le long du quai de la Tour.

Place Arthur-Boudin

De vieilles maisons essentées d'ardoises s'ordonnent autour de cette petite place du quartier de **l'Enclos**, cœur de la vieille cité autrefois ceinte de fortifications. Chaque samedi matin, la placette déborde d'animation et de couleurs grâce à son marché. Au n° 6, maison Louis XIII en damier de pierre et de silex.

Les **greniers à sel** *(r. de la Ville)* se dressent à deux pas de l'Enclos. Ces bâtiments (17e s.) en pierre, couverts de tuiles, ont été construits par la ferme des gabelles pour stocker le sel nécessaire aux armements pour la pêche à la morue. Des expositions y sont organisées tout au long de l'année. Elles permettent d'admirer la belle **charpente en chêne** des bâtiments. *S'adresser à l'office de tourisme - les visites ne sont accessibles que dans le cadre de la visite guidée de la ville ou pendant les périodes d'expositions.*

La **rue de la Prison**, face aux greniers, aligne de vieilles maisons à pans de bois. Au bout de cette voie, sur la droite, l'ancienne église St-Étienne, dont le clocher domine le Vieux Bassin, abrite le **musée de la Marine**.

Le Vieux Bassin★★

Créé par Duquesne sur ordre de Colbert, il s'entoure de quais ravissants et les bateaux de plaisance ajoutent un charme supplémentaire. Les riches demeures de pierre du **quai St-Étienne**, à deux étages et mansardées, contrastent avec celles du **quai Ste-Catherine** dont les maisons étroites et hautes, comptant jusqu'à sept étages,

Le saviez-vous ?

Le nom – *Honnefleu*, dont dérive Honfleur, viendrait d'un patronyme scandinave, *honn*, et de *flet* ou *fleu*, qui désigne une crique ou une baie en norrois (nordique). La ville a donné son nom à une école de peinture fondée par Eugène Boudin.

Les gens – L'économiste Frédéric Le Play (né à La Rivière-St-Sauveur), l'historien Albert Sorel, l'humoriste Alphonse Allais, le compositeur **Erik Satie**, le poète et romancier Henri de Régnier ainsi que Lucie Delarue-Mardrus, dont les œuvres ont la saveur de cette terre qu'elle aimait tant, ont tous en commun d'avoir été honfleurais.

élancent leurs façades de bois protégées d'ardoises (l'essentage). La Lieutenance, qui domine le pont levant, complète cet ensemble unique.

La Lieutenance

C'est un vestige de l'ancienne demeure (16e s.) du lieutenant du roi, gouverneur de Honfleur. Sur la façade donnant sur la place, on a encastré, entre deux échauguettes, l'ancienne porte de Caen, l'une des deux entrées de la ville médiévale.

Sur la façade tournée vers le port, une plaque commémore les départs de Champlain pour le Canada, dont celui de 1608 qui mena à la fondation de Québec. Devant l'édifice, on découvre de vieux gréements : le *Dehel*, voilier de type cotre-pilote de Ouistreham, la *Sainte-Bernadette*, chaloupe de Honfleur, et la *Roche Bleue*, bautier (genre de sloop) de Barfleur. De l'angle du quai des Passagers, jolie vue sur le bâtiment, le Vieux Bassin et, de l'autre côté, sur l'avant-port.

La **rue des Logettes**, dont l'appellation rappelle les petites échoppes de bois qui la bordaient, donne sur la **place Ste-Catherine**, au cœur du quartier du même nom. Cet ancien faubourg a été rattaché au quartier de l'Enclos au 19e s. par le comblement des fossés de séparation. Il conserve ses vieilles rues aux maisons à pans de bois et en pierre, sa rare église et son fameux clocher.

G. Targat/MICHELIN

La fameuse et belle église Ste-Catherine à Honfleur.

Église Sainte-Catherine★★

C'est au 15e s., après la guerre de Cent Ans, alors qu'on s'arrachait maçons et architectes pour la « reconstruction », que les « maîtres de hache » de Honfleur, impatients de remercier Dieu du départ des Anglais, décidèrent de construire eux-mêmes l'église, presque entièrement en bois.

L'intérieur se compose de nefs jumelles et de deux bas-côtés. Chaque nef se recouvre d'une voûte de bois à charpente apparente soutenue par des piliers de chêne, en forme de carène renversée. Les panneaux sculptés ornant la tribune sont du 16e s. Les belles orgues datent du 18e s.

Clocher Sainte-Catherine★

✆ 02 31 89 54 00 - 4 avr.-30 sept. : 10h-12h, 14h-18h ; de déb. oct. à mi-nov. : 14h30-17h, w.-end 10h-12h, 14h30-17h - fermé mar., 1er Mai et 14 Juil. - 2 €, 5,40 € billet combiné avec le musée Eugène-Boudin.

Cette robuste construction de chêne, recouverte d'essences de châtaignier, repose sur un large soubassement qui abritait la maison du sonneur (en silex taillé, briques et pans de bois). Le clocher est isolé de l'église, car la charpente en bois n'aurait pu supporter le poids des cloches. C'est aujourd'hui une annexe du musée Boudin. Des œuvres religieuses y sont exposées, principalement des objets d'art sacré (statue de moine en bois polychrome du 16e s., Christ en verre), des ornements et des torchères utilisés par les confréries de charité.

La **rue des Lingots**, étroite et tortueuse, contourne le clocher ; son vieux pavage descend jusqu'à la **rue de l'Homme-de-Bois**, qui doit son nom à une tête sculptée visible au n° 23.

Prenez à gauche la rue de l'Homme-de-Bois ; 400 m plus loin, à hauteur de la chapelle de l'Hôtel-Dieu, prenez à droite la rue du Trou-Miard, puis encore à droite la rue Haute.

Place J.-de-Vienne, le phare de l'hôpital sert désormais de perchoir aux mouettes. La plupart des armateurs logeaient **rue Haute**, ancien chemin de grève situé en dehors des fortifications. Au n° 88, la maison d'Erik Satie, aux colombages peints en rouge, abrite un étonnant musée consacré à ce compositeur honfleurais à (re)découvrir. On atteint la **place Hamelin** où Alphonse Allais vit le jour au n° 6.

Au choix : continuez tout droit (quais de la Lieutenance et de la Quarantaine) pour retrouver la place A.-Boudin à droite, ou prolongez la balade d'un petit tour au jardin public et/ou d'un aller-retour jusqu'à l'estuaire de la Seine, le long de la digue-promenade (jetée de l'ouest). Prenez alors à gauche le quai des Passagers.

Visiter

Musée Eugène-Boudin

R. de l'Homme-de-Bois - ✆ 02 31 89 54 00 - ♿ - de mi-mars à fin sept. : 10h-12h, 14h-18h ; de déb. oct. à mi-mars : 14h30-17h, w.-end et j. fériés 10h-12h, 14h30-17h - fermé mar., de déb. janv. à mi-fév., 1er Mai, 14 Juil. et 25 déc. - 5,40 € (enf. 4,70 €).

Aménagé dans l'ancienne chapelle des Augustines et dans un bâtiment moderne, c'est avant tout le musée des peintres de Honfleur et de l'estuaire. Il possède, entre autres, 92 peintures et dessins d'Eugène Boudin.

Une riche collection de coffres, armoires, costumes, coiffes, gravures et tableaux montrant la vie quotidienne en Normandie aux 18e et 19e s. occupe le 1er niveau. Aux 2e et 3e niveaux, on admire des œuvres d'artistes du 20e s. dont la plupart ont travaillé dans la région : Dufy, Marquet, Friesz, Villon, Lagar, Grau-Sala, Saint-Delis, Gernez, Driès, Herbo, Vallotton, Bigot…

Dans un bâtiment contigu à la chapelle, le reste des collections s'articule en trois salles. La première expose des toiles du 19e s., notamment d'**Eugène Boudin**, et des peintres de St-Siméon : Monet, Jongkind, Dubourg, Isabey, Pécrus, Courbet, Cals… Arrêtez-vous devant la *Conversation sur la plage*, par Eugène Boudin, et *Le Clocher de l'église Ste-Catherine*, par Claude Monet. La seconde présente la donation Hambourg-Rachet riche de quelque 300 toiles et dessins des 19e et 20e s. : Foujita, Garbell, Carrière, Hambourg… La visite se termine par le cabinet des dessins (une centaine d'œuvres renouvelées chaque année). Expositions temporaires.

Musée du Vieux Honfleur

Quai St-Étienne. Il comprend deux départements : le musée de la Marine et le musée d'Ethnographie et d'Art populaire.

Musée de la Marine – *Quai St-Étienne et r. de la Prison - ✆ 02 31 89 14 12 - mêmes conditions de visite que le musée d'Ethnographie et d'Art populaire.* Il prend place dans l'église St-Étienne précédée d'un beau porche en bois. Évocation de l'histoire du port et de ses activités maritimes (pêche, guerre, commerce, chantiers navals) ; maquettes de navires et documentation topographique.

Musée d'Ethnographie et d'Art populaire – *✆ 02 31 89 14 12 - www.musees-basse-normandie.fr - avr.-sept. : tlj sf lun. 10h-12h, 14h-18h30 ; de mi-fév. à fin mars et de déb. oct. à mi-nov. : tlj sf lun. 14h-17h30, w.-end 10h-12h, 14h-17h30 - fermé 1er Mai et 14 Juil. - 3 €, 4,20 € - billet combiné avec le musée de la marine.* Des maisons du 16e s. servent de cadre à ce musée où sont reconstitués dix intérieurs normands. On y voit notamment le manoir vigneron à pans de bois, la salle à manger bourgeoise, l'atelier du tisserand et celui de l'imprimeur, la chambre à coucher et une boutique au rez-de-chaussée. Les différentes pièces exposent une grande variété d'objets : étains, meubles, tableaux, costumes, bijoux… Une salle est consacrée au souvenir des plus illustres Honfleurais.

Maisons Satie★

Entrée au n° 67 bd Charles-V (parallèle à la rue Haute). ✆ 02 31 89 11 11- mai-sept. : 10h-19h ; oct.-avr. : 11h-18h - fermé mar., 1er janv. et 25 déc. - 5,40 € (enf. 3,90 €).

Avec une mise en scène novatrice, qui allie son, lumière, images et objets dans un décor aussi ludique qu'humoristique, cet espace fait partie des incontournables de Honfleur.

Bons mots de Satie

« Le temps de passer une jupe et je suis à vous ! » ; « Bien que nos renseignements soient faux, nous ne les garantissons pas. » ; « Que préférez-vous ? La musique ou la charcuterie ? » ; « Le piano, comme l'argent, n'est agréable qu'à celui qui en touche. »

Muni d'un écouteur, on se laisse guider dans la maison natale du compositeur au rythme des *Gymnopédies* ou des *Morceaux en forme de Poire*. Cancre à l'école ou musicien de référence, découvrez les différentes facettes d'Erik Satie au travers de ses œuvres et de commentaires inspirés de ses écrits. Certaines salles étonnent (leçon de piano fantomatique), d'autres amusent (manège musical), mais l'ensemble rend hommage au compositeur, éternel amoureux de la fantaisie.

Église Saint-Léonard

Au sud du Vieux Bassin, prenez la rue de la République, puis à gauche la rue Cachin qui donne place St-Léonard.

Sa façade associe bizarrement un riche portail flamboyant et une tour-clocher (1760) coiffée d'un dôme. À l'intérieur, où une voûte sur croisée d'ogives surmonte le narthex, on verra deux immenses bénitiers en coquille naturelle. L'entrée du chœur montre des statues de N.-D.-des-Victoires et de saint Léonard avec deux prisonniers – dont il est le saint patron – agenouillés ; dans le chœur, statues du 17e s. en bois verni. Le beau lutrin de cuivre (1791) vient des fonderies de Villedieu-les-Poêles.

À gauche de l'église, voyez le lavoir du 17e s., où il est toujours possible de faire sa lessive.

Naturospace★

Face au phare de l'hôpital, bd Charles-V. ☎ 02 31 81 77 00 - ♿ - www.naturospace.com - juil.-août : 10h-19h ; avr.-juin et sept. : 10h-13h, 14h-19h ; fév.-mars et oct.-nov. : 10h-13h, 14h-17h30 (dernière entrée 30mn av. fermeture) - fermé déc.-janv. - 7,70 € (enf. 5,90 €).

L'enchantement est au rendez-vous. Sous une grande serre tropicale de 200 m², des papillons – une soixantaine d'espèces de tous les continents – évoluent gracieusement en toute liberté. Environné du bruissement de leurs ailes, le visiteur pénètre dans un environnement tropical (28 ° toute l'année) décoré de plantes exotiques. Un vrai paradis ! Des vitrines permettent d'observer des chrysalides et, le matin, d'apercevoir quelques chenilles sortir de celles-ci. Nombreuses explications sur le mode de vie des papillons et sur les plantes tropicales. Expositions temporaires régulières.

Aux alentours

Pont de Normandie★★

3 km à l'est par la D 580. Péage pour les voitures (compter 5 €) ; piétons, cyclistes et motards peuvent passer gratuitement, mais... attention : ça souffle parfois fort à cette hauteur !

L'importance du pont de Normandie pour la région est triple : il rapproche Le Havre et Honfleur en supprimant le détour par Tancarville (24 km au lieu de 60 km auparavant), il assure la continuité autoroutière entre le tunnel sous la Manche et les régions de l'ouest et du sud-ouest, et enfin il constitue l'un des maillons de la **« route des Estuaires »** qui relie le nord et le sud de l'Europe sans passer par Paris.

Conçu par M. Virlojeux, commencé en 1988 et inauguré en 1995, il est le troisième à s'élancer au-dessus de la basse Seine (après Tancarville et Brotonne). Sa réalisation a pris place dans l'histoire du génie civil en pulvérisant, avec ses 2 141 m, le record

G. Targat/MICHELIN

Le pont de Normandie.

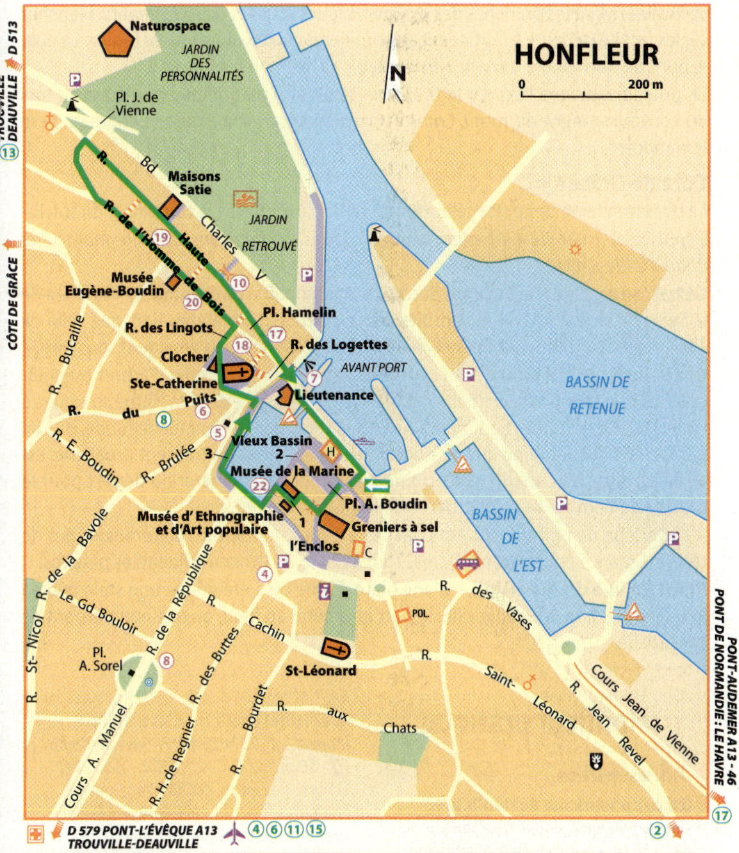

SE LOGER

Belvédère (Hôtel Le) ... 2
Briquerie (Camping La) ... 4
Clos Deauville St-Gatien (Hôtel Le) ... 6
Cour Sainte-Catherine (Hôtel La) ... 8
Otelinn (Hôtel) ... 11
Romantica (Hôtel) ... 13
Source (Auberge de la) ... 15
Vieux Pressoir (Chambre d'hôte Le) ... 17

INDEX DES RUES

Prison (R. de la) ... 1
St-Etienne (Quai) ... 2
Ste Catherine (Quai) ... 3

SE RESTAURER

Bacaretto ... 4
Bistrot des Artistes (Le) ... 5
Bréard (Le) ... 6
Entre Terre et Mer ... 7
Ex-Voto ... 8
Fleur de Sel (La) ... 10
Grenouille (La) ... 12
P'tit Mareyeur (Au) ... 17
Terrasse et l'Assiette ... 18
Tortue (La) ... 19
Vieux Clocher (Auberge du) ... 20
Vieux Honfleur (Au) ... 22

de longueur des ponts à haubans (plus économiques et élégants que les ponts suspendus). Il ne l'a cédé qu'en 1998, au pont Vasco-de-Gama qui relie sur 12,2 km les deux rives du Tage, au nord de Lisbonne. En revanche, il conserve deux atouts car son challenger est un peu moins haut et sa portée centrale est plus courte (824 m contre 856 m).

En résumé, monstre de béton et d'acier, le pont de Normandie n'en demeure pas moins un véritable défi à la pesanteur. D'une extrême légèreté, il offre une grande sécurité. Il est prévu pour résister aux vents les plus violents (440 km/h) ; il est invulnérable aux chocs des plus gros cargos ; des capteurs dans la chaussée alertent les responsables en cas de verglas, et des caméras permettent aux opérateurs du péage de surveiller le trafic en permanence. Coût de construction : environ 411 millions d'euros.

Il représente une prouesse technique, mais c'est aussi une œuvre d'art. Outre l'éclairage normal pour la circulation, le Breton **Yann Kersalé** a en effet conçu une *Rhapsodie en bleu et blanc* sur les pylônes (215 m) et le long du tablier (59 m) : des lumières verticales rasant les branches des pylônes (bleues sous les enjambements, blanches sur les faces extérieures) répondent au scintillement bleu des spots du tablier. La nuit, le pont de Normandie devient ainsi un tableau de lumières.

En poursuivant vers l'est par la D 312, on atteint un magnifique **panorama★** lors du contournement du mont Courel, après avoir laissé à droite le château de la Pommeraye.

Côte de Grâce★★

La beauté sereine de ce site célèbre s'apprécie surtout avec la complicité du soleil.

Depuis le quartier Ste-Catherine, montez les rues des Capucins, Delarue-Mardrus et Charrière-de-Grâce.

Calvaire★★ – De cette croix, on découvre un admirable **panorama** sur l'estuaire de la Seine, la rade du Havre et, à droite, sur le pont de Normandie, alors que celui de Tancarville se profile au loin. Aux alentours, de jolis sentiers s'engagent sous bois.

Chapelle N.-D.-de-Grâce – Au centre de l'esplanade, à l'ombre d'arbres magnifiques, se dresse la petite chapelle dédiée à N.-D.-de-Grâce dont la statue se trouve à l'intérieur. Ce gracieux monument du 17e s. a remplacé un sanctuaire fondé, dit-on, par Richard II, quatrième duc de Normandie. La chapelle du transept, à gauche, est dédiée à tous les Canadiens d'origine normande, en souvenir du départ pour le Canada de nombre de colons, partis de ce point de côte.

À l'intérieur, de nombreux petits navires ex-voto sont autant de témoignages de reconnaissance envers Notre-Dame. Tout au long de l'année affluent les pèlerins.

Point de vue du Mont-Joli – D'une plate-forme où a été érigée une stèle dédiée à N.-D.-de-Grâce, vue sur la ville, le port et la côte ; au fond, on distingue le pont de Tancarville.

Honfleur pratique

Adresse utile

Office du tourisme de Honfleur – *Quai Lepaulmier - 14600 Honfleur - ✆ 02 31 89 23 30 - www.ot-honfleur.fr - juil.-août : 9h30-19h, dim. et j. fériés 10h-17h ; de Pâques à fin juin et sept. : 9h30-12h30, 14h-18h30, dim. et j. fériés 10h-12h30, 14h-17h ; reste de l'année : se renseigner.* L'office de tourisme propose une documentation complète et des offres de séjours à thème.

Visites guidées

Honfleur, qui appartient aux Pays d'art et d'histoire du pays d'Auge, propose des visites-découvertes (1h30) animées par des guides-conférenciers agréés par le ministère de la Culture et de la Communication - *s'adresser à l'office de tourisme - www.ot-honfleur.fr - 5 €, visite guidée diurne 7 €, visite guidée nocturne 11 € (2 pers.).*

Se loger

⊖ **Camping La Briquerie** – *✆ 02 31 89 28 32 - www.campinglabriquerie.com - ouv. avr.-sept. - ⊭ - réserv. conseillée - 430 empl. 21 € - restauration.* Situé dans les terres en bordure de forêt, ce camping dispose d'emplacements délimités par des haies d'arbustes ou de plantes à fleurs. Une partie réservée aux chalets de dimensions modestes mais bien entretenus. Grande piscine de trois bassins, salle de jeux et minigolf. Bar-restaurant avec plats cuisinés en saison.

⊖⊖ **Hôtel Otelinn** – *62 cours Albert-Manuel - ✆ 02 31 89 41 77 - www.kyriad.fr - P - 50 ch. 62/73 € - ☕ 7,50 € – rest. 23 €.* Éloigné du centre, cet hôtel aux petites chambres fonctionnelles présente le bel avantage de pratiquer des prix raisonnables. En plus, un jardin et une terrasse permettent de goûter à la caresse du doux soleil normand. À table, plats régionaux, grillades au feu de bois saisies en salle et, le week-end, buffets.

⊖⊖ **Hôtel Le Belvédère** – *36 r. Émile-Renouf - ✆ 02 31 89 08 13 - www.hotel-belvedere-honfleur.com - fermé janv. - 9 ch. 68 € - ☕ 8 € - rest. 11/26 €.* Cette ancienne maison de maître doit son nom au belvédère planté sur son toit. Chambres au calme, dont quatre installées dans un cottage offrant une vue imprenable sur le pont de Normandie. Jardin sur l'arrière et repas servis dans un cadre verdoyant et fleuri.

⊖⊖ **Chambre d'hôte La Cour Sainte-Catherine** – *74 r. du Puits - ✆ 02 31 89 42 40 - www.giaglis.com - ⊭ - 5 ch. 70/90 € ☕.* Aménagée dans un ancien couvent du 17e s. cette maison d'hôte compte cinq chambres décorées de façon élégante, donnant sur la cour fleurie. De beaux meubles chinés trouvent leur place dans le salon, autour de la cheminée d'origine. Petits-déjeuners servis dans le vieux pressoir. Accueil charmant.

⊖⊖ **Hôtel Romantica** – *Chemin Petit-Paris - 14600 Pennedepie - 8 km au nord-ouest de Honfleur - ✆ 02 31 81 14 00 - www.romantica-honfleur.com - P - 27 ch. 65 € - ☕ 9 € – rest. 26/37 €.* Perchée sur les hauts du village, cette bâtisse plagiant l'architecture régionale offre calme et confort dans ses chaleureuses chambres à touche rustique. Piscine intérieure. Beau coup d'œil sur la Manche et la campagne par les baies vitrées du restaurant.

Hôtel Le Clos Deauville St-Gatien – *4 chemin des Brioleurs - 14130 St-Gatien-des-Bois - 02 31 65 16 08 - www.clos-st-gatien.fr - P - 58 ch. 78/185 € - 13 €.* Le charme de la campagne normande à quelques encablures de la côte. Cette maison à colombages nichée dans un écrin de verdure vous ouvre ses chambres douillettes. Trois piscines dont une couverte, un sauna et un fitness : hyperactifs, gare à vos rotules !

Chambre d'hôte Le Vieux Pressoir – *Hameau le Clos-Potier - 27210 Conteville - 13,5 km de Honfleur par D 580, rte de Pont-Audemer et D 312 à gauche - 02 32 57 60 79 - www.la-ferme-du-pressoir.com - - 7 ch. 60/70 € - rest. 25 €.* Située en pleine campagne, cette ferme du 18e s. à pans de bois comblera les amoureux de calme et d'authenticité. Toutes les pièces regorgent d'objets et meubles des 19e et 20e s. chinés dans les brocantes. Le jardin fleuri, la mare aux canards et le pressoir vieux de 300 ans ajoutent au charme du lieu.

Auberge de la Source – *14600 Barneville-la-Bertran - 5 km au sud-ouest de Honfleur par D 62 et D 273 - 02 31 89 25 02 - www.auberge-de-la-source.fr - 16 ch. 84/140 € - 9,50 €.* En pleine campagne, fermette à colombages et maison de briques s'élèvent au beau milieu d'un agréable jardin fleuri où se disséminent bassins à truites et pommiers.

R. Holzbachova & Ph. Bénet/MICHELIN

Un mets simple et bon : les crevettes grises.

Se restaurer

Ex-Voto – *8 pl. Albert-Sorel - 02 31 89 19 69 - fermé 1er nov., 25 déc. et merc. - - réserv. conseillée - 7,50 €.* Faisant partie des rares adresses correctes et bon marché de la ville, ce restaurant sans chichi ravira les nostalgiques des anciens bistrots de quartier. Aux fourneaux, la patronne concocte petits plats et formules snack à partir de produits du marché. Peu de couverts, donc il vaut mieux penser à réserver.

Bacaretto – *44 r. de la Chaussée - 02 31 14 83 11 - fermé merc. et jeu. midi - 8/15 €.* Quand un sommelier rencontre un caviste, leur passion commune ne peut qu'engendrer la création d'une adresse où l'on boit bon. La preuve avec ce petit bar à vin sur deux étages comptant plus de 120 références, à déguster avec une petite assiette gourmande et un morceau de pain « bio ». Desserts maison et prix doux.

La Tortue – *36 r. de l'Homme-de-Bois - 02 31 81 24 60 - 18/33 €.* Derrière sa façade à colombages, restaurant à l'ambiance marine, au cadre soigné et chaleureux (couleurs vires, bois flotté, rotin). La carte rend un bel hommage à la mer.

Le Bistrot des Artistes – *14 pl. Berthelot - 02 31 89 95 90 - fermé janv., mar. d'oct. à avr. et merc. sf juil.-sept. - 12 € déj. - 15/30 €.* Banquettes en moleskine, objets anciens, marines et vues d'Honfleur composent le décor de ce restaurant aux airs de bistrot parisien. Les tables près de la fenêtre offrent une jolie vue sur le Vieux Bassin. Tartines, salades, dégustations d'huîtres, etc. Service à toute heure.

Auberge du Vieux Clocher – *9 r de l'Homme-de-Bois - 02 31 89 12 06 - fermé 8-28 janv., 26 juin-2 juil., 27 nov.-3 déc., mar. et merc. - 20/25 €.* Boiseries, comptoir en briques, murs aux tons pastel, miroirs et collection d'assiettes anciennes composent le cadre rustico-bourgeois des deux petites salles à manger. Les trois menus et la carte s'inscrivent dans un registre culinaire traditionnel où produits de la mer et normands occupent une place de choix.

Au P'tit Mareyeur – *4 r. Haute - 02 31 98 84 23 - www.auptitmareyeur.com - fermé janv., lun. et mar. - réserv. obligatoire - 25/49 €.* Ce minuscule restaurant proche du port est idéal pour un repas intime : poutres, colombages, chaises drapées et petites touches maritimes. Entre menu et suggestions, les amateurs de poissons et de fruits de mer y trouveront leur bonheur !

Le Bréard – *7 r. du Puits - 02 31 89 53 40 - www.restaurant-lebreard.com - fermé 31 janv.-4 fév., 21 nov.-9 déc., mar. midi, jeu. midi et merc. - 26/34 €.* Dans une ruelle pavée proche de l'église Ste-Catherine, façade verte dissimulant deux petites salles lumineuses séparées par une jolie terrasse intérieure chauffée en hiver. Cuisine au goût du jour et pleine de saveurs.

La Fleur de Sel – *17 r. Haute - 02 31 89 01 92 - lafleurdesel-honfleur.com - 26/36 €.* Table sympathique où l'on vient faire des repas bien de notre temps dans deux petites salles au décor néo-rustique raffiné : sol en tomettes, poutres au plafond et murs clairs égayés de photographies des plats concoctés par le chef.

Entre Terre et Mer – *12 pl. Hamelin - ✆ 02 31 89 70 60 - www.entreterreetmer-honfleur.com - 26/51 €.* La Terre ? Goûteuses recettes valorisant légumes, huiles et crèmes souvent issus de l'agriculture biologique, poulets et fromages du terroir normand. La Mer ? Huîtres et moules, mais surtout poissons frais issus de la pêche locale. Poussez donc la porte de ce restaurant qui marie avec bonheur les deux cuisines.

Terrasse et l'Assiette – *8 pl. Ste-Catherine - ✆ 02 31 89 31 33 - www.laterrasseetlassiette.com - fermé mar. soir et merc. de sept. à juin et lun. en été - 30/50 €.* Colombages et murs parementés de briques donnent un cachet certain à ce restaurant qui a pour atout supplémentaire sa terrasse dressée face à la surprenante église de bois. Cuisine traditionnelle savoureuse.

Au Vieux Honfleur – *13 quai St-Étienne - ✆ 02 31 89 15 31 - www.auvieuxhonfleur.com - 31/52 €.* Ce restaurant du vieux port déploie sa terrasse le long du quai aux beaux jours. Là ou à l'intérieur en hiver, dans un décor de bibelots, affiches et tableaux, vous profiterez de la vue sur le bassin, tout en savourant plats normands et fruits de mer.

Faire une pause

La Petite Chine – *14-16 r. du Dauphin - ✆ 02 31 89 36 52 - tlj sf lun. 10h-19h - fermé 2 sem. en janv. et 2 sem. en juin.* Ce joli petit salon de thé-pâtisserie profite de la vue sur le port. Vous y dégusterez une tarte paysanne, la tarte orange caramélisée, meringue chantilly, le pain d'épice maison ou encore le caramel au beurre salé, et l'une des 120 sortes de thé. Confitures et chocolats. Divers objets des quatre coins du monde sont en vente à la boutique.

Pom'cannelle – *60 quai Ste-Catherine - ✆ 02 31 89 55 25 - cedric-thillaye@libertysurf.fr - hors sais. : 9h-19h30 ; en sais. : 8h-0h - fermé déc.-janv.* Il faut absolument goûter les glaces et les sorbets de Pom'cannelle. Outre la réglisse et l'abricot, on ne peut échapper à une spécialité joyeusement antidiététique, la glace à la confiture de lait. Crêpes et gaufres complètent l'offre de la boutique. Terrasse d'été.

En soirée

Bon à savoir – À Honfleur, quand vient le soir, on trouve toujours une forte activité du côté du Vieux Bassin.
Sur le quai Ste-Catherine, le quai de la Quarantaine et le quai St-Étienne, une concentration importante de restaurants, brasseries et bars avec terrasses restent ouverts jusqu'à 2h du matin en été.

L'Albatros – *32 quai Ste-Catherine - ✆ 02 31 89 25 30 - bar.albatros@wanadoo.fr - avr.-sept. : 8h-2h ; oct.-mars : 8h-1h.* Baudelaire aimait Honfleur, et ce café qui porte le nom d'un de ses plus célèbres poèmes ne lui aurait sans doute pas déplu : la terrasse offre une vue privilégiée sur le port et permet d'apprécier les changements de luminosité au fil du jour. À l'intérieur du bar, l'accueil du patron et des serveurs est digne d'éloges, à des lieues de toute froideur parisienne.

Le Perroquet Vert – *52 quai Ste-Catherine - ✆ 02 31 89 14 19 - perroquet-vert@wanadoo.fr - Pâques-sept. : 8h-2h ; oct.-Pâques : 8h-1h.* Cette ancienne voilerie, aménagée dans une bâtisse du 17e s., abrite aujourd'hui un bar lounge récemment redécoré, agrandi d'une belle terrasse tournée vers le port. Soixante sortes de bières. Concerts rock et jazz de temps à autre. Accès Wifi.

Que rapporter

La place Sainte-Catherine sert de cadre, le samedi matin, au déballage chatoyant des produits du terroir ainsi que de la pêche locale.

Marchés – *Marché hebdomadaire : sam. ; marché bio : merc., marché aux fleurs : sam. mat. ; marché nocturne le merc. en juil.-août.*

La Cave Normande – *13 r. de la Ville et 12 quai Ste-Catherine - ✆ 02 31 89 38 27 et 02 31 89 49 28 - www.lacavenormande.com - hiver : 10h-12h30, 14h30-19h ; sais. 9h-22h - fermé janv. et mar. en hiver.* Une bonne adresse pour trouver des calvados haut de gamme et remplir son coffre de cidre, pommeau et poiré. Accueil sympathique et conseils judicieux.

Gribouille – *16 r. de l'Homme-de-Bois - ✆ 02 31 89 29 54 - 9h30-13h, 14h-18h30 - fermé 25 déc.* M. Griffoul, surnommé Gribouille, est une personnalité de la ville que l'on n'oublie pas de sitôt. Il choisit lui-même les producteurs qui lui fournissent les spécialités régionales garnissant les rayonnages de sa boutique : sablés normands, confiture de lait, rillettes de lapin, confit de porc, dérivés du cidre, etc. Vous n'échapperez sans doute pas à une dégustation de pommeau ou de calvados.

Sports & Loisirs

Centre équestre du Ramier – *Chemin du Ramier - au sud de Honfleur prendre la dir. d'Équemauville. Très bien indiqué à partir d'Équemauville. - 14600 Équemauville - ✆ 02 31 89 49 97 ou 06 60 15 42 28 - accueil : merc., w.-end. et j. fériés 9h-17h ; autres j. sur demande préalable - fermé 2 sem. en sept.* Au fond de la campagne normande (la vraie !), ce joli petit centre équestre met à votre disposition quinze chevaux d'école. Les promenades durent de 1h à 1h30.

Événement

Procession – *W.-end de Pentecôte.* Les marins et pêcheurs de Honfleur montent à la chapelle N.-D.-de-Grâce en procession traditionnelle, riche et colorée ; les mousses portent sur leurs épaules des maquettes de bateaux, et les bannières claquent au vent.

Houlgate★

1 908 HOULGATAIS
CARTE GÉNÉRALE A2 – CARTE MICHELIN DÉPARTEMENTS 303 L4 – CALVADOS (14)

Type parfait de ces petites villes normandes où littoral et campagne environnante rivalisent de charme, Houlgate compte parmi les premiers sites balnéaires de la Côte Fleurie (1851). La station conserve un grand nombre de villas et chalets, témoins de l'architecture de villégiature à la fin du 19e s. Leur abondance, leur diversité et leur état de conservation en font un patrimoine riche et original, à découvrir au hasard de balades à pied.

Se repérer – Houlgate se situe entre Cabourg (4,5 km au sud-ouest) et Villers-sur-Mer (7 km au nord-est). Les avenues ombragées, les villas cossues entourées de parcs rehaussent la séduction naturelle du frais vallon du Drochon où se blottit la station. La digue-promenade Roland-Garros longe la magnifique plage de sable fin, rendez-vous des baigneurs. Vers l'est, elle se prolonge au pied de la falaise des Vaches Noires aux formes tourmentées. Accès par la D 513.

À ne pas manquer – Une promenade au pied des falaises des Vaches Noires, connues pour leurs fossiles.

Organiser son temps – Préférez le matin pour flâner dans la station.

Pour poursuivre la visite – Voir aussi Cabourg, Deauville, Trouville, Honfleur, Lisieux et le pays d'Auge.

Le saviez-vous ?

Le nom – Il nous vient, une fois de plus, de la langue des Vikings dans laquelle *Houl* signifie « trou », et *gate*, « passage » ou « chemin ».

La pêche à l'équille – Vers la Saint-Michel, armés d'une bêche et chaussés de bottes, on traque encore l'équille, petit poisson long et mince qui s'enfouit sous le sable. Cette pêche se pratique à marée basse et consiste à bêcher le sable pour capturer rapidement la petite bête.

Se promener

Un séjour à Houlgate permet de découvrir quelques perles de l'architecture balnéaire de la fin du 19e s. La plupart des villas de la station ont en effet été construites entre 1860 et 1914, et elles affichent une grande variété de styles, les architectes s'étant inspirés des manoirs gothiques, des chalets suisses et des demeures traditionnelles normandes, anglo-saxonnes ou encore orientales.

Départ du casino.

Rue Henri-Dobert

Elle concentre une vingtaine d'intéressantes résidences balnéaires, dont les cinq « **villas américaines** » : Junatia, Tacoma, Minnehaha, Merrimac et Columbia de 1890 (nos 26-34). Aux nos 25 et 27 leur font face la villa *Janick* et la villa *Les Embruns* (1869) inspirées des palazzi italiens. Plus loin (nos 13-15), voyez les villas jumelles *Les Courlis* et *Les Sirènes* (1890). Au no 11, la villa *Armengaud*, construite en 1875 par Baumier, a accueilli le compositeur Jacques Ibert (1890-1962). Quatre ans plus tard, c'est encore Baumier qui dessina *Les Sorbiers* au no 5 et Les *Mouettes*, au no 1.

Au bout de la rue, tournez à gauche rue du Lieutenant-Féral.

Au no 5, arrêtez-vous devant le chalet *Le Vanneau* (1882) et rejoignez sur la droite la rue des Bains, sur laquelle donnent, aux nos 72 et 76, La villa *Magali* et la villa *Les Tamaris*.

Tournez à gauche rue du Drochon et rejoignez au bout le chemin de la Cascade, sur la gauche.

Chemin de la Cascade

Au no 2, le **moulin Landry**, ancien moulin à farine converti en manoir de style néo-normand (1851) est certainement l'une des plus belles demeures de la ville.

Revenez sur vos pas et prenez la 1re à droite avant de vous engager rue du Drochon, puis dans la rue Léonard-Pillu.

Rue Léonard-Pillu

Sur la gauche, au n° 18, la jolie villa **Les Clochettes** (1886) est remarquable pour ses frises en mosaïque et ses médaillons et panneaux en céramique émaillée. Arrêtez-vous aussi devant sa voisine, la très belle villa *Saïda*. De l'autre côté de la rue, ne manquez pas au n° 9 la villa de style Renaissance *Guarany* (1890) et, juste à côté, la villa *Berthe* (1887).

Tournez à droite rue du Général-Leclerc puis prenez à gauche le bd de St-Philbert.

Boulevard de Saint-Philbert

Aux n°s 23 et 17, les villas de style néo-normand *Pourquoi pas* et *San Stefano* ont été construites en 1910 et 1914 par l'architecte Simon Vermot.

Au bout du boulevard, tournez à gauche rue A. Renaud. Square Claude-Debussy, empruntez sur la droite l'avenue du Sporting.

Avenue du Sporting

Remarquez au n° 13 la villa *Les Valonias*. Au n° 24, le sobre chalet de la *Béthanie* (1860) contraste avec la villa du n° 32, *Le Castel* (1860), agrémentée de colombages, de tourelles et de toitures exubérantes et mouvementées surplombées d'épis de faîtage.

Au bout de l'avenue, au rond-point, prenez la rue la plus à gauche pour rejoindre la rue Henri-Jouvet. Tournez à droite rue Victor-Delise.

Rue Victor-Delise

Arrêtez-vous : au n° 1 devant la villa *Bel Ombrage* (1892), que domine un belvédère polygonal, au n° 11 face à la villa *Jeanne d'Arc* (décor en céramique émaillée, buste de Jeanne d'Arc) et au n° 17, au *Petit Manoir*.

Tournez à gauche au bout de la rue. Au passage, jetez un œil à la jolie Villa *Suzanne* (1860), au n° 26 de la rue A-Renée.

Rue Baumier

Au n° 13 se dresse le chalet *Sainte-Marie* (1861), le plus ancien d'Houlgate. Ses voisines, la villa *Fer Bell* (1860), au n° 11, *Les Lierres* (1865) et la *Marjolaine* (1860), sont aujourd'hui réunies par un bâtiment transversal.

Tournez ensuite à droite pour rejoindre la rue du Pré-Landry.

Dans cette rue se trouve le délicieux chalet **Le Bois Nicole** aux n°s 8 et 10, construit en 1862. En reprenant à gauche la rue des Bains, vous passerez devant la villa *Loisel* (1863) au n° 2.

Rejoignez le casino par la rue d'Axbridge.

Aux alentours

Falaise des Vaches Noires

Entre Houlgate et Villers-sur-Mer, le plateau d'Auberville (alt. 120 m) s'achève par une étrange falaise, ébouleuse et ravinée, connue pour les nombreux fossiles qu'elle recèle. Leur collecte en surface est autorisée au pied des Vaches Noires, mais toute fouille est interdite dans les falaises et sur la plage.

Ce site original s'apprécie en suivant la grève à marée basse, de préférence sous un soleil d'après-midi (*env. 2h30 à pied AR).*

La falaise dévoile des abrupts d'argile et de sombres marnes découpés en ravines. L'érosion marine mine sa base et le ruissellement des eaux du plateau d'Auge provoque un ravinement et la formation de coulées boueuses. Les assises calcaires du sommet sont démantelées. Leurs gros blocs ont dévalé, s'amoncelant près du rivage où ils se recouvrent de varech : ce sont les « Vaches Noires » proprement dites.

OT/Houlgate

Les falaises des Vaches Noires.

Houlgate pratique

Adresse utile

Office du tourisme de Houlgate – *10 bd des Belges - 14510 Houlgate - ✆ 02 31 24 34 79 - www.houlgate.fr - de Pâques à la Toussaint : 10h-13h, 14h-18h, j. fériés 10h30-13h, 14h-16h ; reste de l'année : tlj sf dim. 10h-13h, 14h-18h - fermé 1er janv., dim. et lun. Pâques et 25 déc.*

Visites

L'office du tourisme d'Houlgate propose sur plan un circuit des plus belles villas.

Cinq parcours balisés dévoilent le patrimoine de la ville et ses environs.

Se loger

Hostellerie Normande – *11 r. Émile-Deschanel - ✆ 02 31 24 85 50 - www.hotel-houlgate.com - 11 ch. 42/77 € - 8 € - rest. 17/30 €.* Cette maison du 19e s. couverte de vigne vierge vous loge dans des chambres sans ampleur mais fraîches et nettes. L'été, une agréable terrasse occupe la cour. Mangeoire pour bestiaux, chaises rustiques et nappages à carreaux Vichy président au décor résolument champêtre du restaurant.

Hôtel Au 1900 – *17 r. des Bains - ✆ 02 31 28 77 77 - www.hotel-1900.fr - 12 ch. 55/85 € - 9 € - rest. 20/46 €.* L'hôtel borde la rue principale d'Houlgate. Chambres rénovées dans le style de la Belle Époque. Jolie brasserie au « look » 1900.

Se restaurer

Duteil le P'tit Bonheur – *33 r. des Bains - ✆ 02 31 24 82 12 - fermé en sem. en mars - 11 €.* Vous ne pourrez pas manquer sa devanture, une grande baie vitrée dans la rue principale. Ce salon de thé/crêperie propose gourmandises sucrées et salées à toute heure de la journée. Crêpes et galettes, bien sûr, mais aussi des salades composées, et des glaces artisanales qui méritent une attention particulière.

Auberge de la Ferme des Aulnettes – *Rte de la Corniche - 2,5 km à l'est d'Houlgate par D 163 - ✆ 02 31 28 00 28 - fermé 30 nov.-5 fév. sf w.-end et vac. scol. - 18/55 € - 13 ch. 43/53 € - 9,50 €.* Ne passez pas à côté d'un repas dans le jardin de cette auberge normande, ou au coin de la cheminée, dès les premiers frimas. Spécialités régionales et cuisine traditionnelle, préparées avec de beaux produits bien frais, d'ici et de Bretagne. Un menu attrayant. Chambres classiques.

L'Eden – *7 r. Henri-Fouchard - ✆ 02 31 24 84 37 - www.restaurant-leden.com - fermé lun. et mar. sf juil.-août, 8 janv.-7 fév., 2-10 oct. - 19/39 €.* Dans une ruelle du centre, cette maison proprette plagiant l'architecture régionale vous convie à découvrir sa savoureuse cuisine traditionnelle. Salle à manger de mise simple au décor agreste ; accueil sympathique.

En soirée

Casino – *41 r. Henri-Dobert - ✆ 02 31 28 75 75 - www.vikings-casinos.fr - machines à sous : 10h-2h (vend.-sam. 10h-3h) ; boule : lun.-jeu. 21h-2h, vend.-sam. 21h-3h, dim. 16h-20h et 22h-2h.* Cette élégante construction des années 1910, bâtie juste au bord de la mer, profite d'un accès direct à la plage. Machines à sous, restaurant, agréable bar au décor colonial, belle et vaste terrasse. Concerts et animations régulières.

Sports & Loisirs

Kite Paradise – *48 r. des Bains - ✆ 06 72 17 35 74 - www.kiteparadise.fr - activité en fonction de la marée.*

Abbaye de Jumièges★★★

CARTE GÉNÉRALE B2 – CARTE MICHELIN DÉPARTEMENTS 304 E5 – SEINE-MARITIME (76)

Dans le paysage enchanteur de la vallée de la Seine, Jumièges reste l'« une des plus admirables ruines qui soient en France » (R. de Lasteyrie). L'émotion sera d'autant plus vive que l'imagination reconstruira les tribunes, le bas-côté droit, la charpente de la nef, le carré du transept, l'hémicycle du chœur, les galeries du cloître… et la légende des Énervés.

S. Sauvignier/MICHELIN

La façade ouest de l'abbaye de Jumièges.

- **Se repérer** – L'abbaye occupe un site tranquille (à 28 km à l'ouest de Rouen) sur la rive droite de la Seine qui dessine ici un beau méandre, depuis Duclair jusqu'au Trait. Venant de la forêt de Brotonne, rive gauche, on traverse la Seine par le bac de Port-Jumièges et on accède directement à la Porterie.
- **À ne pas manquer** – L'impressionnante nef à ciel ouvert.
- **Organiser son temps** – Le site de l'abbaye vous retiendra une bonne heure
- **Pour poursuivre la visite** – Voir aussi Rouen, St-Wandrille, Caudebec-en-Caux, Lillebonne et le Parc naturel des Boucles de Seine normande.

Comprendre

Les Énervés de Jumièges – Cette légende raconte que Clovis II (639-657) s'absenta si longtemps en Terre sainte (où il n'alla en fait jamais) que ses deux fils furent appelés à gouverner le royaume. D'abord sages, ils se révoltent bientôt contre leur mère, sainte Bathilde. De retour, le roi mate ses fils et la reine les châtie en les faisant « énerver » (section des tendons des genoux). Mais Clovis II prend ses enfants en pitié et, sur le conseil de sa sainte épouse, les confie au Seigneur, dans une embarcation lâchée sur la Seine, qui devait aboutir à Jumièges. Recueillis par saint Philibert, les deux Énervés y mèneront une vie de pénitence. L'histoire a inspiré une toile (1880) au peintre Évariste Luminais, qui peut s'admirer au musée des Beaux-Arts de Rouen.

Une étymologie évocatrice – L'étude du nom de Jumièges révèle certaines des images projetées par l'institution religieuse et ses membres. D'aucuns font dériver le nom de *gemitus*, soit « douleurs », « gémissements », mettant l'accent sur les pénitences que s'imposaient les religieux. D'autres y voient le mot *gemme*, pierre précieuse, et prétendent que les moines de Jumièges « brillaient comme autant de gemmes ». L'abbaye, elle-même précieuse, s'est longtemps appelée *Jumièges l'Aumônier*.

Jumièges l'Aumônier – Au 10e s., le duc Guillaume Longue Épée relève de ses ruines l'abbaye de Jumièges, fondée par saint Philibert au 7e s. : le passage des Vikings avait fait du monastère le « repaire des bêtes féroces et des oiseaux de proie ». La nouvelle abbaye bénédictine est bientôt appelée « Jumièges l'Aumônier » tant est grande sa charité. Elle s'adonne à l'étude et son savoir accroît sa renommée. L'église abbatiale est consacrée en 1067, après la conquête de l'Angleterre, par l'archevêque de Rouen, en présence de Guillaume, le nouveau conquérant. Les derniers moines se dispersent à la Révolution. En 1793, l'abbaye est adjugée aux enchères publiques à un marchand de bois de Canteleu qui entreprend d'utiliser Jumièges comme carrière et fait sauter, à la mine, la tour-lanterne de la magnifique église. Les ruines actuelles ont été sauvées en 1852 par leur propriétaire, M. Lepel-Cointet.

Découvrir

L'ABBAYE

R. Guillaume-Le-Conquérant - ✆ 02 35 37 24 02 - juil.-août : 9h30-18h30 (dernière entrée 30mn av. la fermeture) ; de mi-avr. à fin juin et déb. sept. à mi-sept. : 9h30-13h, 14h30-18h30 ; reste de l'année : 9h30-13h, 14h30-17h30 - fermé j. fériés - 3 € (enf. 1,50 €).

Église Notre-Dame

Deux tours de façade carrées, puis octogonales, hautes de 43 m encadrent le porche d'entrée en saillie. Leurs flèches de charpente ne disparurent que vers 1830.

La nef entière, haute de 27 m, est restée debout avec une partie du transept et du chœur. Au revers du porche, une large tribune s'ouvre sur la nef. Celle-ci, magnifique, est rythmée par l'alternance des piles fortes carrées, cantonnées de colonnes, et des piles faibles formées de colonnes ; des collatéraux surmontés de tribunes voûtées d'arêtes soulignent son harmonie. Le transept a été en grande partie détruit au 19e s. De la tour-lanterne ne subsiste que le pan ouest, soutenu par un arc d'entrée dont la hauteur et la portée produisent un effet grandiose. Une mince tourelle au toit en poivrière y est accolée. Le chœur primitif, sur le pourtour duquel on a trouvé quelques vestiges du déambulatoire, a été agrandi aux 13e et 14e s. Il ne reste plus aujourd'hui qu'une chapelle voûtée.

Le passage voûté, dit **passage Charles-VII** en raison de la visite du roi, dessert la petite **église St-Pierre** dont le porche et les premières travées de la nef illustrent bien l'architecture normande carolingienne (oculus et arcatures géminées). Les autres vestiges datent des 13e et 14e s. Le porche d'entrée, percé d'une arcade, s'encadre de deux petites portes suivies d'escaliers desservant les tours de galerie ; il était surmonté d'une tribune sous arcade. Les deux premières travées forment un rare spécimen de l'architecture normande du 10e s. Au-dessus des arcs en plein cintre, des médaillons étaient autrefois décorés de fresques. Au-dessus, une galerie ouvre sur la nef par de petites baies jumelées en plein cintre.

Salle capitulaire – Du début du 12e s. Elle ouvrait sur le cloître, selon la règle monastique. Sa travée carrée et son abside se couvraient d'ogives, parmi les plus anciennes.

Sacristie des reliques – Elle était voûtée en berceau et renforcée de contreforts.

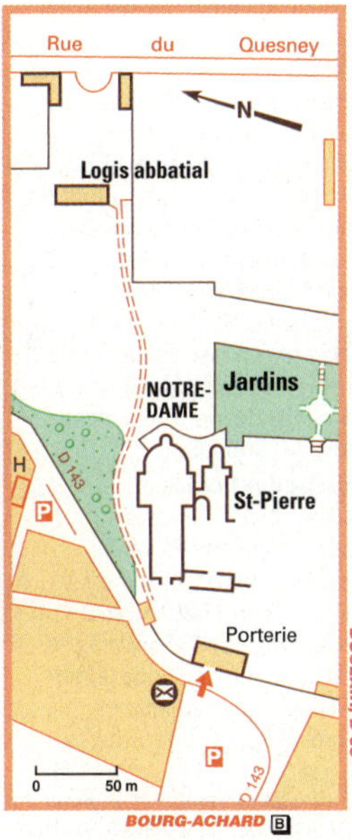

ABBAYE DE JUMIÈGES

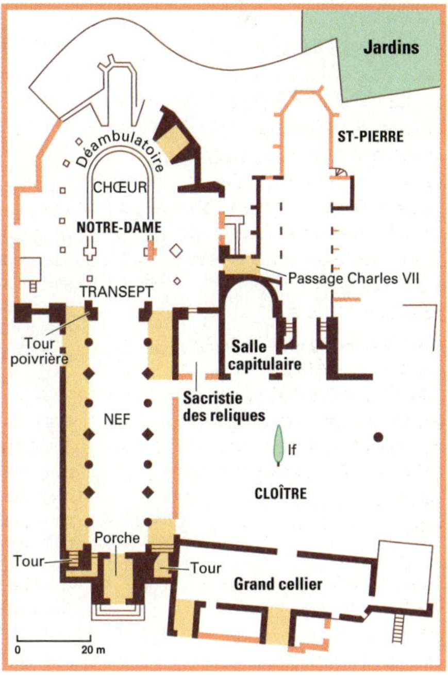

Cloître – Un vieil if a grandi au centre. Les quatre galeries comptaient 26 travées. Le réfectoire occupait le côté sud.

Cellier – Le grand cellier date de la fin du 12e s. Son parement extérieur montre à l'ouest des baies encadrées d'arcades ou de tympans trilobés.

Jardins – Après un palier, un escalier du 17e s. à double révolution aboutit à une grande terrasse et aux jardins. Sur la droite, la « maison de la prairie » accueille régulièrement des expositions.

Logis abbatial – Au-delà d'un grand parterre de gazon s'élève un majestueux bâtiment du 17e s. de plan rectangulaire, coiffé d'un toit à la Mansart percé de lucarnes et à la façade soulignée d'un avant-corps à fronton.

Bâtiment d'accueil – Expositions régulières (photo, art contemporain, etc.) dans les salles 19e s.

Deux circuits de randonnées de 7,5 km et 9 km (vers les marais) partent de la place Roger-Martin-du-Gard.

Aux alentours

Le parcours à travers l'extrémité du lobe du méandre de Jumièges offre un superbe paysage normand, spectacle enchanteur au moment de la floraison des pommiers. D'élégantes demeures s'égrènent, précédées de belles cours plantées.

Église paroissiale Saint-Valentin

02 35 37 28 97 - juil.-août : tlj sf mar. 14h-18h. Elle domine le village de Jumièges. La nef date des 11e-12e s. Au 16e s., on construisit un vaste chœur à déambulatoire, début d'un édifice qui devait remplacer l'ancienne église. Quelques œuvres d'art rescapées du pillage de l'abbaye y sont conservées, comme les retables et certains vitraux (15e-16e s.) des chapelles rayonnantes.

Yainville

3,5 km au nord par la D 143. Une usine de l'orfèvrerie Christofle y fonctionne depuis 1971. L'église conserve sa tour carrée et son chœur du 11e s.

Le Mesnil-sous-Jumièges

5 km par la D 65 au sud-est.

C'est au manoir du Mesnil (13e s.) que s'éteint Agnès Sorel (1450), favorite de Charles VII. On longe la **base de plein air et de loisirs** (voile, canoë-kayak, tennis, tir à l'arc, golf, camping, caravaning, etc.) inscrite dans le Parc naturel régional des Boucles de la Seine.

Abbaye de Jumièges pratique

Adresse utile

Office du tourisme de Jumièges – *R. Guillaume-le-Conquérant - 76480 Jumièges - 02 35 37 28 97 - www.jumieges.fr - juil.- août : 10h-13h, 14h-18h ; avr.-juin et sept. : lun., mar. 14h30-18h, merc. 10h-12h, jeu.-dim. et j. fériés 10h-12h, 14h30-18h ; reste de l'année : tlj sf dim. et lun. 9h30-12h30, 14h-17h30 - fermé sam. apr.-midi (nov.-fév.), 1er mai, 1er et 11 Nov. et 25 déc.*

Chambre d'hôte Le Relais de l'Abbaye – *798 r. du Quesney - 76480 Jumièges - 02 35 37 24 98 - - 4 ch. 45 €* . À l'ombre de la célèbre abbaye, charmante petite maison normande. Les chambres, à l'étage, sous la charpente apparente, sont simples et cosy. Intérieur rustique décoré d'objets anciens. L'été, les petits-déjeuners peuvent être pris dans le jardin.

Se restaurer

L'Auberge du Bac – *2 r. Alphonse-Callais - 76480 Jumièges - 02 35 37 24 16 - fermé lun. et mar. sf j. fériés, 2e quinz. de janv. et 11 nov.-1er déc. - 13/35 €.* Profitant d'une situation agréable en bordure de Seine, ce restaurant offre de belles terrasses et une véranda illuminant les repas toute l'année. Si les frites ont été bannies de la carte, on ne savourera que mieux les autres plats proposés, cuisine normande ou fruits de mer, et un menu enfant qui sort de l'ordinaire.

Auberge des Ruines – *17 pl. de la Mairie - 76480 Jumièges - 02 35 37 24 05 - www.auberge-des-ruines.fr - fermé dim. soir, mar., merc., lun. soir et jeu. soir du 15 nov. au 15 fév., 15-28 fév., 16-29 août et 23 déc.-4 janv. - 35/70 €.* Juste à côté des ruines, cette auberge rustique tenue par un jeune couple sympathique ponctuera agréablement votre visite. La cuisine qu'ils y servent est inventive et leur carte attrayante, même si elle est un peu chère. La formule déjeuner est intéressante.

Lillebonne

9 769 LILLEBONNAIS
CARTE GÉNÉRALE B2 – CARTE MICHELIN DÉPARTEMENTS 304 D4 – SEINE-MARITIME (76)

Jolie petite ville du pays de Caux, truffée de vestiges gallo-romains, Lillebonne était probablement la capitale de la tribu celte des Calètes. Son impressionnant théâtre-amphithéâtre est parmi les plus vastes ensembles de ce type et les mieux conservés de toute la Gaule du Nord. La pétrochimie supplante aujourd'hui le secteur du textile, florissant au 19e s.

Se repérer – À 67 km à l'ouest de Rouen et 37 km à l'est du Havre *via* la D 982, Lillebonne s'étend sur la partie concave du dernier méandre de la Seine (rive droite) avant l'estuaire. Le modeste cours de la Bolbec traverse la ville avant de se jeter dans le fleuve (distant de 4 km) au niveau de Port-Jérôme où se concentrent d'importantes installations de raffinage de pétrole. Venant de la rive gauche par le marais Vernier, traversez la Seine au pont de Tancarville.

À ne pas manquer – La chapelle du château d'Ételan, pour ses peintures murales et ses boiseries.

Organiser son temps – Préférez l'après-midi pour partir en excursion, notamment vers le château d'Ételan.

Pour poursuivre la visite – Voir aussi Le Havre, le pays de Caux, St-Wandrille, Caudebec-en-Caux, Jumièges, le Parc naturel des Boucles de Seine et Honfleur.

Comprendre

Un site historique et longtemps prospère – Après la conquête de la Gaule par Jules César, le camp militaire de *Juliobona*, ainsi nommé en hommage au proconsul, devient un grand port sur le golfe de la Bolbec, aujourd'hui colmaté. Plusieurs siècles après, c'est au château de Lillebonne que Guillaume le Conquérant réunit ses barons avant la conquête de l'Angleterre. Et plus récemment, à la fin du 19e s., la ville se développe à nouveau grâce aux usines textiles installées dans la région. De Bolbec à Lillebonne, la vallée reçoit alors le nom de « vallée d'Or ».

Visiter

Théâtre-amphithéâtre romain

En restauration pour une durée indéterminée - visite guidée sur réservation - se renseigner - ✆ 02 35 15 69 11.

Il remonte au 1er s., mais sera transformé et agrandi au 2e s. La forme de l'**arène centrale** est habituelle à de tels établissements du nord-ouest de la Gaule. Elle s'entourait du *podium* (deux murs parallèles) et d'un fossé pour les eaux de ruissellement. Des spectacles variés y étaient présentés : scènes mythologiques, combats de gladiateurs gaulois, exhibitions d'animaux savants ou chasses au petit gibier... La foule s'installait sur les gradins (probablement en bois) de la *cavea*, divisée en un premier *maenianum*, en bas, et en un second, en haut, appuyé sur des structures maçonnées. L'accès se faisait par l'ouest : on empruntait la *corona*, galerie circulaire, et les *vomitorium* secondaires pour gagner les gradins. Les coulisses se trouvaient sous la place F.-Faure, où des fouilles ont identifié en 1986 des structures associées au mur de scène.

S. Sauvignier / MICHELIN

Théâtre romain de Lillebonne.

Château

Accès par le 46 rue Césarine ; on ne visite pas.

De la forteresse rebâtie aux 12e et 13e s. subsistent un pan de tour octogonale et, à gauche, un beau donjon de forme cylindrique et à trois étages, surmonté d'une plate-forme.

Église Notre-Dame

Place Sadi-Carnot. L'édifice (16e s.) possède un portail à deux entrées que sépare un pilier central. La flèche élancée domine une tour carrée. À l'intérieur, vitrail consacré à l'histoire de saint Jean-Baptiste et stalles de l'abbaye du Valasse.

Musée municipal

Pl. Félix-Faure. ☏ 02 32 84 02 07 - mai-sept. : 10h-12h, 14h-18h ; oct.-avr. : tlj sf mar. 14h-18h - fermé 1er janv. et 25 déc. - 1,50 € ; 2,15 € billet combiné avec l'église-musée de Mesnil-sous-Lillebonne (en sais.).

Consacré aux arts et traditions populaires, il expose des instruments de métiers, objets d'art, meubles et documents se rapportant à l'histoire de Lillebonne et de la Normandie. Au sous-sol, collections d'archéologie locale : tombe à incinération, poteries, ferronnerie 1er-3e s., etc.

Depuis le jardin, très jolie vue sur les ruines du château médiéval et de l'enceinte.

Aux alentours

Abbaye du Valasse

6 km au nord-ouest par la D 173 ; prendre à gauche au Becquet.

Sa fondation résulte de deux vœux : le premier est émis par Waleran de Meulan, sorti sain et sauf d'un naufrage, et le second, par Mathilde (que les Normands appellent l'Empresse), petite-fille de Guillaume le Conquérant, qui échappe à ses ennemis lors de sa lutte pour le trône d'Angleterre contre son cousin Étienne de Blois. L'année 1181 voit la consécration de l'abbaye cistercienne en présence de Henri II Plantagenêt. Elle prospère jusqu'au 14e s., mais ne survit pas à la guerre de Cent Ans et aux guerres de Religion. L'édifice est vendu comme bien national sous la Révolution, transformé en château, puis revendu à une laiterie. Il a été racheté en 1984 par la commune de Gruchet-le-Valasse.

Visite – La façade principale se compose d'une harmonieuse construction (18e s.) à fronton avec deux ailes en retour d'équerre. Le fronton central porte les **armes** de l'impératrice Mathilde : les trois léopards normands expriment sa parenté avec Guillaume, et l'aigle signifie qu'elle était l'épouse de l'empereur germanique Henri V.

EANA – Un parc de loisirs sur le développement durable (*ouverture prévue en 2008-2009, se renseigner sur le site www.eana.fr*) est venu relancer l'entreprise de restauration de l'abbaye. Jardins d'eau, pavillon des innovations et théâtre de verdure sensibilisent petits et grands à l'environnement, dans un cadre agréable et ludique.

Le Mesnil-sous-Lillebonne

2 km au sud.

La très ancienne **église** paroissiale abrite un ensemble d'art religieux et une collection de fossiles et minéraux cauchois. *☏ 02 32 84 02 07 - juin-sept. : 14h-18h ; reste de l'année : sur RV - 1,50 € ; 2,15 € billet combiné avec le musée municipal de Lillebonne (en sais.).*

Notre-Dame-de-Gravenchon

Église moderne intéressante. Une composition en plomb et cuivre sur la façade figure saint Georges terrassant le dragon. Vitraux non figuratifs de Max Ingrand.

Château d'Ételan★

15 km par la D 81 et, à Norville, prendre à droite la D 281. ☏ 02 35 39 91 27 - de mi-juin à fin sept. : w.-end, lun., mar. et j. fériés 11h-13h (uniquement parc et chapelle), 15h-19h parc, chapelle, château, expo (dernière visite 1h av.) - 3 € matin, 5 € apr.-midi.

Bâti en 1494 sur le site d'une ancienne forteresse, le château de style gothique flamboyant domine la vallée. Une élégante tour d'escalier qu'éclairent neuf baies annonce « la première Renaissance normande ». Dans la chapelle restaurée, intéressantes peintures murales (16e s.) et belles boiseries. Certaines salles sont meublées et habitées, d'autres réservées à des expositions et concerts de musique de chambre.

De la terrasse du château, vue sur les marais de Saint-Maurice-d'Ételan et de Norville, et sur la forêt de Brotonne.

G. Targat / MICHELIN

Le château d'Ételan.

Spectacle inattendu : les bateaux descendant ou remontant la Seine semblent glisser à travers champs.

Promenez-vous aussi dans l'ancien potager, récemment restructuré : belle collection de cucurbitacées et d'herbes aromatiques. Attenante au potager, la « terrasse des vignes » est aménagée sous une pergola.

Tancarville

9 km au sud-ouest.

Érigé sur un « nez » crayeux, dernière avancée de falaises avant l'évasement définitif de l'estuaire, le château domine la rive droite de la Seine. C'est de ce promontoire que s'élance le pont suspendu au-dessus du fleuve.

Château féodal – Il s'inscrivait dans un ensemble stratégique commandant l'estuaire de la Seine. Au 11e s., Guillaume le Conquérant lui accorde des privilèges en la personne de Raoul de Tancarville, son précepteur. Les parties les plus anciennes sont du 10e s. ; seule la tour de l'Aigle (15e s.), à base en forme d'éperon, reste intacte. Une tour carrée d'habitation (12e s.) se dresse de l'autre côté de la terrasse. Deux tours rondes flanquent le châtelet d'entrée. Dans la cour subsistent les ruines du corps de logis qui s'ouvrait par trois arcades brisées. Le côté reconstruit, qu'occupe un restaurant, donne sur la vallée.

Pont routier★ – *Péage.* Jusqu'en 1959, date à laquelle le pont fut inauguré, des bacs assuraient la liaison entre les rives. Aujourd'hui, deux pylônes de 125 m supportent le tablier suspendu à 48 m. Long de 1 400 m, il compte 960 m de travées métalliques. Depuis sa hauteur *(laissez la voiture à l'une des extrémités)*, **vue★** sur l'estuaire de la Seine, au premier plan, sur le canal de Tancarville et plus en aval, sur le pont de Normandie.

Sentier du Vivier – *Départ à partir de la place de Tancarville-Bas. Indication à droite, derrière la boulangerie.* Le sentier du Vivier, qui dépend du Parc naturel régional, est une promenade en douze points le long de la rivière du même nom. Elle mène à la source.

Saint-Jean-d'Abbetot

16 km à l'ouest en passant par Tancarville et en prenant la direction de St-Romain-de-Colbosc. Faites 4 km sur la D 39 et prenez à gauche la D 112.

Dans la crypte de l'**église** (11e s.), **fresques★** remarquables des 12e, 13e et 16e s. *S'adresser à la mairie de La Cerlangue - ✆ 02 35 20 50 56.*

Lillebonne pratique

Adresse utile

Office du tourisme pays de Caux - vallée de Seine – *R. Victor-Hugo - Jardin Jean-Rostand - 76170 Lillebonne - ✆ 02 35 38 08 45 - www.tourismecauxseine.com - 9h-12h, 14h-18h - fermé dim. et j. fériés.*

Se loger

Hôtel Pascal Saunier – *1 r. de l'Amiral-Grasset - 76330 Notre-Dame-de-Gravenchon - ✆ 02 35 38 60 67 - www.hotelpascalsaunier.com - P - 29 ch. 74 € - 10 € - rest. 37/57 €.* Entourée d'un jardin, grande demeure à colombages abritant des chambres simplement équipées. Certaines, plus coquettes, bénéficient d'un mobilier de style. Agréable restaurant dont les baies vitrées offrent une perspective sur le complexe de Port-Jérôme. Menus bien composés.

Se restaurer

La P'tite Auberge – *20 r. du Havre - ✆ 02 35 38 00 59 - www.la-ptite-auberge.com - fermé 3 sem. en août - 14,90/40 € - 15 ch. 31/45 € - 5 €.* Cet ancien relais de poste abrite un hôtel très simple mais bien tenu. On préférera les chambres de l'étage, bénéficiant de toutes les commodités. Réputée dans les environs, la carte raffinée compte quelques spécialités maison, dont le mœlleux au chocolat et son coulis de griottes. Exposition régulière de tableaux.

Lisieux★

23 100 LEXOVIENS
CARTE GÉNÉRALE A3 – CARTE MICHELIN DÉPARTEMENTS 303 N5 – CALVADOS (14)

Agréablement située dans la vallée de la Touques, Lisieux est devenue le premier centre commercial et industriel du riche pays d'Auge. Mais c'est à sainte Thérèse que cette ville, à la fois tranquille et dynamique, doit sa notoriété actuelle. Vous vous mêlerez donc aux pèlerins du monde entier pour visiter sa maison des Buissonnets ou la basilique qui lui est dédiée.

Se repérer – En plein cœur du pays d'Auge, à 36 km au sud de Honfleur et 97 km au sud-ouest de Rouen, la ville se déploie au confluent de trois petites rivières : la Touques, l'Orbiquet et le Cirieux. Venant d'Évreux (73 km à l'est par la N 13), on est accueilli par l'imposante basilique de style néobyzantin, placée sous le patronage de sainte Thérèse. Le centre s'organise autour de la place Thiers que domine la cathédrale St-Pierre.

G. Targat / MICHELIN

La cathédrale St-Pierre de Lisieux.

À ne pas manquer – La cathédrale St-Pierre et le parc CERZA.

Organiser son temps – Visitez de préférence Lisieux le matin, de manière à vous concentrer sur les environs et le pays d'Auge l'après-midi.

Avec les enfants – Découvrez le fonctionnement d'une exploitation agricole au domaine de St-Hippolyte, admirez les animaux sauvages du zoo du CERZA et amusez-vous à visiter d'une manière ludique le musée d'Art et d'Histoire.

Pour poursuivre la visite – Voir aussi le pays d'Auge, Crèvecœur-en-Auge, Honfleur, Pont-l'Évêque et Vimoutiers.

Comprendre

Une cité ancienne et florissante – Les origines de Lisieux remontent à l'Antiquité. Elle s'appelait à l'époque *Noviomagus Lexoviorum* et était la capitale de la tribu des *Lexovii*, soumise à la domination romaine en 57 av. J.-C. par Publius Crassus, lieutenant de César. Au Moyen Âge et jusqu'à la Révolution, la cité prospère sous l'égide des évêques-comtes.

Un centre d'industrie textile – Au 19e s., Lisieux rayonne sur la région grâce à l'important tissu d'industries textiles qui s'y développe. Capitale économique du pays d'Auge, elle est le centre de toutes les foires et marchés de la région et sa richesse s'accroît grâce aux droits d'octroi qu'elle prélève sur toutes les marchandises entrant dans la ville. Mais à la fin du siècle, la crise du textile, qui touche l'ensemble du pays, entraîne son déclin progressif.

Une ville durement touchée par la guerre – Les très importants bombardements de juin 1944 détruisent la plus grande partie de la ville. Dans le centre, quelques maisons anciennes subsistent pourtant, notamment rue du Dr-Lesigne, rue H.-Chéron, boulevard Pasteur et rue du Dr-Degrenne. De la grandeur médiévale de la ville, seuls subsistent la cathédrale, l'hôtel du Haut-Doyenné, le jardin de l'Évêché et le palais épiscopal.

SAINTE THÉRÈSE DE LISIEUX

Née le 2 janvier 1873 à Alençon d'une famille aisée et chrétienne, Thérèse Martin, enfant ardente et sensible, fait preuve d'une volonté et d'une intelligence précoces. À la mort de la mère de famille, M. Martin s'installe à Lisieux, aux « Buissonnets ». Thérèse, « la Petite reine », y grandit entourée de tendresse et de piété et, lorsque sa sœur Pauline entre au Carmel, elle sent déjà, à 9 ans, s'affirmer sa vocation religieuse.

Le dimanche de Pentecôte 1887, son père l'autorise à entrer au Carmel, mais les autorités ecclésiastiques la jugent encore trop jeune. Participant au pèlerinage diocésain à Rome, elle adresse elle-même sa requête au Saint-Père. Le 9 avril 1888, âgée de 15 ans, Thérèse entre au Carmel. Retirée dans le cloître où elle est venue « pour sauver les âmes et surtout afin de prier pour les prêtres », sœur Thérèse de l'Enfant-Jésus gravit les degrés de la perfection. Sa gaieté et sa simplicité cachent une énergie farouche que les premières atteintes de la maladie durcissent encore.

Elle rédige alors le « manuscrit de sa vie », *Histoire d'une âme*. Elle remet les derniers feuillets juste avant d'entrer à l'infirmerie du Carmel où elle meurt le 30 septembre 1897, à l'âge de 24 ans et 9 mois, après une lente agonie. Béatifiée en 1923, canonisée en 1925, sainte Thérèse de l'Enfant-Jésus-et-de-la-Sainte-Face a été proclamée docteur de l'Église par Jean-Paul II le 19 octobre 1997.

LE PÈLERINAGE

La tradition du pèlerinage sur la tombe de sainte Thérèse remonte aux premières années du 20e s. Elle prend ensuite toute son ampleur autour de 1925, après la béatification puis la canonisation de sainte Thérèse. La basilique est construite pour accueillir les pèlerins qui affluent chaque année plus nombreux. Aujourd'hui, 700 000 à 800 000 visiteurs de toutes nationalités viennent chaque année à Lisieux et, lors des grandes fêtes du dernier dimanche de septembre ou du premier d'octobre, ce sont plus de 15 000 pèlerins qui viennent prier sainte Thérèse au moment de l'anniversaire de sa mort.

Se promener

Les Buissonnets

Au dessus de la gare ; accès par le bd H.-Fournet. ✆ 02 31 48 55 08 - www.therese-de-lisieux.com - visite guidée 13 avr.-4 oct. : 9h-12h, 14h-18h ; reste de l'année : 10h-12h, 14h-16h - fermé de mi-nov. à mi-déc., 1er janv. et 25 déc. - gratuit.

On visite la maison où Thérèse vécut de l'âge de 4 ans et demi à 15 ans. La salle à manger, sa chambre où elle sera miraculeusement guérie à 10 ans, la chambre de

SE LOGER		SE RESTAURER	
Azur (Hôtel)	1	Acacias (Aux)	1
Colombier (Camping le)	3	Coupe d'Or (La)	3
Grand Hôtel de l'Espérance	5	France (Le)	5
Place (Hôtel de la)	7	Levrette (Auberge de la)	7
St-Louis (Hôtel)	9	Paquine (De la)	9

S. Sauvignier / MICHELIN

La basilique Ste-Thérèse de Lisieux.

son père. Souvenirs de l'enfant : robe de première communion, jouets, etc. Dans le jardin, un groupe statuaire représente Thérèse demandant à son père l'autorisation d'entrer au Carmel.

Chapelle du Carmel

37 r. du Carmel - ✆ 02 31 62 90 46 - possibilité d'assister aux offices, se renseigner.

La châsse de sainte Thérèse, contenant ses reliques, se trouve à droite dans la chapelle du Carmel, sous une statue de plâtre romain et de marbre. Au-dessus, dans une niche bleutée, la statue originale de la Vierge du Sourire, qui appartenait à la famille Martin.

Salle d'exposition

37 r. du Carmel - ♿ - 9h30-12h, 14h-17h30 - gratuit.

À côté d'une vaste galerie d'ex-voto de marbre, une succession de vitrines présente des objets provenant du monde entier et offerts depuis un siècle à sainte Thérèse. Une collection expose des souvenirs liés à sa vie de carmélite (en cellule, au travail, au réfectoire), auxquels sont juxtaposés des films sur la vie de carmélite aujourd'hui.

Basilique Sainte-Thérèse

L'imposante basilique, consacrée le 11 juillet 1954, est l'une des plus grandes églises du 20e s. (4 500 m^{2}; dôme de 95 m).

Le campanile, dont la construction a été interrompue en 1975, s'élance à 45 m. Terminé par une terrasse, il renferme le bourdon, cinq autres cloches et un carillon de 45 pièces.

Au tympan du portail, des sculptures montrent Jésus enseignant les Apôtres et la Vierge du Mont-Carmel, dues à Robert Coin. De chaque côté de la porte centrale, statues de la Vierge et de saint Joseph, protecteurs de l'ordre du Carmel. L'immense nef, très colorée, se pare de marbres, vitraux et mosaïques. Un reliquaire (croisillon droit), don du pape Pie XI, contient les os du bras droit de la sainte.

La **crypte** à trois nefs *(entrée à l'extérieur, sous les galeries)* est entièrement décorée de mosaïques (vie de sainte Thérèse). Derrière le chevet de la basilique se trouvent les tombes des parents de la sainte et le chemin de croix monumental.

Exposition – *✆ 02 31 48 55 08 - www.therese-de-lisieux.com - de fin mai à mi-oct. : 14h-18h - 2 €.* Des expositions temporaires sur la basilique ou sainte Thérèse sont organisées régulièrement. Se renseigner.

Musée-Diorama-Histoire de Sainte-Thérèse – *Au pied de la basilique - ✆ 02 31 48 55 08 - ♿ - visite guidée de Pâques à fin oct. : 11h-13h, 14h-18h ; reste de l'année : w.-end, vac. scol. et j. fériés 14h-17h - fermé janv. - 3 € (-14 ans 1 €).*

Dans le cloître nord de la basilique, un diorama retrace la vie de sainte Thérèse à travers des saynètes représentant une dizaine d'étapes de sa vie. Audio-guide *(25mn)*.

Visiter

Cathédrale Saint-Pierre★

L'édifice, commencé vers 1170, a été terminé au milieu du 13e s. Sa façade surélevée aligne trois portails que dominent deux tours. Celle de gauche, inachevée, séduit par ses baies et ses colonnes d'angle.

Longez l'église à droite jusqu'au portail du Paradis s'ouvrant au croisillon sud. Les contreforts massifs, reliés par un arc surmonté d'une galerie, ont été ajoutés au 15e s.

À l'intérieur, le transept est d'une grande simplicité ; la tour-lanterne s'élève d'un seul jet au-dessus de la croisée. La nef, très homogène, s'orne de baies aveugles ; de robustes piliers cylindriques à chapiteaux circulaires supportent les grandes arcades. Contournant le chœur (13e s.) par le déambulatoire, on gagne la vaste chapelle axiale où Thérèse Martin assistait à la messe. Cette chapelle a été remaniée dans un style flamboyant sur l'ordre de Cauchon, devenu évêque de Lisieux après le procès de **Jeanne d'Arc** et dont la tombe est encastrée à gauche de l'autel.

Au nord de la cathédrale, au-delà du palais de justice (style Louis XIII), le **jardin public** est l'ancien jardin de l'évêché.

Musée d'Art et d'Histoire

38 bd Pasteur - ✆ 02 31 62 07 70 - tlj sf mar. 14h-18h - fermé 1er janv., 1er Mai, 14 Juil., 15 août, 1er nov. et 25 déc. - 2,70 € (-18 ans gratuit), gratuit 1er dim. du mois.

Dans une belle maison à pans de bois (16e s.), une iconographie abondante vous plonge dans le vieux Lisieux et le pays d'Auge, dont les arts et traditions populaires sont évoqués. On y voit entre autres des ornements de confréries de charité, des céramiques du Pré-d'Auge, des statues d'art religieux et une reconstitution d'un atelier de couturière. Au 1er étage, jolie collection de porcelaines de Rouen ; objets en étain et cabinet à bijoux (17e s.) d'origine flamande.

Un livret permet aux enfants de découvrir les œuvres de façon plus ludique.

Aux alentours

Domaine de Saint-Hippolyte

3 km au sud par la D 579 - ✆ 02 31 31 30 68 - ♿ - www.saint-hippolyte.com - mai-sept. : 10h-17h - fermé lun., 1er janv. et 25 déc. - 5,70 € (-18 ans 4 €).

Dominé par l'élégante silhouette du manoir, le domaine est une importante exploitation agricole en activité. Le circuit, jalonné de panneaux didactiques ou d'espaces thématiques, passe par les anciens bâtiments à colombages, traverse la jeune plantation de pommiers et conduit à la grande étable moderne. En suivant la rivière, vous croiserez certainement des animaux familiers de la région : cheval, âne… Il est intéressant de venir à l'heure de la traite, vers 16h30-17h. L'étape suivante est logiquement la fromagerie (fabrication vers 11h) avant de revenir vers le colombier (exposition architecture) en suivant la Touques. Dégustation et boutique de produits fermiers.

CERZA★

12 km au nord-est. Quittez Lisieux par la D 510 ; 3 km après Hermival-les-Vaux, prenez sur la droite la D 143 - ✆ 02 31 62 15 76 - www.cerza.com - juil.-août : 9h30-19h ; avr.-juin et sept. : 9h30-18h30 ; fév.-mars et oct.-nov. : 10h-17h - 15 € (-11 ans 8 €).

Le Centre d'élevage et de reproduction zoologique augeron est, plus encore qu'un zoo, un lieu d'accueil qui a pour vocation première la protection et la reproduction d'espèces en voie de disparition dans leur milieu naturel.

Sur les 52 ha du domaine se succèdent vallons et plaines, prairies et bois, zones arides et zones verdoyantes, agrémentés de plans d'eau tranquilles ou de

CERZA, Hermival-les-Vaux

Rhinocéros du CERZA.

ruisseaux gazouillants. Des promenades balisées permettent de visiter la **zone africaine** (l'espace réservé aux rhinocéros, watussi, zèbres, autruches et girafes est particulièrement vaste) ou de faire le grand tour de la vallée (notamment le charmant sentier nature – déconseillé aux poussettes). Des tigres de Sumatra évoluent dans de spacieux enclos. De nombreux singes (geladas, macaques, capucins, gibbons) ainsi que des lémuriens vivent en semi-liberté dans le biotope qui leur est approprié.

Orbec

20 km au sud-est de Lisieux par la D 519.

Jolie petite ville dont de nombreuses maisons (autour du Vieux Manoir) datent de la fin du Moyen Âge. Au-delà du camembert, elle entretient le souvenir d'un grand compositeur : **Claude Debussy**. C'est en effet dans le jardin de l'hôtel de Croisy, au n° 3 rue Grande, qu'il aurait trouvé l'inspiration du *Jardin sous la pluie*.

Église Notre-Dame – Elle est flanquée d'une puissante tour (39 m) dont la base date du 15e s. et la partie haute de la fin du 16e s. Le buffet d'orgues (15e s.) vient de l'abbaye du Bec-Hellouin. Trois vitraux du 16e s. portent les marques de la guerre. Deux vitraux du 15e s. illuminent le bras gauche du transept. Une petite statue en bois (17e s.) dans le bas-côté droit représente saint Roch, pèlerin guéri de la rage par son chien qui lui lécha les plaies. Statue de la Vierge (même époque) dans le chœur à gauche.

Le Vieux Manoir★ – C'est une très jolie demeure à pans de bois du 16e s., construite pour un riche tanneur. Les façades sont sculptées de personnages et révèlent un bel entrecolombage de tuileaux roses, silex noirs et triangles de pierre calcaire. L'édifice abrite un petit musée.

Musée municipal – *107 r. Grande - ✆ 02 31 32 58 89 - mai-sept. : tlj sf lun. et mar. 10h-12h30, 15h-18h ; de Pâques à fin avr. : w.-end 10h-12h30, 15h-18h - gratuit.*

Il se consacre à l'histoire locale, aux arts et traditions populaires et expose quelques tableaux d'artistes régionaux. Il abrite certaines collections prêtées par le Louvre.

Vallée de l'Orbiquet – *À 4,5 km d'Orbec. Prenez la D 130 et la D 130A au sud-ouest.* Suivez à gauche l'agréable chemin de la Folletière-Abenon, sur la rive droite de l'Orbiquet, sans le traverser. Laissez la voiture sur le parking en face de la mairie et revenez à pied vers le site de la rivière, puis longez un enclos conduisant à la source (résurgence) de l'Orbiquet. Une belle promenade dans un cadre pittoresque.

Lisieux pratique

Adresse utile

Office du tourisme de Lisieux – *11 r. d'Alençon - 14100 Lisieux - ✆ 02 31 48 18 10 - www.lisieux-tourisme.com - de mi-juin à fin sept. : 8h30-18h30, dim. et j. fériés 10h-12h30, 14h-17h ; reste de l'année : tlj sf dim. 8h30-12h, 13h30-18h - fermé 1er janv., 1er et 11 Nov. et 25 déc.*

La carte d'hôte *(voir p. 26)* est remise à chaque personne séjournant dans la communauté de communes de Lisieux.

Office du tourisme intercommunal du pays de l'Orbiquet – *6 r. Grande - 14290 Orbec - ✆ 02 31 32 56 68 - www.tourisme-normandie.fr - juil.-août : 9h30-12h30, 14h-19h, dim. 10h-13h ; reste de l'année : 9h30-12h30, 14h-17h30, dim. 10h-12h30, 15h-17h30 - fermé j. fériés.*

Visites

L'office du tourisme de Lisieux propose plusieurs programmes de visites guidées de la ville, pour la découvrir sous tous les angles. L'office du tourisme d'Orbec aussi.

Se loger

Hôtel St-Louis – *4 r. St-Jacques - ✆ 02 31 62 06 50 - www.hotelsaintlouis-lisieux.com - 17 ch. 32/53 € - ☕ 6,50 €.* Papier peint plus gai, mobilier remplacé, sanitaire amélioré : les chambres de cet hôtel familial profitent peu à peu d'une bénéfique cure de jouvence. Jardinet.

Camping Le Colombier – *14590 Moyaux - 16 km au nord-est de Lisieux par D 510 puis D 143 - ✆ 02 31 63 63 08 - mail@camping-lecolombier.com - ouv. 1er mai-21 sept. - réserv. conseillée - 180 empl. 33 € - restauration.* Avec son manoir, ses bâtiments anciens et son jardin dessiné à la française, voilà un camping qui a du caractère. Un effort est par ailleurs fait pour donner authenticité et chaleur aux décors intérieurs… et c'est assez réussi ! Piscine et bon accueil.

Hôtel de la Place – *67 r. Henry-Chéron - ✆ 02 31 48 27 27 - www.lisieux-hotel-delaplace.com - fermé 16 déc.-7 janv. - 33 ch. 59/79 € - ☕ 9,50 €.* La taille des chambres est très variable, mais toutes ont bénéficié d'un programme de rénovation qui les a rendues gaies et actuelles. Copieux buffet de petit-déjeuner.

Grand Hôtel de l'Espérance – *16 bd Ste-Anne - ✆ 02 31 62 17 53 - www.lisieux-hotel.com - fermé 22 oct.-mars - 100 ch. 79/107 € - ☕ 9 € - rest. 19/32 €.* Grand hôtel, en effet, que cet imposant bâtiment du centre-ville dans le pur style normand avec ses traditionnels colombages et balcons ! Ses chambres, sobrement meublées et bien tenues, bénéficient d'une bonne insonorisation.

⊖⊖ **Hôtel Azur** – *15 r. au Char - ✆ 02 31 62 09 14 - www.azur-hotel.com - fermé 15 déc.-15 janv. - 15 ch. 80/90 € - ☕ 9 €.* Hôtel rénové occupant un immeuble des années 1960. Chambres printanières et confortables. Petit-déjeuner soigné servi dans une salle façon jardin d'hiver.

Se restaurer

⊖⊖ **Aux Acacias** – *13 r. de la Résistance - ✆ 02 31 62 10 95 - fermé dim. soir et lun. sf j. fériés, jeu. soir de nov. à avr. et 25-31 déc. - 17/45 €.* Tons pastel et meubles en bois peint assurent l'ambiance « cosy » de ce charmant restaurant du centre-ville. En cuisine, carte et menus sont traditionnels, mais interprétés avec talent à partir de produits frais soigneusement sélectionnés : piccatta de veau Vallée d'Auge, dos de saumon rôti au sésame, etc.

⊖⊖ **Le France** – *5 r. au Char - ✆ 02 31 62 03 37 - lefrancerestaurant@wanadoo.fr - fermé lun., dim. soir de sept. à juin et 6-30 janv. - 18/32 €.* Poutres apparentes, cuivres, vieux pressoir en bois et chaises paillées composent l'accueillant décor campagnard de ce restaurant situé près de la cathédrale. Petits plats traditionnels actualisés et sélection de vins de propriétaires.

⊖⊖ **La Coupe d'Or** – *49 r. Pont-Mortain - ✆ 02 31 31 16 84 - lacoupedor@wanadoo.fr - fermé dim. soir - 12,50 € déj. - 18,50/30 € - 14 ch. 55/60 € - ☕ 7,50 €.* Bien que l'hôtel soit situé dans une rue animée du centre-ville, on goûte au calme des lieux dès qu'on a passé la porte. En plus des chambres et de la salle de restaurant agréablement rafraîchies, on appréciera l'espace de remise en forme, le billard français et le bureau disposant d'un accès Internet. Prix corrects.

⊖⊖⊖ **Auberge de la Levrette** – *R. de Lisieux - 14140 St-Julien-le-Faucon - 14 km au sud-ouest de Lisieux par D 511 - ✆ 02 31 63 81 20 - fermé lun., mar. sf j. fériés, 26 juin-2 juil. et 20 déc.-17 janv. - 27/40 €.* Faites une pause dans cet authentique relais de poste du 16e s. situé au cœur du village. Vous serez reçu dans une chaleureuse salle à manger ornée d'une belle cheminée d'époque. Cuisine traditionnelle. Un menu pour les petits.

⊖⊖⊖ **De la Paquine** – *Rte de Moyaux - 14590 Ouilly-du-Houley - ✆ 02 31 63 63 80 - championlapaquine@orange.fr - fermé dim. soir, mar. soir, merc., 5 août-14 sept. et 14-30 nov. - 33 €.* À l'entrée du village, petite auberge fleurie où une carte traditionnelle recomposée de saison en saison est présentée dans un cadre rustique chaleureux, parsemé de références au rugby.

Faire une pause

Pâtisserie chez Billoudet – *44 r. Henry-Chéron - ✆ 02 31 62 17 91 - 7h30-19h30 - fermé lun., 2 sem. vac. de fév. à mars et 2 sem. en juil.* Ce maître-artisan chocolatier et confiseur vous proposera ses délicieuses spécialités comme le caluador (chocolat à base de crème de calvados et de confiture de lait), le Pom-Reine (bonbon chocolat fourré ganache pomme) et les traditionnelles pommes au calvados. L'établissement fait aussi salon de thé.

Blandiot – *63 r. Henry-Chéron - ✆ 02 31 62 11 71 - 8h-19h30 - fermé merc., 15 j. en fév., 3 sem. en juil. et 1er Mai.* Les gâteaux, superbement présentés, attirent les regards et donnent envie d'entrer dans cette pâtisserie. À déguster au salon de thé ou à emporter : pain aux raisins, tarte normande, macaronade à la framboise, macarons à la rose ou Alhambra… et le subtil « Sainte-Thérèse » : crème brûlée à la rose sur base sablée, fruits exotiques et bavaroise au chocolat blanc, créé par deux apprentis.

Que rapporter

Marché – *Marché du terroir le merc. - juil.-août 15h-19h30 suivi d'un concert gratuit.*

Le Père Jules – *Rte de Dives-sur-Mer, lieu-dit la Pommeraye - au nord-ouest de Lisieux sur la D 45 - 14100 St-Désir-de-Lisieux - ✆ 02 31 61 14 57 - 8h-12h30, 13h30-20h.* M. Desfrieches cultive 60 variétés de pommes pour parfaire sa gamme de spécialités et perpétuer l'excellente réputation de la maison. Rien de mieux qu'une dégustation pour constater que la renommée de l'enseigne n'est pas usurpée, que le pommeau est délicieux, le cidre fabuleux et le calvados, surtout le plus vieux, une merveille. Visite des chais, du pressoir et de la distillerie.

Sports & Loisirs

Le Nautile – *R. Joseph-Guillonneau - ✆ 02 31 48 66 67 - lenautile@cclisieuxpaysdauge.fr - pour les horaires se renseigner - fermé 1er janv., 1er-12 sept., 24-25 et 31 déc., j. fériés sf 8 Mai, 14 Juil. et 15 août - 5,40 € (enf. 3,60 €).* Ce centre aquatique séduira aussi bien les familles que les sportifs grâce à ses nombreux équipements : bassin ludique avec toboggan, jeux d'eau pour les enfants et pataugeoires pour les uns ; piscine de 25 m (réservée aux nageurs), espace forme et salle de fitness pour les autres.

Louviers

18 200 LOVÉRIENS
CARTE GÉNÉRALE C2 – CARTE MICHELIN DÉPARTEMENTS 304 H6 – EURE (27)

La reconstruction de la ville, très endommagée en 1940, lui a restitué son charme provincial sans l'amputer des derniers colombages restés debout, ni de ses ravissantes allées le long des bras de l'Eure. Louviers garde pourtant un visage industriel, surtout au nord de la ville où se concentrent les usines de production de piles électriques, antennes TV et matières plastiques.

- **Se repérer** – Nichée au centre des vallées de la Seine, de l'Eure et de l'Iton, Louviers occupe une position stratégique à 32 km au sud de Rouen et 103 km au nord-ouest de Paris par l'A 13. Son quartier ancien, parsemé de belles maisons à colombages, se concentre immédiatement au nord de l'église Notre-Dame, tandis que le quartier neuf et commerçant se développe au-delà des boulevards circulaires.
- **À ne pas manquer** – Le porche de l'église Notre-Dame et le parc d'Acquigny.
- **Organiser son temps** – Prévoyez 1h30 pour parcourir la ville et comptez à chaque fois 1h de visite pour le parc d'Acquigny et l'abbaye de Bonport.
- **Avec les enfants** – Programmez une balade dans la réserve ornithologique de la Grande Noë.
- **Pour poursuivre la visite** – Voir aussi Les Andelys, Évreux, Elbeuf et Rouen.

Comprendre

Une cité drapière – Au 12e s., Richard Cœur de Lion échange Louviers contre Les Andelys avec l'archevêque de Rouen. La ville devient alors jusqu'à la guerre de Cent Ans une prospère cité drapière. La vingtaine de bras de rivières qui la parcourent expliquent cette implantation précoce. Conflits, épidémies, famines et disettes mettent provisoirement fin à cette activité florissante. Colbert la relance, deux siècles plus tard, en créant en 1681 une manufacture royale. La cité se spécialise dans la production du drap de laine. Au 19e s., les industries fabriquant machines à carder et métiers à tisser se multiplient.

S. Sauvignier / MICHELIN

Détail d'un autel à panneaux sculptés du 16e s., église Notre-Dame.

Louviers dans la guerre – Très rapidement désertée après la prise de Rouen par les Allemands le 9 juin 1940, la ville subit les jours suivants de multiples bombardements. On ne compte alors que peu de morts parmi ses habitants qui ont tous fui mais, les 12 et 13 juin, la ville brûle pendant deux jours et plus de 500 maisons sont détruites. Pendant les quatre années de guerre, un noyau résistant s'implante dans Louviers, qui subit restrictions et privations. Elle est à nouveau meurtrie lors de la bataille de Normandie au cours de laquelle l'essentiel de ce qui restait de son architecture artisanale et industrielle est détruit.

Un homme d'État de l'après-Guerre – **Pierre Mendès France** (1907-1982), député radical-socialiste de l'Eure pendant vingt ans entre 1932 et 1958, débuta sa carrière d'avocat à Louviers, dont il fut aussi le maire pendant de nombreuses années. En 1954-1955, il accède à la présidence du Conseil et met alors fin à la guerre d'Indochine. C'est aussi lui qui donne l'autonomie interne à la Tunisie.

Se promener

D'agréables parcours piétonniers longent les bras de l'Eure. Vous pouvez donc à tout moment quitter l'itinéraire détaillé ci-après pour flâner à votre guise le long des berges.

La maison du Fou du Roy

R. du Maréchal-Foch. Cette belle demeure à pans de bois *(siège de l'office de tourisme)*, appartenait, raconte-t-on, à Guillaume Marchand, maître apothicaire qui deviendra bouffon d'Henri IV à la mort de Chicot, tué au siège de Pont-de-l'Arche.

Gagnez l'église Notre-Dame.

Église Notre-Dame *(voir Visiter)*

Depuis l'église Notre-Dame, au centre, gagnez la rue de la Poste qui enjambe deux bras de l'Eure.

Ancien couvent des Pénitents

Il ne reste du couvent franciscain, bâti en 1646 sur un des bras, qu'un corps de logis (habité) et trois petites galeries à arcades du cloître encadrant la rivière. La galerie ouest, à demi ruinée, est bordée d'un square planté d'arbres.

La rue de La Trinité (à gauche) s'engage dans l'ancien quartier des Manufactures et se prolonge dans la **rue Terneaux** où de grandes maisons avec grenier-étente rappellent l'ancienne vocation textile de la cité. On évolue alors sur un îlot.

Prenez à droite la courte rue du Pothomet, ou bien traversez le jardin de Bigard, un peu sauvage, pour rallier, sur l'autre rive de l'Eure, la **rue du Quai** aux belles maisons à colombages. Prenez-la à droite jusqu'à la rue au Coq, sur la gauche, qui aboutit au musée *(voir Visiter)*.

La jolie **rue Pierre-Mendès-France** ramène au chevet de l'église Notre-Dame. Quelques demeures à pans de bois se succèdent encore **rue Tatin** (elle débouche sur le parvis de l'église).

Visiter

Église Notre-Dame

Ce sobre édifice, construit au 13e s., a reçu à la fin du 15e s. son célèbre revêtement flamboyant.

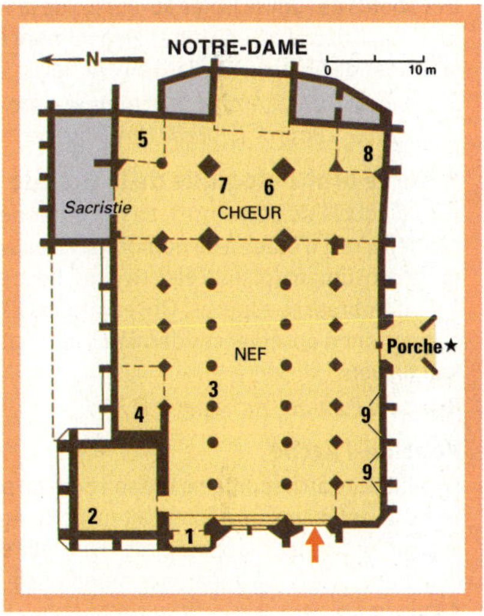

Extérieur – Le **porche★**, véritable dentelle de pierre, « constitue davantage un chef-d'œuvre d'orfèvre qu'une construction de maçon ». De belles clés pendantes viennent briser les arcatures gothiques. Les vantaux de la porte double, séparés par un trumeau, sont Renaissance. Une Vierge orne le portail principal (14e s.) de la façade ouest. Mais c'est encore le **flanc sud★** qui étonne le plus par la virtuosité de son style flamboyant. Il allie gâbles acérés, balustrades ajourées, pinacles, gargouilles, festons. Les contreforts portent d'intéressantes statues.

Intérieur – La nef du 13e s., flanquée de doubles bas-côtés, abrite des **œuvres d'art★**.

1) Mise au tombeau (fin du 15e s.).

2) Marie Salomé et ses fils (16e s.).

3) Chaire (18e s.).

4) Trois statues (15e s.) dominent l'autel : le Christ dans l'attente, la Vierge et saint Jean ; elles sont flanquées de panneaux sculptés (14e s.) : *Pâmoison de la Vierge* et *Centurion du Calvaire*.

5) Autel à panneaux sculptés (16e s.) : la vie de la Vierge.

6) et **7)** Tableaux du peintre lovérien Jean Nicolle (début 17e s.) : *Nativité* et *Adoration des Mages*.

8) Mausolée de Robert d'Acquigny (fin du 15e s.).

9) Vitraux Renaissance (restaurés).

Musée

☎ 02 32 09 58 54 55 - www.ville-louviers.fr - ♿ - tlj sf mar. 14h-18h - fermé 1er janv., 1er Mai, 25 déc. et entre chaque exposition temporaire - gratuit.

Collections de faïence, de mobilier et de peinture exposées lors des expositions temporaires. Une salle retrace l'industrie drapière.

Circuit de découverte

ENTRE LA SEINE ET L'EURE

53 km – environ 1h30. Quittez Louviers vers le sud par la D 71 puis prenez à gauche la D 82 pour traverser l'Eure.

Acquigny

Parc et jardins du château – *☏ 02 32 50 23 31 - ♿ - juil.-août : 14h-19h ; de mi-avr. à fin juin et de déb. sept. à mi-oct. : w.-end et j. fériés 14h-18h - possibilité de visite guidée - 6,50 € (-16 ans 4 €).*

Le parc classique, au confluent de l'Eure et de l'Iton, conserve ses longues perspectives et son orangerie aux briques pastel. Quelques beaux arbres déploient leurs ramures imposantes (cyprès de Louisiane, platanes d'Orient, sophoras de Chine…). Gué, cascades et rivière artificielle rappellent l'époque romantique et complètent le décor.

Traversez l'Eure pour rejoindre la D 164.

Du pont de la rivière, jolie vue sur le château de la fin du 16e s.

Prenez la D 164 vers le nord puis tournez à droite sur la D 6155. À Heudebouville, rejoignez Vironvay au nord-ouest par la D 6015.

Vironvay

Des abords de l'église isolée au-dessus de la vallée de la Seine, des **vues★** se dégagent sur le fleuve qu'enjambe l'élégant pont de St-Pierre-du-Vauvray. On aperçoit les ruines de Château-Gaillard aux Andelys.

Reprenez la D 6015. À Vaudreuil, tournez à droite sur la D 77. Avant les Damps, suivez sur la droite « Base de loisirs de Léry-Poses ».

Réserve ornithologique de la Grande Noë

La boucle de Léry-Poses, au carrefour des vallées de la Seine, de l'Eure et de l'Andelle, sert d'étape à de nombreux oiseaux migrateurs. La diversité des milieux qui la constituent (plans d'eau, rivières, bois, prairies, cultures, etc.) offre un refuge à de nombreuses espèces. Observatoires et panneaux explicatifs de la réserve permettent d'observer ces dernières et de plonger pendant quelque temps dans leur univers.

Rejoignez Pont-de-l'Arche par la D 77.

Pont-de-l'Arche

La petite cité archépontaine tire son nom du premier ouvrage d'art jeté sur la basse Seine, avant même que Rouen ait un pont. Agréablement située dans la vallée, en aval du confluent de la Seine et de l'Eure, elle est adossée à la forêt de Bord peuplée de pinèdes, d'où son apparence méridionale en été.

Église N.-D.-des-Arts – Cet édifice témoigne du style gothique flamboyant par un portail et un flanc sud très ornés. À l'**intérieur**, la nef est éclairée par des verrières du 16e et du 17e s. : celle de la 2e fenêtre du bas-côté droit représente des haleurs de la ville s'efforçant de faire passer un bateau sous une arche du pont. Observez aussi les stalles du chœur (18e s.), une Pietà (16e s.), contre la première colonne du bas-côté gauche, une Vierge du 14e s. sur le côté nord de la nef et un saint Pierre polychrome du 16e s. sur le côté sud. Le retable Louis XIII du maître-autel, avec une Résurrection du Christ de Le Tourneur, les fonts baptismaux du 16e s. et les orgues, comptent parmi les plus belles pièces du mobilier. Remarquez dans la sacristie une toile représentant la Naissance de la Vierge, œuvre d'art populaire du 16e s.

Abbaye de Bonport – *À 1 km de Pont-de-l'Arche en direction d'Elbeuf (D 321) - ☏ 02 35 02 19 42 - www.abbayedebonport.com - ♿ - juil.-août : tlj sf sam. 14h-18h30 ; avr.-juin et sept. : dim. et j. fériés 14h-18h30 - 4 €.* Fondée au 12e s. par Richard Cœur de Lion, cette abbaye cistercienne a souffert de la guerre de Cent Ans, de l'incurie de nombreux abbés commendataires, mais surtout de la période qui a suivi la Révolution. L'abbatiale et le cloître ont disparu, mais les bâtiments conventuels demeurent : réfectoire voûté du 13e s., dortoir, scriptorium et salle capitulaire. L'ensemble a conservé son caractère médiéval avec ses croisées d'ogives reposant sur des piliers dotés de chapiteaux à crochets. La visite guidée retrace toute la journée des moines.

Revenez à Pont-de-l'Arche et rentrez à Louviers par la D 6015.

Louviers pratique

Adresse utile

Office du tourisme Seine-Eure – *10 r. du Maréchal Foch - ✆ 02 32 40 04 41 - www.tourisme-seine-eure.com - juil-août : 9h-13h, 14h-19h, dim. 10h-13h, 14h-18h ; avr.-juin et sept. : 10h-12h30, 14h-18h, dim. 10h-13h (sf. dim. avr.-mai) ; reste de l'année : tlj sf dim. 10h-12h30, 14h-17h30 - fermé j. fériés.*

L'office de tourisme propose un livret permettant de découvrir la ville à travers son passé de cité drapière. Il dispose aussi de dépliants sur les randonnées à faire dans les environs.

Se loger

Hôtel Manoir de La Haye le Comte – *4 rte de La-Haye-le-Comte - 700 m au sud de Louviers par D 113 - ✆ 02 32 40 00 40 - www.manoir-louviers.com - fermé 23 déc.-15 janv. - P - réserv. obligatoire - 14 ch. 88/104 € - 11 € - rest. 23/41 €.* Ce paisible manoir du 16e s. a le charme suranné des vieilles demeures familiales. Chambres bourgeoises et personnalisées, salon « cosy » et intimes petites salles à manger. Une cuisine qui séduira les gourmets. Dans le parc, balades romantiques, tennis, terrain de pétanque, jeux de croquet, practice de golf et VTT.

Se restaurer

Le Jardin de Bigard – *39/41 r. du Quai - ✆ 02 32 40 02 45 - fermé dim., vac. de fév. et 2 sem. en août - réserv. conseillée - 10 € déj. - 12/25 €.* Ce restaurant traditionnel situé dans un quartier épargné par la Seconde Guerre mondiale s'abrite derrière une façade de briques. La salle à manger entièrement rénovée (mobilier en rotin, tons jaune et orange) a vue sur l'église, un parc et un manoir. Terrasse d'été.

Le Pré-St-Germain – *7 r. St-Germain - ✆ 02 32 40 48 48 - www.le-pre-saint-germain.com - fermé vend. et w.-end - 15/28 €. - 30 ch. 89 € - 10 €.* Cuisine au goût du jour à découvrir dans un cadre contemporain, ou selon le climat, sur la terrasse. Formule rapide servie au bar. Chambres aux aménagements fonctionnels.

Lyons-la-Forêt★

795 LYONSAIS
CARTE GÉNÉRALE C2 – CARTE MICHELIN DÉPARTEMENTS 304 I5 – EURE (27)

Si certains villages vous restent à jamais gravés dans la mémoire, sinon dans le cœur, Lyons en fera peut-être partie. Intact et pimpant, tout en colombages, torchis et vieilles briques, perdu entre des lambeaux de forêt, ce ravissant petit bourg est un concentré de la Normandie traditionnelle. Le dépaysement est garanti.

Se repérer – À 43 km à l'est de Rouen (*via* la N 31 et la D 921) et à 20 km au nord des Andelys par la D 2, Lyons occupe un site paisible sur le versant de la rive gauche de la Lieure, au cœur d'un vaste massif forestier. La petite commune s'organise autour de la place Benserade où se déploient de très jolies halles. Le plus beau point de vue se dévoile depuis la rive droite, à la sortie du village, le long de la D 6E qui grimpe vers Les Tainières.

À ne pas manquer – La collégiale d'Écouis, le château de Vascœuil et la très belle hêtraie de Lyons.

Organiser son temps – Profitez du bourg le matin, visitez ensuite Vascœuil, puis offrez-vous une belle randonnée en forêt avant de terminer par Écouis.

Pour poursuivre la visite – Voir aussi le château de Martainville, Forges-les-Eaux, Les Andelys et Rouen.

G. Targat / MICHELIN

Les anciennes halles de Lyons-la-Forêt.

Se promener

Halles

Elles trônent au centre de la place Benserade. En 1932, Jean Renoir l'utilise comme décor de la scène du comice agricole dans son film *Madame Bovary*. La fontaine est un souvenir d'un autre film portant le même nom, tourné ici en 1990 par Claude Chabrol.

La place s'entoure de ravissantes demeures à pans de bois, dont la maison natale du poète Isaac de Benserade (1612-1691) aux beaux appuis de fenêtres en fer forgé.

Dans la rue d'Enfer, non loin des halles, une grande demeure néo-normande conserve le souvenir du musicien **Maurice Ravel**. C'est là qu'il composa *Le Tombeau de Couperin* et orchestra les *Tableaux d'une exposition* de Moussorgski.

Par la rue du Bout-de-Bas, où s'alignent d'autres jolies constructions à colombages, on peut rejoindre l'église St-Denis à l'entrée du village, sur la rive droite de la Lieure.

Église Saint-Denis

Ouv. seulement aux groupes. Prétendument édifiée sur le site d'un ancien culte païen, elle date du 12e s. mais a été remaniée au 15e s. Elle a donné pendant un temps son nom à la localité, qui s'est en effet appelée *St-Denis-en-Lyons* (on prononce toujours le *S*), après avoir été mentionnée dans d'anciens textes comme *Leons* (1015) et *Saltus Leonis* (1050). Certains trouvent aussi à Lyons des origines scandinaves, de *Li Homs*, « les villages ». Son extérieur montre un appareil de moellons et de silex et un clocher de charpente.

Aux alentours

Écouis

12 km au sud de Lyons par la D 2.

Ce village tranquille du Vexin normand, au sud de la belle forêt de Lyons, se groupe autour des deux clochers de son ancienne collégiale Notre-Dame. Celle-ci fut fondée par le richissime **Enguerrand de Marigny**, alors surintendant des Finances de Philippe le Bel et future victime des ligues féodales suscitées par la politique financière du roi. D'après l'histoire, il fut en effet accusé de sorcellerie et finit au gibet de Montfaucon en 1315, où sa dépouille serait restée exposée plus d'un an ! Autre personnage célèbre attaché à la collégiale : saint Vincent de Paul, qui y fut chanoine en 1615.

Collégiale Notre-Dame★ – Cette sobre construction a été réalisée entre 1310 et 1313. L'intérieur mérite une visite approfondie, surtout pour le **mobilier** et la **statuaire** du 14e au 17e s. À la voûte lambrissée s'est substituée, fin 18e s., une autre

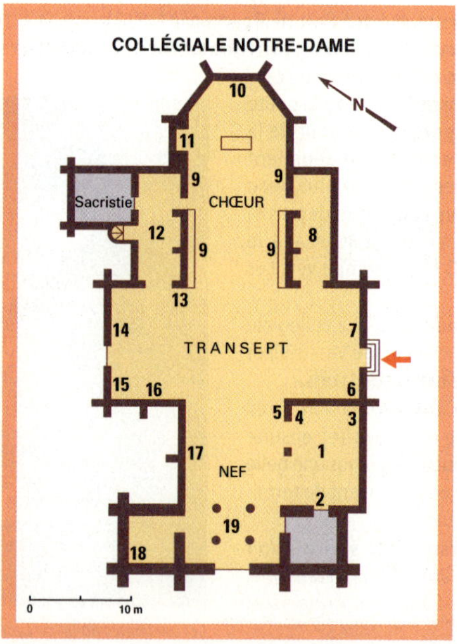

en brique et pierre. L'immense chœur, terminé par une abside à trois pans, est flanqué de deux chapelles voûtées en berceaux de bois en arc brisé.

Localisation des éléments les plus remarquables :

1) Chapelle de l'Immaculée-Conception (16e s.), jolies **voûtes à clés pendantes**.

2) Christ en croix★ (13e s.).

3) Saint Nicaise (14e s.).

4) Sainte Anne et la **Vierge** (14e s.).

5) Notre-Dame d'Écouis★ (14e s.).

6) Statue de sainte Marguerite★ (14e s.).

7) Statue funéraire de Jean de Marigny★, frère d'Enguerrand, mort archevêque de Rouen en 1351.

8) Chapelle St-Jean : la voûte de charpente permet d'imaginer l'état ancien de la voûte de la grande nef. Le vitrail, en face, conserve le dernier médaillon d'époque (14e s.) représentant la crucifixion.

S. Sauvignier / MICHELIN

Sculpture de sainte Agnès, collégiale d'Écouis.

9) Très bel ensemble formé par les très anciennes **stalles★** du 14e s. avec les **boiseries★** et **portes** du 17e s.

10) Porte monumentale de l'ancien jubé.

11) Christ étendu sur son linceul (16e s.).

12) Chapelle latérale nord : **saint Martin** ; **saint François** ; **saint Laurent** (14e s.) ; **sainte Cécile**.

13) « **Madone du roi** » (14e s.).

14) Sainte Agnès★★ (14e s.), avec son étonnante chevelure ondulée, nommée aussi sainte Marie l'Égyptienne car originaire de cette région. L'histoire raconte que, prostituée à Alexandrie, elle décida de rejoindre Jérusalem, mais qu'arrivée sur le seuil de la basilique, une main invisible l'arrêta tandis que la Vierge lui apparaissait. L'Égyptienne implora son pardon et put alors entrer dans l'église. Après sa conversion, la pénitente vécut 47 ans dans le désert.

15) Sainte Véronique (14e s.).

16) Ecce Homo★ en bois (15e s.).

17) Groupe de l'Annonciation★ (15e s.). Au support de la statue de la Vierge, délicieux groupe d'angelots lisant les prophéties se rapportant au mystère de l'Incarnation. Les mains et le visage de la Vierge, ainsi que le visage de l'archange Gabriel, sont en marbre incrusté dans la pierre.

18) Saint Jean-Baptiste (14e s.).

19) Buffet d'orgues (17e s.).

Circuits de découverte

FORÊT DE LYONS★★

Ce massif forestier (10 700 ha) reste « l'un des chefs-d'œuvre de la nature en France et la gloire du hêtre ». Ses arbres dépassent souvent 20 m de hauteur de fût. Autour de ses frondaisons, on découvrira, entre autres, une ancienne abbaye et deux châteaux intéressants.

En route vers les sources 1

35 km – environ 1h. Quittez Lyons par la D 6E.

Notre-Dame-de-la-Paix

Des abords de cette statue, jolie vue sur le site de Lyons.

Prenez à gauche la D 169.

Chapelle Saint-Jean

Derrière la chapelle du 17e s., un sentier conduit au vieux chêne St-Jean (5m de circonférence).

Prenez la 2e route à gauche (D 11) vers Rosay.

Rosay-sur-Lieure

L'**église**, entourée de son cimetière, occupe un site agréable.

La D 11 mène à Ménesqueville.

Ménesqueville

La petite **église** campagnarde du 12e s. a été très habilement remise en valeur. Les vitraux de Décorchemont ont pour thème le Cantique des cantiques.

La D 12 longe la jolie vallée du Fouillebroc jusqu'à Lisors.

Lisors

L'**église** abrite une Vierge couronnée du 14e s., exhumée en 1936.

Suivez la D 715 ; sur la droite, les vestiges de l'abbaye.

Abbaye de Mortemer

☏ 02 32 49 54 34 - www.mortemer.fr - mai-août : 14h-18h ; reste de l'année : w.-end et j. fériés sur demande préalable - possibilité de visite guidée (1h) - visite libre toute l'année du parc 13h30-18h - 7 € (enf. 6 €), 5 € parc (enf. 3 €).

Les ruines de cette **abbaye** cistercienne des 12e-13e s. se blottissent au creux d'un vallon qu'encercle la forêt. Voyez, parmi elles, le **colombier** du 15e s., remanié au 17e s. et qui servit à une époque de prison. Il comporte 930 boulins et possède encore son échelle pivotante.

De la salle capitulaire ne subsiste que l'entrée flanquée de deux baies ogivales au-dessus desquelles s'alignent les fenêtres du grand dortoir.

Sous le bâtiment conventuel refait au 17e s., on visite un **musée de la vie monastique** où sont évoqués les contes et légendes liés à l'abbaye. Dans les caves, un système de son et lumière et des mannequins de cire contribuent à créer une atmosphère mystérieuse. À l'extrémité d'un couloir, belle Vierge allaitant, du 14e s., en pierre.

Dans les **appartements** meublés du 1er étage : antiphonaire (recueil de chants liturgiques) en parchemin, du 15e s., enluminé et muni d'une couverture en cuir clouté ; cheminée en bois du 19e s., etc.

Un petit train fait le tour du domaine et des trois étangs, autour desquels on découvre des daims, des poneys et des oiseaux en liberté dans un parc.

En face de l'abbaye, sur le côté gauche de la D 715, une courte allée monte au carrefour de la Croix-Vaubois.

Carrefour de la Croix-Vaubois

Le monument, très simple, honore la mémoire des forestiers tombés dans les combats de la Résistance.

Deux sources se succèdent ensuite sur la gauche de la D 715.

Source de Sainte-Catherine de Lisors

Une passerelle sur le Fouillebroc mène à un oratoire qui reçoit la visite de jeunes filles en quête d'un mari.

Source du Fouillebroc

Joli site forestier.

Prenez la D 6 à droite, puis rapidement la route forestière des Bordins à gauche.

Arboretum des Bordins

Ce jeune arboretum, créé à partir de 1981 par l'Office national des forêts, regroupe plus de 13 000 arbres et arbustes. Un « populetum » est consacré au peuplier tandis que les arbres du monde sont rassemblés par continents. En face de l'arboretum, un sentier de découverte de 2,6 km dévoile quelques secrets (blaireautière) de la forêt.

Retournez à Lyons par la D 15.

Par le nord de la forêt 2

60 km – environ 2h30. Quittez Lyons par la D 14.

Beauficel-en-Lyons

L'**église**, précédée d'un porche du 17e s., conserve de belles statues dont une de la Vierge (14e s.) en pierre polychrome. ✆ *02 32 49 62 51 - sur demande préalable auprès de Mme Dufour - 1 rte de Fleury - 27480 Beauficel-en-Lyons.*

La D 14 longe le château de Fleury-la-Forêt (à droite).

Château de Fleury-la-Forêt

✆ *02 32 49 63 91 - www.chateau-fleury-la-foret.com - visite guidée (45mn) de mi-juin à mi-sept. : 14h-18h ; de mi-sept. à mi-juin : w.-end et j. fériés 14h-18h - fermé déc.-fév.- 6,50 € (enf. 5,50 €).*

Une rafraîchissante allée de tilleuls centenaires, précédée d'une jolie grille en fer forgé, mène à ce château du début du 17e s. en brique rouge, silex et grès. Deux ailes basses symétriques (18e s.), couvertes de toits à la Mansart, flanquent le corps principal *(voir p. 268)*.

Jouets anciens et poupées, avec notamment leur manège, animent le rez-de-chaussée. On visite ensuite une imposante cuisine, abondamment décorée : cuivres, porcelaines, carreaux de Delft, étains, plaque de cheminée aux armes de Charles de Caumont, qui rebâtit le château en 1647 à la suite d'un incendie. D'intéressantes pièces de mobilier sont visibles au 1er étage, dans le salon bleu, la chambre bleue, la chambre Empire et Directoire : cabinet à secrets du 17e s., armoire galbée, etc. Remarquez deux « gadgets » d'hier : la coiffeuse transformable en bureau et le fauteuil convertible en prie-Dieu. On verra d'autres poupées anciennes au dernier étage.

L'ancien lavoir, à droite en sortant du château, semble revivre : reconstitution de son ambiance de la fin du 19e s.

Prenez la D 14E, puis la D 241.

Hêtre de la Bunodière★

Signalé par un panneau à droite, en quittant la N 31 pour entrer en forêt, cet arbre magnifique s'élève d'un jet jusqu'à 46,50 m de hauteur, révélant un spectaculaire fût lisse de 4 m de circonférence. Il se trouve à proximité de la **réserve du Câtelier**, peuplée de chênes, de frênes et d'érables.

La N 31-E 46 rejoint La Feuillie.

La Feuillie

Cette modeste église surprend par l'audace de sa **flèche★** effilée qui s'élève à 54 m. Elle a connu bien des déboires et doit encore aujourd'hui être renforcée.

Reprenez la N 31 jusqu'à Croisy-sur-Andelle. Là, tournez à droite dans la D 293 et rejoignez Elbeuf-sur-Andelle. À l'intersection avec la D 46, prenez à droite.

Le Héron

Le site est rendu agréable par les ombrages du parc – dessiné par Le Nôtre – de l'ancien château du marquis de Pomereu. C'est ici, raconte-t-on, que Gustave Flaubert, alors âgé de 16 ans, découvre les fastes de la vie mondaine, comme son héroïne Emma.

Rejoignez Vascœuil par la D 46.

Vascœuil

Ce petit village (prononcerz *Vacueil*) à l'orée de la forêt est surtout célèbre pour son château.

Château★ – *✆ 02 35 23 62 35 - www.chateauvacoeuil.com - ♿ - juil.-août : 11h-18h30 ; de mi-avr. à fin juin et de déb. sept. à mi-nov. : tlj sf lun. 14h30-18h - 7,50 €.*

Sauvé de la ruine par ses propriétaires, le château est devenu un centre culturel réputé et un lieu de mémoire de Jules Michelet.

Une ancienne grange accueille le **musée Michelet** qui rassemble de nombreux souvenirs de l'historien et de sa famille (portraits, affiches, écrits) ; en complément, son cabinet de travail a été reconstitué au sommet de la tour du château. Jules Michelet (1798-1874) rédigea en effet une partie de sa célèbre *Histoire de France* à Vascœuil, alors propriété de Mme Dumesnil avec laquelle il était très lié, surtout après le mariage de leurs enfants. Démocrate passionné et engagé, il est également l'auteur de l'*Histoire de la Révolution*, mais aussi d'œuvres moins connues comme *La Femme*, ou *L'Amour*.

Mais on vient aussi et surtout à Vascœuil pour ses fameuses collections et expositions d'art contemporain.

Le jardin, arrosé par le Crevon, est devenu un **parc de sculptures★** où les plus grands ont déjà laissé leur empreinte, peuplant les lieux de silhouettes et d'œuvres inattendues : femmes plantureuses de Volti, pigeon de Pompon, *Victoire de la Liberté* de Dali, exubérante *Ludivine* de Coville, céramiques et mosaïques de Léger, de Vasarely…

Au cœur de cet écrin, le **château** (14e-16e s.) et son superbe **colombier** (17e s.) sont le cadre d'intéressantes expositions d'art contemporain.

Une boutique et un salon de thé permettent aux visiteurs de profiter des lieux.

Église St-Martial – *✆ 02 35 02 11 69 - visite guidée sur demande préalable auprès de Jean-Joseph Le Brozec - r. des Canadiens - en sem. et certains dim.*

Elle abrite la tombe de Hugues de St-Jovinien, saint homme mort au 12e s. Statues en pierre polychrome (17e s.) : la Sainte Vierge et saint Martial.

Retrouvez Lyons-la-Forêt par la D 6/D 6^E^.

Lyons-la-Forêt pratique

Adresse utile

Office du tourisme de Lyons-la-Forêt – *20 r. de l'Hôtel-de-Ville - 27480 Lyons-la-Forêt - ✆ 02 32 49 31 65 - tlj sf lun. 10h-12h, 14h-17h30 (16h dim. et j. fériés.) - fermé 25 déc.-1er janv., 1er Mai et lun. de Pâques.*

Se loger

⊖⊖ Hostellerie du Domaine Saint-Paul – *Rte de Forges-les-Eaux - 1 km au nord de Lyons-la-Forêt par D 321 - ✆ 02 32 49 60 57 - www.domaine-saint-paul.fr - fermé 2 nov.-1er avr. - P - 17 ch. 52/85 € - ☕ 8 € - rest. 24/42 €.* Cette ancienne briqueterie est pimpante. Ses chambres, avec leurs meubles normands et leurs poutres, sont réparties dans la maison principale et dans les pavillons du superbe jardin. Aux beaux jours, la piscine chauffée et son bar sont agréables.

⊖⊖ Hôtel La Licorne – *27 pl. Benserade - ✆ 02 32 48 24 24 - www.licorne-hotel.com - fermé dim. soir et lun. oct.-mars et 15 déc.-20 janv. - P - 15 ch. 70/175 € - ☕ 10 € - rest. 19/25 €.* Maison typée blottie au sein d'un joli village et entourée par une immense hêtraie. Communs parsemés de meubles régionaux ; chambres classiquement aménagées.

⊖⊖ Hôtel Les Lions de Beauclerc – *7 r. de l'Hôtel-de-Ville - ✆ 02 32 49 18 90 - www.lionsdebeauclerc.com - 6 ch. 77 € - ☕ 9 € - rest. 15/28 €.* Maison proche des halles alliant confort moderne et mobilier ancien chiné par les propriétaires, antiquaires (boutique attenante). Restaurant et salon de thé.

⊖⊖ Chambre d'hôte Château de Fleury-la-Forêt – *Rte de Lyons - 27480 Fleury-la-Forêt - ✆ 02 32 49 63 91 - www.chateau-fleury-la-foret.com - 🚭 - 3 ch. 75 € ☕.* Cet agréable château du 17e s. qui se visite (*voir description plus loin*) propose trois belles chambres pour passer une nuit de rêve dans un cadre d'exception. La magie se prolonge le matin par le copieux petit-déjeuner servi dans la magnifique cuisine.

Se restaurer

⊖ Café du Commerce – *19 pl. Benserade - ✆ 02 32 49 49 92 - fermé janv. et lun. - 12/17 €.* Donnant sur la place Benserade et ses vieilles halles construites il y a 200 ans, ce café-restaurant dispose d'une terrasse, idéale pour siroter un verre. On se laissera tenter facilement par un petit plat tout simple.

Que rapporter

Marché – Jeudi et week-end, le matin.

Château de Martainville★

CARTE GÉNÉRALE C2 – CARTE MICHELIN DÉPARTEMENTS 304 C6 – SEINE-MARITIME (76)

Ce très beau château abrite un musée ethnologique remarquable, consacré aux traditions et arts normands. Son point fort est incontestablement l'aperçu complet qu'il donne de l'évolution du mobilier régional depuis la fin du Moyen Âge jusqu'au Second Empire. La visite est d'autant plus passionnante que la présentation englobe tous les autres aspects de la riche culture normande.

- **Se repérer** – 16 km à l'est de Rouen sur la N 31 en direction de Gournay-en-Bray. L'ensemble du château et de ses dépendances, rattaché à la commune de Martainville-Épreville, se déploie sur le plateau vallonné séparant les vallées du Robec et du Crevon, lequel grossit l'Andelle à l'orée de la forêt de Lyons.
- **À ne pas manquer** – Le très intéressant musée départemental des Traditions et des Arts normands.
- **Organiser son temps** – Comptez 1h de visite pour le château ; le reste de votre journée se partagera entre les différents bourgs du circuit proposé.
- **Pour poursuivre la visite** – Voir aussi Rouen, Clères, Forges-les-Eaux et Lyons-la-Forêt.

Comprendre

Du château au musée – Depuis sa fondation par **Jacques Le Pelletier** en 1485, jusqu'en 1906, le château est resté au sein de cette même famille d'origine provençale, active dans le commerce maritime. Leurs armes étaient « d'argent fascé d'azur à trois besants d'or avec un cimier et comme tenant des sirènes au naturel ». En 1571, les Le Pelletier prennent le nom du fief de Martainville. À partir du 18e s., la transmission du domaine se fera souvent par les femmes. Il est racheté par l'État au début du 20e s. et abrite un musée depuis 1961.

G. Targat / MICHELIN

Le château de Martainville entouré de champs en labour.

Visiter

☎ 02 35 23 44 70 - ♿ - avr.-sept. : 10h-12h30, 14h-18h, j. fériés 14h-18h30 ; reste de l'année : 10h-12h30, 14h-17h, j. fériés 14h-17h30 - fermé mar., 1er janv., 1er Mai, 1er et 11 Nov. et 25 déc. - 3 €.

Le château a subi peu de remaniements depuis sa construction de 1485 à 1510. Ce bel exemple architectural de la première Renaissance, qui garde quelques traits médiévaux, s'inscrit dans un domaine comportant des communs, un **pigeonnier** massif (16e s.), une **charretterie** et un four à pain installé dans une tourelle du mur d'enceinte. L'intérieur du château sert de cadre à un beau musée.

Musée départemental des Traditions et des Arts normands★

Les salles du château conservent en grande partie leur disposition d'origine. Souvent ornées de belles cheminées, elles rassemblent, sur quatre niveaux de visite, meubles et objets (grès, céramiques, poteries, verrerie, étains et cuivres) du 15e au 19e s.

Rez-de-chaussée et 1er étage – On y voit l'évolution du mobilier et des arts décoratifs du Moyen Âge à la Renaissance. Au rez-de-chaussée, très belles cuisine (d'origine) et laiterie avec leurs meubles et des ustensiles du 17e au 19e s. De beaux **coffres★** médiévaux invitent à découvrir ceux de l'étage, datant de la première Renaissance et du 17e s. À ce niveau, on comprend que l'armoire, meuble de mariage apporté par la fiancée dans sa dot, succède au cours du 18e s. au coffre. Arrêtez-vous dans la très belle salle des **armoires★** pour admirer la finesse de certains de ces ouvrages sculptés.

2e étage – Reconstitution d'intérieurs de fermes des régions de Haute-Normandie (pays de Caux, de Bray, de l'Eure et littoral) avec meubles, objets et ustensiles de la vie quotidienne du 18e au 19e s. Admirez donc l'**horloge★** de Beaubec-la-Rosière avec son mécanisme de St-Nicolas-d'Aliermont (1752) ; les **faïences populaires** de Forges-les-Eaux et les nombreux **lits à alcôve** (18e-19e s.).

3e étage – L'histoire du costume normand du 18e s. au début du 20e s. y est évoquée au 3e étage : collection de textiles (lin, laine, coton, soie), mouchoirs de Rouen (19e s.), coiffes, dentelles, bijoux, peintures, etc. Très belle collection de poupées anciennes et d'instruments fabriqués en Haute-Normandie.

Circuit de découverte

De l'Héron au Crevon

50 km – environ 1h30. Quittez Martainville à l'est par la D 13.

Ry

Ce bourg aux belles maisons à colombages ou de briques serait le « Yonville-l'Abbaye » où **Gustave Flaubert** a placé l'action de *Madame Bovary*. Le personnage d'Emma Bovary aurait été inspiré par la vie de Delphine Couturier, femme du médecin Delamare, morte en 1848 dans la « maison du Docteur », occupée maintenant par la pharmacie du bourg, alors que l'officine où pontifiait M. Homais abrite la teinturerie-bimbeloterie Lagarde.

Devant La Poste se dresse un monument avec un médaillon à l'effigie de Gustave Flaubert.

Galerie Bovary, musée d'automates, Ry

Le musée d'automates de Ry avec l'une de ses galeries consacrée à Madame Bovary.

Galerie Bovary - Musée d'automates – *☏ 02 35 23 61 44 - juil.-août : tlj sf lun. 14h30-18h ; mai-juin et sept.-oct. : w.-end et j. fériés 14h30-18h - 5 €.*

Aménagé au bord du Crevon, dans un pressoir (18e s.) restauré. On y découvre une collection d'automates dont 300 figurent des scènes du roman de Flaubert *Madame Bovary*. À l'étage, composition de scènes inspirées du monde entier. Nombreux documents authentiques traitant des lieux et des personnages du roman et reconstitution fidèle de la pharmacie Homais.

Église – Construite au 12e s., elle est surmontée d'une tour-lanterne avec corniche à modillons. Remarquez à la clé de voûte du **porche★** en chêne (Renaissance), qui précède l'église, Dieu le Père coiffé d'une tiare. À l'intérieur, on admirera la charpente et, dans le chœur, un devant d'autel en bois sculpté de style Renaissance. Dans la chapelle de droite, observez les « rageurs », embouts sculptés des poutres.

Après Ry, engagez-vous en direction d'Elbeuf-sur-Andelle, à l'est. Tournez à gauche dans la D 46.

Le Héron *(voir p. 267)*

Remontez au nord par la D 46.

Héronchelles

Joli village avec son manoir (16e s.) au bord de la rivière.

Continuez sur la D 46.

Yville

Remarquez les beaux toits de chaume débordants.

De retour sur la D 46, prenez la prochaine route à droite en direction de Bois-Guilbert.

Bois-Guilbert

Peu après l'entrée du village, sur la gauche, apparaît le vaste domaine qui regroupe un jardin de sculptures, des gîtes, un poney-club réputé…

Les jardins de Bois-Guilbert – *✆ 02 35 34 86 56 - mai-oct. : sam., dim. et j. fériés 15h-18h ; sur rdv - 5 € (enf. 3 €).* Le cadre historique et familial de cette propriété (17e-18e s.) a inspiré Jean-Marc de Pas, sculpteur-paysagiste, qui y a imaginé un parcours initiatique où se mêlent harmonieusement histoire, nature et art : jardin du Cosmos, jardin des Quatre Éléments, jardin du Soleil, jardin des Quatre Saisons. Dans le parc de 7 ha, plus de soixante **sculptures★**, la plupart en bronze (*Quatre Saisons, Abbé Pierre, Femme africaine…*), donnent vie aux espaces de verdure, cloître, galerie, labyrinthe, île…

Rejoignez la D 38 que vous prendrez à gauche pour remonter au nord.

Bosc-Bordel

L'église du 13e s. est un plaisant ouvrage rustique qui s'ouvre par un porche en bois du 16e s.

Prenez la D 919 (dir. Buchy) puis empruntez la D 96 sur la gauche.

Bosc-Roger-sur-Buchy

Le jardin de Valérianes – *✆ 02 35 34 35 90 - mai-sept. : merc.-dim. et j. fériés 13h30-18h30 - 5 € (-12 ans 2 €).* Joli jardin à l'anglaise niché au cœur de la campagne normande. Sur ses 4 ha agrémentés de bancs et d'une belle pergola, sont plantées plus de 1 000 variétés de vivaces, de rosiers, d'arbres ou d'arbustes.

Reprenez la D 919 jusqu'à Buchy.

Buchy

L'église Notre-Dame contient un bel ensemble de vitraux Renaissance. Sur la place, halles du 17e s.

Quittez Buchy par la D 7. À l'intersection, prenez la D 90 en direction de Saint-Germain-des-Essourts que vous traverserez pour suivre le Crevon jusqu'à Blainville.

Blainville-Crevon

Blainville-Crevon est le lieu de naissance de **Marcel Duchamp** (1887-1968). Précurseur de l'école de peinture de New York, cet artiste malicieux et plein d'esprit reste surtout connu pour ses « ready-made » et son appartenance au mouvement dada.

Église – *Visite guidée juin-sept. : w.-end 14h-18h30 ; oct.-mai : s'adresser à la mairie au 02 35 34 01 60.* Fondée en 1488 par Jean d'Estouteville, cette belle collégiale au parement en damier de grès et de silex devient église paroissiale au 19e s. L'intérieur est de style gothique flamboyant. Le croisillon gauche abrite la pierre tombale (14e s.) de messire Mouton de Blainville ainsi qu'une statue monumentale de **Saint Michel terrassant le dragon** en bois polychrome de la fin du 15e s. La chapelle présente, quant à elle, un groupe du 15e s. (Éducation de la Vierge). Chœur orné de stalles du 15e s. aux curieuses miséricordes. Au-dessus, un groupe sculpté représente la Compassion du Père (le Christ mort est figuré entre les bras du Père éternel).

Fontaine, je ne boirai pas de ton eau !

En 1913, Marcel Duchamp ouvre la voie du « ready-made » : un objet manufacturé peut devenir œuvre d'art s'il est choisi par l'artiste. Quatre ans plus tard, l'artiste conceptuel défraie la chronique en envoyant à la Société des artistes indépendants de New York un urinoir intitulé *Fontaine*. Provocation vulgaire et stupide pour les uns, réflexion profonde sur l'acte artistique et la nature de l'art pour les autres, l'œuvre de Duchamp connaît la consécration à la fin des années 1970.

Château – *✆ 01 42 88 95 29 ou 02 35 34 01 60 - visite sur demande préalable.* La mise au jour depuis 1968 des ruines d'un château médiéval a permis de dégager un escalier enfoui dans une motte datant du 11e s., une centaine de mètres de courtine haute de 5 à 8 m, les fossés et deux tours aux étages bas bien conservés, appartenant à des constructions des 14e et 15e s.

Rejoignez Martainville par la D 7, puis la D 85.

Château de Martainville pratique

Se loger

Chambre d'hôte Sweet Home – *534 r. des Marronniers - 76116 Martainville-Épreville - 02 35 23 76 05 - jy.aucreterre.free.fr - - 4 ch. 50/90 € - rest. 15 €.* Petite villa nichée au fond d'une impasse. Chambres douillettes et romantiques, personnalisées chacune par une couleur. Superbe petit-déjeuner et accueil chaleureux.

Chambre d'hôte Le Château – *2 r. du Château - 76750 Bosc-Roger-sur-Buchy - 2,5 km à l'ouest de Bosc-Bordel, dir. Buchy - 02 35 34 29 70 - preterrerieux@aol.com - fermé de fin nov. au 1er mars - - 4 ch. 70 €.* Ce château du 19e s. avec ses allures Napoléon III abrite un confortable salon d'accueil, un billard et des chambres, dont deux dans les tourelles, au mobilier simple et varié. Tissus muraux et objets divers créent une ambiance bourgeoise.

Que rapporter

Marchés – *76116 Ry.* Chaque lundi matin, sous les jolies halles (17e s.) du village de Buchy, au nord de Blainville. Chaque samedi matin à Ry.

Sports & Loisirs

Les Trois Vallées
Le village de Ry est le siège de l'office du tourisme des Trois-Vallées (Andelle, Crevon, Héronchelle), qui propose de nombreuses promenades (pédestres, équestres, cyclistes ou en voiture) à travers cette jolie région.
Renseignements : *Maison de l'Abreuvoir - pl. G.-Flaubert - 76116 Ry - 02 35 23 19 90 - www.ot-ry-troisvallees.com*

Promenade au Pays d'Emma Bovary – Au départ de Ry – « Yonville-l'Abbaye » pour les initiés –, un agréable circuit (env. 60 km) permet la découverte des sites et paysages qui auraient inspiré Gustave Flaubert pour son roman. Soigneusement balisée à l'effigie d'Emma Bovary, cette promenade en quinze étapes est ponctuée de panneaux explicatifs très clairs. Dépliant détaillé disponible dans les offices de tourisme et syndicats d'initiative.

Ferme équestre de Bois-Guilbert – *1001 rte d'Héronchelle - 76750 Bois-Guilbert - 02 35 34 42 51 - http://poney-boisguilbert.com - 9h-12h15, 13h15-17h - fermé dim. Sur réserv.* Ce poney-club créé en 1965 par Louis de Pas sur un domaine de 260 ha est devenu une institution, reprise avec passion par son fils. Particulièrement adapté aux enfants de 6 à 13 ans, il propose des stages pour tous niveaux pendant les vacances. Des séances occasionnelles sont également possibles selon la période et le niveau pour enfants et adultes.

Événement

Archéo Jazz – De fin juin à déb. juil. Ce festival annuel de jazz et de musiques actuelles, organisé sur le site médiéval du château de Blainville-Crevon, sert à faire connaître ce dernier et à financer les travaux de réhabilitation.

Mortagne-au-Perche

4 156 MORTAGNAIS
CARTE GÉNÉRALE B4 – CARTE MICHELIN DÉPARTEMENTS 310 M3 – ORNE (61)

S'il ne subsiste pas grand-chose de son passé de place forte, Mortagne conserve ses rues moyenâgeuses aux maisons modestes resserrées en grappes. Leurs toitures, ocre ou rousses, s'animent de lucarnes et contrastent avec les façades claires. Ne pas manquer l'enseigne du charcutier, car ici le boudin noir est roi : lors de la Foire du boudin, à la Mi-Carême, il s'en débite environ 5 km !

- **Se repérer** – L'ancienne capitale du comté du Perche s'élève sur une butte dominant une région très verdoyante et vallonnée, située à 35 km au sud de L'Aigle par la D 930 et à 74 km au sud-ouest de Dreux par la N 12. À l'approche de la ville, l'ensemble de ses toits aux vieilles tuiles brunes offre un très joli ensemble et c'est en abordant Mortagne par le nord (D 930) qu'on en aura la meilleure vue.
- **À ne pas manquer** – Les randonnées dans les forêts domaniales du Perche et de la Trappe et dans celle de Réno-Valdieu.
- **Organiser son temps** – Consacrez 1h30 à la visite de Mortagne, et passez le reste de la journée à vous promener en forêt.
- **Pour poursuivre la visite** – Voir aussi Bellême, Nogent-le-Rotrou et L'Aigle.

Se promener

Pour visiter la ville et découvrir les vieilles maisons et les vieux hôtels, laissez votre voiture sur le parking Montcacune. Plusieurs circuits sont fléchés et des dépliants de visites sont disponibles à l'office de tourisme.

Jardin public

Agrémenté de jolis parterres « à la française », il est surtout parfaitement situé face au vaste horizon ondulé des collines du Perche. Derrière les tilleuls, remarquez le buste de **Jules Chaplain** (1839-1909), graveur et sculpteur mortagnais. Une statue équestre par Frémiet, inspirée des *Métamorphoses* d'Ovide, montre Neptune transformé en cheval partant conquérir Cérès.

Hôpital

Son noyau ancien évoque le souvenir d'un couvent de clarisses dont subsistent un **cloître** remarquablement bien conservé (16e s.) à la voûte lambrissée et une chapelle (16e s.).

Porte Saint-Denis

Reste des fortifications, cette porte est précédée de maisons anciennes. L'arche charretière en arc brisé (13e s.) a reçu au 16e s. un bâtiment de deux étages *(voir « Visiter »)*.

Maison des comtes du Perche

Cette maison du 17e s. est bâtie à l'emplacement du fort Toussaint, ancienne demeure comtale. Elle abrite au rez-de-chaussée la bibliothèque municipale et à l'étage le musée Alain *(voir « Visiter »)*.

Visiter

Église Notre-Dame

À l'intérieur, des panneaux en haut des nefs latérales proviennent, comme les stalles et la chaire, de la chartreuse de Valdieu, dont quelques vestiges subsistent dans la proche forêt de Réno.

Les **boiseries**★ (18e s.) qui entourent l'autel absidial sont particulièrement ouvragées. Dans la 3e chapelle du bas-côté gauche, un vitrail de Barillet évoque la part prise par Pierre Boucher et les Mortagnais dans la création du Canada au 17e s.

Musée percheron

R. du Portail-St-Denis - ☎ 02 33 25 25 87 - de mi-juin à mi-sept. : tlj sf lun. 15h-18h - gratuit.

Installé à l'intérieur de la porte St-Denis, il rassemble des vestiges archéologiques et illustre l'histoire du Perche.

Musée Alain

8 r. du Portail-St-Denis - ☎ 02 33 25 25 87 - mar., jeu. et vend. 14h-18h, merc. 9h30-12h, 13h30-18h, sam. 10h-12h, 14h-17h - fermé lun., dim., j. fériés et 24 déc.-5 janv. - gratuit.

G. Targat / MICHELIN

La maison des comtes du Perche.

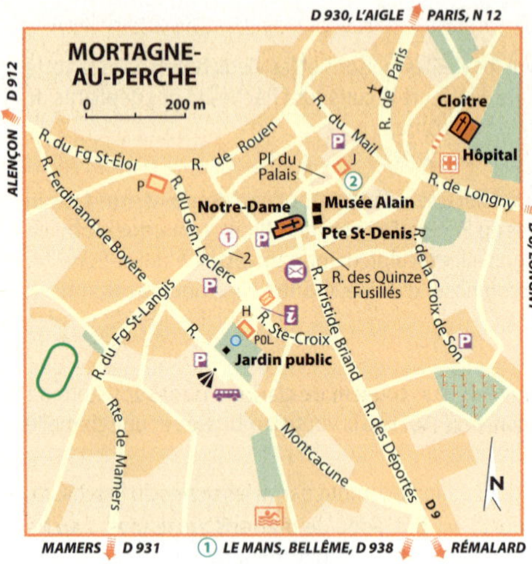

SE LOGER

Miottière (Chambre d'hôte la)..................①

Tribunal (Hôtel le)..................②

SE RESTAURER

Hostellerie Genty-Home..........①

INDEX DES RUES

Le philosophe qui se faisait appeler **Alain** (son vrai nom est Émile Chartier) est né à Mortagne en 1868 *(au n° 3 rue de la Comédie)*. Ses *Propos sur le bonheur* restent une de ses œuvres les plus significatives. Sa vie est évoquée par la présentation de photos, manuscrits, correspondance et objets personnels. Au 2e étage, reconstitution de son cabinet de travail, tel qu'il était dans sa maison du Vésinet où il s'éteignit en 1951.

Crypte Saint-André

Sous le tribunal. Se renseigner à la conciergerie. Ce bel ensemble gothique, posé sur de solides piliers et agrémenté de belles clés de voûtes, est le dernier vestige d'une collégiale (13e s.) détruite à la Révolution.

Circuit de découverte

Par la forêt de Réno-Valdieu

50 km – environ 1h30. Quittez Mortagne par la D 8 à l'est.

Loisé

Une tour carrée monumentale domine l'église du 16e s.

La D 8, accidentée, traverse de belles collines boisées, tandis qu'à gauche se dresse le château de La Goyère.

Forêt de Réno-Valdieu★

Un monastère de chartreux dont il ne subsiste que des ruines, à l'écart des sentiers forestiers, est à l'origine du nom de ce massif qui s'est appelé « forêt du Val-du-Diable » avant sa fusion avec la forêt royale de Réno en 1789.

La forêt regroupe 1 600 ha de belles futaies et de très vieux arbres (chênes et hêtres presque tricentenaires). Structures d'accueil installées à proximité des voies de passage. Départ d'un parcours balisé au nord de la forêt domaniale. Les plus beaux arbres sont regroupés dans la **Série artistique**★ *(carrefour Degraine, suivre fléchage)*.

Un cheminement piétonnier permet de découvrir des arbres de plus de 40 m et âgés de 350 ans. Ces chênes (400) et ces hêtres (260) de dimension impressionnante sont répartis sur 12 ha. Ils furent plantés sous le règne de Louis XIV.

Traversez la forêt et une fois parvenu en lisière, prenez à droite la D 29.

Saint-Victor-de-Réno

Dans l'église, voyez la statue Renaissance de saint Gilles, patron de la paroisse.

Départ de la place de l'église. La première randonnée (4,5 km) offre de beaux points de vue sur la vallée de la Commeauche. La seconde (6 km) permet de découvrir la forêt de Réno-Valdieu.

Revenez sur vos pas pour retrouver la D 8. Filez vers Longny-au-Perche.

Longny-au-Perche

Longny occupe un site agréable de la vallée et de ses affluents, à deux pas de la forêt. Le vieux quartier que borde la Robioche conserve quelques jolies demeures.

Chapelle N.-D.-de-Pitié – *Accès par la rue Gaston-Gibory, à droite de l'hôtel de ville.* Le clocher carré, raccordé en oblique à la façade, et un contrefort à pinacle ciselé donnent son élégance à l'édifice. Une délicate décoration Renaissance qu'encadrent des pilastres finement sculptés surmonte le portail principal. Au-dessus du linteau, le buste du Père éternel domine la Vierge de Pitié ; plus haut, un médaillon montre le sacrifice d'Abraham. Les portes en bois ont été sculptées par un artiste local des 19e et 20e s., l'abbé Vingtier. La Visitation et l'Annonciation décorent les vantaux du portail occidental. Sur chacune des portes latérales, qui s'ouvrent sous un arc surbaissé, s'inscrit un beau médaillon ; côté sud la Vierge de douleur, côté nord une représentation du visage du Christ d'après le voile de Véronique.

La nef est voûtée d'ogives avec liernes, tiercerons et clés pendantes. Deux chapelles latérales à l'entrée du chœur forment un faux transept. À l'autel, la statue miraculeuse de la Vierge de Pitié est l'objet d'un pèlerinage chaque année.

Église St-Martin – Construite à la fin du 15e s. et au début du 16e s., elle est flanquée sur sa façade d'un clocher carré qu'épaulent des contreforts ornés de sculptures et la tourelle d'escalier. La grande fenêtre aveugle du clocher encadre trois statues. Au-dessus, dans une niche, saint Martin, à cheval, partage son manteau.

Prenez au sud la D 111 vers Monceaux-au-Perche.

Monceaux-au-Perche

Ce petit village, à la jonction de deux vallons, compte parmi les perles du Perche. Au bord de la **Jambée**, le **manoir du Pontgirard** (16e s.), restauré avec goût, s'égaie de **jardins** en terrasses abrités derrière le mur d'enceinte. ✆ *02 33 73 61 49 - ♿ - http://pontgirard.free.fr - mai-sept. : w.-end et j. fériés 14h30-18h30 (dernière entrée 30mn av. fermeture) - 5 € (-16 ans gratuit).*

Départ de la place de la mairie. Trois itinéraires pédestres balisés sillonnent les environs à la découverte du patrimoine bâti (4 km) ou paysager (7,5 et 10,5 km).

Continuez au sud par la D 111 jusqu'à Boissy-Maugis. Sur la D 10, tournez à droite vers Mortagne. Après environ 5 km, prenez la D 256 à gauche vers Corbon.

Manoir de La Vove

Visite des extérieurs lun. et sam. 14h-17h - stationnement à l'extérieur du parc - gratuit.

Ce manoir aux airs de forteresse défend la vallée de l'Huisne. C'est l'un des plus vieux du Perche. Le donjon date du 14e s. et la chapelle du 15e s. La longue aile en équerre percée de hautes fenêtres et rythmée de pilastres a été ajoutée au 17e s.

Revenez en arrière jusqu'à l'intersection et prenez à gauche pour rejoindre la D 10 en direction de Mortagne. Après environ 2 km, tournez à droite dans la D 5 en direction de La Chapelle-Montligeon.

La Chapelle-Montligeon

Une vaste **basilique** néogothique, édifiée de 1896 à 1911, domine le village et accueille de nombreux pèlerins. À la dimension du village, elle prend les proportions insolites d'une véritable cathédrale. L'abbé Paul Buguet, nommé curé en 1878 avait apparemment des idées élevées en construisant cet immense sanctuaire destiné à sauver les âmes délaissées du purgatoire. L'édifice s'éclaire de vitraux modernes très colorés ; les autels des transepts sont de style Art déco.

Les locaux de l'« Œuvre de Montligeon » et l'imprimerie (240 ouvriers) rappellent, par leur groupement autour de la cour d'honneur, leur communauté d'origine.

De la terrasse, belle vue sur le pays environnant.

Reprenez la D 5 vers le nord, en profitant du paysage de la Villette jusqu'à la D 8. Tournez à gauche pour revenir à Mortagne.

Forêts domaniales du Perche et de la Trappe

54 km – environ 2h. Quittez Mortagne par la N 12 au nord ; à 11 km, tournez à droite dans la D 290.

Ces massifs forestiers se parent de hêtraies, de chênaies et de pins sylvestres.

Autheuil

Dans l'église romane, les arcatures de la nef, l'arc triomphal précédant le transept et les chapiteaux des piliers du carré du transept attirent l'attention. Statue de saint Léonard (16e s.).

Faites demi-tour et poursuivez par la D 290 jusqu'à Tourouvre.

Tourouvre

L'une des origines du peuplement du Nouveau Monde est ce petit village situé au cœur du Perche.

Maison de l'Émigration française au Canada★ – *juin-sept. : tlj sf lun. 11h-18h ; reste de l'année : merc.-dim. 14h-18h - 4 € (-10 ans gratuit).*

Ce musée relate l'histoire des habitants de Tourouvre qui, au 17e s., prirent la direction du pays que l'on nommait alors « la Nouvelle-France ». Cet espace dédié à l'émigration percheronne décrit les motivations de départ, l'aventure du voyage, l'installation sur les rives du Saint-Laurent, mais aussi le plaisir du retour sur la terre d'origine, quelques siècles plus tard, pour rencontrer des cousins éloignés. Faites un détour par l'église de Tourouvre qui conserve, outre des stalles du 15e s., deux vitraux sur le sujet.

Prenez à droite après l'église.

La route de la **forêt du Perche** entre sous bois au terme d'une forte montée. À environ 2 km se déploie le beau carrefour de l'Étoile du Perche. Continuez tout droit. Dans la vallée de l'Avre naissante, tournez à gauche pour admirer les étangs. Dans l'un d'eux, au milieu des sapins, se mire le château des Étangs. Après Bresolettes, la route se faufile sous la **forêt de la Trappe**.

Au carrefour avec la D 930, tournez à droite et, presque aussitôt après, à gauche.

À travers les frondaisons, on devine l'étang de Chaumont.

S. Sauvignier / MICHELIN

L'abbaye de la Trappe.

Abbaye de la Trappe

Elle occupe un site solitaire au milieu d'une forêt parsemée d'étangs. Son nom désignait un endroit où l'on chassait à la trappe (dispositif basculant pour capturer le gibier). Fondée en 1140 par des bénédictins venus de Breuil-Benoît, rattachée en 1147 à Cîteaux, elle est réformée au 17e s. par l'abbé de Rancé qui y établit « la règle de la stricte observance ».

En passant par le parking, goûtez à l'eau de la source St-Bernard réputée pour sa pureté.

Depuis le monastère, on peut effectuer une balade en forêt à la rencontre de l'immense chêne de Rancé, vieux de plus de trois siècles.

Revenez à la D 930 qui ramène à Mortagne.

Mortagne-au-Perche pratique

Adresse utile

Office du tourisme de Mortagne-au-Perche – *Halle-aux-Grains - 61400 Mortagne-au-Perche - ☏ 02 33 85 11 18 - de mi-juin à mi-sept. : 9h30-12h30, 14h30-18h, dim. 10h-12h30, lun. 14h30-18h ; de mi-mai à mi-juin et de mi-sept. à fin sept. : tlj sf lun. et dim. 9h30-12h30, 14h30-18h - fermé j. fériés.*

L'office de tourisme propose de nombreux itinéraires dans le Perche.

Se loger

Hôtel Le Tribunal – *4 pl. du Palais - ☏ 02 33 25 04 77 - www.hotel-tribunal.fr - 21 ch. 50/100 € - 9 € - rest. 19/40 €.* Accueillante maison des 13e et 18e s. à dénicher au détour d'une rue moyenâgeuse, voisine de l'église et du musée. Il règne une atmosphère d'auberge dans la salle à manger et dans les chambres, qui ne manquent pas de caractère. Aux beaux jours, profitez de la terrasse.

Chambre d'hôte La Miottière – *61400 Le Pin-la-Garenne - 12 km au sud de Mortagne-au-Perche par D 938, dir. Bellême et D 256, rte de St-Jouin-de-Blavou - ☏ 02 33 83 84 01 - - réserv. obligatoire - 3 ch. 80 €* . Domaine agricole de 53 ha situé en pleine campagne percheronne. Les chambres, installées dans les dépendances de la ferme (15e s.), sont spacieuses et sobrement meublées ; toutes possèdent une mezzanine et une cuisinette. Petits-déjeuners servis chez les propriétaires, auprès d'une belle cheminée.

Se restaurer

Hostellerie Genty-Home – *4 r. Notre-Dame - ☏ 02 33 25 11 53 - gentyhome@wanadoo.fr - fermé dim. soir sf j. fériés - 12/36 € - 8 ch. 57 € - 8,50 €.* Cette hostellerie traditionnelle donne sur une sympathique placette du centre-ville. Vous y trouverez des chambres relookées dans un esprit contemporain et une élégante salle à manger de style Louis XV. À la carte, quelques spécialités régionales.

Sports & Loisirs

Poney-club du haras des Mairins-Berdris – *11 km au sud-est de Mortagne - 61400 La Chapelle-Montligeon - ☏ 02 33 73 95 53 -http://pagesperso-orange.fr/harasmairinsberdris - 9h-19h - fermé dim. apr.-midi.* Paradis des poneys, ce club est reconnu pour sa pédagogie adaptée aux enfants avec ou sans handicaps. Balades et des stages.

Neufchâtel-en-Bray

4 937 NEUFCHÂTELOIS
CARTE GÉNÉRALE C1 – CARTE MICHELIN DÉPARTEMENTS 304 I3 – SEINE-MARITIME (76)

Ancienne capitale du pays de Bray, Neufchâtel reste plus que jamais celle du « bondon », fromage de forme cylindrique qui, le premier, fera la réputation fromagère du pays. L'autre vedette du coin, c'est le célèbre « petit-suisse », inventé en 1850 près de Gournay-en-Bray et produit industriellement à Neufchâtel depuis 1966.

- **Se repérer** – Cette modeste ville à vocation agricole s'étage sur la rive droite de la vallée de la Béthune, à 45 km au sud-est de Dieppe par la D 915 et à 50 km au nord-est de Rouen par l'A 28.
- **À ne pas manquer** – L'église St-Pierre-et-St-Paul d'Aumale.
- **Organiser son temps** – Comptez une bonne demi-journée pour explorer Neufchâtel et ses environs.
- **Avec les enfants** – Découvrez les traditions brayonnes au musée J.-B.-Mathon-A.-Durand.
- **Pour poursuivre la visite** – Voir aussi Eu, Le Tréport, Dieppe, Forges-les-Eaux et le château de Martainville.

Comprendre

Le nom d'un bourg – Le village médiéval portait le nom de Drincourt avant qu'on lui substitue celui de Neufchâtel, référence explicite à un « château neuf » érigé en 1106 par Henri Ier, duc de Normandie et roi d'Angleterre. L'édifice ne brille hélas que par son absence, démantelé en 1595 sur l'ordre d'Henri IV.

Le nom d'un fromage – Fromage fermier, le **neufchâtel** est le plus ancien des fromages normands. Il aurait été créé aux alentours de l'an mil. Caractérisé par sa pâte molle, il revêt plusieurs formes : la bonde, la briquette, le carré, le cœur (conçu paraît-il pendant le guerre de Cent Ans pour permettre aux Normandes de dévoiler leur flamme aux soldats anglais) et la double bonde. Appelé neufchâtel depuis 1543, il bénéficie depuis 1977 de l'AOC. La production du lait, la fabrication et l'affinage du fromage s'effectuent dans une zone géographique exclusivement locale : dans un rayon de 35 km autour de Neufchâtel. Autre gourmandise produite sur place, le célèbre **petit-suisse**, originaire des environs de Gournay-en-Bray *(voir p. 217)* et dont la production est centralisée ici depuis 1966.

La boutonnière du pays de Bray – Neufchâtel est l'une des villes les plus connues de ce pays, caractérisée par une curiosité géomorphologique : la « boutonnière ». Son origine remonte à l'époque tertiaire. Les mouvements de l'écorce terrestre qui soulèvent alors les Alpes se répercutent jusque dans l'actuel Bassin parisien, ridant les couches superficielles déposées à l'ère secondaire et traçant de profondes ondulations sud-est-nord-ouest. L'une d'elles s'est boursouflée au point de former un dôme. L'érosion l'entailla si profondément que toute une gamme de terrains jurassiques sous-jacents y apparut. La « boutonnière » ainsi dessinée explique les variations de paysages résultant de la nature différente des terrains.

Visiter

Église Notre-Dame

Un portail de la fin du 15e s. dessert le clocher-porche recouvert d'ardoises qui précède une nef (début du 16e s.) aux chapiteaux Renaissance. Huit fenêtres figurant des saints locaux (sainte Radegonde, saint Vincent, saint Antoine) éclairent les bas-côtés. Dans le chœur du 13e s., des colonnes rondes supportent des voûtes d'ogives. Une très belle Vierge couronnée s'adosse à l'un de ses piliers. Elle est entièrement faite en bois doré.

Musée J.-B.-Mathon-A.-Durand

Visite guidée (1h30) de mi-juin à mi-sept. : tlj sf lun. 15h-18h ; de déb. avr. à mi-juin et de mi-juin à fin oct. : dim. et j. fériés 15h-18h - fermé 1er Mai - 2,35 €, gratuit Normandy Day et Nuit des musées.

Il occupe l'une des maisons à colombages reconstruites après le sinistre de la ville en 1940. Ses collections sont consacrées aux arts et traditions populaires du pays de Bray, aux arts du feu et du fer forgé. Dans le jardin, moulin à pommes (1746) et pressoir (1837) typiques de la région.

Des jeux (mots croisés, loto des objets, mots fléchés, etc.) permettent aux enfants de découvrir de façon ludique le musée.

Circuits de découverte

LE PAYS DE BRAY

Un beau château brayon

46 km – environ 1h30. Quittez Neufchâtel-en-Bray au nord par la D 1314.

La route gravit le rebord nord-est de la « boutonnière » dans un paysage étonnamment dénudé, où se dévoilent des vues de plus en plus étendues sur la vallée de la Béthune.

Puis la D 56, prise à gauche, traverse dans toute sa longueur l'agréable forêt du Hellet. De Croixdalle, la D 77, à gauche, descend dans la vallée de la Béthune pour escalader ensuite, après Osmoy-St-Valery, le versant sud-ouest de la vallée dont elle s'échappe par un véritable col.

En avant apparaît la forêt des Nappes.

On quitte le vallon de Mesnil-Follemprise par un second petit col. La vue se développe de nouveau sur le talus crayeux couvert de cultures. Apparaissent alors le clocher de Bures-en-Bray, la forêt du Hellet et le château de Mesnières.

Bures-en-Bray

L'**église**, dont les parties les plus anciennes sont du 12e s., possède une audacieuse flèche torse en charpente et une façade moderne en brique que précède un porche. À l'intérieur, dans le croisillon gauche, Mise au tombeau, retable en pierre polychrome et Vierge à l'Enfant (14e s.). *✆ 02 35 93 09 48 - prendre RV avec M. Daniel Longin.*

En montant après l'église, prenez la 1re route à gauche près du café-tabac.

La D 114 suit une terrasse qui, marquant le niveau des sources, constitue le site d'élection des villages alignés au pied de l'abrupt sud-ouest.

À Fresles, prenez à gauche la D 97.

Avant de franchir la Béthune, jolie vue sur le château de Mesnières.

Château de Mesnières-en-Bray

Ce magnifique château a été victime d'un terrible incendie en 2004. Il est en cours de restauration, mais se visite de nouveau intégralement. ✆ 02 35 93 10 04 - de mi-mars à mi-nov. : 14h-18h - possibilité de visite guidée - visite libre de l'extérieur - 4 € (-12 ans gratuit) - fermé 11 Nov.

Ce château Renaissance en pierre de taille blanche de la région occupe une position stratégique au croisement de deux anciennes voies royales (Paris-Dieppe et Abbeville-Rouen). Il fut édifié à l'emplacement d'une ancienne forteresse féodale et se trouve au cœur d'un très beau parc dessiné par Le Nôtre. Les bâtiments abritent actuellement l'institution St-Joseph qui se spécialise dans l'enseignement horticole et forestier.

Route des paysages du pays de Bray – Ce circuit, qui peut se prendre à partir de Mesnières-en-Bray, se fait en voiture. Renseignez-vous auprès des offices du tourisme de la région pour en connaître l'itinéraire.

Faites demi-tour, reprenez à Fresles la D 114 à gauche. La D 48 ramène à Neufchâtel.

Églises brayonnes

63 km – environ 2h. Quittez Neufchâtel par la D 928 au nord, route d'Amiens, puis prenez à droite la D 929.

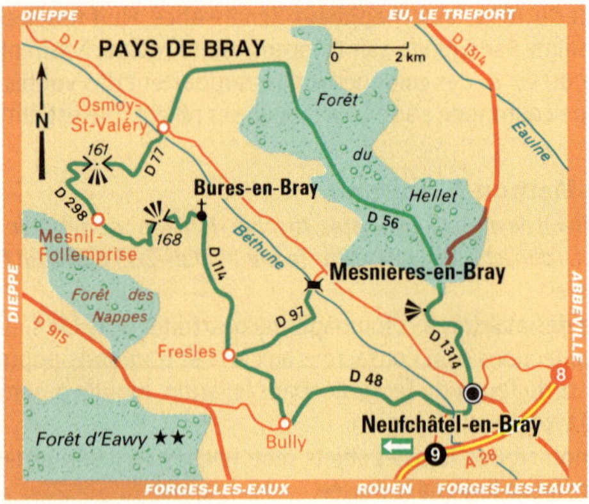

S. Sauvignier / MICHELIN

Nef de l'église St-Pierre-et-St-Paul à Aumale.

Aumale

Apanage du duc du Maine au 17e s., Aumale passe ensuite par mariage à la famille d'Orléans. Le titre de duc d'Aumale a été porté par le quatrième fils de Louis-Philippe. De nos jours, c'est un centre laitier important. L'**église St-Pierre-et-St-Paul** est un édifice flamboyant et Renaissance. Il abrite les clés de voûte historiées, principalement dans le chœur et dans la chapelle de la Vierge. Le portail latéral sud, attribué à Jean Goujon, a été endommagé.

Revenez sur la D 929, vers Neufchâtel, et prenez à droite la D 920.

Foucarmont

Curieusement reliée à la mairie, l'**église** de béton, à la silhouette trapue, style « casemate », a été construite entre 1959 et 1964. Les vitraux et les cabochons de verre coloré enchâssés dans ses murs atténuent l'austérité de l'édifice. Leur découpe irrégulière et leurs riches coloris produisent d'agréables effets de lumière. L'intérieur comprend une vaste nef plafonnée, un baptistère, un chœur qu'éclaire une coupole à verrière.

La N 28 ramène à Neufchâtel.

Neufchâtel-en-Bray pratique

Adresse utile

Office du tourisme de Neufchâtel-en-Bray – *6 pl. Notre-Dame - 76270 Neufchâtel-en-Bray - ✆ 02 35 93 22 96 - www.ot-pays-neufchatelois.fr - se renseigner pour les horaires.*

Visite

Fromage fermier, le neufchâtel revêt plusieurs formes : la bonde, la briquette, le carré, le cœur et la double bonde. Si vous souhaitez visiter une fromagerie, adressez-vous à l'office de tourisme.

Se loger

⊖⊖ **Chambre d'hôte Château des Landes** – *76390 Landes-Vieilles-et-Neuves - 15 km au nord-est de Neufchâtel-en-Bray par D 929, E 44 puis D 7 - ✆ 02 35 94 03 79 - www.chateaudeslandes.com - ⊭ - 3 ch. 59 €* ☕. Entouré d'un jardin et d'un parc aux séquoias bicentenaires, ce château du début du 19e s. compte trois chambres réparties aux étages supérieurs. Belle association de boiseries et de tons pastel. Agréables salons avec cheminée et grande véranda au rez-de-chaussée. Accueil très charmant des propriétaires et prix très doux.

Se restaurer

⊖⊖ **Les Airelles** – *2 Passage Michu (près de l'église) - ✆ 02 35 93 14 60 - les-airelles-sarl@wanadoo.fr - fermé dim. soir et 1er-15 oct. - 16/35 € - 14 ch. 45/67 € - ☕ 7 €.* Cette grande maison tapissée de vigne vierge dispose d'un jardin où l'on dresse quelques tables, aux beaux jours, sous un kiosque de toile. À l'intérieur, deux salles à manger lumineuses, confortables et modernes. Cuisine traditionnelle utilisant à l'occasion les produits du terroir.

⊖⊖ **La Dranvillaise** – *14 r. de la Chapelle - 76270 Flamets-Frétils - 14 km à l'est de Neufchâtel par D 929 dir. Amiens et D 56 à droite suivre fléchage - ✆ 02 35 93 31 29 - www.ladranvillaise.blogspot.com - ⊭ - réserv. obligatoire - 16/35 € - 3 ch. 46 €* ☕. La propriétaire de cette jolie ferme-auberge vous invite à déguster ses bons petits plats du terroir dans le cadre chaleureux d'une salle à manger garnie de meubles de famille et agrémentée de deux belles cheminées. Également, trois agréables chambres d'hôte.

⊖⊖ **Auberge du Bec Fin** – *1 r. de la Gare - 76270 Mesnières-en-Bray - 5,5 km au nord-ouest de Neufchâtel par D 1 - ✆ 02 35 94 15 15 - www.aubergedubecfin.fr - fermé dim. soir, lun. et 1er-10 sept. - 24/43 €.* Cette maison de pays dissimule une cour fleurie où l'on dresse une terrasse, très appréciée aux beaux jours. La salle à manger, quant à elle, propose un cadre aussi rustique que chaleureux (poutres, tons ocre et tableaux). Dans l'assiette, cuisine personnalisée évoluant avec les saisons.

Sports & Loisirs	Événement
Bon à savoir – Plus de 150 km de circuits pédestres sont balisés aux alentours de Neufchâtel, et quatre itinéraires sont également proposés aux cyclistes. Se renseigner à l'office de tourisme.	**Fête du fromage** – *Mi-sept. - 02 32 97 53 01.*

Nogent-le-Rotrou

11 700 NOGENTAIS
CARTE GÉNÉRALE B4 – CARTE MICHELIN DÉPARTEMENTS 311 A6 – EURE-ET-LOIR (28)

Capitale du Perche, pays rustique, vallonné et boisé, aux prairies grasses et pentues, Nogent-le-Rotrou est brûlé en 1428 par Thomas de Salisbury partant pour le siège d'Orléans. La ville va revivre après la guerre de Cent Ans, d'où le nombre d'édifices de style flamboyant ou Renaissance qu'elle conserve. Ses vergers et fabriques d'étoffes de drap ont cédé la place aux industries pharmaceutiques, alimentaires et électriques.

- **Se repérer** – Dominée par un puissant château fort, Nogent-le-Rotrou s'étend le long des rives de l'Huisne, à moins de 160 km au sud-ouest de Paris par l'A 11, 91 km au sud-ouest de Dreux par la D 928 et 77 km au sud de L'Aigle par la D 918 et la D 11.
- **Se garer** – Garez-vous place de la République et découvrez à pied les vieux quartiers de Nogent.
- **À ne pas manquer** – Le château St-Jean et le tombeau de Sully.
- **Organiser son temps** – Privilégiez l'après-midi afin de trouver un maximum de sites ouverts.
- **Pour poursuivre la visite** – Voir aussi Bellême, Mortagne-au-Perche et le Parc naturel régional du Perche.

Comprendre

Sur le passage des armées – Place forte construite au 10e s. par le chevalier Rotroldus pour se protéger des Normands, Nogent-le-Rotrou occupe une position frontalière qui la place au cœur des conflits médiévaux. Tour à tour occupé par les troupes du roi de France et les Anglais au cours de la guerre de Cent Ans, le château est brûlé en 1428 par Thomas de Salisbury en route pour Orléans. Au début du 16e s., il est transformé par Marguerite et Charlotte d'Armagnac tandis que nombre d'édifices flamboyants ou Renaissance fleurissent dans la ville, témoignant d'un regain d'activité. Possession du prince de Condé, chef du parti huguenot, la ville n'échappe cependant pas aux guerres de Religion et la collégiale est incendiée en 1568.

Un poète prestigieux – En 1527, **Rémi Belleau** voit le jour à Nogent. Auteur de *La Bergerie*, il était membre du groupe de la Pléiade et chantre des fêtes, des formes naturelles et des beaux objets. Lors de ses funérailles, par amitié et solidarité littéraire, son cercueil fut porté par Ronsard, qui affirmait dans l'une de ses élégies, « Belleau et Ronsard n'estoient qu'un », Baïf, Desportes et Jamyn, presque tous originaires de la région, entre Chartres et Angers.

Sully, seigneur de la ville – Maximilien de Béthune, duc de Sully (1560-1641) et grand argentier d'Henri IV, possédait Rosny, Sully, La Chapelle-d'Angillon, Henrichemont et Villebon. Il cumulait aussi les charges et, bien que protestant rigide, les bénéfices ecclésiastiques comme celui de St-Benoît-sur-Loire. En 1624, il ajoute à cette liste la seigneurie de Nogent, qu'il rachète, ainsi que le château, à Henri II de Condé, père du vainqueur de Rocroi. Il l'exploitera avec rigueur, encourageant labourage et pâturage. Sa famille conservera le château jusqu'à la Révolution.

Se promener

Nogent, dont le nom signifierait « nouvelle population », devient à partir du 10e s. un fief féodal puissant sous les Rotrou, comtes du Perche. La ville leur doit son surnom, très pratique pour éviter toute confusion avec les vingt-sept autres Nogent que compte la France. Nogent se découvre agréablement à pied ; ses principaux axes routiers (en jaune sur le plan) évoquent d'ailleurs la silhouette d'un marcheur.

Église Notre-Dame

C'est l'ancienne chapelle de l'hôtel-Dieu (13e-14e s.). Son absence de clocher s'expliquerait par le refus des moines de Saint-Denis d'en voir un plus haut que le leur.

Une crèche (17e s.) avec personnages peints, en terre cuite, orne le fond du bas-côté gauche. Clés de voûte sculptées (chœur) et orgues de 1634.

Tombeau de Sully

Entrée par la rue de Sully ; on accède à une petite cour dépendant du centre médico-psychologique. L'oratoire et le tombeau se trouvent sur la droite - 9h-16h30.

Un portail classique, dont le fronton porte les armes et les emblèmes de Sully, donnait accès à l'hôtel-Dieu (17e s.). Contigu à l'église Notre-Dame, mais n'en faisant pas partie – car le duc de Sully était protestant –, un oratoire hexagonal à dôme, avec une jolie porte à fronton, abrite le **tombeau** vide du ministre. C'est l'œuvre du sculpteur chartrain Barthélemy Boudin. L'expression du visage et le modelé des mains de la statue (1642) du duc sont très réussis, ce n'est malheureusement pas le cas de la statue de Rachel de Cochefilet, son épouse.

Suivez la rue Gouverneur ; après 700 m, montez à gauche la rue des Marches-St-Jean. En voiture, prenez la rue de Sully, puis la rue du Château-St-Jean d'où s'offrent des échappées sur Nogent et la vallée de l'Huisne.

Les marches Saint-Jean

Un seul chemin menait initialement au château (l'actuelle rue du Château). Les demoiselles d'Armagnac facilitèrent son accès en faisant construire les 155 marches qui relient le quartier de la rue Bourg-le-Comte à la forteresse.

Château Saint-Jean *(voir « Visiter »)*

Le châtelet d'entrée est flanqué de tours rondes à archères et à mâchicoulis en tuffeau. Sa blancheur contraste avec les pierres grises du gros œuvre ; au-dessus de l'entrée constituée d'un porche ogival, médaillon (15e s.) en terre cuite d'école italienne.

Au pied de la rue des Marches-St-Jean, traversez la rue Gouverneur et suivez la rue Bourg-le-Comte que prolonge la rue St-Laurent.

Rue Bourg-le-Comte

Elle conserve quelques maisons anciennes dignes d'intérêt. Au **n° 2**, maison du 16e s. à tourelle ; au **n° 4**, maison du 16e s. ; au **n° 3**, maison Renaissance avec fenêtres à meneaux.

Pour avoir une meilleure vue de la maison située au **n° 2**, faites quelques pas dans la rue des Poupardières.

Maison du Bailli

47 r. St-Laurent. Des lucarnes finement ciselées animent le toit de cette maison du 16e s. dont l'entrée s'encadre de deux tourelles. L'inscription « De pierre blanche, durant febvrier, je fus faicte, 1542 » est un clin d'œil à ses commanditaires : Pierre Durant, bailli de l'abbaye de St-Denis, et Blanche Février.

Après la maison du Bailli, la première rue à gauche longe l'église St-Laurent.

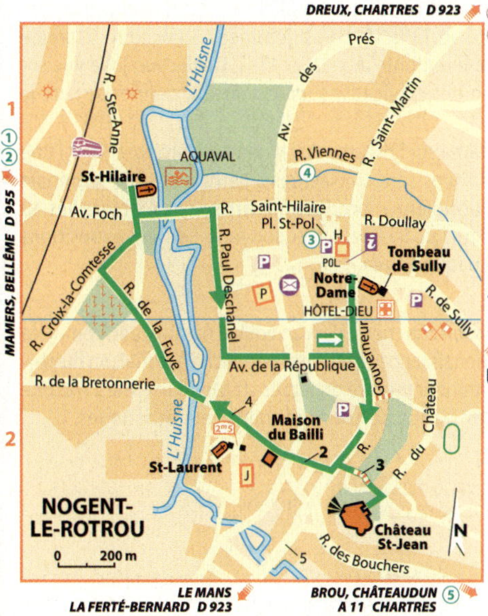

SE LOGER

Brit Hôtel du Perche ..... ①
Jardin François (Chambre d'hôte le) ..... ②
Lion d'Or (Hôtel Au) ..... ③
Sully (Hôtel) ..... ④
Vallées du Perche (Hôtel les) ..... ⑤

SE RESTAURER

Alambic (L') ..... ②
Hostellerie le Chêne Doré ..... ④

INDEX DES RUES

Bourg-le-Comte (R.) 2
Marches St-Jean (R. des) 3
St-Laurent (R.) 4
St-Lazare (R.) 5

Revenez et progressez dans la rue St-Laurent ; après le pont sur l'Huisne, prenez à droite la rue de la Fuye ; 500 m plus loin, prenez encore à droite la rue Croix-la-Comtesse et traversez l'avenue du Maréchal-Foch.

Église Saint-Hilaire

Actuellement fermée au public pour restauration. Cet édifice (13e-16e s.) au bord de l'Huisne, dominé par une tour carrée du 16e s., possède un chœur polygonal du 13e s. De beaux oculi surmontent les baies.

Suivez la rue St-Hilaire ; après le pont, prenez à droite la rue Deschanel, puis l'une des deux premières rues à gauche qui rejoignent la place de la République.

S. Sauvignier / MICHELIN

La silhouette massive du château St-Jean.

Visiter

Château Saint-Jean

℘ 02 37 52 18 02 - tlj sf mar. 10h-12h, 14h-18h - possibilité de visite guidée sur demande (15 j. av.) - fermé 1er janv., 1er Mai, 1er nov. et 25 déc. - 2,60 € (-18 ans 1,50 €).

Cet impressionnant château, entouré de murailles et de fossés, dresse ses tours massives sur un éperon rocheux. L'enceinte arrondie forme deux terrasses superposées, séparées par un gros mur et un puits profond. Les Rotrou, comtes du Perche, habitaient l'énorme **donjon** rectangulaire (30 m de haut), contrebuté par d'étranges contreforts et percé au 13e s. de baies géminées. L'enceinte jalonnée de tours rondes ou en demi-lune remonte aux 12e et 13e s. De la cour, jolie vue sur la ville. Une allée, balisée de bornes explicatives sur le château, permet de faire le tour de l'enceinte.

Musée du Perche – Un diaporama sur l'histoire du château est proposé dans l'une des tours. À l'étage, quelques salles sont consacrées à l'ethnographie régionale du 19e s. : activités de la vie quotidienne, productions artisanales, objets liés au cheval percheron, reconstitution d'un intérieur avec son mobilier. Des expositions temporaires sont organisées chaque année.

Église Saint-Laurent

Dans un square remplaçant l'ancien cimetière, c'est un édifice flamboyant, complété par une tour à couronnement Renaissance et relié par une arche à la maison du prévôt de l'abbaye de St-Denis. L'intérieur montre quelques statues anciennes. À droite du chœur, Mise au tombeau (16e s.) aux personnages raides et pathétiques.

Nogent-le-Rotrou pratique

Adresse utile

Office du tourisme de Nogent-le-Rotrou – *44 r. Villette-Gaté - 28400 Nogent-le-Rotrou - ✆ 02 37 29 68 86 - www.nogentlerotrou-tourisme.fr - 9h-12h, 13h30-17h30, sam. 9h-12h, 14h-17h - fermé dim. et j. fériés.*

Se loger

Chambre d'hôte Le Jardin François – *Le Clos - 61340 Préaux-du-Perche - 10 km à l'ouest de Nogent-le-Rotrou par D 935, dir. Bellême puis D 11 rte de St-Agnan-sur-Erre - ✆ 02 37 49 64 19 - www.jardin-francois.com - - 5 ch. 30/80 € - 7,50 €.* Les jolies chambres dotées de kitchenettes sont logées dans une maison percheronne située à environ 400 m du magnifique jardin de 2 ha créé par le propriétaire, vrai passionné de plantes et de fleurs : plans d'eau, essences variées ainsi que concerts et expositions se déroulant dans l'orangerie ou le théâtre de verdure.

Hôtel Au Lion d'Or – *28 pl. St-Pol - ✆ 02 37 52 01 60 - hotelauliondor@wanadoo.fr - P - 18 ch. 55/84 € - 6 €.* Des chambres totalement rénovées (mobilier cérusé, tissus colorés) et dotées de salles de bains toutes neuves vous attendent dans ce petit hôtel, pratique et central.

Hôtel Sully – *51 r. Viennes - ✆ 02 37 52 15 14 - hotel.sully@wanadoo.fr - fermé 23 déc.-3 janv. - P - 42 ch. 58/65 € - 7 €.* Cette bâtisse récente, légèrement excentrée, se trouve dans un quartier calme. Les chambres, avant tout fonctionnelles, sont bien tenues et dotées de salles de bains correctement équipées. Bon rapport qualité/prix pour séjourner à Nogent.

Chambre d'hôte L'Aulnaye – *Rte d'Alençon - 1 km à l'ouest de Nogent-le-Rotrou dir. Alençon - ✆ 02 37 52 02 11 - www.laulnaye.accueil-france.com - - 3 ch. 68/70 € .* Demeure bourgeoise du 19e s. nichée dans un superbe parc fleuri. Un bel escalier conduit aux charmantes chambres : cheminée, meubles anciens et parquet. Les petits-déjeuners sont servis dans une salle prolongée par une véranda ouverte sur la nature. Également, deux appartements.

Se restaurer

L'Alambic – *20 av. de Paris - ✆ 02 37 52 19 03 - jœl.tremeaux@wanadoo.fr - fermé merc. soir, dim. soir, lun., 4-25 août, 22-30 sept. et 18-28 fév. - 15/39 €.* Cet ancien routier est devenu un restaurant soigné abritant des salles aux tons acidulés (rouge, vert, jaune). Cuisine traditionnelle et une spécialité : la tête de veau.

Hostellerie le Chêne Doré – *12 pl. de l'Hôtel-de-Ville - 28240 La Loupe - 25 km au nord de Nogent-le-Rotrou - ✆ 02 37 81 06 71 - www.lechenedore.com - fermé sam. soir et dim. - 14,50/28 € - 12 ch. 60 € - 7,50 €.* Hostellerie située dans le centre-ville de la petite cité de La Loupe. Sa coquette salle à manger propose une cuisine traditionnelle faisant volontiers appel aux produits du terroir et des saisons. Quelques chambres pour prolonger l'étape.

Que rapporter

Virginie Berthier – *4 r. du Paty - ✆ 02 37 52 12 81 - www.patymetiersdart.com - maximum 10 pers. par visite, uniquement sur RV - 30 €/h (quel que soit le nombre de personnes).* Création et restauration de vitraux, peinture sur verre. Stages de loisir.

Sports & Loisirs

Les écuries de Villeray – *Château de Villeray - 61110 Condeau - ✆ 06 07 71 87 78 - 10h-18h - fermé dim. apr.-midi.* Le club, installé dans les écuries du château, propose des leçons et des balades à poney ou à cheval.

Parc naturel régional du Perche★

CARTE GÉNÉRALE B4 – CARTES MICHELIN DÉPARTEMENTS 310 M3-4 ET 311 A6 – EURE-ET-LOIR (28) ET ORNE (61)

On ne vient pas dans le Perche par hasard. Si ses limites et ses villes principales ne sont pas bien connues, les amateurs d'air pur, de randonnées et d'architecture rurale ont depuis longtemps repéré ses principaux atouts : de belles forêts réputées pour leurs hautes futaies, de nombreux arbres remarquables ou d'élégants manoirs, qui ont traversé les siècles, d'agréables balades attelées avec le robuste cheval percheron, ou les joies de la table garnie de savoureux produits du terroir…

- **Se repérer** – À cheval entre la Normandie et la région Centre, le Perche est assez proche de Paris pour être une destination de week-end très prisée, et assez loin pour garder son identité. Nogent-le-Rotrou, sa capitale, se trouve à 160 km au sud-ouest de la capitale (1h45) et 110 km au sud-sud-ouest d'Évreux (1h45).
- **À ne pas manquer** – La visite du manoir de Courboyer pour comprendre la région et organiser son séjour ; les forêts du Perche.
- **Organiser son temps** – Prévoyez 1h pour le manoir de Courboyer et le reste de la journée pour des randonnées.
- **Pour poursuivre la visite** – Voir aussi Bellême, Mortagne-au-Perche et Nogent-le-Rotrou.

A. de Valroger / MICHELIN

Le percheron, symbole du Perche.

Comprendre

Le Parc naturel régional du Perche – Créé en 1998, il couvre 182 000 ha et s'étend sur la Basse-Normandie et la région Centre. Cent dix-huit communes en font actuellement partie (agrandissement envisagé en 2009) et offrent au visiteur tout le charme de leur bocage et de leur patrimoine architectural.

Pays de transition entre le Bassin parisien et le Massif armoricain, le Perche se caractérise par la prédominance de sols imperméables et par son climat humide, à l'origine d'un tapis végétal très dru : forêts de chênes et de hêtres sur les grès primaires (d'où le nom du Perche qui vient de *sylva pertica*), herbages et champs fertiles sur les marnes et les argiles secondaires. On distingue l'ancienne province du Perche, au nord, et le **Perche-Gouet**, ou bas Perche, au sud. Pour qui vient de l'Île-de-France après avoir traversé la Beauce, plate et monotone, le Perche paraît accidenté, avec ses collines boisées, ses larges vallées, ses herbages onduleux peuplés d'un bétail réputé et ses villages découverts au détour des routes bordées de haies.

Le percheron, une star internationale – L'emblème de la région est le fameux cheval percheron, qui est connu dans le monde entier. Robe pommelée grise ou noire, il peut atteindre 1,80 m au garrot et peser plus d'une tonne ! C'est le cheval de trait par excellence, aujourd'hui le plus répandu dans le monde. On distingue deux types : le **trait**, lourd et puissant, utilisé pour le débardage ; le **diligencier**, plus léger et rapide, est mieux adapté pour l'attelage. Après la défaite des Sarrasins à Poitiers (732), les comtes du Perche partent guerroyer en Terre sainte et en rapportent de vifs étalons orientaux qu'ils croisent avec les rustiques juments locales. Mais, le papa, agréé par les généalogistes et les puristes, c'est Jean le Blanc, né d'une jument de trait locale et de l'étalon arabe Gallipoly en 1823 près de Bellême. Cette race tout-terrain fut adoptée par les États-Unis comme la star des chevaux de trait et sa popularité a dépassé le monde rural pour atteindre Paris où il tira omnibus et voitures de pompiers. Après cet âge d'or de la fin du 19e s., il faillit disparaître avant de retrouver progressivement sa place grâce au tourisme et à l'écologie. De nos jours, les Japonais se l'arrachent à la fois pour les courses et la viande, les Allemands pour le débardage du bois, les Russes pour leurs champs, les Américains pour les parcs de loisirs…

Les manoirs du Perche – Si les manoirs du pays d'Auge apparaissent comme d'accueillantes gentilhommières, ceux du Perche, construits en pierre et plus ou moins fortifiés, se présentent comme de petits châteaux. Ces demeures seigneuriales ont pour la plupart été édifiées à la fin du 15e s. ou au début du 16e s., marquant l'ascension sociale de nombreux propriétaires terriens. Elles ont certes conservé leur appareil défensif (tours, tourelles, échauguettes), mais leur élégance, les délicates décorations sculptées de leurs façades et leur situation souvent dépourvue d'intérêt stratégique permettent de ne pas exagérer leur rôle militaire.

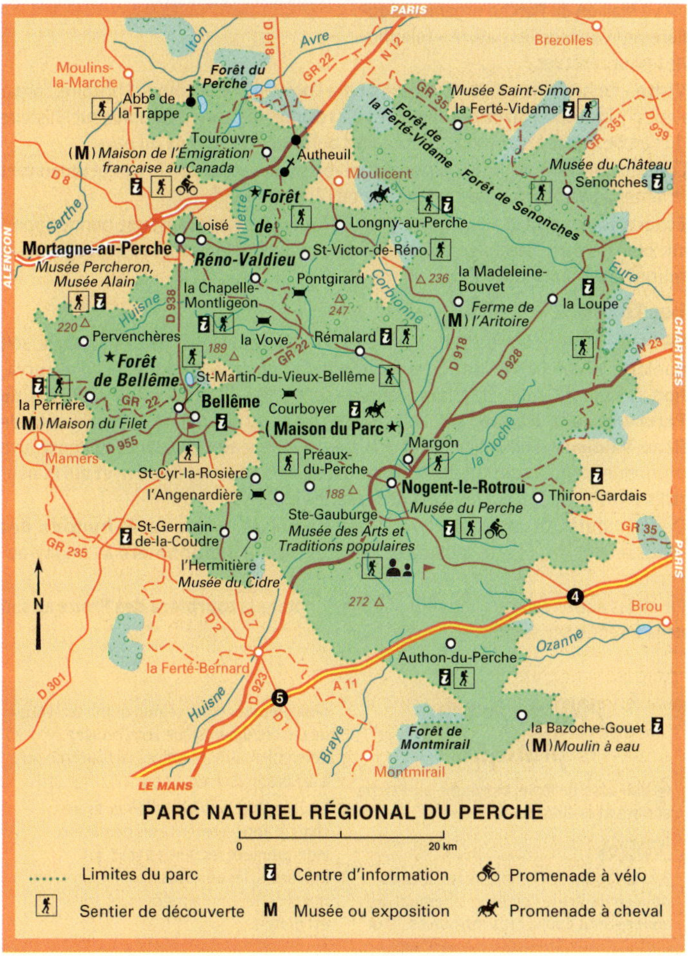

PARC NATUREL RÉGIONAL DU PERCHE

0 — 20 km

Limites du parc · Centre d'information · Promenade à vélo · Sentier de découverte · M Musée ou exposition · Promenade à cheval

Un pays attachant – De nombreux écrivains sont natifs du Perche ou ont été inspirés par ses paysages. Les plus connus sont le mémorialiste Louis de St-Simon (1675-1755) à la Ferté-Vidame, l'auteur Octave Mirbeau (1848-1917) à Rémalard, et le philosophe Alain (1868-1951) que l'on cite souvent pour rappeler l'identité percheronne : « Je suis percheron, c'est-à-dire autre que normand. »

Découvrir

Manoir de Courboyer – Maison du Parc★

✆ 02 33 25 70 10 - www.parc-naturel-perche.fr - juil.-août : 10h30-18h30 ; avr.-juin et sept.-oct. : 10h30-18h ; reste de l'année : 10h30-17h30 - fermé 1er janv., 25 déc. - 2 € (-16 ans gratuit).

Entouré de haies vives, avec son allure légèrement fortifiée et son domaine de 60 ha, ce manoir du 15e s. présente le patrimoine naturel et architectural de la région.

S. Sauvignier / MICHELIN

Le manoir de Courboyer.

Accueil – Toutes les informations nécessaires à un séjour agréable sont disponibles à l'accueil : guide du Perche, des jardins, des musées, des sorties-découvertes, des chemins de randonnées…

La Maison du Perche organise régulièrement des sorties nature – téléphonez pour réserver.

Visite – Le beau manoir du 15e et 16e s. offre l'occasion de découvrir l'histoire, l'organisation, la décoration de ces demeures. Des diaporamas, une exposition sur l'histoire du Perche et des expositions temporaires présentent les atouts du pays.

Le vaste domaine donne l'occasion d'agréables promenades où l'on peut rencontrer le fameux percheron, l'âne du Cotentin ou l'âne normand…

Espace gourmand et boutique – Une petite pause-déjeuner est une bonne approche pour découvrir la variété et la qualité des produits régionaux que l'on peut souvent retrouver à la boutique.

Les forêts

Véritables trésors, les forêts du Perche couvrent environ 20 % de sa superficie, soit quelque 36 000 ha, et sont de superbes invitations à la randonnée, à l'observation. Les plus grandes et les plus connues sont celles de **Senonches** (4 290 ha), du **Perche et de la Trappe** (3 200 ha), de **Bellême★** (2 400 ha), et, bien sûr, celle de **Réno-Valdieu★** (1 600 ha). Chênes et hêtres y règnent avec prestance, et l'on trouve encore de magnifiques futaies d'arbres qui s'élancent à plus de 40 m et qui étaient jadis si recherchés pour les mâts de la Marine royale.

Des parcours découvertes (livrets) sont organisés pour la **forêt humide des Mousseuses**, à La Ferté-Vidame et au **coteau de la Bandonnière** à Longny-au-Perche.

Parmi les autres espaces naturels aménagés, notons la **tourbière des Froux** au sud de la forêt de Senonches.

PNR du Perche pratique

Voir aussi Bellême, Mortagne-au-Perche et Nogent-le-Rotrou.

Visites

Il vous faudra de nombreux week-ends pour connaître le Perche et sûrement des années pour épuiser ses ressources. Pour bien préparer votre séjour, munissez-vous de ces documents que vous pouvez demander dans les offices de tourisme ou à la Maison du Parc.

Le *Calendrier des fêtes et loisirs*, édité chaque année, recense les nombreux vide-greniers, les foires à tout, les brocantes, les adresses d'antiquaires, les marchés, les randonnées et les sorties. Il est gratuit.

« Les Routes tranquilles du Perche » sillonnent la région sous la forme de circuits automobiles, neuf en tout, entre 80 et 100 km : « châteaux et étangs » à partir de Longny, « manoirs et traditions » au départ de Nocé, « vallées et fermes fortifiées » au départ de La Loupe ou « forêts et abbayes ». L'un d'eux peut se découvrir avec un téléphone portable (www.allovisit.com). 3 €.

Savoir-faire et Découverte – C'est le nom d'une association qui propose chaque année des stages, d'une journée ou plus, chez un artisan, un agriculteur ou un artiste de la région. Un catalogue est publié chaque année. Renseignements auprès du Parc ou de l'Écomusée du Perche (St-Cyr-la-Rosière).

Se loger

Bon à savoir – Nous avons sélectionné de nombreuses adresses que vous pouvez retrouver dans les encadrés pratiques des villes de Bellême, Mortagne-au-Perche ou Nogent-le-Rotrou.

Cette sélection peut être complétée par les gîtes et chambres d'hôte Panda, particulièrement adaptés pour les amoureux de la nature et du patrimoine. Liste à la Maison du Parc.

Que rapporter

Association des Producteurs fermiers du Perche – *Maison du Parc, lieu-dit Courboyer - 61340 Nocé - ☎ 02 33 25 70 10 - www.parc-naturel-perche.fr - 11h-18h (hiver : 17h30) - fermé 1er janv. et 25 déc., rest. fermé mar. de janv. à mars.* En partenariat avec le Parc, cette association promeut les produits fermiers (cidre, fromages, pain d'épice, etc.) qui font la richesse de la région. Produits et liste des lieux de vente à la ferme sont disponibles à la Maison du Parc qui propose également des plats du terroir dans son « espace gourmand ».

Sports & Loisirs

Percheron

Pour découvrir le cheval percheron et les promenades attelées, nous vous proposons plusieurs adresses :

La Renardière – *Canton Tourouvre - 61190 Autheuil - ☎ 02 33 25 20 20 ou 06 85 22 61 82 - fermé 15 nov.-15 mars.* Au cœur du Perche, cette ancienne fermette en bordure de forêt a été aménagée en relais équestre par des propriétaires désireux de partager leur passion pour le cheval et notamment pour l'attelage, avec leurs deux juments gris pommelé de race percheronne.

Trait Nature – *Le Village - 61130 La Chapelle-Souëf - ☎ 02 33 73 54 21 - www.traitnature.com - 9h-12h, 14h-18h (été 19h) - 4 € pour une visite guidée.* Visite de l'élevage.

Pont-Audemer★

8 981 PONT-AUDEMÉRIENS
CARTE GÉNÉRALE B2 – CARTE MICHELIN DÉPARTEMENTS 304 D5 – EURE (27)

Coquette, pleine de surprises, commerçante et animée, Pont-Audemer a tout pour séduire, son surnom en prime. Ne l'appelle-t-on pas la « Venise normande », eu égard aux images qui se reflètent dans ses canaux ? Un peu partout en ville s'éparpillent les anciens séchoirs des tanneurs avec leurs cloisons de bois à claire-voie, coiffés de toits d'ardoises. Ils rappellent que la cité compte parmi les plus vieilles cités du cuir en France.

Se repérer – Pont-Audemer se trouve à 24 km à l'est de Honfleur (D 180, D 675) et 58 km à l'ouest de Rouen (A 13). Son centre, qui collectionne les maisons du 17e s., se déploie sur la rive gauche de la basse Risle, canalisée au temps des tanneries. Impasses couvertes, ruelles sinueuses et bossuées, petits ponts de pierre et chemins de traverse entrecoupent gaiement les grands axes du centre-ville et les bras ramifiés de la rivière.

À ne pas manquer – Les sentiers pédestres balisés dans les alentours.

Organiser son temps – Vous pourrez passer une après-midi entière dans le marais Vernier.

Avec les enfants – Suivez la très vivante visite du château de St-Maclou-la-Campagne.

Pour poursuivre la visite – Voir aussi le Parc naturel régional des Boucles de Seine, Honfleur, Pont-l'Évêque, Brionne et le Bec-Hellouin.

Comprendre

L'importance de la Risle – Pont-Audemer s'est construite autour de cette rivière. L'évolution de son nom en témoigne. Au 8e s., la cité s'appelait en effet *Duo Pontes* en référence à deux ponts jetés sur la Risle ; au siècle suivant, elle est devenue *pont d'Audemar*, lorsqu'un seigneur franc, Audemar (*Haldemari, Odomer* ou *Omer* ?), y institue un unique pont à péage.

La ville du cuir – La présence de l'eau courante a d'autre part favorisé très tôt une industrie qui a perduré jusqu'au début du 21e s. : la tannerie. Dès le 11e s. les premiers tanneurs s'installent dans la ville et au 18e s. leur corporation compte parmi les premières de Pont-Audemer, contribuant à la richesse de la cité. Ce n'est donc pas un hasard si, au 19e s., la ville accueille **Charles-Émile Hermès** (1835-1919), le fondateur de la célèbre maison d'articles de luxe, venu s'initier aux secrets des selliers.

Se promener

La vieille ville

Environ 45mn au départ de la place du Gén.-de-Gaulle (parking).

Engagez-vous dans la rue des Carmes et prenez à gauche la rue de la République. 100 m plus loin, tournez à nouveau à gauche dans l'impasse de l'Épée au bout de laquelle on revient en sens inverse en prenant à gauche l'impasse St-Ouen, sa parallèle.

Ces ravissantes impasses longent le flanc nord de l'église St-Ouen et dévoilent quelques beaux exemples de constructions à colombages et en encorbellement.

Prenez à gauche la rue Thiers.

Du **pont sur la Risle**, agréable perspective sur la rivière bordée de maisons revêtues d'ardoises.

De la place V.-Hugo, gagnez la place L.-Gillain, à droite, et engagez-vous dans la rue des Cordeliers.

À l'angle de la rue des Cordeliers et de la rue N.-D.-du-Pré se dresse un logis à tourelle, dont le colombage repose sur un rez-de-chaussée en pierre.

Revenez sur la place L.-Gillain, traversez le bras de la Risle et suivez la rue Sadi-Carnot.

Plusieurs hôtels particuliers aux portails sculptés se succèdent le long de cette voie (nos 8, 16, 18, 20 et 27 bis).

À droite, la **rue Place-de-la-Ville**, sinueuse et pavée, franchit un petit pont et aboutit rue de la République, face à St-Ouen.

Remontez la rue de la République et prenez le premier passage à droite juste après la rue des Carmes.

La **cour Canel** conserve aussi quelques beaux exemples de maisons à colombages.

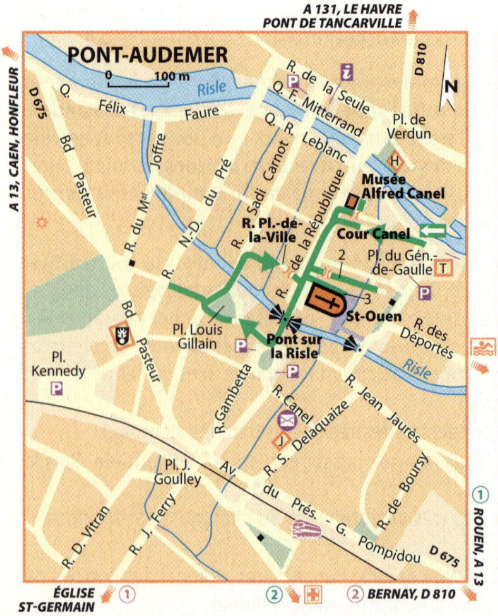

SE LOGER

Cloches de Corneville (Hôtel les)........ 1

Prieuré des Fontaines (Chambre d'hôte le)........ 2

SE RESTAURER

Cochon d'Or (Auberge du)...... 1

Petit Coq aux Champs (Le)...... 2

INDEX DES RUES

Epée (Imp. de l')........ 2

St-Ouen (Imp.)........ 3

A. de Valroger / MICHELIN

Vieilles demeures bordant la Risle à Pont-Audemer.

Visiter

Église Saint-Ouen

Commencée au 11e s., agrandie au 16e s., sa façade est restée inachevée. La nef, aux voûtes lambrissées, a été revêtue à la fin du 15e s. d'un placage flamboyant. Le décor du triforium est d'une richesse rare (lancettes à nervures flamboyantes). Des chapelles latérales qui conservent leurs **vitraux★** Renaissance éclairent les bas-côtés aux voûtes ornées de clés pendantes. Les plus intéressants illustrent la légende de saint Ouen, la Rédemption et la légende de saint Nicolas. Dans la première chapelle du bas-côté gauche, fonts baptismaux du 16e s. Vitraux modernes de Max Ingrand dans le chœur et au-dessus de l'orgue, dont la Crucifixion aux tons rouge et vert.

Musée municipal Alfred Canel

2 pl. Verdun - ✆ 02 32 56 84 81 - ♿ - www.ville-pont-audemer.fr - mai-sept. : 10h-13h, 15h-17h30, lun., merc. et jeu. 14h-17h30 ; reste de l'année : vend. et w.-end 10h-13h, 15h-17h - fermé mar., 1er janv., 1er Mai, 11 Nov., 25 déc. - 1,15 € (-18 ans gratuit).

Il occupe l'ancienne maison d'Alfred Canel (1803-1879), maire de Pont-Audemer et historien local qui fit don à la ville de sa riche bibliothèque (25 000 livres, documents et manuscrits) et de quelques très beaux meubles. Le reste du musée est conçu comme un cabinet de curiosités avec des collections de sciences naturelles, des outils, des instruments de mesure, des cartes et des pièces d'archéologie locale. Nombreuses toiles de paysagistes normands du 19e s. (Bourgourd, les frères Binet...), quelques peintures des 17e et 18e s., sculptures. Des expositions temporaires sont organisées dans la partie moderne adjointe à la maison.

Aux alentours

Église Saint-Germain

À St-Germain Village, accolé à Pont-Audemer. Accès par la rue Jules-Ferry où s'alignent les anciennes demeures bourgeoises des tanneurs. Lun. 14h-18h30, merc. et vend. 16h30-18h, jeu. 10h-12h.

L'édifice, dont les parties les plus anciennes datent du 11e s., a été remanié au 14e s. et amputé de plusieurs travées au 19e s. Les arcades de sa tour romane trapue ont été refaites dans le style gothique.

Château de Saint-Maclou-la-Campagne

À St-Maclou, 9 km à l'ouest par la D 675. ✆ 02 32 57 26 62 - www.chateaudesaintmaclou.com - mai-sept. : merc. 10h-19h, w.-end 12h-19h - gratuit

Château du 17e s. embelli au siècle suivant par M. de Giverville. Le château est en rénovation mais les nouveaux propriétaires vous feront eux-mêmes une passionnante visite des lieux en vous racontant la romanesque mais véritable histoire des enfants de Giverville. Une étonnante **maquette★** permet de comprendre l'ensemble des modifications architecturales qu'a connues le château au fil des siècles.

cuits de découverte

VALLÉE DE LA RISLE

De Pont-Audemer à Montfort-sur-Risle

50 km – environ 1h30. Quittez Pont-Audemer par la D 130.

Corneville-sur-Risle

Le **carillon** de douze cloches situé dans l'hôtel Les Cloches a été exécuté à la suite du succès foudroyant de l'opérette (1877) de Robert Planquette, *Les Cloches de Corneville. ✆ 02 32 56 5721- visite guidée (20mn) tlj sf lun. 10h-11h30, 15h-18h - 2,50 € (-12 ans gratuit).*

La guerre des cloches !

Au début du 15e s., les Anglais occupent la Normandie... Presque toute, car plusieurs villes et villages, dont Corneville-sur-Risle, résistent. L'ennemi convoite l'abbaye et notamment ses cloches, dont le métal est recherché pour l'artillerie naissante. Les Anglais enlèvent la plus belle cloche, entament la traversée de la rivière et chavirent. Les Français surviennent et les pillards sont contraints d'abandonner leur prise. Depuis ce jour, on raconte que la cloche engloutie carillonne du fond de la Risle dès que tintent les clochers du pays.

Appeville-Annebault

L'amiral d'Annebault, gouverneur de Normandie, qui avait conçu le projet de rendre la Risle navigable jusqu'ici, fit reconstruire l'importante église au 16e s., conservant le chœur du 14e s. Remarquer les clés de voûte et les beaux spécimens de bâtons de confréries de charité.

Montfort-sur-Risle

Cette localité tire son charme de la proximité de la forêt de Montfort, très vallonnée. Autre atout, la rivière. Son club de canoë-kayak organise des descentes sur la Risle, d'une durée d'une journée entière comme d'une demi-journée, accompagnée ou pas. L'occasion de voir depuis l'eau un parcours verdoyant et reposant.

« Les Cateliers » – *Quittez Montfort-sur-Risle vers l'est par la D 91, traversez pendant environ 1,5 km la forêt jusqu'au rond de Beuvron puis suivez le chemin de la mare Votret (dir. « Les Câteliers »).* Un sentier de 2,7 km, balisé par des feuilles noires sur fond blanc, permet de découvrir les arbres de la forêt domaniale de Montfort. *Dépliant disponible auprès de l'office du tourisme de Montfort-sur-Risle.*

Traversez la Risle en suivant la D 47, puis regagnez Pont-Audemer par la D 39.

L'estuaire de la Risle

Prenez la D 675 jusqu'à la sortie de Toutainville où vous prendrez à droite la D 312.

Saint-Sulpice-de-Grimbouville

La maison médiévale – *✆ 02 32 41 44 89 - l'intérieur se visite lorsque la mairie est ouverte - mar. 16h30-18h (sf juil.-août) et vend. 17h30-19h - accès libre pour l'extérieur.* Une belle porterie à triple encorbellement et à pans de bois construite en 1401 par des charpentiers anglais a été démontée à une quinzaine de kilomètres de St-Sulpice pour être reconstruite ici et accueillir la mairie. L'intérieur du bâtiment abrite une belle charpente. Le site comprend aussi une chaumière de la fin du 15e s. et un bâtiment début 19e s., deux anciens lavoirs et ce qui fut peut-être un baptistère paléochrétien. En contre-bas, un dolmen atteste d'une implantation humaine très ancienne.

« Le sentier de l'Anguille » – *Départ de la mairie - 4 km - brochure dans les offices de tourisme de la région. Prévoir éventuellement des bottes.* Un étonnant sentier part vers le marais de la Risle maritime (espace naturel protégé). Des aménagements pédagogiques donnent tout au long du chemin un éclairage sur les sources et permettent d'observer l'extraordinaire biodiversité des lieux.

« Le sentier de la Risle maritime » – *Départ de l'église - 12,5 km - brochure dans les offices de tourisme de la région.* Ce sentier balisé traverse le marais tourbeux, emprunte l'ancien chemin de halage et passe devant de jolies maisons typiques.

Continuez sur la D 312 jusqu'à Foulbec.

Foulbec

« **Le sentier de la Brûlette** » – *Départ de la place de la Maison-du-Village - 8 km - Demandez la brochure dans les offices de tourisme de la région.* Ce sentier balisé offre un joli panorama de la côte de la Brûlette avant de s'enfoncer dans les bois.

Poursuivez sur la D 312 jusqu'à Conteville.

Conteville

« **Le sentier des hameaux et du Marais** » – *Départ de l'église - 12 km - brochure dans les offices de tourisme de la région.* Un joli sentier, balisé, pour découvrir le marais de la Risle maritime et profiter d'un beau chemin en aplomb au-dessus de la vallée.

La D 312 vous mènera à Berville-sur-Mer.

Berville-sur-Mer

« **Le sentier À fl'Eure d'eau** » – Sentier de découverte nature de 2,3 km, aménagé pour découvrir l'histoire du village et les milieux aquatiques de l'estuaire.

« **Le sentier des Voiles de la liberté** » – *Départ de l'esplanade - 13 ou 18 km - dépliant dans les offices de tourisme.* Ce sentier propose un joli parcours, ponctué de beaux panoramas sur l'estuaire et d'un passage en forêt.

Revenez à Pont-Audemer par la D 180 que vous serez allé chercher à l'ouest, en direction de La-Rivière-St-Sauveur.

Au cœur du Lieuvin

50 km – environ 1h30. Prenez au sud-ouest la D 139 jusqu'à Cormeilles.

Cormeilles

Distillerie Busnel – Où l'on apprend quelles pommes récolter, comment les presser et les distiller, embouteiller. Visite guidée avec panneaux. Passage dans la distillerie.

« **Le sentier de la biodiversité** » – *Derrière l'office du tourisme de Cormeilles, prenez la 1re à droite et suivez « Les Monts du Bourg ». Après une longue allée bordée d'arbres, prenez à gauche et garez-vous près du château d'eau, à partir duquel vous prendrez la 2e à gauche pour rejoindre le départ du sentier - 6 km - dépliant disponible à l'office du tourisme de Cormeilles.* Ce circuit permet de découvrir la faune et la flore du coin en traversant de jolis paysages de bocage, de prairie et de forêt.

Partez à l'est par la D 810.

Lieurey

« **Les chemins de l'eau** » – 250 km de sentiers pédestres cyclistes ou équestres sont balisés entre Lieurey et Pont-Audemer. Partez à la découverte des ravins, des sources et du bocage. *Dépliant disponible auprès des offices du tourisme du Lieuvin.*

Poursuivez la D 810 vers Pont-Audemer. À La Noë-Poulain, prenez la D 98 à droite.

Saint-Étienne-l'Allier

L'église, fondée au 11e s., abrite un intéressant gisant du 14e s. aux lignes épurées.

En poursuivant sur la D 98 en direction de St-Christophe-sur-Condé, au croisement avec la D 29, se dresse le **monument des Maquisards**. il rappelle que le village a abrité, pendant la Seconde Guerre mondiale, le maquis Surcouf, l'un des réseaux de résistance le plus actif de Normandie.

Un « circuit des maquisards » (38 km balisés) part de l'église de St-Georges-du-Vièvre *(p. 137)*.

Revenez à St-Étienne et suivez le cours de la Véronne, plein nord ; vers Pont-Audemer.

Saint-Martin-Saint-Firmin

Les quelques clous plantés dans la porte rappellent que la chapelle St-Firmin a été un important lieu de pèlerinage. Beaux pans de bois à l'intérieur.

« **Chemin de la Fontaine Fiacre** » – *Départ de l'église - 7 km - dépliant disponible auprès des offices du tourisme du Lieuvin.* Joli itinéraire en bordure de la Véronne. Vous en apprécierez la quiétude, les jolies chaumières et les panoramas sur la vallée.

Revenez à Pont-Audemer.

Le marais Vernier

55 km – environ 1h15. Quittez Pont-Audemer au nord par la D 810.

Peut-être croiserez-vous au détour de ce circuit le « clown des marais » : un épagneul ainsi nommé car son terrain de chasse favori est le marais Vernier.

Sainte-Opportune-la-Mare

Dans le cadre de l'écomusée de la basse Seine, cette petite commune regroupe la **Maison de la pomme** installée dans l'ancien presbytère (expositions sur la pomme et ses variétés, audiovisuel sur la fabrication du cidre). Un marché aux pommes s'y tient chaque premier dimanche des mois d'hiver *(oct.-avr. 10h-18h) - ✆ 02 32 20 27 11 - juil.-août : 13h30-18h30 ; avr.-juin et sept. : w.-end, j. fériés et vac. scol. 14h-18h30 ; mars et oct. : dim. 14h-18h - possibilité de visite guidée - 2 € (enf. 1,50 €).*

Deux circuits de randonnées de 5 km partent de l'église. Celui du « Chemin de la Grande Mare », permet d'atteindre un beau point de vue sur la Grande Mare et le marais. *Pour atteindre ce point de vue en voiture, prenez à Ste-Opportune la petite route qui descend vers le marais Vernier, puis tournez à gauche. L'observatoire est à 300 m.*

Réserve naturelle des Mannevilles

✆ 02 35 37 23 16 - www.pnr-seine-normande.com - visite guidée sur demande préalable 2 j. av. - juil.-août : dim. 14h30-17h30 - gratuit. S'équiper de bottes.

Ce secteur protégé permet de découvrir la flore et la faune du marais et d'approcher des chevaux camarguais, des vaches et de robustes taureaux d'Écosse. L'introduction de ces chevaux et bovins rustiques a favorisé la « recréation » de paysages riches en bestioles et insectes divers et la conservation de races animales en voie de disparition.

Reprenez la D 810 pour rejoindre la Seine puis la D 87.

Quillebeuf-sur-Seine

Les bateaux y attendaient la marée haute et le mascaret commençait à se former à sa hauteur. Un sentier du patrimoine (fléché) sillonne la petite ville, dont chaque lieu remarquable est indiqué par un panneau explicatif.

Pointe de Quillebeuf – C'est le bout du promontoire en biseau séparant le méandre abandonné du marais Vernier du méandre « vivant » du Vieux-Port. Des abords du petit phare, vue intéressante sur le fleuve, Port-Jérôme et le pont de Tancarville.

Deux circuits VTT de 13 et 32 km partent du phare, au bout du quai.

Église N.-D.-du-Bon-Port – L'édifice, surmonté d'une belle tour romane inachevée, s'ouvre par un portail du 12e s. La nef, d'un style roman très pur, conserve des chapiteaux archaïques. Le chœur (16e s.) ne manque pas d'envolée. Les maquettes de bateaux et les graffiti marins rappellent le rôle que joua le port dans la navigation séquanaise.

Prenez la D 103 pour traverser le marais et rejoindre la pointe de la Roque.

Pointe de la Roque★

Aire de pique-nique. Du phare qui se dresse sur une falaise, le **panorama** s'étend sur l'estuaire de la Seine, jusqu'au cap de la Hève et à la Côte de Grâce. À droite, on aperçoit les falaises et le pont de Tancarville.

Revenez à Pont-Audemer par la D 90.

Pont-Audemer pratique

Adresse utile

Office du tourisme de Pont-Audemer – *Pl. Maubert - 27500 Pont-Audemer - ✆ 02 32 41 08 21 - www.ville-pont-audemer.fr - sais. : 9h30-12h30, 14h-17h30, dim. et j. fériés 10h-12h ; hors sais. : tlj sf dim. 9h30-12h30, 14h-17h30, j. fériés 10h-12h - fermé 1er janv., 1er Mai et 25 déc.*

Visites

Un sentier du patrimoine, « Pont-Audemer au fil de l'eau », balisé par des roses des vents peintes sur le sol entraîne le visiteur à découvrir à pied les charmes de la ville. Panneaux explicatifs pour chaque lieu remarquable (dépliant à l'office de tourisme).

L'office de tourisme propose aussi un programme de visites guidées et un ensemble de circuits touristiques dans les environs.

Se loger

Hôtel Les Cloches de Corneville – *Rte de Rouen - 27500 Corneville-sur-Risle - 4 km à l'est de Pont-Audemer par D 675 - ✆ 02 32 56 57 21 - www.normandie-accueil.fr - P - 11 ch. et 1 suite 54/68 € - 8 €.* Le carillon des cloches de Corneville est au dernier étage de cet hôtel désormais classé monument historique. Pour en connaître la longue histoire, il faut monter les voir (*visite gratuite pour les hôtes - payante et sur rendez-vous pour les autres*). Le sympathique restaurant et les chambres, charmantes et bien insonorisées, en font une étape agréable.

Chambre d'hôte Le Prieuré des Fontaines – *Rte de Lisieux - 27500 Les Préaux - 5 km au sud-ouest de Pont-Audemer par D 139 - ✆ 02 32 56 07 78 - www.prieure-des-fontaines.fr - 3 ch. et 2 suites 99/160 €.* Cette demeure du 17e s., restaurée par les propriétaires eux-mêmes, semble presque neuve. Les chambres (non-fumeurs), spacieuses et confortables, marient harmonieusement meubles anciens, tomettes et poutres apparentes pour certaines. Salon-cheminée avec piano, joli parc et piscine.

Se restaurer

Auberge du Cochon d'Or – *27210 Beuzeville - 14 km à l'ouest de Pont-Audemer par D 675 - ✆ 02 32 57 70 46 - www.le-cochon-dor.fr - fermé lun., dim. soir d'oct. à mars et 15 déc.-15 janv. - 20/42 € - 4 ch. 66/76 € - 11 €.* Dans un petit village normand, cette auberge est tenue de longue date par la même famille. Confortable, avec ses larges tables et ses fauteuils tapissés, elle est bien connue des habitants de la région qui apprécient ses menus variés… Les gourmands devraient s'y plaire !

G. Targat / MICHELIN

La pointe de la Roque.

Le Petit Coq aux Champs – *La Pommeraie Sud - 27500 Campigny - 6 km au sud de Pont-Audemer par D 810 et D 29 - ✆ 02 32 41 04 19 - www.lepetitcoqauxchamps.fr - fermé 2-29 janv. - réserv. obligatoire - 29 € déj. - 38/68 € - 12 ch. 139/159 € - 13 €.* Au cœur du bocage normand, cette très belle chaumière abrite un restaurant dont la réputation n'est plus à faire. Si l'envie de passer un week-end au vert vous tarabuste, réservez une des chambres : vous profiterez de son calme paisible, en plus de la table savoureuse !

Que rapporter

Marché – Lundi matin et vendredi matin.

Sports & Loisirs

L'Écurie du Vièvre – *Rte de Lieurey - 27450 St-Georges-du-Vièvre - ✆ 02 32 41 23 38 ou 06 22 41 60 22 - www.ecurie-du-vievre.com.* Ici, même les plus jeunes peuvent découvrir les joies de l'équitation. Accessible à tous, ce centre équestre encadre des cours pour les enfants à partir de 2 ans (bébé poney et bébé voltige). Promenades, randonnées et compétitions d'endurance pour les plus grands.

Attelage à la ferme Beaulieu – *27560 Lieurey - ✆ 02 32 57 95 87 ou 06 11 33 67 87 - www.lafermebeaulieu.com - 15 à 25 € par pers. pour une balade de 2h.* Vivez l'expérience unique d'une balade en attelage à travers les petites routes et les vergers. Les chevaux de trait bretons vous emmèneront à la découverte de la campagne et de ses châteaux. Une promenade de 2 heures, ponctuée au retour par un sympathique verre de l'amitié.

Au fil de l'eau !

Possibilité de louer des canoës à l'heure ou de faire des parcours sur la Risle.

Les castors rislois canoë kayak – *Allée Pierre-de-Coubertin - ✆ 02 32 56 04 15 - lescastorsrislois.free.fr - 9h-17h30 - fermé oct.-avr. - 13 €/pers./demi-journée ; 22 €/pers./j.*

Pont-l'Évêque

4 163 PONTÉPISCOPIENS
CARTE GÉNÉRALE A2 – CARTE MICHELIN DÉPARTEMENTS 303 N4 – CALVADOS (14)

Au confluent de la Calonne, de l'Yvie et de la Touques, Pont-l'Évêque reste un beau petit coin du pays d'Auge. Si on le connaît surtout pour son fromage renommé, ses ruelles bordées de maisons à pans de bois, ses jolis jardins et son très bel arrière-pays participent incontestablement à son charme.

- **Se repérer** – La ville campe à une dizaine de kilomètres du littoral, dans la vallée herbagère de la Touques, près du croisement des grands axes Lisieux (19 km au sud)-Deauville (12 km au nord) et Caen (49 km à l'ouest)-Rouen (83 km à l'est). Elle s'allonge de part et d'autre de la rue St-Michel où l'église du même nom, au centre, occupe un îlot formé par la Calonne et l'Yvie, confluents de la Touques.
- **À ne pas manquer** – Le taxi de la Marne conservé au riche musée de la Belle Époque de l'Automobile ; la visite d'une fromagerie.
- **Organiser son temps** – Partez pour 1h30 de visite au château de Betteville.
- **Avec les enfants** – Laissez-vous séduire par les très belles pièces du musée de l'Automobile et détendez-vous ensuite au parc de loisirs mitoyen.
- **Pour poursuivre la visite** – Voir aussi le pays d'Auge, Lisieux, Honfleur, Trouville, Deauville, Houlgate et Cabourg.

Comprendre

Le trésor laitier – Réputé depuis le 13ᵉ s. où le *Roman de la Rose* de Guillaume de Lorris le mentionne, le pont-l'évêque aurait à l'origine été produit par des moines d'une abbaye du pays d'Auge. Alors appelé comme tous les fromages normands « angelot », il fait au 17ᵉ s. l'objet d'un poème d'Hélie le Cordier : « L'augelot y est fait avec tant d'art que jeune ou vieux, il n'est que crème. » C'est à cette époque aussi qu'il acquiert son nom définitif. Classée AOC depuis 1973, c'est de mai à juin, avec un affinage optimal de 5 à 6 semaines, que la star de la ville se trouve au mieux de sa forme. Attention, cette pâte molle à croûte lavée n'est pas une grande voyageuse, surtout en été !

S. Sauvignier / MICHELIN

Une star fromagère : le pont-l'évêque.

Le regard littéraire – **Flaubert**, dont la famille maternelle était de la région, connaissait la ville comme sa poche. Dans *Un cœur simple*, l'un des *Trois contes* (1877), il peint la société pontépiscopienne du 19ᵉ s. par le biais de la servante Félicité.

Se promener

On longera quelques **vieilles demeures** pontépiscopiennes en arpentant la grande rue St-Michel où un beau spécimen surplombe le cours resserré de l'Yvie, et la rue de Vaucelles où se dresse l'auberge de l'Aigle d'Or **(nº 68)**, ancien relais de poste du 16ᵉ s., avec sa cour normande de l'époque.

Église Saint-Michel

C'est un bel édifice de style flamboyant, élevé de 1483 à 1519, flanqué d'une tour carrée. Son architecte, Jacques Samaison, a également tracé les plans de St-Jacques de Lisieux. Les vitraux modernes (1963-1964) sont l'œuvre du maître verrier F. Chapuis.

Place du Tribunal

À droite du tribunal, l'**ancien couvent des dames dominicaines de l'Isle** est un bâtiment à colombages (16ᵉ s.) paré d'un balcon de bois typique et de poteaux sculptés. C'est aujourd'hui un lieu d'expositions. *02 31 64 89 33 - juil.-août : 10h30-19h ; avr.-juin et sept. : 10h30-12h30, 14h30-18h ; oct.-mars : 14h30-18h - fermé lun., mar. et de mi-déc à fin janv. - 3 € (-15 ans gratuit).*

D'autres vieux logis à pans de bois bordent la place, comme l'ancien manoir des Tourailles **(nº 67)**.

Hôtel Montpensier

Cet hôtel de style Louis XIII, qu'encadrent deux pavillons d'angle, accueille des expositions en saison.

Hôtel de Brilly

Construite en 1736, restaurée depuis, la maison natale de l'auteur dramatique **Robert de Flers** (1872-1927) abrite aujourd'hui la mairie.

Aux alentours

Le château de Betteville★

Par la D 48 au sud de la ville, itinéraire fléché. On ne peut manquer l'important château de Betteville qui domine la base de loisirs. *02 31 65 05 02 - - juil.-août : 10h-19h ; avr.-juin et sept. : 10h-12h30, 13h30-18h ; de déb. oct. à mi-nov. : 14h-18h - fermé du 11 Nov. à fin mars - 8 € pour les deux musées, 6 € pour le musée de l'Automobile (enf. 4,50 € et 3 €).*

La Belle Époque de l'Automobile – Installée dans les communs du château, cette collection est riche d'une centaine de véhicules. On découvre notamment un taxi de la Marne Renault AG (1911), une Clément-Bayard, camionnette de fruits et légumes (1910), la Delaunay-Belleville 22 CV du maréchal Joffre, une Cadillac (1912), une Ford T. Motocyclettes (Triumph, Alcyon, Terrot, Magnat-Debon…) et voitures à cheval (landau et omnibus de la fin du 19e s.) complètent l'ensemble. Très belle reconstitution d'un atelier Peugeot des années 1920 et affiches publicitaires de la même époque. La visite se fait au son des orgues mécaniques.

S. Sauvignier / MICHELIN

Taxi de la Marne au château de Betteville.

« Voyagez à travers » le monde – Jolie mise en scène de mannequins parés de costumes qu'un couple de voyageurs normands a rapporté des quatre coins du monde (Mexique, Cuba, Vietnam, Chine, Afghanistan, Égypte, etc.). Explications sur les caractéristiques des vêtements masculins et féminins de chacune des régions.

Face au château, le lac de 59 ha a été aménagé en **base de loisirs** dans un cadre de verdure ; détente et loisirs (planches à voile, pédalos, tennis, canoë, camping, etc.).

Le Breuil-en-Auge

8 km au sud par la D 48.

Au milieu d'un parc, le **château du Breuil** est un beau manoir augeron. On visite la distillerie, les chais et l'orangerie. *02 31 65 60 00 - www.chateau-breuil.fr - visite guidée (35mn) 9h-12h, 14h-18h - fermé 1er janv. et 25 déc. - pour les tarifs se renseigner.*

Saint-André-d'Hébertot

8,5 km au nord-est. Quittez Pont-l'Évêque par la D 675. À St-Benoît, prenez à droite la D 140 et, après l'église, à gauche, la route de La Gohaigne : à 200 m, à droite, se détache la route d'accès à St-André.

Ce hameau occupe un cadre vallonné très attrayant. Le **château** *(on ne visite pas)* ceinturé de douves se dresse dans un parc aux tilleuls centenaires. Une belle tour à corbeaux (17e s.) flanque son harmonieuse façade (18e s.). La petite **église paroissiale** possède un chœur roman voûté d'ogives.

Pont-l'Évêque pratique

Adresse utile

Office du tourisme de Pont-l'Évêque – *16 bis pl. Jean-Bureau - 14130 Pont-l'Évêque - ☏ 02 31 64 12 77 - www.blangy-pontleveque.com - juil.-août : 10h-18h30, dim. et j. fériés 10h-13h ; reste de l'année : 10h-12h30, 14h-18h - fermé dim. et j. fériés (oct.-avr.).*

Antenne de Blangy-le-Château – *☏ 02 31 65 48 36 - www.blangy-pontleveque.com - avr.-sept. : merc.-sam. 10h-12h30, 14h-18h, dim. 10h-13h - fermé reste de l'année, Pâques et lun. de Pâques.*

Se loger

⊖ Camping Le Brévedent – *14130 Blangy-le-Château - 12 km au sud-est de Pont-l'Évêque par D 579 puis D 51 - ☏ 02 31 64 72 88 - contact@campinglebrevedent.com - ouv. 26 mars-28 sept. - réserv. conseillée - 138 empl. 26,60 €.* Autour d'un pavillon de chasse, un parc superbement boisé d'arbres centenaires où vous profiterez de l'étang pour pêcher, de la piscine pour nager et du joli bar pour goûter les spécialités du cru… Voilà un camping où il fait bon vivre !

Se restaurer

⊖ Le Vaucelles – *39 r. de Vaucelles - ☏ 02 31 65 29 22 - restaurant.le.vaucelles@orange.fr - fermé lun. soir et mar. sf vac. scol. - 13/19 €.* Avec sa devanture « rétro » et son intérieur style bistrot, entre bar en bois et tons de bordeaux, ce petit restaurant annonce clairement la couleur. Petits plats « de grand-mère » à l'ardoise, et sur la carte, cuisine traditionnelle ou spécialités normandes, parmi lesquelles le gâteau d'andouille marchand de vin.

⊖⊖ Auberge de la Touques – *Pl. de l'Église - ☏ 02 31 64 01 69 - fermé lun. soir, mar., dim. soir d'oct. à avr., 6-31 janv. et 2-27 déc. - 22/39 €.* Depuis plusieurs générations, la même famille tient cette grande auberge à colombages. Attablez-vous dans la salle à manger rustique autour de plats du terroir servis dans une sympathique ambiance conviviale.

⊖⊖⊖ Auberge de l'Aigle d'Or – *68 r. Vaucelles - ☏ 02 31 65 05 25 - www.laigledor.com - fermé merc., dim. soir de nov. à Pâques, vac. de fév. et 27 juin-4 juil. - 27/50 €.* Cet ancien relais de poste bâti en 1520 a gardé un certain cachet : façade abondamment fleurie en été, jardinet, belle cour intérieure et, l'hiver, salle à manger au cadre rustico-bourgeois réchauffée par une cheminée en pierre. La cuisine, au goût du jour, évolue au rythme des saisons.

Que rapporter

Produits fermiers – Marché campagnard à l'ancienne le dimanche matin en juillet-août, Pâques et Pentecôte 10h-13h.

Fromagerie Maître Pennec – *Rte Nationale 675 - 14130 St-Benoît-d'Hébertot - ☏ 02 31 64 39 49 - www.fromageriemaitrepennec.com - 10h-12h, 14h-19h - fermé dim. et j. fériés.* La dernière fromagerie artisanale de la région. Depuis sa création en 1950, ses différents propriétaires s'attachent à offrir des produits d'exception. Non sans humour, ils mettent en avant, outre les classiques régionaux, des spécialités originales et savoureuses qui méritent d'être mieux connues : Coup de pied au cul, Baiser de feu ou Puant normand, entre autres évocatrices merveilles…

Domaine Cœur de Lion - Calvados Christian Drouin – *Lieu St-Pierre - RD 677 - 2 km de Pont-l'Évêque par la route de Trouville (D 677) - 14130 Coudray-Rabut - ☏ 02 31 64 30 05 - www.cœur-de-lion.com - dim. 9h-12h, 14h-18h - fermé dim. et j. fériés sf 14 Juil. et 15 août.* Entreprise aménagée dans plusieurs maisons à colombages du 17e s. La production familiale, calvados, cidre et pommeau, a été récompensée par 430 médailles et diplômes d'honneur. Au programme de la visite : pressoir, chais de vieillissement, ateliers de distillation et de conditionnement, dégustation. Vente sur place.

Sports & Loisirs

Espace international Automobile – *Domaine de Betteville - ☏ 02 31 64 39 01 - www.eia.fr - 9h-18h30 - fermé de fin déc. à mi-janv.* Cet espace de 90 ha propose des séances de pilotage (30mn) en karting, quad, Fun quad, Lotus 7, Lotus Elise, Spider Renault Sport, Opel Speedster. Également sur place, une piste humidifiée pour l'école de conduite BMW.

Rouen★★★

108 300 ROUENNAIS (AGGLOMÉRATION : 389 862 HABITANTS)
CARTE GÉNÉRALE B2 – CARTE MICHELIN DÉPARTEMENTS 304 G5 – SEINE-MARITIME (76)

Cette ville pétrie d'histoire s'apprécie avant tout pour son atmosphère. Flânez donc au rythme de ses clochers, le long de ses alignements de colombages si caractéristiques. Une remarquable campagne de restauration a redonné vie à tout un réseau de rues étroites et tortueuses, bordées de ravissantes maisons à pans de bois. Aujourd'hui, plus de 800 d'entre elles sont remises en état. De nombreux musées de qualité – le musée des Beaux-Arts justifie à lui seul le déplacement –, l'une des plus somptueuses cathédrales gothiques de France et une vallée enchanteresse complètent le tableau, faisant de Rouen un trésor inestimable.

- **Se repérer** – À 130 km de Paris, l'agglomération rouennaise comprend 29 communes. Rive droite, les quais de la Seine et un enchaînement de boulevards en arc de cercle délimitent le centre-ville, ses vieux quartiers et son centre historique. Rive gauche se déploient la cité administrative, la préfecture, des quartiers d'habitation modernes, des centres commerciaux et des zones industrielles.
- **Se garer** – Voir « Transports » dans l'encadré pratique.
- **À ne pas manquer** – La cathédrale et les églises St-Maclou et St-Ouen pour leur magnifique architecture gothique ; le vieux Rouen ; les collections du musée des Beaux-Arts ; l'ancienne abbaye St-Georges-de-Boscherville ; le superbe panorama de la côte des Deux-Amants et, tous les quatre ans, l'Armada.
- **Organiser son temps** – Une journée suffit à peine pour prendre la mesure des richesses de Rouen. Commencez par flâner dans ses rues, entrez dans une ou deux églises et réservez votre après-midi pour les musées.
- **Avec les enfants** – Une documentation spéciale leur permet d'appréhender de façon plus ludique le musée Flaubert et d'Histoire de la médecine, ainsi que le Musée maritime, fluvial et portuaire.
- **Pour poursuivre la visite** – Voir aussi Elbeuf, le château de Martainville, Clères, St-Wandrille et Jumièges.

J.P Porcher/SUNSET

L'Armada : les plus beaux voiliers du monde font escale à Rouen.

Comprendre

L'installation des Normands – Après l'accord de St-Clair-sur-Epte (911), **Rollon** se fait baptiser à Rouen, capitale du nouveau duché. Il prend alors le nom de Robert. Bon administrateur, c'est aussi un paysagiste hardi : il rétrécit et approfondit le lit de la Seine en comblant les marais, rattache à la terre ferme îles et îlots dispersés et consolide les berges en aménageant des quais. Il redessine ainsi le visage de l'ancienne *Rotomagus*, capitale de la tribu des Véliocasses, et reste, jusqu'au 19e s., l'un des seuls dignitaires à avoir commandité des aménagements aussi efficaces. Sous son impulsion et celle de ses descendants, Rouen devient l'un des centres les

Le procès de Jeanne d'Arc

La séance s'ouvre le 21 février 1431. Un prodigieux dialogue s'engage entre Jeanne et ses juges. Téméraire, la Pucelle oppose à toutes les ruses et subtilités de ses juges ce que Michelet appelle « le bon sens dans l'exaltation ». Les interrogatoires se succèdent durant trois mois. L'acte d'accusation la déclare « hérétique et schismatique », donc justiciable du bûcher. Le 24 mai, au cimetière de l'abbaye de St-Ouen, Jeanne, juchée sur un échafaud, est pressée d'abjurer; elle cède. Condamnée à la prison pour le reste de ses jours, elle a la vie sauve. Les Anglais, furieux, menacent les juges, et le complaisant Cauchon répond : « Nous la rattraperons bien. » En effet, le 28 mai, Jeanne revient sur son abjuration. Elle est brûlée vive le 30 mai sur la place du Vieux-Marché. Le cœur, qui ne s'est pas consumé, est jeté dans la Seine pour éviter que le peuple en fasse des reliques. Les Anglais murmurent : « Nous sommes perdus, nous avons brûlé une sainte. » Réhabilitée en 1456, elle sera canonisée en 1920 et promue patronne de la France.

plus brillants et florissants de la civilisation normande, synthèse harmonieuse des influences nordiques, gallo-franques et chrétiennes.

La guerre de Cent Ans – En 1418, le roi d'Angleterre Henri V assiège Rouen qui capitule, affamée, après six mois. Alain Blanchard, âme de la résistance, est pendu. « Je n'ai pas de bien mais, quand j'en aurai, je ne l'emploierai pas à empêcher un Anglais de se déshonorer », dit-il en refusant de fournir une rançon.

Révoltes et complots se succèdent contre les **Goddons** (sobriquet des Anglais provenant de leur juron « *God dam* »); la répression est terrible, cependant l'espoir renaît dans le cœur des Normands avec les exploits de **Jeanne d'Arc** et le sacre de Charles VII. Mais Jeanne est faite prisonnière à Compiègne par les Bourguignons et ses deux tentatives d'évasion échouent.

Les Anglais menacent le duc de Bourgogne de graves sanctions et, par l'intermédiaire de l'évêque de Beauvais, Cauchon, se font livrer la prisonnière contre 10 000 écus d'or. Le 25 décembre 1430, Jeanne est enfermée au premier étage de l'une des tours – dite « tour vers les champs » – du château de Philippe Auguste. Enchaînée, elle est surveillée nuit et jour. Le capitaine de Rouen, lord Warwick, a concentré dans la ville un important appareil militaire pour décourager toute tentative de révolte populaire. Charles VII n'entrera que 19 ans plus tard dans Rouen.

Le « Siècle d'or » – La période qui s'écoule de la reconquête française aux guerres de Religion est un « Siècle d'or » pour toute la Normandie et particulièrement pour Rouen. Le cardinal d'Amboise, archevêque et mécène de la ville, y « lance » le style Renaissance. Les notables se font construire de somptueux hôtels de pierre; des boiseries sculptées viennent embellir les façades des maisons bourgeoises. Le palais de justice, construit par Louis XII, abrite l'Échiquier, transformé en Parlement par François Ier.

Les négociants rouennais, associés aux navigateurs dieppois, sont sur toutes les routes maritimes, tandis que la puissante corporation des merciers-grossiers arbore sur ses armoiries « trois navires construits et mâtés d'or » avec la devise : « Ô soleil, nous te suivrons par toute la terre. » La vieille ville drapière tisse maintenant la soie et les draps d'or et d'argent. En 1550, la première « exposition coloniale » se déroule à Rouen, sur les rives de la Seine.

L'essor industriel – Au début du 18e s., un riche marchand n'ayant pu vendre son stock de coton, alors utilisé pour la fabrication des mèches de chandelle, décide de faire filer et tisser cette fibre. Le succès du nouveau tissu est foudroyant. Teinte à l'indigo, la « rouennerie » bat en brèche le tissu hollandais (« guinée »). En 1730, Rouen fabrique les premiers velours de coton et croisés. La teinturerie progresse parallèlement à l'industrie textile que révolutionne l'introduction des machines. Des industries annexes, apprêt, blanchiment, impression, se développent.

L'industrialisation suscite des aménagements dans le port : au 19e s., on creuse des bassins, on installe le chemin de fer, la vieille cité de la rive droite s'épanouit dans les vallées affluentes et sur le flanc des collines. L'essor industriel s'amplifie au 20e s. et l'agglomération rouennaise s'étend avec la création d'industries portuaires.

Rouen depuis la guerre – Les quartiers anciens proches de la Seine et les zones industrielles de la rive gauche sont détruits lors de la Seconde Guerre mondiale. La cathédrale échappe de peu à un désastre total. En reconstruisant leur ville, les Rouennais installent ailleurs, dans des zones spécialement équipées, les établissements industriels sinistrés. À leur place sont nés, sur la rive gauche, des quartiers d'habitation modernes.

Le port autonome – Il s'étend de Rouen à Tancarville sur la rive droite, et de Rouen à Honfleur sur la rive gauche. Au 5e rang des ports français (après Marseille, Le Havre, Dunkerque, Nantes-St-Nazaire) et au 3e rang des ports fluviaux, Rouen, port d'estuaire, tire un bénéfice inestimable de sa situation entre la mer et Paris. L'amélioration des accès maritimes, la modernisation des équipements portuaires (grues, portiques...), la construction de silos et de nouveaux terminaux (conteneurs, produits forestiers, etc.) ont permis la croissance de son activité. Les quais des deux rives sont ponctués d'installations variées : terminaux à conteneurs, équipements pour produits agroalimentaires, installations de réception et de traitement de marchandises diverses, etc.

En 1989, pour le bicentenaire de la Révolution, a lieu la première édition de l'Armada. Cet événement incontournable de Rouen a dorénavant lieu tous les quatre ans et rassemble les plus beaux voiliers du monde, les plus grands navires de guerre et de croisière.

Découvrir

LA CATHÉDRALE NOTRE-DAME★★★ (B2)

✆ 02 35 71 71 60 - ♿ - maquette tactile et livret en braille disponibles - tlj sf lun. matin - visite guidée incluant le baptistère, la chapelle de la Vierge et la crypte, normalement fermés au public (1h30) : tlj pdt vac. scol., sinon le w.-end 14h30 - fermé 1er janv., 1er et 8 Mai et 11 Nov. - gratuit.

C'est l'un des sommets de l'art gothique français. Immortalisé sur une trentaine de toiles du célèbre peintre Monet, l'édifice n'a rien perdu de sa légendaire beauté. Depuis l'été 2004, il s'anime dès la tombée de la nuit grâce à une « création lumière » de Skertzò *(voir les Événements dans l'encadré pratique)*.

Commencé au 12e s., reconstruit au 13e s. suite au terrible incendie de 1200, il est embelli au 15e s. par le maître d'œuvre Guillaume Pontifs, puis au 16e s. par **Roland Leroux** (v. 1465-v. 1527), qui lui donne sa physionomie définitive. Au 19e s., une flèche de fonte coiffe la silhouette bien reconnaissable de la cathédrale. Très endommagée entre 1940 et 1944, elle a été rendue au culte, mais les travaux de restauration se poursuivent.

Extérieur

La cathédrale doit son charme à la variété de sa composition et à la richesse de son décor sculpté. La façade a servi de thème à la célèbre série impressionniste des *Cathédrales de Rouen* (1892-1894), peintes par Monet et composant une séquence continue de l'aube au crépuscule.

Façade ouest – Cette immense façade hérissée de clochetons, prodigieusement ajourée, s'encadre de deux tours d'allure et de style différents : la tour St-Romain à gauche, la tour de Beurre à droite.

H. Le Gac/MICHELIN

Vue nocturne sur la cathédrale de Rouen.

Les **portails St-Jean** (à gauche) et **St-Étienne** (à droite), du 12e s., avec l'arc en plein cintre et la petite colonnade qui les surmonte, sont délicatement sculptés. Les deux tympans sont du 13e s. : celui de St-Étienne (très abîmé) figure le Christ en majesté et la Lapidation de saint Étienne ; celui de St-Jean, le Martyre de saint Jean-Baptiste et le Festin d'Hérode. Les fenestrages de style flamboyant au-dessus des deux portails ont été exécutés de 1370 à 1420 ; les longues et étroites niches ornées de statues (14e-15e s.) sont couronnées de gâbles. Le **portail central** (début du 16e s.), flanqué de deux puissants contreforts pyramidaux, est dû à Roland Leroux. Ses ébrasements sont ornés de statues de prophètes et d'apôtres. Le tympan montre un Arbre de Jessé. Un gâble immense coupé par une galerie à claire-voie rehausse ce portail.

S. Sauvignier/MICHELIN
Portail central de la cathédrale.

La **tour St-Romain**, à gauche, est la plus ancienne (12e s.), de style gothique primitif (seul le dernier étage est du 15e s.). La grandiose **tour de Beurre**, à droite, commencée au 15e s. par Guillaume Pontifs dans le style flamboyant, est achevée au 16e s. par Roland Leroux. Elle est ainsi nommée car elle a été en partie édifiée grâce aux « dispenses » perçues sur les fidèles autorisés à consommer du lait et du beurre en période de carême. Par manque de fonds, elle ne sera pas surmontée d'une flèche, mais simplement d'une couronne octogonale.

Flanc sud – Avec un peu de recul, on aperçoit la tour centrale (tour-lanterne) portant la flèche, gloire de Rouen. Construite au 13e s., elle a été surélevée au 16e s. Celle d'aujourd'hui, en fonte, remplace depuis 1876 la flèche en charpente recouverte de plomb doré élevée en 1544 et foudroyée en 1822. C'est la plus haute de France (151 m).

Le **portail de la Calende**, chef-d'œuvre du 14e s., s'ouvre entre deux tours carrées (13e s.) dans le bras droit du transept. Les soubassements des ébrasements sont décorés de médaillons à quatre feuilles.

Flanc nord – En longeant la **cour d'Albane** fermée à l'est par une galerie de cloître, on découvre le flanc nord, la tour-lanterne coiffée de sa flèche et les parties hautes du transept des Libraires. Un peu plus loin s'ouvre la **cour des Libraires** que ferme une splendide clôture de pierre de style gothique flamboyant (1482). Au fond de cette cour, le **portail des Libraires**, surmonté par deux hauts gâbles ajourés, possède un magnifique décor sculpté. Admirez les médaillons à quatre lobes ornant les soubassements des ébrasements, ainsi que le détail des sujets : la plupart, tirés des bestiaires du Moyen Âge, sont traités avec verve et fantaisie. Notez les formes extravagantes qu'ils prennent pour remplir les lobes des quatre-feuilles. Une grande rose et une claire-voie à fine balustrade s'inscrivent entre les deux élégants gâbles. L'ensemble dessert le bras gauche du transept.

Le tympan (fin 13e s.) montre un Jugement dernier avec, au registre inférieur, la Résurrection des morts, d'une grande puissance de mouvement, et, au registre supérieur, la Séparation des bons et des méchants, où le sculpteur s'est complu dans des détails terrifiants.

Revenez sur la place pour pénétrer dans la cathédrale par la façade principale.

Intérieur

Il dégage une impression de simplicité et d'harmonie en dépit des différences de style entre la nef et le chœur.

Nef – De style gothique primitif, elle se compose de onze travées à quatre étages : grandes arcades, « fausses » tribunes, galerie de circulation (triforium) et fenêtres hautes. Les chapiteaux sont à crochets et à feuillages. Les bas-côtés sont très élevés, car les tribunes, prévues à mi-hauteur ainsi qu'en témoignent de curieux faisceaux de colonnettes, n'ont pas été exécutées.

Dominant la croisée du transept (51 m du sol à l a clé de voûte), la saisissante **tour-lanterne (1)** est une œuvre remarquable de hardiesse. Les énormes piles, dont chacune ne compte pas moins de 27 colonnes, jaillissent jusqu'au sommet.

Transept – Les revers des portails de la Calende et des Libraires ont reçu de beaux décors sculptés (14e s.). L'ornementation est la même pour les deux pignons : quatre grands fenestrages surmontés de gâbles à crochets encadrent la porte et tapissent le mur. Des statues surmontées de dais sont placées sous les arcatures et entre les gâbles. Le croisillon nord, des Libraires, porte une grande rose aux vitraux du 14e s. Notez, dans l'angle, l'**escalier de la Librairie★ (2)**, œuvre de Guillaume Pontifs : d'une jolie loge, où s'ouvre une porte surmontée d'un gâble, s'élèvent les deux volées de l'escalier : la première est du 15e s., la seconde du 18e s. De son côté, le croisillon sud montre aussi de belles verrières des 14e s. (Pentecôte) et 16e s. (légende et panégyrique de saint Romain).

Chœur – Il date du 13e s. C'est la partie la plus noble de la cathédrale par ses lignes simples et la légèreté de sa construction. Son ordonnance présente un étage de grandes arcades très élevées et au tracé aigu, un triforium et un étage de fenêtres hautes dont trois sont ornées de vitraux du 15e s. représentant le Calvaire. Les piliers qui supportent les grandes arcades montrent de robustes chapiteaux circulaires (13e s.) à crochets ou à plantes stylisées, curieusement couronnés de tailloirs soutenus par une tête sculptée.

Le maître-autel, formé d'une dalle de marbre de la vallée d'Aoste, est dominé par le Christ de Clodion **(3)** en plomb doré (18e s.). De chaque côté de l'autel, les deux anges adorateurs de Caffieri proviennent de l'église St-Vincent détruite en 1944.

Sur le croisillon sud s'ouvre en absidiole la chapelle dédiée à Jeanne d'Arc **(4)**. Vitraux de Max Ingrand.

Crypte, déambulatoire, chapelle de la Vierge – Sous le chœur, la **crypte** annulaire du 11e s. appartenait à la cathédrale romane.

Elle garde encore son autel et son puits à margelle, profond de 5 m, toujours alimenté par une eau courante. Des fragments de colonnes, des chapiteaux romans trouvés au cours des fouilles y sont réunis. Le cœur de Charles V y est conservé dans un coffret encastré dans le mur de chevet.

Le **déambulatoire (5)** *(entrée croisillon droit – sortie gauche)*, qui comporte trois chapelles rayonnantes, abrite les gisants de Rollon, de Richard Cœur de Lion (fin du 13e s.), de Henri le Jeune (13e s.) et de Guillaume Longue Épée (14e s.), duc de Normandie et fils de Rollon. Ne manquez pas d'y admirer les cinq **verrières★** du 13e s. : celle de saint Julien l'Hospitalier, don de la corporation des poissonniers (représentés en bas du vitrail), a inspiré le célèbre conte de Flaubert ; celles de la Passion et du Bon Samaritain ont de remarquables coloris. La Vierge, saint Jean-Baptiste, saint Romain et divers prélats occupent le fond de la **chapelle de la Vierge (6)** (14e s.)

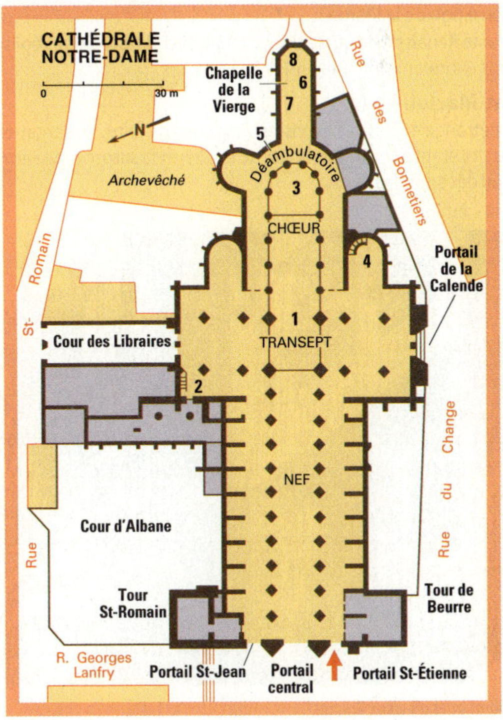

où saint Georges, au centre, terrasse le dragon. La frise du couronnement s'orne de sibylles, de prophètes et d'apôtres. Dans un coin à droite, la tête sculptée de Roland Leroux dévisage les visiteurs.

À gauche, accolé à l'enfeu gothique de Pierre de Brézé (15e s.), le **tombeau de Louis de Brézé★ (7)**, sénéchal de Normandie et mari de Diane de Poitiers, est une œuvre de la seconde Renaissance, exécutée de 1535 à 1544.

Dans la chapelle, vitraux du 14e s. figurant les archevêques de Rouen et beau tableau de Philippe de Champaigne, *L'Adoration des bergers,* dans un riche retable **(8)** de 1643.

Se promener

LE VIEUX ROUEN★★★

Environ 2h au départ de la place de la Cathédrale.

Place de la Cathédrale (B1)

En face de la cathédrale, à l'angle de la rue du Petit-Salut s'élève l'ancien **bureau des Finances** *(siège de l'office de tourisme),* élégant édifice Renaissance (1510). Au nord de la place, le hall du palais des congrès abrite les restes de la belle façade de l'hôtel de Rome.

Rue Saint-Romain★★ (B2)

C'est une des rues les plus intéressantes du vieux Rouen de par ses belles maisons à pans de bois du 15e au 18e s.; dans son axe se profile la flèche de St-Maclou. Juste après l'entrée des Libraires, un pignon ajouré d'un vestige de fenêtre est le seul reste de la chapelle où se termina le procès de Jeanne d'Arc, le 29 mai 1431, et où fut proclamée sa réhabilitation en 1456.

Archevêché (B2)

On ne visite pas. Peu après la cour des Libraires de la cathédrale s'élèvent les bâtiments de l'archevêché, édifiés au 15e s. par les cardinaux d'Estouteville et Georges Ier d'Amboise mais remaniés au 18e s. Puissante façade et tourelles d'aspect militaire. Par le portail de la rue des Bonnetiers, on peut jeter un œil sur la façade intérieure.

Traversez la rue de la République pour gagner la **place Barthélemy**, bordée de belles maisons à colombages du 15e s., où s'élève l'**église St-Maclou★★** *(voir « Visiter »).*

Rue Martainville★ (B/C2)

Cette rue conserve d'intéressantes maisons à pans de bois du 15e au 18e s. On longe le portail nord de St-Maclou avec ses beaux vantaux : à gauche, l'Arche d'alliance ; à droite, la Dormition de la Vierge.

La jolie fontaine Renaissance qui se trouve à l'angle de la façade de l'église St-Maclou n'est pas sans évoquer le Manneken-Pis de Bruxelles.

Aître Saint-Maclou★★ (C2)

L'endroit est étrange et paisible. Le visiteur est partagé entre un sentiment de douce quiétude (le site étant à l'écart des bruits de la ville) et la surprise face aux ornements macabres qui décorent les lieux.

E. Baret/MICHELIN

Maisons à colombages du vieux Rouen.

Cet ensemble du 16e s. (du latin *atrium*) est l'un des derniers témoins des **charniers** de pestiférés du Moyen Âge. La cour centrale s'entoure de bâtiments à pans de bois dont le rez-de-chaussée est formé de galeries autrefois ouvertes comme celles d'un cloître. Reposant sur des colonnes portant des sculptures brisées figurant la danse macabre, une double frise, décorée de curieux motifs de crânes, tibias et divers outils de fossoyeur, court le long de la façade.

Ce rez-de-chaussée était surmonté d'un grenier servant de charnier, transformé en étage au 18e s. (l'aile sud ne date que de 1640 et n'a jamais servi de charnier). Au centre de la place, un calvaire rappelle l'ancienne fonction du lieu. Les bâtiments abritent actuellement l'École des beaux-arts.

H. Le Gac/MICHELIN

Détail des boiseries de l'aître St-Maclou.

Revenez jusqu'à la façade de St-Maclou et prenez à droite.

Rue Damiette★ (B/C2)

Belle perspective sur la tour centrale de l'église St-Ouen depuis cette vieille rue bordée de maisons à colombages. À droite se trouve l'impasse des Hauts-Mariages.

Place du Lieutenant-Aubert, prenez à gauche la rue d'Amiens où s'élève un peu plus loin l'**hôtel d'Étancourt** (17e s.) dont la façade est ornée de grandes statues.

Revenez place du Lieutenant-Aubert pour tourner à gauche dans la rue des Boucheries-St-Ouen. La rue Eau-de-Robec s'embranche à droite.

Rue Eau-de-Robec (C2)

Dans cette rue aux façades à pans de bois rénovées court un ruisselet qu'enjambent de petites passerelles, rappelant l'époque où le Robec se glissait au pied des maisons des drapiers. Un « grenier-étente » surmonte plusieurs de ces hautes demeures, souvenir du temps où les marchands-fabricants séchaient les écheveaux de fil et tissus de coton, qu'ils fabriquaient et teignaient au rez-de-chaussée.

Remarquable demeure à pans de bois, la **maison des Quatre Fils Aymon★** (15e-16e s.), qui accueille aujourd'hui le musée national de l'Éducation, était jadis un lieu de rendez-vous malfamé, nommé « maison des Mariages » en raison des liaisons éphémères qui s'y nouaient.

Musée national de l'Éducation★ (C2) – *185 r. Eau-de-Robec - ☎ 02 35 07 66 61 - www.inrp.fr/musee - ♿ - 10h-12h30, 13h30-18h, w.-end 14h-18h - fermé mar. et j. fériés (sf dim. de Pâques et dim. de Pentecôte) - 3 € (-18 ans gratuit), gratuit Nuit des musées et Journées du patrimoine.*

Sur quatre niveaux, les importantes collections du musée illustrent de manière claire et vivante l'évolution de l'éducation (scolaire, familiale) depuis le 16e s. Sur les deux premiers niveaux, exposition permanente sur l'histoire de l'école depuis les débuts de la IIIe République. Reconstitution d'une classe de l'époque de Jules Ferry. Aux 3e et 4e niveaux, exposition biannuelle, iconographie riche et variée (peintures, estampes, photos), ouvrages et mobiliers scolaires, film…

Dans la rue du Ruissel, le « **pavillon des Vertus** », maison (16e s.) au portique à colonnes de pierre, doit son nom à ses statues féminines.

*Revenez rue des Boucheries-St-Ouen, prenez à gauche la rue de l'Hôpital face à l'***église St-Ouen★★** *(voir « Visiter »).*

À l'angle de la rue des Carmes, jolie fontaine gothique de la Crosse (restaurée) et, en face, à l'angle des rues Beauvoisine et Ganterie, belle maison à pans de bois.

Suivez à droite la rue Beauvoisine qui traverse la rue Jean-Lecanuet, l'une des artères les plus animées.

Aux **nos 55** et **57** (**B1**) rue Beauvoisine, maison à pans de bois sculptés (avec cour) et demeure Renaissance. Par la rue Belfroy, à gauche, bordée dans sa première partie de maisons à colombages (15e et 16e s.), on atteint la place St-Godard et l'**église★** (**B1**) du même nom *(voir « Visiter »).*

SE LOGER

SE RESTAURER

B
16 ABBEVILLE, AMIENS
C
Rouen-R.D.
12
Gare-Rue Verte
R. Verte
Pl. B. Tissot
St-Romain
R. Bouquet
Pouchet
R. de l'Avalasse
l'Yser
Beauvoisine
Rampe
R. de Bihorel
R. du Nord
R. des Pleins Champs
Bd de l'Yser
Beauvoisine
1
Bd
Marne
Tour Jeanne d'Arc
Musée des Antiquités de la Seine-Maritime
Museum d'Histoire naturelle
Fontaine Ste-Marie
St-Patrice
R. d'Écosse
R. Dulong
R. Beauvoisine
R. Louis Ricard
Lycée Corneille
R. de Joyeuse
R. Nicolas Poussin
R. de la Cage
R. des Champs
N 31
Musée de la Céramique
MUSÉE DES BEAUX-ARTS
SQUARE VERDREL
St-Godard
Musée Le Secq des Tournelles
R. Jean
R. Montbret
23
R. des Minimes
R. Coignebert
R. d'Arc
R. Ganterie
18
R. Lecanuet
2
R. de Bourg-l'Abbé
ST-NICAISE
22
Palais de Justice
R. des Fossés Louis VIII
R. de l'Hôpital
R. de la Pte
R. de l'Orbe
Av.
St-Ouen
6
Pl. des Carmes
R. des Carmes
R. des Faulx
R. St-Vivien
Gros-Horloge
Beffroi
Gros-Horloge
Place de la Cathédrale
Cour des Libraires
Hôtel d'Étancourt
R. Eau de Robec
ST-VIVIEN
R. Damiette
R. du Dr-Blanche
R. de la République
4
R. Saint-Romain
8
Musée national de l'Éducation
R. d'Amiens
Bureau des Finances
Aître St-Maclou
R. Mollien
R. Edouard Adam
CATHÉDRALE NOTRE-DAME
Archevêché
St-Maclou
R. d'Amiens
2
R. Gén. Leclerc
Rue de Martainville
R. Gd Pont
R. St-Denis
R. de la
R. d'Alsace-Lorraine
Pl. St-Marc
Halle aux Toiles
Fierté St-Romain
25
HÔTEL DE REGION
Pont Boieldieu
Pont Corneille
Bd Gambetta
ESPLANADE DU CHAMP-DE-MARS
Moulin
HÔTEL DU DÉPARTEMENT
BUREAUX DU PORT FLUVIAL
R. de l'Industrie
Av.
Av. A. Briand
HALTE DE PLAISANCE
Av. Champlain
Quai J. Anquetil
R. E. Flamand
Pl. St-Paul
Pl. Carnot
ÎLE LACROIX
Jacques
R. Stendhal
Chastellain
Pont Mathilde
ST-PAUL
Rouen-R.-G.
ABBEVILLE A 28
BEAUVAIS, GOURNAY N 31
LA CORNICHE
PONTOISE D 6014
14
14
N
B
A 13 PARIS
D 6015 LOUVIERS
A 13 PARIS
C

La maison à colombages

Les vieilles maisons rouennaises illustrent l'architecture à colombages (pans de bois) du Moyen Âge à la fin du 18e s. Le chêne, jadis abondant et rapide à ajuster, devint le matériau idéal, garant de solidité.

La structure d'une maison se compose de deux parties :

Ossature – Poteaux verticaux, grosses poutres intérieures et *sablières* (poutres horizontales de façade) assurent la rigidité de l'ensemble et portent les planchers et le comble. Un soubassement de pierre l'isole de l'humidité ;

Colombage – Constitué de petits poteaux (*colombes*), il clôture et soutient les sablières. Des pièces obliques (*écharpes*) ou des croix de Saint-André raidissent l'ossature. Les intervalles sont remplis de plâtre (*hourdis*). La cage ainsi constituée peut se déformer légèrement ou même être démontée et transportée. Par économie et manque de place, on construisit souvent les étages en encorbellement (avancée) jusqu'en 1520, année où cette pratique fut interdite à Rouen. Adossées aux poteaux de façade, de fortes consoles (*pigearts*) soutiennent l'encorbellement constitué de deux sablières superposées et décalées. Plus tard, le rez-de-chaussée et parfois le 1er étage seront édifiés en pierre et le nombre d'étages augmentera. Les toitures d'ardoises, animées de lucarnes, sont très inclinées. L'ardoise revêt aussi les murs sud et ouest pour les protéger de la pluie : c'est l'*essentage*. Jusqu'à la fin du 16e s., la plupart des maisons présentent sur rue un pignon aigu (*ferme débordante*) qu'abrite une avancée de la toiture.

Traversez la rue Thiers devant le square Verdrel et prenez l'allée Eugène-Delacroix, puis à gauche la charmante **rue Ganterie★** (B1) bordée de vieilles maisons à colombages. (En sens inverse, vers la place Cauchoise, cette rue devient la **rue des Bons-Enfants**, qui aligne de nombreuses demeures à pans de bois dont plusieurs du 15e s. ; au **n° 22**, maison avec personnages sculptés.)

Prenez à droite la rue des Carmes, puis encore à droite la rue aux Juifs qui longe le palais de justice.

Palais de justice★★ (B1)

Ce splendide édifice de la première Renaissance (15e s.-début du 16e s.) a été bâti pour abriter l'Échiquier de Normandie (cour de justice). Remanié au 19e s., il sera ravagé en 1944.

La **cour d'honneur** – où des fouilles ont dégagé un édifice hébraïque (12e s.) – s'ouvre sur un grand bâtiment aux deux ailes en retour.

La **façade★★** (1508-1526), décorée avec un souci de gradation, caractérise bien les conceptions artistiques de la Renaissance. Sobre dans le bas, l'ornementation s'enrichit à chaque étage pour s'achever en une véritable forêt de pierres ciselées, un enchevêtrement de pinacles, clochetons, arcs-boutants et gâbles, qui laisse entrevoir de monumentales lucarnes. Notez la gracieuse tourelle centrale à pans coupés. Sur l'aile gauche, un grand escalier de pierre mène à l'ancienne **salle des Procureurs**. Une belle charpente lambrissée couvre ce vaisseau.

Place du Vieux-Marché★ (A1)

Le secteur est riche en vieilles maisons à pans de bois du 16e au 18e s. La place, où les condamnés étaient mis au pilori ou exécutés au Moyen Âge, regroupe les nouvelles halles, l'**église Ste-Jeanne-d'Arc** *(voir « Visiter »)* et un **monument national** : la « **Croix de la Réhabilitation** », érigée à l'emplacement du bûcher où Jeanne d'Arc fut brûlée le 30 mai 1431. Au nord, le soubassement du pilori a été dégagé, et, au sud, le tracé des tribunes des juges du procès de Jeanne d'Arc.

S. Sauvignier/MICHELIN

Détail de la façade du palais de justice.

Rue du Gros-Horloge★★ (B2)

Reliant la place du Vieux-Marché à la cathédrale, la rue du « Gros » (raccourci que lui ont choisi les Rouennais) est la plus évocatrice du vieux Rouen et la plus animée de la ville. Domaine des marchands depuis le Moyen Âge, siège du pouvoir communal du 13e au 18e s., elle a retrouvé sa vocation commerciale et son charme d'antan, avec ses gros pavés et ses belles maisons à pans de bois du 15e au 17e s.

Le Gros-Horloge (B2) – *☏ 02 32 08 01 90 - avr.-sept. : tlj sf lun. 10h-13h, 14h-19h ; nov.-mars : tlj sf lun. 14h-18h - fermé 25 déc. et 1er janv. - 6 € (enf. 3 €).*

Le visiteur peut découvrir ce monument emblématique de Rouen depuis 2007. Guidé par Narcisse-Eugène Omont, horloger du 16e s., on découvre avec plaisir la salle des mécanismes, le cadran ou encore les cloches municipales. Le parcours (*1h environ*) permet de comprendre les enjeux liés à l'évolution du temps et de l'horlogerie, au travers des siècles bien sûr ! La visite s'articule entre le pavillon (l'arche où se trouve le Gros-Horloge) et le beffroi. Empruntez les escaliers escarpés, et, une fois arrivé en haut de la tour, admirez le panorama sur la ville et les méandres de la Seine !

De la première salle, vue imprenable sur le Gros-Horloge. Chacune de ses faces présente un cadran en plomb doré richement décoré. Le cadran des heures, à aiguille unique, est complété par le « semainier », qui fonctionne encore aujourd'hui : placez-vous devant à midi pile pour le voir tourner. L'œil-de-bœuf supérieur indiquait les phases de la lune.

L'horloge se trouvait à l'origine dans le beffroi, mais pour mieux en profiter, les Rouennais ont construit une arche en 1527, où elle reste encastrée. Cet édifice Renaissance surmonté d'un toit en pavillon à lucarne enjambe la rue par une arcade surbaissée. Le dessous de la voûte montre une scène sculptée : le Bon Pasteur et ses brebis, allusion à l'agneau de saint Jean-Baptiste qui figure dans les armes de Rouen. Une loggia Renaissance s'adosse à la sobre tourelle de beffroi, occupée à l'époque par le « gouverneur du Gros-Horloge ».

L'ancien hôtel de ville (1607) s'élève à l'angle de la rue Thouret.

La rue du Gros-Horloge ramène place de la Cathédrale.

Si la soif vous tenaille, les terrasses de la place de la Calende ont de quoi vous rafraîchir. Et s'il vous reste encore des semelles, elles doivent chauffer ; on pourra les refroidir à deux pas, en bord de Seine, où rôde encore le fantôme de la terrible « Gargouille » capturée par saint Romain.

Depuis la place de la Calende, la rue de l'Épicerie mène à la Fierté St-Romain et la halle aux Toiles.

Fierté Saint-Romain (B2)

Ce charmant édicule Renaissance, de style gréco-romain, se couronne d'un lanternon qui abritait les reliques de saint Romain. Il est adossé à la **halle aux Toiles** élevée au 16e s., en partie détruite en 1944 et rebâtie. La façade donnant sur la place de la Haute-Vieille-Tour montre une belle ordonnance de fenêtres surmontées d'une haute toiture d'ardoises. À l'intérieur, salles d'expositions, salle d'honneur.

Visiter

LES ÉGLISES

Église Saint-Maclou★★ (B2)

3 r. du Gén.-Sarrail - ☏ 02 35 71 28 09 - lun., vend., w.-end et j. fériés 10h-12h, 14h-17h30 - possibilité de visite guidée - fermé mar.-jeu. et j. fériés - gratuit.

C'est une ravissante construction de style gothique flamboyant, très homogène, bâtie entre 1437 et 1517. Fait notable : en pleine Renaissance, le style gothique le plus pur a été conservé. Seule la flèche du clocher est moderne. Un grand porche à cinq arcades disposées en éventail et trois portails animent la magnifique façade.

Saint Romain et la Gargouille

Au 7e s., saint Romain est évêque de Rouen, tandis qu'un monstre épouvantable, la « Gargouille », terrorise la ville. Pour débarrasser la cité de cette bête immonde, saint Romain a besoin d'aide. Seul un condamné à mort accepte de lui prêter main-forte. Le saint homme, sa croix à la main, accompagné du condamné, réussit à passer son étole autour du cou du dragon qu'il ramène en laisse au milieu des habitants. Le dragon sera mis à mort et le courageux prisonnier, libéré. Du 12e s. jusqu'à la Révolution, un prisonnier par an, choisi par les chanoines, sera pareillement gracié, à charge pour lui de présenter à la dévotion de la foule la châsse contenant les reliques de saint Romain du haut de la Haute-Vieille-Tour. De nos jours, au mois d'octobre, la fête foraine s'installe sur la rive gauche et perpétue ce souvenir pour le plus grand plaisir des petits et des grands.

Le portail central et celui de gauche portent des **vantaux★★** Renaissance. Chacun se divise en deux parties : le vantail proprement dit, orné de petites têtes de lion (bronze) et de dessins païens, et le panneau supérieur, où s'inscrit un médaillon.

Les médaillons du **portail central** représentent la Circoncision (à gauche) et le Baptême du Christ (à droite) ; le dessus des battants montre Dieu le Père avant la Création (à gauche) et après la Création (à droite). Celui du **portail gauche** représente le Bon Pasteur à l'entrée de la bergerie. Des statuettes (Samson, David, Moïse et Salomon) soutiennent ce motif ; les figures humaines en arrière évoquent l'Erreur : paganisme gréco-romain, religion égyptienne, islam.

À l'intérieur, le **buffet d'orgues★** (1521) se pare de belles boiseries Renaissance ; des colonnes de marbre le soutiennent, dues à Jean Goujon. L'**escalier à vis★** (1517), magnifiquement sculpté, vient du jubé de l'église. Dans le chœur, la chapelle N.-D.-de-Pitié (à gauche) aux boiseries du 18e s. abrite le Christ et les deux anges, éléments de la « Gloire » ornant le rond-point du 18e s.

Église Saint-Ouen★★ (C1)

Avr.-oct. : 10h-12h, 14h-18h ; reste de l'année : 10h-12h, 14h-17h30 - fermé lun., 1er janv. et 25 déc.

Cette ancienne abbatiale (14e s.) bien proportionnée compte parmi les joyaux de l'architecture du gothique rayonnant. Les travaux, commencés en 1318, ralentis par la guerre de Cent Ans, s'achèvent au 16e s.

Extérieur – Le **chevet★★**, aux chapelles rayonnantes à toiture indépendante, s'anime de fins arcs-boutants et pinacles. À la croisée du transept, la **tour centrale★** flanquée aux angles de tourelles est surmontée d'une couronne ducale. Sur la façade du croisillon sud, au-dessus de la grande rose, s'alignent dans les remplages d'un pignon flamboyant des statues de saints, de rois et de reines de Juda. En dessous, le gracieux **porche des Marmousets** étonne par les ogives de la voûte qui retombent d'un côté, non sur des colonnettes, mais dans le vide, sur deux audacieux pendentifs.

Intérieur – La **nef**, d'une architecture légère, frappe par l'harmonie de ses proportions. Dès l'entrée, une très forte impression d'équilibre se dégage de la construction en croix latine, longue de 144 m. Peut-être faut-il y voir l'influence du fameux « nombre d'or », ici défini par le rapport de 1 à 3 entre l'écartement des piles (11 m) et la hauteur sous voûtes (33 m). Ce qui caractérise encore cette nef admirable, c'est son élévation à trois niveaux : les grandes arcades, le délicat **triforium★** à claire-voie et les fenêtres hautes.

Cette architecture élancée est mise en valeur par la chaude ambiance lumineuse que dispensent les grandes **verrières★★**. Les plus anciennes, antérieures à 1339, restent en place dans les chapelles autour du chœur. Dans la nef, au nord, les fenêtres hautes (16e s.) se consacrent aux Patriarches ; au sud ce sont les Apôtres. Les deux roses (15e s.) des bras du transept représentent une cour céleste (nord) et un Arbre de Jessé (sud). Baie axiale : Crucifixion (1960) par Max Ingrand. Grande rose ouest (beaux coloris bleu, rouge et or) due à Guy Le Chevallier (1992). L'imposant buffet d'orgues

H. Le Gac/MICHELIN

La nef de l'église St-Ouen.

Saint Dadon, saint Audoenus ou saint Ouen ?

Né vers l'an 600 en royaume de Neustrie dans une famille de grands propriétaires, Ouen est élevé à la cour de Clotaire II où il reçoit une formation administrative, militaire et religieuse. Chancelier de Dagobert, puis évêque de Rouen, il rédige la biographie du grand saint Éloi, son condisciple et ami. Il participe à la vie politique au service de la reine Bathilde et négocie la paix entre la Neustrie et l'Austrasie. Le monachisme normand (Jumièges, Fécamp, Montivilliers...) lui doit beaucoup. Il meurt près de Clichy (aujourd'hui Saint-Ouen) en 684, au retour d'une mission auprès de Pépin de Herstal à Cologne. Sa dépouille, ramenée à Rouen, repose dans la chapelle Saint-Pierre-et-Saint-Paul. Très vite, les pèlerins affluent devant ses reliques miraculeuses, et le nom de saint Ouen remplace bientôt ceux des saints apôtres attachés initialement à la chapelle.

date de 1630, mais l'instrument lui-même (4 claviers, 64 jeux et 3 914 tuyaux) est dû au facteur Aristide Cavaillé-Coll (19e s.). Les tuyaux en *chamade* (à l'horizontale) s'inspirent des orgues d'Espagne. Des **grilles★★** dorées (1747), œuvre de Nicolas Flambart, ferment le chœur.

Église Saint-Godard★ (B1)

1er et 3e sam. du mois et veilles de fêtes religieuses 15h-19h.

St-Godard, élevée à la fin du 15e s., vaut surtout le détour pour ses **vitraux★**, en particulier dans le collatéral droit. Au fond, au-dessus d'un autel, le vitrail représentant l'Arbre de Jessé date de 1506. En bas, au centre, on voit Jessé entouré des quatre prophètes ; au-dessus, son fils David tenant sa harpe ; au-dessus encore, la Vierge et l'Enfant flanqués de divers rois descendant de David. À côté, le vitrail de la Vierge comporte six panneaux du 16e s.

Église Sainte-Jeanne-d'Arc (A1)

☏ 02 32 08 32 40 - avr.-oct. : 10h-12h, 14h-18h, vend. et dim. 14h-18h ; reste de l'année : 10h-12h, 14h-17h30, vend. et dim. 14h-17h30 - fermé 1er janv. et 25 déc.

L'édifice, achevé en 1979, a la forme d'un bateau renversé ; les principes de la construction navale se retrouvent dans la couverture faite d'écailles en ardoise ou en cuivre. À l'intérieur, 13 vitraux Renaissance viennent de l'ancienne église St-Vincent détruite en 1944. Ils forment une **verrière★★** de 500 m², éclatante illustration de la foi des croyants du 16e s. L'Enfance, la Passion, la Crucifixion et la Résurrection du Christ côtoient des épisodes de la vie de saint Pierre, sainte Anne, saint Antoine de Padoue...

Église Saint-Patrice (B1)

Construction gothique remarquable par ses **vitraux★**, exécutés entre 1540 et 1625, en particulier ceux du côté gauche du chœur (le Triomphe du Christ), de la chapelle contiguë (saint Faron et saint Fiacre, Saint Louis, saint Eustache, l'Annonciation de style Renaissance italienne et la Nativité) et du bas-côté gauche (sainte Barbe, saint Patrice et Job). Un baldaquin en bois doré (18e s.) couronne l'autel.

Église Saint-Romain (B1)

L'ancienne chapelle des Carmes (17e s., restaurée au 19e s., puis en 1969) se pare de **vitraux** Renaissance.

LES MUSÉES ET AUTRES ÉDIFICES CIVILS

La *carte des musées de Rouen,* valable un an, permet la visite des collections permanentes du musée des Beaux-Arts, du musée Le Secq des Tournelles, du musée de la Céramique. Cette carte donne droit à un tarif réduit aux expositions temporaires - achat au guichet de chaque musée - *9,15 €.*

Musée des Beaux-Arts★★★ (B1)

Espl. Marcel-Duchamp - ☏ 02 35 71 28 40 - www.rouen-musees.com - ♿ - tlj sf mar. 10h-18h (dernière entrée 40mn av. la fermeture) - possibilité de visite guidée sur demande préalable - fermé 1er janv., 1er et 8 Mai, 14 Juil., 15 août, 11 Nov. et 25 déc. - 3 € (-18 ans gratuit), gratuit 1er dim. du mois ; 5,35 €.

C'est le seul musée rouennais installé dès le début du 19e s. dans un bâtiment spécialement réalisé pour abriter ses collections. La dernière rénovation, menée de 1989 à 1994, a créé une articulation centrée sur un ensemble de salles ou de cours intérieures abritant l'espace d'accueil, les expositions temporaires et la librairie. Tout autour, 63 salles de collections permanentes du 15e s. à nos jours enveloppent le « cœur du

Fête du 30 juin 1878, rue St-Denis à Paris, par Monet.

musée » sur deux niveaux. Les fenêtres laissent généreusement rentrer la lumière du jour et le visiteur peut voir les collections se succéder dans leur simultanéité : on suit l'évolution de la peinture, de la sculpture, en même temps que celle de l'orfèvrerie, du mobilier ou du dessin.

Bon à savoir – Un plan est disponible à l'entrée et permet de s'orienter facilement. Pour une visite chronologique, commencez par l'aile sud, à droite de l'accueil.

Peintures des 15e, 16e et 17e s. – Outre quelques primitifs italiens, on admire des œuvres de Pérugin, Guerchin, Giordano, et surtout de Véronèse *(Saint Barnabé guérissant les malades)* et Le Caravage *(Flagellation du Christ)*. Parmi les maîtres espagnols et hollandais, Vélasquez et Ribera ; Maarten De Vos, Van Dyck et Rubens *(Adoration des bergers)*. Parmi les Français, François Clouet *(Bain de Diane)*, Louis Boullongne *(Cérès ou l'été)*, Poussin *(Vénus montrant ses armes…)*, Simon Vouet et Jouvenet. Le musée conserve également l'un des sommets de la peinture primitive flamande : *La Vierge entre les vierges* (huile sur bois) aussi appelée *La Vierge et les saintes*, par Gérard David (v. 1460-1523).

Le 18e s. – *2e étage, aile sud.* Les peintres les plus significatifs sont Lancret *(Les Baigneuses)*, Fragonard *(Les Blanchisseuses)*, Van Loo *(Vierge à l'Enfant)* et Traversi *(Séance de musique)*. Belle crèche napolitaine (90 sujets) et terre cuite de Caffieri représentant Pierre Corneille. Remarquez également le mobilier, les pièces d'horlogerie ou encore la maquette de l'hôtel de ville de Rouen par Le Carpentier.

Le 19e s. – C'est le clou du musée, tant par l'abondance que par la qualité des œuvres. Toutes les tendances se déploient, du **néoclassicisme** à l'**impressionnisme** et au **symbolisme**. D'Ingres *(La Belle Zélie, portrait de Madame Aymon)* à Monet *(Rue Saint-Denis, Portail de la cathédrale de Rouen, temps gris)*, les plus grands maîtres – David, Géricault, Degas, Caillebotte, Corot, Fantin-Latour, Millet, Moreau, Sisley, Renoir et tant d'autres – sont présents à travers des chefs-d'œuvre.

La grande sculpture romantique du 19e s. brille dans la salle du Jubé sous la forme de cinq œuvres de David d'Angers, dont un plâtre original pour le monument à Bonchamp. En face et sur le côté, deux toiles intéressantes : *La Justice de Trajan*, par Delacroix, et, frôlant l'hyperréalisme, *Les Énervés de Jumièges*, par Luminais.

Le 20e s. – Cette époque n'est pas en reste avec notamment Modigliani, Dufy *(Le Cours de la Seine)*, les frères Duchamp, largement représentés ; section contemporaine avec Dubuffet, Nemours, etc.

Musée de la Céramique★★ (B1)

94 r. Jeanne-d'Arc - ✆ 02 35 50 31 74 - www.rouen-musees.com - ♿ - tlj sf mar. 10h-13h, 14h-18h (dernière entrée 40mn av. la fermeture) - possibilité de visite guidée sur RV - fermé 1er janv., 1er et 8 Mai, 14 Juil., 15 août, 11 Nov. et 25 déc. - 2,30 € (-18 ans gratuit), gratuit dim ; 5,35 €.

Il occupe l'hôtel d'Hocqueville (17e s.) et raconte l'histoire de la faïence de Rouen à travers des objets remarquables.

Les collections – Elles forment un inventaire des créations de la faïence rouennaise du 16e au 18e s. et abordent l'histoire de la céramique des deux derniers siècles.

Des carreaux de pavement et des vases de pharmacie représentent l'œuvre de Masséot Abaquesne, premier faïencier à Rouen, vers 1550. Au rez-de-chaussée, les panneaux de Jules Loebnitz évoquent l'emploi industriel de la céramique au 19e s.

Après une brève interruption, la production renaît avec des plats et carreaux à décor bleu d'inspiration nivernaise et chinoise exécutés par l'atelier de Louis Poterat (1644-1725). Vers 1670, sous l'influence des faïenciers hollandais travaillant chez Poterat, apparaît la couleur rouge.

Le début du 18e s. voit la multiplication des grandes faïenceries et l'arrivée de la polychromie (1699) avec des décors à cinq couleurs. À ne pas manquer : les **sphères céleste et terrestre** de Pierre Chapelle, chefs-d'œuvre de la faïence polychromique, et dans la rotonde, la belle série des **bustes** des saisons. Parallèlement, dès 1720, les motifs se diversifient : style « rayonnant » aux arabesques inspirées de la broderie et de la ferronnerie, « chinoiserie », décors superposés au trait bleu sur fond ocre. Le style rocaille fleurit vers le milieu du siècle, avec ses décors « à l'œillet », « au rocher » et surtout « à la corne » et « à la double corne » d'où s'échappent fleurs, oiseaux, insectes.

Les dernières salles abordent les céramiques des 19e et 20e s. avec les productions de Sèvres. Le **Vase des Saisons**, parfait hommage à l'esprit du 18e s., ou le **vase Ruhlmann**, somptueux manifeste esthétique des années 1930, témoignent de la créativité et de l'excentricité de la manufacture au tournant des deux siècles tandis que l'œuvre d'Arthur Massoule, les **Raisins,** conjugue céramique et sculpture.

Musée Le Secq des Tournelles★★ (B1)

✆ 02 35 88 42 92 - www.rouen-musees.com - tlj sf mar. 10h-13h, 14h-18h (dernière entrée 40 mn av. la fermeture) - fermé 1er janv., 1er et 8 Mai, 14 Juil., 15 août, 11 Nov. et 25 déc. - 2,30 € (-18 ans gratuit) ; 5,35 € billet combiné avec le musée des Beaux-Arts et le musée de la Céramique.

Ce musée aménagé dans l'ancienne église St-Laurent – bel édifice de style flamboyant – expose de très riches collections de ferronnerie du 3e au 20e s.

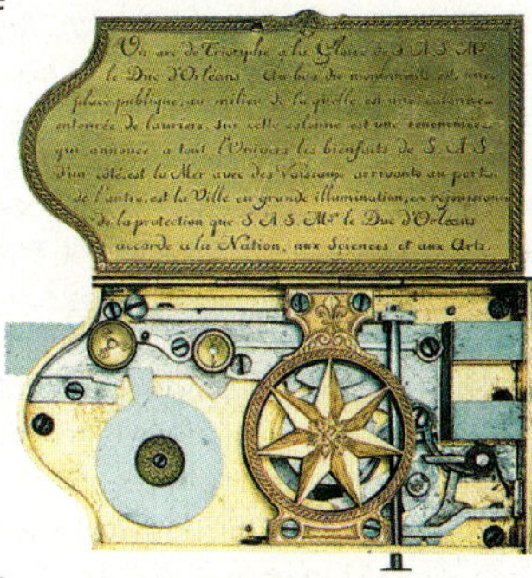

Musée Le Secq des Tournelles : serrure.

D. Janole/MICHELIN

Nef et transept accueillent surtout des pièces de grande dimension : enseignes, grilles, balcons, rampe d'escalier. Les vitrines présentent des serrures, heurtoirs, clés, dont on suit l'évolution depuis l'époque gallo-romaine jusqu'au 19e s. Au fond du cœur, grand lit italien du 16e s. à colonnes et à baldaquin.

Le bas-côté gauche montre divers articles de serrurerie : targettes, entrées de serrures, tirettes du 15e au 19e s. Juste à côté, Vierge (17e s.), Christ (18e s.) et meuble hollandais Renaissance. Bel autel en bois doré (17e s.) et pièces de ferronnerie à connotation religieuse.

Le bas-côté droit montre des ustensiles variés de la vie domestique : pinces, couteaux, bassinoires, moulins à café et à épices, fers à repasser, articles de couture. Accessoires du costume et du mobilier (bijoux, boucles de ceintures, peignes, articles de bureau…) et instruments professionnels (du 16e au 19e s.) de barbier, menuisier, horloger, jardinier, serrurier, dentiste, chirurgien, etc. se distribuent respectivement dans les galeries nord et sud du 1er étage.

Musée Jeanne-d'Arc (A1)

✆ 02 35 88 02 70 - www.jeanne-darc.com - ♿ - de mi-avr. à mi-sept. : 9h30-19h ; reste de l'année : 10h-12h, 14h-18h30 - fermé 1er janv. et 25 déc. - 4 € (enf. 2,50 €).

Une cave voûtée rassemble la maquette du château où fut enfermée Jeanne, des centaines d'ouvrages sur l'héroïne, des gravures, son armure et son étendard. Une galerie de cires (commentaire sonore) retrace les grands moments de sa vie.

Hôtel de Bourgtheroulde (A1)

5 pl. de la Pucelle (derrière la pl. du Vieux-Marché) - 8h30-17h30, w.-end 14h30-17h30 ; pdt expositions : 8h30-17h30, w.-end 10h-18h - gratuit.

L'édifice (prononcer Boutroude), inspiré de l'art gothique, porte des influences de la Renaissance. Il a été bâti dans la première moitié du 16e s. par Guillaume le Roux, conseiller de l'Échiquier et seigneur de Bourgtheroulde.

Tour Jeanne-d'Arc, Rouen.

Traversez la place pour apprécier, avec un recul suffisant, la façade sobre du pavillon d'entrée. La cour intérieure, au contraire, forme un ensemble plus orné. Le bâtiment du fond est d'un gothique flamboyant très pur avec ses gâbles, ses pinacles, sa tourelle d'escalier hexagonale. La galerie de gauche, Renaissance, ajourée de six baies en anse de panier, s'encadre de frises (1525) hélas très dégradées. En haut de la frise, les Triomphes d'après le poème de Pétrarque ; en bas, la célèbre entrevue du Camp du Drap d'or.

Musée Pierre-Corneille (A1)

4 r. de la Pie - ✆ 02 35 71 28 82 - juil.-août : merc.-dim. et j. fériés 14h-18h (dernière entrée 30mn av. fermeture) ; reste de l'année : w.-end et j. fériés 14h-18h - fermé 1er janv. et 25 déc. - gratuit.

Installé dans la maison natale du poète, il présente des dessins et gravures relatifs à sa vie ; on y voit son cabinet de travail et sa bibliothèque avec les premières éditions de ses œuvres. Des maquettes de la place du Vieux-Marché aux 16e et 17e s. montrent l'évolution de ces lieux.

Musée Flaubert et d'Histoire de la médecine (A1)

51 r. Lecat - ✆ 02 35 15 59 95 - www.chu-rouen.fr/museeflaubert - mar. 10h-18h, merc.-sam. 10h-12h, 14h-18h - fermé dim., lun. et j. fériés - 3 € (enf. gratuit), gratuit Nuit des musées, Journées du patrimoine.

L'hôtel-Dieu (17e et 18e s.) présente sa façade classique sur la place de la Madeleine. Le musée, aménagé dans un de ses pavillons – maison natale de Flaubert dont le père était chirurgien à l'hôtel-Dieu –, contient des souvenirs de famille de l'écrivain. Il permet de mesurer l'influence de la médecine dans sa création littéraire. Les dix salles ouvertes au public présentent des collections très variées : mobilier hospitalier, dont un lit de malades pouvant accueillir six personnes, pots de pharmacie en « Vieux Rouen », instruments médicaux et chirurgicaux, rare mannequin d'accouchement du 18e s… Joli petit jardin de plantes médicinales autour du monument en marbre blanc élevé à la gloire de l'auteur.

Pour les enfants, un petit livret permet une découverte ludique du musée.

Tour Jeanne-d'Arc (B1)

✆ 02 35 88 02 70 - avr.-sept. : tlj sf mar. 10h-12h30, 14h-18h, j. fériés 14h-18h30 ; reste de l'année : tlj sf mar. 10h-12h30, 14h-17h, j. fériés 14h-17h30 - 1,50 € (enf. 0,75 €).

C'est l'ancien donjon, seul vestige du château élevé au 13e s. par Philippe Auguste. Au cours de son procès, Jeanne d'Arc fut mise en présence des instruments de torture dans la salle du rez-de-chaussée (mai 1431). Un escalier à vis mène aux étages où l'histoire du château et de Jeanne d'Arc est évoquée.

Musée départemental des Antiquités de la Seine-Maritime★★ (C1)

198 r. Beauvoisine - ✆ 02 35 98 55 10 - ♿ - tlj sf mar. 10h-12h15, 13h30-17h30, j. fériés 14h-18h - 3 €.

Il a pour cadre un ancien couvent (17e s.) et abrite des collections de la préhistoire au 19e s. L'archéologie régionale est représentée par des sections de l'âge du bronze et du fer (tombe à char trouvée en forêt de Brotonne) et d'importantes **collections de l'époque gallo-romaine**★ : stèles, mosaïques, verrerie, objets de la vie quotidienne. Les collections s'enrichissent de découvertes récentes (**statuettes** de bronze mises au jour à Rouen). Outre l'**orfèvrerie religieuse**★ (croix du Valasse, 12e s.), des carreaux de pavage, vitraux, statues, chapiteaux, retables, tapisseries, bas-reliefs comptent parmi les pièces précieuses du Moyen Âge et de la Renaissance.

Dans une galerie, une série de **pans de bois sculptés**★, gothiques et Renaissance, provient d'anciennes demeures rouennaises. Une belle salle est consacrée à l'art de la Renaissance.

Muséum d'Histoire naturelle (C1)

198 r. Beauvoisine - ✆ 02 35 71 41 50 - tlj sf lun. 14h-17h30 - 3 € (enf. 1,50 €).

La réouverture du muséum en 2007 permet au public de (re) découvrir les quelques 400 000 objets qui font sa renommée. Situé dans un ancien couvent du 17e s., ce « musée de musée » se situe à mi-chemin entre cabinet de curiosités et laboratoire du futur ! Ornithologie, ethnographie, botanique : les collections mettent en avant l'histoire de la science (remarquez notamment les dioramas). Parquet qui grince et vitrines désuètes : l'ambiance évoque l'enfance. Pourtant, les collections sont résolument tournées vers l'avenir : difficile de quitter ces lieux sans réfléchir à la biodiversité, au respect de l'écosystème ou à la gestion des ressources naturelles.

Proche des jardins du musée et dominant la rue Louis-Ricard, la monumentale **fontaine Ste-Marie** (C1), œuvre de Falguière, cache un château d'eau. Le **lycée Corneille**, à deux pas *(rue Joyeuse)*, est installé dans l'ancien collège des jésuites (17e-18e s.) qu'ont fréquenté Corneille et Cavelier de La Salle. Corot, Flaubert, Maupassant, Maurois y ont étudié et le philosophe Alain y a enseigné.

Musée maritime, fluvial et portuaire (hors plan)

Quai E.-Duchemin - Hangar n°13 - ✆ 02 32 10 15 51 - www.musee-maritime-rouen.asso.fr - ♿ - 2 mars-30 oct. : 10h-12h30, 14h-18h, w.-end et j. fériés 14h-18h ; reste de l'année : 10h-12h30, 14h-17h, w.-end et j. fériés 14h-17h - possibilité de visite guidée sur demande (15 j. av.) - fermé mar., janv., 1er Mai, 25 et 31 déc. - 4,50 € (-6 ans gratuit).

Occupant les 900 m² d'un ancien hangar du port de Rouen, ce musée présente l'histoire de l'activité fluviale de la ville, photos et panneaux à l'appui. Il aborde aussi tous les métiers liés à ce secteur. Moteurs et mécanismes de bateaux sont exposés ainsi que des maquettes, avec un retour sur certains navires mythiques, comme *La Combattante*. Expositions temporaires et conférences.

Une documentation spécialisée rend très accessible aux enfants la découverte du musée.

Aux alentours

L'AGGLOMÉRATION ROUENNAISE

Jardin des Plantes★

2,5 km. Quittez Rouen par l'avenue de Bretagne, prenez le bus ligne 12, stations Dufay ou Jardin des Plantes. 114 av. des Martyrs-de-la-Résistance - ✆ 02 32 18 21 30 - en été : 8h-19h45 ; en hiver : 8h30-17h15 - visites des serres : 9h-11h, 13h30-16h30 - gratuit.

Dans un très beau parc (10 ha) planté d'arbres de toutes espèces et de massifs de fleurs, les serres tropicales abritent une remarquable collection de plantes. Le parc, dont l'origine remonte au 17e s., comprend 3 000 espèces en serres et 5 000 de plein air. Parmi les plus rares, le fameux nénuphar géant d'Amazonie, *Victoria Regia*, dont la feuille en forme de plateau peut atteindre en été 1 m de diamètre ; sa fleur éclôt blanche le matin, devient rose à midi et se fane mauve le soir même.

Centre universitaire

5 km. Quittez Rouen par les rues St-Gervais et Chasselièvre, au nord-ouest du plan.

De la route qui aboutit au plateau du Mont-aux-Malades où s'élève le centre universitaire, un très beau **panorama**★★ embrasse la ville, le port et la Boucle de la Seine.

Petit-Couronne

8 km. Quittez Rouen par l'avenue de Bretagne et à l'entrée de Petit-Couronne, prenez à droite dans la rue Pierre-Corneille. Laissez la voiture au n° 502.

Manoir Pierre-Corneille – *✆ 02 35 68 13 89 - ♿ - avr.-sept. : 10h-12h30, 14h-18h, j. fériés 14h-18h ; reste de l'année : 10h-12h30, 14h-17h30, j. fériés 14h-17h30 - fermé mar., 1er janv., 1er Mai, 1er et 11 Nov. - 3 € (enf. 1,50 €).*

S. Sauvignier/MICHELIN

Une des serres du Jardin des Plantes.

La « maison des champs » est achetée en 1608 par le père du poète. Celui-ci en hérite en 1639 et y séjourne souvent. Cette demeure normande, devenue musée en 1879, évoque la vie familiale de l'écrivain (documents et mobilier du 17e s.). À l'extrémité du clos de pommiers, petit fournil du 17e s. couvert de chaume.

Notre-Dame-de-Bondeville

8 km. Quittez Rouen par le quai Gaston-Boulet et prenez la route de Dieppe ; empruntez la D 927 jusqu'à la Corderie.

Musée industriel de la Corderie Vallois – *✆ 02 35 74 35 35 - ♿ - 13h30-18h - mise en fonctionnement des machines toutes les h. commentée par un technicien 14h, 15h, 16h et 17h - 3 € (-18 ans gratuit).* En 1822, à l'emplacement d'un moulin à papier, une filature avait été édifiée. Reconvertie en corderie en 1880 par Jules Vallois, cette usine a produit jusqu'en 1978. L'édifice à pans de bois, récemment restauré, conserve un ensemble de machines du 19e s. en état de fonctionnement. Une énorme roue à aubes donne à nouveau l'énergie nécessaire à l'entraînement des arbres, des poulies, des engrenages, etc. Témoin remarquable d'une architecture et d'une activité disparues, ce musée industriel est un lieu de mémoire vivant.

Forêt Verte

23 km – environ 45mn. Quittez Rouen par la rue Bouquet. Vous traversez la forêt Verte, promenade préférée des Rouennais.

Barentin

17 km au nord-ouest de Rouen par l'A 150 et la N 15 (dir. Yvetot, Fécamp).

La ville possède un grand nombre d'œuvres de sculpteurs contemporains dont l'*Homme qui marche* de Rodin, *Le Taureau* de Janniot, quelques œuvres de Bourdelle et une fresque monumentale de Gromaire, *La Paix sous le ciel de France*. Sur la place de la Libération, jolie fontaine du 17e s. de Nicolas Coustou. À l'entrée du village, venant de Rouen, vous verrez près d'un centre commercial une statue de la Liberté en polystyrène, haute de 13,50 m. Elle a été la vedette du film *Le Cerveau* et termine là sa carrière, symbolisant la liberté du commerce.

Église – *✆ 02 35 91 21 35 - tlj sf merc., dim. et j. fériés 9h30-17h.* Édifiée au 19e s., elle contient des vitraux modernes d'un dessin harmonieux relatant la vie de saint Martin, saint Hélier et sainte Austreberthe.

La corniche★★★

10 km. Circuit au départ de la place St-Paul (C2). Engagez-vous dans la rue Henri-Rivière et suivez la rue du Mont-Gargan, puis à droite la rue Annie-de-Pène.

Dans un lacet, la route s'élève sur l'éperon de la côte Ste-Catherine qui sépare la vallée du Robec de celle de la Seine. Les échappées sur Rouen se multiplient.

Côte Sainte-Catherine★★★ – Table d'orientation. Dans un virage prononcé à gauche et aménagé en terrasse, saisissant **panorama** sur la courbe du fleuve, la ville, ses clochers et l'ensemble de l'agglomération.

Continuez sur la D 95 qui aboutit à la N 14 bis à hauteur de l'école J.-M.-de-Heredia. Tournez alors à gauche puis, 200 m plus loin, avant le café de la Mairie, à droite.

G. Targat/MICHELIN

Vue sur Rouen depuis la côte Ste-Catherine.

Bonsecours★★ – La basilique néogothique (1840) de Bonsecours, but de pèlerinage, couronne l'éperon du mont Thuringe. Du monument à Jeanne d'Arc (19e s.) sur une terrasse, la **vue** embrasse Rouen et la vallée de la Seine.

À l'entrée du cimetière, **« Le Gros Léon »** trône sur une pelouse. Il s'agit de l'énorme cloche offerte à la basilique en 1892, mais qui s'est révélée trop lourde (6 025 kg) pour prendre place dans le clocher. Elle sonne aux grandes occasions.

Entrez dans le cimetière : du pied du calvaire (table d'orientation), **panorama** sur la Boucle de la Seine vers l'aval : sur la rive gauche, le port, les ponts et, sur la rive droite, la cathédrale. Parmi les sépultures, en contrebas du calvaire, tombe du poète J.-M. de Heredia (la grille est masquée de lierre).

Reprenez la route en direction de Paris, mais tournez à droite dans la N 14 qui, par un beau parcours en corniche dominant la Seine, ramène à Rouen.

Canteleu★

9 km à l'ouest. Quittez Rouen par le quai Gaston-Boulet en direction de Duclair. Prenez à gauche la D 51 vers Croisset.

Croisset – Le **pavillon Flaubert** est le seul vestige de la propriété où Flaubert écrivit *Madame Bovary* et *Salammbô*. On y voit des souvenirs du grand écrivain dont la bibliothèque est conservée à la mairie de Canteleu-Croisset. *18 quai Gustave-Flaubert - Dieppedalle-Croisset - ✆ 02 35 71 28 82 - juil.-août : tlj sf lun. et mar. 14h-18h ; reste de l'année : w.-end et j. fériés 14h-18h - fermé 1er janv., 1er Mai et 25 déc. - gratuit.*

Faites demi-tour et prenez la D 982 vers Canteleu.

Canteleu★ – De la terrasse de l'église, **vue** sur le port de la ville.

Circuits de découverte

La boucle de Roumare 1

50 km – environ 4h. Quittez Rouen au sud par la N 138, puis la D 3 qui traverse la zone industrielle.

Moulineaux

Charmante **église** du 13e s. à la flèche effilée. À l'intérieur, remarquez le baptistère roman en grès, les boiseries de la chaire et du jubé qui a reçu un décor gothique sur une de ses faces et Renaissance sur l'autre. Au mur de droite de la nef, petit tableau de l'école flamande du 16e s. représentant la Crucifixion et un moine en prière. Ne manquez pas d'admirer le **vitrail★** (13e s.) de l'abside, aux fonds bleus inimitables, don de Blanche de Castille ; les trois médaillons montrent des scènes de la vie de la Vierge. *Se renseigner à la mairie - ✆ 02 35 18 02 45.*

Prenez la direction de La Bouille.

La Bouille

Au pied des pentes boisées du plateau du Roumois, La Bouille occupe un site séduisant, source d'inspiration pour nombre d'écrivains, poètes et peintres. Les Rouennais venaient autrefois en bateau à vapeur déguster les spécialités locales : matelote d'anguille au cidre, fromage de La Bouille et **douillons** aux pommes (fruit entier entouré d'une pâte et cuit au four). De nos jours, ce village aux vieilles rues agréables reste « tout en auberges, terrasses et promenoirs ».

Sur le quai, une plaque signale la maison natale d'**Hector Malot** (1830-1907), auteur immortel de *Sans famille* (1878), ce célèbre roman qui a fait frémir des générations de jeunes lecteurs – qui ne se souvient du petit Rémi, du singe Joli Cœur ou de Vitalis, le vieil homme ? On comprend pourquoi l'homme compte parmi les écrivains français du 19e s. les plus lus des ados, mais c'est oublier qu'il a publié en tout plus de 70 romans. À la fin de sa vie, il écrit pour sa petite-fille un récit resté inédit jusqu'en 1997 et titré *Le Mousse* : des pêcheurs du Calvados recueillent une petite Anglaise, orpheline et seule rescapée d'un naufrage. Elle travaille comme mousse avant que ne soit dévoilée son origine…

En poursuivant sur la D 64 jusqu'à Moulineaux, on aperçoit le château de Robert le Diable (à droite) qui domine la courbe du fleuve et la banlieue industrielle rouennaise.

Prenez le bac à La Bouille et traversez la Seine pour rejoindre Sahurs.

L'itinéraire passe, rive droite, du côté de la forêt de Roumare, où chênes, hêtres et charmes poussent en abondance et offrent l'occasion de belles promenades.

Sahurs

La chapelle de Marbeuf (16e s.) fait partie du manoir. Ce sanctuaire est célèbre depuis le vœu d'Anne d'Autriche : la reine avait promis d'offrir à la chapelle une statue d'argent du poids de l'enfant qu'elle désirait (cette statue a disparu après 1789. Elle aurait pesé plus de 12 livres).

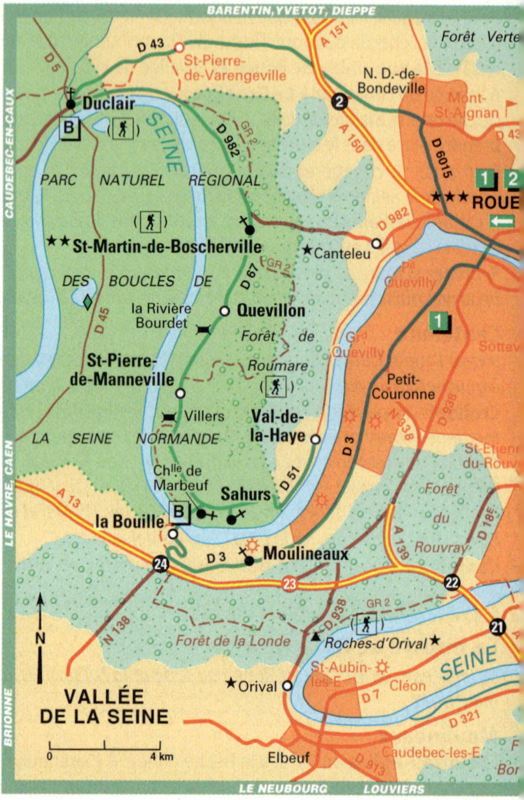

Forêt de Roumare – Un dépliant sur les parcours de randonnées est disponible auprès des offices de tourisme locaux. Chemins de halage, prairies, coteaux et forêt sont au rendez-vous.

Prenez à gauche la D 51.

Église de Sahurs – Cette église isolée se tient dans un site agréable. Sur la rive opposée, on distingue La Bouille et les ruines du château de Robert le Diable.

Rejoignez la D 51 qui longe les rives de la Seine.

Val-de-la-Haye

À l'entrée du village à droite, à hauteur du passage d'eau de Grand-Couronne, se dresse la colonne commémorative du retour des cendres de Napoléon.

Revenez à Sahurs et suivez la D 51 qui épouse l'un des méandres de la Seine, puis la D 67 qui la prolonge.

Saint-Pierre-de-Manneville

Avant le village, sur la gauche, le **manoir de Villers**, petite seigneurie du 16e s., est devenu au fil des siècles une grande demeure normande entourée d'un beau parc. *02 35 32 07 02 - www.manoirdevillers.com - visite guidée du parc et manoir (1h-1h30) avr.-oct. : visite guidée du manoir (1h) sam. 14h30-17h30, dim. et j. fériés 15h-18h30 - visite libre du parc mai-sept. : tlj sf jeu. et vend. 14h30-17h30 - 7 € (manoir et parc), 5 € (parc seul), -18 ans gratuit Rendez-vous aux jardins.*

Quevillon

Restauré et converti en maison de retraite, le château de la Rivière-Bourdet, à gauche à l'entrée du village, est une somptueuse construction du 17e s. où Voltaire séjourna plusieurs fois. Colombier monumental bien conservé.

La D 67 amène à St-Martin-de-Boscherville.

Saint-Martin-de-Boscherville

Guillaume de Tancarville fonde l'abbaye bénédictine de St-Georges-de-Boscherville en 1114 sur l'emplacement d'une collégiale bâtie vers 1050 par son père Raoul, grand chambellan de Guillaume le Bâtard. Au 11e s., une communauté de chanoines séculiers s'installe sur le site, remplacée plus tard par des moines bénédictins de

St-Évroult. L'abbaye ne compta jamais plus d'une quarantaine de moines, chassés à la Révolution.

Ancienne abbaye Saint-Georges-de-Boscherville★★

Cet ensemble abbatial fait partie des *« châteaux de Dieu »*, ces monastères qui à partir du 6e s. ponctuent la vallée de la Seine, christianisée depuis le 3e s. Avec St-Wandrille et Jumièges, St-Georges-de-Boscherville témoigne encore de cet élan religieux, intellectuel et économique.

Église abbatiale – L'édifice, bâti de 1113 à 1140, sauf les voûtes de la nef et du transept qui datent du 13e s., frappe par l'unité de son style et l'harmonie de ses proportions. La façade est très simple. Les voussures du portail sont ornées de motifs géométriques, dans le style des églises romanes normandes ; les chapiteaux historiés, remarquables par leur finesse, sont l'œuvre d'artistes de l'Île-de-France ou du pays chartrain.

La nef de huit travées, flanquée de bas-côtés, a été voûtée à l'époque gothique ; une restauration lui a rendu sa blancheur primitive. À la place des tribunes règne un faux triforium. Chaque bras du transept se termine par une tribune découverte reposant sur une colonne monocylindrique. Un confessionnal monumental (18e s.) occupe le croisillon sud. Le chœur (deux travées) et ses bas-côtés sont voûtés d'arêtes. De lourdes nervures renforcent la voûte de l'abside en cul-de-four. L'acoustique exceptionnelle des lieux favorise l'expression musicale, d'où les concerts organisés chaque année en juin et septembre *(voir les Événements dans l'encadré pratique)*. Derrière l'autel provisoire, dalle tumulaire en marbre noir d'Antoine le Roulx, 19e abbé, mort en 1535.

Domaine abbatial – *℘ 02 35 32 10 82 - www.abbaye-saint-georges.com - avr.-oct. : 9h-18h30 ; nov.-mars : 14h-17h - fermé 1er janv. et 25 déc. - 5 € (avr.-oct.), 4,50 € (nov.-mars).*

Salle capitulaire – Du 12e s. Une construction du 17e s. la surmonte. La salle capitulaire desservait le cloître (aujourd'hui détruit) par trois baies romanes que supportent des faisceaux de colonnettes aux chapiteaux historiés. À l'intérieur, une belle frise hispano-mauresque court au-dessus de l'ancien emplacement des stalles des moines.

Dans la cour du cloître, des fouilles ont révélé les vestiges de temples gaulois et gallo-romain et d'une église funéraire mérovingienne, matérialisés en surface par des pavements.

Bâtiment conventuel – Édifié par les mauristes en 1690, en partie démoli à la Révolution, restauré en 1994, il conserve de belles voûtes de pierre, notamment au 1er étage.

Chapelle des Chambellans – Érigée à la fin du 13e s. pour les chambellans de Tancarville. Les seigneurs y accédaient par le 1er étage et assistaient aux offices depuis une tribune. Bâtiment agricole jusqu'en 1987, elle a été restaurée.

Jardin – Sa visite donne l'occasion d'apprécier l'architecture extérieure du flanc nord de la nef, les modillons de la corniche et de découvrir la massive tour-lanterne. Ce rare et superbe exemple de jardin monastique a été restauré dans l'esprit du 17e s. avec son potager fleuri et ses plantes médicinales, son verger, son jardin des senteurs, ses parterres et ses bosquets.

Du pavillon des Vents, au-dessus de l'escalier en silex noir et pierre blanche, **vue** panoramique sur la vallée de la Seine et le domaine abbatial.

Deux circuits de randonnées partent de la place de l'abbaye. *5,5 km et 11,5 km pour celui qui va vers les marais.*

Quittez St-Martin par la D 982 jusqu'à Duclair.

A. de Valroger/MICHELIN

L'abbaye de St-Georges à St-Martin-de-Boscherville.

Duclair

La maison du tourisme de Duclair sert de point de départ à deux circuits de randonnées. *4 km pour le « Chemin du panorama » ou 11 km.*

Église St-Denis – *02 35 37 38 29 - sur demande à l'office de tourisme - 227 av. du Prés.-Coty - 76480 Duclair.* Restaurée au siècle dernier, elle conserve son clocher du 12e s. surmonté d'une flèche du 16e s.

Dès l'entrée, à la base du clocher, la belle voûte à croisée d'ogives et la demi-colonne de marbre rose coiffée d'un chapiteau à feuilles d'acanthe (qui vient, comme six autres dans l'église, d'un temple gallo-romain) attirent l'attention.

Contre les piliers de la travée sous le clocher, délimitée par des arcs doubleaux en plein cintre, deux panneaux de la fin du 14e s. conservent des statuettes de pierre. Dans le bas-côté gauche, la statue monolithique (14e s.) d'un apôtre vient de l'abbaye de Jumièges. Dans le bas de la nef, statues en bois du 14e s. Sur le mur du clocher, calvaire (15e s.). Nombreux

Coin-coin !

Duclair est la patrie du canard du même nom (on le voit sur l'écu de la ville), issu du croisement inattendu entre des canes de basse-cour et des colverts de passage. Dans certains restaurants du coin, le fruit de cette union se déguste « au sang ». Les aiguillettes sont nappées d'une sauce secrète – dite « à la Denise » – à base du sang du canard.

vitraux, surtout du 16e s., dont une Décapitation de saint Denis. La verrière au fond du chœur et le vitrail de la Pentecôte (1968) sont de Max Ingrand.

Le parc du château du Taillis – *Hameau St-Paul - 76480 Duclair - ✆ 02 35 37 95 46 - www.chateau-du-taillis.com - de mi-avr. à mi-nov. : merc.-dim. 10h-12h, 14h-17h - possibilité de visite guidée - 5 € parc, 4 € musée.* Le joli château du Taillis, patiemment remis en état depuis une dizaine d'années, est entouré d'un beau parc à l'anglaise de 5 ha. **Arbres★** tricentenaires, séquoia géant, tulipier de Virginie, cèdre de l'Atlas et autres espèces remarquables y sont plantés.

Dans les dépendances, le passionnant musée **Août 1944, l'Enfer sur la Seine**, retrace à travers d'intéressantes **reconstitutions★** (mannequins, armement, matériel) les ultimes épisodes de la bataille de Normandie et la sanglante retraite des Allemands.

Rentrez à Rouen par la D 43 et N.-D.-de-Bondeville.

En amont vers le Vexin 2

110 km – environ 4h. Quittez Rouen par la D 6014 (dir. Pontoise) et suivez « Bonsecours » (D 914).

Bonsecours★★ *(voir p. 315)*

En contrebas de la basilique de Bonsecours, au-dessus du fleuve dont le lit s'encombre d'îles boisées, magnifique **panorama★★** sur Rouen et sa cathédrale, dans toute l'originalité de son site.

Sortez de Bonsecours en direction du Mesnil-Esnard, d'où vous rejoindrez la D 6014. Continuez pendant 3 km puis tournez à droite sur la D 7.

Belbeuf

La petite église, flanquée de son vieil if, est très agréablement située. Château (18e s.) et parc reconstitué.

Continuez sur la D 7 pendant environ 500 m puis prenez sur la gauche (plaque « rue de Verdun »). Continuez tout droit et garez-vous devant le lotissement.

Roches de Saint-Adrien★

Le coteau de Saint-Adrien – *Carnet nature disponible à l'office du tourisme de Belbeuf.* Deux itinéraires de découverte *(3,5 ou 5 km)*, aménagés par le Conservatoire des sites naturels de Haute-Normandie, mènent à l'éperon dénudé des « Roches ». Jolie vue sur le fleuve qui, plus au nord, va se perdre dans les fumées de l'agglomération rouennaise.

Rejoignez la D 7 puis prenez la N 15 à gauche pour gagner St-Adrien.

La route offre un très beau panorama sur la Seine avec, en surplomb, les Roches de St-Adrien.

Chapelle Saint-Adrien

Chapelle (13e s.) en partie troglodytique et en partie recouverte de chaume, perchée à 20 m au-dessus de la route.

Continuez sur la N 15 (joli manoir en surplomb), puis, au bout de 4,5 km, au rond-point, prenez la première sortie, dir. Les Authieux-sur-le-Port-St-Ouen (D 13).

À hauteur du Port-St-Ouen se profilent les dernières installations industrielles de l'agglomération rouennaise (rive gauche).

Les Authieux-sur-le-Port-Saint-Ouen

Beaux vitraux Renaissance dans l'**église**. *Visite sur demande préalable - s'adresser au 02 35 23 35 35 (mairie) ou au 02 35 23 37 20 (Mme Debarre).*

Entre Le Port-St-Ouen et Igoville, la N 15 coupe à sa racine le lobe du méandre d'Elbeuf par deux vallons divergents dont les têtes se rejoignent presque.

Reprenez en sens inverse la D 13 pour rejoindre la N 15 que vous prendrez à droite. Au bout de 4 km, à proximité de Pont-de-l'Arche, prenez la deuxième sortie sur le rond-point (D 321). Au bout de 3,5 km, tournez à droite rue des Flandres.

Le Manoir

L'église, précédée d'un clocher isolé, est une construction moderne très simple. Une grande composition de Barillet, en dalles de verre, orne la façade ajourée et donne à l'intérieur du sanctuaire sa chaude ambiance colorée.

Prenez la D 508 et, après la sortie de Pîtres, tournez à droite sur la D 20 puis suivez la D 19 à droite jusqu'à Amfreville-sous-les-Monts.

La côte des Deux-Amants★★

Une légende pathétique, celle de Caliste et Raoul, dans le rôle des « deux amants ». Ne voulant se séparer de sa fille Caliste, le roi des Pîtrois décide de ne l'accorder en mariage qu'au prétendant assez robuste pour la monter dans ses bras, en courant sans arrêt ni repos, jusqu'au sommet de la côte abrupte qui dresse ses pentes dénudées en face de Pîtres. Raoul tente le coup, mais épuisé, il expire au terme de sa course et laisse choir la belle, qui meurt à ses côtés. **Marie de France**, l'une des premières femmes de lettres connues, issue de la cour d'Henri II Plantagenêt, reprit le touchant récit des deux amants dans l'un de ses nombreux poèmes (12e s.).

La côte – À Amfreville-sous-les-Monts, depuis la D 19, engagez-vous dans la D 20 qui grimpe rapidement le versant boisé et escarpé. Dans un virage *(parking 50 m plus loin)* se dévoile une **vue magnifique** sur la vallée de la Seine.

Prenez à gauche au niveau du Plessis, puis à nouveau à gauche juste après ce hameau.

Panorama des Deux-Amants★★ – La route aboutit à un logis rectangulaire (17e s.). Il se dresse, d'après la légende, à l'emplacement d'un prieuré érigé par le roi de Pîtres en souvenir des deux amants.

La courbe majestueuse de la Seine et le cours de l'Eure (à l'arrière-plan) enlacent six plans d'eau, dont le lac des Deux-Amants et celui du Mesnil, situés sur la localité de Léry-Poses. Éléments notables du paysage, à l'avant-plan : les écluses d'Amfreville et le barrage de Poses.

Écluses d'Amfreville★

Les écluses sont commandées depuis une cabine centrale équipée d'un circuit de télévision. La plus grande, longue de 220 m, large de 17 m, peut accueillir 15 bateaux de 38 m de long ; la moyenne écluse peut en recevoir 6 de cette même longueur. Le caractère net et propret du cadre de vie des mariniers transparaît encore aux abords de l'ouvrage. Engagez-vous sur la passerelle qui domine les écluses d'Amfreville, puis le barrage de Poses au-dessus des chutes spectaculaires dont on peut admirer le bouillonnement. Gagnez la rive gauche où se trouve une minicentrale hydroélectrique d'une puissance de 8 000 kW.

Sur la berge, une passe à poissons avec chambre d'observation permet d'étudier la remontée des différentes espèces. Le chemin de halage, qui longe le village marin de Poses, mène au remorqueur *Fauvette* (1928) et à la péniche *Midway*, convertis en musée de la batellerie sur la Seine.

Quittez Amfreville en prenant la D 20 vers le sud puis en tournant à gauche vers Flipou. Empruntez la D 508 vers le nord pour rejoindre Pont-St-Pierre.

Sur la rive droite de l'Andelle, Romilly-sur-Andelle sert de point de départ pour tous ceux qui voudraient rouler dans le sillage de Jacques Anquetil *(voir encadré ci-dessous)*.

« Maître Jacques »

Jacques Anquetil (1934-1987), né à Mont-St-Aignan, passe une grande partie de son enfance à Quincampoix où son père est maraîcher. Il fait ses débuts à l'Auto-Cycle-Sottevillais (ACS) en 1950 et remporte dès 1952 ses premières courses régionales. En 1954, sa carrière prend une dimension nationale avec sa victoire au Grand Prix des Nations. Les succès s'enchaînent, notamment dans le Tour de France qu'il va gagner cinq fois (en 1957 et de 1961 à 1964), ou le Giro (Tour d'Italie) qu'il est le premier Français à gagner en 1960. Sa carrière prodigieuse est marquée par sa rivalité avec Raymond Poulidor, qui prend un tour mythique lors de l'ascension du Puy-de-Dôme en 1964. Il se retire en 1969 dans sa propriété de La Neuville-Champ-d'Oisel, qu'il exploite jusqu'à sa mort. La côte qui part de Romilly-sur-Andelle vers cette commune (D 126) porte son nom. Ses admirateurs peuvent se recueillir sur sa tombe à Quincampoix *(15 km au nord-nord-est de Rouen par la D 928)*.

Pont-Saint-Pierre

Le bourg, qui s'allonge au travers de la vallée de l'Andelle, tire son agrément de la proximité de son château, environné d'un parc arrosé par la rivière. Une percée permet de voir cet édifice (12e-18e s.) de la rue principale.

Datant des 11e et 12e s., l'**église** est décorée de **boiseries★** habilement complétées par des stalles datant de Henri II et un retable du 17e s. provenant de l'abbaye voisine de Fontaine-Guérard. Dans le chœur, à droite, Vierge du 14e s. à la robe incrustée de cabochons. Dans le porche, à droite en entrant : grand Christ en croix entre la Vierge et saint Jean (15e s.). *14h-18h.*

Poursuivez vers Fontaine-Guérard par la D 321 et prenez sur la gauche la route qui mène à l'abbaye.

Abbaye de Fontaine-Guérard★

Visite : 30mn. ✆ 02 32 49 03 82 - www.cister.net - ♿ - juil.-août : tlj sf lun. 14h-18h30 ; avr.-juin et sept.-oct. : tlj sf lun. 14h-18h - 4,50 €.

Les ruines délicates de cette abbaye, fondée au 12e s., émeuvent par leur solitude et la menace que font peser sur elles les crues de la rivière. Quelques traces subsistent de la vie des moniales, qui adoptèrent la règle de Cîteaux au 13e s.

E. Baret/MICHELIN

L'abbaye de Fontaine-Guérard.

En suivant le chemin d'accès, on voit d'abord à gauche la chapelle St-Michel, élevée au 15e s. sur des caves voûtées.

En avant se dressent les ruines de l'église abbatiale, consacrée en 1218. Le chevet plat est percé d'élégantes fenêtres et les voûtes de l'abside sont en partie intactes.

À droite s'ouvre la **salle capitulaire** – bel exemple d'architecture normande de la première moitié du 13e s. – que longeait le cloître, aujourd'hui disparu. Ses trois nefs reposent sur une double rangée de colonnettes aux chapiteaux à crochets.

Plus loin, une deuxième salle voûtée – la salle de travail des moniales, pense-t-on – évoque la salle des chevaliers de l'abbaye du Mont-St-Michel. Par un escalier, on peut accéder à l'étage du **dortoir** dont les étroites baies éclairaient chacune une cellule.

Après Fontaine-Guérard, prenez la D 149 jusqu'à Fleury-sur-Andelle. Obliquez vers Vandrimare au nord-ouest par la D 505.

Vandrimare

Parc et jardins du château de Vandrimare – *✆ 02 32 49 03 57 - de mi-avr. à fin oct. : lun. 14h30-18h, w.-end et j. fériés 10h-12h30, 14h30-18h - fermé 1er w.-end de juil. et d'août - 6 €.*

Près de 4 518 essences sont plantées dans ce parc de 6 ha qui combine agréablement orangerie, perspective à l'anglaise, labyrinthe ou jardins de baies et de fleurs. À côté de la maison, un gigantesque **magnolia** porte fièrement ses 200 ans et ses 28 m.

Quittez Vandrimare par la rue des Moines et, dans son prolongement, la rue de l'École pour rejoindre la D 503 à Renneville. Tournez ensuite à gauche sur la D 42.

Montmain

Jardins d'Angélique★ – *✆ 02 35 79 08 12 ou 06 25 84 41 53 - de Pâques à fin sept. : 10h-19h - 5 €, gratuit 2e w.-end de fév.*

Ce jardin d'un hectare et soigné avec attention rassemble plus de **2 000 plants** de roses différents. À l'arrière de la maison, des carrés de buis décorés de fleurs exclusivement blanches. Devant, un jardin à l'anglaise, parcouru de petits chemins gazonnés qui sillonnent une orgie de roses délicatement associées à d'autres plants. Des fleurs toute l'année et une débauche de senteurs !

Revenez à Rouen par la D 42.

Rouen pratique

Adresse utile

Office du tourisme de Rouen – *25 pl. de la Cathédrale - 76000 Rouen - ✆ 02 32 08 32 40 - www.rouentourisme.com - mai-sept. : 9h-19h, dim. et j. fériés 9h30-12h30, 14h-18h ; reste de l'année : tlj sf dim. et j. fériés (sf pdt événements exceptionnels 14h-18h) 9h-12h30, 13h30-18h - fermé 1er janv., 1er Mai, 1er-11 Nov. et 25 déc.*

L'office de tourisme propose des offres hôtelières du type « deux nuits pour le prix d'une » *(voir p. 26).*

Visites guidées

Rouen, qui porte le label Ville d'art et d'histoire, propose des visites-découvertes animées par des guides-conférenciers agréés par la Direction du patrimoine - *S'adresser à l'office de tourisme - juil.-août et sept. - 6,50 €.*

Visite audio-guidée – *S'adresser à l'office de tourisme - 5 €.* Les visites audio-guidées (2h) de Rouen permettent de partir à la découverte de la ville en toute liberté.

Rouen sur mer – *S'adresser à l'office de tourisme - mars-oct. : merc. et sam. - 7 € (3-11 ans 5 €).* Des visites (1h15) du port maritime et fluvial de Rouen sont proposées depuis le port autonome.

Rouen en calèche – *S'adresser à l'office de tourisme - juil.-août : 11h-12h30, 14h-17h - 7 € (3-11 ans 4,50 €).* Balade commentée à travers les rues de Rouen en calèche pendant 20 à 25mn.

Transports

Parkings – Hôtel-de-Ville (pl. du Gén.-de-Gaulle), square Verdrel, Palais, Vieux-Marché, la Pucelle, Charettes, la Bourse (r. du Gén.-Leclerc), la Haute-Vieille-Tour, Saint-Marc, 39e RI et St-Vivien sont les principales aires de stationnement payantes du centre-ville. Parkings gratuits : quais bas rive gauche et Boulingrin (près de la gare).

Métrobus, Téor et bus – *Se renseigner auprès des TCAR au 02 35 52 52 52 ou www.tcar.fr. Ils desservent la communauté d'agglomération de Rouen (36 lignes de bus, 3 de métro, 2 de Téor). Le métro et plusieurs lignes de bus relient la gare au centre-ville.*

Cy'clic – *Se renseigner au 0800 087 800 ou www.cyclic.rouen.fr.* Des vélos sont en libre-service dans la ville de Rouen : abonnez-vous 1 jour (1 €) ou 7 jours (5 €), la première 1/2h est gratuite.

Se loger

Chambre d'hôte La Ferme du Coquetot – *46 r. du Coq - 27380 Bourg-Beaudouin - 18 km au nord-est de Rouen par D 6014 - ✆ 02 32 49 09 91 - http://fermeducoquetot.free.fr - - 3 ch. et 1 gîte 42/46 €* . Vous serez hébergé dans une maison en briques rouges, ex-dépendance d'un château aujourd'hui abandonné, située au cœur d'une exploitation agricole. Les chambres sont simples et coquettes. Le gîte qui se trouve dans le pigeonnier (avec cuisinette et mezzanine) possède beaucoup de cachet. Accueil charmant.

Brithotel Versan – *3 r. Jean-Lecanuet - ✆ 02 35 07 77 07 - www.rouen-hotel-versan.com - 34 ch. 50/70 € - 8,50 €.* Une adresse pratique sur un boulevard passant non loin de l'hôtel de ville. Ses chambres, fonctionnelles et bien équipées, sont rénovées et arborent un décor coloré. Insonorisation efficace.

Hôtel Le Cardinal – *1 pl. de la Cathédrale - ✆ 02 35 70 24 42 - www.cardinal-hotel.fr - fermé 18 déc.-14 janv. - 18 ch. 62/86 € - 7,50 €.* Voisin de la cathédrale Notre-Dame, chef-d'œuvre de l'art gothique, hôtel familial proposant de petites chambres peu à peu rénovées. L'été, petit-déjeuner en terrasse.

Hôtel Le Vieux Carré – *34 r. Ganterie - ✆ 02 35 71 67 70 - www.vieux-carre.fr - 13 ch. 62 € - 7 €.* Cette belle bâtisse de 1715 avec sa façade à colombages coloré, a des allures d'hôtel particulier. Faites-en le vôtre le temps d'une nuit, au calme. Plaisant salon-bibliothèque et chambres d'aujourd'hui aux armoires anglaises. Formule bistrot pour le restaurant.

Hôtel des Carmes – *33 pl. des Carmes - ✆ 02 35 71 92 31 - www.hoteldescarmes.com - 12 ch. 65 € - 7,30 €.* Une bonne adresse que cet hôtel situé à proximité de la cathédrale. Un léger parfum de bohème flotte dans le hall délicieusement décoré. Les chambres, savamment dépouillées, sont charmantes et bien équipées ; quelques-unes possèdent des plafonds en trompe-l'œil représentant le ciel.

Hôtel de la Cathédrale – *12 r. St-Romain - ✆ 02 35 71 57 95 - www.hotel-de-la-cathedrale.fr - 26 ch. 66/93 € - 7,50 €.* Ravissante bâtisse du 17e s. située dans une jolie rue piétonne, à deux pas de la cathédrale. Chambres confortables où règne une délicieuse atmosphère « vieille France », charmante salle des petits-déjeuners rustique et agréable patio font de cet hôtel une bonne adresse.

Hôtel Dandy – *93 bis r. Cauchoise - ✆ 02 35 07 32 00 - www.hoteldandy.com - fermé 26 déc.-2 janv. - 18 ch. 80/125 € - 10 €.* Dans une rue piétonne du centre-ville, tout près de la place du Vieux-Marché, ce petit hôtel est assez charmant : il est décoré avec soin et même si certains trouvent ses chambres un peu trop chargées, elles sont douillettes. Jolie salle des petits-déjeuners.

Chambre d'hôte La Muette – *1057 r. des Bosquets - 76230 Isneauville - 11 km au nord-est de Rouen par A 28 dir. Amiens - ✆ 02 35 60 57 69 - www.*

charmance-lamuette.com - fermé de mi-déc. à mi-mars - - 5 ch. 65/80 € . Chambres très « cosy » aménagées dans un authentique pressoir du 18ᵉ s. accolé à un ancien relais de poste aujourd'hui habité par les propriétaires. Colombages, tomettes, poutres, meubles anciens : le caractère normand des lieux a été préservé. Délicieux parc arboré avec potager et verger.

Hôtel De Dieppe – *Pl. Bernard-Tissot (face gare SNCF) - 02 35 71 96 00 - www.hotel-dieppe.fr - 41 ch. 97/150 € - 11 €.* Depuis 1880, c'est la même famille qui accueille le voyageur et lui propose des chambres soignées au décor personnalisé. Dessins et objets dédiés au canard, dont le restaurant a fait sa spécialité, agrémentent son élégant décor.

Se restaurer

Pascaline – *5 r. de la Poterne - 02 35 89 67 44 - www.pascaline.fr - réserv. conseillée - 10 € déj. - 14,90/27,50 €.* À côté du palais de justice, ce restaurant à la façade bistrot est très agréable. Dans son décor brasserie avec beaux comptoirs en bois, banquettes et murs jaunes, vous aurez le choix entre plusieurs formules attrayantes. Pensez à réserver, c'est souvent bondé.

Les Maraîchers – *37 pl. du Vieux-Marché - 02 35 71 57 73 - www.les-maraichers.fr - 18,50 € déj.- 16/25 €.* Maison à colombages abritant un restaurant décoré façon bistrot parisien. Banquettes, comptoir, tables serrées, vieilles plaques publicitaires, collections de chapeaux et de pichets : tout y est ! Cuisine *ad hoc*. La deuxième salle du rez-de-chaussée est de style normand.

La Toque d'Or – *11 pl. du Vieux-Marché - 02 35 71 46 29 - 13 € déj. - 17/47 €.* Bien située face à la place du Vieux-Marché, cette belle demeure à colombages, typiquement normande, abrite en fait deux restaurants en un. Au rez-de-chaussée une grande salle cossue propose des menus raffinés (mention spéciale à la tête de veau sauce gribiche) et à l'étage, une formule grill plus simple mais correcte.

La Marmite – *3 r. de Florence - à proximité du Vieux-Marché - 02 35 71 75 55 - www.lamarmiterouen.com - 18/50 €.* De délicieux fumets s'échappent de cette Marmite située à deux pas de la place du Vieux-Marché. Poussez la porte pour découvrir sa cuisine pleine de goût, aux saveurs délicates, préparée avec d'excellents produits et présentée avec soin. Décor fraîchement rénové.

Au Bois Chenu – *23 pl. de la Pucelle-d'Orléans - 02 35 71 19 54 - auboischenu@orange.fr - fermé mar. soir, merc. et dim. soir du 1ᵉʳ sept. au 15 juin - 19/34 €.* Au rez-de-chaussée d'une demeure du 17ᵉ s. à colombages. Décor contemporain avec murs lumineux, poutres peintes et escalier en bois menant à un salon rustique.

Le Gourmand du Sud-Ouest – *24 r. Rollon - 02 35 07 36 08 - fermé dim., lun. et 15 juil.-15 août - réserv. conseillée - 12 € déj. - 20/25 €.* Dans ce restaurant, toute la famille Tessal se met en quatre pour vous faire effectuer un voyage culinaire au pays du bien-manger. Le cassoulet figure évidemment en bonne place sur une carte simple, copieuse et typique du Sud-Ouest. Ambiance conviviale.

Bistrot des Halettes (Chez L'Gros) – *43 pl. du Vieux-Marché - 02 35 71 05 06 - fermé dim., lun. et 25 déc.-1ᵉʳ janv. - réserv. conseillée - 16 € déj.- 25/35 €.* Chaleureux décor de bistrot « tendance » et cossu, savoureuse cuisine traditionnelle influencée par le marché et ambiance d'une rare convivialité assurée par un patron jovial et généreux : pas mal d'atouts pour ce restaurant doté en outre d'une superbe terrasse.

S. Sauvignier/MICHELIN

Terrasse de café sur le parvis de la cathédrale.

Le Bistrot du Siècle – *75 r. Jules-Ferry - 76480 Duclair - 02 35 37 62 36 - www.bistrodusiecle.com - fermé dim., lun.et 25 déc.-1ᵉʳ janv. - 11 € déj. - 18/23 €.* Ce petit bistrot, qui jouit d'une bonne réputation locale, cultive la convivialité. Deux salles au choix : l'une, rustique, est décorée d'affiches anciennes, l'autre est en véranda. La cuisine privilégie les grillades cuites au feu de bois. Également quelques plats réunionnais.

Guinguette Chez Dédé – *Les Écluses - 27380 Amfreville-sous-les-Monts - 02 32 49 80 06 - fermé lun. - 11 € déj.- 18,50/39 €.* Cette guinguette organise des après-midi et des soirées dansantes ; l'accordéon y est roi et fait valser ou… tanguer comme au bon vieux temps. L'agréable et vaste terrasse se déploie sur une rive de la Seine. Cuisine traditionnelle, repas à thème, moules-frites, fritures d'éperlans, etc.

Les P'tits Parapluies – *Pl. Rougemare - 02 35 88 55 26 - www.lesptits-parapluies.com - fermé sam. midi, dim. soir, lun., 3-19 août et 2-8 janv. - 26/46 €.* La bâtisse est du 16ᵉ s. et abrita naguère une fabrique de parapluies.

Plaisant décor actuel (tons jaunes), jolies poutres d'époque et cuisine personnalisée, au goût du jour.

La Couronne – *31 pl. du Vieux-Marché - ☏ 02 35 71 40 90 - www.lacouronne.com.fr - 32/48 €.* Cette maison construite en 1345 abrite la plus vieille auberge de France. Son superbe décor vaut le coup d'œil : poutres, boiseries travaillées, cheminées et fresques. On y déguste une cuisine traditionnelle et des spécialités régionales, tel le fameux canard rouennais.

Le Reverbère – *5 pl de la République - ☏ 02 35 07 03 14 - fermé dim., fin avr., 2 sem. en août et j. fériés - 37/51 €.* Discrète façade vitrée donnant sur une placette, à deux pas des quais. Salle à manger actuelle, prolongée par un petit salon feutré avec accès indépendant. Ambiance conviviale.

Faire une pause

Dame Cakes – *70 r. St-Romain, quartier de la cathédrale - ☏ 02 35 07 49 31 - damecakes@orange.fr - 10h30-19h, sam. 10h-19h30 - fermé dim.* Ce salon de thé est installé dans l'ancien atelier du célèbre ferronnier Ferdinand Marrou. Le lieu a conservé de magnifiques ornements d'époque, dont un balcon en fer forgé. La patronne cultive la passion des gâteaux façon « grand-mère » et vous propose un crumble de légumes, un mœlleux au chocolat, des spécialités de cakes sucrés ou salés. La carte change tous les mois.

En soirée

Bon à savoir – Votre visite de la ville ne pourra que vous mener à l'incontournable place du Vieux-Marché et son marché couvert. Lieu célèbre pour son histoire (avec entre autres l'exécution de Jeanne d'Arc), on y trouve aujourd'hui un grand nombre de bars et restaurants avec d'agréables terrasses aux beaux jours. Consulter le *Viking* (brochure gratuite) pour plus d'infos.

Bar de la Crosse – *53 r. de l'Hôpital - ☏ 02 35 70 16 68 - 9h-21h, vend. et sam. 22h30 - fermé dim., de déb. à mi-août et j. fériés.* Si la réputation de ce petit bar sans prétention en fait l'un des passages obligés de Rouen, c'est qu'il y règne une atmosphère particulière, conviviale et détendue. Concerts et expos.

Le Bateau Ivre – *17 r. des Sapins - ☏ 02 35 70 09 05 - http://bateauivre.rouen.free.fr - 22h-4h - fermé dim., lun. et août.* Toujours en quête de nouveaux talents, ce bar anime depuis vingt ans les nuits rouennaises : concerts les mercredis, vendredis et samedis, chansons à texte et poésies le jeudi, café-théâtre ou chanson française le mardi soir.

La Boîte à Bières – *35 r. Cauchoise - à proximité de la place du Vieux-Marché - ☏ 02 35 07 76 47 ou 06 80 55 62 72 - www.laboiteabieres.fr - 17h-2h - fermé dim., lun., 1 sem. à Pâques, 2 sem. en août et 1 sem. à Noël.* Belle maison à colombages abritant sur quatre niveaux un bar spécialisé dans la bière : beau choix en provenance de Belgique (environ 150 bières différentes) et quatorze tirages à la pression. La clientèle est variée et l'ambiance chaleureuse. Deux salles de billard et baby-foot.

Taverne St-Amant – *11 r. St-Amand - ☏ 02 35 88 51 34 - 11h-16h, 19h-2h, lun. et sam. 19h-2h - fermé dim., 3 sem. en août.* Aménagée en restaurant-bar depuis trente-deux ans, cette maison du 17e s. accueille peintres, écrivains, comédiens et autres fidèles.

Théâtre de l'Écharde – *16 r. Flahaut - ☏ 02 35 15 33 05 - theatreecharde@hotmail.com - billetterie (9h30-12h, 14h30-17h30) : au théâtre avant la représentation - de 6 à 9 €.* Théâtre d'une centaine de places accueillant créations de la compagnie et spectacles destinés au jeune public.

Théâtre des 2 Rives – *48 r. Louis-Ricard - ☏ 02 35 70 22 82 - www.cdr2rives.com - selon le calendrier des manifestations. Billetterie : 14h-18h - fermé w.-end, le sam. de représentation, juil.-août et j. fériés - 8 à 18 €.* Théâtre classique ou contemporain, avec une attention particulière portée aux auteurs vivants.

Que rapporter

Marchés à la brocante – Brocante pl. St-Marc, dim. 8h-13h30 ; marché traditionnel, pl. des Emmurés, mar. et sam. 8h-18h30 ; pl. du Vieux-Marché, tlj sf lun. 6h-13h30 ; pl. St-Marc, mar., vend. et sam. 8h-18h30, dim. 8h-13h30.

Hardy – *22 pl. du Vieux-Marché - ☏ 02 35 71 81 55 - raymond.hardy196@orange.fr - 8h30-19h30 - fermé dim. - rest. ouv. 12h-14h30.* Cette charcuterie aménagée dans une superbe maison à colombages borde l'une des places les plus animées de Rouen. Pied de mouton à la rouennaise, andouille aux piments d'Espelette, terrine et tripes à la mode de Caen cuites au calvados et au cidre figurent parmi les spécialités à y découvrir… Beau programme !

Chocolatier Auzou – *163 r. du Gros-Horloge - ☏ 02 35 70 59 31 - 9h30-19h15, dim. 9h30-13h, lun. 14h-19h15 ; juil.-août : tlj sf dim. - fermé 1er janv. et 1er Mai.* Parmi les spécialités de ce célèbre chocolatier : le Pavérouennais (praline en coque de nougatine), les Larmes de Jeanne d'Arc (amandes grillées nougatinées enrobées de chocolat), les Zouzous d'Auzou (friandise) et les célèbres macarons de Grand'Mère Auzou. Il vous fera en outre assister au turbinage des larmes de Jeanne d'Arc et découvrir, au fond du magasin, le laboratoire où se fabrique le chocolat.

Fayencerie Augy-Carpentier – *26 r. St-Romain - ✆ 02 35 88 77 47 - www.fayencerie-augy.com - 9h-19h, lun. 10h-18h - fermé dim. Visite de l'atelier sur RV.* Le dernier atelier de fabrication artisanale de faïence à Rouen. Créations originales et reproductions de nombreux motifs traditionnels, bleus ou polychromes, comme le lambrequin ou la corne d'abondance.

Les Vergers du Quesnay – *740 Le Quesnay - 76360 Pissy-Pôville - ✆ 02 35 91 51 08 - jplambard@aol.com - 9h-12h, 14h-19h - fermé dim.* C'est dans un cadre rustique et authentique que l'on peut goûter et acheter les bons produits à base de pommes des Vergers du Quesnay. Propriétaire de 10 ha plantés de pommiers, M. Lambard élabore du jus de pomme, des eaux-de-vie, des apéritifs, du vinaigre et surtout du cidre bouché, médaillé de bronze en 2000 et 2004 au Salon de l'agriculture.

Sports & Loisirs

Bon à savoir – Magazines édités par la mairie, ces deux brochures fourmillent d'informations sur la ville et ses environs. *L'Agenda rouennais* recense toutes les 3 semaines les événements culturels, tandis que *Rouen magazine*, bimensuel, se veut plus généraliste et complet. Disponibles à l'office de tourisme.

Abbaye de Saint-Wandrille★

CARTE GÉNÉRALE B2 – CARTE MICHELIN DÉPARTEMENTS 304 E4 – SEINE-MARITIME (76)

L'abbaye de St-Wandrille, « reliquaire d'art », est, avec celle du Bec-Hellouin, un témoignage précieux et émouvant de continuité bénédictine en terre normande. La règle de saint Benoît – *Ora et Labora* (prière et travail) – régit toujours la vie monastique et la règle d'hospitalité la complète. On peut donc visiter ces lieux pétris de spiritualité et d'histoire, sinon même partager la vie des moines le temps d'une retraite. Les sept offices religieux de la journée, ponctués de chants grégoriens, sont tous accessibles au public, qui reste bien rarement aux offices de nuit.

- **Se repérer** – À 4 km à l'est de Caudebec par la D 982 et à 51 km à l'ouest de Rouen par la D 982. Le domaine s'étend dans le vallon de la Fontenelle, sur la partie concave d'un méandre de la Seine (rive droite) courant de Port-Jumièges à Vieux-Port et enlaçant la forêt de Brotonne (rive gauche). Le pont de Brotonne (à 1 km) facilite l'accès au site depuis la rive opposée. Le village a grandi aux portes du monastère ; quelques belles demeures se regroupent autour de l'église paroissiale.
- **À ne pas manquer** – Le cloître, seul élément totalement conservé de l'ancienne abbaye.

G. Targat/MICHELIN

Les ruines de l'abbaye de St-Wandrille.

Organiser son temps – Préférez le dimanche matin ou l'après-midi des autres jours pour la visite guidée du cloître.

Pour poursuivre la visite – Voir aussi Rouen, Jumièges, Caudebec-en Caux, Lillebonne et le Parc naturel des Boucles de Seine.

Comprendre

La fondation – Toute la cour d'Austrasie fête le mariage du sage et beau Wandrille, comte au palais du bon roi Dagobert, appelé aux plus brillantes destinées. D'un commun accord, les époux se consacreront à Dieu. La jeune femme entre au monastère et son mari se joint aux ermites de Verdun. Le roi n'admet pas que le palatin troque sa ceinture d'or, insigne de sa dignité, contre la bure du moine. Il exige le retour de Wandrille qui « laisse au Ciel le soin de plaider sa cause ». Éclairé par un miracle, le roi se résigne au départ de son serviteur. Ordonné prêtre à Rouen, Wandrille fonde un monastère en 649 dans le vallon de Fontenelle.

Fontenelle ou la « vallée des Saints » – Du 7e au 9e s., de doctes abbés se succèdent au monastère du vallon de Fontenelle (il n'a pas encore pris le nom de son fondateur). Parmi eux, Éginhard, historien de Charlemagne, et Anségise, qui établit le premier recueil des ordonnances (capitulaires) de l'empereur. La *Geste des abbés de Fontenelle*, rédigée en 831, constitue la plus ancienne histoire monastique d'Occident (avec celle d'Agaume en Valais). Mais avant tout Fontenelle, où les « saints fleurissent comme rosiers en serre », est aux yeux de la population locale la « vallée des Saints ».

Renaissances et déclin – Au 10e s., quelques moines relèvent les ruines de l'abbaye, victime de la fureur des Normands. Celle-ci prend alors le nom de son fondateur. Le monastère devient dès lors une des plus vigoureuses pousses de la « floraison bénédictine » qui s'épanouit en Normandie au 11e s. Si un déclin intervient après les guerres de Religion, son rayonnement se perpétue avec la réforme de saint Maur jusqu'à la Révolution, qui disperse les moines et ruine le monastère. Au cours du 19e s., le domaine passe aux mains d'un filateur puis d'un lord anglais. Les bénédictins sont de retour en 1894, mais encore dispersés sept ans plus tard. L'écrivain Maurice Maeterlinck occupera les lieux pendant plusieurs années. En 1931, le chant grégorien, rénové par dom Pothier, résonne à nouveau sous les voûtes.

Visiter

Le portail monumental (19e s.) à l'entrée a été ajouté par le marquis de Stacpoole, propriétaire éphémère des lieux.

L'entrée de l'abbaye s'effectue par une porte du 15e s. surmontée d'un pélican symbolique. Le pélican se perçant le flanc pour nourrir de son sang ses petits est en effet une allégorie du Sacrifice du Christ. La porterie est constituée d'un pavillon du 18e s.

Porte de Jarente

Cet imposant portail du 18e s. donne accès à la cour d'honneur, uniquement visible lors des visites guidées. Son nom vient de son constructeur, l'abbé commendataire Louis-Sexte de Jarente, évêque d'Orléans. Au fond de la cour, on voit les ateliers des moines (menuiserie, boulangerie, buanderie, etc.). Le pavillon de droite est pourvu d'un fronton évoquant la Piété.

Ruines de l'abbatiale

Les bases des piliers des grandes arcades de la nef (14e s.) émergent de la verdure. Seules se dressent encore, en deux faisceaux puissants et légers, les colonnes de la croisée du bras gauche du transept (13e s.). Le chœur (six travées) s'entourait d'un déambulatoire desservant quinze chapelles.

Cloître★

02 35 96 23 11 - www.st-wandrille.com - possibilité de visite guidée de Pâques à la Toussaint : tlj sf mar. 15h30, dim. 11h30, 15h30 ; reste de l'année : sam. 15h30, dim. 11h30, 15h30 - fermé Pâques et 25 déc. - 3,50 € (enf. gratuit).

Il conserve ses 4 galeries. La galerie sud (*la seule visitable*), du 14e s., située le long de la nef de l'église, communiquait avec elle par une jolie porte dont le tympan mutilé montre le Couronnement de la Vierge. Près de cette porte, un baldaquin en pierre adossé au mur du 13e s. de l'église abrite la statue vénérée de N.-D. de Fontenelle (14e s.) dont la restauration a remis en valeur les traits gracieux.

De part et d'autre de la statue sont placées les pierres tombales de Jean, bailli de Fontenelle au 13e s., à l'entrée de la galerie est, et de l'abbé Jean de Brametot dans la galerie sud, qui présente un petit musée lapidaire. Dans la galerie nord, on aperçoit, sans pouvoir l'approcher, le lavabo mi-gothique, mi-Renaissance. Son décor flamboyant d'une exquise finesse figure des scènes du Nouveau Testament. Sous un gâble orné de feuillages, une arcature à 6 compartiments correspond aux 6 robinets.

Église

02 35 96 23 11- messe en chant grégorien à l'abbaye de St-Wandrille : 9h45, dim. et j. fériés 10h - vêpres 17h30, jeu. 18h45, dim. et j. fériés 17h.

Aménagée en 1969 dans une ancienne grange seigneuriale (13e s.), la grange de Canteloup, transportée pièce à pièce de La Neuville-du-Bosc (Eure) à St-Wandrille par les moines eux-mêmes. La charpente mérite une attention particulière ; poutres et poteaux sont assemblés par des chevilles de bois ; l'ensemble éclairé par une lumière discrète est d'une réelle beauté. La **chapelle** du Saint-Sacrement qui se greffe sur le vaisseau se distingue par son appareil à colombages ; c'est l'ancien porche transformé de cette grange.

Chapelle N.-D. de Callouville

Entièrement construite par les moines, cette chapelle résulte d'un vœu du père abbé après un bombardement en 1944.

Du centre du bourg, trois boucles de 8 ou 9 km permettent d'aller explorer les environs.

Se promener

Chapelle Saint-Saturnin

Comptez environ 45mn à pied AR – en voiture, suivez la signalisation.

En sortant de l'abbaye, descendez la route à droite. Suivez le mur de clôture pendant 150 m, contournez le champ et prenez le sentier qui longe le mur de l'abbaye. Au passage, jetez un œil à la tour et essayez de repérer les trois impostes encastrées dans ses soubassements. Elles sont décorées de rosaces, de palmettes et d'animaux fantastiques et proviennent sans doute d'un édifice antérieur, de l'époque carolingienne.

La **chapelle** *(on ne visite pas)*, bâtie en bordure du parc de l'abbaye, est un petit oratoire, de plan tréflé, reconstruit au 10e s. sur des fondations probablement mérovingiennes. La façade a été refaite au 16e s., mais l'édifice conserve toute sa distinction trapue avec ses trois absidioles dominées par une massive tour carrée. L'intérieur, visible à travers une porte grillagée, a été restauré.

info pratique

Reportez-vous aux encadrés pratiques de Jumièges, Caudebec-en-Caux et du pays de Caux afin de trouver des adresses de restauration, d'hébergement ou de sports et loisirs.

Le Tréport

5 719 TRÉPORTAIS
CARTE GÉNÉRALE C1 – CARTE MICHELIN DÉPARTEMENTS 304 I1 – SEINE-MARITIME (76)

Ce petit port de pêche et de commerce est une station balnéaire très animée en été, dont la fréquentation tient autant à la proximité de Paris qu'à l'attrait conjugué des Côtes d'Albâtre et d'Opale. Une sinistre rangée de béton a hélas surgi au pied de la falaise, entre le vieux quartier des Cordiers et le front de mer. Sa sœur, Mers-les-Bains, plus calme, a su préserver son remarquable ensemble de résidences balnéaires de style « Belle Époque ». Elle a aussi ses fervents, comme a les siens le site d'Ault, plus au nord.

- **Se repérer** – À 93 km de Rouen et 30 km au nord-est de Dieppe par la D 925, la station s'étire le long de son port, sur la rive gauche de l'estuaire de la Bresle, aux portes d'Eu et juste en face de Mers-les-Bains. Le cours de la Bresle et son embouchure séparent non seulement deux longues plages de galets et deux imposantes falaises, mais aussi la Normandie et la Picardie, en même temps que les départements de la Seine-Maritime et de la Somme, le Petit-Caux et le Vimeu, sans oublier la Côte d'Albâtre et la Côte d'Opale.
- **À ne pas manquer** – Le calvaire des Terrasses, pour sa belle vue sur les falaises cauchoises, la baie de Somme et la vallée de la Bresle. Incontournable également,

Le saviez-vous ?

Le nom – C'est une déformation du latin *ulterior Portus*, qui désignait le port d'origine gallo-romaine de l'ancienne cité alors nommée Augusta, et dont le port fluvial était Eu.

L'utilité du galet – Il existait autrefois des ramasseurs de galets au Tréport. L'un des derniers, Lucien Marcassin a pendant plus de trente ans sélectionné à la main sur la grève puis transporté chez lui, avec l'aide de sa femme et de son cheval, jusqu'à 4 t de galets par jour. Son débouché principal : certaines industries où interviennent des opérations de broyage, concassage, malaxage, etc. Le galet de silex marin compte en effet parmi les minéraux les plus durs après le diamant.

un détour en Picardie pour découvrir la jolie station de Mers-les-Bains (la troisième ville sœur avec Eu).

Organiser son temps – Profitez le matin du Tréport, passez côté Mers-les-Bains pour l'après-midi.

Pour poursuivre la visite – Voir aussi Eu, Dieppe, Varengeville-sur-Mer et Neufchâtel-en-Bray.

Séjourner

L'animation des quais tréportais en saison atteint souvent une joyeuse atmosphère de kermesse. Une bande de mouettes effrontées y sème alors la terreur, un œil rivé sur les échoppes des mareyeuses et l'autre sur les tables des nombreuses terrasses, d'où quelques frites s'échappent quelquefois de plats de moules. Le **quai François-Ier**, au bout duquel se dresse une croix en fer forgé, restitue parfaitement cette ambiance.

Dominée par une imposante falaise, la longue plage grouillante de vie le samedi et le dimanche n'est remarquable que par le chant de ses galets et l'ampleur de ses dégagements. Au bout du quai François-Ier, le phare, haut de 14 m, a une portée de 20 milles (environ 37 km).

Calvaire des Terrasses★

Environ 30mn AR. Ce pavillon surplombant la falaise du Tréport est relié à l'ancien hôtel de ville, bâtiment en mosaïque de silex et de brique, par un escalier de 378 marches. On peut aussi y accéder en voiture par la rue de Paris, la rue St-Michel et le boulevard du Calvaire où des pavillons balnéaires arborent le nom de leurs propriétaires.

De la terrasse au pied de la croix, la **vue★** s'étend, au-delà des dernières falaises cauchoises, jusqu'à la pointe du Hourdel et à l'estuaire de la Somme. Vers l'intérieur, le regard porte sur la basse vallée de la Bresle jusqu'à Eu, tandis qu'au premier plan s'étendent les toits d'ardoise de la ville basse et du quartier des Cordiers, le port et la plage.

Ce belvédère est le meilleur endroit pour englober d'un coup d'œil le site des « Trois villes sœurs », c'est-à-dire « Le Tréport-Eu-Mers-les-Bains », ainsi surnommées pour leur complémentarité touristique.

Église Saint-Jacques

L'édifice, bien situé à mi-côte, date de la seconde moitié du 16e s. Il a été fortement restauré au milieu du 19e s. Un portail Renaissance s'ouvre sous le porche-abri moderne. À l'intérieur, au fond du sanctuaire, belle Vierge du Tréport. La voûte du chœur est plus basse que celle de la nef. Notez les clés de voûte pendantes du 16e s. La chapelle de N.-D.-de-Pitié (bas-côté gauche) abrite une Pietà (16e s.). Un bas-relief de la même époque domine l'autel et montre la Vierge entourée d'emblèmes bibliques.

G. Targat/MICHELIN

La plage de galets et le phare du Tréport.

Aux alentours

Mers-les-Bains★

À 3,5 km au nord-est du Tréport par la D 1005.

Charmante station balnéaire picarde. Très belles villas aux élégants alignements de bow-windows. L'esplanade du Général-Leclerc qui longe l'arrière-port, la capitainerie et la gare offre un très joli panorama sur le large.

Le Tréport pratique

Adresse utile

Office du tourisme du Tréport – *Quai Sadi-Carnot - 76470 Le Tréport - ✆ 02 35 86 05 69 - www.ville-le-treport.fr - juil.-août : 9h30-19h ; juin 9h30-12h30, 14h-18h30, dim. et j. fériés 10h-12h30, 14h30-17h ; mai et sept. : 9h30-12h30, 14h-18h, dim. et j. fériés 10h-12h30, 14h30-17h ; avr. : 10h-12h, 14h-18h, dim. et j. fériés 10h-12h30, 14h30-17h - fermé 1er janv. et 25 déc.*

Kiosque sur l'esplanade de la plage – *Juil.-août : w.-end 10h30-12h30, 14h-18h.*

Point accueil funiculaire – *Juil.-août : 10h-12h, 13h30-18h30.*

Se loger

⊖⊖ **Golf Hôtel** – *102 rte de Dieppe - ✆ 02 27 28 01 52 - www.treport-hotels.com - fermé 17-26 déc. - P - réserv. conseillée le w.-end - 10 ch. 66/77 € - 7,80 €.* À l'entrée du camping, tournez à gauche. Une allée d'arbres vous mènera jusqu'à cette belle maison à colombages du 19e s. Les chambres, non-fumeurs, sont toutes différentes et bien équipées. L'accueil est agréable. Un petit hôtel de charme à prix raisonnable.

⊖⊖ **Hôtel de Calais** – *1 r. de la Commune-de-Paris - ✆ 02 27 28 09 09 - www.hoteldecalais.com - 34 ch. 80 € - 9 €.* Atout majeur de cette bâtisse en briques : la vue panoramique sur le port et le littoral. Chambres rénovées, garnies d'un solide mobilier boisé. Accueil familial.

⊖⊖ **Chambre d'hôte Le Prieuré Sainte-Croix** – *2 km à l'est du Tréport sur D 925 (axe Abbeville-Dieppe) près du rd-pt, accès par ce dernier - ✆ 02 35 86 14 77 - www.prieuresaintecroix.free.fr - - 3 ch. 48/60 €.* Cette belle demeure bâtie sous Louis-Philippe était autrefois une dépendance du château d'Eu. Aujourd'hui, elle abrite une ferme (élevage de bovins) et trois agréables chambres d'hôte. Accueil charmant, calme absolu, joli jardin ombragé et vue sur la campagne.

Se restaurer

⊖ **La Matelote** – *34 quai François-Ier - ✆ 02 35 86 01 13 - réserv. conseillée en été et le w.-end - 12,50/52 €.* Le chef de ce restaurant s'approvisionne chaque jour en poissons frais et les accommode selon des recettes classiques ou inventives, comme l'émincé de homard au vinaigre ou les filets de sole aux coquillages. Sans oublier le croustillant de St-Jacques aux pommes caramélisées et son beurre de cidre. La salle à manger de l'étage offre une belle vue sur le port et les falaises de Mers-les-Bains.

⊖⊖ **Le Saint-Louis** – *43 quai François-Ier - ✆ 02 35 86 20 70 - fermé 15 nov.-18 déc. - 18/60 €.* Un restaurant de poissons et de fruits de mer pour profiter de la vue sur le port de pêche. Décor style brasserie, avec boxes et banquettes de moleskine sous une verrière colorée. Véranda couverte en façade.

Sports & Loisirs

L'Éden 1 – *2 r. St-Laurent - 76260 Eu - ✆ 02 35 50 38 87 - charles.masson@neuf.fr - billetterie : pl. de la Poissonnerie au Tréport - fermé déc.-fév. - promenade en mer : 7,50 à 13 € ; pêche : 55 €.* À bord de l'*Éden* ou de l'*Étoile filante*, vous aurez la possibilité de faire une promenade en mer, le long du littoral ou jusqu'à Dieppe (excursion avec étape), mais aussi des sorties de pêche. Les horaires peuvent varier en fonction de la météo et des marées : il est prudent de se renseigner par téléphone auparavant.

Événement

Foire aux moules – *Pl. de la Poissonnerie - w.-end de Pentecôte.* Ambiance conviviale et festive, nombreux concerts et dégustation de moules-frites.

Trouville-sur-Mer★★

5 411 TROUVILLAIS
CARTE GÉNÉRALE A2 – CARTE MICHELIN DÉPARTEMENTS 303 M3 – CALVADOS (14)

Séparé de Deauville par la Touques, cet ancien village de pêcheurs est devenu une grande station balnéaire bien avant sa célèbre voisine. Dès la première moitié du 19e s., les bains de mer s'y développent, attirant une foule d'artistes en quête de repos et d'inspiration, à l'instar d'Alexandre Dumas, Flaubert ou des impressionnistes. Plus familial que Deauville, le bourg a conservé un certain charme et une authenticité qui ravissent encore les nombreux visiteurs. Comme eux, n'hésitez pas à vous attabler sur le port ou à découvrir les villas centenaires tournées vers la mer.

Se repérer – Là où la « Corniche normande » s'efface devant l'estuaire de la Touques pour laisser la place à une longue plage de sable fin, Trouville maintient sa renommée grâce à son important équipement balnéaire. Elle s'étend sur la rive droite de l'estuaire, face à Deauville, à 94 km à l'ouest de Rouen et 43 km au sud du Havre.

À ne pas manquer – Les villas Belle Époque des Planches et de la corniche.

Organiser son temps – Ne manquez pas le marché du mercredi ou du dimanche matin : il regroupe le meilleur des produits régionaux.

Pour poursuivre la visite – Voir aussi Deauville, Honfleur, Houlgate, Cabourg et le pays d'Auge.

G. Targat/MICHELIN

Le port de Trouville et son quai.

Comprendre

Source d'inspiration – Une cohorte d'artistes, dont les plus grands peintres de paysages normands, sont à l'origine de l'essor de cette sympathique concurrente de Deauville. Le peintre Charles Mozin la « découvre » en 1825, mais Paul Huet et Eugène Isabey la fréquentaient déjà. « Je réserve le mois d'août pour voir un petit pays appelé Trouville, qui fourmille de motifs charmants », écrit Corot en 1828. Dans les années 1860-1870, Boudin et Courbet plantent aussi leur chevalet sur la plage, le long des Planches ou des quais. Monet, Bonnard et bien d'autres succomberont également aux sirènes de Trouville. C'est ainsi que la station « lance » la Côte Fleurie dès le début du Second Empire. Aujourd'hui, l'activité de ses pêcheurs et le noyau de population sédentaire perpétuent l'animation de la ville en dehors de la saison touristique.

Marcel Proust à Trouville – « Enfin il y a quelques habitations tout à fait désirables, les unes assaillies par la mer et protégées contre elles, d'autres penchées sur la falaise, au milieu des bois ou s'étendant largement sur des plateaux herbeux. Je ne parle point des maisons « orientales » ou « persanes » qui plairaient mieux à Téhéran, mais surtout des maisons normandes, en réalité moitié normandes moitié anglaises, où l'abondance des épis de faîtage multiplie les points de vue et complique la silhouette, où les fenêtres tout en largeur ont tant de douceur et d'intimité, où des jardinières faites dans le mur, sous chaque fenêtre, des fleurs pleuvent inépuisablement sur les escaliers extérieurs et sur les halls vitrés. » (Marcel Proust, *Écrits de jeunesse*, 1891.)

Raymond Savignac affichiste de Trouville – Raymond Savignac (1907-2002), Aveyronnais d'origine mais Trouvillais d'adoption, est né « dans le pis de la vache Monsavon », selon ses propres mots. Ses fameuses affiches publicitaires ont révélé

SE LOGER

- Bellevue (Hôtel le) 2
- Central (Hôtel) 4
- Fer à Cheval (Hôtel le) 6
- Sablettes (Hôtel les) 8
- Trouville (Hôtel le) 10

SE RESTAURER

- Cap Horn (Le) 2
- Casa Cubaine 4
- Tivoli Bistro 6
- Vieux Normand (Crêperie le) 8
- 4 Chats (Les) 10

Gravure de baigneuses de la Belle Époque.

à la face du monde la « nouvelle pointe Bic » (1962), les comprimés Aspro et les volutes lascives des fameuses Gitanes. Son style vif et très personnel, caricatural ou schématique, naïf et coloré rappelle la spontanéité des dessins d'enfants. On lui doit d'ailleurs l'affiche du film *La Guerre des boutons*.

Séjourner

Promenade Savignac - les « Planches »

Comme à Deauville, les « Planches », qui bordent la plage sur toute sa longueur, sont un rendez-vous prisé des estivants. Un établissement de thalassothérapie occupe l'aile droite du casino *(en face de la piscine)*. Les quais de la Touques forment un autre centre d'attraction, notamment autour de la poissonnerie, construction de style néo-normand, endommagée par un incendie en 2006.

Les villas

Deux promenades architecturales intitulées « Trouville côté baigneurs » et « Trouville côté pêcheurs » permettent de découvrir toute l'originalité de la station à travers ces deux aspects complémentaires (*dépliant en vente à l'office de tourisme, 3,50 €*).

Les plus jolies résidences balnéaires se situent à proximité de la plage. Le long des Planches et au-delà, on remarquera entre autres la villa Sidonia (1868, massive et éclectique, pleine de petits détails), un manoir normand (1884, appareil en damier, colombages), l'hôtel des Roches Noires (1868, néoclassique), la Maison persane (orientale) et la villa Les Flots (1875, d'inspiration Renaissance).

La corniche★

Gagnez par le boulevard A.-Briand la route de la Corniche, à gauche.

Dans la descente, on découvre une **vue** superbe sur les plages de Trouville, Deauville et sur la Côte Fleurie. Faites halte au calvaire de Bon-Secours. Du balcon d'orientation, la vue est également magnifique.

Visiter

Aquarium

02 31 88 46 04 - www.natur-aquarium.com - ♿ - juil.-août : 10h-19h30 ; de Pâques à fin juin et sept.-oct. : 10h-12h, 14h-18h30 ; de nov. à Pâques : 14h-18h30 - (dernière entrée 30mn av. fermeture) - fermé 25 déc. - 7 € (3-14 ans 5 €).

De nombreuses espèces de poissons sont exposées dans un décor qui reproduit leur milieu naturel. Poissons d'eau de mer, d'eau douce, reptiles des forêts équatoriales permettent des rencontres colorées et parfois inattendues.

Musée Villa Montebello

02 31 88 16 26 - avr.-sept. : tlj sf mar. 11h-13h, 14h-18h - 2 €, gratuit merc.

Villa typique de l'architecture balnéaire de l'aristocratie du Second Empire, qui imite les manoirs de l'époque Renaissance. Ses fenêtres ouvertes sur la baie de Seine offrent un panorama unique de la plage de Trouville. Le musée lui-même présente des collections d'art et d'histoire : peintures, dessins, estampes de peintres qui ont fait la célébrité de Trouville. Une salle est consacrée à l'histoire des bains de mer, une autre à André Hambourg, une autre encore à l'affichiste **Raymond Savignac**.

Galerie d'exposition

02 31 14 92 06 - ♿ - pdt les expositions temporaires - se renseigner à l'office de tourisme pour les horaires - fermé mar. - gratuit.

Dirigée par le musée, son entrée est la même que celle de l'office de tourisme. Expositions temporaires.

Trouville-sur-Mer pratique

Adresse utile

Office du tourisme de Trouville – *32 quai Fernand-Moureaux - 14360 Trouville-sur-Mer - 02 31 14 60 70 - www.trouvillesurmer.org - juil.-août : 9h30-19h, dim. et j. fériés 10h-16h ; avr.-juin et sept.-oct. : 9h30-18h30, dim. 10h-13h ; nov.-mars : 9h30-18h, dim. 10h-13h - fermé 1er janv. et 25 déc.*

Se loger

Hôtel Les Sablettes – *15 r. Paul-Besson - 02 31 88 10 66 - www.trouville-hotel.com - fermé janv. - 18 ch. 52/65 € - 6,50 €.* Dans une petite rue un peu à l'écart de la circulation, cet hôtel propose une solution d'hébergement fort simple mais tout à fait convenable. La plupart des chambres ont été relookées dans des tons assortis. Une adresse pratique à proximité du casino et de la plage.

Hôtel Le Trouville – *R. Thiers - 02 31 98 45 48 - www.hotelletrouville.com - fermé janv. - 15 ch. 54/62 € - 6,50 €.* Si sa façade, en passe d'être rénovée, semble un peu vieillotte, l'intérieur de cet hôtel, en revanche, respire la fraîcheur. Les 15 chambres (dont 2 familiales) réparties sur 3 étages disposent de sanitaires complets et d'une literie récente. Bon entretien, propreté et clarté à des prix très raisonnables pour le lieu.

Hôtel Le Fer à Cheval – *11 r. Victor-Hugo - 02 31 98 30 20 - www.hotel-trouville.com - 34 ch. 73/85 € - 10 €.* Ces deux anciennes villas situées au cœur de la station et à proximité des plages abritent des chambres fonctionnelles. Le patron, ancien boulanger, propose des viennoiseries maison au petit-déjeuner et un salon de thé l'après-midi, contribuant ainsi à renforcer l'atmosphère familiale des lieux.

Hôtel Central – *158 bd Fernand-Moureaux - 02 31 88 80 84 - www.le_central_trouville.com - 21 ch. 84/128 € - 8,50 €.* L'hôtel se trouve sur le port, dans le quartier animé de Trouville, mais ses chambres confortables et actuelles sont bien insonorisées. Avec ses produits de la mer, son décor d'esprit années 1930 et sa grande terrasse chauffée en hiver, la brasserie connaît un franc succès.

Hôtel Le Bellevue – *Rte d'Honfleur - 14113 Villerville - 02 31 87 20 22 - www.bellevue-hotel.fr - fermé 8 janv.-9 fév. - P - 28 ch. 85/115 € - 12 € - rest. 25/44 €.* Cette demeure dominant la mer fut à la fin du 19e s. la villégiature d'un directeur de l'Opéra de Paris. Espaces communs au foisonnant décor rustico-bourgeois ; réservez une chambre dotée d'un balcon panoramique. Coquette salle à manger-véranda offrant une jolie vue sur le jardin et le littoral.

Se restaurer

Crêperie Le Vieux Normand – *124 quai Fernand-Moureaux - 02 31 88 38 79 - fermé jeu. et 10-31 janv. - réserv. conseillée - 10,70/21,35 €.* Une petite adresse incontournable, toutes générations confondues. Les raisons de ce succès ? Une situation idéale face au port et à deux pas du marché aux poissons, un cadre rustique plaisant et une carte offrant le choix entre fondues, raclettes, salades et crêpes.

Le Cap Horn – *20 r. des Bains - 02 31 98 45 06 - fermé lun. soir et mar. en hiver - 14/29 €.* Cette maison à la belle façade de pierre et de bois abrite deux salles à manger ; celle située à l'étage est plus agréable (tableaux et photos à thème nautique). En cuisine, le chef privilégie les produits de la mer et élabore sa carte en fonction de la pêche du jour. Terrasse d'été.

Tivoli Bistro – *27 r. Charles-Mozin - 02 31 98 43 44 - fermé merc., jeu., 3 sem. en juin et de mi-nov. à mi-déc. - réserv. conseillée - 15/27 €.* La petite salle à manger aux tons pastel offre un décor un brin minimaliste, mais peu importe car l'on vient surtout ici pour se régaler d'une cuisine authentique et pleine de saveur. Les produits sont d'une fraîcheur exceptionnelle à l'instar des poissons ramenés du marché de Trouville. Accueil prévenant et souriant.

Casa Cubaine – *1 r. Paul-Besson - 02 31 88 18 10 - fermé merc. - 17/22 €.* Face au casino, bar-lounge dont la véranda colorée évoque l'ambiance des îles. La langouste est à l'honneur sur la carte franco-cubaine pleine de fraîcheur et d'originalité.

Les 4 Chats – *8 r. d'Orléans - 02 31 88 94 94 - www.les4chats.com - fermé lun. midi, jeu. midi, mar., merc. et 1er-25 déc. - réserv. obligatoire en été et le w.-end - 30/55 €.* Le Tout-Paris s'y presse ! Alors pourquoi pas vous ? Il n'est pas rare de voir gens célèbres et moins célèbres dîner et deviser tranquillement autour d'un verre de vin et d'un bon petit plat. Cette adresse est un régal, ambiance garantie ! Triste sire s'abstenir !

G. Targat/MICHELIN

Étal d'écailler à Trouville.

Faire une pause

À Charlotte Corday – *Pl. du Casino - ☏ 02 31 88 11 76 - tlj sf jeu. 8h-19h30 - fermé 2 sem. en fév. et fin nov.* Les noms des pâtisseries ont de quoi surprendre : Le Masque et la Plume, Karl Zéro, tarte Antoine… Après s'être aperçus que les personnalités qui affectionnaient leur boutique commandaient toujours le même dessert, les propriétaires n'ont pas trouvé meilleure idée que de baptiser ces délicieuses gourmandises du nom de leur « mécène ».

Dupont avec un thé – *134-136 bd Fernand-Moureaux - ☏ 02 31 88 13 82 - sasdupont@wanadoo.fr - 8h-19h30 - fermé mar., 1er-15 fév. et 15-22 oct.* Voici le quatrième point de vente de cette enseigne créée par Jean-Pierre Étienvre, Meilleur Ouvrier de France : décor chaleureux, grand choix d'irrésistibles douceurs (entremets, chocolats, biscuits et pain) et salon de thé très « cosy » pour céder à la tentation séance tenante !

En soirée

Casino – *Pl. du Mar.-Foch - ☏ 02 31 87 75 00 - www.lucienbarriere.com.* 235 machines à sous, roulettes française et anglaise, boule, stud poker, black-jack. Également, dans les murs du casino : un restaurant, deux bars et un snack.

La Maison – *66 r. des Bains - ☏ 02 31 81 94 78 - 10h-22h sf jeu. et dim. 19h - fermé lun.-merc. (hiver), janv. et 25 déc.* Vous trouverez toujours une bonne occasion pour vous rendre dans cette accueillante Maison : brunch, déjeuner, pause thé ou glace (délicieuses créations de Martine Lambert), dégustation de vins au verre, tout en écoutant le meilleur des musiques du monde. Décor rénové.

Que rapporter

Marché – Quai Fernand-Moureaux, le mercredi et le dimanche matin.

Le Fromager (Produits régionaux) – *50 r. des Bains - ☏ 02 31 98 28 14 - 9h30-13h, 15h30-19h30- fermé lun. (sf vac. scol.).*

Sports & Loisirs

Centre équestre de Trouville-Villerville – *Chemin des Terrois - près de Trouville-sur-Mer - 205 km de Paris - 14113 Villerville - ☏ 02 31 14 99 69 - sarldemos@alicepro.fr - juil.-août et vac. scol. : 9h-18h ; le reste de l'année : tlj sf mar. 9h-18h.* La plage de Trouville est ouverte aux promenades équestres toute la journée. Ce club vous proposera également des balades en forêt et sur les falaises, d'où l'on profite d'une vue superbe sur Deauville, Trouville et Le Havre.

Varengeville-sur-Mer★

1 179 VARENGEVILLAIS
CARTE GÉNÉRALE B1 – CARTE MICHELIN DÉPARTEMENTS 304 F2 – SEINE-MARITIME (76)

Quel est le point commun entre l'illustre armateur Jean Ango et une ribambelle d'artistes parmi lesquels on compte notamment Monet, Pissarro, Braque, Miró, Cocteau, Aragon, Breton, Prévert… ? Tous sont tombés sous le charme de ce petit coin de paradis, un paradis où fleurs et plantes croissent avec apparente facilité comme en témoigne le parc floral du bois des Moustiers.

- **Se repérer** – Varengeville s'éparpille en plusieurs hameaux noyés dans la verdure, à 4 km à l'ouest de Dieppe, entre Pourville-sur-Mer et la valleuse Vasterival près du phare d'Ailly. La jolie route côtière D 75 y mène, notamment par une corniche escarpée qui dévoile une vue plongeante à hauteur de Pourville-sur-Mer.
- **À ne pas manquer** – Le très beau point de vue depuis l'église ; le parc floral du bois des Moustiers et le jardin Shamrock.
- **Organiser son temps** – Comptez 1h pour la visite de chacun des jardins.
- **Avec les enfants** – Suivez le sentier écologique « Les Bruyères ».
- **Pour poursuivre la visite** – Voir aussi Dieppe, Arques-la-Bataille, Fécamp et le pays de Caux.

Visiter

La station, à la fois champêtre et balnéaire, se disperse en plusieurs hameaux éparpillés le long de chemins creux dans un cadre typiquement normand de haies et de maisons à colombages.

Église

Le **site★** de l'église domine la mer. Un petit cimetière campagnard et marin, lieu plein de poésie, jouxte l'édifice, face au large. La tombe de **Georges Braque** (1882-1963) se trouve à gauche de l'entrée. Le grand fauve d'Argenteuil, initiateur du choc cubiste avec son compère Picasso, a en effet terminé ses recherches picturales dans son atelier varengevillais. Le musicien et compositeur **Albert Roussel** (1869-1937) est enterré non loin de lui.

L'église (11e-13e-15e s.), précédée d'un porche du 16e s., se compose de deux nefs accolées. Le chœur de la grande nef se pare d'un vitrail abstrait d'Ubac ; dans la nef sud, le **vitrail** de Georges Braque représente l'Arbre de Jessé.

Sentier écologique « Les Bruyères »

Prenez, face à la mairie, la route de l'Aumône et suivez le « bois des Communes ».

1h – Ce sentier de 500 m est balisé de panneaux explicatifs détaillant la géologie, la faune et la flore des landes du bois des Communes.

Parc floral du bois des Moustiers★

02 35 85 10 02 - de mi-mars à mi-nov. : 10h-12h, 14h-18h, j. fériés 10h-19h, accueil 10h-12h, 14h-18h - 7 € (-15 ans 2,50 €). Dans un joli vallon en vue de la mer, ce jardin ornemental et botanique, parc à l'anglaise de 9 ha planté d'espèces rares, est abondamment fleuri. Des rhododendrons géants atteignent 6 à 8 m de haut *(floraison d'avril à juin)* et se détachent sur des massifs d'arbres aux teintes plus sombres. Des sentiers conduisent à des « tableaux » d'arbres et de fleurs qui rivalisent de beauté. La **grande maison** au milieu du parc ne manque pas d'originalité. Elle a été construite en 1898 par un architecte anglais, Edwin Luytens, à qui l'on doit le palais du vice-roi à New Delhi, et par la paysagiste Gertrud Jekyll.

Harmonie des plantations au parc floral du bois des Moustiers.

Le bois des Moustiers

Chapelle Saint-Dominique

De déb. juin à mi-sept : 9h-17h30.

Sur la route de Dieppe, à gauche après le château, la chapelle St-Dominique, ancienne grange, abrite un ensemble de **vitraux** créés par Georges Braque et un tableau *(Procession à N.-D.-de-la-Clarté)* du peintre granvillais Maurice Denis.

Jardin Shamrock

Accès par la D 75, suivez les panneaux « Manoir d'Ango », le jardin se trouve sur son chemin d'accès. 02 35 04 02 33 - www.hortensias-hydrangea.com - de mi-juin à mi-sept. : 10h-12h, 14h30-18h, mar. 14h30-18h ; de mi-sept. à fin sept. : tlj sf mar. 14h30-18h - 6 €.

Tout le monde connaît les hortensias bleus ou roses si communs dans la région. Ils font partie de la grande famille des hydrangeas, originaires d'Amérique du Nord ou d'Asie. L'importante **collection★** aménagée sous un jeune bois de paulownias vous étonnera par la variété des formes et des couleurs.

Valleuses

En direction du phare d'Ailly.

Ces petites vallées suspendues qui entaillent les falaises sont caractéristiques de la Côte d'Albâtre. Les très belles gorges du Petit-Ailly *(accès signalisé)* et Vasterival comptent parmi les plus typiques.

Phare d'Ailly

1 km par la D 75^{A} au départ de la D 75. 02 35 85 11 19 - visite guidée sur demande préalable (1 sem. av.) 9h-12h, 14h-16h30 - fermé w.-end et j. fériés - gratuit. Un phare moderne d'une portée de 80 km remplace les deux phares du 18e et du 19e s. détruits en 1944.

Manoir d'Ango

Accès fléché par la D 75, puis une petite route, et à 300 m à droite par une allée bordée d'une double rangée de hêtres ; laissez la voiture sur le parking. Mai-sept. : tlj 10h-12h30, 14h-18h ; avr. et oct. : w.-end et vac. scol. 10h-12h30, 14h-18h – 5 € (enf. 3 €)

Cette belle demeure Renaissance réalisée de 1535 à 1545 par des artistes italiens était la résidence d'été du célèbre armateur **Jean Ango**. Il y recevra François Ier. Beaucoup

plus tard, le domaine enchantera les poètes Aragon, Breton et Prévert.
Les constructions s'ordonnent autour d'une vaste cour intérieure. Le corps de bâtiment sud s'ouvre au rez-de-chaussée par une **loggia** à l'italienne décorée à l'origine de fresques de l'école de Léonard de Vinci. Percés de fenêtres à meneaux, les murs se parent d'un appareillage savant de grès et de silex. Leur décor est typiquement Renaissance : rinceaux, losanges, coquilles et médaillons sculptés.
L'imposant **colombier**★ (1 600 boulins) est revêtu d'une superbe marqueterie de pierres et de briques rouges ou noires et chapeauté d'un toit en bulbe.

Manoir d'Ango

Le colombier du manoir d'Ango.

Varengeville-sur-Mer pratique

Se loger

⊖⊖ **Hôtel La Terrasse** – *76119 Vasterival - 2 km au nord-ouest de Varengeville par D 75 - ✆ 02 35 85 12 54 - www.hotel-restaurant-la-terrasse.com - fermé 16 oct.-14 mars - P - 22 ch. 52/62 € - ☕ 8 € - rest. 17/35 €.* Une route bordée de sapins conduit à cette demeure Belle Époque nichée dans un grand jardin ombragé. La moitié des chambres jouissent de la vue sur la mer. Au restaurant, poissons, coquillages et crustacés ont les honneurs de la carte.

Se restaurer

⊖⊖⊖ **La Buissonnière** – *Rte du Phare-d'Ailly, à Varengeville - 76119 Ste-Marguerite-sur-Mer - 2 km au nord-ouest de Varengeville par D 75 - ✆ 02 35 83 17 13 - fermé dim. soir, lun., janv. et fév. - réserv. obligatoire le w.-end - 38/65 €.* Petite maison du début du 20e s. nichée au cœur d'un ravissant jardin. La cuisine, inventive et élaborée à partir de produits frais, est à déguster dans l'un des trois petits salons ou, dès l'arrivée des beaux jours, sur la charmante terrasse.

Verneuil-sur-Avre★

6 655 VERNOLIENS
CARTE GÉNÉRALE B3 – CARTE MICHELIN DÉPARTEMENTS 304 F9 – EURE (27)

Ce petit centre touristique et commerçant, porte du pays d'Ouche, à l'extrême sud du département de l'Eure, est une ancienne ville frontière pétrie d'histoire. Outre deux églises dignes d'intérêt, notamment pour leur statuaire, Verneuil a su préserver ses belles maisons à colombages et ses vieux hôtels brillamment restaurés. D'agréables promenades en perspective.

Se repérer – La cité s'organise en trois quartiers dont les grands axes sont les rues de la Madeleine, Gambetta et Notre-Dame. À l'origine, ces trois villes possédaient chacune leur muraille baignant, comme le rempart extérieur qui leur était commun, dans des fossés alimentés par un bras forcé de l'Iton. Aujourd'hui, le cœur de Verneuil bat place de la Madeleine. Accès depuis Dreux par la N 12 (36 km), et depuis Nogent-le-Rotrou (55 km) par la D 928 et la D 25.

À ne pas manquer – Le joli point de vue du haut de la tour Grise ; les statues de l'église Notre-Dame et les randonnées en forêt de Senonches.

Organiser son temps – La visite de Verneuil prend environ 1h30. Déjeunez-y et partez ensuite en excursion aux alentours.

Pour poursuivre la visite – Voir aussi le Perche, L'Aigle, Dreux et Conches-en-Ouche.

Comprendre

La « ligne de l'Avre » – Verneuil est née d'une cité fortifiée créée au 12e s. par Henri Ier Beauclerc (troisième fils de Guillaume le Conquérant), duc de Normandie. Elle surveillait alors la frontière avec la France. Or à l'époque, les eaux de l'Avre se trouvaient en territoire français. Henri Beauclerc doit, pour alimenter la ville, faire creuser un canal pour détourner au profit de Verneuil une partie des eaux de l'Iton qui coule à une dizaine de kilomètres au nord.

La cité devient française en 1204 sous Philippe Auguste, qui lui accorde une charte et fait bâtir la tour Grise et son système défensif. La ville sera le théâtre de multiples batailles dont celle, très meurtrière, qui voit la défaite de Charles VII face aux Anglais en 1424. En 1449, Verneuil passe définitivement à la France grâce à la ruse du meunier Jean Bertin, qui introduit par le bief – dont il avait détourné l'eau la veille au soir – l'avant des troupes françaises.

Une villégiature pour artistes – Au siècle dernier, le peintre **Maurice de Vlaminck** (1876-1958) se fixe en 1928 à Rueil-la-Gadelière, à deux pas de Verneuil. Ce passionné d'art africain et de ciels orageux est surtout le précurseur du fauvisme, avec Derain. Artiste d'un autre genre, **Jean-Marie Proslier** (1928-1997), figure débonnaire et joviale du cabaret, du théâtre et du petit écran, possédait à Verneuil une maison et un « restaurant-épicerie-variétés ».

Se promener

Tour Grise

Du chemin de ronde de la tour (13e s.) bâtie en grison (d'où son nom), belle vue sur la ville et la campagne.

Au sud de la tour Grise, franchissez le petit pont qui enjambe un des bras forcés de l'Iton pour avoir une bonne vue de la tour et d'une charmante maisonnette à ses pieds. À proximité du pont, l'agréable parc Faugère invite à la détente.

G. Targat/MICHELIN

La tour Grise à Verneuil-sur-Avre.

Ancienne église Saint-Jean

Cette construction en grison du 12e s., en partie ruinée, a conservé une tour du 15e s., quelques fragments de corniche sur corbeaux et un portail gothique.

Les « Promenades »

En suivant les « Promenades », terme par lequel les Vernoliens désignent le boulevard Casati et ses prolongements, on aperçoit quelques vestiges des fortifications extérieures, notamment les restes de la tour Gelée (boulevard Casati) et du moulin de Jean-Bertin (boulevard Jean-Bertin). Les avenues Maréchal-Joffre et Maréchal-Foch procurent des vues intéressantes sur la ville.

Vieilles demeures

Magnifiquement restaurées, elles donnent à Verneuil un attrait indiscutable. En voici un bel échantillon :

Angle rue de la Madeleine et rue du Canon – Maison du 15e s. avec une façade en damier et une tourelle à encorbellement. C'est la bibliothèque municipale.

Rue de la Madeleine – Entre la rue Canon et la rue Thiers, elle rassemble de belles maisons à pans de bois ou en pierre. Remarquez notamment celles des **nos 401, 466** et **532** (hôtel précédé d'une cour d'honneur). L'hôtel de Bournonville (18e s.) se reconnaît à ses balcons en fer forgé.

Rue des Tanneries – Au **no 136**, maison Renaissance : porte en bois sculpté surmontée de statues en bois.

Angle rue Notre-Dame et rue du Pont-aux-Chèvres – Hôtel (16e s.) à tourelle très ouvragée et à façade en damier.

Place de Verdun, place de la Madeleine, rue de la Poissonnerie – Maisons de bois anciennes très pittoresques.

Visiter

Église de la Madeleine★

Accès par le portail latéral sud. Visite guidée sur demande préalable à l'office de tourisme avr.-sept. : 1er dim. du mois à 15h30 - 1,20 €.

L'admirable **tour★** (fin 15e s.-début 16e s.), accolée à l'église et haute de 56 m, est composée de quatre étages percés de baies, dont les différentes faces sont décorées de statues. Le troisième étage, surmonté d'une balustrade, supporte un beffroi en retrait richement ornementé : il est coiffé d'un double diadème à la décoration flamboyante formant lanterne au niveau supérieur. Des statues décorent la tour à différents niveaux.

En longeant l'église par le sud, on remarque les différents matériaux utilisés lors des remaniements successifs des 13e et 15e s. Le porche, de style Renaissance, est flanqué à droite et à gauche des statues (mutilées) de la Vierge et de sainte Anne du 16e s. L'intérieur, qui s'éclaire de vitraux des 15e et 16e s., abrite de nombreuses œuvres d'art de la même époque. Près de la porte, saint Crépin assis devant un atelier de cordonnier ; dans le transept sud, à droite, un Saint-Sépulcre (16e s.) ; cénotaphe au comte de Frotté par David d'Angers (19e s.). Au-dessus du confessionnal, toile de Van Loo *(Résurrection de Lazare)* ; dans la chapelle du Saint-Sacrement, *Vierge à la pomme*, en pierre polychrome (15e s.) ; près des fonts baptismaux, saint Jean-Baptiste. Au fond du bas-côté sud, Pietà

SE LOGER

Château de la Puisaye (Chambre d'hôte)....2
Hostellerie Le Clos....4
Moulin des Planches (Hôtel le)....6
Saumon (Hôtel du)....8

SE RESTAURER

Brocante Gourmande (La)....2
Madeleine (Le)....4

INDEX DES RUES

(16e s.) à côté des grandes orgues (18e s.). Dans la nef recouverte d'un berceau en bois, chaire en fer forgé.

Église Notre-Dame

Construite au 12e s. en **grison** et plusieurs fois remaniée, elle renferme des boiseries Renaissance et une belle collection de **statues★** du début du 16e s., pour la plupart œuvres de sculpteurs locaux :

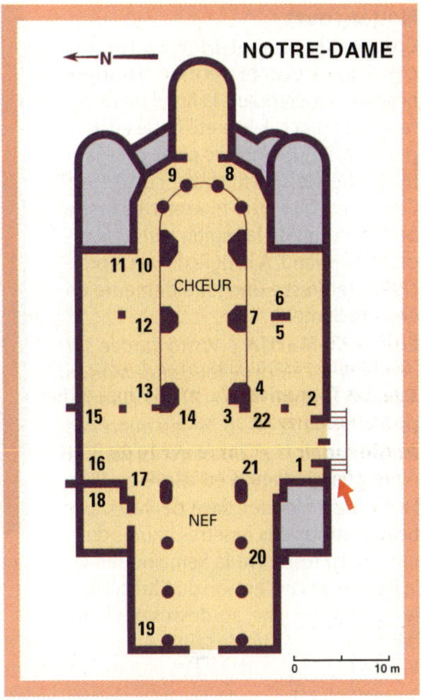

1) Saint Denys (16e s.) - **2)** Saint Jacques le Majeur - **3)** Saint Christophe - **4)** Sainte Christine - **5)** Saint Fiacre - **6)** Sainte Suzanne - **7)** Sainte Barbe - **8)** Saint François d'Assise - **9)** Saint Benoît - **10)** Jeanne d'Arc, en paysanne lorraine - **11)** Pietà Renaissance - **12)** Saint Laurent - **13)** Saint Augustin - **14)** Saint Denis, au crâne fendu - **15)** Saint Louis (17e s.) - **16)** Deux prophètes (bois Renaissance) - **17)** Saint Sébastien (bois 17e s.) - **18)** Bahut du 15e s., formant un socle d'autel - **19)** Cuve baptismale du 11e s. - **20)** Groupe de La Trinité (première Renaissance normande, 14e s.) - **21)** Vierge de calvaire (13e s.) - **22)** Saint Jean.

Aux alentours

Francheville

9 km au nord-ouest par la D 56.

Le village, agréablement situé au bord de l'Iton, possède une jolie petite église rustique restaurée, dont l'intérieur contient d'intéressantes statues d'art populaire. Sur la place, petit **musée de la Ferronnerie**. *℘ 02 32 60 18 89 - ♿ - de Pâques à la Toussaint : dim. et j. fériés 15h-19h - gratuit.*

Circuit de découverte

VALLÉE DE L'AVRE ET FORÊT DE SENONCHES

De Verneuil-sur-Avre à Nonancourt

78 km – environ 3h. Quittez Verneuil par la D 839 et tournez à gauche dans la D 316 que prolonge la D 102.

On longe la rive droite de l'Avre, agréablement ombragée. Cette rivière est ponctuée d'ouvrages d'accès au grand aqueduc de 102 km, qui alimente Paris en eau depuis 1892 (160 000 m^3 par jour). Il démarre à la hauteur de Rueil-la-Gadelière *(sud-est de Verneuil)* et aboutit au réservoir de St-Cloud.

Par Montigny-sur-Avre et Bérou-la-Mulotière, gagnez Tillières.

Tillières-sur-Avre

Tillières a été la première place forte normande construite (1013) pour garder la « ligne de l'Avre ».

L'église, dont la nef à voûte lambrissée remonte à l'époque romane, a été remaniée au 16e s. ; gravement endommagée par un incendie en 1969, sa restauration a remis en valeur les sculptures de la belle voûte d'ogives du chœur (16e s.) dues à l'école de Jean Goujon. Du jardin appelé le « Grand Parterre », belle vue sur le village et la vallée de l'Avre.

Par Breux-sur-Avre, Les Brulés et St-Lubin-des-Joncherets, gagnez Nonancourt.

L'**église** de St-Lubin-des-Joncherets, refaite au 16e s. dans le style flamboyant, est précédée d'une façade Renaissance. Sa nef, voûtée de lambris, se flanque de bas-côtés voûtés d'ogives avec clés pendantes et médaillons Renaissance. Les fonts baptismaux (17e s.) montrent une délicieuse Nativité. Dans le bas-côté droit, beau marbre de Nicolas Coustou.

Nonancourt

Comme Verneuil et Tillières, Nonancourt était une forteresse frontière normande défendant la ligne de l'Avre, face à la France. Elle a été bâtie en 1112 par Henri Ier Beauclerc pour protéger le duché de Normandie contre les Capétiens. Quelques maisons à pans de bois typiques de la région sont visibles place A.-Briand. À l'angle de la rue principale se dresse une jolie demeure en encorbellement.

Église St-Martin – *Visite guidée sur demande à l'office de tourisme - Maison Mouret Grande-Rue - 27320 Nonancourt - ✆ 02 32 58 28 74 - ou auprès de M. Guingnier - ✆ 06 21 10 19 98.* Cet édifice flamboyant a été élevé en 1511. La tour du clocher date de 1204. Les beaux vitraux des fenêtres hautes de la nef (16e s.) retracent la Semaine sainte, la Passion et l'Ascension du Christ. Dans le bas-côté gauche, au-dessus des fonts baptismaux, statue de sainte Anne (15e s.) et, dans la chapelle de la Vierge, à droite, Vierge à l'Enfant (14e s.). Les orgues Renaissance sont remarquables.

A. de Valroger/MICHELIN

Le château de la Ferté-Vidame.

Prenez la D 111 au sud jusqu'à Dampierre-sur-Blévy.

Dampierre-sur-Blévy

Jadis réputée pour ses forges, la commune a gardé d'anciens vestiges (17e s.) de son passé sidérurgique.

Continuez sur la D 20 pour rejoindre Senonches.

Senonches

Cette petite ville fleurie était protégée par un château médiéval dont il reste une imposante tour-porche (12e s.) en grison (pierre avec oxyde de fer). En cours de réhabilitation, le **château** doit accueillir une Maison thématique sur la forêt et le bois (ouverture prévue fin 2008).

Le trésor de Senonches est certainement la belle **forêt** de 4 300 ha qui l'entoure. Jalonnée de nombreux étangs alimentés par des « gouttiers », cours d'eau temporaires, elle conserve des arbres remarquables, notamment des chênes de plus de 300 ans : le plus connu est le chêne des Trois-Frères.

Une dizaine de randonnées pédestres sont balisées dans la forêt *(demandez la carte au syndicat d'initiative : ✆ 02 37 37 80 11).*

Au sud-ouest, à proximité de Manou sur la D 140, le site de la **tourbière des Froux** a été aménagé pour protéger et faire découvrir les richesses de cet écosystème fragile.

La D 941 traverse la forêt et rejoint la Ferté-Vidame.

La Ferté-Vidame

Difficile de ne pas tomber sous le charme de l'immense château ruiné et de son vaste parc qui ouvre sur la forêt. L'ombre du célèbre duc de St-Simon plane sur les lieux, même si ce n'est pas son château que l'on voit, mais un autre construit à la place par le marquis de Laborde en 1770. Le **pavillon Saint-Dominique** accueille un musée sur l'écrivain. *✆ 02 37 37 64 09 - visite avec diaporama - avr.-déc. : 14h-18h ; reste de l'année : 13h30-17h30 - fermé lun. et mar. - 2 € (-10 ans gratuit), gratuit journées du patrimoine.*

Continuez sur la D 841 pour revenir à Verneuil.

Louis de Saint-Simon (1675-1755)

La Ferté-Vidame, c'est surtout une célébrité locale ! Dix ans de travail furent nécessaires à ce fin observateur pour rédiger ses fameuses *Mémoires* qui, à travers des portraits sans concession, offrent un témoignage historique sur cette époque. De l'homme lui-même, on connaît moins de choses. Il fut un seigneur attentif et un amoureux passionné qui sera très marqué par la mort de sa femme. Il se fit enterrer à côté d'elle et demanda que son cercueil soit solidement attaché au sien avec des « anneaux, des crochets et liens de fer » !

Verneuil-sur-Avre pratique

Adresse utile

Office du tourisme de Verneuil-sur-Avre – *129 pl. de la Madeleine - 27130 Verneuil-sur-Avre - ✆ 02 32 32 17 17 - juin-sept. : lun. 14h-18h, mar.-vend. 10h-12h, 14h-18h, sam. 10h-12h, 14h30-18h ; reste de l'année : lun. 14h-18h, mar.-vend. 10h-12h, 14h-18h, sam. 10h-12h - fermé dim. et j. fériés.*

Se loger

Hôtel du Saumon – *89 pl. de la Madeleine - ✆ 02 32 32 02 36 - www.hoteldusaumon.fr - fermé dim. soir de nov. à mars et 22 déc.-12 janv. - 29 ch. 48/65 € - 7,50 € - rest. 16/51 €.* Ex-relais de poste (18e s.) tourné sur une cour intérieure. Les chambres du bâtiment principal, plus grandes, sont garnies de meubles anciens. En tartare, fumé, mariné, poêlé, grillé ou en brochette : le restaurant met le saumon à l'honneur !

Hôtel Le Moulin des Planches – *28270 Montigny-sur-Avre - 10 km à l'est de Verneuil par N 12, D 54 puis D 102 - ✆ 02 37 48 25 97 - www.moulin-des-planches.fr - fermé dim. soir, lun. et janv. - P - 18 ch. 62/113 € - 9 € - rest. 30/68 €.* Vous rêviez d'un séjour bucolique ? Dans ce moulin isolé dans la campagne, au bord de l'Avre, vous serez gâté. Autour, rien que la nature et à l'intérieur, la chaleur et le confort des chambres sobres meublées avec goût, rayonnantes de couleurs et de lumière… Le bonheur !

Hostellerie Le Clos – *98 r. Ferté-Vidame - ✆ 02 32 32 21 81 - www.hostellerieduclos.fr - fermé mar. midi, lun. et 11 déc.-20 janv. - P - 4 ch. 180/225 € - 21 € - rest. 60/85 €.* Entre gentilhommière et castel, ce manoir à la superbe façade de mosaïque de briques vous ouvre les portes d'un autre monde. Belles chambres raffinées, délicates et mansardées, suites spacieuses, presque luxueuses. Tout ici se conjugue avec élégance… pour vous plaire. Prêt de vélos.

Chambre d'hôte Château de la Puisaye – *3 km au sud de Verneuil-sur-Avre - ✆ 02 32 58 65 35 - www.chateaudelapuisaye.com - fermé 1 sem. en hiver - 4 ch. et 1 suite 110 € - repas 14/45 €.* Restauré tout en conservant ses atouts d'origine, ce château de l'époque Napoléon III a retrouvé son caractère. Chambres spacieuses avec vue sur le parc et salles de bains élégantes. Meubles chinés et cheminées en marbre. Deux salons cossus et confortables. Petits-déjeuners anglais avec confitures et cake maison.

Se restaurer

Le Madeleine – *206 r. de la Madeleine - ✆ 02 32 37 91 81 - www.lemadeleine.fr - fermé merc. - 15 € déj.- 23/32 €.* Ce petit restaurant sans prétention propose un menu traditionnel, fort convenable, et à un prix assez correct. Mais, si vous raffolez du sucré, pensez à garder une petite place car vous risquez de saliver rien qu'en parcourant des yeux la carte des desserts.

La Brocante Gourmande – *Ruelle de l'Abreuvoir - ✆ 02 32 60 11 11 - labrocantegourmande@cegetel.net - fermé lun.-merc. et dim. soir - réserv. conseillée - 13,50 € déj. - 25 €.* Une adresse originale puisqu'elle regroupe, comme son nom l'indique, une brocante et un restaurant. Après avoir passé commande, on peut flâner entre bibelots et vieux objets, voire même acheter une babiole. Petits plats copieux, tartines ou salades, et en dessert, fondue au chocolat ou café spécial brocante gourmande.

Que rapporter

Marché – Sam. matin.

Vernon★

23 600 VERNONNAIS
CARTE GÉNÉRALE C3 – CARTE MICHELIN DÉPARTEMENTS 304 I7 – EURE (27)

Cette accueillante ville au charme provincial, créée au 9e s. par Rollon, premier duc de Normandie, intègre le domaine royal sous Philippe Auguste. Entre-temps, le roi Saint Louis vient souvent s'y régaler de cresson. Vernon, « toujours vert », est le point de départ idéal pour rayonner dans la région chérie des impressionnistes ou pour se glisser le long de la vallée de la Seine, jusqu'à Rouen. C'est aussi le point de départ des moteurs de la fusée Ariane, construits ici par la Société européenne de propulsion depuis trente ans.

- **Se repérer** – À 65 km au sud-est de Rouen par l'A 13, Vernon contrôle l'accès aux méandres de la Seine depuis la rive gauche du fleuve. Proche de la forêt, résidentielle, elle coule des jours paisibles à l'ombre de ses avenues arborées.
- **Se garer** – Deux parkings se trouvent de part et d'autre du pont Clemenceau (accès par le boulevard du Maréchal-Leclerc, rive gauche, ou par la rue de la Ravine, rive droite).
- **À ne pas manquer** – Les verrières contemporaines de l'église Notre-Dame et le parc du château de Bizy.
- **Organiser son temps** – Rappelez-vous que l'intérieur du château de Bizy est ouvert uniquement aux visites guidées (1h). Son parc se découvre en 30mn.
- **Pour poursuivre la visite** – Voir aussi Giverny, Les Andelys, Évreux et Dreux.

G. Targat/MICHELIN

Le vieux pont sur la Seine à Vernon.

Se promener

De ravissantes demeures en encorbellement et à colombages sont restées debout malgré les bombardements de la Seconde Guerre mondiale.

Site du pont

Au milieu du pont, jolie vue sur Vernon, les îles boisées encombrant le lit du fleuve et les piles ruinées de l'ancien pont (12e s.) sur lesquelles s'appuie le vieux moulin de Vernonnet. Ce dernier a inspiré Claude Monet pour ses *Maisons sur le vieux pont à Vernon* (1883). Dans la verdure se profilent les tours du château des Tourelles qui faisait partie des défenses du vieux pont.

Prenez à gauche après le pont et faites quelques pas le long de la Seine.

Au bord du fleuve, le pavillon Bourbon-Penthièvre, dernier duc de Vernon, est un hôtel du 18e s. Par la rue Bourbon-Penthièvre, on entre dans le **vieux Vernon**. L'église Notre-Dame se dresse au bout de cette jolie rue où s'alignent quelques maisons à un étage en saillie et combles en encorbellement. Au **n° 15**, façade (16e s.) décorée de sculptures gothiques.

Le saviez-vous ?

Le nom – Il vient peut-être des mots celtiques *vern* et *non*, qui signifieraient « aulnes » et « habitations ». La construction d'habitations le long des cours d'eau bordés d'aulnes expliquerait cette origine.

Les armes – « D'argent, à trois bottes de cresson de sinople, liées d'or au chef d'azur chargé de trois fleurs des lys d'or. » Leur devise : *Vernon Semper Viret* (Vernon toujours vert).

Église Notre-Dame★

Élevée au 12e s., cette collégiale est plusieurs fois remaniée jusqu'à la Renaissance. Une belle rose flamboyante orne la façade (15e s.) entre deux galeries. La nef (15e s.) est plus haute que le transept et le chœur ; son triforium et ses fenêtres hautes composent un bel ensemble. Un étage du 16e s. surmonte les grandes arcades romanes du chœur. La tribune des orgues et les beaux vitraux de la 2e chapelle du bas-côté droit datent aussi du 16e s. ; orgues du 17e s. Notez l'ensemble de seize verrières, réalisées par le maître verrier Hermet en 1993.

Au côté gauche de l'église, devant l'hôtel de ville, la **Maison du temps jadis** (15e s.) est une belle construction à deux étages en encorbellement surmontés d'un comble. Elle compte parmi les plus anciennes de Vernon et abrite l'office de tourisme. Le poteau d'angle montre une Annonciation.

Les chanoines de la collégiale vivaient dans la rue du Chapitre qui longe le flanc droit de l'église, où un logis à pans de bois du 17e s. subsiste aux **nos 3-5**.

D'autres maisons anciennes sont visibles, notamment rues Carnot et Potard.

Côte Saint-Michel★

Itinéraire pédestre (1h AR) au départ de Vernonnet, rive droite. Empruntez la rue J.-Soret jusqu'à l'église, prenez à droite et suivez les indications.

Jolies vues sur Vernon et la vallée de la Seine.

Visiter

Musée A.-G.-Poulain

Entrée r. du Pont - ✆ 02 32 21 28 09 - ♿ - avr.-sept. : 10h30-12h30, 14h-18h ; reste de l'année : 14h-17h30 - fermé lun., 1er janv., lun. de Pâques, 1er Mai, jeu. de l'Ascension, lun. de Pentecôte, 14 Juil., 15 août, 11 Nov. et 25 déc. - 2,80 € (enf. gratuit), gratuit merc.

Un portail en fer forgé, qui vient du château de Bizy, dessert la cour du musée installé dans des bâtiments restaurés d'époques diverses (du 15e au 18e s.).

Les collections sont axées sur la peinture, le dessin et la sculpture animalière. Parmi les peintres, des nabis, tels Pierre Bonnard, Rosa Bonheur et Maurice Denis. Ne pas manquer deux œuvres de **Claude Monet** : *Falaises à Pourville* et *Nénuphars*. Le cabinet de dessins humoristiques sur la société française mérite votre attention.

Aux alentours

Giverny★★ *(voir ce nom)*

3 km à l'est sur la rive droite. Quittez Vernon par la D 5.

Château de Bizy★

2 km au sud-ouest. Quittez Vernon par la D 181. ✆ 02 32 51 00 82 - visite guidée des salons (45mn) avr.-oct. : tlj sf lun. 10h-12h, 14h-18h - 7,50 € (-18 ans 5 €).

Bâti à partir de 1740 par Coutant d'Ivry pour le duc de Belle-Isle, maréchal de France, petit-fils de Fouquet, il est remanié (sauf les écuries) par ses occupants successifs, le duc de Penthièvre, le général Le Suire, le roi Louis-Philippe et surtout le baron de Schickler. C'est aujourd'hui la propriété de la famille d'Albufera.

Ce château d'ordonnance classique montre une belle façade à colonnade et oculi, côté parc. La façade sud, plus sévère, forme avec les communs et les écuries (collection de voitures anciennes) une harmonieuse cour d'honneur. Depuis celle-ci très belle « perspective des fontaines ».

Intérieur – Les salons rehaussés par de belles boiseries Régence, décorées de tapisseries des Gobelins tissées pour Louis XIV, renferment des souvenirs de Bonaparte et des ancêtres des propriétaires actuels, les maréchaux Suchet, Masséna et Davout. Le mobilier date en grande partie des Premier et Second Empire. Bel escalier de chêne sculpté.

E. Baret/MICHELIN

L'un des salons du château de Bizy, agrémenté d'un piano du Second Empire.

Parc – Conçu au 18e s. par Garnier d'Isle et redessiné à l'anglaise par Louis-Philippe, il s'agrémente de statues du 18e s. (parmi lesquelles les *Chevaux marins*), de fontaines et de bassins. Une grande partie du « chemin d'eau » a été réhabilitée, depuis le bassin de Gribouille jusqu'au pédiluve de la cour d'honneur. Superbes **allées** de tilleuls.

Signal des Coutumes

8 km au sud-est. Quittez Vernon par la N 15. Après 5 km, à l'entrée de Port-Villez, tournez à droite dans la D 89.

N.-D.-de-la-Mer – Du belvédère aménagé sur le terre-plein de la chapelle se révèle une **vue aérienne★** sur la rive droite de la Seine, entre Bonnières et Villez.

Suivez la D 89. À la mairie de Jeufosse, tournez à angle aigu à gauche et laissez une route goudronnée à droite. À la sortie du hameau des Coutumes, prenez à droite un chemin goudronné menant au terre-plein, près du bois.

Signal des Coutumes – Des premières pentes de l'abrupt, en bordure du terre-plein, on découvre une **vue★** étendue et harmonieuse sur la boucle de Bonnières.

Vernon pratique

Adresses utiles

Office du tourisme des Portes de l'Eure de Vernon – *36 r. Carnot - 27200 Vernon - ✆ 02 32 26 18 21 - www.cape-tourisme.fr - mai-sept. : 9h-12h30, 14h-18h, dim. et j. fériés 10h-12h ; reste de l'année : tlj sf dim. 9h-12h30, 14h-17h30 - fermé lun.*

Office du tourisme des Portes de l'Eure à Pacy-sur-Eure – *Pl. Dufay - 27120 Pacy-sur-Eure - ✆ 02 32 26 18 21 - www.cape-tourisme.fr - mai-sept. : 9h-12h30, 14h-18h, dim. et j. fériés 10h-12h ; reste de l'année : tlj sf dim. 9h-12h30, 14h-17h30 - fermé lun.*

Se loger

⊖ **Hôtel d'Évreux** – *11 pl. d'Évreux - ✆ 02 32 21 16 12 - www.hoteldevreux.fr - P - 12 ch. 38/61 € - ☕ 6 € - rest. 22/28 €.* Cette maison du 17e s. fut d'abord la résidence du comte d'Évreux avant de devenir un relais de poste. Les chambres, un brin « vieille France », sont garnies de meubles rustiques. Poutres apparentes et belle cheminée égayée par des trophées de chasse caractérisent la salle à manger.

Se restaurer

⊖⊖⊖ **Les Fleurs** – *71 r. Carnot - ✆ 02 32 51 16 80 - www.restaurantlesfleurs27.com - fermé dim. soir, lun., 4-13 mars et 1er-27 août - réserv. obligatoire - 26/53 €.* Au cœur de la ville, cette maison du 15e s. ouvre ses portes sur un décor intimiste, plutôt bourgeois avec ses meubles Louis XV. C'est dans ce cadre agréable que vous pourrez déguster une cuisine traditionnelle soignée qui a fait la bonne réputation de la maison.

Événement

L'office de tourisme organise tous les deux ans au printemps (années impaires) des Journées de la sculpture sur pierre. Téléphonez pour avoir les dates exactes.

Vimoutiers

4 029 VIMONASTÉRIENS
CARTE GÉNÉRALE A3 – CARTE MICHELIN DÉPARTEMENTS 310 K1 – ORNE (61)

Blottie dans la vallée où coule la Vie – déjà tout un programme –, cette petite ville est enserrée entre des collines où s'étagent les pommiers. Leurs fruits se pressent d'alimenter les cidreries locales pour partager la vedette avec le camembert, célèbre pâte molle à croûte fleurie mise au point par Marie Harel. Statufiées place de l'Hôtel-de-Ville, la petite fermière et la généreuse vache normande expriment l'âme des lieux !

- **Se repérer** – Vimoutiers se situe en lisière du pays d'Auge, à 28 km au sud de Lisieux par la D 579 et à 45 km au sud-ouest de Bernay.
- **À ne pas manquer** – Tout ce qui concerne le camembert, depuis le musée jusqu'au village, et le très beau prieuré de St-Michel-de-Crouttes pour ses jardins.
- **Organiser son temps** – Le matin, essayez de visiter le musée du Camembert ainsi qu'une ferme productrice de ce fromage, afin d'en faire provision. Cela vous laissera l'après-midi pour découvrir les alentours.
- **Pour poursuivre la visite** – Voir aussi Lisieux, le pays d'Auge, Bernay et L'Aigle.

Comprendre

Discrétion et douceur de vivre – Une chapelle dédiée à saint Sauveur est érigée au 4e s. sur la rive gauche de la Vie. S'y adjoignent bientôt un monastère (*moutier*) dépendant de l'abbaye de Jumièges et quelques maisons à colombages. Le bourg naissant est nommé *Vicus Monasterii*, qui devient définitivement *Vimoutiers* au 19e s. À cette époque, le camembert est déjà entré dans les foyers grâce à Marie Harel qui, après la Révolution, a adapté sur un fromage régional les conseils culinaires d'un prêtre réfractaire venu de Meaux.

Une cité de gourmands passionnés – Aujourd'hui, Vimoutiers compte trois confréries gastronomiques : les Gentes Dames du Pommeau, les Chevaliers du Trou Normand et les Chevaliers du Camembert, aux rangs desquels on ne compte plus les « tyrosémiophiles », collectionneurs d'étiquettes de fromage ! Nul doute qu'ils ne connaissent quelques recettes de dégustation bien savoureuses, comme celles combinant le camembert avec les poires ou les noix sèches. Bon à savoir : le vin rouge n'est pas toujours son meilleur allié, les blancs réservent parfois d'agréables surprises.

Visiter

Musée du Camembert

Av. du Gén.-de-Gaulle - ☎ 02 33 39 30 29 - ♿ - mars-oct. : 9h-12h, 14h-18h, lun. 14h-18h, dim. et j. fériés 10h-12h, 14h30-18h - 3 € (-14 ans 2 €).

Pour tout savoir sur l'histoire et les différentes étapes de la fabrication du fromage, depuis l'arrivée du lait jusqu'à l'expédition. Le musée expose également une impressionnante collection d'étiquettes de boîtes à camembert.

Char Tigre

Au sud de la ville *(N 979)*, un char allemand *Tigre*, le seul visible en Normandie, témoigne des combats qui ont suivi la terrible bataille de Falaise. Ce char fut certainement le plus redoutable de la Seconde Guerre mondiale.

Aux alentours

Camembert

5 km au sud par la D 246.

La maison du Camembert – *☎ 02 33 12 10 37 - ♿ - www.maisonducamembert.com - mai-août : 10h-18h ; mars-avr. et sept.-oct. : tlj sf lun. et mar. 10h-18h - fermé 1er janv., 1er et 11 Nov., 25 déc. - gratuit.* Des explications sur le village, sur la technique fromagère et une exposition d'objets d'hier en rapport avec l'industrie laitière permettent de mieux connaître Camembert et le camembert. Dégustation possible. On peut aussi visiter quelques fermes où se fabrique le fromage à l'ancienne.

S. Sauvignier/MICHELIN

Étiquettes de boîtes à camembert.

Prieuré Saint-Michel de Crouttes★

5 km à l'ouest, par la D 916, puis la 3e route à droite. ✆ 02 33 39 15 15 - www.prieure-saint-michel.com - ♿ - mai-sept. : 14h-18h (dernière entrée 30mn av. la fermeture) - fermé lun. et mar. - 6 € (-18 ans 3 €).

Dans cette région verdoyante et paisible s'élève à mi-coteau un ensemble de bâtiments d'allure noble et rustique, admirablement restauré. Le don d'un fief, fait au 10e s. par le seigneur de Crouttes à l'abbaye de Jumièges, est à l'origine de cette fondation monastique. Pièces d'eau, verger et jardins ajoutent au charme des lieux. Chambres d'hôte de standing.

A. de Valroger/MICHELIN

Le prieuré St-Michel-de-Crouttes.

Après l'accueil situé à la place d'écuries du 18e s., un chemin conduit au charmant bassin des nymphéas. Il est difficile ensuite de manquer la belle **grange aux dîmes** (13e s.) qui s'élève sur la gauche. Ce majestueux édifice à l'imposante toiture, que soutiennent des murs gouttereaux très bas, montre une belle charpente de chêne. Il prête son cadre médiéval à des expositions, des universités d'été et des concerts. En sortant, on voit sur la droite le **logis prioral** (18e s.). Si l'on fait le tour des bâtiments par le haut, on peut découvrir le cellier (chambres d'hôte), le spacieux **pressoir à pommes** (15e s.) avec sa jolie charpente (salon de thé), la boulangerie, l'ancien four et la **chapelle** (13e s.). Il est alors temps de rejoindre les **jardins★** par l'allée des tilleuls. De la roseraie au jardin des simples et jusqu'à la pièce d'eau et au verger, ils offrent des ambiances variées propices à la flânerie et à la détente.

Vimoutiers pratique

Adresse utile

Office du tourisme du pays du camembert à Vimoutiers – *21 pl. de Mackau - 61120 Vimoutiers - ✆ 02 33 67 49 42 - avr.-oct. : 9h30-12h30, 14h-18h, dim. 10h-12h30, lun. 14h-18h ; reste de l'année : se renseigner - fermé 1er janv., 1er Mai, 1er et 11 Nov., 25 déc.*

Point info tourisme - maison du Camembert – *Le Bourg - 61120 Camembert - ✆ 02 33 12 10 37 - juil.-août : 10h-19h (mai 18h) ; avr. et sept. : tlj sf lun. et mar. 9h30-12h30, 14h-17h30 ; mars : jeu.-dim. 9h30-12h30, 14h-17h30 - fermé oct.-janv.*

Se loger

Hôtel de l'Escale du Vitou – *Rte d'Argentan - ✆ 02 33 39 12 04 - escaleduvitou@hotmail.com - 17 ch. 50/70 € - 7 €.* Dans l'environnement calme et verdoyant d'un centre de loisirs agrémenté d'un plan d'eau, hôtel composé de deux bâtiments de style normand. Chambres simples. Salle à manger champêtre face au parc de 26 ha, au cœur du pays du cidre et du camembert.

Chambre d'hôte L'Orangerie – *Avernes-St-Gourgon - 61470 Le Sap - 12 km au nord-est de Vimoutiers par D 16, dir. Pontchardon et D 248, dir. Avernes-St-Gourgon - ✆ 02 33 67 48 37 - www.chateau-lorangerie.com - - 4 ch. 70/80 €.* Cette belle maison en briques du 18e s., située dans un hameau de la campagne normande, abritait jadis l'orangerie d'un château aujourd'hui détruit. Un vieil escalier en tomettes et bois dessert des chambres simples et charmantes, décorées à l'ancienne. Joli parc.

Se restaurer

La Camembertière – *L'hôtellerie Faroult - 61120 Les Champeaux - 8 km au sud-ouest de Vimoutiers par D 916 - ✆ 02 33 39 31 87 - lacamembertiere@wanadoo.fr - fermé dim. soir, mar. soir, merc., 3 sem. en hiver - réserv. conseillée - 12,50/55 €.* À 4 km de la capitale mondiale du fameux « coulant baraqué ». On y déguste, bien sûr, du camembert parmi d'autres fromages régionaux soigneusement affinés. Alléchante cuisine du terroir et produits de qualité.

Que rapporter

Gaec Durand – *La Héronnière - 61120 Camembert - ✆ 02 33 39 08 08 - nadia.durand@wanadoo.fr - 9h-12h30, 15h-18h - fermé dim.* Pour découvrir le camembert et ses secrets de fabrication, venez visiter la ferme des Durand : ils sont les derniers à perpétuer la tradition de ce fromage fermier au lait cru, moulé à la louche. Avant de déguster ce délicieux produit du terroir, vous apprendrez tout du moulage du lait et de la mise en présure. Livarot, pont-l'évêque, crème fraîche, etc. vous seront également proposés ici.

NOTES

NOTES

ROUEN : villes, curiosités et régions touristiques.
Maupassant, Guy : noms historiques et termes faisant l'objet d'une explication.
Les sites isolés (châteaux, abbayes, grottes…) sont répertoriés à leur propre nom.
Nous indiquons par son numéro, entre parenthèses, le département auquel appartient chaque ville ou site. Pour rappel :
14 = Calvados
27 = Eure
28 = Eure-et-Loir
61 = Orne
76 = Seine-Maritime
95 = Val d'Oise

A

B

C

D

Q

R

S

T

V

Y

CARTES ET PLANS

CARTES THÉMATIQUES

PLANS DE VILLES

PLANS DE MONUMENTS

CARTES DES CIRCUITS

Changement de numérotation routière

Sur de nombreux tronçons, les routes nationales passent sous la direction des départements. Leur numérotation est en cours de modification.

La mise en place sur le terrain a commencé en 2006 mais devrait se poursuivre sur plusieurs années. De plus, certaines routes n'ont pas encore définitivement trouvé leur statut au moment où nous bouclons la rédaction de ce guide. Nous n'avons donc pas pu reporter systématiquement les changements de numéros sur l'ensemble de nos cartes et de nos textes.

Dans la majorité des cas, on retrouve le n° de la nationale dans les derniers chiffres du n° de la départementale qui la remplace. Exemples : la N 16 devient D 1016, la N 51 devient D 951.

Manufacture française des pneumatiques Michelin
Société en commandite par actions au capital de 304 000 000 EUR
Place des Carmes-Déchaux - 63000 Clermont-Ferrand (France)
R.C.S. Clermont-Fd B 855 200 507

Dépôt légal : 08-2008 – ISSN 0293-9436
Compograveur : Nord Compo, Villeneuve-d'Ascq
Imprimeur : «La Tipografica Varese S.p.A.»
Imprimé en Italie : 09-2008